आधुनिक हिन्दी साहित्य का इतिहास

आधुनिक हिन्दी साहित्य का इतिहास

(नवीन संशोधित संस्करण)

डॉ. बच्चन सिंह

लोकभारती प्रकाशन

लोकभारती प्रकाशन
पहली मंजिल, दरबारी बिल्डिंग, महात्मा गाँधी मार्ग
प्रयागराज-211 001
वेबसाइट : www.lokbhartiprakashan.com
ईमेल : info@lokbhartiprakashan.com
शाखाएँ : 1-बी, नेताजी सुभाष मार्ग, दरियागंज
नयी दिल्ली-110 002
अशोक राजपथ, साइंस कॉलेज के सामने
पटना-800 006 (बिहार)
1, अनमोल सोराबजी संतुक लेन, मरीन लाइंस
मुम्बई-400002

प्रथम संशोधित एवं परिवर्द्धित संस्करण : 1994
वर्तमान संस्करण : 2026

आस्था पेपर कन्वर्टर
प्रयागराज द्वारा मुद्रित

ADHUNIK HINDI SAHITYA KA ITIHAS
by Dr. Bachchan Singh

ISBN : 978-81-8031-101-7

मूल्य : ₹ 950

निवेदन

इतिहास अतीतोन्मुख नहीं भविष्योन्मुख होता है, वह जड़ नहीं गत्यात्मक होता है। अतीतोन्मुखी इतिहासकार अथवा साहित्यकार पुनरुत्थानवादी होकर जड़ हो जाता है। अतीतोन्मुखता हमें कहीं ले नहीं जाती बल्कि एक तरह की भावनामयता में बाँध कर सही कर्त्तव्य से विमुख बना देती है। अतीतोन्मुखता हमें पुनरुत्थानवादी बनाती है तो भविष्योन्मुखता सर्जनात्मक। इस अर्थ में इतिहास लिखने का मतलब होता है भविष्योन्मुखी होना। यह होकर ही वह रचनात्मक हो सकता है।

इतिहास का विकास-क्रम प्रकृति की तरह कार्य-कारण की शृंखला से बँधा नहीं रहता। इतिहास मनुष्य का ही होता है। वस्तुतः वह एक मानवीय तत्त्व है। ऐतिहासिक घटनाएँ परिवेश के अलावा मनुष्य की आकांक्षाओं, निर्णय, क्रिया-कलाप आदि पर भी बहुत कुछ निर्भर करती हैं। दूसरे शब्दों में इतिहास मात्र भौतिकता से निर्मित नहीं होता बल्कि उसमें मानवीय स्वतंत्रता और निर्णय का योग भी कम महत्त्वपूर्ण नहीं है। राष्ट्र और जाति को अनेक ऐसी घटनाओं का सामना करना पड़ता है जो मनुष्य के नियंत्रण में नहीं होतीं। इन घटनाओं से भी देश और जाति का नक्शा बदल जाता है। यह मान कर चलना होगा कि इतिहास का कोई दर्शन इतना मुकम्मल नहीं जिसके आधार पर इतिहास को उसकी पूरी समग्रता में समेटा जा सके।

जितना यह इतिहास के साथ सच है उतना ही साहित्य के साथ भी। पर इतिहास के लेखक की तरह साहित्य के इतिहास का लेखक तथ्यों के अर्थापन में उतना स्वतंत्र नहीं है। इतिहास लेखक की तरह उसके पास तरह-तरह के आँकड़े नहीं होते—आधे-अधूरे, सही और गलत आँकड़े। उसके सामने ग्रंथ होते हैं। प्राचीन काल के ग्रंथों के संबंध में तो प्रामाणिक और अप्रामाणिक कहा जा सकता है। पर आधुनिक काल के ग्रंथों के सम्बन्ध में तो यह भी नहीं कहा जा सकता। अतः साहित्य के इतिहासकार को दुहरे दौर से गुजरना पड़ता है अर्थात् उसे ऐसा इतिहास लिखना पड़ता है जो साहित्यिक भी हो और ऐतिहासिक-सामाजिक भी।

इतिहास के चौखटे में साहित्य को फिट कर देना साहित्य का इतिहास नहीं है। इतिहास के पुष्ट्यर्थ इतिहासकार साहित्य को इतिहास के चौखटे में फिट करने लगे हैं। बहुत से वादग्रस्त साहित्येतिहास लेखक साहित्य को एक खास तरह के ऐतिहासिक सूत्रों में संग्रथित कर देते हैं । पर वह साहित्य का इतिहास न होकर समाजशास्त्रीय इतिहास हो जाता है। इस तरह साहित्य के अपने व्यक्तित्व का पक्ष— जो व्यक्तित्व बनकर समाज के निर्माण में योग देता है—उपेक्षित रह जाता है।

साहित्य के ग्रंथ वे ही रहते हैं पर काल बदलता जाता है। जिसमें काल के बदलाव में भी कुछ शेष बचा रहता है या हर काल के नये अर्थापन के लिए कुछ छूटा रहता है वह साहित्य श्रेष्ठ होता है। केवल अखबारी साहित्य पर साहित्य का इतिहास निर्मित नहीं होता। वह इतिहास-लेखन का उपकरण बन सकता है पर साहित्य का इतिहास लेखक उस पर केवल चलता ध्यान देगा। वह तो उन ग्रंथों को (आँकड़ों को) देखता है जो इतिहास को गति देने

में, मोड़ने में महत्त्वपूर्ण भूमिका अदा करते हैं।

आधुनिक युग इतनी तेजी से बदलता रहा है और बदल रहा है कि साहित्य के बदलाव से भी उसे समझा जा सकता है । इस बदलाव को— क्षिप्रतर बदलाव को—साहित्य और इतिहास दोनों के सन्दर्भों में एक साथ पकड़ना ही इतिहास है । यह पकड़ तब तक विश्वसनीय नहीं हो सकती जब तक समसामयिक अखबारी साहित्य को श्रेष्ठ भविष्योन्मुखी साहित्य से अलगाया न जाय। प्रत्येक युग का आधुनिक काल ऐसे साहित्य से भरा रहता है जो सहित्येतिहास के दायरे में नहीं आता । किन्तु यह जरूरी नहीं है कि हम अपने इतिहास के लिए ग्रंथों का जो अनुक्रम प्रस्तुत करेंगे वह कल भी ठीक होगा, अपरिवर्तनीय होगा।

इतिहास लिखने का क्रम तब तक जारी रहेगा जब तक मानवीय सृष्टि रहेगी । आरंभ में श्री कृष्णशंकर शुक्ल ने 'आधुनिक हिन्दी साहित्य का इतिहास' लिखा था जो अब बहुत पुराना पड़ गया है । यह इतिहास मूलतः साहित्यिक कृतियों पर आधारित है पर उनका अपेक्षित पर्यावरण सर्वत्र दृष्टि में रखा गया है । शुरू से ही भविष्योन्मुखता को लक्ष्य में रखने के कारण श्रेष्ठ साहित्यकार अपने आप रेखांकित हो उठे हैं।

बचन सिंह

भूमिका

आधुनिक काल : नामकरण तथा कालविभाजन

साहित्य के इतिहास में काल का सीमांकन सबसे अधिक जटिल समस्या है। किसी काल खंड की शुरुआत किस समय से होती है इसे वैज्ञानिक सत्य के रूप में नहीं बताया जा सकता। एक काल खंड दूसरे काल खंड से अपने बदलाव के कारण अलग होता है। बदलाव की प्रक्रिया तो अरसे से चलती रहती है पर नए काल खंड का निर्धारण तब होता है जब बदलाव के चित्र हमारी आर्थिक-सांस्कृतिक स्थितियों और कलारूपों तथा भाषा में स्पष्टतः दिखाई देने लगते हैं इसलिए साहित्येतिहास के लेखन में जो काल निर्धारण किया जायगा वह लचीला होगा ।

इस बदलाव को जब डॉ० रामकुमार वर्मा रोमैंटिक लहजे और ग्रियर्सनी शैली में अप्रत्याशित और कुतूहलपूर्ण कहते हैं (हिन्दी साहित्य, तृतीय खंड, भारतीय हिन्दी परिषद्, प्रयाग) तो विकसित इतिहास-दृष्टि के पाठकों का मनोरंजन होता है। वस्तुतः हिन्दी-साहित्य के इतिहास में जिसे हम आधुनिक काल कहते हैं उसके विकास का क्रम एक शताब्दी पहले से ही प्रारम्भ हो जाता है। बदलाव के स्पष्ट चिह्न उन्नीसवीं शती के उत्तरार्ध में दिखाई पड़ने लगते हैं।

संयोग है कि हिन्दी साहित्य में आधुनिक जीवन-बोध के प्रवर्तक भारतेंदु हरिश्चन्द्र का जन्म सन् १८५०—ठीक उन्नीसवीं शती के मध्य—में होता है। अतः इतिहास लेखकों ने इस वर्ष को ही आधुनिक हिन्दी साहित्य की शुरुआत का वर्ष मान लिया। किंतु यह वर्ष स्वयं इतिहास की गतिमानता या बदलाव में किसी तरह की भूमिका नहीं अदा करता। इतिहास के काल-विभाजन की रेखा कम से कम दो विभिन्न प्रवृत्तियों को स्पष्टतः अलगाने वाली तथा इस अलगाव के लिए खुद भी बहुत कुछ उत्तरदायी होनी चाहिए। यदि सन् १८५७ को आधुनिक काल का प्रारंभिक बिन्दु मान लिया जाय तो उपर्युक्त दोनों शर्तें पूरी हो जाती हैं।

सन् १८५७ का प्रथम स्वतंत्रता-संग्राम (जो पहले गदर के नाम से प्रसिद्ध था) ब्रिटिश साम्राज्यवाद की जड़ें हिला देने वाला सिद्ध हुआ। इसके पहले देश के अन्य भागों में छिटपुट विद्रोह हो चुके थे। उदाहरणार्थ, बंगाल का संन्यासी विद्रोह (१७६३ १८००), उड़ीसा के जमींदारों का विद्रोह, (१८०४-१८१७), विजय नगरम् के राजा का विद्रोह (१७६४) आदि। सन् १८५७ का विद्रोह भी हिन्दी भाषा-भाषी क्षेत्र के एक सीमित भाग तक ही फैल कर रह गया था, यद्यपि यह क्षेत्र अपेक्षाकृत अधिक व्यापक था। किन्तु अपनी प्रकृति, और संरचना में यह भिन्न था।

इसकी शुरुआत अवध के सिपाहियों ने आकस्मिक ढंग से की, किन्तु इसकी स्थितियाँ वर्षों पहले से बन रही थीं। बाद में इसमें जमींदार, किसान, कारीगर और सामंत भी जुट गए। छोटी सी शुरुआत जनता की व्यापक लड़ाई में बदल गई। इसे दबाने में अंग्रेजों के छक्के छूट गए। इसी के फलस्वरूप कम्पनी राज्य का अंत हुआ और महारानी विक्टोरिया को घोषणा-पत्र जारी करना पड़ा। देश के मिजाज को बदलने तथा राष्ट्रीयता की ओर उन्मुख करने में इसका विशेष महत्त्व है। अतः इसी को आधुनिक काल का प्रारंभिक

वर्ष मानना सर्वाधिक तर्कसंगत है।

नामकरण

आधुनिक शब्द दो अर्थों की सूचना देता है—मध्यकाल से भिन्नता की और नवीन इहलौकिक दृष्टिकोण की। मध्यकाल अपने अवरोध, जड़ता और रूढ़िवादिता के कारण स्थिर और एकरस हो चुका था। एक विशिष्ट ऐतिहासिक प्रक्रिया ने उसे तोड़कर गत्यात्मक बनाया। मध्यकालीन जड़ता और आधुनिक गत्यात्मकता को साहित्य और कला के माध्यम से समझा जा सकता है। रीति-काल की कला और साहित्य अपने-अपने कथ्य, अलंकृति और शैली में एक रूप हो गये थे। वे घोर शृंगारिकता के बँधे घाटों में बह रहे थे। इन छंदों में न वैविध्य था और न विन्यास (डिक्शन) में। एक ही प्रकार के छंद एक ही प्रकार के ढंग। आधुनिक काल में बँधे हुए घाट टूट गए और जीवन की धारा विविध स्रोतों में फूट निकली। साहित्य मनुष्य के बृहत्तर सुख-दुःख के साथ पहली बार जुड़ा।

आधुनिक शब्द से जो दूसरा अर्थ ध्वनित होता है वह है इहलौकिक दृष्टिकोण। धर्म, दर्शन, साहित्य, चित्र आदि सभी के प्रति नए दृष्टिकोण का आविर्भाव हुआ। मध्यकाल में पारलौकिक दृष्टि से मनुष्य इतना अधिक आच्छन्न था कि उसे अपने परिवेश की सुध ही नहीं थी। पर आधुनिक युग में मनुष्य अपने पर्यावरण के प्रति अधिक सतर्क हो गया। आधुनिक युग की पीठिका के रूप में इस देश में जिन दार्शनिक चिंतकों और धार्मिक व्याख्याताओं का आविर्भाव हुआ उनकी मूल चिंता धारा इहलौकिक ही है। सुधार-परिष्कार, अतीत का पुनराख्यान नवीन दृष्टिकोण का फल है। आधुनिक युग की ऐतिहासिक प्रक्रिया का परिणाम है कि साहित्य की भाषा ही बदल गई—ब्रजभाषा की जगह खड़ी बोली ने ले ली।

उपविभाग

रामचन्द्र शुक्ल ने आधुनिक काल का जो उप-विभाजन किया है वह एकसूत्रता के अभाव में विसंगतिपूर्ण हो गया है। उन्होंने आधुनिक काल को दो खण्डों में बाँटा है— गद्य खंड और काव्य खंड। ये दोनों खंड एक दूसरे से इतने पृथक् हैं कि उनमें एकतानता नहीं आ पाती, दोनों खंडों को दो-दो प्रकरणों में बाँटा गया है। गद्य के पहले प्रकरण में ब्रजभाषा गद्य और खड़ी बोली गद्य का विकास विवेचित है। दूसरे प्रकरण में गद्य साहित्य का आविर्भाव विश्लेषित है। इसे फिर तीन उत्थानों में विभाजित किया गया—प्रथम, द्वितीय और तृतीय। काव्य खंड में भी दो प्रकरण हैं—पुरानी काव्य धारा और नई काव्य धारा। नई धारा के भी तीन उत्थान हैं—प्रथम, द्वितीय और तृतीय। शुक्ल जी के गद्य खंड और काव्य खंड एक दूसरे से सर्वथा अलग हैं, एक की प्रवृत्ति का दूसरे की प्रवृत्ति से कोई तालमेल नहीं है। ऐसा लगता है मानो गद्य खंड में एक प्रवृत्ति क्रियाशील है तो काव्य खंड में दूसरी प्रवृत्ति। उदाहरणार्थ, काव्य खंड दूसरे प्रकरण के तृतीय उत्थान (काव्य में जो छायावाद के नाम से अभिहित किया जाता है) तथा गद्य खंड के द्वितीय प्रकरण के तृतीय उत्थान में कोई एकरूपता नहीं निरूपित की जा सकी है। इस खंड दृष्टि के कारण इतिहास का नैरन्तर्य ओझल हो गया है।

परवर्ती इतिहासकारों ने प्रायः शुक्लजी का अनुगमन किया। आधुनिक काल के

इतिहास लेखन में सामान्य रूप से उनकी उत्थानवादी शैली ही स्वीकृति कर ली गई। कुछ लोगों ने आधुनिक काल के विकास के प्रथम दो चरणों को भारतेंदु युग और द्विवेदी युग कहना अधिक संगत समझा। किन्तु इन नामों की ग्राह्यता को संदेह की दृष्टि से देखा जाता है। भारतेंदु युग और द्विवेदी युग की परिकल्पना कर लेने पर युगों की बाढ़ आ गई। भारतीय हिन्दी परिषद् प्रयाग से प्रकाशित हिन्दी साहित्य (तृतीय खंड) में उपन्यासों के सन्दर्भ में प्रेमचन्द युग और नाटकों के संदर्भ में प्रसाद युग की कल्पना की गई। पता नहीं, समीक्षा के संदर्भ में शुक्ल युग क्यों नहीं लिखा गया? जितने युग उतने संदर्भ !

एक इतिहास और। डॉ० नगेन्द्र के संपादन में 'हिन्दी साहित्य का इतिहास' प्रकाशित हुआ है। अनेक लेखकों द्वारा लिखे जाने के कारण इसमें परस्पर विरोधी दृष्टिकोण मिलेंगे। पूर्वपीठिकाओं की स्थापनाओं के साथ विधाओं की संगति नहीं बैठ पाती। उदाहरणार्थ भारतेंदु युग को लिया जा सकता है। इसका दूसरा नाम है पुनर्जागरण। पर भारतेंदु के नाटकों की पारंपरिक खतौनी से पुनर्जागरण का दूर का भी रिश्ता नहीं है।

छायावाद-युग सामान्यतः सर्वमान्य है। इसे विभाजक रेखा मानकर कालों का नामकरण अधिक सुविधाजनक, तर्कसंगत और औचित्यपूर्ण होगा। यों 'छायावाद' शब्द अपने अर्थ-संकोच और एकांगिकता के कारण ग्राह्य नहीं है। इसका सीधा सम्बन्ध पुनर्जागरण काल से है। पर यह शब्द व्यापक परिप्रेक्ष्य में मौजूँ नहीं है। 'रोमैंटिक' शब्द का समानार्थी शब्द ही इस युग को समग्रता में उजागर कर सकता है। हिन्दी में 'स्वच्छन्दतावाद' शब्द का प्रयोग 'रोमैंटिसिज्म' के अर्थ में किया जाने लगा है। अतः जिसे छायावाद युग कहा जाता है उसे स्वच्छन्दतावाद युग के नाम से अभिहित किया जाना चाहिए। यह शब्द अपनी अर्थवत्ता में गांधी-नेहरू युग के आदर्शों और अन्तर्विरोधों की समानान्तरता पा लेता है। रोमैंटिक या स्वच्छन्दतावादी आन्दोलन में जिस वैयक्तिकता को अत्यधिक महत्त्व दिया जाता है वह गांधीवादी आन्दोलन में आद्यन्त मौजूद है। 'अन्तरात्मा की आवाज' इस युग के संपूर्ण साहित्य में विद्यमान है। स्वच्छन्दतावादी साहित्य मुक्ति का साहित्य है, ठीक उसी तरह जैसे गांधी-नेहरू का आन्दोलन समग्र अर्थ में मुक्ति का आन्दोलन था। 'स्वछन्दतावाद युग' नाम स्वीकार कर लेने पर न तो इसे ईसाइयत के फैंटसमाटा से जोड़ने की जरूरत पड़ेगी और न स्थूल के प्रति सूक्ष्म का विद्रोह कह कर सरलीकरण की आवश्यकता।

'छायावाद' को लेकर जितनी परिभाषाएँ दी गई हैं उनकी दृष्टि में केवल काव्य रहा है। प्रसाद, जैनेन्द्र और इलाचन्द्र जोशी आदि के उपन्यासों को, जो उसी काल में लिखे गए, क्या छायावादी कहा जायगा? इस काल के काव्य, उपन्यास, कहानी, निबन्ध, आलोचना आदि को **स्वच्छन्दतावादी** तो कहा जा सकता है, छायावादी नहीं।

स्वच्छन्दतावादी युग के ठीक पहले का काल पूर्व-स्वच्छन्दतावादी युग के नाम से अभिहित किया जाना चाहिए। द्विवेदी युग व्यक्ति-वाचक नाम होने से यों ही अग्राह्य है, दूसरे इससे किसी तरह की प्रवृत्ति का बोध नहीं होता। तीसरे इस नाम के कारण ऐतिहासिक प्रवाह खंडित हो जाता है। इस युग में निबन्ध और कविताएँ अधिक लिखी गई। निबन्ध लेखकों में मुख्यतः महावीर प्रसाद द्विवेदी, माधव प्रसाद मिश्र, गोविन्द नारायण मिश्र, बालमुकुन्द गुप्त,

चन्द्रधर शर्मा गुलेरी, पूर्णसिंह की गणना की जाती है। श्रीधर पाठक, रामचरित उपाध्याय, सनेही, मैथिलीशरण गुप्त, रामनरेश त्रिपाठी, रूपनारायण पांडेय, मुकुटधर पाडेय आदि इस युग के प्रमुख कवि हैं। निवन्ध-लेखकों में पहले तीन द्विवेदी-कलम के लेखक हैं। शेष तीन पूर्व-स्वच्छन्दतावादी प्रवृत्ति के निवन्धकार हैं क्योंकि उनमें स्वच्छन्दता की प्रवृत्ति पायी जाती है। निवन्ध-लेखकों के रूप में इन्हीं तीनों का महत्त्व है। द्विवेदी-कलम के कवियों में केवल मैथिलीशरण गुप्त को ही ऐतिहासिक महत्त्व प्राप्त है, वह भी 'साकेत' के कारण। 'साकेत' पर स्वच्छन्दतावाद का कम प्रभाव नहीं है। श्रीधर पाठक, रामनरेश त्रिपाठी, मुकुटधर पांडेय को शुक्लजी ने स्वयं प्रकृत स्वच्छन्दतावादी कहा है। वस्तुतः अगले संदर्भ में इन्हीं कवियों का विकास प्रसाद, निराला, पंत में हुआ। अतः इस युग को पूर्व-स्वच्छन्दता युग का नाम देना अधिक संगत है। भारतेंदु युग को पुनर्जागरण युग कहने में कोई आपत्ति नहीं उठाई जानी चाहिए।

स्वच्छन्दता युग के वाद के काल को उत्तर-स्वच्छन्दतावाद युग कहा जा सकता है। इसे पुनः तीन दशकों में वाँटना अधिक संगत प्रतीत होता है। संक्षेप में इस काल के उप-विभाजन का प्रारूप निम्नलिखित ढंग से प्रस्तुत किया जा सकता है—

१—पुनर्जागरण-काल—१८५७-१९०० ई०

२—पूर्व-स्वच्छन्दतावाद-काल—१९००-१९२० ई०

३—स्वच्छन्दतावाद-काल—१९२०-१९४० ई०

४—उत्तर-स्वच्छन्दतावाद-काल—१९४० ई०

(क) पहला दशक (प्रगति और स्वतन्त्रता का द्वंद्व)

(ख) दूसरा दशक (संतुलन की खोज और आधुनिकता)

(ग) तीसरा दशक (आधुनिकता वोध की रचनाएँ)

नये संस्करण की भूमिका

इस नये संस्करण में कुछ पुरानी वातों को वदल दिया गया है और नये तथ्यों के आधार पर उनका नया अर्थापन किया गया है।

इस संस्करण को अद्यतन वनाने के लिए वहुत सारे लेखकों, कवियों और रचनाकारों को भी सम्मिलित कर लिया गया है। अव यह अद्यतन रूप में आपके समाने है।

१.८.१९९४ — **बच्चन सिंह**

विषय-सूची

पुनर्जागरण काल
(१८५७-१९०० ई०)

अध्याय एक

बदलाव की स्थितियाँ

कोई भी बदलाव यों ही नहीं आता, बल्कि उसके कुछ कारण होते हैं। दो संस्कृतियों का अन्तरावलंबन परिवर्तन के लिए उतना कारगर नहीं होता जितना समाज के बुनियादी ढाँचे को बदलने वाले आर्थिक कारण। मुख्य कारण आर्थिक ही होता है; सांस्कृतिक गौण। यह बात दूसरी है कि कभी सांस्कृतिक कारण भी प्रधान हो उठता है। पर इन दोनों को ले आने का दायित्व जाने-अनजाने अंग्रेजों को ही है। अतः आधुनिक काल की परिवर्तमान प्रक्रिया को समझने के लिए उन समस्त कारणों का विवेचन आवश्यक है जो अंग्रेजी साम्राज्यवाद के फलस्वरूप प्रादुर्भूत हुए।

राजनीतिक स्थिति

सन् १८५७ से हिन्दी साहित्य का आधुनिक काल शुरू हो जाता है पर भारतवर्ष के आधुनिक बनने की प्रक्रिया की शुरुआत एक शताब्दी पूर्व उसी समय से (सन् १७५७ ई०) हो जाती है जब ईस्ट इंडिया कम्पनी ने नवाब सिराजुद्दौला को प्लासी की लड़ाई में हराया था। सिराजुद्दौला की हार के बाद संपूर्ण बंगाल पर अंग्रेजों का अधिकार हो गया। १७६४ में बक्सर की लड़ाई में मुगल सम्राट शाह आलम भी पराजित हुआ, सन् १७६५ में कड़ा के युद्ध में उसकी रही सही शक्ति भी समाप्त हो गई। सम्राट ने अब बंगाल, बिहार और उड़ीसा की दीवानी अंग्रेजों को बख्श दी।

सम्पूर्ण देश पर अपना आधिपत्य जमाने के लिए अंग्रेजों को दो और शक्तियों को पराजित करना शेष था—वे शक्तियाँ थीं मराठे और सिक्ख। सिक्ख तो पंजाब की सीमा में थे। परन्तु मराठों का प्रभाव बहुत व्यापक था। पारस्परिक फूट और संघर्ष के कारण असी (१८०३) और लासवारी (१८०३) के युद्ध में मराठे विजित हो गए और उनकी संघ शक्ति समाप्त हो गई। १८४९ में सिक्खों को पराजित करने के बाद संपूर्ण देश अंग्रेजों के अधीन हो गया। १८५६ में अवध भी अंग्रेजी राज्य में सम्मिलित कर लिया गया।

अपनी इस विजय के कारण अंग्रेजों का मदोन्मत्त हो जाना स्वाभाविक था। उनकी नीतियों से असंतुष्ट देशी राजाओं, सिपाहियों, किसानों ने एक जुट होकर १८५७ ई० में व्यापक स्तर पर विद्रोह किया।

सन् १८५७ के संघर्ष के फलस्वरूप ईस्ट इंडिया कंपनी समाप्त कर दी गई और भारतवर्ष ब्रिटिश साम्राज्य का उपनिवेश बन गया। अंग्रेजों ने अपनी आर्थिक, शैक्षणिक, तथा प्रशासनिक नीतियों में परिवर्तन किया। इस देश के लोग भी नए संदर्भ में कुछ नया सोचने और करने के लिए बाध्य हुए।

साहित्य मनुष्य के बृहत्तर सुख-दुःख के साथ पहली बार जुड़ा। यह भारतेन्दु के समय में हुआ—वह भी गद्य के माध्यम से। आधुनिक जीवन-चेतना की चिनगारियाँ गद्य में

दिखाई पड़ीं, पद्य में नहीं। नया युग अपनी अभिव्यक्ति के लिए नई भाषा की खोज कर रहा था। ब्रजभाषा इसके लिए उपयुक्त नहीं थीं। इसलिए आधुनिक काल में ब्रजभाषा काव्य के माध्यम से पुरानी संवेदनाएँ ही अभिव्यक्ति पाती रहीं। वह अपने संस्कारों में जड़ हो चुकी थी। उसके लिए पुरातनता का केंचुल छोड़ पाना संभव नहीं था। खड़ी बोली का गद्य आधुनिक चेतना के फलस्वरूप ही अभिव्यक्ति का नया माध्यम बना।

नया आर्थिक ढाँचा : नए सम्बन्ध

साहित्य का इतिहास बदलती हुई अभिरुचियों और संवेदनाओं का इतिहास है। अभिरुचियों और संवेदनाओं के बदलाव का सीधा सम्बन्ध आर्थिक और चिन्तनात्मक परिवर्तन से है। कुछ लोगों की दृष्टि में आर्थिक परिवर्तनों के साथ साहित्यिक परिवर्तनों का तालमेल बैठा देना ही साहित्य का इतिहास होता है। कुछ लोग संस्कृति के धरातल पर ही अभिरुचियों का विकास-क्रम निर्धारित करते हैं। वस्तुतः आर्थिक और सांस्कृतिक परिवर्तनों में पेचीदा सम्बन्ध है। स्थूल रूप से दोनों में कारण-कार्य का सम्बन्ध स्थापित करके सरलीकरण नहीं किया जा सकता, अतः साहित्येतिहास के सन्दर्भ में दोनों के सम्बन्धों और देन का विवेचन अतिरिक्त अवधानता की अपेक्षा रखता है।

आधुनिक काल के पूर्व भारतीय गाँवों का आर्थिक ढाँचा प्रायः अपरिवर्तनशील और स्थिर रहा है। गाँव अपने आप में स्वतः पूर्ण आर्थिक इकाई थे। इनकी अपरिवर्तनशीलता को लक्ष्य करते हुए सर चार्ल्स मेटकाफ ने लिखा है—"गाँव छोटे-छोटे गणतन्त्र थे। उनकी अपनी आवश्यकताएँ गाँव में ही पूरी हो जाती थीं। बाहरी दुनिया से उनका कोई सम्बन्ध नहीं था। एक के बाद दूसरा राजवंश आया, एक के बाद दूसरा उलटफेर हुआ; हिन्दू, पठान, मुगल, सिक्ख, मराठों के राज्य बने और बिगड़े पर गाँव वैसे के वैसे ही बने रहे।"

गाँव की जमीन पर सबका समान अधिकार था। किसान खेती करता था। लुहार, बढ़ई, कुम्हार, नाई, धोबी, गौंड, तेली आदि गाँव की अन्य आवश्यकताएँ पूरी करते थे। पेशा जाति के अनुसार निश्चित होता था। एक जाति का व्यक्ति दूसरी जाति का पेशा नहीं करता था क्योंकि इसके लिए वह स्वतन्त्र नहीं था।

नगर और गाँव अपनी-अपनी इकाइयों में पूर्ण और एक दूसरे से असंबद्ध थे। नगर तीन तरह के थे, राजनीतिक महत्त्व के नगर, धार्मिक नगर और व्यापारिक नगर। नगरों में मूल्यवान वस्तुओं का निर्माण होता था। रत्नजटित आभूषणों, बारीक सूती-रेशमी वस्त्रों, हाथीदाँत की मीनाकारी, वस्त्रों की रँगाई आदि के लिए इस देश की अन्तर्राष्ट्रीय ख्याति थी। पर इन वस्तुओं की खपत धनी वर्ग में होती थी, विशेष रूप से राजाओं-महाराजाओं, सामंतों, श्रेष्ठियों आदि में। नगरों का उद्योग सामान्य वस्तुओं का निर्माण नहीं करता था। गाँव का घरेलू उद्योग अलग था और नगरों का अलग। दोनों की अलग-अलग इकाइयाँ थीं। अंग्रेज व्यापारियों ने इस देश को अपना बाजार बनाने के लिए यहाँ के बारीक धंधों को बहुत कुछ नष्ट कर दिया। जो कुछ बाकी बचे थे वे नई सामाजिक व्यवस्था के कारण नष्ट हो गए।

अंग्रेजी राज्य की स्थापना के साथ-साथ इस देश की सामाजिक संघटना में विघटन

और परिवर्तन आरंभ हो जाता है। यों अंग्रेजों की विजय की जिम्मेदारी यहाँ की स्थिर आर्थिक व्यवस्था पर ही नहीं है। अनेक जातियों-उपजातियों में विभक्त देश में पारस्परिक एकता का सर्वथा अभाव रहा है। विदेशी मुसलमानों की विजय का कारण भी यही था और अंग्रेजों की विजय का भी। आज भी जब एक सीमा तक देश का आधुनिकीकरण हो गया है जाति के आधार पर चुनाव जीते जाते हैं, नियुक्तियाँ होती हैं। पुरातन आर्थिक व्यवस्था के छिन्न-भिन्न होने पर भी जाति प्रथा शिथिल तो हुई पर मिट नहीं सकी। आधुनिक साहित्य में भी इस प्रथा पर करारी चोट की गई पर वह किताबी बन कर रह गई। आर्थिक ढाँचे के परिवर्तन के साथ अधिरचना के ढाँचे को भी अन्य स्तर पर मूलतः बदलने की ज़रूरत बनी हुई है।

जो आर्थिक परिवर्तन अंग्रेजों द्वारा ले आया गया वह मुसलमान आक्रमणकारियों द्वारा संभव नहीं था। इनके आगमन से सामाजिक रीति-नीतियों में कहीं संकोच और कहीं विस्तार दिखाई पड़ा। मुसलमान यायावर थे और सामाजिक विकास की दृष्टि से वे पिछड़े हुए थे। उनकी स्थिति पूर्व-सामंतीय थी। इसलिए वे विजयी होकर भी यहाँ की उच्चतर सभ्यता से अंशतः विजित हो गए। मुगलों के जमाने में आर्थिक-सामाजिक ढाँचे में स्थिरता आई किन्तु वे भी समाज के ढाँचे में कोई बुनियादी फर्क नहीं ले आ सके। आर्थिक इकाइयों में यथास्थिति बनी रही। अंग्रेज सामंतीय व्यवस्था से आगे बढ़कर पूँजीवादी व्यवस्था अपना चुके थे। सामाजिक विकास की दृष्टि से वे यहाँ के लोगों से एक मंजिल आगे थे। इसलिए आर्थिक व्यवस्था को तोड़ने और परिवर्तन करने में उन्हें सफलता प्राप्त हुई।

अंग्रेजों ने गाँव की आर्थिक व्यवस्था में जो रद्दोबदल किया उसे उनकी कृपा नहीं कहा जा सकता। इसमें उनका अपना स्वार्थ निहित था। गाँव की जमीन का बन्दोवस्त करने के कारण उन्हें थोड़े लोगों से ही मालगुजारी मिल जाती थी। जमींदारों और बड़े-बड़े जोतदारों का एक ऐसा तबका खड़ा हुआ जो अंग्रेजों की आखिरी विदाई के समय तक उनकी सहायता करता रहा। अंग्रेजों ने इस देश को लूटा, इसका व्यापार नष्ट किया। भारतेन्दु ने 'कवि-वचन-सुधा' (मार्च १८७४) में लिखा है—"सरकारी पक्ष का कहना है कि हिन्दुस्तान में पहले सब लोग लड़ते-भिड़ते थे और आपस में गमनागमन न हो सकता था, यह सब सरकार की कृपा से हुआ। हिन्दुस्तानियों का कहना है कि उद्योग और व्यापार बाकी न रहा। रेल आदि से भी द्रव्य के बढ़ने की आशा नहीं है। रेलवे कम्पनीवालों ने जो द्रव्य व्यय किया है उसका ब्याज सरकार को देना पड़ता है और लेने वाले बहुधा विलायत के लोग हैं। कुल मिलाकर २६ करोड़ रुपया बाहर जाता है।"

लार्ड कार्नवालिस ने सन् १७९३ में बंगाल, बिहार और उड़ीसा में जमींदारी प्रथा लागू की। बाद में बम्बई, उत्तर प्रदेश और मध्य प्रदेश के कुछ इलाकों में भी यही व्यवस्था जारी की गई। सन् १८२० में सर टामस मुनरो ने इस्तमरारी बन्दोबस्त लागू करके जमीन को व्यक्तिगत संपत्ति के रूप में बदल दिया। जमींदार और जोतदार दोनों ही जमीन का क्रय-विक्रय कर सकते थे। इसके पहले जमीन को न खरीदा जा सकता था और न बेचा जा सकता था क्योंकि उस पर व्यक्ति का स्वामित्व नहीं था।

खेत के व्यक्तिगत संपत्ति हो जाने पर खेती का व्यावसायिक हो जाना स्वाभाविक

था। पहले कृषि का उत्पादन गाँव में ही रह जाता था किन्तु अब बाजारों में जाने लगा। यातायात की सुविधा बढ़ने पर उत्पादन की किस्म पर भी प्रभाव पड़ा। खेतो मे उन वस्तुओं का उत्पादन अधिक किया जाने लगा जो व्यवसाय की दृष्टि से अधिक लाभप्रद थीं। रुपये के चलन से भी व्यावसायिकता में अभिवृद्धि हुई पर किसानों की स्थिति अच्छी नहीं हो सकी। उन्हें एक ओर सरकारी मालगुजारी अदा करने की परेशानी रहती थी दूसरी ओर महाजन की ऋण-अदायगी की। वह बेचारा इन दो पाटों के बीच पिस रहा था। समय-समय पर अंग्रेज मालगुजारी की दर बढ़ा दिया करते थे। फलस्वरूप किसान महाजनों के चंगुल में बुरी तरह फँस जाता था। महाजनी सभ्यता का जाल फैलाने का श्रेय अंग्रेजों को ही है। आए दिन अकाल भी पड़ते रहते थे। अकाल-पीड़ितों की रक्षा करने में अंग्रेज अधिकार असमर्थ थे। अकाल की ज्वाला में हजारों लोग भस्मीभूत हो जाया करते थे। कर के भारी बोझ और अकाल-महामारी आदि की भयंकरता का प्रचुर उल्लेख भारतेन्दु तथा उनके मंडल द्वारा लिखे गए साहित्य में मिलेगा।

जब भूमि व्यक्तिगत सम्पत्ति हो गई और उत्पादन के वितरण का ढंग बदल गया तो पुराने सामाजिक सम्बन्धों के स्थान पर नए सामाजिक सम्बन्ध बनने लगे। सामूहिक खेती के नष्ट होने के कारण सम्बन्धों की रागात्मकता टूटने लगी। व्यक्ति के अपने-अपने स्वार्थ हो गए। इसलिए अर्थ पर टिका हुआ स्वार्थ आत्मपरक हो गया। पूँजीवादी अर्थव्यवस्था में घटिया स्वार्थ का जन्म होता है और यांत्रिकता के कारण, जो पूँजीवाद का अगला चरण है, अकेलेपन या एलियनेशन का।

पहले सरल ग्राम-व्यवस्था में पारस्परिक झगड़ों का निपटारा पंचायतों में हो जाता था। किंतु नई अर्थ-व्यवस्था के कारण पारस्परिक सम्बन्ध जटिल हो गए। अब पंचायतों द्वारा उनका फैसला नहीं हो सकता था। ऐसी स्थिति में नई संस्थाओं का जन्म हुआ और पंचायतों के स्थान पर कचहरियाँ स्थापित की गईं।

पुरानी व्यवस्था में भी अलगाव था किंतु वह अलगाव एक प्रकार का था और नई व्यवस्था में जो अलगाव आया वह दूसरी प्रकार का था। पहले एक गाँव दूसरे गाँव से और गाँव शहर से अलग थे। साहित्य-संस्कृति पर नागरिक संस्कृति की गहरी छाप थी। सबको एकसूत्रता प्रदान करने वाला तत्त्व धर्म था। यही कारण था कि भक्तिकालीन काव्य नगर और गाँव को समान रूप से प्रभावित कर सका। रीतिकालीन काव्य में गाँव को नफरत की निगाह से देखा गया है। इसे प्रमाणित करने के लिए बिहारी के दोहे उद्धृत किए जा सकते हैं। आधुनिक काल में गाँव की ओर साहित्यकारों की दृष्टि अवश्य गई पर तब तक किन्हीं अंशों में गाँव बदल चुके थे।

अंग्रेजों की नई व्यवस्था से जनता को घोर संकट का सामना करना पड़ा। खेत अनेकानेक टुकड़ों में बँट गए। किसान और सरकार के बीच बहुत से मध्यस्थ हो गए। पैदावार घटती गई। ग्रामीण उद्योग-धंधों के नष्ट होने पर अधिक से अधिक लोग खेती पर आश्रित हो गए। शहरी उद्योग भी अंग्रेजों की कृपा से काल-कवलित हो गए।

पुरानी अर्थ-व्यवस्था के स्थान पर जिस नई अर्थ-व्यवस्था को लागू किया गया

उमसे अनजाने ही, ऐतिहासिक विकास की अनिवार्य प्रक्रिया के फलस्वरूप भारतीय समाज विकास की ओर अग्रसर हुआ। गाँवों की जड़ता टूटी, गाँव और शहर एक दूसरे से संपर्क में आने के लिए बाध्य हुए। एक घेरे में बँधी हुई अर्थ-व्यवस्था राष्ट्रोन्मुख हो चली। जो देश केवल धार्मिक एकता में बँधा हुआ था वह राष्ट्रीय एकता के प्रति भी जागरूक होने लगा।

जाति प्रथा को भी एक धक्का लगा। जाति आर्थिक वर्गों में बदलने लगी। किंतु जाति प्रथा की जड़ता को तोड़ा नहीं जा सका। आर्थिक वर्गों का उदय तो हुआ पर जातीय उच्चता की भावना विलीन नहीं हो सकी। अंग्रेजों ने जाने-अनजाने जो सुविधाएँ दीं उनका उपयोग उच्च जाति के लोगों ने ही किया। अंग्रेजों के जमाने में शासन में उन्हीं का प्राधान्य था। राष्ट्रीय आन्दोलन भी उन्हीं के हाथ में था। आज के राजनीतिक दलों के सूत्रधार भी वे ही हैं। साहित्य और कला पर भी इन्हीं का आधिपत्य बना रहा। इसलिए आज एक होकर भी हम अनेक हैं। अंग्रेजों ने इस भेद-भाव का लाभ उठाया। पर सारा दोष अंग्रेजों के कंधों पर लाद कर हम अपने को निर्दोष नहीं कह सकते। जाति प्रथा शिथिल जरूर हुई इसमें कोई संदेह नहीं है।

नए-नए आर्थिक वर्गों का जन्म हुआ। उच्चवर्ग और श्रमिक के अतिरिक्त एक नए मध्य वर्ग का उदय हुआ। आधुनिक काल में उस वर्ग की भूमिका ही सबसे अधिक क्रांतिकारी कही जायगी। इस वर्ग के उदय का एक कारण और था नई शिक्षा।

शिक्षा का पश्चिमीकरण

अंग्रेजी राज्य की स्थापना और आर्थिक परिवर्तनों के संदर्भ में जीवन की नई समस्याएँ पैदा हुई। इन समस्याओं से जूझने के लिए नए दृष्टिकोणों की आवश्यकता पड़ी। कहना न होगा कि नई शिक्षा प्रणाली द्वारा जो ज्ञान-विज्ञान उपलब्ध हुआ उससे बहुत सहायता मिली।

१८वीं शताब्दी के अन्त में इस देश को जिस पाश्चात्य ज्ञान-विज्ञान के संपर्क में आना पड़ा वह भारत के ज्ञान-विज्ञान से प्रकृति में ही भिन्न था। भारतीय ज्ञान गतानुगतिक और परंपराभुक्त हो चला था। पाश्चात्य ज्ञान-विज्ञान नए जीवन संदर्भों की ताजगी लिये हुए था। भारतीय ज्ञान-विज्ञान का लक्ष्य आध्यात्मिक और पारलौकिक था तो पाश्चात्य ज्ञान-विज्ञान का लक्ष्य भौतिक और इहलौकिक। इस देश की विद्या वर्ग या जाति विशेष तक सीमित थी पर पाश्चात्य विद्या सर्वसुलभ थी।

फिर भी ज्ञान-विज्ञान के अनेक क्षेत्रों में इस देश ने अभूतपूर्व प्रगति की थी। दर्शन, ज्योतिष, गणित, औषधि, विज्ञान, धर्मशास्त्र, काव्यशास्त्र, व्याकरण आदि में इसकी जोड़ का कोई अन्य देश नहीं था। पर अब उन्हीं को दुहराया जा रहा था, नई उद्भावनाओं का मार्ग अवरुद्ध हो चला था। वेदादि की आप्तता, वर्णाश्रम धर्म की श्रेष्ठता, इहलौकिकता के प्रति अनासक्ति भाव यथास्थिति बनाये रखने के पक्षधर थे। नई परिस्थितियों में उनकी उपयोगिता के आगे प्रश्न चिन्ह लग गया था। मुसलमानों में भी उसी प्रकार की गतानुगतिकता घर कर गई थी।

मैकाले ने दोनों की शिक्षा-पद्धतियों पर टिप्पणी करते हुए लिखा है—"हिन्दुओं और मुसलमानों की शिक्षा-पद्धतियों में बहुत कुछ समानता थी। वे उस भाषा में शिक्षा देते थे जो जनता की भाषा नहीं थी। उनकी शिक्षा का मूलस्रोत धर्म था और उसकी आप्तता अपरिवर्तनीय थी। वे नए अभिनिवेश और परिवर्तन के विरुद्ध थे—"इस प्रकार की शिक्षा-पद्धति अपने धर्म के प्रति कट्टरता की भावना ही पैदा कर सकती थी। इनके द्वारा स्वतंत्र व्यक्तित्व और विवेक सम्मत (रेशनल) वैज्ञानिक दृष्टिकोण का निर्माण संभव नहीं था।

आधुनिक शिक्षा-पद्धति का समारंभ एक महत्वपूर्ण ऐतिहासिक घटना है। आधुनिक होने की दिशा में यह एक गत्यात्मक प्रयत्न माना जायगा।

आधुनिक शिक्षा प्रणाली के प्रसार में मुख्यतः तीन शक्तियों का योगदान है—१. ईसाई मिशन, २. अंग्रेज सरकार और ३. व्यक्तिगत प्रयास।

ब्रिटिश राज्य की स्थापना के पूर्व ईसाई मिशन दक्षिण भारत में, धर्म-प्रचार के कार्य में लगे हुए थे। नई शिक्षा से उनका कोई संबंध नहीं था। प्लासी युद्ध के बाद सन् १७५८ में डेनिश मिशन कलकत्ता आया। परन्तु इसका क्रिया-कलाप भी सीमित रहा। १८९३ में मिशनरियों का दूसरा महत्त्वपूर्ण दल कलकत्ते पहुँचा। कैरे और उनके दो सहयोगियों ने, जो उस मिशन से सम्बद्ध थे, नए बंगाल के निर्माण में महत्त्व की भूमिका निभाई। बँगला गद्य की नींव डालने वाले लोगों में कैरे भी है। सन् १८१३ में कंपनी ने एक नया चार्टर स्वीकृत किया। इसके अनुसार शिक्षा आदि उपयोगी काम के लिए अनुदान देने की व्यवस्था की गई। इस चार्टर के बाद आने वाले मिशनरियों में अलेक्जेंडर डफ का कार्य सर्वाधिक उल्लेखनीय है। कंपनी के अधिकारियों पर डफ का विशेष प्रभाव था। डफ धर्म-प्रचार का कार्य अंग्रेजी शिक्षा के प्रचार द्वारा करना चाहता था। डफ को धर्म-प्रचार के कार्य में तो सफलता प्रायः नहीं ही मिली पर इसी बहाने अंग्रेजी शिक्षा देने वाले बहुत से स्कूल-कालेज खुल गए।

ईसाई मिशनरियों ने जो कुछ कार्य किया उसके पीछे न तो कोई आध्यात्मिक प्रेरणा थी न अनुग्रह की भावना। वे ईसाई धर्म-प्रचार में लगे हुए थे। अपने धर्म के प्रचारार्थ उन्होंने हिन्दुओं और मुसलमानों के धर्मों पर निस्संकोच आक्रमण किया, उनकी निन्दा की। प्रत्येक मिशन स्कूल में ईसाई धर्म की शिक्षा अनिवार्य थी। उनका विश्वास था कि प्रत्येक अध्यापक विज्ञान और गणित पढ़ाते हुए प्रकारान्तर से भारतीय धर्मों को तोड़ने में मदद करता है। पर आँकड़ों से जाहिर है कि बहुत कम लोग ईसाई धर्म की श्रेष्ठता से प्रभावित होकर उसमें दीक्षित हुए। जिन लोगों ने उस धर्म को स्वीकार किया उन लोगों को प्रेरणा देने वाली वस्तु धर्म की श्रेष्ठता नहीं, अर्थ की श्रेष्ठता थी।

फिर भी मिशनरियों के अपने काम ने भी भारतीय भाषाओं को गद्यशैली दी। भारतीय भाषाओं (हिन्दी, बँगला, मराठी, गुजराती आदि) की गद्यशैली अत्यंत आरंभिक स्थिति में थी। जनता में धर्म के प्रचारार्थ मिशनरियों को उसकी जरूरत महसूस हुई। कैरे, ब्राउन, नेवलिन, स्किनर, बैले आदि ने भारतीय भाषाओं में बाइबिल का अनुवाद किया। स्कूलों में पढ़ाने के लिए उन्हें पाठ्य पुस्तकें भी लिखनी पड़ी। भारतीय धर्म, पुराण आदि

को भी उन्होंने विवरणात्मक गद्य में प्रस्तुत किया। स्त्री शिक्षा के प्रसार में भी उनका महत्त्वपूर्ण योग है।

सरकारी प्रयास

अपनी विकृतियों के बावजूद मिशनरियों ने लोगों को अंग्रेजी शिक्षा की ओर आकृष्ट किया। कई दृष्टियों से इसकी उपयोगिता सिद्ध हो रही थी। इस भाषा के माध्यम से अंग्रेज व्यापारियों से विचार-विनिमय में सुविधा होती थी। अंग्रेजी जानने वाले लोगों को विदेशी फर्मों और कंपनी के प्रशासन में नौकरी पाना सरल था।

१७६५ से १८१३ ई० तक ईस्ट इंडिया कंपनी ने शिक्षा के क्षेत्र में कुछ भी नहीं किया। किंतु वारेन हेस्टिंग्ज को मुसलमानों के तुष्टीकरण के लिए कलकत्ता मदरसा (१७८०) खोलना पड़ा। इसी प्रकार बनारस के रेजीडेंट ने सन् १७६१ में बनारस संस्कृत कालेज की नींव डाली। कलकत्ते का फोर्ट विलियम कालेज (१८०१) मुख्यतः कंपनी के सिविल सर्वेंट्स को अंग्रेजी शिक्षा देने के लिए खोला गया। किन्तु यहाँ के अध्यापकों से देशी भाषा में पाठ्य पुस्तकें, कोश और व्याकरण तैयार करने का काम भी लिया गया। इस कालेज की मुख्य देन यह है कि इसके द्वारा भारतीय भाषाओं में गद्य-लेखन को प्रोत्साहन मिला। कलकत्ता मदरसा और बनारस संस्कृत कालेज की स्थापना से अंग्रेज विद्वान प्राच्य भाषा में अभिरुचि लेने लगे। विलियम जोन्स ने संस्कृत के लिए बहुत कुछ किया।

पर संस्कृत और अरबी-फारसी की शिक्षा का रोजी-रोटी से कोई सम्बन्ध नहीं रह गया था। इसलिए प्रगतिशील विचारक इसके पक्ष में नहीं थे। किंतु युद्धों में उलझे रहने के कारण १८२३ तक कंपनी इस दिशा में कुछ नहीं कर सकी। सन् १८२३ में कंपनी ने कलकत्ते में एक लोक-शिक्षा-समिति संघटित की। लोक-शिक्षा के सम्बन्ध में इस समिति को सुझाव देना था।

इस समिति में दो विचारधाराओं के लोग थे। एच०एच० विल्सन और एच० टी० प्रिन्सप प्राच्य भाषाओं के समर्थक थे। इन्होंने कलकत्ता के मदरसे और बनारस के संस्कृत कालेज का पुनर्गठन किया। १८२४ में कलकत्ता एजूकेशन प्रेस की स्थापना हुई। इस प्रेस से संस्कृत और अरबी की पुस्तकें छपने लगीं। पर बेंथम के शिष्य जेम्स मिल के निर्देशन में काम करने वाले डाइरेक्टर कोर्ट के लोग और ईसाई मिशनरियों में बिशप हरबर और अलेक्जेंडर डफ जैसे व्यक्ति थे।

राजा राममोहन राय ने लार्ड एम्हर्स्ट को पत्र लिखते हुए कलकत्ता संस्कृत कालेज की स्थापना का विरोध किया। उन्होंने लिखा कि व्याकरण की बारीकियों और वेदान्त, मीमांसा, न्याय को कंठस्थ करने में नवयुवकों के एक दर्जन वर्ष नष्ट करना अच्छा नहीं है। इससे वे समाज के अच्छे सदस्य नहीं बन सकते। इन विषयों के स्थान पर उन्हें प्राकृतिक विज्ञान, रसायनशास्त्र, गणित आदि की उपयोगी शिक्षा देनी चाहिए। सन् १८३४ में जब मैकाले भारत पहुँचा तो प्राच्य शिक्षा विरोधियों को काफी बल मिला।

मैकाले संस्कृत कालेज और अरबी-फारसी मदरसों के विरुद्ध था। उसका सुझाव

था कि इनको बन्द कर दिया जाय। अंग्रेजी भाषा की प्रशंसा में उसने लिखा है—"हमारी भाषा पश्चिमी भाषाओं में सर्वोत्तम है। जिसे इस भाषा का ज्ञान प्राप्त है उसे संसार के अपार ज्ञान भंडार की उपलब्ध हो सकती है। बहुत कुछ संभावना है कि यह पूर्व के समुद्रों की वाणिज्य भाषा बन जाय।" लार्ड बेन्टिंक ने मैकाले का प्रतिवेदन स्वीकार कर लिया। संस्कृत और अरबी-फारसी को दिए जाने वाले अनुदान तो बन्द नहीं किए गए पर प्राच्य विद्या के विद्यार्थियों को जो छात्रवृत्ति मिलती थी वह समाप्त कर दी गई और संस्कृत-अरबी-फारसी की पुस्तकों का छपना रोक दिया गया।

आकलैण्ड को यह स्थिति स्वीकार नहीं थी। उसने संस्कृत-अरबी-फारसी पुस्तकों का छपना जारी कर दिया। पर बेन्टिंक की पाश्चात्य शिक्षा की संस्तुति उसे ज्यों की त्यों मान्य थी। इस समय दो प्रश्न प्रमुख रूप से सामने आए—शिक्षा का माध्यम और जनता में शिक्षा का प्रचार-प्रसार। ये दोनों प्रश्न देश की संस्कृति, राजनीति और समाज के साथ व्यापक रूप से जुड़े हुए थे। शिक्षा के माध्यम के संबंध में तीन विकल्प थे—पहला यह कि माध्यमिक और विश्वविद्यालय की शिक्षा का माध्यम अंग्रेजी हो, दूसरा यह कि संस्कृत, अरबी-फारसी हो और तीसरा यह कि बोलचाल की भाषा बँगला, हिन्दी, मराठी, गुजराती, उर्दू आदि हो। चार्ल्स ग्रांट पहले मत के समर्थक थे। मैकाले ने बोलचाल की भाषा को शिक्षा-माध्यम के रूप में असमर्थ घोषित किया। संस्कृत-अरबी के विषय में उसने जो कुछ कहा उससे उसका अज्ञान प्रकट होता है। जो भी हो अंग्रेजी भाषा शिक्षा-माध्यम के रूप में स्वीकार कर ली गई।

बोलचाल की भाषा को शिक्षा का माध्यम न स्वीकार करने का निर्णय अत्यंत दुर्भाग्यपूर्ण कहा जायगा। अंग्रेजों में भी विल्सन और शेक्सपियर जैसे व्यक्तियों ने देशी भाषाओं की उपयोगिता का समर्थन किया। शिक्षा समिति के एक भारतीय सदस्य जगन्नाथ सेठ ने १८४७ में अपने विचार प्रकट करते हुए जो कुछ लिखा है वह अनेक दृष्टियों से महत्त्वपूर्ण है—"यदि हमारा उद्देश्य भारतीय जनता का ज्ञानवर्धन और उनके मस्तिष्क का परिष्कार करना है तो हमें उनकी अपनी भाषा में शिक्षा देनी चाहिए। स्त्री-शिक्षा के लिए और दूसरा कौन उपाय हो सकता है ? मैं अंग्रेजी के अध्ययन को हतोत्साहित नहीं करना चाहता। किन्तु मेरा दृढ़ विश्वास है कि यह शिक्षा भारतीय जनता के अभिगम के बाहर है।"[१] पर अंग्रेज अधिकारियों पर इसका कुछ भी प्रभाव नहीं पड़ा और अंग्रेजी भाषा उच्च शिक्षा का माध्यम स्वीकार कर ली गई।

प्रायः दलील दी जाती है कि अंग्रेजी शिक्षा के फलस्वरूप देश में एकता की भावना पैदा हुई, जीवन की समस्याओं के सम्बन्ध में लोगों ने नए ढंग से सोचना आरम्भ किया। राष्ट्रीय आकांक्षाओं को जागरित करने में इसे बहुत श्रेय दिया जाता है। प्रश्न यह है कि देशी भाषाओं के माध्यम से शिक्षा देने से क्या इन उद्देश्यों की पूर्ति न होती ? वस्तुतः यदि

---

१. Richey, J.A. : Selections from Educational Records, Pt. II—1840 1859 (Calcutta, 1922), p. 17.

अंग्रेज अधिकारियों ने देशी भाषा का माध्यम अपनाया होता तो राष्ट्रीयता की भावना और भी जल्दी उत्पन्न होती। शिक्षा के इतना अधिक फैल जने पर भी इस देश का आधुनिकीकरण नहीं हो पाया। अधिकांश लोग निरक्षर और जाहिल हैं। आज भी जनता की जहालत का फायदा उठाकर कभी धर्म के नाम पर कभी जाति के नाम पर पढ़े-लिखे लोग अपना उल्लू सीधा कर रहे हैं। पर उस समय इस शिक्षा के माध्यम से जिस बौद्धिक मध्य वर्ग का उदय हुआ उसके आदर्श ऊँचे थे। आगे चलकर उन्होंने इसका उपयोग राष्ट्रीय सांस्कृतिक विचारों के प्रसार में किया।

सन् १८५३ में कम्पनी के आज्ञापत्र का नवीनीकरण होने वाला था। ब्रिटिश संसद् ने भारत में स्थायी शिक्षा-नीति निर्धारित करने के सिलसिले में एक संसदीय समिति बना दी। इसके फलस्वरूप सन् १८५४ में वुड घोषणा-पत्र प्रकाशित हुआ। कुछ लोगों का कहना है कि इस घोषणा-पत्र को जॉन स्टुअर्ट मिल ने तैयार किया था। इसके अनुसार जन-समूह को शिक्षित करने का प्रयत्न प्रारम्भ हुआ, विश्वविद्यालयों की स्थापना हुई और प्राथमिक और माध्यमिक शिक्षा को भी प्रोत्साहन मिला। प्रत्येक प्रांत में शिक्षा-विभाग स्थापित किए गए जिससे शिक्षा को एक सामान्य स्तर पर प्रतिष्ठित करने में सुविधा हुई।

उत्तर भारत में शिक्षा

बंगाल की तरह उत्तर भारत में लोग अंग्रेजी शिक्षा की ओर उन्मुख नहीं हुए। पश्चिमोत्तर प्रदेश और अवध (आज का उत्तर प्रदेश) बहुत बाद में अंग्रेजी राज्य में मिलाया गया। कलकत्ता विदेशी व्यापारियों का केन्द्र था। व्यावसायिक फर्मों और प्रशासकीय दफ्तरों में नौकरी पाने की वहाँ सुविधा थी। बंगाल के बाहर ये सुविधाएँ उपलब्ध नहीं थीं।

ईसाई मिशनरियों के साथ सम्बन्ध होने के कारण लोग अंग्रेजी शिक्षा को शंका की दृष्टि से देखते थे। बिहार में इसके प्रति कोई उत्साह नहीं दिखाई पड़ा। बंगाल के लेफ्टिनेंट गवर्नर की एक विज्ञप्ति (१८५८) से पता चलता है कि पटना के स्कूलों के इंस्पेक्टर जनरल के कार्यालय को वहाँ के लोग शैतान का दफ्तर खाना कहते थे। उत्तर प्रदेश में अनेक अंग्रेजी स्कूल-कालेजों के खोले जाने के बावजूद कोई खास प्रगति नहीं हुई। शिक्षा में पिछड़े रहने के कारण उत्तर भारत के सांस्कृतिक विकास में भी गत्यावरोध आया, जिसे दूर करने में समय लगा।

नवीन शिक्षा-पद्धति का लेखा-जोखा लगाने पर इसमें कई अन्तर्विरोध दिखाई पड़ते हैं। सच तो यह है कि अंग्रेजों को अपने दफ्तरों के लिए देशी बाबुओं की आवश्यकता थी जिससे उनका व्यवसाय और प्रशासन निर्बाध चल सके। ईसाई मिशनरी शिक्षा के माध्यम से लोगों को ईसाई बनाकर पुण्य लूटने के चक्कर में थे। इस देश के उत्साही व्यक्तियों की दृष्टि में भी सामान्यतः रोजी रोटी का सवाल ही प्रमुख था। साम्राज्यवादियों से यह आशा नहीं की जानी चाहिए कि वे उपनिवेशों की कल्याण-कामना से कोई काम करेंगे।

यह कहना कि इस शिक्षा-पद्धति के कारण ही राष्ट्रीय भावना का उदय हुआ दत भ्रांतिपूर्ण नहीं है। इस शिक्षा-पद्धति के अभाव में भी राष्ट्रीय भावना का उदय होता ही।

भारतेन्दु हरिश्चन्द्र ने कौन-सी पाश्चात्य शिक्षा प्राप्त की थी ? कांग्रेस की स्थापना के पूर्व उनकी रचनाओं में देश-काल की अनेक समस्याएँ मुखरित हुई हैं। इस शिक्षा प्रणाली के कारण छोटा-सा बुद्धिजीवी मध्य वर्ग जरूर पैदा हुआ पर अधिकांश लोग निरक्षर रह गए।

फिर भी इससे एक तरह का धर्मनिरपेक्ष दृष्टिकोण बना जो मध्यकालीन धार्मिक रूढ़ियों से मुक्त होने के कारण तर्क-सम्मत और इहलौकिक हो सका। वैयक्तिक स्वतन्त्रता इसकी दूसरी उल्लेखनीय देन है। आश्रमधर्मी घेरेबन्दी से बाहर निकल कर व्यक्ति के अपने निर्णय को अहमियत मिली । मध्यकालीन धार्मिक कथाओं को विश्वसनीय बनाने और आधुनिक युग की समस्याओं से जोड़ने के मूल में यही प्रवृत्ति क्रियाशील थी।

यातायात के साधन

१९वीं शताब्दी ईस्वी में दुनिया भर में यातायात के साधनों में परिवर्तन हुआ। इस देश में भी रेल, बस, स्टीमशिप आदि ने लोगों में राष्ट्रीयता और वैचारिक एकता की भावना भरने में सहायता पहुँचाई। किसी भी राष्ट्र के आर्थिक विकास पर ही यातायात का विकास निर्भर करता है। ब्रिटिश काल के पूर्व भारत का आर्थिक ढाँचा स्थिर और अविकसनशील था इसलिए हमें बैलगाड़ी से अधिक की आवश्यकता भी नहीं थी।

इंग्लैंड की औद्योगिक क्रांति के कारण वहाँ के उद्योगपतियों के सामने यह समस्या हो गई कि वे अपने उत्पादन की खपत कहाँ करें और कारखानों के लिए कच्चा माल कहाँ से ले आवें ? भला उन्हें भारतवर्ष से अच्छा बाजार और कहाँ मिल सकता था ?

उन लोगों ने ईस्ट इंडिया कम्पनी की सरकार से भारत में रेलवे की स्थापना और सड़क-निर्माण के लिए अनुरोध किया। लार्ड डलहौजी जो रेल-निर्माण-योजना का अगुआ था, इसके मूल में निहित आर्थिक आवश्यकताओं का उल्लेख स्वयं करता है।

आर्थिक लाभ के अतिरिक्त अंग्रेजों को बाहरी आक्रमणकारियों और आंतरिक विद्रोहों से अपनी रक्षा करने के लिए भी गमनागमन की ओर ध्यान देना पड़ा। रेलवे और अच्छी सड़कों की सहायता से फौजों का एक स्थान से दूसरे स्थान पर पहुँचना सुगम हो गया। जाहिर है कि इस देश के सांस्कृतिक, आर्थिक और राजनीतिक विकास के लिए इसका आयोजन नहीं हुआ बल्कि अंग्रेजों के अपने स्वार्थों को सिद्ध करने के लिए ही रेलवे का जाल बिछाया गया और अच्छी सड़कें निर्मित हुईं।

रेलों और सड़कों ने कृषि को व्यावसायिक बनाने में मदद पहुँचाई, दूरियाँ सिमट कर कम हो गईं और विभिन्न क्षेत्रों के लोगों को एक दूसरे से अल्प समय में सुविधानुसार मिलने का अवसर मिला। छुआछूत, भेद-भाव आदि में कमी आई। अकाल के समय एक स्थान से दूसरे स्थान पर अन्न वस्त्र आदि भेजने की सुविधा प्राप्त हुई। किताबों, पत्र-पत्रिकाओं आदि को दूर-दूर तक सरलता पूर्वक पहुँचाया जाने लगा। इससे पुराने संकीर्ण विचारों को तोड़ने में सहायता मिली।

प्रेस और जनमत

नई अर्थ-व्यवस्था और शिक्षा के कारण भारतीय जनता में एक ऐसी चेतना उत्पन्न हुई जिसके आधार पर वे अपनी कठिनाइयों को समझने और उनको दूर करने की कोशिश

करने लगे। इसके लिए प्रेस से बेहतर और कोई साधन नहीं हो सकता था। इसके अग्रदूत भी राजा राममोहन राय थे।

भारतवर्ष में मुद्रण यंत्र स्थापित करने का श्रेय पुर्तगालियों को है। सन् १५५० में उन्होंने दो मुद्रण यंत्र मँगवाये और उनमें धार्मिक पुस्तकें छापी जाने लगीं। १६७४ में ईस्ट इंडिया कम्पनी द्वारा बम्बई में मुद्रणालय खोला गया। १८वीं शताब्दी में ही मद्रास, कलकत्ता, हुगली, बम्बई आदि स्थानों में छापेखाने स्थापित हुए। कुछ अंग्रेजों और मिशनरियों ने समाचार पत्र निकाले किन्तु अपने देश के सन्दर्भ में पत्र निकालने की पहल राममोहन राय ने ही की।

सन् १८२१ में 'संवाद-कौमुदी' का प्रकाशन आरम्भ हुआ। ताराचन्द दत्त इसके संचालक और भवानीचरण वंद्योपाध्याय संपादक थे। यह एक साप्ताहिक बँगला पत्र था। इसे राजा राममोहन राय का सहयोग प्राप्त था। वे इसमें सामाजिक समस्याओं के सम्बन्ध में लेख लिखा करते थे। राममोहन राय ने सती प्रथा के विरुद्ध लगातार लिखना आरम्भ किया। इससे परम्परावादी हिन्दू समाज उनके विरुद्ध हो गया और इस पत्र को भी क्षति पहुँची। इसके पहले ही श्रीरामपुर मिशन के तत्त्वावधान में दो पत्र प्रकाशित हो रहे थे— समाचार दर्पण और दिग्दर्शन। इन पत्रों का जवाब देने के लिए उन्होंने ब्रह्मैनिकल मैगजीन का प्रकाशन किया। फारसी भाषा में भी दो पत्र निकले 'जाम-ए-जहाँ-नुमा' और 'मीरत-उल-अखबार'। इनके पुरस्कर्त्ता भी वे ही थे।

फरदून जी मुर्जबान ने बम्बई में गुजराती प्रेस खोला और १८२२ में बाम्बे समाचार निकालना प्रारम्भ किया। दैनिक पत्र के रूप में यह अब भी निकल रहा है। द्वारिकानाथ टैगोर, प्रसन्नकुमार टैगोर, राजा राममोहन राय जैसे प्रगतिशील व्यक्तियों ने बंगदूत पत्र (१८३०) की नींव डाली। १८३० के अंत तक कलकत्ता में तीन बँगला दैनिक, एक त्रिसाप्ताहिक, दो अर्ध साप्ताहिक, सात साप्ताहिक और एक मासिक पत्र प्रकाशित हो रहे थे।

१८२६ में हिन्दी का पहला पत्र 'उदंत मार्तण्ड' प्रकाशित हुआ। १८३४ में कलकत्ते से ही 'प्रजामित्र' का प्रकाशन होने लगा। हिन्दी का दैनिक पत्र सुधावर्षण १८५४ में श्यामसुन्दर सेन के सम्पादकत्व में कलकत्ते से ही निकला। १६वीं शताब्दी के उत्तरार्ध में देश में पत्र-पत्रिकाओं का प्रकाशन और भी अधिक संख्या में होने लगा। इससे नए विचारों के आदान-प्रदान में सुविधा हुई। सड़ी हुई सामाजिक नैतिक रूढ़ियों के विरोध में पत्रों का अच्छा उपयोग किया गया। इनके माध्यम से अंग्रेजी हुकूमत की उन कार्यवाहियों का विरोध भी शुरू हुआ जो देशहित के विरुद्ध पड़ती थीं। इसके फलस्वरूप वैज्ञानिक दृष्टिकोण और राष्ट्रीयता के प्रचार-प्रसार में काफी मदद मिली।

प्रेस की स्वतन्त्रता को लेकर प्रारम्भ से ही अंग्रेजों और भारतवासियों में टकराहट शुरू हुई। इस संघर्ष में भी राजा राममोहन राय ने पहल की। एडम के समय में प्रेस की स्वतन्त्रता पर जो आक्रमण हुआ उसके विरोध में उन्होंने अपने अन्य राष्ट्रवादी मित्रों के साथ कलकत्ता उच्च न्यायालय में आवेदन किया। उन्होंने सरकार की इस कार्यवाही को अप्रजातान्त्रिक, अव्यावहारिक तथा प्रतिक्रियावादी बताया। रमेशचन्द्र दत्त के मतानुसार संवैधानिक ढंग से राजनीतिक अधिकार प्राप्त करने के संघर्ष की यह शुरुआत थी। १७६६

में वेलेजली ने प्रेस की स्वतन्त्रता समाप्त कर दी थी। पर १८१८ में हेस्टिंग्ज ने प्रेस सम्बन्धी प्रतिबन्धों को हटा दिया। १८२३ में जब एडम स्थानापन्न गवर्नर जनरल था, प्रेस सम्बन्धी अधिकार पत्र लेने का अधिनियम बना[1] सन् १८३५ में मेटकाफ ने इस प्रथा को समाप्त कर दिया। सन् १८५७ तक यही स्थिति बनी रही।

मुद्रणालयों की स्थापना के कारण विचारों—सांस्कृतिक, सामाजिक, राजनीतिक, धार्मिक आदि—के प्रचार-प्रसार की सुविधा ही नहीं मिली बल्कि समाचार पत्रों के माध्यम से विचारों का विनिमय भी होने लगा। भारतीय पुनर्जागरण के लिए प्रेस का वरदान अत्यधिक मूल्यवान सिद्ध हुआ। पुनर्जागरण के नेताओं ने इस माध्यम का पूरा-पूरा उपयोग किया।

छापेखाने का प्रभाव साहित्य के लिए भी अत्यन्त हितकर सिद्ध हुआ। भारतेन्दु के समय में शायद ही कोई ऐसा साहित्यकार रहा हो जो किसी न किसी पत्र-पत्रिका से सम्बद्ध न दिखाई पड़ता हो। इन पत्र-पत्रिकाओं में शुद्ध साहित्य ही नहीं छपता था बल्कि समसामयिक समस्याओं पर भी प्रकाश डाला जाता था। पत्र-पत्रिकाओं के प्रकाशन का अर्थ था कि दूसरों की समस्याओं में साझेदारी करना और उनको लेकर नई-नई वैचारिक भूमियों को तैयार करना। इस प्रकार ये पत्र-पत्रिकाएँ एक ओर जहाँ जनतान्त्रिक भावनाओं का पोषण कर रही थीं वहीं दूसरी ओर समाज की रूढ़ियों पर प्रहार करती हुई राष्ट्रीय चेतना के निर्माण में भी महत्त्वपूर्ण योग दे रही थीं।

मुद्रण-यन्त्र के कारण साहित्य में वैयक्तिकता की भावना को बल मिला। इसके पूर्व साहित्य सामान्यतः श्रुत हुआ करता था। उसके प्रशंसकों की सीमित जमात होती थी। इसलिए साहित्यकारों के लिए जरूरी था कि अपने श्रोताओं की रुचि का ध्यान रखते। काव्य का एक साथ श्रवण सामूहिकता के परिवेश में ही सम्भव था। पर छापेखाने ने सारी स्थिति ही उलट दी।

मुद्रण के कारण साहित्यकार और सामाजिक का सीधा सम्बन्ध नहीं रह गया। अब मुद्रण के माध्यम से ही वे एक दूसरे से सम्बद्ध हो पाते थे। इस माध्यम ने साहित्यकार को अवसर दिया कि वह बहुत कुछ व्यक्तिगत भी अभिव्यक्त कर सकता था। पाठकों की स्थिति भी बदली। वह मुद्रित साहित्य को एक सीमा तक वैयक्तिक स्तर पर ग्रहण करने के लिए स्वतन्त्र था।

मुद्रणालय के आविष्कार के पूर्व साहित्य में वैयक्तिकता का समावेश अत्यल्प था, पर भारतेन्दु तथा उनके सहयोगियों के वैयक्तिक निबन्धों में उसका सन्निवेश प्रचुर मात्रा में देखा जा सकता है।

आधुनिक युग का साहित्य मुद्रण-कला के कारण अपने रूप-रंग, अभिव्यंजना, प्रभावान्विति आदि में मध्यकालीन साहित्य से पृथक् और स्वतन्त्र रूप से अस्तित्ववान हो गया है। आधुनिक काल के साहित्य में जो वैविध्य, वैयक्तिक कल्पना-छवियाँ, बौद्धिकता, प्रयोगात्मकता आई है उनका आंशिक दायित्व छापेखाने पर भी है। छापेखाने के अभाव में परिवर्तमान अभिरुचियों और संवेदनाओं का आकलन सम्भव नहीं था। साहित्य और कला सम्बन्धी वादों, आन्दोलनों आदि को रूपायित करने में इसका महत्त्वपूर्ण योग है।

भारतीय जागरण (रेनेसाँ) : पश्चिम की चुनौती

अंग्रेजी राज्य की स्थापना के कारण यहाँ की अर्थनीति में बुनियादी परिवर्तन आया। इसके फलस्वरूप धर्म, समाज, आचार-विचार की जड़ता को एक धक्का लगा। ईसाई मजहब की प्रगति के कारण हिन्दुओं, मुसलमानों की धर्म-संस्कृति की सुरक्षा का प्रश्न भी उठ खड़ा हुआ। ऐसी स्थिति में धार्मिक-सामाजिक परिष्कार की ओर लोगों का उन्मुख होना स्वाभाविक हो गया।

आर्थिक परिवर्तन, नई शिक्षा, यातायात के नए साधनों के फलस्वरूप समाज का जो आधुनिकीकरण आरम्भ हुआ था वह पुराने धार्मिक संस्कारों, रीति-नीतियों, संघटनों के मेल में नहीं था। नए यथार्थ और पुराने संस्कारों के बीच नए सामंजस्य की आवश्यकता महसूस की जाने लगी। इस सामंजस्य के साथ ही नए भारतीय समाज के निर्माण की प्रक्रिया आरम्भ होती है।

पूँजीवादी अर्थ-व्यवस्था वैयक्तिक स्वतन्त्रता पर आधारित होती है। पूर्व-पूँजीवादी समाज में व्यक्ति-स्वातंत्र्य के लिए कोई स्थान नहीं होता। व्यक्ति जन्म और लिंग के आधार पर एक विशेष सामाजिक व्यवस्था का अंग हो जाता है। पर नया पूँजीवादी समाज इन बन्धनों से मुक्त होकर ही विकसित हो सकता है। भारतीय पुनर्जागरण के मूल में व्यक्ति-स्वातंत्र्य का विशेष महत्त्व है।

ब्रह्मसमाज, प्रार्थनासमाज, आर्यसमाज ने पुराने धर्म को नए समाज के अनुरूप ढालने का प्रयास किया। ब्रह्मसमाज और प्रार्थना समाज ने तो स्पष्ट रूप से नए परिवर्तनों को अंगीकार कर लिया था। पर आर्यसमाज वैदिक धर्म के मूल स्वरूप को बनाए रखना चाहता था। किन्तु इसका मतलब नहीं है कि वह वैदिक युग की रीति-नीतियों में लौट जाना चाहता था। उस समय की राजनीतिक, सामाजिक और सांस्कृतिक विचारधारा पर आर्यसमाज का विशेष प्रभाव पड़ा।

मध्यकाल में नए परिवेश के फलस्वरूप जाति प्रथा, छुआछूत, बाह्याडम्बर आदि के विरोध में भक्ति आन्दोलन उठ खड़ा हुआ था। मुसलमानों के प्रतिष्ठित हो जाने पर इस आन्दोलन के माध्यम से सामंजस्य का प्रयास दिखाई पड़ा। किन्तु नए युग में नए प्रकार के सामंजस्य की जरूरत पड़ी। मध्यकाल का सामंजस्य भावनामूलक था। उस काल के बहुत से भक्त-सन्त अन्तर्विरोधों के भी शिकार थे। अब भावना से काम नहीं चल सकता था। भावना के स्थान पर तर्क, विवेक और बुद्धि से काम लेना अनिवार्य हो गया था। कहना न होगा कि ब्रह्मसमाज, प्रार्थनासमाज और आर्यसमाज की मान्यताएँ बहुत कुछ बुद्धि-विवेक और तर्क पर ही आधारित हैं।

ब्रह्मसमाज (१८२८)

आधुनिक भारत की नींव का पहला पत्थर राजा राममोहन राय ने रखा। आधुनिकीकरण के सिलसिले में ही उन्होंने (१७७२-१८३३) सन् १८२८ में ब्रह्मसमाज की स्थापना की। अरबी और फारसी का उन्हें बहुत गहरा ज्ञान था। अरबी अनुवाद के माध्यम

से ही वे अफलातून, अरस्तू, पलाटीनस आदि प्राचीन यूनानी विचारकों से परिचित हुए। बनारस जाकर कुछ वर्षों तक गीता उपनिषद् आदि का भी गहन अध्ययन उन्होंने किया। उनकी विचारधारा पर इस्लामी एकेश्वरवाद का भी स्पष्ट प्रभाव देखा जा सकता है। ईसाई मजहब से भी वे कम प्रभावित नहीं थे। ये समस्त विचारधारायें उन्हें पुराने औपनिषदिक दर्शन में मिल गई—विशेष रूप से तैत्तिरीय और कौषीतकी में। कर्मकांड और अंधविश्वास का विरोध करने के लिए उन्होंने उपनिषदों का उपयोग किया।

मूर्तिपूजा को उन्होंने धर्म का बाह्याडम्बर माना और इसके समर्थन में जितने तर्क दिये जाते थे उनका खण्डन उपनिषदों के आधार पर किया। अन्धश्रद्धा और परम्परावादिता को उन्होंने खतरनाक बताया। परम्परा में ऐसी बहुत-सी चीजें जोड़ दी जाती हैं जो अविवेकपूर्ण हैं। उनके मतानुसार परम्परा का प्राचीनतम रूप शुद्ध ब्रह्म की उपासना है न कि मूर्ति-पूजा।

आज से डेढ़ सौ वर्ष पहले वे अकेले व्यक्ति थे जो अन्धविश्वासों और रूढ़ियों के विरुद्ध लड़ रहे थे। उनकी विचारधारा में तर्क की प्रधानता थी जो लाक, ह्यूम और रूसो के मेल में थी। उनका मत था कि व्यक्ति को स्वयं दार्शनिक ग्रन्थों का अध्ययन करना चाहिए और उनके सिद्धान्तों को अपने तर्क की कसौटी पर कस कर खरा उतरना चाहिए। जो अंश तर्कानुमोदित न हों उन्हें अस्वीकार करना आवश्यक है।

धर्म हिन्दूसमाज की रीढ़ है। हिन्दूसमाज की रचना धर्म के आधार पर ही की गई है। इसलिए धार्मिक सुधार सामाजिक सुधार से अनिवार्यतः सम्बद्ध हो जाता है। राजा राममोहन राय तथा अन्य धर्म सुधारकों ने इसे अच्छी तरह पहचान लिया था। अतः राजा राममोहन राय के नेतृत्व में ब्रह्मसमाज ने कई प्रकार की सामाजिक कुरीतियों पर प्रहार किया। जाति प्रथा को उन्होंने अमानवीय और राष्ट्रीयता विरोधी कहा। सती प्रथा के विरोध में उनका प्रयास सर्वथा स्मरणीय रहेगा। उन्होंने विधवा विवाह तथा स्त्री-पुरुष के समानाधिकार का भी समर्थन किया।

राजा ने पाश्चात्य संस्कृति को भी मूल्यवान समझा। इसीलिए अंग्रेजी शिक्षा प्रणाली के प्रसार में उचित योग भी दिया। उस समय के ब्रिटिश राज्य की अच्छाइयों की उन्होंने प्रशंसा की। वस्तुतः १९वीं शती के पूर्वार्द्ध तक अंग्रेजों ने जो कुछ किया वह ऐतिहासिक दृष्टि से प्रगतिशील ही कहा जायगा।

ब्रह्मसमाज को देवेन्द्रनाथ टैगोर (१८१७-१९०५) और केशवचन्द्र सेन (१८३८-८४) ने आगे बढ़ाया। देवेन्द्रनाथ वेदों की अपौरुषेयता पर विश्वास नहीं करते थे, उनकी आस्था अन्तःप्रज्ञा पर अधिक थी। केशवचन्द्र सेन बहुत कुछ प्रयोगवादी थे। उन्होंने ब्रह्मधर्म के प्रसार के लिए दूर-दूर तक यात्राएँ कीं। उनकी प्रेरणा के फलस्वरूप मद्रास में वेद-समाज और बम्बई में प्रार्थना-समाज की स्थापना हुई। वे राजा राममोहन राय की तार्किकता और बौद्धिकता तक ही अपने को सीमित न रख करके वैष्णवों के भजन-कीर्तन की ओर आकृष्ट हुए। ईसाई धर्म की ओर भी वे अधिकाधिक झुकते गए। केशव के कारण समाज में दो बार फूट पड़ी और दोनों बार उन्होंने अलग संस्थाएँ स्थापित कीं—साधारण ब्रह्मसमाज और नव वेदान्त। केशव के बाद ब्रह्मसमाज में कोई ऐसा व्यक्ति नहीं हुआ जो शिक्षित समाज

को प्रभावित करता।

प्रार्थनासमाज (१८६७)

सन् १८६४ में बम्बई और पूना में केशवचन्द्र सेन का आगमन हुआ। उनके प्रभाव से १८६७ में प्रार्थनासमाज की स्थापना हुई। इसके प्रमुख उन्नायक महादेव गोविन्द रानाडे थे। वे उन्नीसवीं शताब्दी के चोटी के बुद्धिजीवी, विधिवेत्ता और मेधावी व्यक्ति थे। देश और तमाज का कोई ऐसा पक्ष नहीं था जिसकी ओर उनकी दृष्टि न गई हो। वे चालीस वर्षों तक सामाजिक रूढ़ियों और अन्धविश्वासों के विरुद्ध संघर्ष करते रहे।

उन्होंने धार्मिक और सामाजिक समस्याओं पर तर्कपूर्ण ढंग से विचार किया। उन्हें हिन्दू होने का गर्व था और वे भागवत धर्म के अनुयायी थे। वे संकीर्ण विचारधारा को कभी भी प्रश्रय नहीं देते थे। वे प्रगति, विकास के विश्वासी थे।

उन्होंने शंकराचार्य के अद्वैतवाद का विरोध करते हुए रामानुज के द्वैतवाद का समर्थन किया। मध्यकालीन मराठा संतों के प्रति उनकी गहरी आस्था थी। वे ईश्वर को सार्वभौम और स्रष्टा मानते थे। आत्मा की अमरता में उन्हें विश्वास था। पर वे अपनें विचारों में कहीं भी प्रतिक्रियावादी नहीं हैं और न तो उनमें कोई पूर्वग्रह ही है।

अतीत के प्रति उनके मन में आदर था। किन्तु इसका अर्थ यह नहीं था कि वे अतीत को उसके उसी रूप में पुनः प्रतिष्ठित करना चाहते थे। पुराने आचार-विचार और संस्थाओं को उनके मूल रूप में पुनः स्थापित करने वाले पुनरुत्थानवादियों से वे अनेक प्रश्न पूछते हैं। "हम किस चीज का पुनरुत्थान करें ? क्या हम अपने पूर्वजों के पशुतुल्य भोजन और सुरापान को पुनरुत्थापित करें ? क्या हम बारह प्रकार के पुत्र और आठ प्रकार के विवाहों को पुनः शुरू करें ? क्या पशु यज्ञ या मानव बलि का पुनरारम्भ किया जाय ? क्या सती प्रथा को पुनः जारी करना चाहिए ? क्या आज भी जगन्नाथ के रथ से कुचलकर मर जाना श्रेयस्कर घोषित करना चाहिए ?"

रानाडे अतीत के मृततत्त्व को मृत मानकर चलने वाले व्यक्ति थे। उन्होंने स्पष्ट लिखा है कि मृत अतीत को कभी भी जीवित नहीं किया जा सकता। समाज जीवित अवयवों का संघटन है। इसमें परिवर्तन की प्रक्रिया बराबर चलती रहती है। इस प्रक्रिया के बन्द हो जाने पर समाज मुर्दा हो जायगा।

रानाडे ने जिस एक सुधार पर बार-बार जोर दिया है वह है मनुष्य की समानता। वे जाति-पाँति की प्रथा के विरुद्ध और अन्तर्जातीय विवाह के पक्षधर थे। स्त्री-शिक्षा पर उन्होंने बराबर बल दिया है। उनका वस्तुनिष्ठ दृष्टिकोण, तर्कपद्धति और सामाजिक परिष्कार के प्रति अभिरुचि आदि से स्पष्ट है कि वे पाश्चात्य विचारधारा से प्रभावित थे। किन्तु पाश्चात्य मत को भी उन्होंने बिना वितर्क के स्वीकार नहीं किया। जाहिर है कि वे भी भारतीय संस्कृति को नवीन वैज्ञानिक विचार-प्रणाली के अनुरूप ढालने की कोशिश कर रहे थे।

रामकृष्ण मिशन (१८९७)

रामकृष्ण परमहंस अपने सम्पूर्ण व्यक्तित्व में परमहंस थे। उनके सम्बन्ध में कहा जाता है कि इस गरीब, अपढ़, गँवार, रोगी, अर्धमूर्तिपूजक, मित्रहीन हिन्दू भक्त ने बंगाल को बुरी तरह हिला दिया। उनके योग्य शिष्य विवेकानन्द ने उन्हें बाहर से भक्त और भीतर से ज्ञानी कहा है। स्वयं विवेकानन्द के सम्बन्ध में ठीक इसका उलटा कहा जा सकता है। रामकृष्ण परमहंस के देहावसान के बाद विवेकानन्द ने रामकृष्ण मिशन की सन् १८९७ में स्थापना की।

सन् १८९३ में विश्व-धर्म संसद् में सम्मिलित होने के लिए वे शिकागो गए। उनकी वक्तृता से प्रभावित होकर न्यूयार्क हेराल्ड ट्रिब्यून ने लिखा था—"विश्वधर्म संसद् में विवेकानन्द सर्वश्रेष्ठ व्यक्ति थे। उनको सुनने के बाद ऐसा लगता है कि उस महान् देश में धार्मिक मिशनों को भेजना कितनी बड़ी मूर्खता थी।" विश्वविजय करने के बाद इस देश में उनका अत्यन्त भव्य स्वागत हुआ।

यद्यपि उनका मुख्य प्रयोजन रामकृष्ण परमहंस के उपदेशों का प्रचार करना था फिर भी सामाजिक कार्यों में उनकी गहरी रुचि थी। माननीय समता के विश्वासी होने के कारण उन्होंने जाति, सम्प्रदाय, छुआछूत आदि का विरोध किया। गरीबों के प्रति उनकी सहानुभूति अत्यन्त प्रगाढ़ थी। उन्होंने कहा है—"पूजा के सभी उपकरणों को फेंक दो—शंख, घण्टा-घड़ियाल, दीप को प्रतिमा के सम्मुख डाल दो—वैयक्तिक मुक्ति के लिए की गई साधना, शास्त्रों के अध्ययन का अहंकार छोड़ दो। गाँव-गाँव जाओ और गरीबों की सेवा में अपने को निछावर कर दो।"

शिक्षितों तथा उच्चवर्ग की भर्त्सना करते हुए उन्होंने लिखा है—"जब तक देश के हजारों लोग भूखे हैं, अज्ञानी हैं, मैं प्रत्येक शिक्षित वर्ग को धोखेबाज कहूँगा। गरीबों के पैसे से पढ़कर भी वे उनकी ओर तनिक भी ध्यान नहीं देते। भारत को केवल जनता से आशा करनी चाहिए। उच्चवर्ग शारीरिक और नैतिक दृष्टि से मर चुका है। धर्म वह है जो शारीरिक, बौद्धिक और आध्यात्मिक शक्ति दे, जो आत्म-सम्मान और राष्ट्रीय गौरव प्रदान करने में सहायता करे। धर्मगत ध्यान यदि व्यक्ति को प्रमादी और निष्क्रिय बनाता है तो उसे त्याग देना चाहिए। तुम्हारे रामकृष्ण की चिन्ता कौन करता है ? तुम्हारी भक्ति और मुक्ति को कौन देखता है ? तुम्हारे धर्मग्रन्थों की परवाह किसे है ? अगर मैं अपने देशवासियों को कर्मयोग में दीक्षित कर सकूँ और इसके लिए मुझे हजारों बार नरक जाना पड़े तो मुझे प्रसन्नता होगी।"

विवेकानन्द ने हीनता की भावना से ग्रस्त देश को यह अनुभव कराया कि इस देश की संस्कृति अब भी अपनी श्रेष्ठता में अद्वितीय है, इस देश का आध्यात्मिक चिन्तन असमानान्तर है। आध्यात्मिक स्तर पर मनुष्य-मनुष्य की समता, एकता, बन्धुत्व और स्वतन्त्रता की ओर भी उन्होंने हमारा ध्यान आकृष्ट किया। पश्चिम की भौतिकता से चमत्कृत देशवासियों को पहली बार यह एहसास हुआ कि हमारी अपनी परम्परा में भी कुछ वस्तुएँ हैं जिन्हें दुनिया के सामने गौरवपूर्ण ढंग से रखा जा सकता है।

आर्यसमाज (१८६७)

गुजरात, उत्तर प्रदेश और पंजाब में आर्य समाज का प्रभाव था। इन प्रदेशों का मिजाज बंगाल से भिन्न है। बंगाल की भावुकता के स्थान पर इन्हें पौरुष और अक्खड़ता अधिक प्रिय है। बंगाल और महाराष्ट्र के पुनर्जागरण में मध्यकालीन सन्तों की वाणी का भी योगदान है। पर आर्यसमाज में उनका कोई स्थान नहीं है।

सन् १८६७ में दयानन्द सरस्वती ने बम्बई में आर्यसमाज की स्थापना की। दयानन्द असाधारण व्यक्ति थे। वे संस्कृत के चोटी के विद्वान, वाग्मी और अत्यन्त मेधावी थे। उनका व्यक्तित्व अतिशय दृढ़ और असमझौतावादी था। उनके विचारों में कहीं भी अस्पष्टता और रहस्यवादिता नहीं मिलेगी। विवेकानन्द को छोड़कर इतना अटूट आत्म-विश्वास अन्यत्र नहीं दिखाई देगा।

उन्होंने आर्य समाज के लिए वेदों को आधार माना। वे वेदों को शाख और अपौरुषेय मानते थे। वैदिक धर्म ही सत्य और सार्वभौम है। दूसरे धर्म अधूरे हैं। इसलिए समाज का कर्त्तव्य है कि अन्य धर्मावलम्बियों को हिन्दू धर्म में दीक्षित करे।

आर्यसमाज ने सामाजिक और नैतिक मूल्यों को देखते हुए एक आचार संहिता बनाई। इसमें जाति भेद, मनुष्य-मनुष्य या स्त्री-पुरुष में असमानता के लिए कोई स्थान नहीं था। निश्चय ही यह एक लोकतान्त्रिक दृष्टि थी। वैदिक धर्म के व्याख्याता होने के बावजूद वे पाश्चात्य शिक्षा के समर्थक थे। समाज की भौतिक उन्नति के लिए वे पाश्चात्य ज्ञान-विज्ञान की शिक्षा आवश्यक समझते थे। १८८६ में दयानन्द एंग्लो-वैदिक कालेज की स्थापना हुई। आगे चलकर प्रत्येक महत्त्वपूर्ण स्थान पर दयानन्द स्कूल-कालेज खोले गए।

अपने हिन्दूवादी दृष्टिकोण के बावजूद आर्यसमाज ने राष्ट्रीय विचारधारा को आगे बढ़ाने में आश्चर्यजनक योगदान किया। कुछ समय तक ब्रिटिश सरकार इसे दबाने के लिए भरपूर चेष्टा करती रही। 'दी टाइम्स' की ओर से १९०७ के बाद होनेवाले राष्ट्रीय आन्दोलनों की जाँच करने के लिए एक प्रतिनिधि आया था। उसने आर्यसमाज को ब्रिटिश साम्राज्य के विरुद्ध सबसे अधिक खतरनाक तत्त्व बतलाया।

उत्तर भारत के आचार-विचार, रहन-सहन, साहित्य-संस्कृति पर आर्यसमाज का गहरा प्रभाव पड़ा। गद्य की भाषा के परिष्कार में भी इस आन्दोलन का अभूतपूर्व योग है। छूआछूत पर जितना प्रबल आघात इस आन्दोलन ने किया उतना और किसी अन्य ने नहीं किया। बंगाल, महाराष्ट्र और तमिलनाडु के आन्दोलन उच्च और उच्च-मध्यवर्ग तक ही सीमित रहे।

पर आर्यसमाज का प्रसार मुख्यतः मध्यवर्ग के बीच हुआ। इसलिए इसका कार्य अधिक क्रान्तिकारी सिद्ध हो सका।

आर्यसमाज के कार्य एक ओर प्रगतिशील थे तो दूसरी ओर प्रतिक्रियावादी। जहाँ तक मानवीय समता, अस्पृश्यता आदि का सम्बन्ध है, इसे प्रगतिशील माना जायगा। किन्तु मुसलमानों के प्रति इसका आक्रामक रुख प्रतिगामी प्रवृत्ति का सूचक है। वेद को अपौरुषेय

और अतर्क्य मान लेने के कारण मुक्त व्यक्तिगत चिन्तन के लिए इसमें अवकाश नहीं रह गया।

थियोसोफी (१८७५)

थियोसोफिकल आन्दोलन भारतीय धार्मिक परम्परा पर ही आधारित था। थियोसोफिकल सोसाइटी की स्थापना मदाम ब्लावत्स्की और कर्नल ओल्काट द्वारा न्यूयार्क में सन् १८७५ में हुई। सोसाइटी के संस्थापक जनवरी १८७६ में भारतवर्ष पहुँचे। १८८२ ई० में अड्यार (मद्रास) में इसकी शाखा खोल दी गई। श्रीमती एनी बेसेंट सन् १८८८ में इस संस्था की इंग्लैण्ड शाखा से सम्बद्ध हो गईं। १८९३ में वे भारत आईं और सोसाइटी के विकास में तन-मन से जुट गईं। उन्होंने घोषित किया कि "मैं अपने विगत के संस्कारों के कारण हृदय से तुम्हारे साथ हूँ।" अपने गत्यात्मक व्यक्तित्व और असाधारण वक्तृत्व शक्ति के कारण उन्होंने अनेक शिक्षित भारतीयों को आकृष्ट किया।

श्रीमती बेसेंट ने समस्त देश का दौरा किया और हिन्दू धर्म के आध्यात्मिकता के पक्ष में ओजस्वी भाषण दिए। थियोसोफी में उन्होंने अपने आदर्शों को मूर्त रूप देने के लिए शिक्षा संस्थाएँ भी खोलीं। बनारस का सेंट्रल हिन्दू कालेज इसी तरह का कालेज था। इस आन्दोलन के कारण उदारता और समन्वयवादी दृष्टि का विकास हुआ। किन्तु यह बहुत कुछ उच्च वर्ग तक ही सीमित रहा।

प्रतिक्रियाएँ

बंगाल, महाराष्ट्र और उत्तर भारत में नए धार्मिक आन्दोलनों के विरुद्ध पुनरुत्थानवादी प्रतिक्रियाएँ आरम्भ हुईं। बंगाल में राधाकान्त देव ने राजा राममोहन राय के ब्रह्मसमाज के विरोध में धर्मसभा (१८३०) की स्थापना की। पर '५७ के विद्रोह तक वह समाज का प्रभाव कम नहीं कर सकी। किन्तु '५७ के विद्रोह के बाद सुधारवादी रेडिकल्स का जोर कम हो गया और पुरातनवादी मनोवृत्तियाँ उभरकर सामने आईं।

१८५८ के अनन्तर बंगाल में दो प्रवृत्तियों का ज्यादा जोर था—राष्ट्रीयतावादी और स्वच्छन्दतावादी। दोनों के मूल में वैयक्तिकता, अतीत के प्रति गौरव का भाव, विदेशी सत्ता के विरुद्ध आक्रोश, गाँव की बढ़ती हुई गरीबी के प्रति सहानुभूति, स्वतन्त्रता और समानता के प्रति आग्रह आदि क्रियाशील थे।

अतीत के गौरव के प्रति जाग्रति फैलाने का श्रेय उन पुरातत्त्ववेत्ताओं और पुरालेखविदों के मुद्राशास्त्रियों को है जिन्होंने विस्मृति के गर्भ में विलीन भारतीय साहित्य, कला, ज्ञान-विज्ञान, दर्शन, वास्तुकला आदि का पुनरुद्धार किया। इसके फलस्वरूप संसार में भारत का गौरव बढ़ा और इस देश के निवासियों में आत्म-सम्मान का भाव जाग उठा।

अब पाश्चात्य संस्कृति के सामने डटकर खड़ा हुआ जा सकता था। नवीन हिन्दूवाद का जन्म हुआ। इसमें मुख्यतः दो दल थे, एक प्रत्येक प्रकार के सुधार का विरोधी था, दूसरा यथास्थान नए विचारों के सन्निवेश का पक्षपाती था। किन्तु मुख्य धारा में यह किसी प्रकार के मौलिक परिवर्तन का आकांक्षी नहीं था। बंकिमचन्द्र चैटर्जी ऐसे ही व्यक्ति थे। वे गीता

के निष्काम कर्मयोग के हिमायती थे। उन्होंने धर्मतत्त्व पर दो जिल्दों में पुस्तकें लिखीं, कृष्ण के सम्बन्ध में कृष्ण-चरित्र ग्रन्थ लिखा।

वे धर्म सुधारकों की भाँति टुकड़ों-टुकड़ों में समाज सुधार के हिमायती नहीं थे। उनका विश्वास था कि धर्म और नैतिकता के समग्र पुनर्जागरण में ही समाज-सुधार समाविष्ट हो जाता है। बंकिम के विचारों और उपन्यासों में देशप्रेम का स्थान बहुत ऊँचा था। वे देशप्रेम को धर्म और धर्म को देशप्रेम कहते थे।

महाराष्ट्र की स्थिति बंगाल से भिन्न थी। एक तो वह अंग्रेजों के अधिकार में बंगाल से ६० वर्ष पीछे आया और दूसरे पेशवा राज्य की परिसमाप्ति का दर्द उसे बना हुआ था। अपनी परंपराओं के प्रति उसे अधिक अनुराग था। महाराष्ट्र ने देश की गरीबी, भुखमरी आदि का पूरा दायित्व अंग्रेजी राज्य पर डाल दिया। चिपलूणकर के निबन्धों में देश के पराभव का एकमात्र जिम्मेवार विदेशी शासन को ठहराया गया। तिलक ने रानाडे के सुधारों का विरोध किया। उनकी दृष्टि में इन सुधारों से समाज विभक्त होगा और इससे राजनीतिक शक्ति प्राप्त करने में बाधा पहुँचेगी। जनता को एक करने के लिए उन्होंने गणेश पूजा की शुरुआत की। उत्तर भारत में आर्यसमाज के विरोध में सनातन धर्मावलम्बियों ने अपना स्वर बुलंद किया। इन विरोधी स्वरों के कारण सुधार का कार्य तो मन्द पड़ा किन्तु राष्ट्रीयता को और अधिक बल मिला।

मध्यकालीनता से आधुनिकता की ओर

यद्यपि अंग्रेजों ने इस देश में नयी अर्थ-व्यवस्था, औद्योगिकता, संचार-सुविधा, प्रेस आदि को अपने निजी स्वार्थों के लिए स्थापित किया फिर भी इससे इस देश का हित हुआ। एक स्थिर व्यवस्था से छूटकर देश को नूतन गत्यात्मकता का अनुभव हुआ। परम्पराएँ टूटने लगीं। नए परिवेश में, ऐतिहासिक माँग के फलस्वरूप, लोग अपने को नए ढंग से ढालने लगे। आधुनिक काल में जिस पुनर्जागरण का उल्लेख किया जाता है उसके मूल में भी ये बदली हुई परिस्थितियाँ ही थीं।

इसके पूर्व धर्म मुख्यतः पारलौकिक आकांक्षाओं से सम्बद्ध था, किन्तु आधुनिक काल में वह इहलौकिक आकांक्षाओं का भी वाहक बना। पूँजीवादी समाज की भौतिकता के फलस्वरूप धर्म-सुधारकों को इस तरह का बाना धारण करना पड़ा था या कहिए कि इसके लिए उन्हें बाध्य होना पड़ा।

भारतीय धर्म और संस्कृति के सम्बन्ध में अंग्रेज प्रशासकों को ईसाई मिशनरियों के आक्रामक रुख के कारण धर्म-सुधारकों को धारदार मार्ग से गुजरना आवश्यक हो गया। एक ओर उन्हें विदेशियों के समक्ष अपनी धर्म-संस्कृति की वकालत करनी पड़ी और दूसरी ओर देशवासियों के सामने धर्म का नया अर्थापन करना पड़ा। इस प्रकार हर बात को तर्क-संगत (रैशनल) बनाने की दिशा में जो पहल की गई वह बहुत फलदायक सिद्ध हुई।

इस संक्रान्तिकाल में धर्म का पल्ला पकड़ना बहुत जरूरी था, क्योंकि धर्म अनिवार्यतः समाज-सुधार के साथ जुड़ा हुआ था। पुराणपन्थी और सुधारक दोनों ने अपने-अपने मत के

प्रचारार्थ धर्मशास्त्रों की शरण ली। इस युग में राजा राममोहन राय अकेले व्यक्ति थे जिन्हें शुद्ध बुद्धिवादी कहा जा सकता है। सती प्रथा को उन्मूलित करने के लिए उन्हें भी धर्मशास्त्रों की गवाही की आवश्यकता हुई। विद्यासागर ने सिद्ध किया कि धर्मशास्त्रों में वैधव्य का कोई विधान नहीं है। दयानन्द सरस्वती सामाजिक सुधारों को वैधता देने के लिए वेदों की ओर उन्मुख हुए और उन्होंने अपने मत के पुष्ट्यर्थ वेदों का नया अर्थ भी किया। धीरे-धीरे तर्क की संगति पर विशेष बल दिया जाने लगा। इससे रूढ़ियों को उच्छिन्न करने में सुविधा हुई।

परम्परावादी और धर्मसुधारक दोनों ही अतीत के गौरव को जागृत करने में सफल हुए। इससे भारतीयों को आत्म-सम्मान का बोध हुआ और बराबरी के स्तर पर पश्चिम का सामना करने तथा स्वतन्त्रता की माँग करने का आत्म-विश्वास प्राप्त हुआ। यद्यपि वे परम्परावादी धर्म-सुधार में बहुत आस्था नहीं रखते थे फिर भी राष्ट्रीयता पर उन्होंने अत्यधिक बल दिया। उनका कहना था कि राष्ट्रीयता में सभी सुधार समाविष्ट हैं।

वस्तुतः जिन्हें परम्परावादी कहा जाता है और जिस अर्थ में कहा जाता है उस अर्थ में वे परम्परावादी नहीं थे। रैडिकल भी पूरे तौर पर रैडिकल नहीं थे। परम्परा के नैरन्तर्य को देखते हुए समस्या केवल चुनाव को लेकर खड़ी होती है। परम्परा की निरंतरता में कुछ अंश नए युग के प्रसंग में सार्थक होते हैं और कुछ अर्थहीन। परम्परा की प्रासंगिकता किस तत्व में है और किस में नहीं—इसका विवेचन और चुनाव अत्यन्त महत्त्वपूर्ण है। तथाकथित परम्परावादी और रैडिकल दोनों के मूलभूत दृष्टिकोण में कोई अन्तर नहीं था, फिर भी दोनों के अभिगम अलग-अलग थे। पाश्चात्य शिक्षा-प्रणाली में दोनों ने विश्वास व्यक्त किया और नई शिक्षा-संस्थाएँ खोलीं। शिक्षा-संस्थाएँ तो पहले भी थीं पर इन शिक्षा-संस्थाओं का रूप एकदम बदल गया। इनका उद्देश्य पश्चिमी ज्ञान-विज्ञान से परिचित कराना था।

नए अर्थ-तन्त्र, शिक्षा-प्रणाली, संचार-जाल आदि के कारण पश्चिमीकरण की प्रक्रिया का आरम्भ होता है। बहुत से लोग इसे पश्चिमीकरण न कहकर आधुनिकीकरण कहते हैं। पश्चिमीकरण शब्द का प्रयोग बहुत संगत नहीं है क्योंकि स्वयं पश्चिम को बहुत-सी बातें पूर्व से मालूम हुई हैं जैसे मुद्रण-यन्त्र का आविष्कार सबसे पहले चीन देश में हुआ। पश्चिमीकरण से भ्रम होता कि पश्चिमी रीति-नीति, आचार-व्यवहार, वेश-भूषा आदि का अंधानुकरण। आधुनिकीकरण एक दृष्टिकोण है जो वैज्ञानिक विचारधारा से बनता है और वह मूलतः इस लोक से ही सम्बद्ध होता है।

एम० एन० श्रीनिवास ने 'आधुनिक भारत में सामाजिक परिवर्तन' पुस्तक में लिखा है—"भारतीयों को केवल स्याहीसोख का दर्जा देना तो स्पष्ट ही वाहियात है। यह कहना ठीक नहीं कि जिस किसी बात के संपर्क में वे आए वह सब उन्होंने आत्मसात् किया उसे दूसरों तक संप्रेषित कर दिया—यद्यपि कुछ एक व्यक्तियों के साथ निस्संदेह ऐसा हुआ। वास्तव में पश्चिम से कुछ बातें ग्रहण की गईं और ग्रहण की गईं बातों में भी रूपान्तर हुआ।"

रूपान्तरण की इस प्रक्रिया में पश्चिमी विचारकों में मिल, बेंथम, काम्ते आदि से बहुत कुछ प्रेरणा ली गई। किन्तु इसके लिए शास्त्रों के साथ-साथ मध्यकालीन संतों की बानियों का भी सहारा लिया गया। छूआछूत, जाति-प्रथा, स्त्री-पुरुष के भेद आदि का विरोध और

स्वतन्त्रता-समानता आदि का समर्थन इस तथ्य का सूचक है कि इस समय तक नवीन मानवतावाद का आविर्भाव हो चुका था।

संस्कृत के शास्त्रों और मध्यकालीन संतों-भक्तों की बानियों में भी एक प्रकार का मानवतावाद मिलता है पर वह मानवतावाद सर्वत्र ईश्वरवाद से संदर्भित है। कबीर हिन्दू-मुसलमान के भेद पर यह कहकर प्रहार करते हैं कि वे सभी ईश्वर की सन्तान हैं। कर्मकाण्ड की निन्दा वे इसलिए करते हैं कि वह ईश्वर प्राप्ति में बाधक है। भक्तों में तुलसी की स्पष्टोक्ति है 'नाते सबै रामके मानियत।' पर आधुनिक युग में मनुष्य-मनुष्य की समता, स्वतन्त्रता आदि को सामाजिक न्याय के आधार पर समर्थित किया गया।

पर इन आन्दोलनों में से अधिकांश में एक अन्तर्विरोध दिखाई पड़ता है। इनके आदर्शों और व्यवहारों में सर्वत्र एकरूपता नहीं मिलती। टैगोर परिवार ब्राह्म था। ब्रह्मसमाज में मूर्तिपूजा के लिए कोई स्थान नहीं है पर टैगोर परिवार खूब धूमधाम के साथ दुर्गोत्सव मनाता था। आर्यसमाज में वर्णव्यवस्था जन्मना नहीं कर्मणा मानी जाती थी। लेकिन आर्य-समाजियों में ऐसे बहुत कम लोग मिलेंगे जो जाति के बाहर विवाह-सम्बन्ध स्थापित करने में संकोच का अनुभव न करते रहे हों। दूसरा अन्तर्विरोध यह था कि राजा राम मोहन राय, रानाडे आदि बहुत से लोग अंग्रेजी राज्य को देश के लिए वरदान समझते थे लेकिन उनके दोहन, शोषण आदि का विरोध करते थे। समाज में एक ओर संस्कृतीकरण बढ़ रहा था दूसरी ओर लौकिकीकरण। इस अन्तर्विरोध से गुजर करके आधुनिक काल का स्वरूप निखरा।

संगीत, चित्र और साहित्य की नई स्थिति

नई परिस्थिति और परिवेश के कारण साहित्य, संगीत और कला को भी संकट का सामना करना पड़ा। उनको आश्रय देने वाले केन्द्र तेजी से टूटने लगे थे। कला-संगीत तो विशेष घरानों से सम्बद्ध हुआ करते थे। ये घराने पीढ़ी-दर-पीढ़ी उनकी रक्षा में संलग्न रहा करते थे। इन घरानों के संरक्षण का दायित्व सामन्त वर्ग पर था।

मध्यकाल में भक्त कवियों के अतिरिक्त अकबर, जहाँगीर, मानसिंह तोमर आदि ने संगीत को प्रश्रय दिया। उनके दरबारों में अनेक कलावन्त रहते थे। तानसेन अकबरी दरबार का ही संगीतज्ञ था। मानसिंह ने गूजरी टोड़ी, मंगल गूजरी, ध्रुपद आदि को नवाविष्कृत किया। मुगल-सल्तनत के समाप्त होने पर संगीत की मौलिकता समाप्त हो गई। वह छोटे-मोटे सामन्तों के आश्रय में किसी प्रकार साँस लेता रहा।

पाश्चात्य संस्कृति की आँधी में जो कुछ शेष था वह भी समाप्त हो गया। पर भारतीय पुनर्जागरण के फलस्वरूप रविबाबू ने नए संगीत की कल्पना की जिसमें पूर्व और पश्चिम के स्वरों का मिश्रण था। इसे रावीन्द्रिक संगीत की संज्ञा दी गई। सन् १६१६ में अखिल भारतीय संगीत परिषद् की स्थापना हुई। अब भारतीय संगीत के पुनरुद्धार का कार्य आरम्भ हुआ। इस कार्य में सबसे अधिक महत्वपूर्ण योग विष्णु नारायण भातखंडे का है।

आधुनिक काल में कुछ दिनों तक भारतीय चित्रकला पश्चिम का अनुकरण करती

रही। पर पश्चिम के ढंग से जिन तैल चित्रों पर निर्माण किया गया वे अपनी अभिव्यक्ति में मध्यकालीन थे। त्रावंकोर के राजा रविवर्मा के चित्रों की विषयवस्तु भी पौराणिक और धार्मिक थी। उनके चित्रों की रूपरेखा सुनिर्मित, वर्णयोजना चटकपूर्ण और आकर्षक थी। महावीर प्रसाद द्विवेदी ने सरस्वती में रविवर्मा के अनेक चित्रों को प्रकाशित किया।

पर १८५४ में कलकत्ता आर्ट स्कूल की स्थापना के साथ ही भारतीय चित्रकला में नया मोड़ आता है। ई० बी० हैवेल इसके अध्यक्ष थे। आगे चलकर हैवेल, अवनीन्द्रनाथ ठाकुर तथा आनन्द कुमारस्वामी ने भारतीय चित्रशैली को नया रूप दिया जो मूलतः इस देश की होती हुई भी आधुनिक जीवन-दृष्टि से अनुप्राणित थी। सन् १६०७ में गगनेन्द्रनाथ ठाकुर ने इंडियन सोसाइटी आफ ओरिएंटल आर्ट्स की स्थापना की। इन प्रयत्नों का फल यह हुआ कि भारतीय चित्र-शैली का एक स्वतन्त्र रूप निर्मित हुआ। चित्र-शैली में भी बंगाल ने पहल की। इसके माध्यम से अपनी चित्र-परम्परा को नए सन्दर्भों में पुनः जीवित करने का प्रयास किया गया। भारतीय नवजागरण की ही अभिव्यक्ति चित्रों के माध्यम से हुई।

नव-जागरण का सबसे अधिक प्रभाव बँगला साहित्य पर पड़ा। आचार्य रामचन्द्र शुक्ल ने 'हिन्दी साहित्य का इतिहास' में लिखा है—"संवत् १६२२ में वे (भारतेन्दु हरिश्चन्द्र) अपने परिवार के साथ जगन्नाथ जी गए। उसी यात्रा में उनका परिचय बंगदेश की नवीन साहित्यिक प्रगति से हुआ। उन्होंने बंगाल में नए ढंग के सामाजिक, देश-देशान्तर सम्बन्धी ऐतिहासिक और पौराणिक नाटक, उपन्यास आदि देखे और हिन्दी में वैसी पुस्तकों के अभाव का अनुभव किया।" सम्भव है वे बँगला साहित्य से अनुप्रेरित हुए हों। किन्तु दूसरे साहित्य के आदर्श पर अपने वास्तविक साहित्य का निर्माण नहीं होता। अपने युग की संवेदनाओं को आत्मसात् करके ही भारतेन्दु ने नए ढंग की साहित्य रचना का समारम्भ किया।

नई आर्थिक व्यवस्था, पाश्चात्य शिक्षा, जीवन-पद्धति के कारण इस देश की अपनी पहचान खो गई थी। पर इस अवरोध ने ही यहाँ के प्रबुद्ध वर्ग को नए सिरे से अपनी पहचान करने के लिए बाध्य किया। यह पहचान नवीन और प्राचीन के अन्तर्विरोध में की गई। इसे दूसरे शब्दों में पश्चिमीकरण और भारतीयकरण का विरोध भी कहा जा सकता है। इन दोनों की रस्साकशी काफी दिनों तक चलती रही। नव-जागरण के अग्रदूतों ने पश्चिमीकरण के विवेक-सम्मत परिवेश में अपनी संस्कृति को नए ढंग से संगठित करने का प्रयास किया।

इसके फलस्वरूप साहित्यकारों ने अतीत को सामने रखकर अपने को पुनः गौरवान्वित अनुभव किया और देश में उभरती हुई राष्ट्रीय चेतना को ठोस रूप दिया। आधुनिक काल का अधिकांश साहित्य अपने को पहचानने तथा पाश्चात्य बन्धनों से छुटकारा पाने का इतिहास है।

अतीत के गौरव को इस देश की सभी भाषाओं में अभिव्यक्त किया गया। इस गौरव के मूल में पुनरुत्थानवाद (रिवाइवलिज्म) न होकर नवीन जागरण ही क्रियाशील था। यदि कहीं पर इस पुनरुत्थानवाद की ध्वनि सुनाई भी पड़ी तो कालान्तर में समाप्त हो गई।

राष्ट्रीयता इस काल का दूसरा प्रमुख स्वर था। सन् १६४७ तक इसमें कहीं भी शिथिलता नहीं दिखाई पड़ती। स्वतन्त्रता प्राप्त करने के पश्चात् यह स्वर आत्मालोचन में

बदल गया। किन्तु १९६० के आस-पास आधुनिकता का जो प्रभाव हिन्दी साहित्य पर पड़ा उससे साहित्यिक प्रगति की दिशा बदल गई।

आधुनिकता

हिन्दी साहित्य का पिछला दशक (१९६०-७०) आधुनिकता से विशेष प्रभावित है। आधुनिक और आधुनिकता में अन्तर है। 'आधुनिक' 'मध्यकालीन' से अलग होने की सूचना देता है। 'आधुनिक' वैज्ञानिक आविष्कारों और औद्योगीकरण का परिणाम है जब कि 'आधुनिकता' औद्योगीकरण की अतिशयता, महानगरीय एकरसता, दो महायुद्धों की विभीषिका का फल है। वस्तुतः नवीन ज्ञान-विज्ञान, टेक्नोलॉजी के फलस्वरूप उत्पन्न विषम मानवीय स्थितियों के नये, गैर-रोमैंटिक और अमिथकीय साक्षात्कार का नाम 'आधुनिकता' है।

एक समय तक इहलौकिक होकर, आधुनिक दृष्टि प्रगतिशील बनी रही। प्रत्येक देश में पुनर्जागरण (रेनेसाँ) आया, बहुत से परतंत्र देश स्वतंत्र हुए, अपने-अपने सपने लेकर उन्होंने अपने ढंग की सरकारें बनाईं। एक बिन्दु पर खड़े होकर मनुष्य ने पाया कि जिस औद्योगीकरण और प्रविधीकरण के सहारे उसने परी-देश का सपना देखा था, वह साकार नहीं हो सका, सरकारें स्थिर व्यवस्था में बदल गईं। लोकतन्त्र तथा साम्यवादी सरकारें समान रूप से निराशाजनक सिद्ध हुईं। व्यक्ति या तो व्यवस्था का पुर्जा हो गया या प्रविधि का। उसका अपना व्यक्तित्व और पहचान खो गयी। इस खोये हुए व्यक्तित्व की खोज-प्रक्रिया का नाम आधुनिकता है।

आधुनिक ज्ञान-विज्ञान ने मनुष्य को बहुत कुछ बुद्धि-सम्मत बना दिया था। नीत्शे की इस घोषणा से कि 'ईश्वर मर गया' बौद्धिक जगत् में एक क्रान्तिकारी परिवर्तन आया; यथार्थ का स्वरूप ही बदल गया। पाप-पुण्य, धर्म-अधर्म, अच्छे-बुरे की जो कसौटियाँ धर्मग्रन्थों में निर्धारित की गयी थीं, उनकी प्रामाणिकता समाप्त हो गयी; पुराने मूल्य विघटित हो गये। मनुष्य ने पाया कि वर्तमान परिस्थिति (सिचुएशन) में वह असहाय, क्षुद्र और निरर्थक प्राणी है। विज्ञान की प्रगति ने भी निश्चयतावादी सिद्धान्त को खोखला सिद्ध कर दिया। प्लैंक के क्वांटम-सिद्धान्त और आइन्स्टीन के सापेक्षतावाद से सिद्ध हो गया कि न तो कोई सार्वभौम सत्य होता है और न शाश्वत नैतिकता। अणुओं की सत्ता के असिद्ध हो जाने के बाद अणु शक्ति (एनर्जी) में बदल जाता है और शक्ति अणु में। निश्चयात्मकता की समाप्ति की अन्तिम घोषणा हो गयी। अस्तित्ववादी दर्शन ने इस पर अपनी मुहर लगा कर इसे और भी पुष्ट कर दिया।

अस्तित्ववादी दर्शन ने अपने पूर्ववर्ती दर्शन और विज्ञान की अमूर्तता पर आक्रमण किया। उसने अपने को ठोस अनुभवों तथा प्रत्येक व्यक्ति के बुनियादी सवालों के साथ जोड़ा। ये बुनियादी सवाल हैं—व्यक्ति की व्यग्रता, दुःख, निराशा, अकेलापन, मृत्यु-बोध, स्वतन्त्रता, त्रास आदि। इसके साथ ही वह सामूहिकतावाद और निश्चयवाद के विरुद्ध भी खड़ा हुआ। वह उन समस्त विचारों के विरुद्ध है जो व्यक्ति को अ-मनुष्य और अस्तित्वहीन

बनाते हैं। उसकी दृष्टि में मनुष्य स्वतन्त्र है वह न वस्तु है न मशीन है ; वह क्रियात्मक शक्ति है। वह स्वतन्त्र निर्णय लेने में समर्थ है और इसके लिए खुद जिम्मेदार है। कीर्केगार्ड, हेडगर, जैस्पर्स, मार्सेल, सार्त्र आदि के अस्तित्ववादी विचारों का प्रभाव आधुनिक पश्चिमी साहित्य पर खूब पड़ा है। आधुनिक चित्रकला भी इससे कम प्रभावित नहीं है। सेजाँ, बान गोग, पिकासो आदि पर इनका स्पष्ट प्रभाव परिलक्षित होता है।

आधुनिकतावादी साहित्य एक विशेष प्रकार का साहित्य है। समसामयिकता का सम्बन्ध 'काल' से है तो आधुनिकता का संवेदना, शैली और रूप से। यह स्थापित संस्कृति, मूल्य और संवेदना को अस्वीकार करती है। यह दुनिया की मान्यताओं को मंजूर नहीं करती, परम्परा को बेड़ी के रूप में लेती है। आधुनिकतावादी अन्तर्यात्रा करता है, मूल्यों का मखौल उड़ाता है, वह विद्रोही होता है। भीड़ का विरोध करता है, वह व्यक्ति की मुक्ति का विश्वासी है। वह अपने को अ-मानव की स्थिति में पाता है, और स्नेह, कृतज्ञता आदि को निष्कासित कर देता है। संयम की कमी, प्रयोग, साहित्य रूपों की तोड़-फोड़, शॉक देने की मनोवृत्ति, आक्रोश-क्षोभ-हिंसा की आकांक्षा आदि इसकी विशेषताएँ या 'मोटिफ' हैं।

सातवें दशक के हिन्दी-साहित्य में अ-कविता में अ-कहानी, अ-नाटक, अ-उपन्यास की जो चर्चाएँ हुई (चर्चाएँ कहना अधिक उपयुक्त है क्योंकि इन्होंने आन्दोलन का रूप नहीं लिया। अत्यन्त अल्प काल के लिए अ-कविता का एक आन्दोलन चला पर वह शीघ्र ही काल के गाल में समा गया) उनके आधार पर लिखा गया साहित्य आज के अनिश्चय, व्यर्थता, अकेलेपन, अजनबियत, आत्मनिर्वासन आदि को व्यक्त करता है। यह साहित्य अपने रूप-संवेदना में किस दर्जे का है, यह अलग बात है।

आधुनिकता का यह बोध एक वास्तविकता है, इसे अस्वीकार नहीं किया जा सकता। इस देश में इसे ले आने की बहुत कुछ जिम्मेदारी हमारी भ्रष्टाचारी लोकतन्त्र को है। पर आठवें दशक के आरम्भ में हमारे साहित्यकारों में इससे छुटकारा पाने की बेचैनी दिखाई पड़ने लगी है। सबसे पहले यह बोध कविता में दिखाई पड़ा। इन रचनाओं को नव-वामपन्थी रचनाएँ कहा जा सकता है। वस्तुतः नव-वामपन्थी आन्दोलन 'न्यू लेफ्ट मूवमेंट' का अनुवाद है। अपने देश में इसका जन्म साम्यवादी दल के पारस्परिक विरोध और विघटन के कारण हुआ। इसे अधिक रैडिकल समझ कर नए साहित्यकार भी इस ओर उन्मुख हुए। इन रचनाओं में अधिकांश सूडो नव-वामपन्थी हैं। किन्तु कुछ ऐसे भी हैं जिनके पास दृढ़ आदर्श हैं पर राजनीतिक दृष्टि से वे शोर-शराबा के इर्द-गिर्द अधिक चक्कर काटते हैं। इन लोगों ने कुछ अर्थवान रचनाएँ दी हैं। पर इनके अपने निश्चित मुहावरे बन गए हैं। इसलिए, डर है कि तथ्य बनने के पहले आधुनिकतावादी निहिलिस्टों की तरह, ये इतिहास की वस्तु न बन जायँ।

उत्तर आधुनिकता

इधर कुछ अरसे से पश्चिम में उत्तर-आधुनिकता-वाद की चर्चा हो रही थी, पुस्तकें निकल रही थीं, गोष्ठियाँ आयोजित की जा रही थीं। किन्तु सोवियत संघ के बिखराव के ठीक बाद उत्तर-आधुनिकता पर हिन्दी में बहस शुरू हो गई है। क्या यह आकस्मिक है ?

या संघ के बिखराव के बाद एक स्वप्न टूटा है, एक अनिश्चयता की स्थिति आई है।

उत्तर-आधुनिकता की दो विशेषताएँ हैं—दिशाहीनता और उपभोक्तावादी समाज का उदय और सुखवाद का चरम विस्तार। प्रगति के प्रत्यय को आधुनिकतावादियों ने पहले ही मिथक कह दिया था पर अनिश्चय का धुँधलका इतना घनीभूत नहीं हुआ था। ज्योति की चिनगारियाँ जहाँ-तहाँ दिखाई पड़ जाती थीं। सोवियत संघ का विघटन उत्तर आधुनिकतावाद का एक सशक्त उपलक्षण है। उसके पराभव के मूल में उपभोक्तावाद के साथ उसके तालमेल का न बैठना है।

संचार माध्यमों ने सिद्ध कर दिया है कि आज का समाज दूरदर्शन की माप के बाहर नहीं है। सुपरमार्केट का स्थान स्वतन्त्र बाजार (फ्री-मार्केट) ले रहा है। बाजार में रंग-बिरंग माल की ढेर लगी है। वहाँ केवल क्रय का सुख प्राप्त होता है। इसमें दूरदर्शन की महत्वपूर्ण भूमिका है।

अद्‌भुत युग आया है—न कोई तारतमिकता न किसी विचार के प्रति आस्था, स्वयं आस्था में भी आस्था नहीं। उस द्वन्द्वात्मकता का कहीं पता नहीं जो इतिहास के गन्तव्य का निर्णय करती थी। नीरन्ध्र तार्किकता में भी अतार्किकता ने अपनी जगह बना ली है।

सर्वत्र अनेकान्तता है, अनिश्चयता है, अस्पष्टता है, अनित्यता है। कोई सत्यान्वेषण का दावा नहीं कर सकता। इतिहास एक अंतहीन छद्‌म क्रीडा या नाटक हो गया है, वह एक फूहड़ राजनीति का शिकार हो चुका है। एक दिशाहीन चक्राकार यात्रा। यह समृद्ध समाज की नई मंजिल है। यह एक मंजिल है। मुक्त बाजार के संवर्ष और निर्धन व्यक्तियों का एक बहुत बड़े वर्ग के असंतोष को उत्तर आधुनिकता के नाम पर सदा के लिए दबाया नहीं जा सकता।

साठोत्तरी साहित्य में विशेष रूप से आठवें दशक पर उत्तर आधुनिकतावाद की ध्वनि न सही प्रतिध्वनि सुनाई पड़ने लगी है।

❑❑

अध्याय दो

खड़ीबोली का आरम्भिक गद्य

अंग्रेजों के आगमन के पूर्व गाँव और नगर सामान्यतः अलग-अलग स्वतन्त्र इकाइयाँ थीं। उनके निवासियों को वस्तु-विनिमय के लिए प्रायः बाहर नहीं जाना पड़ता था। किन्तु पुरानी अर्थ-व्यवस्था के टूटने और यातायात के नये साधनों के उपलब्ध होने पर लोगों को जीविका अथवा वस्तु-विनिमय के लिए बाहर जाना पड़ा। इस तरह देश धीरे-धीरे आर्थिक एकसूत्रता में बँधता गया। पारस्परिक सम्पर्क तथा भावों और विचारों के आदान-प्रदान के लिए एक सामान्य भाषा का होना जरूरी था। यह भाषा हिन्दी या हिन्दुस्तानी ही हो सकती थी।

इसका तात्पर्य यह नहीं है कि नई अर्थ-व्यवस्था ने इस भाषा को जन्म दिया। भाषा का जन्म इस प्रकार नहीं हुआ करता। कोई बुनियादी बोली, अनेक ऐतिहासिक कारणों से विकसित होकर भाषा का रूप धारण कर लेती है। नई अर्थ-व्यवस्था ने दिल्ली-मेरठ की बोली को सम्पर्क-भाषा के रूप में विकसित होने में सहायता पहुँचाई। दिल्ली-मेरठ के आस-पास की भाषा, जिसे अमीर खुसरो और अबुल फजल ने देहलवी कहा है, हिन्दी ही है।

हिन्दी, हिन्दुवी, रेखता, खड़ीबोली

हिन्दी शब्द का प्रयोग कब से आरम्भ हुआ, इसके सम्बन्ध में सुनिश्चित रूप से कुछ कह सकना कठिन है। पर इतना सच है कि हिन्द, हिन्दू, हिन्दी शब्द का प्रयोग पहले-पहल मुसलमानों ने किया। ईरानी सम्राट दारा के अभिलेख में 'हिन्दु' शब्द भारत के लिए आया है। अन्त्य उ के लोप होने पर हिन्दु का हिन्द हो गया। हिन्द में ईरानी के विशेष बोधक प्रत्यय ईक के जुड़ जाने ने हिन्दीक हुआ। क के लोप होने पर हिन्दी हो गयी। हिन्दी का तात्पर्य था भारत। यहाँ की भाषा को जबान-ए-हिन्दी कहा जाता रहा है। नौशेरवाँ (५३१-५७९ ई०) के समय में बजरोया ने पंचतंत्र का जो अनुवाद किया है उसकी भूमिका में इसे 'जबान-ए-हिन्दी' से अनूदित किया बताया गया है। स्पष्ट है कि उस समय भी हिन्दी का अभिप्राय भारत से था।

खुसरो की 'खालिकबारी' अप्रामाणिक रचना है। अन्य स्थलों में हिन्दी से उसका अभिप्राय भारतीय से है। भाषा के अर्थ में उसने हिन्दवी पर 'हिन्दुई' का प्रयोग किया है—'तुर्क हिन्दुस्तानियम मन हिन्दवी गोय जवाब।' हिन्दवी या हिन्दुई का प्रयोग मध्यदेश की भाषा के लिए किया गया। हिन्दवी भी शौरसेनी अपभ्रंश से निकली थी। भाषा उपनिषद्, गोरा बादल की बात, रानी केतकी की कहानी की खड़ीबोली को उनके कर्त्ताओं ने हिन्दवी कहा है।

मध्यदेश की भाषा को यहाँ के लोग भाषा कहते थे। कबीर, जायसी, तुलसी,

केशवदास आदि ने भाषा शब्द का ही प्रयोग किया है।[1] हिन्दवी और भाषा दोनों समानार्थक थे—हिन्दवी का प्रयोग विदेशी मुसलमानों ने किया और भाषा का प्रयोग यहाँ के हिन्दुओं और मुसलमानों दोनों ने। चन्द्रबली पाण्डेय ने हिन्दवी को मुसलमानों की भाषा माना है। (उर्दू रहस्य, पृ० ४०-४८) पर यह भ्रम केवल इसलिए हुआ कि हिन्दवी का भाषा के अर्थ में प्रयोग केवल मुसलमानों ने किया है। किन्तु हिन्दवी भाषा ही थी—साहित्यिक भाषा। खुसरो ने अपने ग्रंथ 'नुहेसिपर' में उस समय की ग्यारह भाषाओं का उल्लेख किया है, जिनमें हिन्दवी का नाम नहीं है, देहलवी का है। अनुमान लगाया जा सकता है कि देहलवी बोलचाल की भाषा थी और हिन्दवी साहित्य की। अबुल फजल की 'आईने अकबरी' में भी देहलवी का उल्लेख मिलता है।

यह देहलवी ही दक्षिण में (१५वीं शताब्दी ई०) दक्खिनी हिन्दी के नाम से विख्यात हुई। शाही मीराजी (१४७५ ई०), शाहबुर्हानुद्दीन (१५८२ ई०), मुल्ला वजही (१६३५ ई०) आदि ने देहलवी को 'हिन्दी बोल; 'हिन्दी जबाँ' कहा है। इसी समय से हिन्दी शब्द-प्रयोग की अखंड परम्परा चलती है। सन् १७७३ ई० में सूफी कवि नूर मुहम्मद लिखता है 'हिन्दू मग पर पाँव न राख्यों। का जो बहुतै हिन्दी भाख्यों।' लगता है कि १८वीं शताब्दी के उत्तरार्ध में यह शब्द हिन्दुओं में भी प्रचलित हो गया था। इसी शताब्दी में नासिख, सौदा और मीर ने अपने शेरों को हिन्दी-शेर कहा है। गालिब ने अपने खतों में उर्दू हिन्दी रेख्ता को कई स्थलों पर एक ही अर्थ में प्रयुक्त किया है। फोर्ट विलियम कालेज के हिन्दी अध्यापक गिलक्राइस्ट हिन्दी, हिन्दुस्तानी, उर्दू और रेख्ता आदि को समानार्थी समझते थे। इससे जाहिर है कि हिन्दी उस भाषा के लिए प्रयुक्त किया जाने लगा था, जो अरबी-फारसी बहुल होती जा रही थी। गिलक्राइस्ट के हिन्दी-व्याकरण कवानीन सर्फ वे न हो हिन्दी को इसके प्रमाण में पेश किया जा सकता है। किन्तु अरबी-फारसी प्रधान हिन्दी जनता की भाषा कभी भी नहीं रही। १८१२ ई० में कैप्टन टेलर ने फोर्ट विलियम कालेज के वार्षिक विवरण में लिखा है—"मैं केवल हिन्दुस्तानी या रेख्ता का जिक्र कर रहा हूँ जो फारसी लिपि में लिखी जाती है—मैं हिन्दी का जिक्र नहीं कर रहा, जिसकी अंपनी लिपि है....... जिसमें अरबी-फारसी शब्दों का प्रयोग नहीं होता और मुसलमानी आक्रमण के पहले जो भारतवर्ष के समस्त उत्तर-पश्चिम प्रान्त की भाषा थी।" (इंपीरियल रेकार्ड, जिल्द ४, पृ० २७६-७७) पश्चिमोत्तर प्रान्त की यही भाषा धीरे-धीरे हिन्दी के रूप में प्रतिष्ठित हो गई।

पहले ही कहा जा चुका है कि हिन्दी शब्द का प्रयोग उत्तर भारत के लिए किया जाता रहा है। इसलिए इस विशाल प्रदेश की भाषाओं को हिन्दी कहा जाने लगा। ब्रजभाषा, अवधी, राजस्थानी, मैथिली आदि का अन्तर्भाव भी इसी में हो जाता है। किन्तु भाषाशास्त्रियों की दृष्टि में केवल पश्चिम-उत्तर प्रदेश की भाषा में खड़ीबोली और ब्रजभाषा और उनकी बोलियाँ ही हिन्दी के अन्तर्गत आती हैं। ग्रियर्सन ने राजस्थानी को गुजराती के अंतर्गत माना

---

१. संस्कृत कबिरा कूप जल भाषा बहता नीर। —कबीर
आदि अंत जसि कथ्था अहै। लिखि भाषा चौपाई कहे।।—जायसी
भाषा भनति मोरि मति थोरी। — गोस्वामी तुलसीदास।

है। पर राजस्थानी की ढूंठाहाड़ी और मेवाती गुजराती की अपेक्षा हिन्दी के निकट है। मैथिली और भोजपुरी को भी हिन्दी से अलग स्वतंत्र माना जाने लगा है। भाषावैज्ञानिक दृष्टि से इनमें अन्तर अवश्य है किन्तु ये हिन्दी-परिवार की ही भाषाएँ हैं। उनका साहित्य हिन्दी के ही अन्तर्गत माना जाता है। पठन-पाठन की दृष्टि से इन सभी भाषाओं के साहित्य को हिन्दी ही माना जाता रहा है और हिन्दी साहित्य के इतिहास में सभी का समावेश होता रहा है। किन्तु आधुनिक युग में खड़ीबोली साहित्य की भाषा बनी।

पद्य के क्षेत्र में खड़ीबोलो के साथ-साथ ब्रजभाषा, अवधी, राजस्थानी और मैथिली में रचनाएँ होती रही हैं। वास्तविकता तो यह है कि परिनिष्ठित काव्य इन्हीं में लिखे गये। पर गद्य का विकास खड़ीबोली में ही हुआ। जो कुछ गद्य ब्रजभाषा, अवधी, मैथिली में मिलता है वह अव्यवस्थित, लचर और कंथभूती अनुवाद है। इसलिए जहाँ तक गद्य का सम्बन्ध है साहित्य के इतिहास में उनका कोई स्थान नहीं है।

नाथ, सिद्ध और निरंजनी संप्रदाय का गद्य

खड़ीबोली में साहित्य की रचना १३वीं शताब्दी में शुरू हुई, पर इसका पूर्वाभास ८वीं-९वीं शताब्दी की भाषा में मिलने लगता है। उद्योतन सूरि रचित कुबलयमाला कथा (७७८ ई०) में एक हाट प्रसंग का उल्लेख मिलता है। उसमें एक मध्यदेशीय वणिक के मुख से सुने हुए मेरे तेरे आदि शब्दों का प्रयोग हुआ है। इससे पता लगता है कि खड़ीबोली मध्यप्रदेश की बोली है। इसके अतिरिक्त इसमें पुच्छह, अल्लया, तुज्झे ऐसे शब्द भी प्रयुक्त हैं जिन्हें खड़ीबोली शैली का कहा जा सकता है।

वस्तुतः १६वीं शताब्दी तक खड़ीबोली गद्य-परम्परा का कोई प्रामाणिक स्रोत नहीं मिलता। प्रो० हामिद हसन कादरी ने उर्दू साहित्य के इतिहास में १४वीं शताब्दी के किसी ख्वाजा सैयद अशरफ जहाँगीर समनीनी की सूफीमत विषयक रचना का उल्लेख किया है, किन्तु उसकी प्रामाणिकता असंदिग्ध नहीं है। नाथ सिद्धों की कुछ ऐसी रचनाएँ मिली हैं जिनमें ब्रजभाषा, राजस्थानी, पंजाबी और पूर्वी के मेल के साथ खड़ीबोली का मिश्रण मिलता है। किंतु ये रचनाएँ १७वीं-१८वीं शताब्दी की हैं। दक्खनी हिन्दी के प्रामाणिक नमूने भी १६वीं शताब्दी के पहले के नहीं मिलते।

नाथ-सिद्धों और निरंजनी संप्रदाय के साधुओं की प्राप्त गद्य-रचनाओं में गेशोस गोसठ (गोरख गणेस गुष्टि), महोदय गोरष गुष्टि, गोरक्षा शतम-टिप्पण अभैमात्रा जोग, रामावली, गोरखनाथ के सत्ताईस पदों का तिलक, योगाभ्यास मुद्रा-टिप्पण, परवत सिद्ध का कह्या और भोगुल पुराण विशेष रूप से उल्लेखनीय हैं। ये १७वीं शताब्दी के उत्तरार्ध और १८वीं शताब्दी की रचनाएँ हैं।

गणेस गोसठ या गोरष गणेस गुष्टि की प्रतिलिपियाँ बड़थ्वाल जी को प्राप्त हुई थीं। उनके आधार पर उन्होंने इसका पाठ-शोधन कर गोरखबाणी के परिशिष्ट में प्रकाशित किया था। यह १७वीं शताब्दी के पूर्वार्ध की रचना ज्ञात होती है, क्योंकि उसमें प्रतिलिपि सं०

१७१५ लिखा गया है। भाषा का नमूना निम्नलिखित है—

'गेणेस बुज गोरष कहै। स्वामी जी तूम का हां त आया। काहा तुमाहारा नाव। अवधू हम निरत्रतं आया। जोगी है मारा नाव। स्वामी जी जोगी ते तो कून बोलिवें। जीन येता मेर भेषला रचिआ। तूम कून गरु न चेलो। अमें अभधू नीरंजन जोगी। अतीत गुरु न चेला।'

इसमें अपभ्रंश का द्वित्व व्यंजन नहीं है। अपभ्रंश के घेरे से भाषा निकल चुकी है। पर पुराने ढङ्ग के तुमाहारा, अमें, तूम मारा, कून आदि शब्द प्रयुक्त हुए हैं। इसमें खड़ीबोली के शब्द रूप और शैली दोनों हैं—आया, रचिआ, तो आदि को उदाहरणार्थ पेश किया जा सकता है। खड़ीबोली का ओकारान्त भी यहाँ मौजूद है। महादेव गोरष गुष्टि, अभै मात्रा जोग आदि में भी खड़ीबोली के शब्दों और शैली को देखा जा सकता है।

'नाथसिद्धों की बानियाँ' पुस्तक के परिशिष्ट में हजारीप्रसाद द्विवेदी ने 'श्रीपरवत सिद्ध का कहया भूगोल पुराण' नामक गद्य-रचना संकलित की है। इसकी भाषा को उन्होंने काफी पुराना बताया है। नमूना निम्नलिखित है :—

'सुमेरु पर्वत ऊपरि चारि दिशा पुरीआ है न। कउणु पुरी-कउणु कउणु दिसा है। पूर्व दिशा आगे ऊपरि प्रिथमी ऊपरि चउबीस सहंस्र जोजन अंम्रित पुरी उची है। तहां राजा इन्द्र राज करता है। तेतीस कोटि देवते हैं। अठासी हजार सहस्र भूपीसुर है। दछिन दिशा आगे प्रिथमी ऊपरि। पचीस सहस्त्र जोजन जमपुरी ऊची है।—'

दक्खिनी हिन्दी

१४वीं शताब्दी में मुहम्मद तुगलक ने अपनी राजधानी दिल्ली से दौलताबाद बदल दी। उसके साथ दिल्ली के बहुत से लोग दक्षिण पहुँचे। दौलताबाद से राजधानी पुनः दिल्ली आ गई लेकिन जो लोग दिल्ली छोड़कर दौलताबाद बस गए थे उनमें से अधिकांश नहीं लौटे। इन दिल्ली निवासियों ने बहमनी राज्य की नींव डाली। उत्तर भारत बहुत कुछ अरबी-फारसी से प्रभावित था लेकिन इस भू-भाग में उत्तर के प्रभाव से मुक्त आर्यभाषा को विकसित होने का अच्छा अवसर मिला। तारीखे फरिश्ता के अनुसार बहमनी राज्य का कार्य हिन्दी में होता था। बहमनी राज्य की राजभाषा हिन्दी थी या नहीं, इसमें संदेह हो सकता है। किंतु वहाँ के मुंसलमानों की भाषा हिन्दी थी, यह असंदिग्ध है।

ख्वाजा बन्दानवाज गेसूदराज (१३२२-१४२७ ई०) सूफी फकीर निजामुद्दीन औलिया के खलीफा ख्वाजा नसरुद्दीन चिराग देहलवी के शिष्य थे। वे सामान्य जनता के लिए अपने विचार हिन्दी में प्रकट किया करते थे। एक दूसरे सूफी शाह मीरान ने अपनी भाषा को स्वयं हिन्दी कहा है। उन्होंने लिखा है—

'हामी बोल अरबी करे
और फारसी बहुतेरे
यों हिन्दवी बोली तब
इस अर्थ भावे सब

यह भाखा भले सो बोले
पुन इसका भाव खोले
वे अरबी बोल न जाने
न फारसी पछाने।'

गेसूदराज की गद्य रचनाओं में मेराजुल आशिकीन सबसे अधिक प्रसिद्ध है। संभवतः उनके शिष्यों द्वारा इसमें उनके उपदेश संगृहीत हैं। भाषा का नमूना निम्नलिखित है —

'इसका माना तहकीक खुदा मिन्नत किया है मुसलमानों होर मुसलमानां की औरतां तुमारे तनां में मुहम्मद का नूर रखिया हूँ मो तुमीं बुझो होर जानौ हरेक पराई (परए) पद्यान्त करना आजिब है ए बड़ी न्यामत है।'

इसमें उत्तरी हिन्दुस्तानी की प्रवृत्ति अधिक है, दक्खिनी का प्रभाव न्यून है। किन्तु भाषा का जो रूप इस पुस्तक में मिलता है वह १४-१५वीं शताब्दी दक्खिनी का नहीं है। लगता है लिपिकों ने इसमें परिवर्तन कर दिया है।

दक्खिनी हिन्दी गद्य की सर्वाधिक प्रामाणिक रचना बजही की सबरस है। यह मसनवी शैली में लिखी हुई सूफी प्रेमकथा है। इसका गद्य भी वृत्तगन्धी है। वाक्य छोटे-छोटे और शब्द अश्लिष्ट हैं। लोकोक्तियों और मुहावरों का प्रचुर प्रयोग हुआ है। संस्कृत के तत्सम शब्दों के साथ-साथ अरबी-फारसी भी बहुतायत से प्रयुक्त हुए हैं—

'न आफत देखे न जलजला आपे भले तो आलम भला। किसी कूं बुरा बोलना यो बसवास है, भलाई बुराई सब अपने पीस है। आपे चल नीं (नई) जानते दुसर्‌यां पर बुरा मानते अव्वल अपनी खबर में आपे रहना पीछे दुसर्‌यां कूं बुरा कहना जिसे आपस कूं पछान्या उसे सब जान्या। जिधर ढलना है उधर अक्ल कै उजाले में चलना है।'

उत्तर भारत में खड़ीबोली

दक्खिनी हिन्दी उत्तर भारत की हिन्दी से कुछ इतनी दूर थी कि एक का प्रभाव दूसरे पर पड़ ही नहीं सकता था। यहाँ पर दक्खिनी हिन्दी के उल्लेख का मतलब था खड़ीबोली की प्राचीनता दिखाना और उसके विकास के चरणों को रेखांकित करना। उत्तर भारत में खड़ीबोली अपने ढंग से विकसित हो रही थी। किन्तु आचार्य शुक्ल ने अकबर के समय की एक रचना गंग कवि की **'चन्द छन्द बरनन की महिमा'** का जो उल्लेख किया है वह अप्रामाणिक है। अतः उसकी भाषा के आधार पर शुक्ल जी का यह निष्कर्ष निकालना कि अकबर और जहाँगीर के समय में ही खड़ीबोली भिन्न प्रदेशों में शिष्ट समाज के व्यवहार की भाषा हो चली थी, उचित नहीं है।

वस्तुतः यह जाली ग्रन्थ है। यह पृथ्वीराज रासो को प्रामाणिक सिद्ध करने की दृष्टि से आविष्कृत किया गया। कथावस्तु और ऐतिह्य के आधार पर इसकी अप्रामाणिकता स्वतः सिद्ध हो जाती है। अकबरी दरबार का जो वर्णन इसमें आया है वह जादूगर की करामात से कम नहीं है। जिस समय इस ग्रन्थ के अनुसार गंग कवि अकबर को रासो की कथा सुना रहा था उस समय अकबर को नूरवादीन कह कर संबोधित करना ऐतिहासिक असंगति है।

नूरुद्दीन जहाँगीर का नाम था, अकबर का नहीं। इसलिए इसकी रचना जहाँगीर के बाद उस समय लोगों को बादशाह की उपाधियाँ भूल गई होंगी। यों इसकी भाषा का जो उदाहरण शुक्ल जी ने दिया है वह १८वीं शताब्दी के पूर्व का नहीं हो सकता।

शुक्ल जी ने रामप्रसाद निरंजनी के 'भाषा योगवासिष्ठ, (सं० १७६८)' को बहुत साफ सुथरी खड़ीबोली में लिखा हुआ बताया है। इसके आधार पर उन्होंने निष्कर्ष निकाला है—'इनके ग्रंथ को देखकर यह स्पष्ट हो जाता है कि मुंशी सदासुख और लल्लूलाल से ६२ वर्ष पहले खड़ीबोली का गद्य अच्छे परिमार्जित रूप में पुस्तकें आदि लिखने में व्यवहृत होता था। अब तक पाई गई पुस्तकों में यह योगवासिष्ठ ही सबसे पुराना है जिसमें गद्य अपने परिष्कृत रूप में दिखाई पड़ता है'[1] किन्तु नई खोजों के फलस्वरूप 'भाषा योगवासिष्ठ' न तो साधु निरंजनी द्वारा लिखा गया और न कथा के रूप में पटियाला नरेश की दो विधवा बहनों को सुनाया गया। योगवासिष्ठ की गुरुमुखी की प्रतियों में रामप्रसाद निरंजनी का नाम भी नहीं आया है।

ना० प्र० सभा के खोज विवरण के अनुसार भाषा योगवासिष्ठ की प्राचीनतम प्रति सं० १८१८ (१७६१ ई०) की है। किन्तु इससे प्राचीनतर प्रतियाँ गुरुमुखी लिपि में मौजूद हैं। सिक्ख रेफरेंस लाइब्रेरी अमृतसर और महाराज पटियाला के निजी पुस्तकालय में इन्हें देखा जा सकता है। पटियाला दरबार की प्रति सं० १८०२ (१७४५ ई०) की है। इनमें रामप्रसाद निरंजनी का नाम नहीं है। योगवासिष्ठ के नागरी संस्करणों में जो भूमिका दी गई है वह सिक्खों के सेवापंथ से सम्बद्ध ग्रंथ संत रतनपाल में दी गई एक अनुश्रुति से मिलती-जुलती है। किन्तु उसमें भी साधु निरंजनी का नाम नहीं मिलता।

सेवापंथ में योगवासिष्ठ का बहुत आदर रहा है। 'वसिसट की पोथी कथा वसिसट जी की' आदि कई नामों से उक्त पंथ में इसका प्रचार रहा है। शुक्ल जी ने अपने इतिहास में भाषा योगवासिष्ठ से जो उद्धरण दिए हैं उनके समानान्तर उद्धरण गुरुमुखी संस्करणों तथा हस्तलिखित प्रतियों में मिल जाते हैं। शुक्ल जी द्वारा उदाहरित अवतरण से सिक्ख रेफरेंस लाइब्रेरी अमृतसर में संकलित प्रति के अवतरण का मिलान कीजिए :—

'प्रथम परब्रह्म परमात्मा को नमस्कार है जिससे सब भासते हैं और जिसमें सब लीन और स्थिति होते हैं, XXX जिस आनन्द के समुद्र के कण से सम्पूर्ण विश्व आनन्दमय है, जिस आनन्द से सब जीव जीते हैं। अगस्त जी के शिष्य सुतीक्ष्ण के मन में एक संदेह पैदा हुआ तब वह उसे दूर करने के कारण अगस्त मुनि के आश्रम को जा विधि-सहित प्रमाण करके बैठे और विनती कर प्रश्न किया कि हे भगवान्! आप सब तत्वों का कारण कर्म है कि ज्ञान है अथवा दोनों है, समझाय के कहो। इतना सुन अगस्त मुनि बोले कि हे ब्रह्मराम। केवल कर्म से मोक्ष नहीं होता और न केवल ज्ञान से मोक्ष होता है, मोक्ष दोनों से होता है। कर्म से अन्तःकरण शुद्ध होता है, मोक्ष नहीं होता और अन्तःकरण की शुद्धि बिना केवल ज्ञान से मुक्ति नहीं होती।"

---

१. रामचन्द्र शुक्ल : हिन्दी साहित्य का इतिहास सं० १२, पृ० ३७७

'सति चित अनिद रूप जो आतमा है तिसको नमसकारू है। कैसा है चित आनन्द रूप। आतमा सो कहता है। जिस ते एहु सरन भासते हैं। अरु जिस विषै एहुं सरब लीन होते हैं। अरु जिस विषै सरब इसथित हैं। इस सति आतमा का नामसकारू है। गियाता, गियान गेयि, प्रिसटा, दरसन, दिस, करता, करण, क्रिया जिसु करि सिन्धु होते हैं। ऐसा जो गिआन रूप जो आतमा है। तिसको नमस्कारू है।

'अगस्तोवाच—हे ब्राह्मण। केवल कर्म मोछ का कारण नहीं। अर केवल गिआन ते भी मोछ नहीं प्रापत होता। दोनों करि मोछ की प्रापत होती है। करमांकरण अंतहकरण सुध होता है। मोछ नहीं होती। अर अंतहिकरण सुध होए बिना केवल गिआन ते भी मुक्त नहीं होती। अरथ एहु जो सासत्रहु का तातपरज गिआन निसहा अन्तहकरण सुध होए बिना इसथित नहीं होती। तां ते दोनहु कर मोछ की प्राप्त नहीं होती।'

(सिक्ख रेफरेंस लाइब्रेरी, अमृतसर में संगृहीत योगवासिष्ठ भाषा, प्रतिलिपिकाल सं० १६२३)

दोनों उद्धरणों की भाषा का तुलनात्मक अध्ययन सिद्ध करता है कि दूसरे उद्धरण की भाषा प्राचीन और पहले की अर्वाचीन है। अपभ्रंश की उकार बहुला प्रवृत्ति नमसकारू, एहु, जिसु, सासत्रहु आदि में देखी जा सकती है। गुरुमुखी प्रति में शब्द अश्लिष्ट है, तत्सम शब्दों के स्थान पर अर्ध तत्सम और तद्भव शब्दों का प्रयोग हुआ है जैसे, आत्मा के स्थान पर आतमा, स्थित की जगह इसथित, ज्ञान के स्थान पर गियान आदि। गुरुमुखी के वाक्य सामान्यतः एक ही क्रिया पर आश्रित हैं जब कि शुक्ल जी वाले संस्करण के वाक्य लम्बे जटिल और कई सहायक क्रियाओं से युक्त हैं।

शुक्ल जी के अवतरण में शब्द रूपों का प्रयोग किसी अव्यभिचारित नियम के अनुकूल नहीं है। कभी तो वहाँ संदेह पैदा होता है तो कभी उसको दूर करने के कारण (लिए नहीं) सुतीक्षण (सुतीक्ष्ण ?) प्रणाम करके बैठे और ...... प्रश्न किया जैसे अप्रयुक्त एवं व्याकरण-विरुद्ध प्रयोग मिलते हैं तो कभी जानन हारे समझाय के आदि पूर्वी प्रयोग बिना किसी सामंजस्य और अनुपात के वहाँ भरे गये हैं। इसके विपरीत गुरुमुखी प्रतियों के गद्य में शब्दरूपों की अव्यभिचारित एकरूपता, वर्तनी में पर्याप्त समानता, वाक्य-विन्यास में निरपवाद रूप से सरलता और सहजता प्रायः सर्वत्र उपलब्ध है।[१]

योगवासिष्ठ भाषा का जो रूप इसमें उपलब्ध है वह आश्चर्यजनक रूप से दक्खिनी हिन्दी से मिलता है। फर्क यह है कि दक्खिनी हिन्दी में अरबी-फारसी शब्दों का प्रचुर प्रयोग हुआ है किन्तु योगवासिष्ठ भाषा में उनका स्पर्श नहीं हुआ है। इसे खड़ीबोली की दीर्घ परम्परा की अगली कड़ी के रूप में स्वीकार किया जाना चाहिए।

सन् १७६६ (सं० १८२३) में दौलतराम जैन (बसवावासी) ने पद्मपुराण वचनिका लिखी। यह जैन पद्मपुराण का भाषानुवाद है। इसमें वैराग्यमूलक दृश्यों और कथाओं का चित्रण किया गया है। इसमें जैन पद्धति से रामकथा वर्णित है। भाषा का नमूना है—

---

१. आलोचना (अप्रैल-जून, १९६०) गोविन्दनाथ राजगुरु, 'आधुनिक हिन्दी की प्रथम गद्यकृति।'

'कैसे हैं श्रीराम, लक्ष्मीकर आलिंगित है हृदय जिनका और प्रफुल्लित है। मुखरूपी कमल जिनका महापुण्याधिकारी है, महाबुद्धिमान हैं गुणन के मन्दर उदार है चरित्र जिनका, जिनका चरित्र केवल ज्ञान के ही गम्य है ऐसे जो श्री रामचन्द्र उनका चरित्र श्री गदाधर देव ही किंचित्मात्र कहने को समर्थ हैं।' (प्रथम पर्व पृ० ६)।

गुरुमुखी योगवासिष्ठ भाषा की तरह इसमें भी 'कैसे हैं अमुक' की पद्धति अपनाई गई है। इसके बाद विशेष्य के अनेक विशेषण दिए गए हैं। जैसे, 'लक्ष्मीकर आलिंगित है हृदय जिनका'—रूपकों का स्पष्टीकरण दोनों में 'रूपी' शब्द द्वारा किया गया है। योगवासिष्ठ भाषा पर पंजाबी का प्रभाव है और पद्मपुराण वचनिका पर राजस्थानी और ब्रजी का। फिर भी दोनों के वाक्य-विन्यास में पर्याप्त एकरूपता है।

गुरुमुखी योगवासिष्ठ की भाषा भी १८वीं शताब्दी के उत्तरार्ध की है। आचार्य शुक्ल द्वारा उदाहरित भाषा योगवासिष्ठ की भाषा उस समय की नहीं हो सकती। यह १६वीं शताब्दी के उत्तरार्ध की भाषा प्रतीत होती है।

खड़ीबोली के विकास के सिलसिले में ईसवी खाँ की बिहारी सतसई रसचंद्रिका टीका (सं० १८०६) १७५२ ई० का उल्लेख किया जाता है। किन्तु उस टीका पर ब्रिजी का इतना अधिक प्रभाव है कि खड़ीबोली की विकास-परम्परा में उसका कोई योग नहीं माना जा सकता। यही हाल साधु मुकुंददास की पद कबीरदास जी का अरथ सहित टीका का भी समझना चाहिए।

हिन्दी न तो विदेशी मुसलमानों के आगमन के कारण पैदा हुई और न तो, जैसा गिलक्राइस्ट कहता है, फोर्ट विलियम के टकसाल में ही ढाली गई। यह स्वयं ऐतिहासिक आवश्यकताओं के फलस्वरूप विकसित होती हुई आधुनिक युग के भावों और विचारों की अभिव्यक्ति का माध्यम बनी। ऊपर जिस योगवासिष्ठ भाषा, पद्मपुराण की भाषा का उल्लेख किया गया है वह १८वीं शताब्दी के उत्तरार्ध की सामान्य खड़ीबोली प्रतीत होती है। दक्खिनी हिन्दी की शैली भी उनसे मिलती-जुलती है। ज्यों-ज्यों खड़ीबोली विकसित होती गई उसमें से अरबी-फारसी की शब्दावली और पंजाबी, राजस्थानी और ब्रजभाषा का प्रभाव कम होता गया। फोर्ट विलियम कालेज की स्थापना के समय तक अंग्रेजों ने फारसी-अरबी शब्दावली से लदी हुई दरबारी भाषा को (हिन्दुस्तानी) हिन्दी से अलग समझ कर भाखा मुंशियों की नियुक्ति की।

फोर्ट विलियम कालेज के बाहर की हिन्दी

प्रशासनिक सुविधा के लिए सन् १८०० में अंग्रेजों ने कलकत्ते में फोर्ट विलियम कालेज की स्थापना की। इस कालेज में साहित्य और विज्ञान दोनों की शिक्षा का आयोजन किया गया। साहित्य में एक ओर तो क्लासिकल भाषा-साहित्य—अरबी, फारसी, संस्कृत—की शिक्षा दी जाने लगी और दूसरी ओर देशभाषा—हिन्दुस्तानी, भाखा, बँगला, तेलगू, मराठी, तमिल, कन्नड़—आदि में पुस्तकों का लिखा जाना आरंभ हुआ। इसके अतिरिक्त प्रकृति विज्ञान, वनस्पतिशास्त्र, रसायनशास्त्र की शिक्षा की भी व्यवस्था हुई। १८०० ई० में ही

गिलक्राइस्ट हिन्दुस्तानी के प्राध्यापक नियुक्त हुए। हिन्दुस्तानी से उनका मतलब अरबी-फारसी शब्दावली से भरी हुई भाषा से था। गिलक्राइस्ट के शिष्य बेली हिन्दुस्तानी, उर्दू, हिन्दी और रेख़्ता को एक ही अर्थ में प्रयुक्त करते थे। गिलक्राइस्ट ने हिन्दी से अलग हिन्दवी के भाखा मुंशियों की नियुक्ति की। १८२४ में जब कैप्टेन विलियम प्राइस हिन्दुस्तानी विभाग के अध्यक्ष हुए तो उन्होंने गिलक्राइस्ट की भाषा-नीति को बदल दिया, तब उन्होंने उर्दू के स्थान पर हिन्दी को प्रधानता दी और हिन्दी को हिन्दवी के अर्थ में प्रयुक्त किया। ईसाई मिशनरियों को भी गिलक्राइस्ट की भाषानीति मान्य नहीं हुई। मिशनों ने इस देश की बोली हिन्दी को अपनाया। उन्होंने हिन्दुस्तानी (उर्दू) और भाखा (हिन्दी) में पुस्तक तैयार करने की अलग-अलग व्यवस्था की। लल्लूलाल और सदल मिश्र भाखा-मुंशी थे। लल्लूलाल ने 'प्रेमसागर' और सदल मिश्र ने 'नासिकेतोपाख्यान' लिखा।

फोर्ट विलियम कालेज के इस प्रयास के बारे में अंग्रेजों ने काफी गलतफहमी फैलाई। ग्रियर्सन ऐसे भाषाविद् ने कहा कि यह अंग्रेजों द्वारा आविष्कृत हिन्दी है जिसे गिलक्राइस्ट के तत्त्वावधान में लल्लूलाल ने 'प्रेमसागर' में प्रयुक्त किया।[१] फ्रेजर ने ग्रियर्सन की बात दुहराते हुए लल्लूलाल के साथ सदल मिश्र का नाम भी भाषा के आविष्कारकों में जोड़ दिया। ग्रियर्सन ने खड़ीबोली को किसी की मातृभाषा नहीं स्वीकार किया। आश्चर्य यह है कि ग्रियर्सन ऐसे भाषाविद् भी भाषा को आविष्कार मानते हैं। ग्रियर्सन का वक्तव्य शरारत से भरा हुआ मालूम होता है क्योंकि यह अत्यन्त सामान्य बात है कि कोई बोली ही विकसित होकर भाषा का रूप धारण करती है। यदि खड़ीबोली कोई भाषा न होती तो फोर्ट विलियम के अधिकारियों को उसमें पुस्तकें लिखाने का इलहाम न होता ?

फोर्ट विलियम कालेज के बाहर खड़ीबोली में जो कुछ लिखा जा रहा था उससे प्रमाणित है कि जन सामान्य की इस बोली के विकास के लिए राज्याश्रय की आवश्यकता नहीं थी। वास्तविकता तो यह है कि हिन्दी अपनी आन्तरिक क्षमता के आधार पर ही आगे बढ़ी, राज्याश्रय तो इसे मिला ही नहीं। फोर्ट विलियम कालेज के बाहर जिन दो लेखकों की गद्य रचनाएँ उपलब्ध हुई हैं उनके नाम हैं सदासुख राय निसार और इंशाअल्ला खाँ।

किन्तु मुंशी सदासुखराय (१७४६-१८२४) के ग्रन्थ और रचनाकाल के सम्बन्ध में विद्वानों में मतभेद है। वे उर्दू-फारसी के अच्छे ज्ञाता और शायर थे। १८१८ ई० में उन्होंने 'मंतखबुत्तवारीख' लिखी। इससे उनके जीवन का संक्षिप्त इतिहास मालूम होता है। शुक्ल जी के मतानुसार 'मुंशी जी ने विष्णु पुराण के उपदेशात्मक प्रसंग लेकर एक पुस्तक लिखी थी, जो पूरी नहीं मिली है। कुछ दूर तक सफाई के साथ चलने-वाला गद्य जैसा योगवासिष्ठ का था वैसा ही मुंशी जी की इस पुस्तक में दिखाई पड़ा।' कुछ अन्य लोगों के मत से उन्होंने भागवत का गद्यानुवाद किया। डा० लक्ष्मीसागर वार्ष्णेय ने उनके अनुवाद का नाम 'सुखसागर' बताया है। पर रामदास गौड़ का कहना है कि उन्होंने विष्णु-पुराण का पद्यानुवाद किया था।

लाला भगवानदीन और रामदास गौड़ ने 'हिन्दी भाषा सार' पुस्तक का संपादन

---

१. ग्रियर्सन : दि माडर्न वर्नाक्यूलर लिटरेचर आफ हिन्दुस्तान : भूमिका (१८८६)।

किया है। उसमें मुंशी सदासुखराय का सुरासुरनिर्णय लेख और उसके वार्तिक का एक अंश संगृहीत है। संपादकों ने सुरासुरनिर्णय का रचना-काल सं० १८३६-४० (१७८३ ई०) ठहराया है। उन्होंने सुखसागर नाम का कोई ग्रन्थ नहीं लिखा। हिन्दी में उनका उपनाम सुखसागर था और उर्दू-फारसी में निसार। जिस ग्रन्थ के आधार पर शुक्ल जी ने उनकी भाषा के संबंध में यह निष्कर्ष निकाला है वह प्रामाणिक नहीं है। सदासुख नाम के तीन व्यक्तियों का उल्लेख मिलता है—एक 'मुंतखबुत्तवारीख' के लेखक सदासुखराय, दूसरे 'बुद्धिप्रकाश' समाचारपत्र के संपादक सदासुखलाल, तीसरे जैन सदासुखलाल। शुक्ल जी ने पहले सदासुखराय का उल्लेख किया है। उनकी भाषा को शुक्ल जी ने साफ-सुथरी कहा है। शुक्ल जी ने इनके गद्य का जो उदाहरण दिया है वह सुरासुर निर्णय की भाषा के मेल में नहीं है। अतः या तो वह उनकी है ही नहीं या योगवासिष्ठ की भाषा की तरह संशोधित है। सुरासुर निर्णय की भाषा का नमूना निम्नलिखित है—

'प्रसिद्ध योनि है।। सुरदेवता असुर दैत्य संज्ञा है।। जो कहिये असुर दैत्य हैं। इस बात में दूषण है। कंस दैत्य न था मनुष्य था। श्रीकृष्ण का मामा उग्रसेन का बेटा था।। तो इससे समझिये कि स्वभाव असुर है मनुष्य होय कि अथवा देवता दैत्य होय।। जिसमें तमोगुण विशेष वही असुर है।। कोई क्यों न होय।। प्रह्लाद दैत्य था। परन्तु स्वभाव उसका सतोगुणी था।। उसे सुर जाना चाहिए ।। दुर्वासा ब्रह्म ऋषि हैं। स्वभाव तमोगुणी है।। उसे असुर जानना चाहिए।।'

निश्चय ही इसकी भाषा साफ-सुथरी है। सुरासुर के निर्णय के पीछे एक तर्कानुमोदित वैचारिक पद्धति भी दिखाई पड़ती है जो निबंध के लिए जरूरी होती है। यदि सुरासुर निर्णय का लेखनकाल १७८३ ई० के लगभग मान लिया जाय तो इसकी भाषा को हिन्दी गद्य परम्परा का प्रारम्भ स्वीकार करने में किसी तरह का संकोच नहीं होना चाहिए।

इन्शाअल्ला खाँ दूसरे लेखक हैं जिन्होंने हिन्दी-गद्य-निर्माण में विशेष योग दिया है। उन्होंने 'उदयभानचरित या रानी केतकी' की कहानी कदाचित् १८०० और १८०८ के बीच लिखी होगी। वे लल्लूलाल और सदल मिश्र के समसामयिक थे। पर रानी केतकी की कहानी लाल और मिश्र की रचनाओं से पहले लिखी जा चुकी थी।

इंशा के पूर्वज समरकंद से आकर कश्मीर में बस गए। इसके बाद वे लोग दिल्ली आ बसे। उनके पिता माशाअल्लाह जो मुगल दरबार में हकीम थे, मुगल-साम्राज्य के क्षीण होने पर मुर्शिदाबाद चले आए। इंशा का जन्म यहीं हुआ। इंशा लड़कपन से ही कविता करते थे। मुर्शिदाबाद के नवाब के शक्तिहीन होने पर वे शाह आलम के दरबार में आ गए। शाह आलम के यहाँ भी वे टिक न सके और अवध के नवाब आसफुद्दौला[1] सादत अली खाँ के दरबार में जा पहुँचे। पर नवाब से मन-मुटाव हो जाने के कारण वे वहाँ से भी खिसक गए। सन् १८१६ में उन्होंने अपनी इहलौकिक लीला समाप्त की।

रानी केतकी की कहानी लखनऊ में ही लिखी गई। इसके सम्बन्ध में इन्शा ने

१. चन्द्रबली पाण्डेय : हिन्दी भाषा का निर्माण : पृ० २४-२५।

लिखा है—"एक दिन बैठे यह बात अपने ध्यान में चढ़ी कि कोई कहानी ऐसी कहिए कि जिसमें **हिन्दी की छुट और किसी बोली का पुट न मिले**, तब जाके मेरा जी फूल की कली के रूप में खिले। बाहरी की बोली और गँवारी कुछ उसके बीच में न हो। अपने मिलनेवालों में से एक कोई बड़े पढ़े-लिखे पुराने-धुराने डांग बूढ़े घाग यह खटराग लगा लाए—लगे कहने-यह बात होते दिखाई नहीं देती । हिन्दवीपन भी न निकले और भाषापन भी न हो। बस, भले लोग अच्छों से अच्छे आपस में बोलते-चालते हैं ज्यों का त्यों वही सब डौल रहे औ छाँव किसी की न हो, यही नहीं होने का।"

इससे लगता है कि इन्शा ने किसी पुराने-धुराने डांग-बूढ़े की उन चुनौती को स्वीकार किया था जिसमें कहा गया था कि ठेठ हिन्दवी का प्रयोग सम्भव नहीं है। यहाँ हिन्दी, हिन्दवी, भाषा, बाहरी बोली और गँवारी पर विचार कर लेना चाहिए। बाहरी बोली का अर्थ है यामिनी भाषा यानी अरबी-फारसी से भरी हिन्दुस्तानी। भाषा का माने है संस्कृतनिष्ठ पंडिताऊ हिन्दी। गँवारी वह है जो भले लोगों की भाषा न हो। अर्थात् इन्शा ने शिष्टजनों की बोलचाल की भाषा में, जिसमें न तो संस्कृत का प्रभाव था, न अरबी-फारसी का, 'रानी-केतनी की कहानी' लिखी।

चन्द्रबली पांडेय के विचार से—'रानी केतकी की कहानी उर्दू की खड़ी बोली है और वस्तु हिन्दू तथा मजहब शीया है। इस दृष्टि से देखने पर कबीर, जायसी, कुतुबन, मंझन का क्या होगा ? पाण्डेय जी ने इन कवियों पर भी कुछ वैसा ही मन्तव्य व्यक्त किया है। रानी केतकी की कहानी के कुछ शब्दों और मुहावरों के आधार पर उन्होंने उसमें बाहरी शब्दों को भी खोज निकाला है। किन्तु समग्रतः उसकी भाषा हिन्दी या हिन्दवी है। लल्लूलाल की भाषा को भी खड़ीबोली और हिन्दवी कहा गया है।

यह सही है कि उक्त कहानी मसनवी शैली पर लिखी गई है पर वह सूफी प्रेमाख्यान नहीं है, जैसा कि शोधग्रन्थों में लिखा गया है। हिन्दी के सूफी प्रेमाख्यानों और 'रानी केतकी की कहानी' में केवल इतना ही अन्तर है कि सूफी काव्य पद्य में है और यह गद्य में। किन्तु प्रारम्भिक ईश्वर वंदना, प्रत्येक परिच्छेद के आरम्भ के लम्बे शीर्षक, ईरानी कथानक रूढ़ियाँ आदि इसे सूफी प्रेमाख्यान की कोटि में नहीं रख पातीं। यह केवल प्रेमाख्यान है। इसमें तसव्वुफ का स्पर्श नहीं है। उसकी भाषा का नमूना देखिए—

'दायरे उसके उभार के दिनों का सुहानापन, चाल-ढाल का अच्छन वच्छन, उठती हुई कोंपल की कली पहने, जैसे बड़े तड़के धुँधले के हरे भरे पहाड़ों की गोद से सूरज की किरने निकल आती हैं।'

कितनी ताजा और जीवंत भाषा है पर इस प्रकार की भाषा कहीं-कहीं है। सब मिलाकर उसकी भाषा सर्वत्र हिन्दी की प्रकृति के अनुकूल नहीं पड़ती। चटक-मटक फारसी के प्रभाव का सूचक है फिर भी प्रारम्भिक गद्य में उसके योग को अस्वीकार नहीं किया जा सकता।

फोर्ट विलियम कालेज की हिन्दी

फोर्ट विलियम कालेज के भाखा-मुंशी लल्लूलाल (१७६३-१८३५ ई०) और सदल

मिश्र ने क्रमशः 'प्रेमसागर' और 'नासिकेतोपाख्यान' पाठ्यपुस्तकें लिखीं। लल्लूलाल आगरे के रहनेवाले थे। जीविका की खोज में वे सन् १७८६ ई० में मुर्शिदाबाद पहुँचे और मुबारक उद्दौला के सम्पर्क में आए। थोड़े दिनों तक वे नागौर नरेश रामकृष्ण के आश्रय में भी रहे। राजा रामकृष्ण के कैद हो जाने पर वे कलकत्ते लौट आए। कलकत्ता में उन्होंने एक प्रेस खोला। गिलक्राइस्ट के सम्पर्क में आने पर सन् १८०० में फोर्ट विलियम कालेज में वे गद्य-लेखक के रूप में नियुक्त कर लिये गए। दो वर्ष बाद सन् १८०२ में वे भाखा-मुंशी के पद पर प्रतिष्ठित हुए।

लल्लूलाल के नाम पर छोटी-बड़ी चौदह रचनाओं का उल्लेख मिलता है। इनमें कुछ ऐसी रचनाएँ हैं जिनका अनुवाद उन्होंने दूसरे की सहायता से किया है अथवा दूसरों को सहायता पहुँचाई है। सिंहासन बत्तीसी (१८०१ ई०), बैतालपच्चीसी (१८०१ ई०), माधोनल (१८०१ ई०), और शकुन्तला (१८०१ ई०) ऐसी ही पुस्तकें हैं। इन चारों पुस्तकों को लिखने में लल्लूलाल की माँग पर कालेज ने उनके सहायतार्थ दो फारसीदां —मजहरअली खान विला और काजिमअली जवाँ —को नियुक्त किया। उन्होंने स्वयं लिखा है—"उन्होंने दो शायर मेरे लिए तैनात किये, मजहरअली खान विला और काजिम अली जवाँ। एक वरष में चार पोथी का तरजुमा ब्रजभाषा से रेखते की बोली में किया। सिंहासन बत्तीसी, बैताल पच्चीसी। शकुन्तला नाटक। औ माधोनल।—सिंहासन बत्तीसी सुन्दरदास की ब्रजभाषा रचना का, बैताल पच्चीसी सुरत कवीश्वर की ब्रजभाषा रचना का, शकुन्तला नाटक नेवाड़ा की ब्रजभाषा रचना का और माधोनल मोतीराम की ब्रजभाषा रचना का अनुवाद है।"

उन्होंने स्वयं जो रचनाएँ अनूदित या संगृहीत की हैं वे निम्नलिखित हैं : १—राजनीति अथवा वार्तिक (राजनीति १८०२ ई०) (हितोपदेश का ब्रजभाषा गद्यानुवाद), २—ओरिएंटल फेब्युलिस्ट का ब्रजभाषा गद्य में रूपान्तरण (१८०२), ३—प्रेमसागर या नागरी दशम (१८०३-१८०६) (चतुर्भुज मिश्र के भागवत पुराण के दशम स्कन्ध के ब्रजभाषानुवाद का खड़ीबोली में अनुवाद), ४—लतायफे-हिन्दी नक्लियात (१८१०) खड़ीबोली, ब्रजी और हिन्दुस्तानी की सौ लघु कथाओं (टेल्स) का संग्रह। लल्लूलाल ने इनका संपादन-प्रकाशन किया था। ५—भाषा कायदा (१८११ ई०) (ब्रजभाषा व्याकरण)। ६—सभा विलास (१८१५) (ब्रजभाषा काव्य संग्रह)। ७—माधोविलास (१८१७) (ब्रजभाषा में लिखा गया चंपू)। ८ —लालचन्द्रिका (१८१८) (बिहारी सतसई की खड़ीबोली में टीका) ग्रियर्सन ने उनके 'मसादिरे भाषा' तथा तासी ने 'विद्यादर्पण' पुस्तक का उल्लेख किया है।

खड़ीबोली गद्य की दृष्टि से उनकी पाँच पुस्तकें विचारणीय हैं—सिंहासन बत्तीसी, बैताल पच्चीसी, माधोनल, शकुन्तला और प्रेमसागर।

पहली चार पुस्तकों को लल्लूलाल ने रेख्ते की बोली कहा है। आचार्य रामचन्द्र शुक्ल की दृष्टि में उनकी भाषा उर्दू है। गार्सां द तासी ने लल्लूलाल को उन पुस्तकों की रचना में केवल सहायक माना है। माधोनल और शकुन्तला की भाषा उर्दू है। पर क्या सिंहासन बत्तीसी और पच्चीसी के सम्बन्ध में भी यह सच है ? इन दोनों पुस्तकों को न तो हिन्दी साहित्य के इतिहास में स्थान मिलता है न उर्दू साहित्य के। इससे इस निष्कर्ष पर पहुँचा जा सकता

है कि इनकी भाषा में बोलचाल के शब्द हैं। बैताल पच्चीसी की भूमिका इसकी भाषा को उर्दू भाषा घोषित करती है पर वह हिन्दी के अधिक निकट है—

"ये बातें करते थे कि इतने में साँझ हुई। उसे अच्छा भोजन दिया, और उसने व्यालू किया। मसल मशहूर है कि भोग आठ प्रकार का है, एक सुगन्ध है दूसरे बनिता, तीसरे वस्त, चौथे गीत, पाँचवें पान, छठे भोजन, सातवें सेज, आठवें आभूषण—ये सब वहाँ मौजूद थे। गरज जब पहररात आई, उसने रंगमहल में जा उसके सारी रात आनन्द से काटी जब भोर हुई, वह अपने घर गया और वह उठके अपनी सखियों के पास आई—" बैताल पच्चीसी—अट्ठारहवीं कहानी।

सन् १८६६ ई० में सिंहासन बत्तीसी की भूमिका में उसके सम्पादक सैयद अब्दुल्ला ने इसकी भाषा के सम्बन्ध में लिखा है—"जिस भाषा में सिंहासन बत्तीसी लिखी गयी है वह हिन्दी, हिन्दुस्तानी, संस्कृत, फारसी और अरबी मिश्रित भाषा है, पर प्रधानता हिन्दी तत्व की है।" इसमें वैसे अरबी-फारसी शब्द प्रयुक्त हुए हैं जो सामान्य व्यवहार में प्रचलित हैं और वस्तुतः घरेलू शब्द बन चुके हैं। हिन्दी इसके अतिरिक्त और क्या है ? सिंहासन बत्तीसी की भाषा का नमूना देखिए :—

"तीनों लोक में हंगामा मचा कि राजा बीर विक्रमाजीत का काल हुआ उस वक्त आगिया कोयला दोनों बीर भी साथ राजा ही के लोप हो गये न वह स्वामी रहा न वे दास रहे—संसार में से धर्म की धजा उखड़ गई सब रएयत राजा के राज की रोने लगी—विराहमन भाट भिखारी रांड दुखी सब धाय मार-मार रो-रो कहने लगे कि हमारा आदर करने वाला और मान रखने हारा आज जग से उठ गया रानियाँ राजा के साथ सती हुईं और जितने दास-दासी थे सब अनाथ हो गए—"

हिन्दी गद्य के विकास के सन्दर्भ में लल्लूलाल के प्रेमसागर की विशेष चर्चा होती है। यह हिन्दुस्तानी प्रेस कलकत्ता से अंशतः १८०३-५ ई० में और पूर्णतः १८२५ ई० में प्रकाशित हुआ। इसकी रचना का उद्देश्य हिन्दवी (खड़ीबोली) से परिचित कराना था। लल्लूलाल ने इसमें यामिनी भाषा को छोड़ने का प्रयास किया है यद्यपि यामिनी भाषा ने उन्हें पूर्णतः नहीं छोड़ा है।

खड़ीबोली गद्य की दृष्टि से प्रेमसागर का कोई खास महत्व नहीं है। इसका ब्रजभाषा रंजित वृत्तगन्धी गद्य न इंशा की खड़ीबोली की तरह साफ सुथरा है और न बैताल पच्चीसी और सिंहासन बत्तीसी की तरह खरा। आचार्य शुक्ल ने उसके गद्य को कथावार्ता के काम का कहा है। उसकी भाषा का नमूना देखिए—

'इस बात के सुनते ही श्रीकृष्ण जी ने हँसते-हँसते सत्रजीत से कहा कि यह मनि राजा जी को दो और संसार में जस बड़ाई लो। देने का नाम सुनते ही वह प्रनाम कर चुपचाप वहाँ से उठ सोच-विचार करता अपने भाई के पास जा बोला कि आज श्रीकृष्ण जी ने मनि माँगी और मैंने न दी। इतनी बात जो सत्रजीत के मुँह से निकली तो क्रोध कर उसके भाई प्रसेन ने वह मनि ले अपने गले में डाली और शस्त्र लगाम घोड़े पर चढ़ अहेर को निकला। महाबन में जाय धनुष चढ़ाय लगा साबर, चीतल, पाढ़े, रीछ और मृग मारने। इसमें एक

हिरन जो उसके आगे से झपटा तो इसने भी खिजलायके विसके पीछे घोड़ा दपटा और चला चला अकेला कहाँ पहुँचा कि जहाँ जुगान जुग की एक बड़ी ओंडी गुफा थी।'

स्पष्ट है कि प्रेमसागर केवल ब्रजभाषा रंजित ही नहीं है। इसमें शब्द रूपों की अनिश्चितता भी दिखाई देती है। शैली पर पंडिताऊपन की गहरी छाप है। मुहावरों का वैसा प्रयोग नहीं हुआ है जैसा बैताल पच्चीसी और सिंहासन बत्तीसी में दिखाई पड़ता है। सच तो यह है कि उन्हें न संस्कृत का ज्ञान था न ब्रजभाषा का। इसलिए न तो वे मूल ग्रन्थों का मर्म समझ सके थे और न अनुवादों की भाषा को ही औचित्यपूर्ण ढंग से प्रयुक्त कर सके।

फोर्ट विलियम कालेज के दूसरे भाखा-मुंशी सदल मिश्र (जन्म अनुमानतः १७६८, मृत्यु १८४८ ई०) शाहाबाद जिले के घुवडीहा गाँव के निवासी थे। उक्त कालेज के तत्त्वावधान में सन् १८०३ में उन्होंने 'चन्द्रावती अथवा नासिकेतोपाख्यान' को संस्कृत से खड़ीबोली में अनूदित किया। १८०६ में उन्होंने अध्यात्म रामायण का 'रामचरित अथवा अध्यात्म रामायण' नाम से अनुवाद किया। ये दोनों ग्रन्थ सदल मिश्र-ग्रन्थावली के रूप में बिहार राष्ट्रभाषा परिषद् पटना से प्रकाशित हो चुके हैं।

नासिकेतोपाख्यान को वह प्रतिष्ठा नहीं प्राप्त हुई है जो प्रेमसागर को मिली। कालेज के पाठ्यक्रम में उसे नहीं रखा गया। इसका कारण कदाचित् यह था कि इसकी भाषा हिन्दुस्तानी के मेल में नहीं थी। सदल मिश्र ने नासिकेतोपाख्यान का सीधे संस्कृत से अनुवाद किया था। इसलिए स्वाभाविक था कि उसकी भाषा में संस्कृत की प्रचुर शब्दावली मिलती। संस्कृत के वाक्य विन्यासों का प्रभाव भी इसकी भाषा पर पड़ा है—लम्बे वाक्यों से घिरे हुए वर्णन, पूर्वकालिक क्रियाओं की बहुलता आदि।

नासिकेतोपाख्यान की भाषा पर ब्रजी और भोजपुरी दोनों का रंग है। 'कौदती गाछ', 'बतकही' आदि पूर्वी के शब्द तथा 'कैसेहू', 'जाननिहार' आदि पूर्वी के रूप भी उसमें मिलते हैं। ब्रजी के रूप जैसे 'चितौने लगे', 'सहस्त्रन', 'किसू' आदि भी उसमें मौजूद हैं। लिंग दोष भी मिलता है—'मुंगेरों के मार से', 'सारे पृथ्वी का पति' आदि। कहीं-कहीं वाक्य अशक्त और लद्दड़ हैं—'पहले मास में तो उस कन्या को कुछ अधिक सा देह में रूप उपजा।' इन त्रुटियों के बावजूद सदल मिश्र की भाषा हिन्दी की अपनी प्रकृति के मेल में है—

'एक दिन एक समय राजा जनमेजय गंगा के तीर पर बारह बरस यज्ञ करने को रहे। एक दिन स्नान-पूजा करि ब्राह्मणों को बहुत-सा दान दे देवता पितरों को तृप्त करके ऋषि और पंडितों को साथ लिए वैशम्पायन मुनि पास जा दण्डवत् कर खड़े हो हाथ जोड़ कहने लगे कि महाराज आप वेद-पुराण सब शास्त्र के सार जाननिहार तिसपर व्यास मुनि के शिष्य सब योगियों में इन्द्र समान हो। ऐसी कथा कि जिसके सुनने से पाप कटे और कोई रोग न होय नर जन्म संसार में अच्छा भोग अन्त में मुक्ति मिले हमसे कहिए।'

हिन्दी गद्य के प्रथम चार आचार्यों—सदासुखराय, इन्शाअल्ला, लल्लूलाल और सदल मिश्र—के गद्य के महत्व के सम्बन्ध में विद्वानों में मतभेद है। श्यामसुन्दरदास के मतानुसार पहला स्थान इंशाअल्ला खाँ, दूसरा सदल मिश्र और तीसरा लल्लूलाल को मिलना चाहिए। आचार्य शुक्ल का कहना है 'गद्य की एक साथ परम्परा चलाने वाले उपर्युक्त चार

लेखकों में से आधुनिक हिन्दी का पूरा-पूरा आभास मुंशी सदासुख और सदल मिश्र की भाषा में ही मिलता है। व्यवहारोपयोगी इन्हीं की भाषा ठहरती है। इन दो में भी मुन्शी सदासुख की साधु भाषा अधिक महत्त्व की है।' मैंने पहले ही संकेतित किया है कि शुक्ल जी ने सदासुखराय के सम्बन्ध में जो निर्णय लिया है उसका आधार अप्रामाणिक है। इंशा की शब्दावली ठेठ हिन्दी की है किन्तु उसका ढाँचा हिन्दी की प्रवृत्ति के बहुत अनुकूल नहीं पड़ता। 'रानी केतकी की कहानी' हिन्दू-उर्दू शैली है उस पर दरबारी शैली की गहरी छाप है। परवर्ती हिन्दी ने उनकी भाषा को तो ग्रहण किया किन्तु उनकी शैली को नहीं। सदल मिश्र की भाषा-शैली में हिन्दी की अपनी प्रकृति है। यदि उसमें अरबी-फारसी के शब्दों को रखा जाय तो भी उसे हिन्दी ही कहेंगे। लल्लूलाल की प्रेमसागरी हिन्दी का हिन्दी गद्य के निर्माण में उल्लेख्य योग नहीं है। बल्कि बैताल पच्चीसी और सिंहासन बत्तीसी की भाषा का ढाँचा हिन्दी का है। केवल अरबी फारसी के शब्दों के कारण उसे हिन्दुस्तानीं मानने का कोई तुक नहीं है। हिन्दी गद्य के विकास में अपने-अपने ढंग से सभी का योग है। पर सदल मिश्र का महत्त्व अपेक्षाकृत अधिक है। 'सुरासुर निर्णय' के आधार पर सदासुखराय का महत्त्व निर्विवाद है। अतः महत्त्व की दृष्टि से इनका क्रम होगा—सदासुखराय, सदल मिश्र, इंशाअल्ला खाँ और लल्लूलाल।

ईसाई मिशन

यदि राजकाज के लिए सरकारी स्तर पर हिन्दी गद्य का निर्माण और प्रसार फोर्ट विलियम कालेज के भाध्यम से किया जाने लगा तो ईसाई धर्म के प्रचार के लिए ईसाई मिशनों ने भी हिन्दी गद्य के निर्माण में योग दिया। इस धर्म में धर्म प्रचार के लिए ईसाई मिशन बराबर आया करते थे। पर बाइबिल के हिन्दी अनुवाद का कार्य कलकत्ते के पास श्रीरामपुर में स्थापित डेनिश मिशन ने शुरू किया। केरे, मार्शमैन और वार्ड ने सन् १७६६ में इसकी नींव डाली । पर इस त्रयी में केरी की भूमिका सबसे अधिक महत्त्वपूर्ण थी।

केरे को गिलक्राइस्ट की हिन्दुस्तानी कृत्रिम प्रतीत हुई । अतः धर्म प्रचार की दृष्टि से उसने इसे उपयोगी नहीं समझा। वे यहाँ आने के पहले कामचलाऊ हिन्दी सीख चुके थे। दो मुन्शियों की सहायता से किया गया बाइबिल का हिन्दी अनुवाद सन् १८११ में छपा । यह बाइबिल का पहला हिन्दी अनुवाद है। सर्वप्रथम केरे ने हिन्दी की प्रकृति को अलग किया। अपने अनुवाद के चौथे संस्करण में उसका कहना है—"हम हिन्दुस्तानी की उस बोली को हिन्दुई या हिन्दी समझते हैं जो मुख्यतः संस्कृत से बनी है और जो मुसलमानों के आने के पूर्व सम्पूर्ण हिन्दुस्तान में बोली जाती थी। यह अब भी बहुत व्यापक क्षेत्र में समझी जाती है, विशेष कर जन साधारण के मध्य।"

केरे के पश्चात् चेम्बरलेन ने भी हिन्दी की अपनी प्रकृति को समझने की कोशिश की। उसने हिन्दी की विभिन्न शैलियों—चलती हिन्दुस्तानी, चलती नागरी, संस्कृतनिष्ठ हिन्दुस्तानी, ग्राम्य शब्द-बहुल हिन्दी को वह हिन्दवी कहता था। मतलब यह कि चेम्बरलेन ने भी उर्दू को हिन्दी की एक शैली ही माना है। यदि विभिन्न कालों (१८११, १८१८, २१,

२६, ३४) में किये गए बाइबिल के अनुवादों की भाषा का अध्ययन किया जाय तो उनमें क्रमिक विकास को स्पष्ट देखा जा सकता है —

१—फिर उसने अपने बारह शागिर्दों को पास बुलाया और उन्हीं पलीत रूहों के दूर करने की और हर तरह की बीमारीं और हर किसम के आजार से शिफा बख्शने की कुदरत बख्शी—'

२—'और यिशु ने अपने बारह शिष्यों को बुलाके नापाक भूतों के ऊपर उन्हीं के छुड़वाने को और हर तरह की बीमारी और हर एक आजार दूर करने की उन्हें कुदरत किया—'

३—'और अपने बारह शिष्यों को समीप बुलाकर अपवित्र आत्माओं के ऊपर उन्हीं के छुड़वाने को और सब पीड़ा और सब दुबलाई आछी करने को उन्हीं को अधिकार दिया—'

धीरे-धीरे फोर्ट विलियम कालेज के अधिकारियों की भाँति ईसाई मिशनरियों को भी स्पष्ट हो गया कि उत्तर भारत की जनभाषा हिन्दी है और उनके अनुवादों में इसी का प्रयोग होने लगा।

प्रेस और समाचार पत्र

यों प्रेस स्थापना का छिटफुट प्रयास गोवा आदि स्थानों में हुआ किन्तु व्यवस्थित रूप से उसकी शुरुआत कलकत्ते में हुई। चार्ल्स विल्किन्स (१७५०-१८३६) ने नैथेनियल ब्रेसी हालहेड कृत 'ए ग्रामर आफ बंगाली लैंग्वेज' के लिए प्रथम बार बंगला टाइप बनाए। विल्किन्स ने हुगली प्रेस के लिए बंगला टाइप के अतिरिक्त नागरी टाइप भी निर्मित किए।

श्रीरामपुर मिशन के केरी पंचानन कर्मकार की सहायता से टाइप फाउण्ड्री खोली गई। वस्तुतः नागरी टाइपों का जन्मस्थान हुगली और श्रीरामपुर है। श्रीरामपुर में पहले पहल टाइप फाउण्ड्री बनी। यहाँ से ही अन्य स्थानों को टाइप भेजे जाते थे। टाइप उपलब्ध होने से जगह-जगह छापेखानों का खुलना आरम्भ हो गया। छापेखाने के कारण पुस्तकें और समाचार पत्रों के प्रकाशन का द्वार खुल गया।

सन् १७८० में जे० ए० हिकी ने अंग्रेजी में 'दि बंगाल गजट' प्रकाशित किया। गजट भारतीय पत्र जगत् में नया प्रकाश लेकर आया। इसके बाद अंग्रेजी के और भी पत्र प्रकाशित हुए। १८१८ में मार्शमैन और केरे ने 'दिग्दर्शन' नामक बँगला पत्र प्रकाशित किया। वह बँगला और अंग्रेजी दोनों में छपता था। हिन्दी में पहला पत्र उदन्त मार्तण्ड है जो ३० मई १८२६ को जुगलकिशोर सुकुल के सम्पादकत्व में प्रकाशित हुआ। इसमें देश-विदेश के समाचार, अधिकारियों की नियुक्ति और स्थानान्तरण की सूचनाएँ, बाजार-भाव आदि रहते थे।

हिन्दी सम्बन्धी दूसरे पत्र के सिलसिले में बंगदूत का नाम लिया जाता है। यह (१८२९) आर० एम० मार्टिन और राजा राममोहन राय द्वारा प्रकाशित किया गया। कहा

जाता है कि यह बँगला, हिन्दी और फारसी में छपता था। पर कलकत्ता रीव्यू के अनुसार यह बँगला और फारसी में छपा करता था। १८२६ में यह सरकारी आदेश से बन्द हो गया। फिर यह दो रूपों में प्रकाशित हुआ—हिन्दू हेराल्ड (अंग्रेजी) और बंगदूत (बंगला और हिन्दुस्तानी यानी उर्दू) में सेठों के लाभार्थ बाजार भाव बँगला और नागरी दोनों में छपते थे। हिन्दी-पत्रकारिता के क्षेत्र में बंगदूत का कोई स्थान नहीं है।

१८४६ में कलकत्ता से मो० नासिरुद्दीन के सम्पादकत्व में 'जगत दीपक भास्कर' प्रकाशित हुआ। इसके प्रत्येक पृष्ठ पर पाँच स्तम्भ होते थे—बँगला, अंग्रेजी, उर्दू, फारसी और हिन्दी के स्तम्भ। १८४४ में राजा शिवप्रसाद सितारे हिन्द द्वारा स्थापित और तारामोहन मित्र द्वारा सम्पादित 'बनारस अखबार' निकला । यह नागराक्षरों में हिन्दुस्तानी शैली का पत्र था। १८५० में 'सुधाकर' तारामोहन मित्र के सम्पादकत्व में निकला । यह पहले हिन्दुस्तानी ढर्रे का पत्र था पर बाद में शुद्ध हिन्दी में निकलने लगा।

सन् १६५० से '६७ ई० के बीच बहुत से और पत्र भी प्रकाशित हुए—तत्त्वबोधिनी पत्रिका (१८६५), सत्यदीपक (१८६६), लोकमित्र (१८६७) बुद्धि प्रकाश (मुंशी सदासुखलाल के 'नूरुल बाजार' का हिन्दी रूपान्तर) आदि।

इन समाचार पत्रों की भाषा परिष्कृत नहीं कही जा सकती । इनमें ब्रजी, अवधी, भोजपुरी के शब्दों का प्रयोग तो है ही, ब्रजी के कई रूप विन्यास भी पाये जाते हैं। किन्तु इनके द्वारा नए-नए शब्दों का व्यवहार होने लगा और खड़ीबोली की श्रीवृद्धि हुई, इसमें कोई सन्देह नहीं।

पाठ्य पुस्तकें

फोर्ट विलियम कालेज ने ही पाठ्य पुस्तकों की परम्परा की शुरुआत की। लल्लूलाल का प्रेम सागर, सदलमिश्र के 'रामचरित्र' और 'नासिकेतोपाख्यान' पाठ्य पुस्तकें ही थीं। लल्लूलाल की सहायता से मजहर अली द्वारा लिखित 'बैताल पचीसी' और काजिम अली की 'सिंहासन बत्तीसी' ऐसी ही रचनाएँ हैं। प्राइस के समय में 'हिन्दी एण्ड हिन्दुस्तानी सेलेक्शन्स' दो खण्डों में प्रकाशित हुआ।

अंग्रेज शासकों ने प्रशासन की सुविधा तथा ईसाई मिशनरियों ने धर्म-प्रचार के लिए अनेक कालेज और स्कूलों की स्थापना की । १६वीं शताब्दी के पूर्वार्ध में आगरा कालेज आगरा, नार्मल स्कूल आगरा, दिल्ली कालेज, इन्दौर हिन्दी स्कूल आदि स्थापित हो चुके थे। ईसाई मिशनों ने नगरों में छोटी-छोटी पाठशालाएँ खुलवाईं। गाँवों में भी पाठशालाएँ खुलने लगीं। फलस्वरूप हिन्दी पाठ्य पुस्तकों की माँग हुई।

शासकों और मिशनों के प्रयास से बहुत-सी टेक्स्ट-बुक सोसाइटियाँ खुलीं। उनमें कलकत्ता स्कूल बुक सोसाइटी (१८१७ ई०), मद्रास स्कूल बुक सोसाइटी (१८२८ ई०), आगरा बुक सोसाइटी (१८२०), आगरा स्कूल बुक सोसाइटी (१८३३) और नार्दर्न इण्डियन क्रिश्चियन बुक सोसाइटी आगरा-बनारस (१८४८) प्रमुख हैं।

इन पाठ्यपुस्तकों में रतनलाल की भूगोल सार, कथासार, भूगोल दर्पण आदि

उल्लेखनीय हैं। कलकत्ता स्कूल बुक सोसाइटी के तत्त्वावधान में 'पुरुष परीच्छा संग्रह', (१८१३) अनूदित हुआ। 'मूल सूत्र' १८२० में उसी सोसाइटी द्वारा प्रकाशित हुआ। इसमें कुछ छात्रोपयोगी कहानियाँ संगृहीत हैं। ऐडम लिखित 'उपदेश कथा' (१८२४) लघु कहानियों का संग्रह है। १८४० में 'ज्ञान प्रकाश' आगरा बुक सोसाइटी द्वारा प्रकाशित हुआ। इतिहास, भूगोल आदि विषयों के साथ-साथ 'ज्ञेनान्तर सार या मेटीरिया मेडिका' (१८२१) हिन्दुस्तानी छापाखाना कलकत्ता से प्रकाशित हुआ। इस तरह और भी अनेक पुस्तकों का उल्लेख किया जा सकता है।

बीबीरोसाहिक के 'मूल सूत्र' की भाषा देखिए—

" छोटी दान्त लड़की की बात।।

" एक छोटी लड़की चार-पाँच बरस की एक गरम रोटी चीखने को चाहती थी। उसने रोटी वाले को जाते देखा तब रोटी खरीद करने को अपनी माँ से एक पैसा माँगा, मां ने एक पैसा दिया, तब वह दौड़ी और तुरन्त मोल ली। "

" फिर आके दरवाजे के पास उसने एक गरीब औरत देखी जो खाने मोल लेने के वास्ते पैसा माँगती थी क्योंकि वह बहुत भूखी थी। उसने उससे कहा कि मेरे पास कोई पैसा और नहीं, लेकिन हम जाके अपनी मां से पूंछूंगी पैसे के वास्ते तब वह भीतर दौड़ी गई और जल्दी फिर आयी गरीब रंडी से कहा कि मेरी मां के पास और कोई पैसा नहीं लेकिन एक रोटी वहां है तुम्हारे वास्ते और वह गरम भी है लो खाओ और दिलखुश रहो। हम भी खुश है कि मेरे पास जो था सो भूखी को दिया।"

पाठ्य पुस्तकों की भाषा बाइबिल के अनुवादों की भाषा की अपेक्षा साफ-सुथरी है यद्यपि ब्रजी के स्पर्श से सर्वथा मुक्त नहीं है। शब्द-प्रयोग की अनुपयुक्तता, लिंग-वचन की अनेक भूलें हैं। किन्तु पाठ्य-पुस्तकों के लिए नई शब्दावली भी ढूँढ़ना पड़ा है, नये विषयों के अनुरूप शब्दों की तलाश करनी पड़ी है। इस तरह भाषा की श्रीवृद्धि में पाठ्य-पुस्तकों का महत्त्वपूर्ण योग है।

खड़ीबोली का गद्य : संघर्ष की कहानी

इस देश की प्रान्तीय भाषाओं को पहला धक्का लगा जिसका कारण नवीन शिक्षा का प्रादुर्भाव था। कम्पनी सरकार ने सन् १८१३ में एक ऐक्ट बनाकर संस्कृत-फारसी की शिक्षा को प्रोत्साहित किया। राजा राममोहन राय इसके विरुद्ध थे; वे आधुनिकता ले आने के लिए पश्चिमी ढंग की शिक्षा आवश्यक समझते थे। राजा साहब ने इस उद्देश्य की पूर्ति के लिए डेविड हेयर की सहायता से एक स्कूल की स्थापना की। सन् १८३० में अलेक्जेंडर डफ ने उच्च शिक्षा के निमित्त एक कालेज खोला। सन् १८३४ में लार्ड मैकाले ने अंग्रेजी शिक्षा के पक्ष में कम्पनी के डाइरेक्टरों के पास जो परामर्श भेजा उसका परिणाम यह हुआ कि कम्पनी ने शिक्षा-सम्बन्धी पूर्व निश्चित नीति में मौलिक परिवर्तन स्वीकार कर लिया। मैकाले ने सोचा था कि इस शिक्षा से प्रशासकीय कार्य के लिए क्लर्क तो मिलेंगे ही, कालान्तर

में भारतीय शिक्षित वर्ग अंग्रेजों की तरह सोचने-विचारने लगेगा और अंग्रेजी राज्य की नींव सर्वदा के लिए दृढ़ हो जायगी। मैकाले का सोचना आंशिक रूप में सच निकला पर राजा राममोहन राय अधिक दूरदर्शी सिद्ध हुए। राष्ट्रीयता के उदय में अंग्रेजी शिक्षा का योग कम महत्त्वपूर्ण नहीं रहा। किन्तु इससे संस्कृत-फारसी की शिक्षा को धक्का लगा, देशी-भाषाओं का भविष्य खतरे में पड़ गया।

सन् १८३५ में कम्पनी सरकार ने अंग्रेजी शिक्षा के प्रचार का प्रस्ताव स्वीकार किया। पर अदालती भाषा के सम्बन्ध में सन् १८३६ में जो इश्तहारनामा निकला उसमें अदालतों में देशी भाषा के प्रयोग का निदेश किया गया। अभी तक हिन्दी प्रदेशों की अदालती भाषा फारसी ही थी, पर जनता की सुविधा तथा अंग्रेजी शासन को दृढ़ बनाने की दृष्टि से अदालतों की भाषा देशी कर दी गई—

'पच्छांह के सदर बोर्ड के साहबों ने यह ध्यान किया है कि कचहरी के सब काम फारसी जबान में लिखा-पढ़ा होने के कारण सब लोगों को बहुत हर्ज पड़ता है जब कोई अपनी अर्जी अपनी भाषा में लिख के सरकार में दाखिल करने पावे तो बड़ी बात होगी। इसलिए हुक्म दिया गया है कि सन् १८४४ की कुवार बदी प्रथम से जिसका जो मामला सदर बोर्ड में हो सो अपना अपना सवाल हिन्दी की बोली में और फारसी और नागरी अच्छरन में लिखने के दाखिल करे कि डाक पर भेजे और सवाल जौन अच्छरन में लिखा हो तौने अच्छरन में और हिन्दी बोली में उसपर हुकुम लिखा जायगा। मिती २९ जुलाई सन् १८३६ ई०।'[१]

पर संप्रदायवादियों ने इस व्यवस्था का घोर विरोध किया। कहना न होगा इसकी भूमिका जान गिलक्राइस्ट ने फोर्ट विलियम कालेज में ही बाँध दी थी —हिन्दी उर्दू को अलग-अलग करके। इश्तहार के साल भर बाद सन् १८३७ ई० में हिन्दी के स्थान पर उर्दू अदालतों की भाषा घोषित कर दी गई। यों सन् १८०३ में ही कम्पनी ने 'तमासी आदमी के बुझने के वास्ते' नागरी भाषा और अक्षर में इश्तहार जारी करने की आज्ञा निकाल दी थी। स्पष्ट है कि नागरी भाषा और अक्षर तमामी आदमी (जनसाधारण) की भाषा थी। लेकिन सरकार जानबूझ कर उसकी अवहेलना कर रही थी।

पर सन् १८३६ के बाद प्रभुवर्ग अधिक चतुर हो गया और नई अदालती भाषा के आधार पर हमारी एकता पर गहरा प्रहार किया। आचार्य रामचन्द्र शुक्ल के शब्दों में गार्सां द तासी ने भी फ्रांस में बैठे-बैठे इस झगड़े में योग दिया। बाबू शिवप्रसाद सितारे हिन्द ने इस कूटनीतिक कार्यवाही को समझा और उन्होंने स्पष्ट कहा—'दिल्ली के मुसलमान बादशाहों ने भाषा के सम्बन्ध में जो कुछ सोचा भी नहीं था वह अंग्रेजी सरकार अंग्रेजी के साथ-साथ फ़ारसी लिपि में उर्दू को, जो एक दूसरी विदेशी भाषा है, लाद रही है। हिन्दी को अन्य भाषाओं—बँगला, मराठी, गुजराती—से अलग करके उसके विकास को बाधित किया जा

१. रामचन्द्र शुक्ल : हिन्दी साहित्य का इतिहास : ८ वाँ संस्करण, पृ. ४३०

रहा है—मेरी प्रार्थना है कि फारसी अक्षरों को हटाकर उसके स्थान पर हिन्दी को जारी करना चाहिए।'[१]

राजा ने भेदभाव का विरोध करते हुए अतिवादी पंडितों और मुल्लाओं के सम्बन्ध में लिखा है—'गर्ज मौलवी और पंडित दोनों की यह बड़ी भूल है कि तो सिवाय फेल और हरफों के बाकी सब अल्फाज सहीह पाणिनी की टकसाल के खुरखुरे संस्कृत गोया यह हजारों बरस में हम ही लोग हजारों हालतों के बाअस हजारों तबद्दुल व तगैयत अपनी जबान में करते चले आए हैं।'[२] इतना ही नहीं, उन्होंने साफ कहा है कि हमें भाषा में आमफहम और खासपसन्द शब्दों का चुनाव करना चाहिए ।

अब खड़ीबोली हिन्दी को दो प्रकार के अवरोधों का सामना करना पड़ा। एक तो शासक वर्ग ने उसकी उपेक्षा ही नहीं उसका विरोध करना आरम्भ किया, दूसरे उर्दू को राजाश्रय मिलने से उसे एक समानान्तर भाषा का सामना करना पड़ा। मराठी, बँगला, गुजराती आदि भाषाओं को इस तरह के विरोधों से गुजरने की स्थिति ही नहीं आई।

पर जन-भाषा को सरकारी स्तर पर कुछ काल तक उपेक्षित भले ही कर लिया जाय पर सर्वदा के लिए उसे दबाया नहीं जा सकता। धीरे-धीरे इसने अपने को अपनी आन्तरिक शक्ति के आधार पर, सर्वत्र प्रतिष्ठित कर लिया। पर हिन्दी-उर्दू के जो कृत्रिम झगड़ा अंग्रेजों और सम्प्रदायवादियों की कृपा से उठाया गया वह देश के दो खण्ड हो जाने के बाद ही समाप्त हुआ।

जैसा पहले कहा जा चुका है राजा शिवप्रसाद सितारे हिन्द (१८२३-६५ ई०) जनता के हित को देखते हुए सरकार की भाषा विषयक नीति को बदलने की चेष्टा कर रहे थे। वे आम फहम भाषा तथा नागरी लिपि के पक्ष में थे। पीछे कहा जा चुका है कि फारसी लिपि में लिखी उर्दू को अरबी-फारसी बहुल उर्दू को वे विदेशी भाषा मानते थे। परम्परा से विकसित हिन्दी में उन्होंने कई पुस्तकें और निबन्ध आदि लिखे जैसे, मानवधर्म सार, योगवाशिष्ठ के चुने हुए श्लोक, उपनिषद् सार, भूगोल हस्तामलक, वामामनरंजन, राजा भोज का सपना आदि। लेकिन बाद में चलकर उनकी भाषा अरबी-फारसी बहुल हो गई, यद्यपि इसके लिए उन्होंने नागरी लिपि का ही व्यवहार किया। पर उनकी अपनी सीमाएँ थीं, शिक्षा-विभाग की

---

१. The Government voting that English is not the language for the masses, one thus unconsciously forcing another foreign language namely Persian, or I may say Semi-Persian, the Urdu in Persian character, upon the helpless masses, in fact doing whatever the Muhammadan Emperors of Delhi never thought to do .... I pray that the Persian letters may be driven out of the courts as the language has been, and that Hindi may be substituted for them. — Memorandum 1868
चन्द्रबली पाण्डेय, 'कचहरी की भाषा और लिपि' से उद्धृत।

२. 'कचहरी की भाषा और लिपि' से उद्धृत ।

नौकरी करते हुए अंग्रेजों की निर्धारित नीति के सर्वथा विरुद्ध जाना कैसे सम्भव था। फिर भी उन्होंने जो कुछ किया वह बहुत था। राजा साहब की इस नीति से चिढ़कर हेनरी पिंकाट ने भारतेन्दु बाबू के नाम एक पत्र में लिखा था—'बीस वर्ष हुए उसने सोचा कि अंग्रेजी साहबों को कैसी-कैसी बातें अच्छी लगती हैं। उन बातों का प्रचलन करना परम चतुर लोगों का धर्म है। इसलिए बड़े चाव से उसने अपनी हिन्दी भाषा को भी बिना लाज छोड़कर उर्दू को प्रचलित करने में बहुत उद्योग किया।' हेनरी पिंकाट के इन आरोपों को स्वीकार नहीं किया जा सकता। यह पत्र १ जनवरी १८८४ ई० को लिखा गया । इसके दो वर्ष पहले ही १८८२ के एजूकेशन कमीशन के सामने अपने विचार प्रकट करते हुए उन्होंने नागरी लिपि का प्रबल समर्थन किया था। उनका कहना था कि नागरी लिपि के प्रचार होने पर मैं शिक्षा संस्थाओं में (नार्थ वेस्टर्न प्राविन्सेज और अवध) बंगाल से अधिक इस वृद्धावस्था में अपनी पेंशन छोड़ने को तैयार हूँ।

यह अवश्य है कि वे उर्दू के विरोधी नहीं थे, हाँ फारसी लिपि और विदेशी शब्दावली को स्वीकार करने के लिए वे कभी भी प्रस्तुत न हुए। आज पुनर्विचार करने पर राजा साहब की नीति ही अधिक साधु और विवेकपूर्ण प्रतीत होती है। केवल 'इतिहास तिमिरनाशक' और 'बनारस अखबार' की भाषा के आधार पर, जो फारसी-अरबी प्रंधान है, उनकी कीर्ति पर धूल नहीं डाली जा सकती ।

प्रेमघन राजा साहब की शैली के प्रशंसक थे। स्वयं भारतेन्दु हरिश्चन्द्र प्रेमघन से सहमत थे। राम विलास शर्मा का तो यहाँ तक कहना है—'१८७३ ई० में हिंदी नई चाल में नहीं ढली। यह कार्य इससे बहुत पहले सम्पन्न हो चुका था। १८५७ के आस-पास राजा शिवप्रसाद जैसी हिन्दी लिख रहे थे उसी को भारतेन्दु ने अपनाया था।'

'इतिहास तिमिरनाशक' और 'बनारस अखबार' में राजा शिवप्रसाद जिस भाषा—फारसी-अरबी बहुल भाषा—का प्रयोग कर रहे थे उसकी प्रतिक्रिया राजा लक्ष्मण सिंह (१८२६-९६) पर हुई । राजा शिवप्रसाद की भाँति उन्हें भी हिन्दी अंग्रेजी फारसी का अच्छा ज्ञान था। वे भी २० वर्ष तक सरकारी सेवा में रहे। राजा की उपाधि उन्हें भी अंग्रेजी सरकार से ही प्राप्त हुई थी। किंतु हिन्दी के सम्बन्ध में उन्होंने राजा शिवप्रसाद का ठीक विरोधी दृष्टिकोण अपनाया। वे शुद्ध हिन्दी के पक्षपाती थे। उन्होंने १८६२ में अभिज्ञान शाकुन्तल का अनुवाद विशुद्ध हिन्दी में किया। मेघदूत और रघुवंश के अनुवाद भी उन्होंने किए। भाषा के सम्बन्ध में उनकी नीति बिलकुल अलग थी—

'हमारे मत में हिन्दी और उर्दू दो बोली न्यारी-न्यारी हैं। हिन्दी इस देश के हिन्दू बोलते हैं और उर्दू यहाँ के मुसलमानों और पारसी पढ़े हुए हिन्दुओं की बोलचाल है। हिन्दी में संस्कृत के पद बहुत आते हैं, उर्दू में अरबी-फारसी के।' रघुवंश का प्राक्कथन।

लेकिन ह्यूम साहब के साथ एक्ट नं. १० का उल्था करते समय उन्होंने यह अनुभव किया कि जनता में विदेशी भाषा के बहुत से शब्द प्रचलित हैं और इसके आधार पर उन्हें अदालत, गवाह आदि शब्दों को ग्रहण करना पड़ा।

इससे दो बातें स्पष्ट हो जाती हैं; एक तो यह कि इस समय तक हिन्दी-उर्दू

अलग-अलग भाषाएँ हो गई थीं, दूसरी यह कि ऐसा होने पर भी अलग्योझा इस सीमा तक नहीं पहुँचा था कि जनता में प्रचलित विदेशी शब्दों का एकबारगी बहिष्कार कर दिया जाय।

सरकारी नीति की चिन्ता न करते हुए लोग हिन्दी के विकास में लगे हुए थे। अनुवाद पाठ्यग्रन्थ तथा स्वतन्त्र पुस्तक लेखन के साथ-साथ समाचार पत्र भी निकलने लगे। उदन्त मार्तण्ड (१८२६-२८ ई०), समाचार सुधावर्षण (१८५४) आदि से भाषा में निखार आने लगा और लोगों में भाषा की ओर झुकाव भी हुआ।

सन् १८७५ ई० में स्वामी दयानन्द सरस्वती ने आर्य समाज की स्थापना की। वेदों को अपौरुषेयता में विश्वास करते हुए भी इस समाज ने हिन्दू धर्म की सनातनी रूढ़ियों को प्रबल धक्का दिया। समाज के प्रचारकों ने देश में धर्म के माध्यम से जिस राजनीतिक-सांस्कृतिक चेतना को प्रवाहित किया समस्त उत्तर भारत पर उसका व्यापक प्रभाव पड़ा। धार्मिक आन्दोलनों में आर्यसमाज ही सरकार का कोप भाजन हुआ। स्वामी जी गुजराती थे लेकिन उन्होंने देश की सर्वाधिक प्रचलित और व्यापक भाषा को अपने धर्म प्रचार का माध्यम बनाया। स्वामीजी के इस प्रचार के कारण हिन्दी की अभिव्यंजना शक्ति बढ़ी और उसके माध्यम से लोग अपने तर्कपूर्ण विचारों को व्यक्त करने लगे। पंजाब में प्रचलित उर्दू को इससे गहरा धक्का लगा।

आर्यसमाज के पहले ही नवीनचन्द्र राय पंजाब में हिन्दी के माध्यम से ब्रह्मधर्म का प्रचार कर रहे थे। उन्होंने फारसी-अरबी मिश्रित उर्दू का घोर विरोध किया। उर्दू पर उस समय तक मजहबी रंग हद तक चढ़ चुका था कि राय को कहना पड़ा — उर्दू के प्रचलित होने से देशवासियों को कोई लाभ न होगा क्योंकि वह भाषा खास मुसलमानों की है।' १८६७ में उन्होंने हिन्दी में 'ज्ञान प्रकाशिनी पत्रिका' भी निकाली। इन्हीं दिनों श्रद्धाराम फिल्लौरी अपने प्रवचनों से सनातन धर्म के प्रचार के साथ ही हिन्दी का प्रसार कर रहे थे। बाद में चलकर उन्होंने आर्यसमाज का विरोध किया। वे बहुत ही ठोस संस्कृत-निष्ठ हिन्दी लिखते थे। यह उनके ग्रन्थ 'सत्यामृत-प्रवाह' से स्पष्ट हो जाता है। सन् १८७३ ई० में उन्होंने 'भाग्यवती' उपन्यास भी लिखा। इन धार्मिक आन्दोलनों के फलस्वरूप हिन्दी का आशातीत प्रसार हुआ, कठिन से कठिन विषयों का विवेचन सरल भाषा में होने लगा।

कहना न होगा कि हिन्दी गद्य के निर्माण में मुख्यतः दो शक्तियों ने सहायता पहुँचाई; पहली शक्ति तत्कालीन ऐतिहासिक आवश्यकता है जो आधुनिकता के कारण प्रसूत हुई थी, दूसरी विविध प्रकार के धार्मिक आन्दोलनों के रूप में प्रकट हुई। सौदागरों और व्यवसायियों के आवागमन से, उनके पारस्परिक विचार-विनिमय से, इस भाषा का, जो बोलचाल में प्रयुक्त हो रही थी, अपने आप विकास हुआ। धार्मिक आन्दोलन-कर्त्ताओं में ईसाई मिशनों ने पहले पहल देशी बोली की पहचान की और धर्मप्रचारार्थ हिन्दी को अपनाया। गुजरात, महाराष्ट्र, बंगाल, पंजाब आदि प्रांतों का भेद मन में न लाते हुए। विभिन्न प्रांतों में धार्मिक आन्दोलन-कर्त्ताओं ने हिन्दी को स्वेच्छया अपनाया। इस तरह एक विशेष प्रकार की राष्ट्रीयता के प्रादुर्भाव के साथ-साथ हिन्दी आरम्भ से ही अन्तर्प्रान्तीय विचार-विनिमय की भाषा बनती जा रही थी।

पर भारतेन्दु के उदय के पूर्व हिन्दी गद्य व्यवस्थित न हो सका। नाना प्रकार के धार्मिक ग्रन्थों, उपदेशों, खण्डन-मण्डन पूर्ण परिपत्रों, पाठ्यग्रन्थों आदि को सही अर्थ में साहित्य के अन्तर्गत नहीं ग्रहण किया जा सकता। राजा शिवप्रसाद सितारे हिन्द की रचनाएँ भी इस कोटि में नहीं आ सकतीं क्योंकि वे कभी साफ-सुथरा हिन्दी गद्य लिखते थे तो कभी अरबी-फारसी मिश्रित गद्य । 'राजा भोज का सपना' निबन्ध के कारण उन्हें साहित्यिक श्रेणी में रखा जाता है, पर वह निबन्ध मौलिक न होकर मिस सी० एम० टकर के एक निबन्ध का अनुवाद है। 'राजा भोज का सपना' पुस्तिका के मुखपृष्ठ पर लिखा है—

'राजा भोज का स्वप्न'
राजाज ड्रीम
बाई
मिस सी० एम० टकर
ट्रांसलेटेड बाई
राजा शिवप्रसाद सी० एस० आई० फार
एच० सी० टकर, स्क्वायर, बी० सी० एस०

पर यह अनुवाद है टकसाली हिन्दी में ।

अन्ततोगत्वा शताब्दियों से विकसित होती हुई हिन्दी, समय की आवश्यकताओं के अनुरूप, अनेक विरोधी परिस्थितियों से गुजरती हुई, एक शैली का निर्माण करने लगी। पर अभी तक ब्रजभाषा, अवधी, पंडिताऊपन, पंजाबी, गुजराती आदि के प्रभाव से वह अपने को सर्वथा मुक्त नहीं कर पाई थी। इसीलिए उसमें एक सर्वसामान्य गद्य शैली की परम्परा नहीं दीख पड़ी जो आगे चलकर भारतेन्दु तथा उनके सहयोगियों द्वारा निर्मित हुई। लेकिन भारतेन्दु मण्डल के लिए भूमि निर्माण का कार्य इसी समय हुआ। इसका ऐतिहासिक महत्त्व कम नहीं आँका जा सकता।

❑❑

अध्याय तीन

गद्य की प्रतिष्ठा और खड़ीबोली कविता का प्रारम्भ (१८५७-१९००)

भारतेन्दु और उनका मण्डल

जिन ऐतिहासिक परिस्थितियों में हिन्दी गद्य का निर्माण हो रहा था उन्हीं में बँगला-मराठी-गुजराती तथा अन्य भारतीय भाषाओं का गद्य भी विकसित और निर्मित हो रहा था। इसलिये अपनी अलग-अलग विशेषताओं के बावजूद उनके साहित्य में एक प्रकार का अद्‌भुत साम्य भी दिखाई देता है। देशभक्ति तथा अंग्रेजों की शोषण-नीति के विरोध में सभी एकमत हैं।

इस समय ऐसे व्यक्तियों की आवश्यकता थी जो इतिहास की प्रगति का साथ देते और साहित्य के माध्यम से उसकी गतिशीलता को और भी शक्तिशाली ढंग से अग्रसारित करते। हिन्दी में भारतेन्दु हरिश्चन्द्र, बँगला में ईश्वरचन्द्र विद्यासागर, मराठी में विष्णु शास्त्री चिपलूणकर और गुजराती में नर्मदाशंकर ने यही कार्य किया और इसमें ही इनकी महत्ता भी है।

इन सभी व्यक्तियों की रचनाओं को, अपने आप में, साहित्य की उच्चतर कोटि में नहीं रखा जा सकता, फिर भी ये अत्यन्त महत्त्वपूर्ण व्यक्तित्व गिने जाते हैं। इन्होंने ऐतिहासिक गतिविधि के अन्तःसंघर्षों को परखा और उसके गतिशील जीवंत तत्त्वों को आगे बढ़ाने में भरपूर सहायता की। आर्थिक व्यवस्था में जिस पूँजीवाद का उदय हो रहा था वह राष्ट्रीय चेतना का उन्नायक था। इसके कारण जिस व्यक्तिवाद का आविर्भाव हुआ वह पहले पहल निबन्धों में प्रकट हुआ।

इस राष्ट्रीय चेतना को पहले पहल भारतेन्दु हरिश्चन्द्र (१८५०-१८८५) ने पहचाना और हिन्दी गद्य के माध्यम से उसे अभिव्यक्ति भी दी। उनका जन्म सन् १८५० ई० में काशी के एक अतिशय समृद्ध कुल में हुआ था। उनके पिता बाबू गोपालचन्द्र स्वयं साहित्यकार और विद्यानुरागी थे। इनके यहाँ कवियों का जमघट लगा रहता था। पण्डित ईश्वरीदत्त, सरदार कवि, दीनदयाल गिरि, कन्हैयालाल, लक्ष्मीशंकर व्यास, गुलाबराय नागर आदि उनके सभा सदस्य थे। बालक हरिश्चन्द्र पर इस साहित्यिक वातावरण का गहरा प्रभाव पड़ा। 'निज भाषा उन्नति अहै सब उन्नति कौ मूल' उनके जीवन का बीज मंत्र था। इसके लिए उन्होंने कई पत्रिकाएँ निकालीं। १८७० ई० में 'कविता वर्धिनी सभा' की नींव पड़ी। इसके माध्यम से नए कवियों को प्रोत्साहित करना उनका लक्ष्य था। १८७३ में उन्होंने 'पेनी रीडिंग क्लब' की स्थापना की। इस क्लब में लेख-पाठ होता था। इस क्लब में पढ़े गए लेख 'हरिश्चन्द्र मैगजीन' और हरिश्चन्द्र चन्द्रिका में छपते थे। धर्म और ईश्वर सम्बन्धी विचारों के प्रचारार्थ (१८७३) में उन्होंने 'तदीय समाज' की स्थापना की, वे वल्लभ सम्प्रदाय में दीक्षित वैष्णव

थे, किन्तु बाह्याडंबरों में बिल्कुल विश्वास नहीं रखते थे। वे जन्म से उच्चवर्ग के व्यक्ति थे किन्तु कर्म से जन सामान्य के साथ थे। वे महारानी विक्टोरिया के प्रति श्रद्धावान थे पर अंग्रेजों के शोषण के विरुद्ध थे। वे एक ओर रीतिकालिक रसिक थे तो दूसरी ओर आधुनिक चेतना से सम्पन्न। इस प्रतिभासम्पन्न व्यक्ति की कुल ३५ वर्ष की अल्पकालिक अवस्था में— सन् १८८५ ई० में—इहलौकिक लीला समाप्त भी हो गई। पर इतने थोड़े समय में ही उन्होंने जो कुछ किया वह सर्वदा अविस्मरणीय रहेगा। सन् १८५७ ई० में देश को अंग्रेजों से मुक्त कराने के लिए जनता एक प्रकार की क्रान्ति से गुजर चुकी थी । इसके फलस्वरूप महारानी विक्टोरिया का घोषणा पत्र निकला और कम्पनी के राज्य की परिसमाप्ति हो गई। लेकिन इससे अंग्रेजों की नीति में कोई मौलिक अन्तर नहीं आया। थोड़े ही दिनों में लोग इस कपटपूर्ण घोषणापत्र की वास्तविकता को समझ गए और राष्ट्रीय चेतना को आगे बढ़ाने में संलग्न हो गए ।

इससे भी बड़ा काम उन्होंने यह किया कि साहित्य को नवीन मार्ग दिखाया और उसे वे शिक्षित जनता के साहचर्य में ले आए।

विचारधारा बदल चली थी। उनके मन में देशहित, समाजहित आदि की नई उमंगें उत्पन्न हो रही थीं। काल की गति के साथ उनके भाव और विचार तो बहुत आगे बढ़ गये थे, पर साहित्य पीछे ही पड़ा था — इस प्रकार हमारे जीवन और साहित्य के बीच जो 'विच्छेद पड़ रहा था उसे उन्होंने दूर किया।'[1]

भारतेन्दु के कार्यों का लेखा-जोखा अथवा उनके ऐतिहासिक रोल का आकलन करने के लिए, उनके द्वारा संचालित, प्रकाशित तथा सम्पादित तीन पत्रिकाओं— कविवचन सुधा (१८६८ ई०), हरिश्चन्द्र मैगजीन (१८७३ ई०) तथा हरिश्चन्द्र चन्द्रिका (१८७३ ई०) के पन्नों को उलटना पड़ेगा— चन्द्रिका के मुख पृष्ठ पर अंकित है— "नवीन प्राचीन संस्कृत भाषा और अंग्रेजी में गद्य पद्य मय काव्य, प्राचीन वृत्त, राज्य सम्बन्धी विषय, नाटक, विद्या और कला पर लेख, लोकोक्ति, इतिहास, परिहास, गद्य और समालोचना सम्भूषिता।" इसके अतिरिक्त वैज्ञानिक शब्दावली के निर्माण का कार्य भी जारी था, जिसे भारतेन्दु के सहयोगी विहारी चौबे निष्पन्न कर रहे थे। चौबे जी भाषा विज्ञान विषयक लेख भी लिख रहे थे। इण्डियन एंटिक्वेरी टाइम्स आदि से सम्बद्ध प्रसंगों का चयन भी किया जाता था, ग्राउस आदि के हिन्दी सम्बन्धी वक्तव्यों पर विचार-विनिमय भी प्रकाशित होता था। 'हरिश्चन्द्र मैगजीन' में धर्म, भाषा आदि विषयक व्याख्यानों की रिपोर्टें छापी जाती थीं। मध्यवर्गीय समाज पर विचार का कार्य उसी समय आरम्भ हो गया था। कानून की पुस्तकों के अनुवाद की योजना का प्रकाशन भी होता था। इसके साथ-साथ पुराने ढंग की कविताएँ समस्यापूर्तियाँ, नायिक-भेद पर क्रमशः लेख भी प्रकाशित होते रहते थे।

उनकी पत्रिकाओं से साफ है कि गद्य के क्षेत्र में वे पूर्णतः आधुनिक थे तो काव्य के क्षेत्र में परम्परावादी। इसके मूलभूत कारणों की व्याख्या यथाप्रसंग आगे की जायगी।

---

१. आचार्य रामचन्द्र शुक्ल : हिन्दी साहित्य का इतिहास, पृ० ४५०-५१

अभी हम अपने को गद्य के विकास तक ही सीमित रखना चाहेंगे।

गद्य को विविध विषयों की ओर ले जाने के साथ-साथ उन्होंने पूर्ववर्ती गद्य की त्रुटियों का परिहार करते हुए उसे नए विचारों की वाहकता के अनुरूप संस्कृत किया। सन् १८७३ में उन्होंने स्वयं लिखा कि 'हिन्दी नए चाल में ढली सन् १८७३ ई० ।' इसी को हरिश्चन्द्री हिन्दी भी कहा जाता है। भारतेन्दु, हिन्दी गद्य के सम्बन्ध में राजा शिवप्रसाद और राजा लक्ष्मण सिंह के अतिवादों से बचते हुए मध्यम मार्ग के पक्षपाती थे। यह मध्यम मार्ग केवल मेल-जोल की भाषा ही लेकर नहीं आया उसने भाषा को सजीव बनाकर लेखक और पाठक के बीच आत्मीय रिश्ता भी जोड़ा। आचार्य शुक्ल, हरिश्चन्द्र तथा उनके मण्डल की भाषा-शैली की 'स्वच्छन्दता', 'चपलता' और 'उमंग' पर मुग्ध हैं। यह उमंग जितनी भाषिक है उतनी ही सामाजिक भी।

भारतेन्दु का व्यक्तित्व अपनी उदारता, गुणग्राहकता आदि के कारण इतना आकर्षक और लोकप्रिय था कि उनके आस-पास लेखकों का अच्छा खासा मंडल तैयार हो गया। उनमें बदरीनारायण चौधरी प्रेमघन, प्रतापनारायण मिश्र, बालकृष्ण भट्ट, ठाकुर जगमोहन सिंह, अम्बिकादत्त व्यास, राधाचरण गोस्वामी, मोहनलाल विष्णु लाल पंड्या, काशीनाथ खत्री, राधाकृष्णदास आदि प्रमुख हैं। स्वयं भारतेन्दु अपने परिवेश को अन्तरप्रान्तीय बनाना चाहते थे। चन्द्रिका के सहायक सम्पादकों में ईश्वरचन्द्र विद्यासागर, बंगाल, दामोदरशास्त्री, बिहार, राधाकृष्ण, लाहौर, नवीनचन्दराय, पंजाब आदि का नाम छपता था। इससे भारतेन्दु के व्यापक भारतीय दृष्टिकोण का पता चलता है।

अपनी इस व्यापक चेतना के फलस्वरूप उन्होंने हिन्दी गद्य को अनेक रूपों — निबन्ध, नाटक, उपन्यास, यात्रा-वर्णन इतिहास आदि में ढाला। उनके सहयोगियों ने भी अपने ढंग से उनका हाथ मजबूत किया। इन लेखकों में विषय सम्बन्धी एकरूपता का पाया जाना स्वाभाविक है, क्योंकि वे सभी एक ही युग-चेतना के सूत्र में बँधे थे। पर अपनी वैयक्तिक विशिष्टता के कारण वे एक-दूसरे से काफी भिन्न भी थे।

भारतेन्दु सही अर्थ में आधुनिक हिन्दी गद्य के जन्मदाता हैं। निबन्ध तो आधुनिक गद्य की अपनी खास चीज है। कविता और नाटक की अपनी ही परम्परा कम दीर्घ नहीं है। उपन्यास और कहानी-लेखन के मूल में बँगला की प्रेरणा हो सकती है पर निबन्ध उस समय की उस वैयक्तिक स्वच्छन्दता की देन है जो उस ऐतिहासिक परिवेश के कारण उत्पन्न हुई थी। इसीलिये अपने विचारों और मान्यताओं को जितने खुले और वैचित्र्यपूर्ण ढंग से उन लोगों ने निबन्धों में व्यक्त किया उतने खुले ढंग से अन्य किसी रचना-प्रकार के माध्यम से नहीं।

भारतेन्दु के पूर्व हिन्दी निबन्ध के नाम पर कुछ धार्मिक उपदेश, प्रवचन, सिद्धात-परिचय तो मिल जाता है पर साहित्यिक निबन्ध नहीं मिलता। भारतेन्दु के निबन्धों में उनकी प्रगतिशील मान्यताएँ, व्यंग्य-विनोद, उदारता, सजीवता सब कुछ के दर्शन होते हैं। निबन्ध चाहे ऐतिहासिक हो अथवा गवेषणात्मक, सामाजिक हो अथवा यात्रा परक, सर्वत्र उनके व्यक्तित्व की झाँकी देखी जा सकती है जो अपनी व्यापकता में सम्पूर्ण युग-चेतना को

समेटे हुए है। अकबर और औरंगजेब का तुलनात्मक निबन्ध अकबर की ओर उनके झुकाव का द्योतक है। 'स्वर्ग में विचार सभा का अधिवेशन' में स्वामी दयानन्द और केशवचन्द्र सेन के सम्बन्ध में जो रिपोर्ट प्रस्तुत की गई है उसमें केशवचन्द्र को अधिक उदाराशय और आत्मनिरपेक्ष बतलाया गया है। यह भी उनके अधिक उदारवादी और प्रगतिशील होने का ही प्रमाण है।

नई चेतना के फलस्वरूप उन्होंने मरणोन्मुखी रूढ़ियों को सर्वत्र झटका दिया है। 'काशी' नामक निबन्ध में हिन्दुओं के अंधविश्वास और अज्ञान का बुरी तरह पर्दाफाश किया गया है। 'तदीय सर्वस्व' अस्पृश्यता और बाह्याडम्बर का उद्घाटन करने में किसी तरह की कोर कसर नहीं करता। बलिया के व्याख्यान में उन्होंने मुसलमानों की संकीर्णताओं पर भी गहरा प्रहार किया है। यात्रा-वर्णन के बीच-बीच जहाँ कहीं उन्हें अवकाश मिला है रूढ़ियों पर चोट करने से बाज नहीं आए हैं। एक व्यक्ति का पिता पानी में डूब कर मर गया है। पंडित जी ने जिस मंत्र से पिण्डा कराया उसका उल्लेख भारतेन्दु ने यों किया है— 'आर गंगा पार गंगा बीच में पड़ गई रेत। तहाँ पर गए गाय को चले बुजबुला देत। धर दे पिण्डवा।' 'सबै जात गोपाल की' शीर्षक से ही जातिपाँति के विभेद का विरोध किया गया है।

अपने देशवासियों के अज्ञान, संकीर्णता आदि की घोर भर्त्सना करते हुए वे उन्हें जगाने का प्रयास भी करते हैं। 'भारतवर्ष की उन्नति कैसे हो सकती है' में वे लिखते हैं — वैसे ही हिन्दुस्तानी लोगों को कोई चलाने वाला हो तो ये क्या नहीं कर सकते? इनसे इतना कह दीजिए 'का चुप साधि रहा बलवाना' फिर देखिये हनुमान जी को अपना बल कैसा याद आता है।' यह कार्य स्वयं भारतेन्दु कर रहे थे। उन्होंने उसी में और आगे कहा है— 'जो लोग अपने को देश हितैषी लगाते हों। वह अपने सुख को होम करके अपने धन और मान का बलिदान करके कमर कस के उठो। देखा देखी थोड़े दिनों में सब हो जायगा— जब तक सौ दो सौ आदमी बदनाम न होंगे, जात से बाहर न निकाले जायेंगे, दरिद्र नहीं जायेंगे, कैद न होंगे वरंच जान से न मारे जायेंगे तब तक कोई देश नहीं सुधरेगा।" वस्तुतः यह सुधार की बात नहीं बल्कि एक क्रान्तिकारी परिवर्तन का द्योतक है। देश की गरीबी, कर-क्लेश, अपने देश की बनी हुई वस्तुओं के उपयोग का उल्लेख तो उन्होंने जगह-जगंह किया है।

'जातीय संगीत' नामक निबन्ध में पुस्तक लिखने के लिए अनेक विषयों का निर्देश किया है जो तत्कालीन जागरूकता का प्रमाण है—बाल्य निकेतन, जन्मपत्री कि विधि, बालकों की शिक्षा, अंग्रेजी फैशन, स्वधर्म चिन्ता, भ्रूणहत्या और शिशुहत्या, फूट, बैर, मैत्री और ऐक्य, बहुजातित्व और बहुभक्तित्व, योग्यपूर्वज आर्यों की स्तुति, जन्मभूमि, आलस्य और सन्तोष, व्यापार की उन्नति, नशा, अदालत, हिन्दुस्तान की वस्तु हिन्दुस्तानियों को व्यवहार करना, भारतवर्ष के दुर्भाग्य का वर्णन। ये विषय स्वयं भारतेन्दु की चतुर्मुखी जागरूकता के परिचायक हैं। इनमें से कुछ विषय शिक्षात्मक हैं पर अधिकांश जन्मभूमि तथा उनकी समस्याओं से सम्बद्ध हैं। सच पूछिए तो भारतेन्दु के निबन्ध, नाटक, काव्य सभी कुछ इहीं विषयों को दृष्टि में रखकर लिखे गये हैं, अतः वे सोद्देश्य हैं।

भारतेन्दु ने सतर्कतापूर्वक अपने पूर्ववर्ती गद्य की त्रुटियों का भरसक परिहार किया। यों तो आवश्यकतानुसार भाषा का परिष्कार-संस्कार होता चला आ रहा था। राजा शिवप्रसाद ने 'राजा भोज का सपना' में जिस पुष्ट भाषा-शैली का व्यवहार किया था अथवा राजा लक्ष्मण सिंह ने अपने अनुवादों में भाषा-शैली की जो सरसता उत्पन्न की थी वह इस बात का द्योतक है कि भारतेन्दु के पूर्व हिन्दी गद्य का निखार हो चला था, पर भारतेन्दु ने उसे व्यवस्था देकर आगे बढ़ाया भारतेन्दु को अनेक विषयों पर सोद्देश्य लिखना था, उक्त दोनों अनुवादों में पूर्व निश्चित विचारों और भावों को ढालना था। पर हरिश्चन्द्र को दोनों दृष्टियों से मौलिक प्रयास करना था। उन्हें अपने विचारों को जन साधारण तक पहुँचाना था, उनको जगाना था, उनमें पूर्ण चेतना को विकसित करना था। इसलिये उनकी शैली पर व्याख्यानात्मकता की छाप साफ देखी जा सकती है। किन्तु यह धार्मिक व्याख्यानों से भिन्न है क्योंकि इसमें लेखक का व्यक्तित्व भी किन्हीं अंशों में प्रतिफलित हुआ है।

उन्हें इतिहास का अद्भुत बोध था। मुसलमानी शासन के अत्याचार से मुक्त होकर हिन्दू जनता को राहत का अनुभव हुआ। इस तथ्य का भारतेन्दु ने खुद उल्लेख किया है। इसके आधार पर कुछ लोग, जिनमें तथाकथित प्रगतिवादी भी शामिल हैं, भारतेन्दु की रचनाओं में हिन्दू राष्ट्रवाद सूँघ लेते हैं। ऐसे लोगों को अपनी घ्राण-शक्ति ठीक करने के लिए भारतेन्दु हरिश्चन्द्र के 'अकबर और औरंगजेब', 'महात्मा मुहम्मद', 'बीबी फातिमा' आदि निबन्ध पढ़ना चाहिए जिनमें मुसलमानी धर्म के प्रति उनका आदर और सम्मान व्यक्त हुआ है।

अंग्रेजी राज्य में कुछ अच्छाइयाँ भी थीं—प्रेस, मुद्रणयन्त्र, यातायात के नए साधन आदि। धार्मिक दृष्टि से भी वे उदार थे। अतः उसकी प्रशंसा न करना भी प्रशंसा की बात नहीं है। लेकिन वे मुसलमानी राज को प्लेग और अंग्रेज राज्य को क्षयी का रोग कहते थे। अंग्रेजों की शोषण नीति के सख्त खिलाफ थे। इसके प्रतिरोध में उन्होंने स्वदेशी वस्तुओं के प्रयोग का समर्थन किया, उद्योगीकरण की माँग की और निजभाषा को सब उन्नति का मूल कहा। सामंतवाद और साम्राज्यवाद के इजारेदारों—पण्डों, पुरोहितों, मौलवियों, राजों, जमींदारों, अमलों पर गहरा प्रहार किया। 'राष्ट्रीय' के अर्थ में 'जातीय' शब्द का प्रयोग पहली बार उन्होंने ही किया।

भाषा के सम्बन्ध में जो आदर्श[१] उन्होंने प्रस्तुत किया है, यद्यपि उसका निर्वाह वे सर्वत्र नहीं कर सके फिर भी भरसक उसको पूरा करने के लिए प्रयत्नशील रहे। सामान्यतः उनके वाक्य छोटे, व्यंजक और भावपूर्ण होते हैं। भाषा की यह सफाई और सरसता उनके समसामयिक किसी अन्य लेखक में नहीं मिलेगी। हास्य और व्यंग्य के लिए उनका 'अद्‌भुत

---

१. 'पर मेरे प्रीतम, अबतक घर न आए क्या उस देश में बरसात नहीं होती या किसी सौत के फेर में पड़ गए कि इधर की सुध ही भूल गए। कहाँ तो वह प्यार की बातें कहाँ एक संग ऐसा भूल जाना कि चिट्ठी भी न भिजवाना। हाँ मैं कहाँ जाऊँ कैसी करूँ मेरी तो कोई रोनी मुँहबोली सहेली नहीं कि उससे दुखड़ा रो सुनाऊँ कुछ इधर-उधर की बातों से ही जी बहलाऊँ। — हिन्दी भाषा।

अपूर्व स्वप्न' देखा जा सकता है। ठेठ बनारसी ठाट के उन्मेष से मुहावरों और लोकोक्तियों में अद्भुत सप्राणता आ गई है।

बालकृष्ण भट्ट (१८४५-१९१५)

भारतेन्दु के समसामयिक निबन्ध-लेखकों में सच्चे अर्थ में दो ही निबन्धकार थे— प्रतापनारायण मिश्र और बालकृष्ण भट्ट। दोनों के व्यक्तित्व में सादृश्य की अपेक्षा विसादृश्य अधिक है। मिश्र जी का व्यक्तित्व ग्राम्य था तो भट्ट जी का नागर। पहले में सरलता और मनमौजीपन था तो दूसरे में परिष्कृत और परिपक्वता। मिश्र जी कम पढ़े लिखे थे। पर भट्टजी संस्कृत के प्रकांड पण्डित थे। उन्हें अंग्रेजी का भी अच्छा ज्ञान था। अनेक प्रकार के आर्थिक-सामाजिक संकटों के कारण उनकी वाणी में तल्खी आ गई थी। मिश्र जी में धार्मिक कट्टरता के कारण रूढ़िवादिता भी मिलती है पर भट्ट जी रूढ़ियों के जानी दुश्मन थे।

भट्टजी का पहला निबन्ध कालिराज सभा १८७२ में 'कवि वचन सुधा' में छपा। १८७७ में उन्होंने 'हिन्दी प्रदीप' का संपादन आरम्भ किया। प्रदीप के मुखपृष्ठ पर छपा रहता था—'शुभ सरस देश सनेह पूरित प्रगट है आनन्द भरे।' इससे पत्र की नीति और भट्टजी के व्यक्तित्व दोनों का पता लगता है। अनेक प्रकार की कठिनाइयों का सामना करते हुए वे तैंतीस वर्षों तक उसे निरन्तर निकालते रहे।

भारतेन्दु और प्रतापनारायण मिश्र राजनीतिक मान्यताओं में उदारवादी या लिबरल कहे जा सकते हैं। वे देशभक्ति और राजभक्ति दोनों को एक साथ लेकर चलना चाहते थे किन्तु भट्टजी को यह खिचड़ी नहीं पसन्द थी। हिन्दी लेखकों में वे पहले व्यक्ति हैं जिन्होंने इस नीति का स्पष्ट और तीखा विरोध किया। वे देशभक्ति और राजभक्ति को एक दूसरे का विरोधी मानते थे। उन्होंने लिखा है— 'हमारा कथन है कि राजभक्ति और प्रजा का हित दोनों का साथ कैसे निभ सकता है? जिसे हँसना और गाल का फुलाना, बहुरी चबाना और शहनाई बजाना एक संग नहीं हो सकता ऐसा ही यह भी असम्भव और दुर्घट है।' राजनीति में वे लोकमान्य तिलक के अनुयायी थे। अंग्रेजों को इतनी खरी खोटी न तो भारतेन्दु सुना सके थे और न तो प्रतापनारायण मिश्र। 'साँप बन के काटना, और ओझा बन झारना यह हिकमत भार लोगों को ही मालूम हैं। अंग्रेज बाहर से भले भले लगें, हैं कुटिलता की खान।' अंग्रेजी शासन की कटु आलोचना करने के साथ ही भट्टजी ने विदेशी शासन की विकृतियों को अपेक्षाकृत गहराई में बैठकर देखा। वे अपने युग के साहित्यकारों में सर्वाधिक व्यापक और गहन दृष्टि रखनेवाले व्यक्ति थे, सरकारी पिट्ठुओं के कट्टर शत्रु होने के कारण राजा शिवप्रसाद और सर सैयद अहमद खाँ को उन्होंने आड़े हाथों लिया।

जहाँ तक साहित्यिक निबन्धों का प्रश्न है उनमें विविधता अधिक है। एक ओर वे मिश्रजी के टक्कर का व्यंग्य-विनोद प्रधान निबन्ध लिख सकते हैं तो दूसरी ओर गम्भीर विश्लेषणात्मक निबन्ध। 'चलता है' निबन्ध का एक उद्धरण देखिये— चलता है रांड का चरखा, वो भटियारिन का मुँह, बस जो चला काहे को रुकता है, कर्कशा लड़ाकिन मेहरियों की जुबान, एक मुँह में सौ-सौ गाली, जबान क्या कतरनी हो गई, आँधी हो गई, रेल का

इंजन हो गई — किसी का मुँह चला तो किसी का हाथ चल निकला। दे तमाचा गालों में, चट दोनों झोंटि-झोटि करते गटपट लड़ते-लड़ते लस्त हो गई पर जबान न रुकी वाह रे चलने का जोश।' फिर भी इसमें एक तरह की सुसंबद्धता और विश्लेषणात्मक आ गई है। भय और समुचितादर, दृढ़ता, आत्मनिर्भरता, प्रेम और भक्ति, ज्ञान, भक्ति, स्पर्धा, प्रीति आदि उनके विश्लेषणात्मक और मनोवैज्ञानिक निबन्ध हैं जो आगे चलकर महावीर प्रसाद द्विवेदी, श्यामसुन्दरदास द्वारा विकसित हुए और आचार्य रामचन्द्र शुक्ल में पूर्णता की उपलब्धि की। गद्यकाव्य के आद्याचार्य भी वे ही हैं। 'चन्द्रोदय' निबन्ध गद्य-काव्य का पहला नमूना है।

भाषा पर भट्ट जी का पूरा अधिकार था। विषय के अनुरूप भाषा का प्रयोग उनके सामर्थ्य का द्योतक है। उनके निबन्धों के प्रतिपादन का ढंग भी इतना सरस है कि पढ़ने में कथाओं-सा आनन्द आता है। विनोद और व्यंग्य तो उनकी लेखन-शैली के अभिन्न अंग हैं। उनके व्यंग्य प्रतापनारायण मिश्र की अपेक्षा अधिक चुटीले और कर्कश होते हैं। उर्दू के शब्दों का प्रयोग करने में इन्हें किसी प्रकार का संकोच नहीं होता। नहूसत, बदजायका, हिर्स, आदि सैकड़ों शब्दों के प्रयोग मिलेंगे। कहीं-कहीं तो अनुच्छेद के अनुच्छेद उर्दू शब्दावली से गुँथे रहते हैं।

जैसा कि पहले कहा जा चुका है कि अर्थ-बोध की सुगमता के लिए ये कोष्ठ में अंग्रेजी के शब्द जैसे 'फीलिंग,' 'परसेप्शन' रख देते हैं। कहीं-कहीं अंग्रेजी के शीर्षक तक रखे हुए हैं। इस प्रकार की शब्दावली का व्यवहार वे केवल मौज में आकर नहीं करते थे, प्रत्युत इसके पीछे तत्कालीन आवश्यकता की प्रेरणा थी। उस समय अंग्रेजी पढ़ेलिखे लोगों के लिए हिन्दी शब्दावली अपरिचित-सी थी। विशेष अर्थ-गर्म शब्दों के स्पष्टीकरण के लिए उनका अंग्रेजी पर्याय देना आवश्यक था। कुछ विशेष लेखकों की बात जाने दीजिए जो अंग्रेजी शब्दों का व्यवहार केवल इसलिए करते हैं कि लोग जान लें अंग्रेजी में उनकी भी गति है।

भट्टजी की भाषा सम्बन्धी देन अत्यन्त महत्त्वपूर्ण है, किन्तु खड़ीबोली के आदर्श स्वरूप का निर्माण वे न कर सके। भाषा में पूर्वीपन का प्रयोग सर्वत्र मिलता है। उठाकर के स्थान पर उठाय, बैठाकर की जगह बैठाय प्रायः लिखा करते थे। कहीं-कहीं लिंग सम्बन्धी अशुद्धियाँ भी मिलती हैं जैसे 'हमारी समाज' आदि। पर मुहावरों के प्रयोग में भट्टजी बड़े निपुण थे। इनके सभी लेखों में मुहावरों के प्रयोग से एक प्रकार की सजीवता आ गई है।

इन्होंने अपने संस्कृत-ज्ञान का पूरा-पूरा उपयोग किया है। निबन्धों के बीच-बीच में संस्कृत के श्लोक उद्धृत कर अपने विचारों को शास्त्र तथा पुराने विद्वानों के विचारों के मेल में रख कर उनकी पुष्टि करते जाते हैं। यथास्थान हिन्दी के दोहे और चौपाइयों का उद्धरण भी दे देते हैं। अरबी-फारसी के शेर और मिसरे रखने में भी उन्हें किसी तरह की हिचकिचाहट नहीं प्रतीत होती।

प्रतापनारायण मिश्र (१८५६-१८९४ ई०) को साहित्य के क्षेत्र में लाने का प्रमुख श्रेय भारतेन्दु हरिश्चन्द्र की 'कविवचन सुधा' को है। वे विद्यार्थी-काल में ही भारतेन्दु की

रचनाएँ पढ़ा करते थे। कानपुर के ललित जी के संसर्ग से उनमें साहित्य के प्रति अभिरुचि जगी। भारतेन्दु और मिश्र जी ही ऐसे व्यक्ति थे जिन्हें प्रकृति से स्वच्छन्दतावादी कहा जा सकता है। भारतेन्दु तो अपने आभिजात्य संस्कारों के कारण बहुत कुछ संयमित थे। पर मिश्र जी पर ऐसा कोई संस्कार नहीं था। वे अपने ही रंग में मस्त रहने वाले व्यक्ति थे। 'ब्राह्मण' पत्र के माध्यम से उन्होंने गद्य-रचना के अनेक रूपों—निबन्ध, नाटक, कथासाहित्य आदि को समृद्ध किया। निबन्धों के लिए उन्होंने जो विषय चुने वे उनकी मनमौजी प्रकृति के सर्वथा अनुकूल हैं। बेगार, रिश्वत, देशोन्नति, वर्षारंभ, टेढ़जानि शंका सब काहू, मुच्छ, इनकम टैक्स, देशी कपड़ा, पतिव्रता, दबी हुई आग, धरतीमाता, गोरक्षा, वज्रमूर्ख, पुलिस की निन्दा क्यों की जाती है, भेड़ियाधसान, छल, विलायत यात्रा, सुचाल शिक्षा आदि को उदाहरणों के रूप में पेश किया जा सकता है। यद्यपि उनके बहुत से निबन्ध शुद्ध शैक्षणिक हैं पर इस युग के ये ही ऐसे निबन्धकार हैं जिनके प्रत्येक निबन्ध में इनका व्यक्तित्व सहज ठंग से अनिवार्यतः अभिव्यक्त हो उठा है। भारतेन्दु के प्रत्येक निबंध में ऐसी बात नहीं मिलेगी। युग-चेतना की अभिव्यक्ति उन्होंने अपेक्षाकृत अधिक स्वच्छन्द ढंग से की है। भारतेन्दु जिस शिष्ट समाज में उत्पन्न हुए थे उसकी छाप उनपर सर्वत्र दीख पड़ती है, इसलिए उनमें एक प्रकार का संयम दिखाई देता है, उनकी चुटकी अधिकांश स्थलों पर मीठी है। पर प्रतापनारायण मिश्र सामान्य घर के थे, गाँव की बेतकल्लुफी उनके विचारों और शैली दोनों में मिलेगी। उनके व्यंग्य की तलखी जी को तिलमिला देनेवाली होती है, उनका खरापन अपनी पैनी धार के लिए प्रसिद्ध रहेगा। अपनी बात को पाठकों तक पहुँचाने में—बिना किसी प्रयास के पहुँचाने में—वे सिद्ध हैं। भारतेन्दु के सहयोगियों में किसी के निबन्ध में व्यक्तित्व की इतनी गहरी अभिव्यक्ति नहीं पाई जाती।

भाषा और शैली में नागरिकता खोजनेवाले साहित्य-रसिकों को मिश्र जी से निराशा ही हाथ लगेगी, पर जो लोग उनकी निर्बन्धता को, उनके व्यंग्य और विनोद को, उनकी बेतकल्लुफी को अकृत्रिम ढंग से व्यक्त देखना चाहेंगे उनको आशातीत प्रसन्नता होगी। हिन्दी की गद्य शैली को मिश्र जी की यह बहुत बड़ी देन है। जगह-जगह अशुद्ध शब्द प्रयोग से भाषागत तथा बैसवाड़ी के प्रभाव से वाक्यगत दोष दिखाई पड़ते हैं। किन्तु गाँव के अनेक मुहावरों और शब्दों ने भाषा की व्यंजकता को बढ़ाया ही है। एक उदाहरण लीजिए — "उचित वक्ता भाई पूछते हैं, क्या प्रयागराज में अंग्रेजी राज्य नहीं है? क्यों, क्या वहाँ चुंगी नहीं है? क्या वहाँ उरदू नहीं है? क्या वहाँ दरिद्र नहीं हैं? क्या वहाँ शराब नहीं है? क्या वहाँ गोरे रंग का अयोग्य पक्षपात नहीं है? — कान्यकुब्ज प्रकाश से कहो रँडरोना बन्द करें। जल्दी समाज का ढंचर बदल डालिए जल्दी कीजिए नहीं निश्चय कुशल नहीं है।"

'रँडरोना' शब्द किसी शहराती को देहाती लग सकता है, पर क्या इसकी व्यंजना और किसी अन्य शब्द से की जा सकती है? उनकी शैली वार्तालाप से अधिक निकट है, जो निर्बंध-निबंध की मूलभूत विशेषता है।

उपाध्याय पंडित बदरीनारायण चौधरी 'प्रेमघन' (१८५५-१८६४) ने अगले पत्र

'आनन्द कादम्बिनी' और 'नागरी नीरद' में अनेक लेख लिखे हैं। वे भारतेन्दु के विचारों के पूर्ण समर्थक थे। उन्होंने अपने कई लेखों में अंग्रेजी नीति का भंडोफोड़ किया है। उन्होंने साफ कहा है कि अंग्रेजी राज्य में कर के कारण जो क्लेश किसानों को अब सहना पड़ा है वह पहले मुसलमानों के राज्य में न था। 'आनन्द कादम्बिनी' का 'नवीन संवत्सर' तो मानो उनकी कूटनीति के पर्दाफाश के निमित्त ही लिखा गया था। अंग्रेजों की कथनी और करनी का भेद उसमें अच्छी तरह उद्घाटित किया गया है। पर उनके गद्य में रीतितत्त्व कम नहीं हैं। यह तत्त्व उनकी रहन-सहन, वेषभूषा आकृति-प्रकृति में ही था और साहित्य सेवा को उन्होंने स्वांतःसुखाय स्वीकार किया था। ऋतुवर्णन सम्बन्धी निबन्ध में नायिकाओं की मनोदशाओं का वर्णन उनकी उसी मनोवृत्ति का सूचक है। भाषा सम्बन्धी अलंकृति रईसों की अलंकृति ही थी। सानुप्रास का चामत्कारिक पदावली पूर्ण भाषा की ओर उनकी विशेष रुझान थी। आचार्य रामचन्द्र शुक्ल ने उनके पेंचीलें मजमून की जो शिकायत की है वह यथार्थ है। इनके अतिरिक्त हरिश्चन्द्र उपाध्याय, विनायक शास्त्री बेताल, अम्बिकादत्त व्यास, राधाचरण गोस्वामी, मोहनलाल विष्णुलाल पंड्या, भीमसेन शर्मा आदि ने भी हिन्दी निबन्ध के विकास में यथाशक्ति योग दिया।

अनेक प्रकार के विचारों की अभिव्यक्ति का फल यह हुआ कि हिन्दी निबन्ध की बहुत-सी शैलियाँ चल निकलीं। निबन्ध तथा विचारात्मक-विश्लेषणात्मक निबन्धों की चर्चा की जा चुकी है। भारतेन्दु के चन्द्रोदय, सूर्योदय तथा भट्टजी के चन्द्रोदय निबन्धों ने भावात्मक निबन्धों का मार्ग प्रशस्त कर दिया। वर्णनात्मक निबन्ध लेखकों में भारतेन्दु तथा हरिश्चन्द्र उपाध्याय प्रमुख थे। इस समय ज्ञान-विज्ञान की कतिपय शाखाओं पर भी निबन्ध प्रस्तुत किए गए।

नाटक

नाटक दृश्य-श्रव्य काव्य है, इसलिए यह लोक-चेतना से अपेक्षाकृत अधिक घनिष्ठ रूप से सम्बद्ध है। जिस प्रथम प्रकरण का उल्लेख नाट्यशास्त्र में आता है उसके लेखन और अभिनय का मूल प्रेरक है—लोक चेतना। भारतेन्दु तथा उनके सहयोगियों ने इस चेतना के प्रसार के लिए नाटक को अत्यन्त उपयोगी माध्यम समझा। इसलिए स्वाभाविक था कि नाटकों में उस युग की अनेक समस्याओं को अभिव्यक्त होने का अच्छा अवसर मिलता।

पर निबन्ध साहित्य से नाट्य साहित्य की स्थिति भिन्न थी। हिन्दी निबंधों के पूर्व हमारे यहाँ इस तरह की कोई परम्परा नहीं थी, अतः उसका विकास सर्वथा स्वतन्त्र रूप से हुआ। लेकिन इस देश में नाटक की अति दीर्घ परम्परा के रहते हुए हिन्दी नाटक का उससे कुछ ग्रहण न करना असम्भव था। इसलिए इस रचना-प्रकार में समन्वय और अन्तर्विरोध दोनों ही अधिक दिखाई पड़ते हैं।

हिन्दी नाटकों को संस्कृत नाटक की जो ह्रासोन्मुखी परम्परा विरासत में मिली उसे स्वस्थ नहीं माना जा सकता और भवभूति में जिस ह्रासोन्मुखता के बीज मिलते हैं, उनका विकास सन् ईसा की दसवीं शताब्दी के पश्चात् लिखे गए संस्कृत नाटकों में साफ परिलक्षित

होता है। इस समय के अधिकांश नाटक शास्त्रीय अनुबंधों में विजड़ित पूर्व नाट्य कृतियों की विकृत अनुकृतियाँ मात्र हैं। मुरारि, राजशेखर, जयदेव और सेमीश्वर की नाट्य रचनाएँ इसी श्रेणी में आती हैं। मुरारि के अनर्घ राघव की कविता भी अत्यन्त साधारण कोटि की है। राजेश्वर का बाल रामायण कथानक के अनगढ़पन तथा अनुपात के अनौचित्य के कारण काफी कुख्यात हो चुका है। जयदेव का प्रसन्नराघव काव्योपजीवी, क्रियान्विति हीन तथा शिथिल है।

संस्कृत की इसी क्षयशील परम्परा में प्राणचन्द्र चौहान का 'रामायण नाटक' (सं० १६६७) बनारसीदास का 'समयसार' (सं० १६९३), रघुराज नागर का 'सभासार' (सं० १७५७) और लछिराम का 'करुणाभरण' (सं० १७७२) आता है। ब्रजभाषा के इनके छन्दोबद्ध ग्रन्थों को नाटक की श्रेणी में नहीं रखा जाना चाहिए। न तो काव्य की दृष्टि से इनका कोई मूल्य है और न नाटक की दृष्टि से। अनेक त्रुटियों के बावजूद भी रीवाँ नरेश विश्वनाथ सिंह (सं० १८४६-१९११) के 'आनन्द रघुनन्दन' को हिन्दी का पहला नाटक माना जा सकता है। भारतेन्दु हरिश्चन्द्र के पिता गोपालचन्द्र का 'नहुष' (१८४१ ई०) भी 'आनन्द रघुनन्दन' की भाँति ब्रजभाषा में ही लिखा गया है। खड़ीबोली में नाटक लिखने का सूत्रपात भारतेन्दु ने ही किया। बंगला नाटक रंगमंचीय दृष्टि से लिखे जा रहे थे। हिन्दी नाटकों को पारसी रंगमंच का सामना करना था, उसके सामने अलग समस्या थी। लोक-नाटकों का साहित्यिक नाटकों से बादरायण सम्बन्ध स्थापित करना और यह दलील देना कि रासलीला, रामलीला, स्वांग, नौटंकी आदि हिन्दी नाटकों के पूर्व रूप हैं, अपने आप में रोचक होते हुए भी तर्कसंगत नहीं हैं। बँगला के गिरीशचन्द्र घोष (१८४४-१९११) ने यात्रा की कतिपय विशेषताओं को अपने नाटकों में ग्रहण किया, किन्तु इसके आधार पर नहीं कहा जा सकता कि बँगला नाटक यात्रा का परिष्कृत रूप है। संस्कृत नाटकों की इतनी लम्बी नाट्य परम्परा की उपेक्षा करते हुए लोक-नाटकों से सम्बन्ध स्थापन सम्भव भी नहीं था। भारतेन्दु ने नाट्य सर्जना के लिए संस्कृत नाटकों के साथ पाश्चात्य नाट्य तन्त्र को भी अपनाया। इस समय की माँग के अनुरूप नाटकों के प्राचीन ढाँचे में परिवर्तन करना आवश्यक था। भारतेन्दु ने अपने नाटक निबन्ध में लिखा है—'किन्तु वर्तमान समय में इस काल के कवि तथा सामाजिक लोगों की रुचि उस काल की अपेक्षा अनेकांश में विलक्षण है, इससे सम्प्रति प्राचीन मत अवलम्बन करके नाटक आदि दृश्य काव्य लिखना युक्तिसंगत नहीं बोध होता — नाटकादि दृश्यकाव्य प्रणयन करना हो तो प्राचीन समस्त रीति ही परित्याग करें यह आवश्यक नहीं है, क्योंकि जो सब प्राचीन रीति वा पद्धति आधुनिक सामाजिक लोगों की मतपोषिका होगी। वह सब अवश्य ग्रहण होगी—।'

स्पष्ट है कि भारतेन्दु ने न तो पूर्ण रूप से प्राचीन नाट्य रूप अपनाया और न ही पाश्चात्य नाट्यरीति। उन्होंने दोनों का समन्वय किया। अपनी जगन्नाथपुरी की यात्रा में वे बंगला के नए नाटकों से परिचित हुए। उनसे प्रेरणा लेकर वे नाटक लिखने की ओर अग्रसर हुए।

भारतेन्दु के नाटक लिखने की शुरुआत बंगला के 'विद्यासुन्दर' (१८६७) नाटक के अनुवाद से होती है। रत्नावली, पाखंड-विडंबन, धनंजय विजय, मुद्राराक्षस, दुर्लभबंधु

कर्पूर मंजरी अनूदित हैं। कर्पूर मंजरी प्राकृत से अनूदित है और दुर्लभबंधु अंग्रेजी। अन्य नाटक संस्कृत से अनूदित किए गए हैं। सत्य-हरिश्चन्द्र पर बंगला नाटक की छाया है। इसे अर्द्धअनूदित कहा जा सकता है।

भारतेन्दु ने अनुवाद करने के लिए जिन नाटकों का चुनाव किया, वह सोद्देश्य है। रत्नावली के सम्बन्ध में निश्चयात्मक रूप से नहीं कहा जा सकता कि यह उन्हीं का अनुवाद है। यदि इसे उन्हीं का मान लें तो कहना होगा कि प्रकृति से ही सहृदय और रसिक होने के कारण उदयन की प्रेमकहानी में रस लेना उनके लिए अस्वाभाविक नहीं था। अपने व्यक्तिगत सामन्ती संस्कारों के कारण इस दरबारी नाटक (कोर्ट-प्ले) में रुचि लेना भी उनके लिए असंगत नहीं कहा जा सकता। बाद में इसे बहुत उपयोगी न समझकर ही कदाचित् उन्होंने इसे पूरा न किया हो। मुद्राराक्षस (१८७८ ई०) संस्कृत का एक श्रेष्ठ नाटक है जो शास्त्रीय प्रतिबन्धों को अतिक्रमित कर जाता है। इसका कथ्य तथा शिल्प दोनों नए युग के अनुकूल तथा आधुनिकता के मेल में है। नवागत युग के लिए भारतेन्दु ने इसका अनुवाद श्रेयस्कर समझा। इस नाटक के उपसंहार में जिन गीतों का निर्देश किया गया है वे राष्ट्रीय चेतना के द्योतक हैं।

बँगला नाटक 'विद्यासुन्दर' के छायानुवाद का मुख्य कारण है उसमें उठाई गई प्रेम-विवाह की समस्या। अन्त में नायक का इसे बुरा कर्म बताना तथा नायिका का इसे अपराध कहना तत्कालीन सामाजिक बन्धनों का परिणाम है। सत्यहरिश्चन्द्र की सृजन प्रेरणा को किसी न किसी बाह्य सामाजिक स्रोत में ढूँढ़ निकालने का दावा करना दूर की कौड़ी लाना है। इसे छायानुवाद माना जाय या मौलिक कृति— यह विवाद भी कोई विशेष महत्व नहीं रखता। सच तो यह है कि जहाँ भारतेन्दु ने अपने समाज की अनेक त्रुटियों को नाटक के माध्यम से हमारे सम्मुख रखा वहाँ वे उच्चतर मानवीय आदर्शों को भी सामने ले आए। यह सत्य, त्याग, बलिदान के उच्चतर आदर्शों से अनुप्राणित है इनके अतिरिक्त कर्पूर-मंजरी तथा प्रबोध चन्द्रोदय के एक खंड दृश्य का अनुवाद पाखण्ड विडम्बन शीर्षक से किया है। पाखण्ड-विडम्बन में मदिरा-सेवन पर प्रकारान्तर से व्यंग्य किया गया है। धनंजय-विजय का कथानक तो पुराना ही है पर भरतवाक्य में भारतेन्दु ने जो परिवर्तन किया है, वह उनकी आधुनिकता का परिचायक है। इसमें राजा को मदहीन होने तथा कर में छूट करने की कामना व्यक्त हुई है। शेक्सपियर के मरचेंट आफ वेनिस के दुर्लभबन्धु अनुवाद के मूल में उक्त नाटक की श्रेष्ठता के प्रति उतना आकर्षण नहीं है जितना उसमें प्रतिपादित नीतिमत्ता के प्रति।

उनके मौलिक नाटकों में वैदिकी हिंसा हिंसा न भवति, प्रेमयोगिनी, विषस्य विषमौषधम्, चन्द्रावली, भारत दुर्दशा, अंधेर नगरी, नीलदेवी और सतीप्रताप की गणना की जाती है। वैदिकी हिंसा हिंसा न भवति (१८७२ ई०) एक प्रहसन है, जिसमें धर्म के नाम पर अनेक प्रकार के कुकृत्यों का मजाक उड़ाया गया है। अंधेर नगरी (१८८१) जैसा तीखा व्यंग्य इसमें नहीं है। इसमें राजकीय अस्तव्यस्तता का बड़ा ही जीवंत चित्र खींचा गया है। प्रेमयोगिनी अधूरी है। पर अपने अधूरेपन में ही एक अत्यन्त सशक्त यथार्थवादी परम्परा को जन्म देती है। काशी के चार स्थानों में जुटने वाले भिन्न-भिन्न ढंग के व्यक्ति अपने कुत्सित

व्यापारों की एकता में एक हैं। भारतेन्दु के इस वर्णन से काशी के प्रति श्रद्धालुओं को बड़ा गहरा धक्का लगता है लेकिन धर्म-प्राण काशी का यह भी एक पहलू है। 'विषस्य विषमौषधम्' में देशी रजवाड़ों की दुष्प्रवृत्तियों का उद्घाटन करते हुए उन्होंने उनके समर्थक अंग्रेजों को भी विष ही माना है। 'भारतं दुर्दशा' में भारत की अधोगति का बहुत ही रोचक और यथार्थ चित्र प्रस्तुत किया गया है। चन्द्रावली प्रेमासक्ति का श्रेष्ठ उदाहरण है। नीलदेवी में भारतीय नारियों के वीरत्व, पातिव्रत्य आदि गुणों को उभारा गया है। सती प्रताप में सावित्री के माध्यम से एक उच्चादर्श की प्रतिष्ठा की गई है।

विषय-वस्तु के साथ-साथ नाट्यतंत्र के प्रति भी भारतेन्दु ने आधुनिक दृष्टिकोण ही अपनाया। नाटक नामक निबन्ध में उनका कहना है कि 'अब नाटक में कहीं आशीः प्रभृति नाट्यालंकार, कहीं प्रकरी, कहीं संफेट, कहीं पंचसन्धि वा ऐसे ही अन्य विषयों की कोई आवश्यकता नहीं रही। संस्कृत नाटक की भाँति हिन्दी नाटक में इनका अनुसन्धान करना, वा किसी नाटकांग में इनको यत्नपूर्वक रखकर हिन्दी नाटक लिखना व्यर्थ है—।' प्रेम जोगिनी के पारिपार्श्वक का कथन भी इसके अनुकूल है— उसके खेलने से लोगों को वर्तमान समय का ठीक नमूना दिखाई पड़ेगा और वह नाटक भी नई-पुरानी दोनों रीति मिल के बना है। वस्तुतः समय का ठीक नमूना प्रस्तुत करने के लिए ही उन्होंने अधिकांश नाटक लिखे।

अपनी सांस्कृतिक परम्परा के प्रति पूर्णतः निष्ठावान रहते हुए उन्होंने सामान्य जीवन के विधित पात्रों—दलाल, गंगापुत्र, गड़ेरिया, कुंजड़िन, कवि, एडिटर—को अपने नाटकों में यथार्थ रूप में चित्रित किया है। भारत दुर्दशा में पूरा सुशिक्षित मध्यवर्ग ही पात्र है जिसे आगत संकट से देश का उद्धार करना है—इस सिलसिले में अधिक जिम्मेदारी कवि और एडिटर पर है, मुख्यतः एडिटर पर। सम्पादक के इस दायित्व का बोध भारतेन्दु तथा उनके सहयोगियों को अच्छी तरह ज्ञात था। वे स्वयं सम्पादक थे और उन्होंने राष्ट्रीय चेतना को जगाने में जो निःस्वार्थ प्रयत्न किया वह बाद में बहुत कम देखा गया। अपने विचारों को नाटक के माध्यम से जनता तक पहुँचाने के लिए उन्होंने कई नाट्यसंस्थाएँ भी स्थापित कीं जो समय-समय पर नाटकों को रंगमंच पर उतारा करती थीं। पारसी नाटक कम्पनियों के कुरुचिपूर्ण और असामाजिक भावनाओं के परिहार का प्रयास भी उन्होंने इसी माध्यम से किया।

रंगमंच की दृष्टि से उनका सबसे महत्वपूर्ण नाटक 'अंधेर नगरी' है। 'नौटंकी' शैली पर आधारित यह नाटक अपने क्रियात्मक शब्दों' से व्यंग्यात्मक गीतों से ऐसा नाट्य बिंब प्रस्तुत करता है जो सामाजिक होते हुए भी समय को अतिक्रमित कर जाता है।

उस युग में इतना प्राणवान, जिन्दादिल, प्रबुद्ध और जागरूक दूसरा व्यक्तित्व नहीं मिलेगा। उन्होंने जिस महान् उद्देश्य से चालित होकर साहित्य सेवा का कार्य अपने हाथों में लिया था वह असि-धारा-व्रत की तरह अत्यन्त दुस्तर था। इसका मूल्य भी उन्हें कम नहीं चुकाना पड़ा। बड़े-बड़े सत्ताधारियों ने उनके विरुद्ध क्या-क्या षड्यन्त्र नहीं किए, ब्रिटिश महाप्रभुओं ने उन्हें डराने धमकाने में क्या-क्या हथकण्डे नहीं अपनाए, पर हरिश्चन्द्र अपने

सत्य विचारों से कभी नहीं डिगे। जो कुछ उन्होंने उचित समझा, ठीक समझा, देश और जन-कल्याण के अनुकूल समझा उसे डंके की चोट कहा। उनका व्रत भी तो था—'पै दृढ़व्रत श्री हरिचन्द को टरै न सत्य विचार।' यह केवल अयोध्या नरेश सत्यसन्ध हरिश्चन्द्र के सम्बन्ध में ही सत्य नहीं था, बल्कि स्वयं भारतेन्दु के सम्बन्ध में उससे बड़ा सत्य था। इसे कुछ लोग भारतेन्दु की गर्वोक्ति मानते हैं पर यही तो उनके जीवन का सत्य था, यही तो उनके जीवन की सम्पूर्ण साधना थी। अन्यथा भारतेन्दु के स्थान पर वे भी सैयद अहमद की तरह सर होते।

नाटक की विविध दिशाएँ

इस काल के नाटकों की मूलवर्ती विषय वस्तु तत्कालीन युगसत्य से अनुप्राणित होने के कारण पुराने स्वस्थ आचार-विचारों को परिगृहीत तथा नवीन भूल्यों को प्रस्थापित करने की ओर विशेष रूप से रही है। यह प्रवृत्ति रोमांटिक, सामाजिक, ऐतिहासिक, पौराणिक, राष्ट्रीय और व्यंग्यात्मक (प्रहसन) नाटकों में सर्वत्र परिलक्षित होती है।

रोमैंटिक नाटकों में श्रीनिवासदास (१८५१-१८८७) का 'रणधीर प्रेम-मोहिनी' (१८७७), किशोरीलाल गोस्वामी का 'मयंक मंजरी' नाटक उल्लेख्य है। इनके प्रणयन के मूल में आर्य चरित्र शोधन की भावना ही मुख्य रूप से क्रियाशील थी। इसका फल यह हुआ है कि दोनों में उपदेशों की भरमार हो गई है। गोस्वामी जी के उपदेश तो अपने केन्द्रीय उद्देश्य सतीधर्म की मर्यादा से सम्बद्ध हैं पर श्रीनिवास जी दुनिया भर के उपदेशों को एक ही स्थान पर एकत्र कर देना चाहते हैं।

पर विषय और विधान की दृष्टि से वे सर्वथा रोमांटिक हैं। रणधीर और वीरेन्द्र अद्भुत साहसी और पराक्रमी हैं। अपनी प्रेमिकाओं को प्राप्त करने के लिए वे जिस साहस का परिचय देते हैं वह मध्यकालीन शौर्य की याद दिलाता है। बीच-बीच में कतिपय समसामयिक समस्याओं का भी सन्निवेश कर लिया गया है जैसे अमीर और गरीब का भेद, राजाओं का अत्याचार आदि। किन्तु अभी तक रीतिकालीन वातावरण से पीछा न छूट पाने के कारण सभी प्रमुख पात्रों में छिछोरापन आ गया है।

रणधीर प्रेममोहिनी का कथानक शिथिल, अगतिपूर्ण तथा संवाद अनावश्यक रूप से लम्बे हैं। पात्रानुकूल विभिन्न प्रकार की भाषाओं का प्रयोग इसे एक ऐसा अजायबघर बना देता है कि पाठक के पल्ले कम ही पड़ पाता है। 'मयंक मंजरी' का कथानक अपेक्षाकृत चुस्त तथा कार्य-कारण की शृंखला सुसम्बद्ध है। इस नाटक की सबसे बड़ी त्रुटि है कि वह कविताओं से भरा पड़ा है जिससे नाटक के प्रवाह में काफी बाधा पड़ती है। मयंक मंजरी का नायक वीरेन्द्र तो रीतिकाल के पिछले खेवे की कविताओं में वर्णित नायक का रोल अदा करता दिखाई पड़ता है। अपने कथोपकथनों द्वारा वह शोहदा प्रतीत होने लगता है। दोनों नाटकों की नायिकाएँ टिपिकल रीतिकालीन हैं जो चुहलबाजी, छेड़छाड़, तीरे-नजर और इशारेबाजी की कला में प्रवीण हैं। हाँ, इनका प्रेम ऐकान्तिक और एकनिष्ठ है। सब मिलकर तन्त्र और प्रतिपाद्य दोनों में ये रोमैंटिक हैं।

दोनों नाटक तन्त्रीय दृष्टि से अंग्रेजी नाट्यकला के अधिक समीप हैं। रणधीर और प्रेममोहिनी नाम ही रोमियो एण्ड जुलियट की ओर ध्यान ले जाता है। मयंक मंजरी में एक अंक में एक ही दृश्य रखा गया है। इस प्रकार की कला का जो श्रेय लक्ष्मीनारायण मिश्र को दिया जाता है वह प्रथम प्रयोक्ता होने के कारण गोस्वामी जी को मिलना चाहिए। अमानसिंह गोठिया का मयंक मंजरी भी इसी के अन्तर्गत माना जायगा।

ऐतिहासिक रोमांस

ऐतिहासिक रोमांसों को नाटक की विषय-वस्तु बनाने का मूल उद्देश्य अपने पूर्वजों के विस्मृत गौरव का स्मरण दिलाकर तत्कालीन समाज को आत्मगौरव का बोध कराना था। इस प्रकार के नाटक भारतेन्दु की नीलदेवी की परम्परा में लिखे गए। पर राधाकृष्णदास के 'महाराणा प्रतापसिंह' के अतिरिक्त एक भी अन्य नाटक उल्लेखनीय नहीं कहा जा सकता। श्रीनिवासदास का 'संयोगिता स्वयंवर', काशीनाथ खत्री (१८४६-१८९१) का 'सिंधुदेश की राजकुमारियाँ' और 'गुन्नौर की रानी', राधाकृष्णदास का 'महारानी पद्मावती' आदि केवल नाम के ऐतिहासिक नाटक हैं।

नाट्यतंत्र की दृष्टि से 'महाराणा प्रताप सिंह' में कई खामियाँ हैं। नाटक का द्वितीय अंक कथावस्तु का अनिवार्य अंग नहीं बन पाया है। गुलाबसिंह और मालती का प्रणय प्रसंग जो प्रासंगिक कथावस्तु के रूप में आता है मुख्य कथा का सहायक नहीं हो सका है। किन्तु इसके सन्निवेश से नाटकीय वातावरण रसमय जरूर बन गया है। फिर भी नाटककार के मुख्य उद्देश्य की सिद्धि में किसी प्रकार की बाधा नहीं पड़ती है। महाराणा के माध्यम से जो देश प्रेम तथा भामाशाह के अभूतपूर्व तथा अविस्मरणीय त्याग से जिस उत्कट आदर्श को प्रस्तुत किया गया है वह राष्ट्रीय चेतना को जागरित करने में बहुत ही सफल कहा जायगा।

प्रहसन

इस काल के निबन्धों में व्यंग्य का जो पैनापन दिखाई पड़ता है वह प्रहसनों में भी दृष्टिगोचर होता है जिस उद्देश्य को लेकर, जिस लक्ष्य के लिए, लेखक साधना कर रहे थे, उसकी बहुत बड़ी पूर्ति प्रहसनों के माध्यम से हुई। उस संक्रांति काल में सामाजिक, सांस्कृतिक और वैचारिक परिवर्तन के लिए प्रहसन बहुत ही उपयुक्त साधन था। इसलिए स्वाभाविक था कि लेखकों का झुकाव उस ओर होता। नई प्रगति की विरोधी सभी प्रकार की मनोवृत्तियों पर व्यंग्य किया गया, फलस्वरूप घिसी पिटी रूढ़िग्रस्त मान्यताओं, अंध विश्वासों आदि को प्रहसनकारों ने अपने व्यंग्य का लक्ष्य बनाया। पाश्चात्य भाषा और संस्कृति में रंगे हुए लोगों को भी अच्छी खबर ली गई।

राधाचरण गोस्वामी (१८५८-१९२५) और खड्गबहादुर मल्ल (१८५३-१८८९ ई०) इस काल के प्रमुख प्रहसनकार थे। गोस्वामी जी वृन्दावन के प्रतिष्ठित गोस्वामियों में थे और उनकी छद्मलीलाओं से अच्छी तरह परिचित थे। 'तन मन धन की गोसाई जी को अर्पण' में धर्मगुरुओं के व्यभिचारों की पोल खोलकर उनका पर्दाफाश किया गया है। 'बड़े मुँह मुँहासे' में परनारी गमन का दुष्परिणाम बतलाया गया है, इसमें प्रकारान्तर से हिन्दू मुस्लिम

एकता की ओर भी संकेत किया गया है। गोस्वामी जी ने वृन्दावन से भारतेन्दु नामक एक पत्र भी निकाला था। खड्गबहादुर मल्ल मझौली के महाराजकुमार थे। बांकीपुर के खड्गविलास प्रेस की स्थापना उन्हीं के नाम पर हुई थी। ठा० रामदीन सिंह के सम्पादकत्व में उन्होंने क्षत्रिय पत्रिका का सम्पादन भी किया था। 'भारत आरत' प्रहसन में उन्होंने शासकों और ओहदेदारों की दुर्वृत्तियों तथा शासितों की दुर्बलताओं पर गहरा व्यंग्य किया है। वैयक्तिक उन्नति के लिए भाषा और धर्म का परित्याग करने वाले बंगाली बाबू की आत्मभर्त्सना देखते ही बनती है। अपनी भाषा की कदर्थना करने वाले बंगाली बाबू से अंग्रेज मजिस्ट्रेट कहता है, 'शूअर हम तुमने अंगरेजी बोलना नई माँगता। अपना मुलुक की बोली बोलो।' पर आज भी ऐसे लोगों की कमी नहीं है जिन पर उक्त मजिस्ट्रेट की गाली का कोई असर नहीं पड़ता।

देवकीनन्दन के 'जयनार सिंह' में ओझाई के विश्वासियों पर व्यंग्य किया गया है। गोपालराम गहमरी के 'देश दशा' में सरकारी अलहकारों की धाँधली को व्यंग्य का विषय बनाया गया है। अम्बिकादत्त व्यास की 'देशी घी और चर्बी' व्यावसायिक कुरूपता का अच्छा नमूना है।

इन प्रहसनों में पूँजीपतियों, सरमायादारों, शासकों आदि की अवांछनीय तत्वों के रूप में अंकित किया गया है जो नवीन चेतना का द्योतक है। खड्गबहादुर मल्ल ने जमींदारों के मनमानेपन का संकेत देते हुए उन्हें वृश्चिक राशि का कहा है। टेकनीक की दृष्टि से इनका विशेष महत्व नहीं आँका जा सकता है।

सामाजिक-पौराणिक

सामाजिक नाटकों की केन्द्रीय समस्या नारी है, जो मुख्यतः सुधारवादी दृष्टिकोण से परिचालित है। इस तरह के नाटकों में बालविवाह, पर्दाप्रथा का विरोध तथा विधवा विवाह, स्त्री शिक्षा आदि का समर्थन किया गया है। बालकृष्ण भट्ट के 'जैसा काम वैसा परिणाम,' राधाकृष्णदास के 'दुःखिनी बाला' आदि नाटक ऐसे ही हैं। भट्टजी के नाटक में दृष्टिकोण की प्रौढ़ता तथा व्यंग्य का तीखापन मिलता है जो उनके व्यक्तित्व के अनुरूप है। राधाकृष्णदास ने विधवा के स्वाभाविक शरीर धर्म को प्रस्तुत करते हुए दुःखिनी बाला लिखा था। पहले इसका नाम 'विधवा विवाह' नाटक था जिसकी श्यामा भ्रूणहत्या करती है, पर 'दुःखिनी बाला' में सरला विषपान द्वारा आत्महत्या कर लेती है। वस्तुतः विधवा-विवाह में यथार्थवादी दृष्टिकोण दिखाई पड़ता है जो समाज विरोधी होने के कारण बाद में दूसरी पुस्तक में बदल जाता है। अभी समाज इस तरह के नग्न यथार्थ को सहन नहीं कर सकता था, इसलिए उसे एक आदर्श की ओर मोड़ना पड़ा। बाद में चलकर समझौते की यही प्रवृत्ति प्रेमचन्द में आदर्शोन्मुखी यथार्थ के रूप में प्रकट हुई। लाला जवाहर लाल वैद्य का 'कमल मोहिनी भँवर सिंह' नाटक परनारी-गमन के विरोध में लिखा गया। गोपालराम गहमरी के 'विद्या विनोद' में ओझाई, अनमेल विवाह, बहु विवाह का विरोध तथा पातिव्रत्य का समर्थन किया गया है। नारी समस्या के भारतदुर्दशा के मेल में भारतोद्धार, भारत आरत, भारत सौभाग्य, देश-रक्षा आदि नाटक लिखे गए।

उपन्यास

इस कालावधि में हिन्दी उपन्यासों में मनुष्य के नए मानसिक विकास और अन्तर्विरोधों का इतिहास समाविष्ट है। आर्थिक व्यवस्था में उलटफेर, प्रेस, समाचार पत्र, शिक्षा की व्यवस्था, नए व्यावसायिक वर्ग का उदय आदि के कारण जो मध्यम वर्ग उत्पन्न हुआ उसकी बहुमुखी तथा नई समस्याओं को अभिव्यक्त करने के लिए नवीन साहित्यिक विधा की आवश्यकता हुई। यह विधा उपन्यास थी।

इसके पूर्व की साहित्यिक विधाओं—काव्य, नाटक, आख्यायिका आदि के रूपाकार काव्य रूढ़ियों से बँधे होने के कारण नए विषयों के अनुरूप नहीं थे। इन रूपाकारों में जीवन की विविधताओं को उनकी समग्रता में आकलित नहीं किया जा सकता। बहुआयामी जीवन को बाँधने के लिए ऐसी विधा की जरूरत थी जो स्वयं बहुआयामी हो। अर्थात् जिसमें काव्य, नाटक, आख्यायिका आदि का अन्तर्भाव होने के साथ और भी कुछ हो। उसका अपना निजी छंद हो किन्तु वह स्वच्छन्द हो।

पूर्ववर्ती विधाएँ बहुत कुछ अभिजातीय रूपाकारों, परम्परामुक्त मूल्यों सार्वभौम सत्यों को अभिव्यक्त करती आई थीं। उनमें वैयक्तिक अनुभवों के प्रकाशन का अवकाश नहीं था। उपन्यास सामूहिक अनुभवों के स्थान पर वैयक्तिक अनुभवों को तरजीह देता है। व्यक्ति अपने सामयिक परिवेश में अनुभव प्राप्त करता है। उपन्यासों में वैयक्तिक अनुभव और परिवेश के विस्तृत चित्रण के लिए भूमि मिली।

फारेस्टर इस समसामयिकता को 'लाइफ बाई टाइम' का नाम देकर कहता है कि इस विशेषता के कारण ही उपन्यास अन्य साहित्यिक विधाओं से अलग हो जाता है। व्यापक अर्थ में सामयिकता और साहित्य का समन्वित रूप पहले पहल इस विधा में ही मिला। दूसरे शब्दों में जीवन के यथार्थ को चित्रित करने के लिए नई विधा आविष्कृत हुई।

हिन्दी उपन्यासों का प्रारम्भ जीवन के उपदेशमूलक यथार्थ चित्रण द्वारा होता है। पर अतिरंजनापूर्ण काल्पनिक जीवन के अयथार्थ रोमांस भी कम नहीं मिलते। इस प्रकार रोमांस-यथार्थ का अन्तर्विरोध इतिहास के नैरन्तर्य में ही पाया जाता है। रीतिकालीन प्रेम-कल्पनाओं से अभी पीछा नहीं छूट पाया था। क्रीड़ापरक प्रेम से उस समय के अनेक उपन्यास भरे पड़े हैं। उस समय सामन्त-सरदारों को चमत्कृत किया जाता था तो इस समय जनता के एक व्यापक तबके को तिलस्मों और ऐयारों द्वारा चमत्कृत किया जाने लगा। पर रोमांस, उपदेश के भीतर से ही आगे चलकर यथार्थोन्मुखी उपन्यासों का विकास हुआ।

'परीक्षागुरु' (१८८२) जो हिन्दी का पहला उपन्यास स्वीकृत कर लिया गया है, मध्यवर्गीय जीवन से ही सम्बद्ध है। इसके पूर्व लिखे गए नारी शिक्षा विषयक ग्रन्थों को भी कुछ लोगों ने उपन्यास के खाते में डाल दिया है। 'देवरानी जेठानी की कहानी' (१८७०), 'वामाशिक्षक' (१८७२), 'भाग्यवती' (१८७७) ऐसी ही पुस्तकें हैं। भारतेन्दु हरिश्चन्द्र की 'एक कहानी कुछ आप बीती कुछ जग बीती' में औपन्यासिकता की सम्भावनाएँ बताई जाती हैं। किन्तु सम्भावनाओं के आधार पर कोई निर्णय नहीं किया जा सकता।

'परीक्षागुरु' के लेखक लाला श्रीनिवास दास राजा लक्ष्मणदास की कोठी के मुनीम-मैनेजर थे। बाद में वे म्युनिस्पिल कमिश्नर और आनूरेरी मजिस्ट्रेट भी हुए। व्यापारी होते हुए भी वे साहित्य रचना में लगे रहते थे। इस उपन्यास की रचना के पहिले वे 'रणधीर प्रेममोहिनी' जैसा प्रसिद्ध नाटक लिख चुके थे। पर परम्पराभुक्त प्रणाली से हटकर वे नई चाल की पुस्तक लिखना चाहते थे। इसका उल्लेख परीक्षागुरु की भूमिका में किया गया है।

इसे वे 'अनुभव द्वारा उपदेश मिलने की संसारी वार्ता' कहते हैं। 'संसारी वार्ता' से साफ जाहिर है कि इसे वे परियों, राजकुमारों, पशु-पक्षियों की अतिलौकिक कथाओं से अलग यथार्थ की भूमिका पर खड़ा करना चाहते थे। लाला जी ने इसे 'नावेल' भी कहा है। इसका मतलब है कि वे अंग्रेजी में लिखे गए उपन्यासों के ढर्रे पर उपन्यास लिखना चाहते थे।

भूमिका से ही पता लगता है कि उनके दिमाग में उपन्यास की योजना बन गई थी। इसमें परम्परा मुक्त सिलसिलेवार कथा नहीं कही गई है बल्कि उसमें आवश्यकतानुसार उलट-फेर किया गया है। पात्रों के स्वभाव, उनके पारस्परिक सम्बन्धों को, यथासम्भव विश्वसनीय बनाने की चेष्टा की गई है। बोलचाल की भाषा, पात्रों का काल्पनिक चित्रण, साकांक्षता आदि के सम्बन्ध में वे पहले ही से सतर्क थे। यही कारण है कि इसे हिन्दी का पहला उपन्यास कहा जाता है। 'देवरानी जेठानी की कहानी', 'भाग्यवती' आदि में ये औपन्यासिक तत्व नहीं मिलते।

इस उपन्यास में दिल्ली के एक ऐसे व्यापारी के सुधार की कहानी है जो कुसंग में पड़कर गुमराह हो गया था। इस माध्यम से लेखक जीवन के विविध प्रसंगों का आकलन कर उन्हें एक ढीले सूत्र में पिरोता है। लम्बे-लम्बे शिक्षा-मूलक प्रकरणों के कारण यह सूत्र और भी शिथिल और कमजोर हो जाता है। मुख्य कथा के असंबद्ध इन प्रकरणों के फलस्वरूप उपन्यास का कथानक बेहद बिखर गया है। अपनी बातों को पुष्ट करने के लिए बहुत-सी ऐतिहासिक और उपदेशमूलक कथाएँ भी बीच-बीच में कह दी जाती हैं। और उपन्यास बहुत कुछ विशृंखलित हो जाता है। पर यह बिखराव एक ओर इस उपन्यास की संघटना सम्बन्धी त्रुटि की सूचना देता है तो दूसरी ओर भावी उपन्यासों की सम्भावनाएँ भी रेखांकित करता है।

इसके चरित्र विभिन्न मनोवृत्तियों का प्रतिनिधित्व करते हैं। इसका नायक मदनमोहन मूलतः अच्छा होते हुए भी कुसंग के कारण अपना सब कुछ खो बैठता है। वह अव्यवस्थित, खुशामद-पसंद और प्रदर्शनप्रिय व्यक्ति है। वृजकिशोर नई रोशनी से प्रभावित, संयमी, विवेकवान, देशप्रेमी, अपनी भाषा, संस्कृति गत्यात्मक रीतिनीति का समर्थक है। मुंशी चुन्नीलाल और मास्टर शम्भुदयाल कुसंग के जीते-जागते स्वरूप हैं। जीवन की छोटी-मोटी और बुराइयों को उद्घाटित करने वाले ये चरित्र इतने आकर्षक नहीं बन पड़े हैं कि पाठकों के मन को रमा सकें। सुख, दुःख, प्रामाणिकता, सावधानी, सज्ञनता जैसे विषयों पर जो विचार-विमर्श चलता है वह किताबी होने के कारण जी उबा देने वाला हो गया है।

जिस भारतीय पुनर्जागरण का प्रभाव भारतेन्दु हरिश्चन्द्र की रचनाओं में नाटकों

और निबंधों में दिखाई पड़ता है उसकी छाप 'परीक्षागुरु' पर भी है। 'निज भाषा उन्नति अहै सब उन्नति कौ मूल' की प्रतिध्वनि इस उपन्यास में भी सुनाई पड़ती है। नए ढंग की खेती और कल-कारखाने की उन्नति द्वारा देश को आधुनिक बनाने का मन्तव्य भी व्यक्त किया गया है। अंग्रेजों की नकल को निषिद्ध ठहराया गया है, देशी भाषा में शिक्षा देने पर जोर दिया गया है, अखबारों की कद्र न करने की गिला की गई है, पुरानी पीढ़ी की कर्मठता को अनुकरणीय बताया गया है। नए फैशन, विलासिता पर आक्रमण किया गया है। इस तरह उस युग को अपनी समग्रता में समेटने का जो प्रयास लाला जी ने किया है वह प्रशंसा के योग्य है। प्रेमचन्द ने जिसे आदर्शोन्मुख यथार्थवाद कहा है उसकी शुरुआत यहीं से होती है।

लाला जी अपने नाटक 'रणधीर-प्रेममोहिनी' में रोमैंटिक हैं तो 'परीक्षागुरु' में यथार्थपरक। जीवन के यथार्थ को व्यक्त करने के लिए उन्होंने औपन्यासिक विधा को क्यों चुना ? यह आकस्मिक नहीं है। उपन्यास मूलतः यथार्थ को आँकने वाली विधा है। नाटक की तरह यह भी मिश्रित विधा (कंपोजिटआर्ट) है जिसमें कहानी, रेखाचित्र, निर्बन्ध निबन्ध, कथोपकथन, विवरण-वर्णन, नाटकीयता, काव्य सभी का समावेश होता है। यदि कथानक निर्माण में लाला जी रीतिमुक्त हो पाते, जैसा कि प्रत्येक अध्याय में कोई न कोई नीतिपरक पद्य लिखकर कथा को लक्षण-उदाहरण का नमूना बना दिया गया है, तो यह उपन्यास अधिक महत्त्वपूर्ण हो जाता।

बालकृष्ण भट्ट ने दो उपन्यास लिखे—'नूतन ब्रह्मचारी' (१८७७) और 'सौ अजान और एक सुजान' (१८९२)। दोनों ही शिक्षोपयोगी कथाएँ हैं। दोनों में ही सत्संग की महिमा गाई गई है। 'नूतन ब्रह्मचारी' का विनायक अपने अच्छे संस्कारों के कारण डाकुओं का हृदय परिवर्तन करता है। 'सौ अजान और एक सुजान' एक ऐसे सेठ की कहानी है जो कुसंग में पड़कर बिगड़ जाता है किन्तु सत्संग के कारण पुनः सुधर जाता है। 'परीक्षागुरु' की भाँति यह उपन्यास भी हिन्दी-संस्कृत के नीतिपरक उद्धरणों से भरा पड़ा है। इसकी भाषा अलंकृत है।

'नूतन ब्रह्मचारी' की भाषा में सहजता अधिक है—'इतनी बातचीत विनायक और उन तीनों आदमियों से बाहर हुई। विनायक आगे हुआ और वे लोग उसके पीछे-पीछे घर में चले। भीतर जाकर देखा तो घर में कोई बात अमीरी की नहीं, पर सफाई और सुथरापन हर वस्तु में झलकता है। भीतर जाकर उन दोनों साथियों को एक नाउम्मीदी सी हुई, क्योंकि जैसा बाहर से देखने में मकान भड़कीला मालूम होता था वैसा भीतर कुछ भी सामान न था।' इसमें कोई संदेह नहीं कि इसकी भाषा में जो प्रवाहमयता है वह 'परीक्षागुरु' में नहीं है। फिर भी यह अपेक्षाकृत सपाट उपन्यास है।

इन प्रारम्भिक उपन्यासों को देखने से पता लगता है कि रईस वर्ग अपनी ऐय्याशी और अकर्मण्यता में किस प्रकार ढह रहा था। उसके स्थान पर कर्मण्य, क्रियाशील और नवीनयुगीन चेतना से संपृक्त पढ़ा-लिखा वर्ग उभड़ रहा था। नए समाज के निर्माण में आगे चलकर इसी वर्ग की भूमिका महत्वपूर्ण सिद्ध हुई।

महता लज्जाराम शर्मा के उपन्यास 'धूर्त रसिकलाल' (१८९९) में भी कुसंग में पड़कर एक बिगड़े हुए सेठ के सुधार की कहानी है। सेठ रसिकलाल के कुसंग में पड़कर मद्यपान, वेश्यागमन, जुआ आदि के कुटेवों में फँस जाता है। पर पत्नी के प्रभाव से अन्त में सुधर जाता है। महता के दूसरे उपन्यास 'स्वतन्त्र रमा परतन्त्र लक्ष्मी' (१८९९) में रमा और लक्ष्मी दोनों बहनें हैं—पहली पाश्चात्य संस्कृति में पली हुई स्वच्छन्द और दूसरी भारतीय संस्कृति में पली हुई संस्कार बद्ध। इसमें लक्ष्मी की शालीनता, पातिव्रत्य आदि को रमा की स्वच्छन्दवादिता के विरोध में रखा गया है। इस तरह पाश्चात्य संस्कृति को भारतीय संस्कृति से हीन ठहराया गया है। पुनर्जागरण काल तथा बाद में भी भारतीय संस्कृति पर बल दिए जाने के फलस्वरूप इस तरह के उपन्यास आए। पर पाश्चात्य संस्कृति पर आक्रमण करने के सिलसिले में लेखक शृंगारिकता के अत्यन्त ओछे स्तर पर उतर आता है। आगे चलकर उन्होंने हिन्दू गृहस्थ, आदर्श दम्पत्ति, बिगड़े का सुधार, आदर्श हिन्दू आदि अनेक उपन्यास लिखे जिनमें मुख्यतः आदर्श हिन्दुत्व की स्थापना की गई है।

इस सिलसिले में राधाकृष्णदास का 'निस्सहाय हिन्दू' (१८८९) भी स्मरणीय है। इसमें गोवध समस्या और हिन्दुओं की निस्सहायता तथा मुसलमानों की कट्टरता चित्रित है। अयोध्यासिंह उपाध्याय हरिऔध उपन्यास 'ठेठ हिन्दी का ठाट' (१८९९) और 'अधखिला फूल' (१९०७) में हिन्दू समाज में व्याप्त कुरीतियों और आदर्शों को चित्रित किया गया है। 'ठेठ हिन्दी का ठाट' की नायिका जिस व्यक्ति से प्रेम करती है उससे उसका विवाह न होकर एक धनी किन्तु अशिक्षित और दुराचारी व्यक्ति से हो जाता है। प्रेमी अपने आदर्श प्रेम के रक्षार्थ नायिका के पति को अच्छी राह पर ले आता है। किन्तु नायिका विरह में घुलकर समाप्त हो जाती है। वस्तुतः इसमें प्रेम की समस्या न होकर अनमेल विवाह की समस्या है क्योंकि वास्तविकता के रूप में इसी समस्या को लिया गया है और प्रेम आदर्श और उत्सर्गमूलक होकर रह गया है। 'अधखिला फूल' की देवदूती अपने सतीत्व की रक्षा करती हुई अपने संन्यासी पति को प्राप्त कर लेती है।

ठाकुर जगमोहन सिंह का उपन्यास 'श्यामास्वप्न' (१८८५) विवाह की परम्परामूलक धारणा का विरोध करते हुए प्रेम को वरीयता देता है। प्रेम के आगे वर्ण का मूल्य उन्हें मान्य नहीं है। अपने उपन्यास में उन्होंने ब्राह्मण कन्या श्यामा और क्षत्रिय राजकुमार श्यामसुन्दर के प्रेम का चित्रण किया है।

पर इस स्वच्छन्दतावादी प्रेम को जिस रूपाकार में व्यक्त किया गया है वह इसके अनुरूप नहीं है। वस्तुतः यह रीतिकाल का परकीया प्रेम है क्योंकि स्वच्छन्द प्रेम की अभिव्यक्ति रीतिबद्ध रूप (फार्म) में नहीं की जा सकती। लगता है नायिका ने नखशिखवर्णन, आलिंगन-चुम्बन, विरह-निवेदन, ऋतु-वर्णन के लिए विषय-वस्तु को माध्यम के रूप में चुना गया है। वस्तु और रूप का यह विरोध भी तत्कालीन मानस का विरोध है। नए विचार पुराने संस्कारों को बदल नहीं पाए थे। रीतिवादी ढाँचा स्वीकार कर लेने के कारण जगमोहन सिंह का स्वच्छन्द प्रेम औपन्यासिक न होकर वैचारिक बनकर रह जाता है। आचार्य शुक्ल ने उनके जिस प्रकृत-वर्णन की इतनी प्रशंसा की है वह उपन्यास के ढाँचे में किसी प्रकार

अपनी सार्थकता नहीं सिद्ध कर पाता है। यही नहीं कादम्बरी की शैली पर प्रकृति का जो आलेख प्रस्तुत किया गया है वह उसकी मौलिकता के आगे प्रश्नचिह्न लगा देता है।

इसकी भाषा-शैली का एक नमूना लीजिए–

'उसकी कटि छटि कर छल्ला-सी हो गई थी। केहरी भी जिसे देख अपने घर की देहरी के बाहर कभी नहीं निकला, ऐसी सुकुमारी जो बार के भार से भी लचती थी ऐसी पतरी जो मुट्ठी में भीं आ जाती, थी। कई तो उसे देख भ्रम में पड़े थे कि लंक है कि नहीं या केवल अंग का ही शंक है। नव जोबन नरेश के प्रवेश होते ही अंग के सिपाहियों ने बड़ी लूटपाट मचाई..... पर यह न जान पड़ा कि कटि किसने लूट ली।......

इस तरह के वर्णनों से उपन्यास भरा पड़ा है; ये वर्णन रीतिबद्ध काव्य की कार्बन-कापी है। वस्तु-रूप का यह द्वैत सिंह जी के अपने संस्कारों और विचारों का भी द्वैत हो सकता है। दरबारी शैली में मुक्त भाव का अंट पाना संभव नहीं था।

श्यामास्वप्न के साथ, अम्बिकादत्त व्यास के 'आश्चर्य वृत्तान्त' (१८६३) और ब्रजनन्दन सहाय 'सौन्दर्योपासक' (१६१२) की भी चर्चा की जाती है। 'श्यामास्वप्न' और 'आश्चर्य वृत्तान्त' में केवल इतना ही साम्य है कि दोनों स्वप्न कथाएँ हैं। आश्चर्य वृत्तान्त में एक व्यक्ति गया से काशी होते हुए चित्रकूट तक भ्रमण करता है। इसमें भी अलौकिक और विस्मयाविभूत कर देने वाले दृश्यों की योजना प्रचुर मात्रा में है। किन्तु इस बहाने वह भारतीय संस्कृति की प्रशंसा, और विदेशी रंग में रंगे शिक्षित जोरू के गुलाम की निन्दा करता है। इसका गद्य किंचित् भावी सम्भावनाएँ लिए हुए है।

'सौन्दर्योपासक' इस कालावधि में लिखा गया अकेला रोमैंटिक उपन्यास है। उसकी सौन्दर्योपासना में विवाह की समस्या नहीं है बल्कि उस चित्तवृत्ति की समस्या है जिसे प्रेम कहते हैं। इसके फलस्वरूप उसकी प्रिया और पत्नी दोनों का अवसान हो जाता है और प्रेमजन्य वेदना को ढोने के लिए वह अकेला शेष बचता है। विरहानुभूति की तीव्रता के कारण इसमें 'श्यामास्वप्न' की अलंकृति नहीं है।

सन् १८६१ ई० में 'चन्द्रकान्ता' के प्रकाशन के साथ देवकीनन्दन खत्री (१८६१-१६१३) तिलस्म का जो करिश्मा लेकर आए उससे हिन्दी उपन्यास के क्षेत्र में धूम मच गई। बहुत से लोगों ने 'चन्द्रकान्ता' पढ़ने के लिए हिन्दी सीखी। खत्री जी ने अपने समय के अर्धशिक्षित जनमानस को पहचाना और उनके मनोरंजनार्थ उपन्यास लिखे। उपदेश से परे शुद्ध मनोरंजन की चमत्कारपूर्ण सामग्री का पाठकों ने अपूर्व स्वागत किया।

पर प्रश्न होता है कि 'चन्द्रकान्ता', 'चन्द्रकान्ता सन्तति' जैसे उपन्यासों की रचना क्यों हुई ? प्रेमचन्द के मतानुसार इस पर फारसी के तिलस्म होशरुबा का प्रभाव है। पर ऐसा लगता है कि इसमें अस्तोन्मुख सामन्तीय वर्ग का अन्तिम खेल चित्रित किया गया है। देवकीनन्दन ने भी प्रेमी-प्रेमिका का परिणय कराया है, सदाचारी पात्रों को पुरस्कृत और दुराचारी को दण्डित कराया है। पर पाठकों के ऊपर तिलस्म के खेलों का ही प्रभाव शेष रहता है।

ऐयारों की बाजीगरी का सम्मोहन पाठकों को सहज ही मुग्ध कर लेता है। जिस

तरह बाजीगर जमूरे को देखते-देखते अदृश्य कर देता है फिर दूसरे क्षण सामने खड़ा कर देता है, उसका सिर धड़ से अलग कर देता है, फिर जोड़ देता है उसी प्रकार खत्री का ऐयार पाठकों को अनेक प्रकार के सब्जबाग दिखाता है। कभी वह तहखाने में बन्द ऐयारों के दर्शन करता है, कभी गहन कांतारों, नदी-नालों, खोहों पहाड़ों की सैर करता है। कभी वह तहखाने में कैद नायिका को अंगूर खाते हुए देखता है तो कभी उसका शव देखता है फिर भी उसे जिन्दा पाता है। यह सब देखकर पाठक हक्का-बक्का हो जाता है।

इसमें युद्ध ऐयारी का होता है। मध्यकालीन शौर्य का स्थान ऐयारों ने ले रखा है। ऐयारों को तिलस्म का व्यूह तोड़ना पड़ता है। इस व्यूह की रचना अजीबोगरीब होती है। कहीं पत्थर की खूबसूरत पुतली है तो कहीं बेहोश कर देने वाली दीवाल, कहीं मसालों के बने साँप हैं, कहीं ऊपर से भहरा पड़ने वाले दरवाजे। इस भूलभुलैया में पड़ा पाठक भौचक्का हो जाता है। ऐयारी का बटुआ तो गजब की चीज है। उसमें एक दुनिया ही भरी रहती है। लखलखा इसी बटुए में पड़ा रहता है, बेहोश करने की बूटी भी इसी में मिल जाएगी और अदृश्य बनाने वाला गुटका भी।

उन्होंने अपने उपन्यासों को विश्वसनीय बनाने की कोशिश भी की है। इस कोशिश का आधार था उनका अपना अनुभव। नौगढ़ में लकड़ी की ठेकेदारी करते समय वे पहाड़ी खोहों, दरियों, खण्डहरों का अच्छा अनुभव प्राप्त कर चुके थे। इस अनुभव के आधार पर ही अपने वर्णनों को वे किंचित् विश्वसनीय बना सके हैं।

मध्यकाल में सुन्दरियों को प्राप्त करने के लिए राजपूतों में पारस्परिक युद्ध हुआ करता था। तिलस्मी उपन्यासों में भी राजकुमार सुन्दरी राजकुमारियों को प्राप्त करने का प्रयास करते हैं और सफल भी होते हैं। फर्क इतना है कि मध्यकालीन राजपूत राजे स्वयं लड़ते थे पर इन उपन्यासों के राजकुमारों की लड़ाइयाँ ऐयार लड़ते हैं। ऐयार वीर, उदार, स्वामिभक्त और नैतिक आचारों से युक्त होते हैं।

तिलस्मों की इस दुनिया में घटनाओं का अद्‌भुत वैचित्र्य और शृंखला होती है। इनमें चरित्र नहीं व्यक्ति होते हैं, जिन्हें कोई भी नाम दिया जा सकता है। इसलिए एक पात्र को दूसरे पात्र से अलगाना कठिन है। इनमें जो भी क्रियाकलाप घटित होते हैं वे जीवन की वास्तविकताओं से अछूते और काल्पनिक होते हैं। घटनाओं के दूर तक फैले जटाजूट को समेट लेना भी बाजीगरी से कम नहीं है। इन तिलस्मी उपन्यासों का अपना महत्त्व चाहे जो हो पर हिन्दी-उपन्यासों की परम्परा में न तो इनसे कुछ जुड़ता है और न कुछ घटता है। दुर्गाप्रसाद खत्री तथा अन्य कई लोगों ने इस परम्परा को आगे बढ़ाने का प्रयास किया किन्तु केवल वायवीय कुतूहल को कबतक कायम रखा जा सकता है ?

खत्री के उपन्यासों की लोकप्रियता देखकर गोपालराम गहमरी (१८६६-१९४६) नए किस्म के उपन्यास--जासूसी उपन्यास--लेकर हिन्दी के क्षेत्र में अवतरित हुए। यद्यपि जासूसी उपन्यासों में तिलस्मी उपन्यासों की तरह बेपर उड़ने की गुंजायश नहीं है फिर भी इन्हें तिलस्मी-ऐयारी से सर्वथा अलग नहीं किया जा सकता। सन् १८९८ में उन्होंने बँगला उपन्यास 'हीरार मूल्य शेखर धूली' का हिन्दी अनुवाद किया। इसे हिन्दी के पाठकों ने काफी

पसन्द किया। फिर तो उन्होंने लगभग दो सौ उपन्यास लिखे और अनूदित किए। अपने उपन्यासों के प्रकाशन के लिए उन्होंने एक पत्र 'जासूस' (१६००) निकाला जो तीस वर्षों तक प्रकाशित होता रहा।

पर गहमरी की जासूसी मोटे किस्म की जासूसी है। प्रायः उपन्यासों का कथानक कहीं पड़ी हुई लाश को लेकर शुरू होता है और अपराधी की खोज, आरम्भ हो जाती है। परन्तु यह तलाश इतनी बचकानी लगती है कि जासूसी का कोई महत्व ही नहीं रह जाता। जिन प्रमाणों, प्रसंगों, घटनाओं के आधार पर जासूस अपराधी की तलाश करता है वे पूर्वनिर्मित होती हैं और जासूस को उनका इलहाम हो जाता है। जाहिर है कि तलाश की यह प्रक्रिया उतनी बुद्धिजन्य नहीं है जितनी कल्पनाजन्य है।

उनके जासूस भेष बदलने की कला में इतने माहिर हैं कि देवकीनन्दन खत्री के ऐयारों के कान काट लेते हैं। 'वजीरन बीबी' का जासूस अजीबोगरीब बाजीगर है। वह भूत बन जाता है। अपराधी के सिर पर हाथ रखकर उसे अन्धा बना देता है। यहाँ की गुप्त कोठरियाँ कम रहस्यात्मक नहीं हैं। खटका दबाया नहीं की दीवालें नदारत। दूसरे खटके पर हाथ पड़ा नहीं कि दीवालें वापस।

गहमरी के जासूसी उपन्यास घटनाप्रधान और काल्पनिक हैं। घटनाओं की विलक्षणता उनका मुख्य आधार है। पर वैलक्षण्य की अतिशयता यथार्थ का अध्यास नहीं पैदा करतीं। 'कानन डायल' ने जटिल जीवन के बीच होने वाले अपराधों को चुना है। इसी कारण 'शरलक होम्स' जैसे चरित्रों की सृष्टि हो सकी है। गहमरी ने जिस समय जासूसी उपन्यास लिखना आरम्भ किया उस समय यहाँ की जिन्दगी, विशेष रूप से बनारस की जिन्दगी काफी सरल थी। अतः उन्हें कल्पना का ही भरोसा था। कल्पना के भरोसे, ऐसी कल्पना जो यथार्थ से कटी हुई हो, सपाट कथानकों और बाल बुद्धिवाले जासूसों की ही सृष्टि हो सकती है।

इस कालावधि के उपन्यासकारों में किशोरीलाल गोस्वामी (१८६५-१६३२) केन्द्रवर्ती उपन्यासकार माने जायेंगे। संख्या और परिमाण में उनके उपन्यास सर्वाधिक हैं। अपने समय में प्रचलित सभी तरह के उपन्यासों की उन्होंने रचना की—सामाजिक, ऐयारी-तिलस्मी तथा जासूसी। यही नहीं ऐतिहासिक उपन्यास लिखकर उपन्यासों का एक नवीन आयाम उद्घाटित करने का श्रेय भी उन्हीं को है। इस काल के कुछ उपन्यास मुख्यतः शिक्षामूलक हैं तो कुछ मनोरंजनमूलक। पर गोस्वामी के उपन्यासों में शिक्षा, धर्म और मनोरंजन तीनों का गठबंधन हुआ है, यद्यपि यह गठबंधन बिखरावपूर्ण और शिथिल है। जिस हिन्दू पुनरुत्थानवाद की शुरुआत राधाकृष्णदास के उपन्यासों से होती है उसकी चरम परिणति गोस्वामी के उपन्यासों में दिखाई पड़ी।

सन् १६०१ से उन्होंने 'उपन्यास-मासिक पुस्तक' निकालना आरम्भ किया था। इस पत्रिका में केवल उन्हीं के उपन्यास प्रकाशित होते थे। उसके मुखपृष्ठ पर छपा रहता था।--'उपन्यासस्तु वाङ्मुखम' आचार्य शुक्ल ने उनके छोटे-बड़े पैंसठ उपन्यासों का उल्लेख किया है। पर वे सबके सब उपन्यास नहीं थे। इनमें उनकी कुछ कहानियाँ भीसम्मिलित हैं।

कुछ उपन्यास बँगला से भी अनूदित हैं। सन् १८८६ में वे कलकत्ता के रद्दी खाने से बहुत-सी बँगला पुस्तकें खरीद लाये थे और उनका अच्छा-खासा उपयोग किया।

सन् १८८७ में उन्होंने 'प्रणयिनी परिणय' लिखा। किन्तु यह उपन्यास न होकर कहानी है। वस्तुतः इसी को हिन्दी की पहली कहानी मानना चाहिए। १८८८ में 'त्रिवेणी' उपन्यास प्रकाशित हुआ जो १८९० ई० में 'बिहार बन्धु' में छपा। १८९० में 'हृदयहारिणी' उपन्यास 'हिन्दोस्थान' दैनिक के कई अंकों में छपा। इसके बाद तो उनके उपन्यास उनके अपने ही मासिक पत्र में छपने लगे।

गोस्वामी जी निंबार्क सम्प्रदाय के वैष्णव थे। उनके ऊपर सनातन धर्म का गहरा संस्कार था। इस सम्प्रदाय में मधुरोपासना का भी प्राधान्य था। वे सहृदय और रीतिकाव्य के प्रेमी थे। स्पष्ट है कि श्रृंगार उन्हें धर्म, विरासत और प्रकृति से मिला था। अतः उनके उपन्यासों का श्रृंगार-प्रधान होना स्वाभाविक था। पर उन्होंने जिस हिन्दुत्व की, उसके संस्कारों की प्रतिष्ठा करनी चाही है वे मर चुके थे। अतः अर्थ में वे प्रतिक्रियावादी ही कहे जायेंगे।

गोस्वामी जी ने उपन्यास को प्रेम का विज्ञान कहा है। 'प्रेम एवं परं ज्ञानं, प्रेम एवं परा गतिः' उनका मन्त्र था। सच तो यह है कि यह उनका मन्त्र नहीं था बल्क हिन्दू दर्शन में यह बराबर दुहराया जाता रहा है। भक्ति और ज्ञान के क्षेत्र से बाहर यह कभी नहीं आया। जीवन में यह स्त्री पुरुष के प्रेम तक ही सीमित था। उनके परागति वाले प्रेम की स्थिति इससे भिन्न नहीं मानी जा सकती। प्रेम की अनिवार्य परिणति है विवाह।

इस प्रेम में दुष्यन्त-शकुन्तला जैसी कोर्टशिप का होना अनिवार्य था। इस सनातन धर्मी कोर्टशिप का परिणाम था विवाह। त्रिवेणी का नायक प्रेम-महिमा को गुनता हुआ सनातन धर्म का गुणानुवाद भी करता जाता है। हिन्दी की उन्नति की बुनियादी शर्त है 'सनातन रीत्यनुसार सनातनधर्ममय देव-देवियों की उन्नति।' त्रिवेणी का समापन नायिका की गोद में खेलते हुए एक बालक के चित्रण द्वारा होती है। 'कुटीरवासिनी' की नायिका और प्रेममयी की अमला और शान्ती की गोद भी भरी-पुरी हो जाती है।

प्रेम के माध्यम से ही वह पाप का परिणाम बुरा और पुण्य का परिणाम भला बतलाता है। 'मालती माधव या मदनमोहन' का माधव महात्मा है। उसे माधवी मिलती है। हरिहर प्रसाद पापात्मा है। वह मकान गिरने से मर जाता है। उसकी लाश डोम फेंकते हैं।

रामचन्द्र शुक्ल ने गोस्वामी जी के उपन्यासों को साहित्यिक कोटि की रचनाएँ माना है। 'इनके उपन्यासों में समाज के कुछ सजीव चित्र, वासनाओं के रूपरंग, चित्ताकर्षक वर्णन और थोड़ा बहुत चरित्र-चित्रण भी अवश्य पाया जाता है।' संभवतः अपने समय की विविध घटना-प्रधान औपन्यासिक पद्धतियों को समेट कर लम्बे कथासूत्रों में बाँधने के कारण ही शुक्ल जी ने उनकी रचनाओं को साहित्यिक कोटि में माना है।

इनके अतिरिक्त इस समय के अन्य उपन्यासकारों में कार्तिक प्रसाद खत्री, बलदेव प्रसाद मिश्र, गंगाप्रसाद गुप्त, जयरामदास गुप्त, ईश्वरीप्रसाद शर्मा आदि का भी उल्लेख किया जा सकता है।

इस समय के उपन्यासों में जो मूल वृत्ति दिखाई पड़ती है वह है हिन्दू पुनरुत्थानवाद। इसकी अभिव्यक्ति हिन्दी, बँगला, मराठी, गुजराती आदि उपन्यासों में देखी जा सकती है।

बंकिमचन्द्र के 'दुर्गेशनन्दनी' (१८६५) और आनन्दमठ (१८७५) उपन्यासों की लोकप्रियता के मूल में यही तथ्य निहित है। इस अवधि के मराठी उपन्यासों—मंजुघोषा (१८६८), विचित्रपुरी (१८७०) चन्द्रप्रभा विरह वर्णन (१८७३) में भी अद्‌भुत चमत्कारों का समावेश मिलेगा। उनका परिवेश दरबारी और भाषा अलंकृत है।

उर्दू उपन्यासों की स्थिति भी इससे भिन्न नहीं थी। मौलाना अब्दुल हलीम शरर (१८६०-१९२६) के सम्बन्ध में एहतेशाम हुसैन लिखते हैं—'शरर के अधिकतर उपन्यास मुसलमानों के प्राचीन जीवन से सम्बन्ध रखते हैं, जिनमें मुसलमानों की वीरता, उदारता और धार्मिक दृढ़ता के चित्रों को प्रचार की दृष्टि से प्रस्तुत किया गया है। इस प्रकार उनकी दृष्टि में संकीर्णता झलकती है। शरर के अधिकांश उपन्यास एक ही रंग के और एक ही शैली में लिखे हुए मिलते हैं। कभी-कभी तो ऐसा जान पड़ता है कि यदि एक उपन्यास के पात्र दूसरे में रख दिये जायँ तो कोई बड़ा अन्तर न होगा। नवयुवक और अनुभव रहित रोमानी स्वभाव रखने वालों के लिए उनके हल्के-फुल्के उपन्यासों में आनन्द का बड़ा सामान मिल सकता है। परन्तु उपन्यास को जीवन के मूल आदर्शों और जीवन के बड़े संघर्षों का चित्रण करने वाला साहित्यिक रूप मानने वालों को उनके यहाँ बहुत कमी मिलेगी। उनके प्लाट ढीले, उनके पात्र सपाट और उनका उद्‌देश्य साधारण होता है। उनके उपन्यासों के शीर्षक भी हिन्दी उपन्यासों से मिलते-जुलते हैं। 'हुस्न का डाकू' 'मन्सूर मोहना', 'जवाले बगदाद' आदि।

इन तीन दशक के उपन्यासों में रोमांस और सुधारवादी यथार्थ का मिला-जुला रूप दिखाई देगा। रोमांस का उद्देश्य मनोरंजन था तो सुधार का उद्‌देश्य अपनी रीति-नीति, आचार-विचार और संस्कारों का संरक्षण। रोमांस मध्ययुगीन प्रवृत्ति से बोझिल था तो सुधारवादी यथार्थ रूढ़िवादी संस्कारों से । नारी के नाम पर जो समस्याएँ इन उपन्यासों में उठाई गई हैं वे मुख्यतः वेश्याजीवन, नारी शिक्षा, अनमेल विवाह, स्त्री-स्वतन्त्रता आदि से सम्बद्ध हैं। किन्तु इनका समाधान पुराने ढंग पर ही किया गया है।

इन दृष्टिकोण का असर उपन्यासों के कथा-संघटन, चरित्र-चित्रण, वातावरण निर्माण, भाषा-शैली आदि पर भी पड़ा है। लाला श्रीनिवास दास के 'परीक्षागुरु' को छोड़कर प्रायः सभी उपन्यासकारों ने कथावस्तु के निर्माण में घटनाओं का अम्बार लग़ा दिया है—घटनाएँ भी एक से एक विचित्र, रोमांचकारी और विस्मयावह। चरित्र वर्गों में बँटे हैं—अच्छे और बुरे, उनके कार्यों का परिणाम भी नियत है—अच्छे का अच्छा, बुरे का बुरा। इसलिए बीच-बीच में उपदेशात्मक श्लोक, छन्द,कथा-आख्यायिका आदि तो डाल दिया गया। ये छन्द चरित्रों की वर्गगत विशेषताओं को ही पुष्ट करते हैं। यद्यपि भारतेन्दु और उनकी मण्डली ने भाषा को एक सीमा तक अभिव्यक्ति योग्य बनाया पर अभी वह कथा कहने (नैरेशन) के योग्य नहीं बन पाई थी। उपदेशों को रुक्षता, रोमांसों की ऊहात्मकता, सस्ते मनोरंजनों के चटकीलेपन के केंचुल को छोड़कर अभी वह अपेक्षित सामर्थ्य नहीं प्राप्त कर सकी थी।

कहानी

सन् १८५० से १६०० तक उपन्यास-कहानी का भेद स्पष्ट नहीं किया ज सका था। समस्त कथा साहित्य (फिक्शन) को उपन्यास कहने का चलन था। एक कहानी कुछ

आपबीती कुछ जगबीती को, जो कदाचित् उपन्यास के रूप में लिखा जा रहा था, भारतेन्दु ने कहानी की संज्ञा दी। किशोरी लाल गोस्वामी की इन्दुमती जिसे हिन्दी की पहली कहानी माना जाता है और जो सरस्वती में (१६००) कहानी के रूप में प्रकाशित हो चुकी थी उसे भी गोस्वामी ने उपन्यास कह कर ही प्रकाशित किया है। इससे स्पष्ट है कि अभी हिन्दी में उपन्यास-कहानी के बीच कोई विभाजक रेखा नहीं खींची जा सकी थी।

हिन्दी के पहले कहानीकार किशोरीलाल गोस्वामी ही हैं। प्रणयिनी परिणय जिसे उन्होंने उपन्यास कहा है, हिन्दी की पहली कहानी है। यह १८८७ में लिखी गई थी। इसमें दो प्रेमियों की कहानी कही गई है। प्रेमी प्रेमिका के घर में प्रविष्ट होने का उपक्रम कर ही रहा था कि राजा द्वारा चोर समझ कर पकड़ लिया गया। किन्तु उसके प्रगाढ़ प्रेम का परिचय पाते ही उससे दोनों का ब्याह करा दिया। इस पर निश्चय ही कथासरित्सागर का प्रभाव है। इसकी शैली पुरानी है, समापन भरत वाक्य से हुआ है। पर यदि कहानी में एक ही मूल प्रेरक भाव होता है तो निश्चय ही यह हिन्दी की आदि-कहानी ठहरती है। इसमें जन-जागृति का भी आंशिक चित्रण हुआ है, तत्कालीन पुलिस के अत्याचारों को भी उभारा गया है। भाषा अलंकृति-मूलक है, बीच-बीच में विरह-निवेदन और उपदेश का भी सन्निवेश है। कुछ लोग माधव राव सप्रे की 'टोकरी भर मिट्टी' को हिन्दी की पहली कहानी ठहराते हैं।

गोस्वामी की 'इन्दुमती' १६०० की सरस्वती में प्रकाशित हुई। इन्दुमती की भाषाशैली बहुत कुछ बदली हुई है। अनलंकृत है। इसका आरम्भ और विकास अपेक्षाकृत अधिक स्वाभाविक पद्धति पर चलता प्रतीत होता है, यद्यपि इस पर जासूसी कहानियों का स्पष्ट प्रभाव है। अजयगढ़, देवगढ़ आदि नाम भी जासूसी कथासाहित्य से ही लिए गए हैं। जिस रहस्यात्मक रीति से इन्दुमती का पिता विंध्य के जंगलों में निवास करता है और जिस ढंग से उसके सशस्त्र सहचर प्रकट होते हैं। वह सब कुछ जासूसी कथाओं की चमत्कारिकता से मिलता-जुलता है। जासूसी भी कथाएँ कहानियाँ हैं। कथानक, साकांक्षता, एकान्विति आदि की दृष्टि से इनको आगे की कहानियों से जोड़ा जा सकता है। सामान्यतः 'इन्दुमती' को हिन्दी की पहली कहानी मान लिया गया है।

आलोचना

आलोचना जातीय जीवन की अनिवार्य माँग है। साहित्य की कोई विधा—कविता, नाटक, उपन्यास, निबन्ध—अतीत का दस्तावेज नहीं है, वह वर्तमान के लिए जीवंत शक्ति है। आलोचक अपनी विवेचना द्वारा रचनात्मक साहित्य को अपने समसामयिक जीवन के सन्दर्भ में देखता है। सही तो यह है कि अपने समय के साहित्य की आलोचना करना आलोचक का मुख्य कार्य है। इस कार्य की शुरुआत बालकृष्ण भट्ट से होती है। काल क्रम की दृष्टि से वे ही हिन्दी साहित्य के प्रथम आलोचक हैं।

संस्कृत में उच्च कोटि की सैद्धांतिक आलोचनाएँ लिखी गईं पर व्यावहारिक आलोचना लिखने पर आचार्यों का ध्यान नहीं गया। टीका-ग्रंथों में जहाँ-तहाँ व्यावहारिक आलोचनाएँ

दिखाई देती हैं, पर पुस्तकों पर स्वतंत्र आलोचनाएँ नहीं लिखी गई। रीतिकाल के लक्षण-ग्रंथ भी सैद्धांतिक ही हैं जो संस्कृत के ग्रंथों पर आधारित हैं।

भट्ट जी संस्कृति के पंडित थे। उनका अंग्रेजी का ज्ञान भी बहुत अच्छा था। राजनीति में उन्हें गहरी दिलचस्पी थी। गरीबी का असाधारण संकट भी उन्हें झेलना पड़ा था। किंतु इससे उनकी आस्था में कहीं स्खलन नहीं आया। राजनीति, धर्म भाषा आदि के प्रति उनकी दृष्टि यथार्थवादी थी। उनके मत से चाहे धर्म सम्बन्धी आदि एकता से आप और तरह का लाभ मानें पर देश की उन्नति और वास्तविक भलाई करने का द्वार हम राजनीतिक एकता को ही मानेंगे। वे जीवन के प्रति अत्यधिक आस्थावान थे। इसलिए जगह-जगह अतीतोन्मुख़ हिन्दू समाज और विरक्त वेदान्तियों को आड़े हाथों लिया है।

इहलौकिक जीवन के प्रति आस्थावान होने के कारण वे साहित्य को सामूहिक जीवन की अभिव्यक्ति मानते हैं। समालोचना को उपयोगिता पर प्रकाश डालते हुए उन्होंने कहा है—'जो जाति जिस समय जिस भाव से परिपूर्ण या परिप्लुत रहती है वह सब भाव उसके उस समय के साहित्य की समालोचना से अच्छी तरह प्रकट हो सकते हैं।' कहना न होगा कि अपने समय के साहित्य की आलोचना में उन्होंने अधिक दिलचस्पी ली। रीतिबद्ध कविता के विरुद्ध उन्होंने ही पहले पहल आवाज उठाई।

हिन्दी की मध्यकालीन भक्तिकविता पर उन्होंने कुछ नहीं लिखा है। संस्कृत के कवियों पर अत्यन्त परिचयात्मक ढंग से लिखा गया है। अपने सम-सामयिक साहित्य पर उन्होंने जो विचार व्यक्त किए हैं वे ही हिन्दी आलोचना की विकास-यात्रा के आरम्भिक बिन्दु हैं। 'रणधीर प्रेममोहिनी' को पहली ट्रेजिडी कहना उनकी पकड़ का साबूत है। 'परीक्षागुरु' के सम्बन्ध में उन्होंने बताया है कि इसकी भाषा और प्लाट-बन्दिश दोनों सराहनीय हैं। किन्तु इसकी उपदेश-बहुलता इसकी सबसे बड़ी त्रुटि है—'ग्रंथकर्ता महाशय को अनेक प्रकार के उपदेश वाक्य और विज्ञान चातुरी प्रकट करना था तो गुलदस्ते, मखलाक या विधाकुर के ढंग की कोई पुस्तक बनाते।'

पर भट्ट जी आलोचना का वास्तविक स्वरूप 'संयोगिता स्वयंवर' की सच्ची आलोचना से मिलता है। कथानक, चरित्र-चित्रण, कथोपकथन, देशकाल, उद्देश्य को दृष्टि में रखकर जो आलोचना प्रस्तुत की गई वह भट्ट जी के नए दृष्टिकोण की द्योतक हैं। यद्यपि नाटकों का ढाँचा अभी बहुत कुछ पुराना था पर युगीन प्रवृत्तियों की माँग के फलस्वरूप भट्ट जी ने आलोचना का मान बदल दिया।

आरम्भ में ही उन्होंने सवाल उठाया है कि ऐतिहासिक पुरावृत्त और ऐतिहासिक नाटक में अन्तर होता है लेकिन लाला भगवानदीन ने इस अन्तर को नहीं समझा। पुरावृत्त को ऐतिहासिक नाटक में रूपायित करने के लिए जिस कल्पनाशक्ति की आवश्यकता होती है वह लालाजी में नहीं थी।

चरित्र-चित्रण की बारीकी की ओर ध्यान आकृष्ट करते हुए उन्होंने बताया है—'हमने जहाँ तक नाटक देखे उनमें पात्रों की व्यक्ति (कैरेक्टराइजेशन) के भिन्न-भिन्न होने से ही नाटक की शोभा देखी पर आपके पात्र सब एक ही रस में सने उपदेश देने का हबस में

लथर-पथर पाए गए और उस रस में आपही की विद्या के प्रकाश का जहर भरा है।' ज़ाहिर है कि वे नाटक में एक ही चेहरा नहीं देखना चाहते अर्थात् वे चरित्रों में व्यक्तित्व की प्रतिष्ठा के आकांक्षी हैं। तथ्य तो यह है कि प्रसाद के पहले नाटकों के चरित्रों को व्यक्तित्व नहीं प्राप्त हो सका।

कथोपकथन की अस्वाभाविकता पर भी उन्होंने कड़ा प्रहार किया है। संयोगिता का कथोपकथन न तो नाटकगत परिस्थिति के अनुकूल है और न भारतीय संस्कृति के। प्रेम के सम्बन्ध में उसकी उक्तियाँ प्रेम का मखौल उड़ाती हैं। इस तरह के कथोपकथन न कथानक के विकास में योग दे पाते हैं और न चारित्रिक विकास में। बीच-बीच में पद्यों के अमर्यादित प्रयोग पर चिढ़कर भट्ट जी कहते हैं—'हम समझते हैं ग्रन्थकार महाशय बीबी संयोगिता को (पंडित प्रतापनारायण मिश्र के कलि-कौतुक वाली) शराबखोरों वाली महफिल में भेज देते तो शराब की तारीख में सबसे बीस संयोगिता की ही स्पीच रहती। अंत में भट्ट जी कहते कि हाय। हाय। संयोगिता पर भरपूर शामत सवार हुई जो उसके बारे में नाटक लिखने का हौसला आपके मन में बढ़ा।' भट्ट जी की आलोचना में व्यंग्य और कटुता जरूरत से ज्यादा उभर आए हैं फिर भी उसके दोष पक्ष पर विचार करने में त्रुटि नहीं आई है। लेकिन सब मिलाकर यह एकांगी हो गई है।

प्रेमघन दूसरे व्यक्ति हैं जिन्होंने 'आनन्द कादम्बिनी' में आलोचना का सूत्रपात किया। भट्ट जी के 'संयोगिता स्वयम्बर' की आलोचना देखकर उन्होंने भी इसे आलोच्य विषय बनाया। प्रेमघन की आलोचना पुराने किस्म की है। उन्होंने मुख्यतः रस और सन्धियों की दृष्टि से इसकी आलोचना की है। इस पुस्तक में उन्होंने अनेक दोष दिखाए हैं। 'इसमें यह नहीं पता लगता कि बीर और शृंगार में कौन अंगी है, छन्द और अलंकार सदोष हैं। कुछ गर्भांक व्यर्थ हैं। पद्यों में कालिदास और शेक्सपियर की चोरी की गई है। निर्वहण सन्धि का निर्वाह नहीं हुआ है।' भट्टजी में जो मौलिकता और क्षमता दिखाई देती है वह प्रेमघन में नहीं है। इस काल में भारतेन्दु ने नाटक पर सैद्धान्तिक आलोचना लिखी पर उसका स्वर पुराना ज्यादा है नया कम।

ब्रजभाषा की काव्य परम्परा

गद्य के क्षेत्र में खड़ीबोली को जल्दी स्वीकार कर लिया गया किन्तु पद्य के क्षेत्र में इसकी स्वीकृति में विलम्ब लगा। हिन्दी में गद्य की कोई परम्परा नहीं थी, इसलिए वैचारिक अभिव्यक्ति के लिए खड़ीबोली के व्यवहार को लेकर कोंई द्वन्द्व या विवाद नहीं उठा। पर ब्रजभाषा की सुदीर्घ काव्य-परम्परा को सहसा छोड़ देना सम्भव नहीं था। ब्रजभाषा काव्य का माधुर्य, अभिव्यंजना शक्ति उस समय की खड़ी बोली में कहाँ मिलती? भावना के स्तर पर भी उसे छोड़ा नहीं जा सकता था।

उस समय ब्रजभाषा काव्य की अखण्ड परम्परा में जो अगली कड़ी के रूप में थी उनकी दो कोटियाँ की जा सकती हैं। पहली कोटि में वे लोग आयेंगे जो विषय और भाषा दोनों में परम्परानुगामी थे। उनमें कुछ राजा या रईस आश्रित कवि, कुछ राजे और कुछ भक्त

थे। दूसरी कोटि उन लोगों की थी जो ब्रजी में कविता करते थे लेकिन उनके विषयों में वैविध्य था और वे कभी-कभी खड़ीबोली में भी पद्य-रचना का प्रयोग किया करते थे। इन लोगों में मुख्यतः भारतेन्दु मण्डल के लोग थे। पहली कोटि में सेवक, महाराज रघुराज सिंह रीवांनरेश, सरदार, बाबा रघुनाथदास, ललितकिशोरी, राजा लक्ष्मण सिंह, लछिराम आदि आते हैं।

भारतेन्दु और उनके मंडल के कवियों में प्रमुख हैं बाबा सुमेर सिंह साहबजादे, प्रेमघन, प्रतापनारायण मिश्र, ठाकुर जगमोहन सिंह, अम्बिकादत्त व्यास, रामकृष्ण वर्मा बलवीर, राधाचरण गोस्वामी, सुधाकर द्विवेदी और राधाकृष्णदास।

सेवक, सरदार, लछिराम, बेनीद्विज और हनुमान रीतिकालीन परम्परा के दरबारी कवि थे। लछिराम को छोड़कर शेष का सम्बन्ध काशी और रामनगर दरबार से था। सेवक (१८१५-१८८१) असनीवाले प्रसिद्ध ठाकुर के प्रपौत्र थे और काशी के रईस हरिशंकर के आश्रित थे। ये काशिराज ईश्वरीनारायण सिंह के भी कृपापात्र थे। दोनों की प्रशंसा में उन्होंने कवित्त लिखे हैं। उन्होंने वाग्विलास नाम का नायिका भेद ग्रन्थ भी बनाया है। भारतेन्दु हरिश्चन्द्र के सुन्दरी तिलक में उनके कुछ सवैये संगृहीत हैं।

अज्ञात यौवन का यह चमत्कारपूर्ण उदाहरण देखिए—

देखिये आनि कछू दिन ते उर से उठे व्याधि के अंकुर वारे।
कीजिये बेगि उपाय न तो दुख पाय है आगे भरे पर भारे।।
हो प्रिय सेवक प्राण तुम्हें सुख देहैं अनोखे विरंचि सवारे।
वीर अधीर क्यों होत अरी, पीर सहेंगे विलोकनि हारे।।

सरदार ईश्वरीनारायण सिंह के दरबारी कवि थे। इस काल के ब्रजभाषा कवियों में उनका प्रमुख स्थान है। केशवदास के दो ग्रन्थों, कविप्रिया और रसिकप्रिया, की जो टीकाएँ उन्होंने लिखी हैं वे उनकी ब्रजभाषा काव्य की पकड़ की द्योतक हैं। ब्रजभाषा काव्य पर उनका अच्छा अधिकार था।

बाबा रघुनाथदास रामसनेही अयोध्या के महन्त थे। उन्होंने रामचरितमानस के ढंग पर विश्राम सागर लिखा। ललितकिशोरी और ललितमाधुरी वैश्य बन्धु लखनऊ निवासी थे। ये विरक्त होकर वृन्दावन में रहने लगे थे। सच्चे भक्त थे। उनकी कविता में भक्त हृदय की सरलता और माधुरी पाई जाती है। राजा लक्ष्मण सिंह ने कालिदास के मेघदूत का पद्यानुवाद किया। इसमें दोहा, चौपाई, सोरठा, शिखरिणी, सवैया, घनाक्षरी आदि छन्दों का प्रयोग किया गया है। सवैया और घनाक्षरी बहुत सरस बन पड़े हैं। शकुन्तला नाटक के बीच-बीच में आए हुए पद्यानुवाद का लालित्य भी प्रशंसनीय है।

लछिराम, बेनीद्विज, हनुमान आदि रीतिकालीन ढर्रे के कवि थे। इस सिलसिले में गोविन्द गिल्लाभाई का नाम इसलिए उल्लेखनीय है कि गुजराती होते हुए भी उन्होंने ब्रजी में रचनाएँ कीं।

लक्षिराम देव की भाँति बहुत से राजा-रईसों के दरबारों में भटकते रहे। कभी तो वे अयोध्या नरेश द्विजदेव के यहाँ थे। कभी बस्ती के राजा शीतलाबख्श सिंह के यहाँ तो कभी दरभंगा दरबार की शोभा बढ़ाते रहे। कभी गिद्धौर दरबार में, कभी पूर्णिया दरबार में

दिखाई देते थे तो कभी काशी के कवि समाज में। अपने आश्रयदाताओं की प्रशंसा में उन्होंने कई ग्रन्थ लिखे। मानसिंहाष्टक, प्रतापरत्नाकर, प्रेमरत्नाकर, रावणेश्वर कल्पतरु, कमलानन्द कल्पतरु उनके प्रसिद्ध ग्रन्थ हैं।

लछिराम (१८४१-१६०४) नाम के सात कवि हुए हैं। किन्तु उनमें सबसे अधिक प्रसिद्धि जिला बस्ती वाले लछिराम की ही है। उनका जन्म बस्ती जिला के शेखपुरा गाँव में हुआ था। सोलह वर्ष की अवस्था में लछिराम ने अयोध्या नरेश मानसिंह (द्विजदेव) से भी भेंट की और उन्हीं के दरबार में रहने लगे। वहाँ पर उनका सम्पर्क अन्य राजाओं से भी हुआ। प्रत्येक राजा के प्रीत्यर्थ कवि ने एक-एक रचना की। प्रेमरत्नाकर (राजा बस्ती के नाम पर), महेश्वरविलास (राजा रामपुर-मथुरा, सीतापुर के नाम पर), रावणेश्वर कल्पतरु (गिद्धौर नरेश रावणेश्वरप्रसाद सिंह के नाम पर), मुनीश्वर कल्पतरु (मल्लापुरनरेश के नाम पर), रघुवीर विलास (गुरुप्रसाद सिंह, गिद्धौर के नाम पर), लक्ष्मीश्वर रत्नाकर (दरभंगा नरेश के नाम पर), प्रताप रत्नाकर (प्रतापनारायण सिंह अयोध्या नरेश के नाम पर) रचे गए। रामरत्नाकर, मानसिंहाष्टक और प्रताप रसभूषण की रचना भी उन्होंने की। किन्तु ये ग्रन्थ अभी तक प्राप्त नहीं हो सके हैं।

वर्ण्य विषय की दृष्टि से अनेक ग्रन्थों को दो कोटियों में रखा जा सकता है। प्रथम कोटि में वे ग्रन्थ आएँगे जिनमें रस तथा उनके भेदों का वर्णन किया गया है। दूसरी कोटि की पुस्तकों में अलंकारों शब्दशक्तियों आदि को वर्ण्य विषय बनाया गया है। रीतिकाल के आचार्यों की भाँति लछिराम ने भी काव्यशास्त्र सम्बन्धी कोई मौलिक उद्‌भावना नहीं की है।

पर लछिराम का कवि रूप रीतिकाव्य की तरह सरस शृंगारिक है। ब्रजभाषा पर उनका व्यापक अधिकार था यद्यपि पद्‌माकर की तरह अरबी, फारसी के शब्दों का भी वे बेधड़क प्रयोग करते थे। वस्तुतः वे रीतिबद्ध काव्य परम्परा के आखिरी कवि थे। बेनीद्विज और हनुमान लछिराम की तरह आचार्य नहीं थे पर उनकी रचनाएँ रीतिकाव्य की ह्रासोन्मुखी परम्परा के मेल में हैं। कुछ उदाहरण देखिए—

रैन जगे तुम काहू के साथ लहे रति चैन भए अति आरसी।
रावरे ओठ रह्यो रमि भौंर सो मेरे हिये में गड़ावती आरसी।
नैकु न आवत लाज अजौं हनुमान वहै तिय नैनन आरसी।
बातें बनावत काहे लखी किन हाथ के कंकन को कह आरसी।
— हनुमान

अपबाद कोऊ किन कीबो करो हम नैकु नहीं सक मानती हैं।
वहि छैल छबीले कि चाहन तें द्विज प्रेम की बारुनि छानती हैं।
वेइ फूँकि के पाँव धरें सिगरी अपने को सदा जे बखानती हैं।
नहिं काज भली ओ बुरी तें हम जानती हैं कि अजानती हैं।।
— बेनीद्विज

भारतेंदु और उनका मंडल

भारतेन्दु तथा उनके मण्डल के कवियों ने गद्य के माध्यम से जीवन की तत्कालीन

समस्याओं को साहित्य से जोड़ा। पर कविता के क्षेत्र में वे परम्परा को नहीं छोड़ सके। उनकी अधिकांश कविताएँ परम्पराभुक्त हैं। फिर भी विषय की दृष्टि से उनमें नवीनताओं का सन्निवेश हुआ है। इस नवीनता के आधार पर ही खड़ीबोली की इमारत खड़ी हो सकी।

टी० एस० इलिएट ने लिखा है कि श्रेष्ठ साहित्यकार की मज्ञा में उसकी परम्परा अनुस्यूत रहती है। कवि हरिश्चन्द्र में पूर्ण मध्यकालीन परम्परा को देखा जा सकता है। यद्यपि वे वल्लभसम्प्रदाय के अनुयायी थे फिर भी उन्होंने राम काव्य और जैन काव्य भी लिखा। एक खास सम्प्रदाय से लगाव होते हुए भी उन्हें किसी धार्मिक सम्प्रदाय से द्वेष नहीं था। उनमें कहीं सन्तों का फक्कड़पन, मस्ती और जीवजगत के प्रति नश्वरता का भाव मिलता है तो कहीं सगुणोपासक भक्तों की भाँति दैन्य और प्रतिपत्ति। उन्होंने सम्प्रदाय-सापेक्ष काव्य-भक्ति-सर्वस्व, वैशाख माहात्म्य आदि लिखा तो सम्प्रदाय-काव्य की भी रचना की। किन्तु सब मिलाकर उनकी धार्मिक रचनाओं में युगलोपासना का रंग अधिक है। चीरहरण, गोवर्धन, रासलीला, मानलीला, दानलीला, पनघट लीला। छद्मलीला आदि लीलाओं की भरमार है। इन पर सन्त कबीर, भक्त सूर, तुलसी, मीराबाई की स्पष्ट छाप देखी जा सकती है। कुछ उदाहरण देखिए:—

हमन है मस्त मस्ताना हमन को होशियारी क्या?

X X X

उत्तरमध्यकाल यानी रीतिकाल की शृंगारिक कविताएँ भी उन्हें विरासत में मिली थीं। उनका अपना वातावरण भी बहुत कुछ दरबारी था। इसलिए शृंगारिक कविताओं के साथ समस्यापूर्ति भी उनके समकालीन कवियों का व्यसन था। भक्तिपरक रचनाओं में कतिपय स्थलों को छोड़ जीवन का स्पन्दन अत्यन्त क्षीण है। किन्तु शृंगारिक कविताओं में जो सरसता मिलती है वह उनकी अपनी है। इस दृष्टि से वे मतिराम, देव, घन आनन्द, पद्माकर, द्विजदेव की परम्परा में पड़ते हैं। कुछ लोगों ने अपनी आदत से लाचार होकर उनकी शृंगारिक कविताओं को नायिका-भेद के ढाँचे में ढालने की कोशिश की है। नायिका भेद खोजने वाले को वह कहाँ नहीं मिलेगा? कुछ उदाहरण लीजिए:—

ब्रज के लता-पता मोहिं कीजै
गोपी-पद-पंकज पावन की रज जामे सिर भींजै।।

भारतेन्दु में जो अन्तर्विरोध दिखता है उसका कारण इस विरासत के प्रति उनका गहरा लगाव है। उनके इस मध्यकालीन संस्कार और नई युगचेतना में काफी कशमकश होती रही। राज्यभक्ति, देशभक्ति, गद्य की भाषा, पद्य की भाषा, आस्तिकता-नास्तिकता का अन्तर्विरोध पुरातन और नए संस्कारों का अन्तर्विरोध है।

सिसुताई अजों न गई तन तें, तऊ जोबन जोति बटोरे लगी।
सुनि के चरचा हरिचन्द की, कान कछूक दे, भौंह मरोरे लगी।
बचि सासु जेठानिनि सौं, पियतें दुरि घूँघट में दृग जोरे लगी।
दुलही उलही सब अंगन तें, दिन द्वै तै पियूस निचोरे लगी।

X X X

कूकें लगी कोइलें कदम्बन पै बैठि फेरि
कि धोए धोए पात हिलि-हिलि सरसै लगे।
बोले लगे दादुर मयूर लगे नाचे फेरि
देखि के सँयोगी जन हिय हरसै लगे।
हरी भई भूमि सीरी पवन चलन लागी
लखि हरिचन्द फेर प्रान तरसै लगे।
फेरि झूमि झूमि बरसा की रितु आई फेरि
बादर निगोरे झुकि-झुकि बरसै लगै।।

यह संग में लागिये डोले सदा बिन देखे न धीरज आनती हैं।
छिनहू जो वियोग परै हरिचन्द तो चाल प्रलै की सु ठानती है।
बरुनी में थिरैं न झपैं उझपैं पल में न समाइबो जानती हैं।
पिय प्यारे तिहारे निहारे बिना अँखिया दुखियाँ नहीं मानती हैं।

X X X

लाज समाज निवारि सबै प्रन प्रेम को प्यारे पसारन दीजिये।
जानन दीजिये लोगन को कुलटा कहि मोहि पुकारन दीजिये।।
त्यों हरिचन्द सबै भय टारि के लालन घूँघट टारन दीजिये।
छाड़ि संकोचन चन्द मुखै भरिलोचन आज निहारन दीजिये।।

छन्दों में रोला, छप्पय, दोहा, चौपाई, पद, कवित्त-सवैया, गजल, आदि के प्रयोग किए।

भक्तिपरक रचनाओं में सरसता और रीति-काव्य पद्धति पर लिखी गई रचनाओं में रमणीयता, खुलापन और रोमानी स्पर्श उनकी विशेषताएँ हैं।

मध्यकाल की प्रायः सभी प्रचलित काव्य-शैलियों और छन्दों में उन्होंने रचनाएँ कीं। भक्ति काल की यह शैली और रीतिकाल की मुक्तक शैली, आदि-काल की छप्पय-रोला शैली और खुसरो की मुकरी शैली भी अपनाई है। उन्होंने कथा-निबन्ध, काव्य भी लिखे जिनका विकास मैथिलीशरण गुप्त ने किया। लोक-काव्य-शैली की रचनाएँ उनकी नवीन पद्धति थी जिसके प्रति बहुत बाद में लोग सचेत हुए।

गद्य उनके गतिशील चिंतन का द्योतक है और पद्य उनके पुरातन संस्कारों का। यों पद्य में भी उन्होंने अनेक सामाजिक विषयों का समावेश करके उसे नई दिशा दी और ब्रजी को गिने-चुने रसों के घेरे से बाहर की व्यापक भावभूमि से परिचित कराया। भारतेन्दु तथा उनके सहयोगियों ने विरहा, कजली, लावनी, खेमटा आदि लिखकर सिद्ध कर दिया कि वे लोक से बाह्य अर्थ में संपृक्त थे। इसका ब्रजभाषा की भाषा-शैली पर भी अत्यधिक प्रभाव पड़ा है।

यदि तुलना करके देखा जाय तो परम्परा प्रयुक्त अनेक रूढ़ शब्दों का भारतेन्दु ने परित्याग कर दिया था। फारसी-अरबी के अत्यन्त प्रचलित शब्दों ही को उन्होंने अपनी भाषा में स्थान दिया। उदाहरणार्थ मुराद, अरज, अदब आदि (अरबी) बेहोशी, नशीली, जुल्मी,

परवाना आदि (फारसी)। अंग्रेजी के टिक्कस, सिविल, लिबरल, वार्ड कानून आदि अंग्रेजी के शब्दों को भी यथास्थान प्रयुक्त किया गया है। ग्रामीण शब्दों में बारे (जलाया) बिगरै, मछरिया आदि को ब्रजभाषा का अंग बना उसे सम्पन्न किया। उनकी लोकोक्तियाँ-जैसे, दूकान की फीकी मिठाई, हाय सखी इन हाथन सों अपने पग आप कुठार मैं दीनों वगैरह, ठाकुर की लोकोक्तियों की याद दिलाती हैं। मुहावरों का भी उन्होंने प्रचुर प्रयोग किया है।

जो कविताएँ उनके अधिकांश नाटकों में आई हैं वे भक्ति तथा रीतिपरक रचनाओं से भिन्न हैं। उनमें अतीत के गौरव, देश की दुर्दशा भारतवासियों की हीनता आदि का कहीं क्षोभपूर्ण तो कहीं निरीहतापूर्ण वर्णन है। इन्हें भारत दुर्दशा, भारत जननी, नीलदेवी और अंधेर नगरी में देखा जा सकता है। इनमें से जो कविताएँ नाटकीय परिस्थितियों के संदर्भ में लिखी गई हैं वे अधिक भावपूर्ण बन पड़ी हैं। यों उनमें से अधिकांश इतिवृत्तात्मक हैं।

भारतेन्दु के समसामयिक कवियों और सहयोगियों में बाबा सुमेर सिंह, साहबजादे जो सिख-गुरु थे रीतिकाव्य लिखते रहे। प्रतापनारायण मिश्र मन की लहर में लावनियाँ लिखते थे। शृंगार विलास में उनकी शृंगारिक रचनाएँ हैं। दंगल खण्ड (आल्हा) ब्रैडलास्वागत लोकोक्ति शतक (१०० कहावतों पर देशभक्ति परक कविता), संगीत शाकुन्तल (अनुवाद) दीवाने बरहमन (उर्दू कविताओं का संग्रह है) और रसखान शतक उनकी किताबें हैं। उनकी कुछ समस्यापूर्तियाँ बहुत ही सरस हैं। 'धुरवान की धावन सावन में' की पूर्ति देखिए: —

सिर चोटी गुँथावती फूलन सों, मेंहदी रचि हाथन पांवन में।
परताप त्यों चूनरी सूही सजी, मन मोहती हावन-भावन में।
निस द्यौस बितावति पीतम के संग, झूलन में औ झुलावन में।
उनहीं को सुहावन लागत है, धुरवान की धावन सावन में।।

भारतेन्दु की भाँति उन्होंने भी राज-भक्ति-देशभक्ति परक काव्य लिखे। कांग्रेस की जय नाम की कविता कांग्रेस की स्तुति में है। जिस प्रकार उनके निबन्धों में हास-व्यंग्य भरा पड़ा है। उस प्रकार उनकी कुछ कविताओं में भी उसके प्रचुर रंग हैं। वे अपने व्यंग्य में भारतेन्दु की तरह मीठी चुटकियाँ नहीं लेते बल्क तल्खी भर कर तीखा प्रहार करते हैं। 'जन्म सुफल कब होय' में लार्ड रिपन, गौरांग देव, पादरी साहब, भैंड़राज, गोरंडदास, हजरत, सेठ, अमीर, राजा, बुढऊ, लिकपिटन पुरोहित, कनवजिया, आलसी, बहुला भक्त आदि की उक्तियाँ द्रष्टव्य हैं।

गोरंड़दास उवाच

जग जाने इंगलिश हमें, वाणी वस्त्रहिं जोय।
मिटे बदन कर श्याम रंग, जन्म सुफल तब होय

सेठ उवाच

बुधि विद्या बन मनुजता, छुवहिं न हम कहँ कोय।
लछिमिनियाँ घर में बसै, जन्म सुफल तब होय

प्रेमघन भी भारतेन्दु के परम प्रशंसकों में थे। उन्हें एक प्रकार से भारतेन्दु का अनुकर्ता कहना चाहिए। भारतेन्दु के अपवर्ग और पुरुषोत्तमपंचक की तरह बृजचंद पंकज

लिखा, बकरी विलाप की तरह पितरप्रताप लिखा। उनके शृंगारिक कवित्त-सवैयों की तरह कवित्त-सवैये लिखे जो प्रेमपियूष वर्षा में संकलित हैं। भारतेन्दु रसा उपनाम से उर्दू में कविता लिखते थे तो प्रेमघन अब्र उपनाम से। भारतेन्दु ने तरजीह बद्ध लिखा तो उन्होंने साखी बद्ध लिखा। मीरजापुर कजली का गढ़ समझा जाता है। प्रेमघन ने कजली, चैता, कबीर आदि की रचनाएँ भी कीं। उन्होंने भारतेन्दु की भाँति राजभक्ति और देशभक्ति सम्बन्धी कविताएँ भी लिखीं। दादा भाई नौरोजी के पार्लियामेंट के सदस्य होने पर उन्होंने मंगलाशा अथवा हार्दिक धन्यवाद लिखा जिसमें देशभक्ति और राजभक्ति दोनों का सन्निवेश हुआ है। उनकी रचनाओं का संग्रह प्रेमघन सर्वस्व में हुआ। रीतिकाव्य शैली में लिखा हुआ उनका एक सवैया देखिएः—

सजि सूहे दुकूलन झूलन झूलत बालम से मिली भामिनियाँ।
बरसावत सो रस राग मलार अलापत मंजु कलामिनियाँ।।
बितिहैं किहिं भाँतिन सावन की यह कारी भयंकर जामिनियाँ।
पन प्रेम पिया नहि आए दसो दिसि हैं दमके दुरि दामिनियाँ।।

किन्तु प्रेमघन का महत्त्व इस पिष्ट पेषण में नहीं है। ऐतिहासिक दृष्टि से विचार करने पर वे भारतेन्दु के समकालीन कवियों में सबसे अधिक समसामयिक हैं। उनकी समसामयिक रचनाएँ परिमाण में भी अपेक्षाकृत अधिक हैं। लेकिन परिमाण अधिक होने पर भी वे समसामयिक विषयों पर आधारित इतिवृत्तात्मक काव्य परम्परा को आगे नहीं बढ़ाते। दो खण्ड काव्यों जीर्णजन पद और अलौकिक लीला की सर्जना अवश्य उनकी ऐतिहासिक देन हैं जो भविष्य के रोमानी और इतिवृत्तात्मक खण्ड काव्यों की दिशा निर्देश करती है।

जीर्ण जनपद का दूसरा नाम है दुर्दशा दत्तापुर, यह प्रेमघन की जन्मभूमि है। इस काव्य में दत्तापुर ग्राम के सम्बन्ध में कवि के स्मृति-चित्र वर्णित हैं। इसमें ग्राम के प्राचीन वैभव और आधुनिक दुर्दशा को चित्रित किया गया है। प्रेमघन गाँव को, उसके समाज को, उसके त्योहार आदि को जिस रूप में अनुभूत किया था उसका यथार्थ चित्र उभारा है। सम्भव है प्रेमघन को गोल्डस्मिथ के ऊजड़ग्राम (डेजर्टेड विलेज) से प्रेरणा मिली हो। आचार्य शुक्ल ने जिसे स्वच्छन्दतावाद की संज्ञा दी है उसका समारम्भ यहीं से मानना चाहिए। खेतों में निराही करनेवाली स्त्रियों का एक स्वच्छन्द चित्र देखिएः—

खेतन में जल भर्‌यो शस्य उठि ऊपर लहरत।
चारहुँ ओरन हरियाली ही की छवि छहरत।।
भोरी भोरी ग्राम बधू इक संग मिलि गावति।
इक सुर में रस भरी गीत झनकार मचावति।।
धान खेत में बैठी चंचल चखनि नचावति।।
बन में भटकी चकित मृगी सी छवि छावत।।

इस काल में जगमोहन सिंह अपनी स्वच्छन्दतावादी रचनाओं के लिए जो घन आनन्द की परम्परा में पड़ती है, स्मरणीय रहेंगे। उन्होंने अपनी प्रेयसी श्यामा के विरह में श्यामास्वप्न, श्यामविनय, श्यामलता, श्यामसरोजनी आदि की सर्जना की। इनमें उनके अकृत्रिम हृदय का

उद्‌गार है। उदाहरण देखिएः—

सु मायके में नव जोबनी बाला, सनेह सकै किहि भाँति दुराय।
कहूँ बगरावति चीर अधीर, समीर उड़्यों गहि कै लपटाय।।
कभू गृह काज के बाज चढ़ी, उत ऊँचे अटा निरखे पिय आय।
विलास सहाय प्रमोद भरी, जगमोहन प्रीति छकी दरसाय।
धरती धरती डरती पद को, घुँघरू नहि नेकु बजावती हो।
झुकि झाँकती भौंह चलावती हो, नकबेसर झूमि झुमावती हो।
कर में पिचकारी लिए किनको तुम रंग भिगावन आवती हो।

भारतेन्दु के समकालीन कवियों की तरह उन्होंने कजलियाँ भी लिखी थीं। नए विषयों पर भी उनकी स्फुट कविताएँ मिलती हैं।

रामकृष्ण वर्मा बलवीर, राधाचरण गोस्वामी, सुधाकर द्विवेदी ने भी पुरानी चाल की कविताएँ लिखीं, जिनका ऐतिहासिक विकास की दृष्टि से कोई खास महत्त्व नहीं है। रामकृष्ण वर्मा ने भारत जीवन प्रेस से अनेक पुरानी पुस्तकों को छापकर हिन्दी का बड़ा उपकार किया अन्यथा उनमें से बहुत-सी पुस्तकें नष्ट हो जातीं।

अम्बिकादत्त व्यास (१८५८-१६०० ई०) ब्रजभाषा के अच्छे कवि थे। वे काशी के कवि समाज के प्राण थे। इस समाज में प्रायः समस्यापूर्तियाँ होती थीं। व्यास जी की समस्यापूर्तियाँ बहुत चाव से सुनी जाती थीं। समस्यापूर्तियों को समस्यापूर्ति सर्वस्व में संगृहीत किया गया है। पावस पचासा में पावस का उद्दीपन परक वर्णन पचास कवित्त-सवैयों में हुआ है। ब्रजभाषा काव्य के कवित्त-सवैयों का लालित्य इनमें नहीं मिलेगा। सुकवि सतसई में श्रीकृष्ण की बाललीला से सम्बद्ध सात सौ सामान्य दोहे संगृहीत हैं। बिहारी बिहार में बिहारी के दोहों को कुण्डलियों में अनूदित किया गया है। उनके अपने कवित्त, सवैया और दोहे की अपेक्षा कुण्डलियाँ सरस बन पड़े हैं।

खड़ीबोली की कविता

गद्य के लिए खड़ीबोली सुगमता से स्वीकार कर ली गई पर कविता क्षेत्र में स्वीकृत होने के लिए इसे संघर्ष करना पड़ा। हिन्दी में गद्य की कोई परम्परा विकसित नहीं हुई थी। इसलिए खड़ीबोली गद्य को अपना स्थान बनाने में विलम्ब नहीं लगा। दैनिक जीवन के कार्यों में विचारों के विनिमय में गद्य का माध्यम ही व्यावहारिक होता है। ऐसी स्थिति में खड़ीबोली गद्य को स्वीकार करने के अतिरिक्त कोई विकल्प नहीं था। किन्तु हिन्दी कविता की एक ही परम्परा थी और उसमें अनेक परिनिष्ठित ग्रन्थों का निर्माण हो चुका था। अतः उसे सहसा छोड़ देना सम्भव नहीं था। भारतेन्दु तथा उनके समसामयिक कवियों ने गद्य में खड़ीबोली और पद्य में ब्रजभाषा का उपयोग किया।

इससे यह नहीं समझना चाहिए कि खड़ीबोली में कविता करना एकदम नई चीज थी। ईसा की नवीं शताब्दी में सिद्धों-नाथों के गद्य ग्रन्थों में जिस प्रकार खड़ीबोली का प्रारम्भिक रूप दिखाई पड़ता है, उसी प्रकार उनके पद्य में भी। सरहपाद के 'उचा उद्या पावत तहि

बसह सबरी वाली'[1] बब्बर के 'भौंहां कविला, उच्चा निअला, मज्झा पिअला, नेत्ता जुअला'[2] आदि से इसकी प्राचीनता का प्रमाण मिल जाता है। गोरखबानी, हेमचन्द्रसूरि के प्राकृत व्याकरण, देशीनाममाला आदि में खड़ीबोली के कुछ प्रयोग मिलने लगते हैं।

यदि अमीर खुसरो की कृतियों को प्रामाणिक माना जाय तो यह खड़ीबोली का आदिकवि ठहरता है और इस प्रकार खड़ीबोली कविता का समारम्भ १३वीं शताब्दी में हो जाता है। वे प्रसिद्ध औलिया शेख निजामुद्दीन (१२३६-१३२४ ई०) के शिष्य थे। कहा जाता है कि वे सन् १२५४ ई० में एटा जिले के पटियाली कस्बे में पैदा हुए थे और १३२५ ई० में उनका देहावसान हुआ। उन्होंने अपने पूर्ववर्ती कवि मसऊर का उल्लेख किया है जिसने फारसी के अतिरिक्त हिन्दी में भी कविता की। मुहम्मद औफ़ अपने तजकिरे (१२२८ ई०) में लिखा है कि मसऊर ने दो दीवान फारसी में और एक हिन्दवी में लिखा था। शेख फरीउद्दीन शंकरगंजी जो अमीर खुसरो के समकालीन थे उनका एक दोहा मशहूर है:—

सजन सकारे जायेंगे और नैन मरेंगे दोय।
विधना ऐसी रैन कर भोर कभी ना होय।।

वे 'मध्यकालीन भारत' अंक दो (सं० इरफान हबीब) में संगृहीत मोहम्मद हबीब द्वारा लिखित एक लेख 'दिल्ली की हजरत अमीर खुसरो' से खुसरो की जीवनी और कृतित्व पर अपेक्षाकृत अधिक प्रामाणिक जानकारी मिलती है।

ग्यासुद्दीन बलबन के भतीजे 'अलाउद्दीन खिलजी'। कुतुबुद्दीन मुबारक शाह के दरबारी कवि थे। दरबार में उनकी खासी प्रतिष्ठा थी। वे फारसी के अत्यन्त उत्कृष्ट कवि थे। उन्हें फिरसोदी, सादी, हाफिज से भी बढ़कर माना जाता है। निजामुद्दीन मौलिया का सूफी रहस्यवाद भी उनमें पाया जाता है।

कहा जाता है कि ब्रजभाषा में भी उन्होंने काफी संख्या में कविताएँ लिखीं पर वे लुप्त हो गई हैं। खड़ी बोली में लिखी गई उनकी पहेलियाँ और मुकरियाँ प्रसिद्ध हैं। उनमें से कुछ प्रसिद्ध भी हैं। कुछ उदाहरण निम्नलिखित हैं:—

तरवर से इक तिरिया उतरी उनने बहुत रिझाया।
बाप का उसने नाम जो पूछा, आधा नाम बताया।।
आधा नाम पिता पर प्यारा, बूझ पहेली मोरी।
अमीर खुसुरो यों कहे, अपने नाम न बोली-निवोरी।।

खड़ी बोली पद्य का कितना साफ-सुथरा नमूना है !

१४वीं-१५वीं शताब्दी में दक्षिण में मुसलमानों की राज्य-स्थापना के साथ बीजापुर-गोलकुंडा में दक्खिनी हिन्दी को राजकीय प्रोत्साहन भी मिला। वजही गवासी, इब्नेनिशाती, बुहनिदुद्दीन जानिम, रानाती नुसरती आदि कवियों ने हिन्दवी में प्रबन्ध काव्य

---

१. हजारी प्रसाद द्विवेदी : हिन्दी साहित्य की भूमिका, पृ० ३४।
२. महापंडित राहुल सांकृत्यायन : हिन्दी काव्य धारा।

और फुटकल कविताएँ रचीं:—

सत्रहवीं शताब्दी में रचा गया प्रणामी सम्प्रदाय का ग्रन्थ बीतक बहुत खड़ीबोली में ही है:—

नैनों नीर झरत हैं, जब लो चरचा धाम।
रंगजरदी का आइया, और न सूझे कांम।[1]

१२वीं शताब्दी में महाराष्ट्र में महानुभाव पंथ का प्रवर्तन हुआ।

वहीं पर तेरहवीं शती में वारेकरी पंथ का भी आविर्भाव हुआ। इन दोनों पंथ के सन्तों ने अपनी रचनाओं में जन भाषा खड़ीबोली का व्यवहार किया। वारकरी पंथ में नामदेव, एकनाथ, तुकाराम आदि अनेक सन्त हुए। नामदेव की रचना का एक नमूना दिया जाता है:—

पाण्डे तुमारी गायत्री
लैन्धे का खेत खाती थी।
लेकर टेंगा-टेंगरी तेरी
लांगत-लांगत जाती थी
पाण्डे तुम्हारा महादेव
धौल बदल चढ्या आवत देखा था।।
मोदी के घर खाना पाका
वा का लड़का मार्‌या था।[2]

हिन्दी में सन्तकवियों में कबीर, दादू, सुन्दरदास, मूलक, धरनीदास, दरियासाहब, पलटू आदि की रचनाओं में खड़ीबोली का पर्याप्त पुट मिलता है। ये सन्त प्रायः पढ़े-लिखे नहीं थे। कुछ ने तो मसि कागद भी नहीं छुआ था। अतः उन्होंने अपने मत के प्रचारार्थ लोकभाषा का आश्रय लिया। इनकी रचनाओं में अनेक बोलियों का संमिश्रण मिलता है। सगुणोपासक में मीरां की रचनाओं में भी खड़ीबोली का पुट देखा जा सकता है।

खड़ीबोली की दृष्टि से रीतिकाल में दो प्रकार के कवि देखे जाते है—एक तो वे जिनके काव्यों में बीच-बीच में खड़ीबोली का मिश्रण मिल जाता है, दूसरे वे जिन्होंने ब्रजभाषा के साथ खड़ीबोली में भी काव्य रचना की है। पहली श्रेणी में जटमल, वृन्द, ग्वाल, भूषन, सूदन आदि आते हैं। दूसरी श्रेणी में आलम, घनआनन्द, प्रतापसिंह देव, नजीर, वृन्दावन जैन, ललित किशोरी आदि।

मुसलमान कवियों में तालिबशाह, शेख मुल्लन, हैदर खैराशाह आदि उल्लेखनीय हैं। उन्होंने प्रायः गजल, तुर्रे, ख्याल, लावनी और रेखते लिखे हैं।

भारतेन्दु समय में एक ओर गद्य में खड़ीबोली का व्यवहार हो रहा था दूसरी ओर पद्य की भाषा ब्रजभाषा ही बनी हुई थी। किन्तु खड़ीबोली लोक रागों—लावनी, खयाल,

---

१. सं० डा० माताबदल जायसवाल बीतक : पृ० ६२।
२. ग्रन्थ साहित्य : पृ० ८७५।

तर्रा, ठुमरी—में अपना स्थान बना चुकी थी। १६वीं शताब्दी के उत्तरार्द्ध में नत्थासिंह तालिब, बाबा रामकरन गिरि, बाबा सम्भुपुरी, रामप्रसाद आदि तुर्रे वाले थे। कलंगी सम्प्रदाय के बाब बनारसीदास प्रसिद्ध लावनीबाज थे।

भारतेन्दु तथा उनकी मंडली के लोग उनसे अप्रभावित न रह सके। उन्होंने भी लावनियों और कजलियों की रचना की। ठुमरियों, संगीतों और नौटंकियों से भी जनता का मनोरंजन हो रहा था। किन्तु ठुमरियों, संगीतों (अमानत की इन्दर सभा ५३ ई०) में कुत्सित दरबारी रुचि का प्राधान्य था। कदाचित् इनके प्रतिकार में भारतेन्दु, प्रताप नारायण मिश्र आदि ने जातीय संगीत लिखा।

समय की माँग के फलस्वरूप उन्होंने खड़ीबोली में कविता लिखने का प्रयास किया। सन् १८८१ में भारतेन्दु ने अपनी खड़ीबोली की कविताएँ 'भारत मित्र' में प्रकाशनार्थ भेजी थीं। १८७४ में हरिश्चन्द्र चन्द्रिका में भी उनकी एक प्रसिद्ध कविता 'मन्द-मन्द आवे देखो प्रात समीरन' पयार छन्द में छपी थी। उनका एक निबन्ध है 'हिन्दी भाषा'। उसी का एक उपशीर्षक है—नई भाषा की कविता। इसी के तहत अपना बनाया हुआ एक दोहा उद्धृत करते हुए उन्होंने लिखा है—

'भजन करो श्री कृष्ण का मिलकर के सब लोग।
सिद्ध होयगा काम और छूटेगा सब सोग।।

'अब देखिए यह कैसी भोड़ी कविता है!'

उक्त निबन्ध में ही उन्होंने कहा है—'जो हो मैंने आप कई बेर परिश्रम किया कि खड़ी बोली में कुछ कविता बनाऊँ पर वह मेरे चित्रानुसार नहीं।' स्पष्ट है कि जानबूझ खड़ी बोली की कविताएँ, जो संख्या में दो-चार ही हैं, ठीक से नहीं बन सकी हैं जैसे, 'दशरथ विलाप' कविता—

कहाँ हो ऐ हमारे राम प्यारे।
घर तुम छोड़कर हमको सिधारे
बुढ़ापे में यह दुख भी देखना था।
इसी को देखने को मैं बचा था।

खुसरो के तर्ज की मुकरियों और उर्दू की कविताएँ खड़ीबोली में हैं। 'अंधेर नगरी' के चूरन और पाचक बेचने वालों के विज्ञापन गीत भी खड़ीबोली में हैं। सती प्रताप में एक पद्यगान है—

तुझ पर काल अचानक टूटेगा।
गाफिल मत हो लवाबाज ज्यों हँसी खेल में लूटेगा।

सब मिलाकर मंडल के लोगों को कविता के लिए खड़ीबोली ग्राह्य नहीं हुई।

लेकिन बहुत दिनों तक किसी भी साहित्य का गद्य एक बोली में और पद्य दूसरी बोली में नहीं लिखा जा सकता। इस दिशा में श्रीधर पाठक की पहले सर्वाधिक प्रशंसनीय है। उन्होंने एकान्तवासी योगी (१८८६ ई०) और जगत-सचाई सार (१८८७ ई०) खड़ीबोली में लिखा।

मुजफ्फरपुर के निवासी अयोध्याप्रसाद ने खड़ीबोली में पद्य लिखने का आन्दोलन ही खड़ा कर दिया। उनके कार्यों की प्रशंसा करते हुए महावीर प्रसाद द्विवेदी ने लिखा था।

'इस विषय की ओर पहले पहल बाबू अयोध्या प्रसाद जी का ध्यान गया। बोलचाल की भाषा में कविता अवश्य होनी चाहिए।' खत्री जी ने खड़ीबोली की पद्य पुस्तक, जिसमें अनेक व्यक्तियों के खड़ीबोली के पद्य संगृहीत हैं, सन् १८८७ ई० में प्रकाशित की। भारतेन्दु का हवाला देते हुए प्रतापनारायण मिश्र और ग्रियर्सन ने इस तरह के प्रयास को कोई अहमियत नहीं दी।

मुन्शी जी के इस आन्दोलन का विरोध ब्रजभाषा के प्रेमियों ने किया। उनकी मुन्शी स्टाइल को, आदर्श स्टाइल स्वीकार करना श्रीधर पाठक को भी, जो खड़ीबोली के प्रबल समर्थक थे अच्छा नहीं लगा। इस आन्दोलन को लेकर हिन्दोस्तान में (नवम्बर १८८७ ई० से अप्रैल १८८८) काफी वाद-विवाद चला। इस विवाद में अयोध्याप्रसाद खत्री और श्रीधर पाठक ने खड़ीबोली का पक्ष लिया तो प्रतापनारायण मिश्र और राधाकृष्ण गोस्वामी ने ब्रजभाषा का।

यह विवाद अपनी जगह था किन्तु भारतेन्दु मण्डल के प्रायः सभी लोग ब्रजभाषा और खड़ीबोली दोनों में कविता लिखते रहे। इस आन्दोलन से खड़ीबोली का पक्ष प्रबल हुआ और उसके विरोध का स्वर मन्द पड़ता गया। फिर भी सरस्वती के प्रकाशन के समय तक पद्य के क्षेत्र में पर्याप्त अव्यवस्था और द्विविधा बनी रही। गद्य की व्यवस्था का कार्य भी 'सरस्वती' के माध्यम से ही हुआ।

❑❑

पूर्व-स्वच्छन्दतावाद-काल
(१९००-१९१८)

अध्याय चार

पूर्व-स्वच्छन्दतावाद-काल

स्वच्छन्दतावाद की एक क्षीण धारा भारतेन्दु तथा उनके समकालीन लेखकों की कविताओं, निबन्धों, उपन्यासों और नाटकों में देखी जा सकती है। पुनर्जागरण की कौंध सन् '४० तक की रचनाओं में मिलती है।

पुनर्जागरण के कारण इस देश के लोगों को एक दृष्टि मिली। इससे उन्हें अपनी विशिष्टता को पहचानने और बदलने का अवसर प्राप्त हुआ। इस पहचान के दो धरातल थे सांस्कृतिक, राजनीतिक और वैयक्तिक। पहले धरातल पर बदली हुई परिस्थितियों में रूढ़ियों अंधविश्वासों को नकार कर ठहराव और गतिरोध से आगे बढ़कर गत्यात्मक बनने की कोशिश की गई। इस अवरोध को गोखले और तिलक ने अपने वक्तव्यों में बार-बार रेखांकित किया है। उदाहरण के लिए गोखले का एक वक्तव्य (१८९५) उद्धृत किया जा सकता है जिसमें कहा गया है कि 'वर्तमान (राजनीतिक) व्यवस्था के प्रभाव से भारतीय जाति का विकास अवरुद्ध हो रहा है'। दूसरे धरातल पर वैयक्तिकता के परिप्रेक्ष्य में पहचान की अनुभूति को गहरा बनाया गया।

जातीय विकास के अवरोध को दूर करने के लिए प्रयास जारी था। सन् १९०५ में बंग-विच्छेद से अंसतोष की जो लहर फैली उससे स्वदेशी को प्रतिष्ठा मिली। १९०४ में जापान ने रूस को हराया। एशियाई देशों पर इसका गहरा मनोवैज्ञानिक प्रभाव पड़ा। श्वेत जातियों के प्रति उच्चता की भावना बहुत कुछ टूट गई। अपनी भाषा, संगीत और चित्रकला के नवोत्थान की ओर लोगों का ध्यान आकृष्ट हुआ। संगीत के क्षेत्र में भातखंडे और चित्र के क्षेत्र में अवनीन्द्रनाथ ठाकुर ने नया प्रवर्तन किया।

भारतेन्दु हरिश्चन्द्र ने पहले ही आवाज लगाई थी—'निज भाषा उन्नति अहै सब उन्नति कौ मूल।' इस युग में इस तथ्य पर साहित्यकारों का—विशेष रूप से महावीर प्रसाद द्विवेदी का—ध्यान आकृष्ट हुआ। पुनर्जागरण युग में अतीत के प्रति जो नवनिष्ठा व्यक्त की गई वह द्विवेदी-मंडल के लोगों में भी देखी जा सकती है। किन्तु दोनों युगों की अतीतोन्मुखता में अन्तर था। इस युग में अतीत को समाज के वृहत्तर आयामों के साथ समाविष्ट किया गया। इसके प्रमाण में मैथिलीशरण गुप्त के काव्य-साहित्य को उदाहरित किया जा सकता है। इनकी रचनाओं में परम्परा के प्रति आग्रह भी था पर समसामयिकता के कारण जितना टूट सकता था उतना टूटा भी। भाषा में सफाई, सपाटता और भावनामयता विशेष रूप से द्रष्टव्य है। भावनामयता स्वच्छन्दतावादी अनुभूति के आसपास पड़ती है।

इस युग में ही वैयक्तिकताप्रधान अनुभूतिमूलक साहित्य-धारा भी विकसित हुई। श्रीधर पाठक, मुकुटधर पाण्डेय, रामनरेश त्रिपाठी, बालमुकुन्द गुप्त आदि इसके प्रवर्तक हैं। प्रकृति-चित्रण, कल्पना, उदासी, भग्नावशेषों के प्रति ललक उनकी रचनाओं में मिलती है।

वस्तुतः इस काल के लेखकों ने जमीन बनाने का काम किया। गम्भीर और अर्थवान रचनाओं की दृष्टि से इस काल का अधिक महत्त्व नहीं है।

जमीन तैयार करने के लिए सामूहिक ढंग पर साहित्य के प्रसार-प्रचार के लिए कुछ करने की जरूरत थी। सन् १८६३ ई० में श्यामसुन्दरदास, रामनारायण मिश्र और शिवकुमार सिंह के उद्योग से नागरीप्रचारिणी सभा की स्थापना हुई। इस सभा ने विभिन्न विषयों के ग्रंथों का प्रकाशन, हिन्दी के हस्तलिखित ग्रंथों की खोज, नागरीप्रचारिणी पत्रिका का प्रकाशन, आर्यभाषा पुस्तकालय की प्रतिष्ठा, हिन्दी साहित्य सम्मेलन का संस्थापन आदि अनेक महत्वपूर्ण कार्य किए। सम्मेलन की स्थापना के बाद सभा ने अपना ध्यान हिन्दी साहित्य की संवृद्धि में लगाया और प्रचार का कार्य सम्मेलन ने सँभाला।

सरस्वती का प्रकाशन

सन् १८६६ में इंडियन प्रेस, इलाहाबाद के स्वामी चिन्तामणि घोष ने हिन्दी में एक मासिक पत्रिका निकालने का निश्चय किया। उन्होंने सभा से अनुरोध किया कि उसका सम्पादनभार वह स्वयं ग्रहण करे। सभा ने इसके लिए एक संपादक मण्डल गठित किया। इस मंडल के सदस्य थे—श्यामसुन्दरदास, राधा कृष्णदास, जगन्नाथदास, कार्तिक प्रसाद और किशोरीलाल गोस्वामी। एक वर्ष तक (१६०० ई०) यही संपादक मंडल कार्य करता रहा। सन् १६०१ में इस कार्य का दायित्व श्यामसुन्दरदास पर पड़ा। किन्तु १६०२ के अंत में उन्होंने भी अपने को संपादन कार्य से मुक्त कर लिया।

सन् १६०३ में 'सरस्वती' के संपादन का कार्य महावीर प्रसाद द्विवेदी (१८६४-१६३८) को सौंपा गया। उनका जन्म दौलतपुर (रायबरेली) में हुआ था। वे लड़कपन से ही अत्यन्त परिश्रमी और कर्मनिष्ठ थे। रेलवे में नौकरी करते हुए भी उन्होंने कर्म के प्रति अपनी निष्ठा का परिचय दिया। बम्बई में रहते हुए उन्होंने संस्कृत, अंग्रेजी और मराठी का अच्छा ज्ञान प्राप्त कर लिया। किन्तु अपने 'बॉस' से मतभेद होने पर नौकरी को लात मार दिया। 'सरस्वती' के संपादन-प्रकाशन में भी उन्होंने रेलवे की नियमितता बरती।

किन्तु 'सरस्वती' अपने प्रकाशन के प्रारंभिक दिनों में प्रगतिशील पत्रिका नहीं थी। उसमें अनेक प्रतिक्रियावादी लेख छपे। १६०४ में महारानी लक्ष्मीबाई पर एक लेख छपा। उसमें कहा गया है कि महारानी तो बहुत अच्छी थीं। उन्होंने १८५७ में अंग्रेजों को सहायता का आश्वासन दिया था। उसी लेख में तात्याटोपे को नृशंस हत्यारा कहा गया है। १६०५ में एक ऐसे राजा की प्रशंसित छपी थी जिसने '५७ के विद्रोह में अंग्रेजों की मदद की थी। इस तथ्य को देखते हुए आश्चर्य नहीं है कि भारतेन्दु मंडल के लेखकों ने 'सरस्वती' में नहीं लिखा। द्विवेदी जी ने बालकृष्ण भट्ट को सलाह दी थी कि वे अपने विचारों में नरमी से काम लें। १६०८ में द्विवेदी का लेख 'सम्पत्तिशास्त्र की भूमिका' 'सरस्वती' में छपा। इसके बाद 'सरस्वती' का रुख बदल गया और वह प्रगतिशीलता की ओर उन्मुख हुई। इसके पहले उसका रुख प्रतिक्रियावादी था।

पर द्विवेदी जी ने जिस लगन, निष्ठा, योग्यता और परिश्रम से 'सरस्वती' का संपादन

किया वह पत्रकारिता के इतिहास में अत्यन्त विरल है। इसके माध्यम से उन्होंने गद्य की भाषा को व्यवस्थित किया। अभी तक पद्य की भाषा ब्रजभाषा बनी हुई थी। किन्तु उन्होंने गद्य की भाँति पद्य की भाषा के लिए भी खड़ीबोली को चुना। इस प्रकार गद्य-पद्य की भाषा की विभाजक रेखा को मिटा कर उनके एकीकरण का जो कार्य सम्पन्न हुआ, उसका बहुत अधिक महत्त्व है। अनेक कवि लेखकों को प्रोत्साहित-प्रतिष्ठित करने का श्रेय भी 'सरस्वती' को ही है।

विषयों के चुनाव की दृष्टि से 'सरस्वती' ने जो व्यापक दृष्टिकोण अपनाया वह व्यावहारिक और सामयिक था। 'सरस्वती' के अंकों में प्रायः संस्कृत या हिन्दी के किसी प्राचीन कवि की परिचर्चा और हिन्दीतर भाषा के किसी सामयिक कवि-लेखक का परिचय, इतिहास-पुरातत्व के किसी उन्नत काल का विवरण, यात्रा, भूगोल, स्थान वर्णन, उद्योगपति, समाज सुधारक की जीवनी, चित्र-परिचय देशोन्नति से सम्बद्ध समस्याओं पर लेख, राजनीतिक आर्थिक प्रश्नों के सम्बन्ध में सरकार से निवेदन, बालक-वनितोपयोगी सामग्री, टिप्पणियाँ, सामयिक हलचलों का उल्लेख, कहानियाँ, कविताएँ, पुस्तक-समीक्षा आदि को देखा जा सकता है।

यदि भारतेन्दु हरिश्चन्द्र की पत्रिका से 'सरस्वती' की तुलना की जाय तो यह उससे सर्वथा भिन्न तो नहीं मिलेगी पर इसमें समसामयिकता के प्रति विशेष ध्यान दिया गया है। 'कविवचन सुधा', 'हरिश्चन्द्र मैगजीन' की परिहासप्रियता के स्थान पर यह मध्यवर्गीय समाज की नैतिक चेतना (मोटी नैतिकता) के परिष्कार के प्रति अधिक जागरूक थी।

'सरस्वती' में पुराने ढंग की कविताओं और समस्या-पूर्तियों के स्थान पर खड़ीबोली की कविताएँ छपने लगी थीं। नई भाषा और कविता के विषय नए थे।

द्विवेदी जी ने अनुभव किया कि रीतिकालीन काव्य-वस्तु और शैली पुरानी ही नहीं पड़ गयी है, बल्कि अनुपयोगी और जड़ हो गयी है। हिन्दी काव्य को उन्होंने उपयोगिता से सम्बद्ध किया। भारतेन्दु और उनके मंडल के कवियों ने खड़ीबोली में जो कुछ लिखा उसमें ब्रजभाषा, भोजपुरी के शब्दों का ही मिश्रण नहीं था, बल्कि संज्ञाओं और क्रियारूपों में भी अनेक विकृतियाँ आ गयी थीं। विभक्तियाँ हटाने के लिए संधियों का रूप भी बिगाड़ दिया गया था। उदाहरणार्थ : दुनिये (दुनिया), असिल (असली), नेंव (नींव), इस्से, उस्से, जिस्से, तिस्पर, उचितादेश, प्रगटायें, प्रचारों, हरसाना आदि शब्दों को देखा जा सकता है। अम्बिकादत्त व्यास के मतानुसार यह के स्थान पर य और वह के स्थान पर व लिखा जा सकता था। भाषा सम्बन्धी इस अव्यवस्था को दूर करने की जो कोशिश द्विवेदी जी ने की वह साहित्य के इतिहास में चिरस्मरणीय रहेगी।

द्विवेदी जी का कहना है कि 'कविता का विषय मनोरंजक एवं उपदेशजनक होना चाहिए। यमुना के किनारे केलि कौतूहल का अद्‌भुत वर्णन बहुत हो चुका । न परकीयाओं पर प्रबन्ध लिखने की अब कोई आवश्यकता है और न स्वकीयाओं के 'गतागत' की पहेली बुझाने की। चींटी से लेकर हाथी पर्यन्त, भिक्षुक से लेकर राजा पर्यन्त मनुष्य, बिन्दु से लेकर

समुद्र पर्यन्त जल, अनन्त आकाश, अनन्त पृथ्वी, अनन्त पर्वत—सभी पर कविता हो सकती है।' (रसज्ञ रंजन)।

काव्यभाषा के सम्बन्ध में उनका विचार था कि क़वि को ऐसी भाषा लिखनी चाहिये जिसे सब कोई सहज में समझ ले—जो काव्य सर्वसाधारण की समझ के बाहर होता है वह बहुत लोकमान्य नहीं होता।

काव्यभाषा के संस्कार-परिष्कार के साथ-साथ उन्होंने स्वयं कविताएँ लिखीं। अपनी काव्य-प्रतिभा के सम्बन्ध में वे 'मोग़ालते' में नहीं थे। उनका मुख्य कार्य खड़ीबोली कविता को नाना विषयों और शैलियों की ओर उन्मुख करना तथा उसकी भाषा को संस्कार देना था।

उन्होंने संस्कृत की काव्य-माधुरी और वृत्तों को हिन्दी में अवतरित करने के लिए कुछ रचनाओं का अनुवाद किया। विनय-विनोद (भर्तृहरि के वैराग्यशतक का दोहों में अनुवाद), विहार-वाटिका (जयदेव के गीतगोविन्द का संक्षिप्त अनुवाद), स्नेह-माला (भर्तृहरि के श्रृंगारशतक का दोहों में अनुवाद), श्री महिम्न स्तोत्र (संस्कृत महिम्न स्तोत्र का अनुवाद), गंगालहरी (पंडितराज जगन्नाथ की गंगालहरी का सवैया छन्द में अनुवाद), ऋतुतरंगिणी (कालिदास के ऋतुसंहार का छायानुवाद) ऐसे ही ग्रन्थ हैं। उनके मौलिक पद्य-ग्रंथ हैं—देवीस्तुतिशतक, कान्यकुब्जावलीव्रतम्, समाचारपत्र सम्पादकस्तव, नागरी, काव्यमंजूषा, कान्यकुब्ज अबला-विलाप, सुमन, द्विवेदी काव्यमाला और कविताकलाप, (द्विवेदी जी द्वारा सम्पादित, महावीर प्रसाद द्विवेदी, देवीप्रसाद पूर्ण, नाथूराम शर्मा शंकर, कामताप्रसाद गुरू, मैथिलीशरण गुप्त की रचनाओं का संग्रह)।

वर्ण्य विषय की दृष्टि से उनकी कविताओं को चार कोटियों में बाँटा जा सकता है—देशभक्ति, आध्यात्मिक, समाज की अधोगति और हास्य-व्यंग्यपूर्ण अन्योक्तियाँ। किन्तु ये सभी रचनाएँ इतिवृत्तात्मक हैं। इसके कई कारण हैं। सच तो यह है कि उनमें कवि-प्रतिभा का अभाव था। उनके उपयोगितावादी दृष्टिकोण के कारण भी काव्य में अपेक्षित सरसता नहीं आ सकी। खड़ीबोली पद्य का यह आरम्भिक काल था। इसलिए उनका वर्णनात्मक होना स्वाभाविक था। किसी भी भाषा में भावाभिव्यंजन की क्षमता आते-आते आती है।

द्विवेदी जी की प्रारम्भिक कविताओं में—वलीवर्द, विधि विडम्बना, हे कविते आदि में—भाषा की संकरता प्रचुर मात्रा में मिलती है। शब्दों के प्रयोग में न तो परिनिष्ठता है और न एकरूपता। ब्रजी से अभी उन्हें छुट्टी नहीं मिली थी। शब्दरूपों, संधियों और क्रियापदों में भी मनमानापन दिखाई देता है। थिर, मिटाय, तपि, अकुलानी, योज्ञता, मूरखताई आदि सदोष प्रयोग हैं। नामधातु की संयुक्तता को उन्होंने कविता में प्रयुक्त करना पसन्द नहीं किया। किन्तु इसे दोष न मानकर भाषा की अभिव्यंजनाशक्ति का सहायक समझना चाहिए—'अवगाहा', 'स्वीकारा' ऐसे ही शब्द हैं। बाद में वे भाषा की व्याकरण सम्मत शुद्धता के प्रति सावधान हो गए।

श्रीगणेश प्रसाद द्विवेदी ने लिखा है—"सुप्रसिद्ध अंग्रेजी कवि वर्ड्स्वर्थ के नवीन सिद्धान्त—गद्य और पद्य का पद-विन्यास एक ही प्रकार का होना चाहिए—का पालन द्विवेदी

जी यथाशक्ति करने लगे" और दूसरे भी उनकी प्रेरणा से ऐसा करने पर बाध्य हुए। परन्तु जैसा कि सब साहित्य मर्मज्ञ समझते हैं वर्ड्स्वर्थ स्वयं अपने सिद्धान्त का पालन सर्वोत्कृष्ट कविताओं में नहीं कर सका था, उसी प्रकार द्विवेदी जी भी सब जगह इस सिद्धान्त का निर्वाह नहीं कर सके हैं। किन्तु सिद्धान्तः वे इसके पक्ष में थे कि यथासम्भव संस्कृत के क्लिष्ट शब्दों का प्रयोग कम होना चाहिए।

"वे भावानुकूल छन्द योजना के पक्षपाती थे। द्रुतविलंबित, वंशस्थ, वसंततिलका आदि संस्कृत वृत्तों के अतिरिक्त हिन्दी और उर्दू के छन्दों का प्रयोग भी उन्हें स्वीकार्य था। इस प्रभाव से यह हुआ कि हिन्दी कविता गिने-चुने छन्दों के बाहर जाकर नए-नए छन्दों में ढलने लगी।"[1]

बंगला के 'मेघनादवध' और मराठी के 'यशवंतराय महाकाव्य' की ओर ध्यान आकृष्ट करते हुए उन्होंने लिखा है 'यदि मेघनादवध अथवा यशवंतराय महाकाव्य वे नहीं लिख सकते तो उनको ईश्वर की निस्सीम सृष्टि में से छोटे-छोटे सजीव अथवा निर्जीव पदार्थों को चुनकर उन्हीं पर छोटी-छोटी कविताएँ करनी चाहिए क्योंकि इस प्रकार की कविताओं का हिन्दी में अभाव है।' इससे प्रभावित होकर हिन्दी के कवियों का ध्यान पौराणिक कथानकों को नए रूप में प्रस्तुत करने की ओर गया। यद्यपि हिन्दी के कवि माइकेल मधुसूदन दत्त की भाँति यूनानी पुराण-गाथा की कलम अपनी पुराण-गाथा में नहीं लगा सके फिर भी युगानुरूप उसमें परिवर्तन किया। हरिऔध और मैथिलीशरण गुप्त ने इस दिशा में महत्व के कार्य किए हैं। गुप्त जी ने पौराणिक कथाओं के आधार पर खण्डकाव्यों की भी रचना की है और निबन्ध काव्यों की भी।

मैथिलीशरण गुप्त (१८८६-१९६४ ई०)

महावीर प्रसाद द्विवेदी के आदर्शों, मान्यताओं और तपश्चर्या की फलश्रुति थे मैथिलीशरण गुप्त। पूरे दो दशकों पर महावीर प्रसाद द्विवेदी का निर्बाध आचार्यत्व छाया रहा। काव्य-रचना की दृष्टि से उनकी कमी की पूर्ति गुप्त जी ने की। इन दो दशकों का पूर्ण प्रतिनिधित्व गुरु-शिष्य करते हैं। उनकी पहली कविता 'हेमंत' सरस्वती १९०५ में प्रकाशित हुई। द्विवेदी जी के प्रोत्साहन के फलस्वरूप उन्होंने पाँच-छह वर्षों में ही पौराणिक-ऐतिहासिक चित्रों तथा देश-काल, धर्म-समाज से संबद्ध अनेक रचनाएँ लिख डालीं।

द्विवेदी जी की तरह गुप्त जी भी गाँव—चिरगाँव—के रहने वाले थे। उनकी स्कूली शिक्षा भी मामूली तौर पर ही हुई थी। किन्तु उस पीढ़ी में अद्‌भुत जीवट, कर्मठता और संकल्प शक्ति थी। ये विशेषताएँ उनके जीवन और काव्य-संघर्ष दोनों में परिलक्षित होती हैं।

गुप्त जी के परिवार और परिवेश दोनों पर गहरा वैष्णवी रंग था। उनके पिता माधुर्यभाव से उपासना करते थे। गुप्त जी की दीक्षा भी इसी सम्प्रदाय में हुई थी। उनके परिवेश में जो गाँधीवादी विचारधारा परिव्याप्त थी उसका मेरुदंड भी वैष्णवी था। किन्तु जो भक्ति उन्हें विरासत में मिली उसका वैष्णवपन देश-काल के मेल में नहीं था। गुप्त जी ने उसे संशोधित कर मर्यादा पुरुषोत्तम को अपना आराध्य बनाया। गांधी जी के आदर्श भी राम

---

१. हिन्दी सर्वे कमेटी की रिपोर्ट : १९३०, भूमिका, पृ० ८५।

ही थे। उनकी राज्य-कल्पना रामराज्य की कल्पना थी। वह युग एक मर्यादा और संयम से बँधा हुआ अपने लक्ष्य की ओर अग्रसर हो रहा था। गुप्त जी का काव्य मर्यादा और संयम की डोर से बँधा हुआ नए जागरण का मंत्र फूँकने में सर्वथा समर्थ सिद्ध हुआ।

अभी तक हिन्दी खड़ीबोली का काव्य नवीन युग चेतना को नहीं अपना पाया था। गुप्त जी पहले कवि हैं जिन्होंने अपने समसामयिक नैतिक, धार्मिक, राष्ट्रीय आकांक्षाओं को वाणी देकर खड़ीबोली को युगीन चेतना से जोड़ा। इसी अर्थ में वे राष्ट्रकवि हैं।

इससे यह समझना नहीं चाहिए कि गुप्त जी ने पुराने आदर्शों में कोई क्रान्तिकारी परिवर्तन किया है। उन्हें पुराने नैतिक मूल्यों में अटूट आस्था थी, अतीत के प्रति प्रबल आकर्षण था। किन्तु वर्तमान की समस्याओं के प्रति वे पूर्णतः जागरूक थे।

गुप्त जी ने माइकेल मधुसूदन दत्त के मेघनादवध, विरहिणी ब्रजांगना और वीरांगना का अनुवाद किया। यह नवीन के प्रति उनकी अभिरुचि का प्रमाण है। माइकेल की अभिरुचियों के साथ उनका तालमेल नहीं बैठता। मधुसूदन दत्त ने भी अपने काव्य के लिए अतीत की कथाएँ चुनी हैं, पर उनके आदर्शों को आश्चर्यजनक ढंग से उलट दिया है। उनका विद्रोह और तीखापन आज भी पुराने ढंग के विचारकों के गले से नीचे नहीं उतरता। दत्त केवल विषय-वस्तु और दृष्टि में ही विप्लवी नहीं हैं बल्कि काव्य-शैली में भी क्रान्तिकारी हैं।

गुप्त जी की काव्य-रूढ़ि-पुरानी है पर उस पर रंग नया है और जो कुछ नया है उसका मूलाधार पुराना है। वे काव्य में रस, अनुभाव, काव्यगुण, छन्द-निर्वाह पर ध्यान देने के आग्रही हैं। शृंगार-रस के अन्तर्गत दाम्पत्य प्रेम की अभिव्यक्ति तक ही वे अपने को सीमित रखते हैं। उनके काव्य का प्रयोजन है लोकहित, मनुष्य के मन में सद्भावों का संचार, ज्ञान का प्रकाश। अपने प्रयोजन की सिद्धि के लिए वे उत्कृष्ट विषयों का चयन करते हुए उन्हें अपनी समसामयिक समस्याओं से संदर्भित करते हैं।

गुप्त जी जिस राष्ट्रीय चेतना को लेकर काव्य-क्षेत्र में अवतीर्ण हुए वह भारतेन्दु तथा उनके समसामयिक कवियों की काव्य चेतना से किंचित भिन्न है। उस समय के कवि करुणा-विगलित स्वर में या तो करुणानिधि केशव को जगा रहे थे या अपने अतीत-गौरव का स्मरण कर गंगा-यमुना से मथुरा-काशी को डुबो देने की प्रार्थना करते थे। चित्तौड़ को अपने समसामयिक संदर्भ में रखकर उनके मन में मायूसी छा जाती थी। किन्तु गुप्त जी के प्रथम काव्य 'रंग में भंग' (१६०६) में चित्तौड़ का स्मरण दूसरे ढंग से किया गया है—

> आज भी चित्तौड़ का सुन नाम कुछ जादूभरा।
> चमक जाती चंचला सी चित्त में कर के त्वरा।।

अंधकार में बिजली की चमक क्षणभर के लिए ही सही प्रकाश बिखेर जाती है और चित्त को बेचैन बना देती है। इस संदर्भ में 'जयद्रथ वध' (१६१०) और 'भारत-भारती' (१६१२) जो रंग में भंग के बाद लिखी गईं, भी विचारणीय हैं। दोनों की आरम्भिक पंक्तियाँ हैं—

> फिर पूर्वजों की शिक्षा तरंगों में बहो।

—जयद्रथवध

हम कौन थे, क्या हो गये, और क्या होंगे अभी।
आओ विचारें आज मिलकर ये समस्याएँ सभी।।

—भारत भारती

कवि पूर्वजों की दिव्य झाँकी प्रस्तुत करते हुए उनसे शिक्षा ग्रहण करने का संदेश देता है और हमें भूत, वर्तमान और भविष्य के सम्बन्ध में विचार करने के लिए प्रेरित करता है। 'रंग में भंग' में बूँदी का हाड़ा चित्तौड़ के महाराणा के प्रतिज्ञा पालन के निमित्त बने बूँदी के कृत्रिम दुर्ग को तब तक नहीं तोड़ने देता जब तक उसके शरीर में प्राण शेष था। मातृभूमि की प्रतिमा के प्रति भी यह निर्व्याज ममता, इस युग के लिए भी समान रूप से महत्वपूर्ण है। जयद्रथ वध में अभिमन्यु उस युवापीढ़ी का प्रतिनिधि है जो राष्ट्रीय यज्ञ में, महारंथियों के अभेद्यचक्र की चिन्ता न करते हुए अपनी बलि चढ़ा देती है। 'भारत भारती' तो उस समय की राष्ट्रीय भावना की सिसिमोग्राफ है। इसे लिखने की प्रेरणा उन्हें 'मुसद्दसे-हाली' और कैफी के 'भारत दर्पण' से मिली। पहली में मुसलमानों के सांस्कृतिक जागरण की अभिव्यक्ति की गई है और दूसरी में हिन्दुओं के सांस्कृतिक उत्थान की।

गुप्त जी ने शैली हाली से ली और जमीन कैफी से। इसमें तत्कालीन राष्ट्रीय चेतना, वर्तमान की हीनभावना के संदर्भ में अतीत का गौरव और प्रकारान्तर से भविष्य का संकेत चित्र है। इसमें हिन्दू जातीयता की गंध खोजने वालों को जानना चाहिए कि भारतीय राष्ट्रीय चेतना का प्रारम्भिक स्रोत, हिन्दू-धर्म की पुनरुत्थानवादी भावना ही है। छायावाद के पूर्व तक इसकी प्रगतिशीलता असंदिग्ध बनी रही। सरल, सुबोध और इतिवृत्तात्मक शैली में समसामयिक जीवन को खड़ीबोली में बाँधकर उसकी अभिव्यक्ति क्षमता और छंद-संगीत को इस ढंग से उजागर किया गया कि शिक्षित युवावर्ग पर इसका उद्‌बोधनात्मक प्रभाव पड़ा। समसामयिक चेतना के प्रति अत्यधिक आग्रह ने इसकी काव्यात्मक क्षमता को बहुत कम कर दिया। किन्तु खड़ीबोली की काव्यात्मक संभावनाओं का द्वार उन्मुक्त हो गया। इस ढंग पर लिखा गया 'हिन्दू' उनका दूसरा काव्य है जो हिन्दुओं के जागरण तक सीमित होने के कारण समादृत नहीं हो सका। 'राजा-प्रजा' में जो बाद की रचना है, लोकतंत्र और उसके उज्ज्वल पक्ष को संवाद-शैली में प्रस्तुत किया गया है। यह उनकी कालानुसारी चेतना का सबूत है। एक छोर पर 'भारत-भारती' में अविकसित राष्ट्रीय चेतना, जिसे उदारदल का भावबोध कहा जा सकता है, चित्रित हुई है तो दूसरे छोर पर राष्ट्रीयता का पूर्ण विकास लोकतंत्र के आधार पर, इनके माध्यम से गुप्त जी की अपनी राजनीतिक चेतना के साथ-साथ पूरे युग की राजनीतिक चेतना का विकास देखा जा सकता है।

१९३१ में प्रकाशित 'साकेत' उनकी काव्य-चेतना की चरमोपलब्धि है। 'भारत-भारती' और 'साकेत' के प्रकाशन के मध्यवर्तीकाल में शकुन्तला, पत्रावली, वैतालिक, किसान, अनघ, पंचवटी, स्वदेश संगीत, हिन्दू, त्रिपथगा, शक्ति, विकटभट, गुरुकुल और झंकार के प्रकाशन हुए। 'पंचवटी' और 'झंकार' को छोड़कर शेष रचनाओं में कवि भावनात्मकता (सेंटीमेंटलिटी) से मुक्त नहीं हो पाया है। अधिकांश रचनाओं में वह समसामयिक राजनीतिक विचारों का वैतालिक दिखाई पड़ता है।

'साकेत' गुप्त जी का सर्वश्रेष्ठ काव्य है। इसमें अपने युग के जीवन को समग्रतः चित्रित करने का प्रयास किया गया है, यह दूसरी बात है कि उनका युगबोध सामान्यतः सतह का ही है। इसमें द्विवेदीयुगीन नीतिमत्ता, आदर्श, पुनरुत्थानवादी सांस्कृतिक चेतना, मानवतावादी मान आदि को प्रत्यक्षतः देखा जा सकता है।

'साकेत'-रचना की मूल प्रेरणा उन्हें महावीरप्रसाद द्विवेदी के एक लेख 'कवियों की उर्मिला-विषयक उदासीनता' से मिली जो 'सरस्वती' १६०८ की जुलाई में भुजंगभूषण भट्टाचार्य के छद्म नाम से छपा था। स्वयं द्विवेदी जी का लेख रवीन्द्रनाथ टैगोर के लेख 'काव्य की उपेक्षिताएँ' से प्रभावित था। द्विवेदी जी ने लिखा था, 'खेद की बात है कि उर्मिला का उज्ज्वल चरित्र-चित्र कवियों के द्वारा आज तक उसी तरह ढकता आया।' इससे अनुप्रेरित होकर उर्मिला विषयक कई काव्य लिखे गए। हरिऔध ने 'उर्मिला', नवीन ने 'विस्मृता उर्मिला', गुप्त जी ने 'उर्मिला' की रचना की। पर साकेत काव्य का लेखन सन् १६१४ से समारंभ होता है। इन सभी प्रयासों का मूल प्रेरक तत्त्व नारी के सम्बन्ध में बदली हुई भावना थी। उर्मिला अपनी पारम्परिक गरिमा को लिए हुए नवीन है।

उर्मिला को केन्द्रवर्ती बिन्दु मान लेने पर समस्त रामायणी कथा उसके चतुर्दिक घूमने के लिए बाध्य हो जाती है। फलस्वरूप 'साकेत' का कथ्य और रूप दोनों में अपेक्षित परिवर्तन आवश्यक हो गया। लेकिन इसका नाम उर्मिला न रखकर साकेत क्यों रखा गया ? संभवतः कवि उर्मिला को साकेत के नर-नारियों, नदी-कछारों, प्रातः, दुपहर, संध्या, रात्रि, लोग-बाग की चर्चाओं और समस्याओं आदि से सम्बद्ध करना चाहता था। अन्यथा उर्मिला की चारित्रिक पूर्णता संभव नहीं थी। ऐसा करने के लिए वह बाध्य था क्योंकि उर्मिला की सीमा साकेत की सीमा थी। चित्रकूट को प्रत्यक्ष कथा का अंग बनाने का कारण यह था कि एक विशेष अवसर पर साकेत का पूरा समाज चित्रकूट में ही था। उस समाज के अतिरिक्त साकेत और क्या हो सकता था ? गोस्वामी तुलसीदास ने भी चित्रकूट की घटना को अयोध्याकांड के ही भीतर रखा है।

इस नाम के फलस्वरूप रामायणी कथा का मुख्य आधार लेते हुए भी साकेत का स्वतन्त्र अस्तित्व प्रतिष्ठित हो सका है। कथा का आरम्भ अयोध्या के राजभवन में होने वाले लक्ष्मण-उर्मिला के विनोद से होता है। इसके पश्चात् कैकेयी-मंथरा-संवाद, राम-वन-गमन, चित्रकूट-सभा आदि की घटनाएँ आठ सर्गों तक चलती हैं। नवें सर्ग में उर्मिला का वियोग वर्णन है। दसवें सर्ग में सरयू को संबोधित करती हुई उर्मिला अपने जन्म से लेकर स्वयंवर तक की कथा स्मृति संचारी के रूप में या फ्लैशबैक के रूप में कहती है। ग्यारहवें सर्ग में शत्रुघ्न और हनुमान के माध्यम से दंडकारण्य से लेकर लक्ष्मण को शक्ति लगने तक की घटनाओं का वर्णन किया गया है। बारहवें सर्ग में साकेत निवासियों की युद्ध की तैयारी, लंका का युद्ध, राम का अयोध्या आगमन और उर्मिला-लक्ष्मण का मिलन वर्णित है। संपूर्ण कथा को उर्मिला और साकेत से सम्बद्ध रखने के कारण नाटकीय शिल्प का सहारा लेना पड़ा है। सारी घटनाएँ साकेत के रंगमंच पर घटित होती हैं— कुछ प्रत्यक्ष रूप में कुछ सूच्य रूप में। दूसरे शब्दों में अयोध्याकांड के अतिरिक्त रामायणी कथा की शेष घटनाएँ सूच्य रूप

में ही कही गई हैं। इससे साकेत की रूप संघटना में एक प्रकार की नवीनता आई है। किन्तु क्रिया-व्यापार से समन्वित समस्त घटनाओं को सूक्ष्म बना देने से साकेत का रंगमंच सूना लगने लगता है। इस शून्यता को उर्मिला के विरहवर्णन और साकेत समाज की प्रतिक्रियाओं से भरने का प्रयास किया गया है। पर विरह वर्णन की भावुकता और साकेत-समाज की उपरली प्रतिक्रियाएँ शून्य को भर नहीं पातीं। इसके सम्बन्ध में यह कहा जाता है कि कवि ने रामायणी कथा को असंतुलित रूप में प्रस्तुत किया है। किन्तु रामायणी कथा लिखना उसका उद्देश्य नहीं था। रामायणी कथा के अधिकांश भाग को सूक्ष्म रूप में प्रस्तुत करने के अतिरिक्त उसके पास चारा नहीं था। खटकनेवाली बात है रंगमंच की शून्यता। इससे उसे महाकाव्योचित औदात्य नहीं मिल पाया है।

गुप्त जी के काव्य का नक्शा गोस्वामी जी के 'रामचरितमानस' के नक्शे से अलग है। इसलिए 'साकेत' के मार्मिक स्थल 'मानस' के मार्मिक स्थलों से भिन्न हैं। पर निषाद-मिलन, दशरथ-मरण, चित्रकूट-प्रसंग दोनों में हैं। इस स्थलों के संदर्भ में तुलनात्मक दृष्टि से विचार करने पर गुप्त जी का वर्णन न उतना गंभीर बन पाया है और न मनोवैज्ञानिक। इन प्रसंगों में भी भावनामयता (सेंटीमेंटलिटी) उनका पीछा नहीं छोड़ सकी है। अपने नवीन उद्‌गारों के बावजूद उनके पात्र भावनामय, मर्यादावादी और नवीन मानवतावादी आदर्श लिए हुए हैं।

कवि ने पुराने घेरे के भीतर अपने पात्रों को व्यक्तित्व प्रदान करने की चेष्टा की है। पर जहाँ अपने घेरे को तोड़कर उर्मिला अयोध्यावासियों को युद्ध का उपदेश देने लगती है वहाँ उसकी व्यक्तित्व संपन्नता सतही हो जाती है। विरह-वर्णन के प्रसंग में परम्पराभुक्त परिपाटी से भिन्न वह अपने प्रेम के शुभ प्रभाव से प्रकृति को प्रसन्न देखना चाहती है। किन्तु यह नयापन केवल आदर्श है। इससे अधिक यथार्थवादी वे ही लोग थे जो प्रकृति को नायक-नायिका के दुःख में दुःखी और सुख में सुखी दिखलाते आए थे।

लक्ष्मण 'मानस' में बहुत कम बोलते हैं। वे प्रायः उन्हीं अवसरों पर बोलते दिखाई पड़ते हैं जहाँ कोई अपमानजनक स्थिति उत्पन्न होती है। पर 'साकेत' में उनकी मुखरता, विशेषतः कैकेयी के प्रसंग में, उनके व्यक्तित्व में कुछ जोड़ती नहीं बल्कि घटाती ही है। पर परिवार के वृत्त में सभी चरित्र विशेष प्रकार की आत्मीयता लिये हुए हैं। सच पूछिए तो वे पारिवारिक परिवेश के कवि हैं। उनके चरित्र-चित्रण और भाव-दशाओं को इसकी सीमा में रखकर देखना चाहिए। उन्होंने अपने को 'कौटुंबिक कविमात्र' कहा है। इस पारिवारिक भावमयता के कारण डॉ० हजारीप्रसाद द्विवेदी ने इसे गार्हस्थ्य रस की संज्ञा दी है। इस परिप्रेक्ष्य में कवि ने प्रेम, त्याग, उदारता, निस्पृहता आदि मानवीय गुणों को देखा है। पति-पत्नी, देवर-भाभी, माँ-बेटा, सास-बहू, स्वामी-सेवक आदि के मर्यादापूर्ण संबंधों को चित्रित करना गुप्त जी का मुख्य लक्ष्य रहा है। उनके आदर्श चरित्र साधक चरित्र रहे हैं क्योंकि वे स्वयं साधक कवि थे। परिवार उस समय का आदर्श था। इससे संघटनात्मक पक्ष पर प्रेमचन्द और शुक्ल जी दोनों ने जोर दिया है।

पर 'साकेत' की विशेषता रामायणी कथा को इहलौकिकता का अनुषंग देने में है। राम मानव हैं। राजकीय परिवार के लोग सामान्य मनुष्य के रूप में पहचाने जाते हैं। सीता

के बारे में तुलसीदास ने लिखा है— 'पलंगपीठ तजि गोद हिंडोरा, सिय न दीन्ह पग अवनि कठोरा।' पर वे 'साकेत' में स्वावलंबिनी बन जाती हैं। सामान्य मनुष्य के रूप में चित्रित होकर 'साकेत' के पात्र कहीं जटिल नहीं हैं, कहीं अभावुक नहीं हैं। गुप्त जी के व्यक्तित्व के अनुरूप सीधे और सरल हैं।

रस और महाकाव्य के रूप विन्यास की दृष्टि से भी इसमें नयापन है। न तो इसमें परंपरानुमोदित वीर रस है और न कथा का सिलसिलेवार वर्णन। यह हिन्दी महाकाव्य के भविष्य का संकेत लेकर आया। आचार्य नन्ददुलारे वाजपेयी के मतानुसार "साकेत में महाकाव्य सम्बन्धी नया आदर्श और प्रतिमान स्थिर करने का प्रयत्न जानबूझकर भले ही न किया गया हो, परन्तु महाकाव्य विषयक क्रमागत व्यवस्था और परिपाटी से यह अनजाने में ही इतना दूर चला गया है कि आधुनिक युग का नया साहित्यिक प्रवर्तन उसे स्वभावतः अपने विकास की प्रारम्भिक कड़ी मानकर चलता है।"

'साकेत' के बाद रचे गए गुप्त जी के मुख्य ग्रंथ हैं—यशोधरा, सिद्धराज, द्वापर, हिडिंबा, पृथ्वीपुत्र, जयभारत, विष्णुप्रिया आदि।

'यशोधरा' और 'विष्णुप्रिया' में 'साकेत' की उर्मिला का ही चरित्र-विस्तार है। इनमें भी नारी के वे ही आयाम उभरे हैं जो उर्मिला में दिखाई पड़ते हैं। त्याग, तपश्चर्या, साधना, तप आदि से मंडित ये सभी नारियाँ पति से वियुक्त हैं। लक्ष्मण, बुद्ध और चैतन्य अपने-अपने ढंग से साधक हैं। इनमें बुद्ध का व्यक्तित्व सबसे बड़ा है। संभवतः इसी परिप्रेक्ष्य के कारण यशोधरा का व्यक्तित्व अधिक मनस्वितापूर्ण और संयमित बन पड़ा है। विष्णुप्रिया भी एक दुखिया नारी है जो सहने के लिए बनी है।

वस्तुतः नारी को परम्परायुक्त रूप में ही देखा गया है। उसको जो व्यक्तित्व दिया गया है उसका केन्द्रीय बिन्दु पति है। नारी की समस्त साधना, तपश्चर्या, त्याग अपने किसी मन्तव्य को लेकर नहीं हैं, बल्कि वे पति के ही केन्द्रीय बिन्दु के चारों ओर घूमते हैं। गुप्तजी की नारी भारतेन्दु युगीन नारीविषयक चेतना का संस्कार है। वह वर्णाश्रम धर्मी, कुलवधू, पतिव्रता और परम्परावादी है। उसकी इच्छा पति की इच्छा है, उसका प्राप्य पति है। पति के बाहर, कुल के बाहर जो कुछ भी वह दिखाई पड़ती है वह औपचारिक है। सच तो यह है कि गुप्त जी के यश का मूलाधार 'साकेत' ही है। इसका मुख्य कारण है कि वह अपने-अपने युग के अनुरूप है। वह अपने समसामयिक सामाजिक आदर्श के न आगे है न पीछे। वह ठीक उसके साथ है। सन् १९१४ में 'साकेत' की रचना का प्रारम्भ हुआ और '१८ तक उसके पाँच सर्ग 'सरस्वती' में छप गए। सन् १९३१ में इसका प्रकाशन हुआ। पंत का 'पल्लव' सन् १९२६ में प्रकाशित हुआ। इसके पूर्व आदर्शवादी सांस्कृतिक पुनरुत्थान का ही जमाना था और 'साकेत' इसका पूर्ण प्रतिनिधित्व करता है। 'साकेत' का नवम सर्ग इस बात का सबूत है कि वह नवीन युगचेतना का समर्थक तो हो सकता है पर उसके साथ नहीं चल सकता।

जयभारत (१९५२) में उनके पुराने आदर्श ही दुहराए गए हैं। हिडिंबा के चरित्र-चित्रण को देखकर आलोचक गुप्त जी के पारस स्पर्श की मुग्धभाव से प्रशंसा करते

हैं—'यह उच्चतम मानव आदर्श की शिक्षा से ओत-प्रोत है'। पर इसमें नए युग के अनुरूप मार्मिक स्थलों को नहीं चुना जा सका है अन्यथा शांतिपर्व को दो पंक्तियों में चलता न कर दिया जाता। नर में नारायण की प्रतिष्ठा, सभी लोगों के सुख की कामना, अबला जीवन की कहानी, वैष्णव दृष्टि प्रसूत विकृत अर्थापन द्वारा जो कुछ निर्मित हुआ है वह ५वें दशक की संशयात्मक दृष्टि के विरुद्ध है। नए युग में विगत आदर्शों की स्थापना उनकी उत्थानमूलक पुरानी दृष्टि के अनुरूप है।

गुप्त जी की काव्य-शैली में जो विविधता दिखाई देती है वह उनकी दीर्घकालीन साधना का परिणाम है। उन्होंने खंडकाव्य, निबंधकाव्य, महाकाव्य, पद्यनाट्य, चंपू, प्रगीत, मुक्तक आदि लिखे। अनेक प्रकार के वर्णिक, मात्रिक छंदों के प्रयोग किए। पर उनकी मुख्य देन खड़ीबोली को काव्योचित् संस्कार देने में है। स्वयं गुप्त जी भारतीय संस्कृति तथा समसामयिक यथार्थ के बाह्यार्थ निरूपक कवि हैं। इसलिए खड़ीबोली का विवरण-वर्णनात्मक क्षमता को बढ़ाकर उस युग में उन्होंने अत्यन्त महत्वपूर्ण कार्य किया। हरिऔध जी का काव्यक्षेत्र में पदार्पण उनके पहले ही हो चुका था। पर वे भाषा के दो छोरों पर थे। या तो उन्होंने संस्कृत वृत्तों को संस्कृतनिष्ठ भाषा में बाँधा या मुहावरों, लोकोक्तियों को ठेठ भाषा में। सामान्य काव्य भाषा का प्रयोग उन्होंने प्रायः नहीं किया। गुप्त जी ने भी संस्कृत शब्दावली की प्रचुर सहायता ली है पर खड़ीबोली का अपना स्वरूप सुरक्षित रहा है।

उनकी शब्दावली मुख्यतया अभिधा विशिष्ट है। वे अन्तर्वृत्तियों के निरूपक कवि नहीं हैं। इसलिए जहाँ कहीं उन्होंने लाक्षणिक पदावली का प्रयोग किया है वह बहुत कुछ सपाट हो गया है। उनका महत्व इसी में है कि इस तरह के नए प्रयोग के लिए उन्होंने जमीन बनाई।

अयोध्यासिंह उपाध्याय 'हरिऔध' (१८६५-१९४७)

महावीरप्रसाद द्विवेदी का व्यक्तित्व इतना प्रभावशाली सिद्ध हुआ कि भारतेन्दु के बाद से ही काव्य साधना करने वाले अयोध्यासिंह उपाध्याय 'हरिऔध' भी संस्कृत वृत्तों में रचना करने लगे। इन वृत्तों में लिखा गया काव्यग्रन्थ 'प्रियप्रवास' अपने समय का महत्वपूर्ण ग्रन्थ है।

आरम्भ में उन पर भक्ति और रीति के संस्कार ही प्रबल थे। वे कवि समाज के सदस्य के रूप में ब्रजभाषा में समस्या-पूर्तियाँ किया करते थे। जब उन्होंने खड़ीबोली का बढ़ता हुआ प्रचार देखा तो उन्होंने भी उर्दू छन्दों के सहारे बोलचाल की खड़ीबोली में पदों की रचना की। किन्तु उनकी ख्याति का मुख्य आधार 'प्रियप्रवास' है। यह ग्रंथ सन् १९१४ में प्रकाशित हुआ। इसमें कवि ने राधाकृष्ण की वियोग कथा को नया रूप देने तथा श्रीकृष्ण से सम्बद्ध अलौकिक कार्यों को बुद्धि संगत बनाने की चेष्टा की है।

'प्रियप्रवास' को कुछ लोगों ने हिन्दी का—खड़ीबोली हिन्दी का—प्रथम महाकाव्य माना है। इसमें श्रीकृष्ण के बचपन से लेकर मथुरा-प्रस्थान तक की कथा सत्रह सर्गों में लिखी गयी है। कुछ लोग इसे नये ढंग का महाकाव्य मानते हुए बतलाते हैं कि इसमें संस्कृत आचार्यों

द्वारा निर्दिष्ट महाकाव्यों का लक्षण नहीं मिलेगा। कुछ लोग ठीक उसके विपरीत महाकाव्य की पुरानी कसौटी पर इसे खरा उतार देते हैं। वे इसमें मंगलाचरण, सज्जन-दुर्जन प्रसंग, ऋतु वर्णन, सर्ग के अन्त में छन्द का परिवर्तन आदि को दिखाते हुए 'प्रियप्रवास' को निःसंकोच महाकाव्य की संज्ञा दे डालते हैं। किन्तु न तो शैलीगत नवीनता के कारण ही कोई काव्य महाकाव्य हो सकता है और न तो पुरानी परिपाटी का अनुसरण करने से ही यह सम्भव है। महाकाव्य के लिए जीवन की जो सम्पूर्णता और उदात्तता अपेक्षित होती है उसका इसमें नितान्त अभाव है। आचार्य शुक्ल ने तो इसे प्रबन्धकाव्य भी नहीं माना है। उन्होंने कहा है—'ये काव्य अधिकतर भाव विवरणात्मक और वर्णनात्मक हैं। कृष्ण के चले जाने पर ब्रज की दशा का वर्णन बहुत अच्छा है। विरह वेदना से क्षुब्ध वचनावली प्रेम की अनेक अन्तर्दशाओं की व्यंजना करती हुई बहुत दूर तक चली चलती है। जैसा कि इसके नाम से प्रकट है, इसकी कथावस्तु महाकाव्य क्या अच्छे प्रबन्धकाव्य के लिए भी अपर्याप्त है।'

इस काव्य में वर्णन का इतना विस्तार है कि चरित्र-चित्रण के लिए विशेष अवकाश नहीं मिल पाया है। कृष्ण को कवि ने गांधीवादी नीतिमत्ता के अनुरूप लोकसेवक के रूप में चित्रित करने का प्रयास किया है। स्थूल नैतिकता और मर्यादावादी दृष्टिकोण के कारण कृष्ण का सशक्त व्यक्तित्व अनुद्घाटित ही रह गया है। राधा को लोकसेवा-व्रत में दीक्षित कर दिया गया है। राधाकृष्ण में न भक्तिकालीन कवियों द्वारा प्रक्षेपित अलौकिकता है न रीतिकालीन कवियों द्वारा प्रक्षेपित विलासिता। उन्हें सुधारवादी दृष्टिकोण से प्रस्तुत किया गया है।

'प्रियप्रवास' की छन्द-योजना और संस्कृतनिष्ठ पदावली ने भी खड़ीबोली के विकास में बहुत उल्लेखनीय योग नहीं दिया है। बाद में चलकर हिन्दी में न तो संस्कृत के वृत्त ग्रहण किये गये और न 'प्रियप्रवास' की संस्कृतबहुला पदावली।

इसके बाद 'हरिऔध' जी ने बोलचाल सम्बन्धी मुक्तकों की रचना की। इनमें मुख्य रूप से चुभते चौपदों और चोखे चौपदों का विशेष नाम लिया जाता है। बाद में 'वैदेही बनवास' नामक दूसरा प्रबन्धकाव्य प्रकाशित हुआ। इस काव्य को भी 'हरिऔध' जी ने महाकाव्य ही माना है। कुछ शोधार्थियों ने 'हरिऔध' जी के कथन को बावन तोला पाव रत्ती सही मानकर 'वैदेही वनवास' को भी महाकाव्य की कोटि में बैठा दिया। किन्तु यह काव्य तो अनेक अंशों में 'प्रियप्रवास' की अपेक्षा सीमित तथा फलक तथा काव्यात्मकता में अपकर्षपूर्ण है।

'प्रियप्रवास' में यशोदा और राधा की विरहानुभूति मन के अन्तरंग को छूती है। पर 'वैदेही वनवास' का आदर्शवाद वाल्मीकि, कालिदास तथा भवभूति के यथार्थ के विरुद्ध पड़ता है। 'वैदेही वनवास' के सीता राम हाड़-मांस के मनुष्य न होकर आर्यसमाजी आदर्श के धोखे हैं।

महावीरप्रसाद द्विवेदी तथा उनकी 'सरस्वती' से प्रेरणा पाकर कविता लिखने वाले कवियों की संख्या बहुत अधिक है। किन्तु उनमें मैथिलीशरण गुप्त, राय देवी प्रसाद पूर्ण, रामचरित उपाध्याय, गिरिधर शर्मा नवरत्न, लोचन प्रसाद पाण्डेय, सियारामशरण गुप्त आदि प्रसिद्ध हैं।

रामचरित उपाध्याय (१८७२ई०-१९३८ई०) द्विवेदी युग के एक प्रमुख कवि हैं। उन्होंने पहले ब्रजभाषा में काव्य-रचना शुरू की। विजयी वसन्त, श्रावण शृंगार, सुधाशतक का बरवा आदि ब्रजभाषा की रचनाएँ हैं। महावीरप्रसाद द्विवेदी के प्रोत्साहन से उन्होंने खड़ीबोली की एक रचना 'पवनदूत' १९०६ में 'सरस्वती' में प्रकाशनार्थ भेजी। १९१४-१५ में उनके प्रसिद्ध काव्य 'रामचरित-चिन्तामणि' का कुछ अंश 'सरस्वती' में प्रकाशित हुआ। यों इस ग्रन्थ का प्रकाशन '२० में हुआ। इसके अतिरिक्त सूक्ति मुक्तावली (१९१५ई०), देवदूत (१९१८), भारत भक्ति (१९१९), रामचरित चन्द्रिका (१९१९) आदि उनके अन्य काव्यग्रंथ हैं।

उस समय के प्रवाह के अनुसार अतीत के गौरव का स्मरण, वर्तमान की दुर्दशा का वर्णन और भविष्य का उज्ज्वल चित्र उनकी मुक्तक रचनाओं में मिलेगा। पद्य-प्रबन्धों में सामाजिक त्रुटियों—बाल विवाह, वृद्ध विवाह, स्त्री शिक्षा का अभाव—का चित्रण हुआ है। कुछ रचनाओं में वीर भावना को जगाया गया है तो कुछ में कृषक वर्ग के प्रति सहानुभूति प्रदर्शित की गई है। प्रकृति-वर्णन बहुत कुछ नीतिपरक हो गया है। 'ब्रजभाषा की विदाई', 'सम्य समालोचक' आदि कविताएँ साहित्य से सम्बद्ध हैं।

उनका प्रमुख ग्रंथ 'रामचरित-चिन्तामणि' है। इस प्रबन्धकाव्य को भी युगीन परिप्रेक्ष्य में रखने का प्रयास किया गया है। इस काव्य पर आक्षेप लगाया जाता है कि इसमें रामकथा के मार्मिक स्थलों को छोड़ दिया गया है या उन्हें संक्षिप्त कर दिया गया है। पर यह आक्षेप आलोचकों की लीकबद्ध दृष्टि का परिचायक है। उपाध्याय जी ने उन्हें छोड़कर अथवा संक्षिप्त कर बुद्धिमानी का परिचय दिया है। 'मानस' के मार्मिक स्थल पुनः दुहराए नहीं जा सकते 'साकेत' में दुहराए जाकर वे निष्प्रभ हो गए हैं।

उपाध्याय जी ने कई नए प्रसंगों की परिकल्पना की है। मारीच का रावण को उपदेश देना, अँगूठी देने के पूर्व अशोक वाटिका में हनुमान का सीता की हृदय परीक्षा लेना, राम-बाली संवाद, सीता निर्वासन के समय लक्ष्मण-सीता संवाद। किन्तु ये स्थल बहुत मार्मिक नहीं बनाए जा सके हैं। स्थान-स्थान पर उस समय के पराधीनता जन्य क्लेश और भविष्य की आशापरक परिकल्पना को जड़ दिया गया है। किन्तु सब मिलाकर उन्होंने राम-कथा का परम्पराभुक्त रूप ही प्रस्तुत किया। यही कारण है कि राम-चरित चिन्तामणि का स्वागत नहीं हुआ।

उनकी भाषा भी समय से पिछड़ी हुई है। व्याकरणगत भ्रांतियों के साथ-साथ उनमें भाषा परिनिष्ठितता की भी कमी मिलती है। उस समय तक भाषा का रूप बहुत कुछ स्थिर हो चुका था। किन्तु उपाध्याय जी ने इसका लाभ नहीं उठाया। उनके सम्बन्ध में इतना ही कहा जा सकता है कि वे भरसक युग के साथ थे।

लोचन प्रसाद पाण्डेय (१८८६-१९५९) छत्तीसगढ़ के निवासी थे। उनकी रचनाएँ आनन्द कादम्बिनी, सरस्वती, हिन्दी प्रदीप, इन्दु, मर्यादा, प्रभा, सम्मेलन पत्रिका आदि में बराबर प्रकाशित होती रही हैं। विषय की दृष्टि से उनके काव्य में विविधता दिखाई देती है। नीतिकविता (१९०६), मेवाड़गाथा (१९१४), पद्यपुष्पांजलि (१९१५) आदि उनके काव्य

। नीति-कविता में नीति से सम्बद्ध विषय हैं। मेवाड़गाथा में चित्तौड़ के राणा भीमसिंह के ानुपम त्याग की गाथा है। पद्यपुष्पांजलि में देशभक्ति विषयक रचनाएँ हैं। ग्रीष्म, वर्षा, मन्त, मन्दाकिनी गंगा आदि में प्रकृति को आलम्बन के रूप में सामान्य ढंग से चित्रित किया या है। शिक्षा, हिन्दू विश्वविद्यालय, हिन्दी राष्ट्रभाषा आदि विवरणात्मक रचनाएँ हैं। मृगी ःखमोचन की सरसता सराहनीय है।

पांडेय जी की रचनाओं में जो इतिवृत्तात्मकता और विवरण की प्रधानता मिलती वह द्विवेदी जी के प्रभावमण्डल की विशेषता है। भाषा अपरिष्कृत और सदोष है।

द्विवेदी जी के प्रभाव और प्रोत्साहन से जो रचनाएँ प्रकाश में आईं वे सामान्यतः र्णनात्मक और विवरणात्मक हैं। जो लोग सीधे उनसे प्रभावित नहीं थे वे भी उस परिवेश मुक्त नहीं हो सके।

सियारामशरण गुप्त (१८९५-१९६३)—इस समय के दूसरे विशिष्ट कवि हैं जिनके ाहित्य में साधना, तपश्चर्या और करुणा का स्वर मुखरित हुआ है। बार-बार प्रश्न उठाया या है कि जब अन्य कवि पौरुष, ओज, देशभक्ति आदि का राग सुना रहे थे तब सियारामशरण ाबसे अलग करुणरागिनी छेड़े हुए थे। ऐसा क्यों, इसे कुछ लोग उनकी अपनी पारिवारिक स्थिति, दैवी प्रकोप, शारीरिक रुग्णता से सम्बद्ध करते हैं। यह आंशिक रूप में सच है। पर ास समय के राजनीतिक वातावरण में उल्लास और करुणा दोनों व्याप्त थे। अपनी रुचि, ारिष्कृति के कारण सियारामशरण गुप्त ने दूसरे को ही चुना। इनकी पहली रचना 'मौर्य वेजय' १९१४ में प्रकाशित हुई और उसमें राष्ट्रीय चेतना का अन्तर्भाव है। पर इनके शेष काव्य अनाथ, दूर्वादल, निषाद, आर्द्रा, आत्मोत्सर्ग, पाथेय, मृण्मयी, बापू, दैनिकी, उन्मुक्त, नकुल, नोआखाली, जयहिन्द और गीता संवाद सन् १९२० के बाद प्रकाशित हुए। इनमें सामान्यतः जीवन की साधना, सात्विकता, शुद्ध बुद्धत्व की सहज अभिव्यक्ति हुई है। उनमें मैथिलीशरण गुप्त की भाँति भावनामयता नहीं है, हास-विलास नहीं है—पर है एक ईमानदार कवि की प्रामाणिक अनुभूति की अभिव्यक्ति। यह कहीं भी नैराश्य की सृष्टि नहीं करती, उनकी मानववादी दृष्टि ने सामान्यतः दुखियों का ही चित्र खींचा है। काव्य सौन्दर्य के विचार से भी ये कम नहीं ठहराये जा सकते। इसके प्रमाण में 'बापू' को प्रस्तुत किया जा सकता है। वास्तविकता यह है कि '२० के बाद हिन्दी में छायावादी काव्य बहुत कुछ प्रतिष्ठित हो चुका था और गुप्त जी अभी द्विवेदी युगीन संवेदना (सुधारवादी दृष्टिकोण से सम्पृक्त) को ही वाणी दे रहे थे। उनकी कविता युग के पीछे थी। इसलिए उनकी ओर दृष्टि का न जाना अस्वाभाविक नहीं था।

इस काल में कुछ ऐसे कवि भी हुए हैं जो मूलतः ब्रजभाषा के संस्कारी कवि थे किन्तु खड़ीबोली के काव्य से प्रभावित होकर खड़ीबोली में भी रचनाएँ कीं। वे द्विवेदी जी के प्रभाव के बाहर नहीं कहे जा सकते। द्विवेदी जी द्वारा सम्पादित 'कविताकलाप' में पूर्ण और शंकर की कविताएँ भी सम्मिलित हैं।

राय देवीप्रसाद पूर्ण और नाथूराम शंकर शर्मा, गया प्रसाद शुक्ल सनेही को आचार्य शुक्ल ने द्विवेदी मण्डल के बाहर की काव्यभूमि के अन्तर्गत रखा। किन्तु उनकी जिन प्रवृत्तियों,

देश-दशा, समाज-दशा, आचार-विचार, त्याग-वीरता, ऐतिहासिक प्रसंग आदि का उन्हों उल्लेख किया है वे स्वयं द्विवेदी मण्डल या उन दो दशकों की विशेषताएँ हैं।

राय देवीप्रसाद पूर्ण (१८६८-१६१५) की अधिकांश कविताएँ ब्रजभाषा में लिख गई हैं। प्रदर्शनी-स्वागत में सामाजिक अवस्था से समबद्ध २०६ छप्पय और 'स्वदेश कुण्डल में देशभक्ति के सम्बन्ध में ५२ कुण्डलियाँ संगृहीत हैं। ये कविताएँ सामान्यतः प्रचार-मूलव और सुधारवादी हैं।

विषय-वस्तु के रूप में स्वदेशी वस्तुओं का प्रयोग, पारस्परिक सहयोग, विदेशियं द्वारा धन का अपहरण, भारतीय समाज की अधोगति आदि को ग्रहण किया गया है तो दूसर ओर सन् १६११ वाले दिल्ली दरबार को भी लिया गया है। यह प्रवृत्ति भारतेन्दु मंडल क उस काव्य-परंपरा के मेल में है जिसमें देशभक्ति और राजभक्ति दोनों को सम्मिलित किय जाता रहा है। 'मनमंदिर', 'विश्व वैचित्र्य' में भक्ति और वेदान्त संबंधी रचनाएँ हैं। 'चेतावनी में सनातन धर्म के समक्ष आर्य समाज को संकीर्ण बतलाया गया है। इन उपदेशात्मक और प्रचारात्मक रचनाओं के अतिरिक्त उन्होंने 'अमलतास' और 'बसंतवियोग' नामक रचनाएँ भी की हैं जो अपेक्षाकृत अधिक सरस और कल्पनात्मक हैं। दोनों में प्रकृति वर्णन का प्राधान्य है।

'बसंतवियोग' एक लंबी कविता है जिसमें दो भाग और छह अध्याय हैं। इसमें भारत भूमि को एक उद्यान के रूप में कल्पित किया गया है। गुण की दृष्टि से इसमें सत्त्व की प्रधानता है। प्राचीन काल में इस उद्यान में बारह मास बसंत शोभायमान रहता था। अयोध्या, मथुरा, चित्रकूट आदि क्यारियाँ स्वर्गीय पुष्पों से अभिमंडित थीं। इसके माली (सम्राट्) अपूर्व थे। विक्रमादित्य और पृथ्वीराज जैसे मालियों ने इसे प्रफुल्लित रखने का प्रयास किया पर प्रमाद तथा अनैक्य के कारण यह संभव न हो सका। अंत में माली तपस्या के निमित्त मानसरोवर की ओर चले जाते हैं। अन्त में आकाशवाणी होती है कि विक्रम की बीसवीं शताब्दी में पश्चिमी शासन के अन्तर्गत इसकी पुनः उन्नति होगी।

पूर्ण की रचनाओं का महत्व काव्य-सौंदर्य की दृष्टि से नहीं आँका जा सकता। पर बीसवीं शताब्दी ईस्वी के प्रथम दो दशकों में संगृहीत विषय-वस्तु प्रायः वे ही हैं जो अन्य कवियों की। उनकी खड़ीबोली व्याकरण सम्मत होते हुए भी व्यवस्थित नहीं है। इसमें अनेक प्रकार की बोलियों का सम्मिश्रण है जो खड़ीबोली की शक्ति-संपन्नता का ही परिचायक है।

नाथूराम शंकर शर्मा (१८५६-१६३५) ने समस्यापूर्तियों के साथ काव्यक्षेत्र में प्रवेश किया। यह प्रवृत्ति रीतिकालीन ब्रजभाषा काव्य परम्परा के अनुरूप है। वे जिस संक्रांतिकाल में रचना कर रहे थे, उसमें पुरानी और नई काव्य-परम्परा दोनों के दर्शन होते हैं। उर्दू की काव्य-परंपरा से वे खूब परिचित थे। उसके कारण उनके काव्य में वैदग्ध्य और बाँकपन आ गया है। शंकर एक ओर समस्यापूर्ति में सिद्धहस्त थे तो दूसरी ओर नवीन सामाजिक-राजनीतिक समस्याओं के प्रति पूर्णतः जागरूक। अपनी चमत्कारपूर्ण अनूठी समस्यापूर्तियों के लिए वे पदक तथा उपाधियों से सम्मानित होते थे।

किन्तु उनका महत्त्व इतिहास की प्रगतिशील धारा का साथ देने और उसे आगे

बढ़ने में है। महावीरप्रसाद द्विवेदी की सरस्वती की लाज रखने की अपील पर 'हमारा अधःपतन', 'समालोचक लक्षण', 'पावस पंचाशिका' आदि रचनाएँ उन्होंने प्रकाशनार्थ भेजीं। ये रचनाएँ १९०६-७ की 'सरस्वती' के कुछ अंकों में प्रकाशित हुईं । इन रचनाओं पर अपनी सम्मति देते हुए ग्रियर्सन ने कहा था कि खड़ीबोली में सुन्दर और सरस रचनाएँ हो सकती हैं।

उनकी सामाजिक रचनाओं का मूल स्वर व्यंग्यपरक है। 'गर्भरंडा-रहस्य' इसी तरह का प्रबंधकाव्य है। इसमें विधवाओं की हीन दशा और मन्दिरों में होने वाले दुराचारों का भंडाफोड़ किया गया है। व्यंग्य के फलस्वरूप उनकी भाषा में जो कर्कशता आई है वह उस तरह की कविताओं तक ही सीमित है। विषयानुरूप भाषा में सरसता का गुण भी विद्यमान है। बालकृष्ण शर्मा नवीन ने उनके संबंध में कहा है कि, 'शंकर जी शब्दों के स्वामी, भाषा के अधीश्वर, मुहावरों के सिरजनहार और साहित्य के अखाड़े के अक्खड़ पहलवान थे।'

इन्होंने खड़ीबोली में समयानुकूल विषयों पर कविताएँ ही नहीं लिखीं बल्कि उसे नवीन काव्य शैली और छंदों की निर्दोष विधियाँ भी दीं। भाषा को परिमार्जित करने के साथ ही उन्होंने उसे अभिव्यंजना की नूतन भंगिमाएँ प्रदान की हैं। सनेही जी के सवैयों और गोपालशरण सिंह के कवित्तों पर उनके टकसालीपन का प्रभाव देखा जा सकता है। शंकर की रचनाओं का एक वृहद् संग्रह 'शंकर सर्वस्व' के नाम से प्रकाशित हो चुका है।

गयाप्रसाद शुक्ल सनेही (१८८३-१९७२) पूर्णजी की भाँति ब्रजभाषा और खड़ीबोली दोनों के माध्यम से रचनाएँ करते रहे हैं। प्रारम्भ में समस्यापूर्तियों का इन्हें भी काफी शौक था। समस्यापूर्ति मध्यकालीन काव्य की जड़ परम्परा अवश्य थी। पर इसके द्वारा एक विशेष अनुशासन में भी बँधना पड़ता है। इन कवियों ने समस्यापूर्ति के अनुशासन का परिचय खड़ीबोली में भी दिया। फलतः इनका खड़ीबोली का काव्य एक प्रकार का टकसालीपन लिये हुए है।

ये 'सनेही' और 'त्रिशूल' दोनों उपनामों से कविता करते थे। 'सनेही' नाम से लिखी गई कविताएँ सरस और कलात्मक सौष्ठव से संपृक्त हैं। त्रिशूल नाम से वे समसामयिक विषयों पर लिखा करते थे। सन् १९२८ में इन्होंने 'सुकवि' नाम की एक पत्रिका भी निकाली जो '५० तक बराबर निकलती रही। इससे अनेक नए कवि प्रकाश में आए। प्रेमपचीसी, कृषकक्रंदन, राष्ट्रीय मन्त्र, राष्ट्रीय वीणा, त्रिशूल तरंग, कला में त्रिशूल, संजीवनी और करुणा कादम्बिनी काव्य-संग्रह प्रकाशित हो चुके हैं। सनेही जी कवि-सम्मेलनों के बादशाह माने जाते रहे हैं। पर कवि-सम्मेलनों के कारण उनकी रुचि मध्यकालीन काव्य-चमत्कार में उलझकर सीमाबद्ध हो गई।

लाला भगवानदीन (१८६६-१९३०) और सत्यनारायण कविरत्न (१८८०-१९१८) दोनों इन दो दशकों की मुख्य धारा से अलग थे। लालाजी ने तो खड़ीबोली में भी कविताएँ लिखीं पर कविरत्न जी ब्रजी में पूरे तौर पर सने हुए जीव थे। फिर भी युगीन चेतना से संपृक्त थे। लालाजी पुरानी काव्यधारा के प्रति अत्यधिक आस्था रखते थे। रोमैंटिक काव्यधारा के वे कट्टर विरोधी थे। इसे वे 'छोकरावाद' की संज्ञा देते **थे। 'बीर पंचरत्न'** वीररस की

कविताओं का संग्रह है, दीन-विद्यालय की ओर से उनकी कविताओं का संग्रह दीनग्रंथावली भाग १ नाम से प्रकाशित हो चुका है। वे पुराने काव्य के मर्मज्ञ थे। वस्तुतः उनकी ख्याति टीकाकार के रूप में ही अधिक है। उन्होंने रामचन्द्रिका, कविप्रिया, रसकप्रिया, कवितावली और बिहारी सतसई पर विद्वत्तापूर्ण टीकाएँ लिखीं। उन्होंने 'अलंकार मंजूषा' नाम का अलंकार-ग्रंथ और व्यंग्यार्थमंजूषा नाम से शब्दशक्ति सम्बन्धी ग्रंथ लिखा। वे ब्रजभाषा के मर्मज्ञ थे और उसमें कविताएँ लिखते थे। उनकी खड़ीबोली की कविता के सम्बन्ध में आचार्य शुक्ल ने ठीक ही लिखा है—'खड़ीबोली की कविताओं का तर्ज उन्होंने प्रायः मुंशियाना ही रखा था। बह्र, या छंद भी उर्दू के रखते थे और भाषा में चलते अरबी या फारसी शब्द भी लाते थे।"

जगन्नाथ दास रत्नाकर (१८६६-१६३२) बनारस के रहने वाले थे। ब्रजभाषा-काव्य के अन्तिम प्रौढ़ कवि माने जाते हैं। ब्रजभाषा में कविता लिखने का कार्य तो बाद में भी चलता रहा पर बिहारी की तरह भाषा की चुस्ती और मतिरामपद्माकर के कवित्त-सवैयों का टकसालीपन केवल रत्नाकर में मिलता है।

उनकी रहन-सहन, भेष-भूषा और अभिरुचि मध्यकालीन है। बिहारी उनके सर्वाधिक प्रिय कवि थे। सतसई पर लिखी हुई उनकी टीका 'बिहारी रत्नाकर' अपनी अर्थवत्ता में बेजोड़ है। बिहारी की तरह ही उनमें क्लासिकल संयम तथा शब्द-प्रयोग में अर्थ की कसावट है। वे सूझ-बूझ में अप्रतिम उक्ति-वैचित्र्य में अत्यन्त विशिष्ट तथा बिम्ब-विधान के अद्भुत स्त्रष्टा हैं। उद्धवशतक (१६२६) उनका प्रौढ़तम काव्य है। हिन्डोला, शृंगारलहरी, वीराष्टक, गंगावतरण आदि उनके अन्य काव्य-ग्रंथ हैं। रत्नाकर की श्रेष्ठ काव्य-प्रतिभा अतीत की स्मृति रक्षा का बेजोड़ प्रयास है। यही कारण है कि खड़ीबोली कविता के जमाने में भी उन्होंने लोगों का ध्यान आकृष्ट किया।

सत्यनारायण कविरत्न (१८८०-१६१८) का जीवन—जीवन की ट्रेजिडी था। वे दरिद्रता, असंतोष और पारिवारिक कलह के विष को मौन भाव से पीते रहे। प्रारम्भ में वे शृंगारिक समस्याओं और दोहों का पल्लवन करने में अधिक संलग्न थे। किन्तु समय की माँग के अनुरूप उन्होंने राष्ट्रीय भावनाओं से सम्बद्ध काफी रचनाएँ कीं। वन्देमातरम्, करुणाक्रन्दन आदि कविताओं में देश-दुर्दशा का चित्रण मिलता है। वह उस राष्ट्रीय चेतना के मेल में है जिसकी शुरुआत भारतेन्दु के समय में हुई थी। अपने समय के अनेक सांस्कृतिक महापुरुषों पर भी उन्होंने कविताएँ लिखीं। श्री तिलकवन्दना, श्री सरोजिनी नायडू षट्पदी, रवीन्द्रवंदना, श्री रामतीर्थाष्टक, गाँधीस्तव आदि इसी तरह की रचनाएँ हैं। उनकी फुटकल कविताएँ 'हृदय तरंग' संग्रह में संकलित हैं। इसी संग्रह में उनकी बहुचर्चित रचनाएँ 'भ्रमरदूत' और 'प्रेमकली' हैं। भ्रमरदूत नन्ददास के रासपंचाध्यायी के ढंग पर लिखा गया है। इसके माध्यम से भी उन्होंने राष्ट्रीय भावों की अभिव्यक्ति का स्थान निकाल लिया है।

उनकी ब्रजभाषा उनके जीवन की तरह ही साधु और सरस है। आधुनिक ब्रजभाषा के कवियों में रसमग्न करने की जितनी क्षमता कविरत्न की भाषा में है उतनी अन्य किसी कवि की भाषा में नहीं है। भारतेन्दु के कवित्त सवैयों को छोड़कर पदों की भाषा कर्कश है।

रत्नाकरी भाषा पर रेहटारिक का गहरा रंग है। किन्तु कविरत्न की भाषा मीरा की भाषा की तरह स्वतः स्फूर्त है। रत्नाकर और भारतेन्दु ने ब्रजभाषा में मध्यकालीन भावनाओं का ही संरक्षण किया। लेकिन कविरत्न ने मध्यकालीन भाषा और भाव को नई चेतना से अभिमंडित कर उसे बहुत कुछ युगानुकूल बनाने की चेष्टा की। इस दृष्टि से साहित्य के इतिहास में उनके योग का आकलन अभी शेष है।

ब्रजभाषा और खड़ीबोली में काव्य-रचना करने वाले अन्य लोगों में रामचन्द्र शुक्ल, दुलारेलाल भार्गव, वियोगी हरि, रामनाथ ज्योतिषी, रामकृष्णदास, अनूप शर्मा, जगदम्बा प्रसाद हितैषी आदि उल्लेख्य हैं।

स्वच्छन्द काव्य धारा

रीतिकाल की छंदों, रसों और अलंकारों के बन्धनों में बँधी कविता को भारतेंदु और उनके मंडल के लोग शिथिल नहीं कर सके। उसकी भाषा ब्रजभाषा थी, छंद मध्यकालीन थे, अभिव्यंजना की पद्धति और शिल्प का विधान भी पुराना था। श्रीधर पाठक पहले व्यक्ति हैं जिन्होंने प्रकृति से स्वतन्त्र चित्रण की ओर लोगों का ध्यान आकृष्ट किया, ख्याल और लावनी जैसे ग्रामीण लय को साहित्यिक रूप दिया, काव्य में उस परोक्ष सत्ता का समावेश किया जो छायावादी काव्य की एक विशेषता मानी जाती है। इसलिए इस धारा के प्रवर्तन का श्रेय उन्हीं को दिया जाता है।

श्रीधर पाठक (१८५९ ई०-१९२८ ई०) की रचनाओं को दो श्रेणियों में बाँटा जा सकता है—अनूदित और मौलिक। अनूदित काव्यों में सर्वप्रथम उन्होंने ग्रे की शेफर्ड एण्ड फिलासफर पुस्तक का गड़रिये और दार्शनिक शास्त्री नाम से अनुवाद किया। गोल्डस्मिथ के तीन काव्यों—हरमिट, ट्रेवलर और डेजर्टेड विलेज—को बाद में अनूदित किया गया। हरमिट का एकान्तवासी योगी, ट्रेवलर का श्रान्त पथिक और ड्रेजर्टेड विलेज का ऊजड़ग्राम के नाम से अनुवाद किए गए हैं। पहले दो अनुवादों की भाषा खड़ीबोली है और तीसरे की ब्रजभाषा। कालिदास के ऋतुसंहार के प्रथम तीन सर्गों का अनुवाद ब्रजभाषा में किया गया है। इसमें कुछ पद खड़ीबोली के भी हैं। इजावियला कीट्स की इजाबेला (दी थाट ऑफ वाखल) का भावानुवाद है।

उनकी मौलिक कृतियों में 'जगत सचाई सार', 'कश्मीर सुषमा', और 'भारतगीत' प्रमुख हैं। 'जगत सचाई सार' इक्यावन पदों की एक लम्बी कविता है। इसमें जगत् की सारता-निस्सारता पर विचार किया गया है। प्रायः योगियों और तत्त्वदर्शियों ने संसार को असार कहा है पर इस अद्भुत जगत् को निस्सार भी कैसे कहा जा सकता है। 'कश्मीर सुषमा' में प्रकृति को उद्दीपन के खाते से निकाल कर बहुत कुछ आलम्बन रूप में चित्रित किया गया है। 'भारतगीत' फुटकल गीतों का संग्रह है। मनोविनोद, धनविजय, गुनवन्त हेमन्त, वनाष्टक, देहरादून, स्वर्गीय वीणा आदि उनकी अन्य रचनाएँ हैं।

पाठक जी की समसामयिक विषयवस्तु भारतेन्दु की युगीन चेतना के मेल में है। वे भारत की दुर्दशा, आर्थिक विपन्नता से दुःखी अवश्य हैं पर 'ब्रिटेन की भारत के प्रति

कृतज्ञता' का गान करने में भी नहीं चूकते। वस्तुतः उनकी विशिष्टता प्रकृति के स्वतन्त्र चित्रण में ही सुरक्षित है। स्वच्छंदतावादी प्रवृत्ति वहीं पर दिखाई देती है।

विषय-वस्तु तथा अनुभूति की नवीनता की दृष्टि से पाठक जी का महत्व नहीं है। हाँ, भाषा की अभिव्यंजना को उन्होंने अवश्य बल दिया। प्रारम्भ में उनकी पदावली में ब्रजभाषा का मिश्रण, उर्दू शब्दों का मेल, संस्कृत की तत्सम शब्दावली का तालमेल दिखाई पड़ता है। पर बाद में वे भाषा की विशुद्धता पर बल देने लगे। 'मिश्रित या खिचड़ी भाषा के पद्य में यह योग्यता नहीं आ सकती' ऐसा उनका विचार था। संस्कृत शब्दों की सहायता की आवश्यकता वे स्वीकार करते थे पर अप्रचलित शब्दों और लम्बे समासों के प्रयोग के वे विरोधी थे।

रामनरेश त्रिपाठी (१८८९-१९६३) द्विवेदी जी के समय की इतिवृत्तात्मकता और छायावाद की आत्मनिष्ठता के बीच की कड़ी है। अभी तक देशभक्ति सम्बन्धी रचनाओं में दो प्रकार की प्रवृत्तियाँ दिखाई पड़ती हैं—एक तो देश की हीनता का विवरण, दूसरी भावुकतापरक (सेंटीमेंटल) चित्र। त्रिपाठी जी ने देशभक्ति को बहुत कुछ अनुभूतिपरक बनाया। फिर भी उनके पहले दो खण्डकाव्यों—'मिलन' और 'पथिक'—में उपदेशात्मक अंश कम नहीं हैं। गाँधी दर्शन की छाया में 'पथिक' सहज नहीं बन पाया है। किन्तु प्रकृति के रमणीय खण्ड दृश्यों के बीच उसका रूखापन कम हो जाता है। 'मिलन' का पथिक खूब देशभ्रमण करता है। इस भ्रमण से वह प्रकृति तथा जनसामान्य का सामीप्य प्राप्त करता है। त्रिपाठी जी का भ्रमण स्वयं अपना है। बिना देश में रमे हुए देशप्रेम की अनुभूति सम्भव नहीं है। 'मिलन' में विदेशी राज्य से स्वदेश के उद्धार तथा 'पथिक' में क्रूर एकतंत्र से मुक्ति पाने के लिए बलिदान की कहानी है। तीसरे खण्डकाव्य 'स्वप्न' में आक्रमणकारी शत्रु से देश की रक्षा की जो कथा कही गई है वह अपेक्षाकृत अधिक मार्मिक और मनोवैज्ञानिक है।

इस तीनों खण्डकाव्यों द्वारा जनतंत्र के तीन खतरों—विदेशी शासन, एकतंत्र और आक्रमणकारी शत्रुओं से अवगत कराया गया है। इन्हें काव्य में पहले पहल त्रिपाठी जी ने उठाया। इन खण्डकाव्यों की एक उल्लेखनीय विशेषता की ओर प्रायः ध्यान नहीं गया है और वह है युवकों का आवाहन। उन्होंने अन्य कवियों की तरह बाल, वृद्ध, युवक सभी को एक जुट होकर देशोद्धार के लिये आहूत नहीं किया है। यह आवाहन केवल भावात्मक होता है। इस तरह का भार मुख्यतः युवापीढ़ी ही उठाती है। त्रिपाठी जी ने इसी पीढ़ी को इस कार्य में संलग्न किया है। पराधीनता के दुःख-दर्द का काव्य में उल्लेख बहुत हो चुका है। किन्तु अपने स्वत्त्व और अधिकार भाव के प्रति गहरा संकेत नहीं किया गया था। पथिक कहता है—

> तुम अपने सुख के प्रबन्ध के हो न पूर्ण अधिकारी।
> यह मनुष्यता पर कलंक है प्रिय बन्धु, तुम्हारी।।
> पराधीन रहकर अपना सुख शोक न कह सकता है।
> यह अपमान जगत् में केवल पशु ही सह सकता है।।

'स्वप्न' में गहरे अन्तर्द्वन्द्व की पृष्ठभूमि में देशभक्ति का प्रभावशाली चित्रण है। किसी

महत्त्वपूर्ण कार्य के लिए स्वप्न देखना जरूरी है। किन्तु उसे कार्यरूप देने में ही 'स्वप्न' की चरितार्थता है और इस तरह का सपना युवावर्ग ही देख सकता है।

इन तीनों खण्डकाव्यों में अनुभूति, कल्पना, वैयक्तिक स्पर्श और अभिव्यंजना की नवीनता देखी जा सकती है। देश की दशा को इन काव्यों में अनुभूति के स्तर पर चित्रित किया गया है। इसे प्रभावशाली बनाने के लिए कवि ने देश की दुर्दशा का चित्रण वैयक्तिक, दुःख-सुख के संदर्भ में किया है।

इसके फलस्वरूप वह अधिक तीखा हो गया है। उनके शब्द शिल्प को पन्त में और अभिधा द्वारा काव्यात्मक अभिव्यक्ति को निराला में देखा जा सकता है। मूर्त उपमेय के लिए अमूर्त उपमान, अमूर्त के लिये मूर्त उपमान, मानवीकरण, लाक्षणिक, प्रयोग आदि को छायावादी काव्य का पूर्वाभास कहा जा सकता है—

सर्वोपरि उन्नत मन की सी लक्षित अचल ऊँचाई।
एक घड़ी को भी न किसी के लिए हुई सुखदाई।।

× × ×

हुई निविड़ तम में प्रभात-बेला-सी जागृत आशा।

× × ×

दुख से पका हृदय निशि-वासर, आश्रित चिन्ता पर था।
कहीं शब्द से छू न जाय, हर घड़ी उन्हें यह डर था।।

रामनरेश त्रिपाठी की इस नवीन प्रवृत्ति को **मुकुटधर पाण्डेय** (१८९५ ई०) ने और आगे बढ़ाया। उन्होंने १९११-१२ के आसपास खड़ीबोली में कविता लिखना आरम्भ किया। इस समय तक नए काव्य के लिये बहुत कुछ मार्ग प्रशस्त हो चुका था। पाण्डेय जी की प्रारम्भिक रचनाएँ विषय प्रधान हैं। किन्तु १९१४ के 'इन्दु' में प्रकाशित 'पंथी' की कविता में आत्मानुभूति की प्रमुखता परिलक्षित होती है। इसमें भावी जीवन के प्रति नैराश्य और कर्म के प्रति जागरूकता दोनों का चित्रण हुआ है। प्रेमबन्धन (१९१३), आँसू (१९१६) में प्रेम सम्बन्ध में रोमैंटिक आदर्श प्रतिफलित है। प्रेम को उसने आत्मसमर्पण और उच्चतर भावना से जोड़ा है। भ्रमर की गूँज, नदियों की कलकल ध्वनि, गिरिनभ के आलिंगन में प्रेम की प्रतिध्वनि का सुनाई पड़ना उस भावना के व्यापक प्रसार का पूर्वरूप है, जो छायावादी काव्य में पाई जाती है। जिस निस्सीम प्रेम को छायावादी कवियों ने अपना वर्ण्य विषय बनाया उसके विस्तार-प्रसार और परोक्ष को आभासित करने वाले रूप को पाण्डेय जी की रचनाओं में देखा जा सकता है। विश्वबोध, नमक की डली आदि रचनाएँ अव्यक्त के प्रति जिज्ञासा तथा अद्वैत तत्त्व की ओर संकेत करती हैं। प्रकृति पर कवि की अपनी भावनाओं का आरोप निम्नलिखित अवतरण में देखा जा सकता है—

जब मध्याह्न पवन ने आकर, तप्त किया जलथल आकाश।
पाया मैंने उसमें तेरे, व्यथित हृदय का खर विश्वास।।
कलनिनादिनी तटिनी ने भी, संध्या को हो भ्रांत महान।
पहुँचाया मेरे कानों तक, विरह वेदना का तब गान।।

मुकुटधर पाण्डेय की वैयक्तिकता, कल्पना, अनुभूतिमयता, जिज्ञासा, राष्ट्रीयता, लाक्षणिकता, बिम्ब-विधान आदि से छायावादी काव्य का सीधा सम्बन्ध जोड़ा जा सकता है और जोड़ा जाना चाहिए। उसे प्रकृत स्वच्छन्दतावाद से अलग विदेशी प्रभावापन्न मानना तर्क-संगत नहीं है। 'छायावाद' नाम के प्रवर्तन का श्रेय भी उन्हीं को है। इसके प्रमाण में जबलपुर से प्रकाशित होने वाली पत्रिका 'शारदा' में छपे उनके तीन लेख प्रस्तुत किए जा सकते हैं। रूपनारायण पाण्डेय मूलतः स्वच्छन्दतावादी कवि हैं। व्यापक अर्थ में सुभद्रा कुमारी चौहान, गुरुभक्त सिंह, गोपालशरण सिंह आदि को इसी धारा के अन्तर्गत माना जायगा।

गद्य

बीसवीं शताब्दी के प्रारम्भ में भारतेंदु हरिश्चन्द्र द्वारा प्रवर्तित 'हरिश्चन्द्री हिन्दी के विकास में गतिरोध दिखाई देने लगता है। भारतेन्दु के समय में शिक्षा का इतना प्रसार नहीं था, यातायात की सुविधाएँ भी कम ही थीं। हिन्दी सामान्य उपयोग की भाषा नहीं बन पाई थी। भारतेन्दु और उनके मंडल के लोग मिशनरी उत्साह से उसकी संवर्धना में लगे हुए थे। सार्वजनिक जीवन के साथ जब तक किसी भाषा का जीवंत और उपयोगितावादी सम्बन्ध नहीं होता तब तक उसके विकास में गतिरोध का आ जाना स्वाभाविक है। पर जो भाषा अपने देश के मिट्टी-पानी से उत्पन्न होती है वह प्रकाश्य रूप से गतिरुद्ध होकर भी प्रच्छन रूप से प्रवहमान रहती है।

हिन्दी इस भारत के हृदय-देश की भाषा है, इसीलिए स्वामी दयानन्द सरस्वती ने आर्यसमाज के प्रचार के लिए इसी को माध्यम बनाया। सन् १६०० ई० में इसे उत्तर प्रदेश (तब संयुक्त प्रान्त) की कचहरियों में स्थान मिला। अपनी भाषा अब काम-काज की भाषा बन गई। १८६३ ई० में नागरीप्रचारिणी सभा की स्थापना हो चुकी थी। यातायात के साधनों तथा व्यापारिक सुविधाओं के बढ़ जाने से यह स्वभावतः अन्तर्प्रान्तीय व्यवहार की भाषा बनती जा रही थी।

लेकिन इसके प्रसार के कारण इसमें उर्दू, मराठी, बंगला की पदावली और रंग भी आए। उत्तर भारत में अभी तक उर्दू की प्रधानता थी। इसलिए इधर के बहुत से लेखकों की भाषा में उर्दू-फारसी-अरबी की शब्दावली का धड़ल्ले से प्रयोग होने लगा। बिहार (१६१२ ई ०) तक बंगाल का एक भाग था। बिहारी लेखकों की भाषा में बंगला की गुंफित पदावली आई। राजा राधिकारमण प्रसाद सिंह की रचनाओं में इसे देखा जा सकता है। महाराष्ट्र और मध्यप्रदेश के लोगों की भाषा में मराठी का प्रभाव परिलक्षित होता है। गंगा प्रसाद अग्निहोत्री की भाषा पर मराठी की स्पष्ट छाया है।

संस्कृत भाषा के प्रति अतिरिक्त उत्साह से भरे हुए लोग, जिनके अवशिष्ट आज भी मौजूद हैं, हिन्दी पर उसे पूरा-पूरा लाद देना चाहते थे। सुधाकर द्विवेदी ने इस प्रकार की भाषा का एक उदाहरण देते हुए अपनी 'राम कहानी' में इसका अच्छा मखौल उड़ाया है। "आपके समागमनार्थ में गत दिवस आपके धाम पर पधारा, गृह का कपाट मुद्रित था,

आपसे भेंट न हुई, हताश होकर परावर्तित हुआ।" इसके अतिरिक्त भोजपुरी, अवधी, ब्रजी शब्दावली का समावेश भी धड़ल्ले से हो रहा था।

महावीर प्रसाद द्विवेदी (१८६४-१९३८)—महावीर प्रसाद द्विवेदी ने भाषा की अस्थिरता और व्याकरणगत त्रुटियों को दूर करने का अथक प्रयास किया और इसमें कोई संदेह नहीं कि भाषागत अराजकता में व्यवस्था लाने का सर्वाधिक श्रेय उन्हीं को है। भाषा का स्वरूप गठित होने के साथ ही द्विवेदी जी ने हिन्दी गद्य को अनेक प्रकार की शैलियाँ भी दीं।

'सरस्वती' के माध्यम से उन्होंने गद्य-पद्य दोनों की भाषा को व्यवस्थित और भावों तथा विचारों को अभिव्यक्त करने में समर्थ बनाने की चेष्टा की। इस समय पढ़े-लिखे लोगों का एक वर्ग—मध्यमवर्ग—तैयार हो चुका था। उनका समस्त प्रयास साहित्य को इस वर्ग की शिक्षा और मर्यादा के अनुरूप बनाना था। यही कारण था कि उन्होंने गद्य में निबन्ध की विधा पर विशेष जोर दिया। बेकन के निबन्धों के अनुवाद 'बेकन-विचार-रत्नावली' का प्रकाशन विचाराभिव्यक्ति को दिशा देने के लिए ही किया गया ।

द्विवेदी जी द्वारा लिखे गए छोटे-बड़े निबन्धों की संख्या लगभग तीन सौ है। उनमें से बहुत से पुस्तकाकार में प्रकाशित हो चुके हैं। जैसे, रसज्ञरंजन, लेखांजलि, संचयन, संकलन, अद्‌भुत आलाप, साहित्य सीकर, साहित्यसंदर्भ, समालोचना समुच्चय, प्राचीन कवि और पंडित, विचार-विमर्श, आलोचना आदि।

द्विवेदी जी के निबन्धों को आचार्य शुक्ल ने बातों का संग्रह कहा है। इसका मुख्य कारण है कि उनके निबन्धों में विचारों की वह गूढ़ गुंफित परम्परा नहीं मिलती जिससे पाठक की बुद्धि उत्तेजित होकर किसी नई विचार-पद्धति पर दौड़ पड़े। शुक्ल जी ने प्रकारान्तर से अपने निबन्धों की शैली की ओर संकेत किया है। पर द्विवेदी जी जिस भाषा और शैली का विधान कर रहे थे उसे शुक्ल जी के निबन्धों की नींव समझनी चाहिए।

उन्होंने बताया है कि 'ज्ञानराशि के संचित कोष ही का नाम साहित्य है'। यह संचय उन्होंने जगह-जगह से किया है, काव्यप्रकाश से, साहित्यदर्पण से, रविबाबू के 'काव्यों की उपेक्षिताएँ' से, कृष्णानन्द कवि के 'प्रबंध सहृदयानन्द' से (हंससंदेश), नैषधचरित से (नल का दुस्तर दूत कार्य) आदि। इस तरह वे संग्राहक की भूमिका निभाते हुए दिखाई पड़ते हैं। यह ज्ञानराशि भी उपयोगिता-मूलक और सात्विक है।

इस ज्ञानराशि को उन्होंने सुगम भाषा में प्रस्तुत किया है। वे सरल और व्यावहारिक भाषा के पक्षपाती थे—"मैं तो सरल भाषा के लेखक को बहुत बड़ा लेखक मानता हूँ—दूसरी भाषाओं के शब्दों और भावों को ग्रहण कर लेने की शक्ति रखना ही सजीवता का लक्षण है—हमें केवल यह देखते रहना चाहिए कि इस सम्मिश्रण के कारण कहीं हमारी भाषा अपनी विशेषता तो नहीं खो रही—बिगड़कर कहीं वह और कुछ तो नहीं होती जा रही, बस।" साफ है कि उन्होंने भाषा की मूर्ति गढ़ने का प्रयास किया। यद्यपि इस मूर्ति की संघटना में उनकी नैतिकता, उपयोगितावादी मनोवृत्ति का यथेष्ट योग है। फिर भी वह बाह्य नियमानुवर्तिता—व्याकरणिक नियमानुवर्तिता— के बंधनों में अधिक जकड़ी हुई है। व्याकरण

के नियमों के पालन का परिणाम यह हुआ कि हिन्दी भाषा की एक विशिष्ट प्रकृति बनने लगी और लेखक इसकी परिणति के प्रति सावधान हो गए। द्विवेदी जी की भाषा-शैली का एक नमूना देखिए—

"कविता से विश्रान्ति मिलती है। वह एक प्रकार का विराम स्थान है। उससे मनोमालिन्य दूर होता है थकावट कम हो जाती है। चक्की पीसने के समय स्त्रियाँ, काम करने में मजदूर आदि, परिश्रम कम होने के लिए, गीत गाते हैं। जैसे मनुष्यों के लिए गाने की जरूरत है वैसे ही देश के लिए कविता की जरूरत है। प्रतिदिन नये-नये गीत बनते हैं और सब कहीं गाये जाते हैं। इसी नियमानुसार देश में समय-समय नई-नई कविताएँ हुआ करती हैं। यह स्वाभाविक किंवा नैसर्गिक योजना है।"

इस उद्धरण के शब्दों पर विचार करते समय पता लगता है कि वे एक मध्यवर्ती मार्ग का अनुसरण करना चाहते थे। संस्कृत के शब्दों का व्यावहारिक स्तर पर प्रयोग करना उन्हें अभीष्ट था। विश्रान्ति, मनोमालिन्य और नैसर्गिक ऐसे ही शब्द हैं जो सरल शब्दावली के साथ खप जाते हैं। सामान्यतः इसमें बोलचाल की भाषा के शब्द ही प्रयुक्त हैं। वे संस्कृत के मार्दव की जगह मृदुता रखना पसंद करते थे। मार्दव की कर्कशता हिन्दी की प्रकृति के अनुकूल नहीं थी। इस प्रकार विशेष्य के अनुसार विशेषण का लिंग परिवर्तन भी उन्हें अच्छा नहीं लगता था।

साफगोई इसकी दूसरी विशेषता है। सामान्य स्तर के पाठक को भी यह सहज ही बोधगम्य है। यों भाषा की जटिलता का बहुत कुछ संबंध विचारों की जटिलता से होता है। यहाँ विचार सरल हैं। सरल विचारों को भी साफगोई के साथ व्यक्त करना भाषा की विशेषता ही है।

वाक्य छोटे और परस्पर संबद्ध है। पर साफगोई और वैचारिक संयम का मेल न होने के कारण वे एक ही बात को बार-बार दुहराते हैं। आगे चलकर श्यामसुन्दरदास और रामचन्द्र शुक्ल की शैली में यह संयम आया।

उनमें संग्रह पर आग्रह है विश्लेषण पर नहीं, व्यवस्था पर जोर है उद्‌भावना पर नहीं, सरलता पर जोर है जटिल भावाभिव्यक्ति पर नहीं। किन्तु उस समय की इस उपलब्धि का ऐतिहासिक महत्त्व है।

इस भाषा-शैली का उस युग से घनिष्ठ संबंध है। वह भी कहा जा सकता है कि उस समय के पढ़े-लिखे समाज के ज्ञानवर्द्धन के लिए जरूरी था कि जो कुछ कहा जाय वह सरल और बोधगम्य हो। इस समसामयिक आवश्यकता ने उनकी भाषा-शैली के निर्माण में विशेष योग दिया।

श्याम सुन्दरदास (१८७५-१९४५) ने हिन्दी साहित्य को अनेक प्रकार से संबृद्ध किया। नागरीप्रचारिणी सभा की स्थापना, हिन्दी हस्तलिखित ग्रंथों की खोज, हिन्दी वैज्ञानिक कोश और शब्द सागर का संपादन करके उन्होंने हिन्दी को गंभीर दिशा की ओर मोड़ा। काशी हिन्दू विश्वविद्यालय में हिन्दी-विभाग के अध्यक्ष होने पर उच्चशिक्षा के योग्य 'साहित्यालोचन', 'भाषा-विज्ञान', 'हिन्दीभाषा का विकास' आदि पुस्तकें लिखकर सिद्ध किया

कि हिन्दी गद्य में श्रेष्ठ पुस्तकें लिखी जा सकती हैं। कई प्राचीन कवियों के ग्रंथों का संपादन कर उन्होंने स्नातकोत्तर कक्षाओं के लिए पाठ्यपुस्तकें तैयार कीं।

इसके अतिरिक्त उन्होंने साहित्यिक निबन्ध भी लिखे। 'समाज और साहित्य', 'भारतीय साहित्य की विशेषताएँ', 'कर्तव्य और सत्यता', 'तुलसीदास','सूरदास', 'हमारी भाषा' आदि निबंधों द्वारा उन्होंने जो विषय प्रतिपादन किया है उसमें वैचारिक तारतम्यता तो है पर अपेक्षित गंभीरता का अभाव है। फिर भी उसमें विश्लेषण का बीज सुरक्षित है जिसका विकास आगे चलकर शुक्ल जी की भाषा में हुआ ।

द्विवेदी जी की भाषा बोलचाल की भाषा के निकट है किन्तु बाबू साहब की भाषा संस्कृतनिष्ठ है। 'आश्रम-चतुष्ट्य' जैसी भाषा लिखना द्विवेदी जी को पसंद नहीं हो सकता था। वाक्य लंबे हैं, किन्तु अर्थबोध की दृष्टि से स्पष्ट है। द्विवेदी जी ने तद्भव शब्दों के व्यवहार द्वारा भाषा को स्वाभाविक दिशा की ओर प्रवाहित करने की चेष्टा की। किन्तु बाबू साहब ने कदाचित् शिक्षण को दृष्टि में रखते हुए तत्सम शब्दों का प्रयोग अधिक श्रेयस्कर समझा। मौलिकता उनमें भी नहीं है। पर भाषा को विश्लेषणक्षम बनाने में उनका प्रयास निश्चय ही स्तुत्य है।

बाबू यशोदानन्दन अखौरी, विजयानन्द दुबे, मिश्रबंधु, चतुर्भुज औदिच्य, किशोरीदास वाजपेयी, कृष्णबल्देव वर्मा, स्वामी सत्यदेव परिव्राजक, मन्नन द्विवेदी, केशवप्रसाद सिंह आदि ने अनेक प्रकार की शैलियों के प्रादुर्भाव में योग दिया।

बालमुकुन्द गुप्त (१८६५-१६०७)—यद्यपि गुप्त जी पुनर्जागरण युग और पूर्व-स्वच्छन्दतावादी युग के संधि-काल में हुए फिर भी उन्हें पुनर्जागरण युग के अन्तर्गत ही रखा जाता है। क्योंकि उनका कार्यकाल इस युग में भी चला आया है। वे द्विवेदी जी के प्रभाव-मंडल के बाहर थे— कालक्रम की दृष्टि से भी और भाषा-शैली की दृष्टि से भी। वे वस्तुतः भारतेन्दु की प्राणवत्ता लेकर आए किंतु भाषा-शैली के प्रति वे वैसे ही सतर्क थे जैसे द्विवेदी जी खुद।

हिन्दी में लिखने के पूर्व वे उर्दू पत्रकारिता में महारत हासिल कर चुके थे। 'अखबारे-चुनार' और लाहौर के 'कोहेनूर' उर्दू पत्रों का उन्होंने योग्यतापूर्वक संपादन किया। कानपुर के उर्दू मासिक 'नया जमाना' में भी वे बराबर लिखते रहे। १८८६ में वे कालाकाँकर के 'हिन्दुस्थान' में सह-संपादक के रूप में आए। किन्तु वैचारिक मतभेद के कारण उन्हें अलग होना पड़ा। १८६३ में वे 'हिन्दी बंगवासी' के संपादक हुए। बदरीनारायण चौधरी 'हिन्दी बंगवासी' को 'भाषा गढ़ने की टकसाल' बतलाते थे। उस टकसाल का कोई सिक्का बाबू बालमुकुंद गुप्त की छाप के बिना नहीं निकलता था। १८६६ में वे 'भारतमित्र' के संपादक नियुक्त हुए। उनकी ख्याति के आधार 'भारतमित्र' के संपादन-काल में लिखे गए 'शिवशंभु के चिट्ठे' और 'खत' हैं।

पुनर्जागरण युग में पुनर्जागरण की जो परम्परा चल निकली थी, गुप्त जी ने उसे ही अत्यंत व्यंग्यात्मक ढंग से प्रस्तुत किया। उनमें चोट करने तथा उसके माध्यम से भारतीयों में आत्मसम्मान भरने की अपूर्व क्षमता थी।

उन्होंने शिवशंभु शर्मा के नाम से ये पत्र लार्ड कर्जन को लिखे। लाला लाजपत राय ने 'कोहेनूर' में राधाकृष्ण के नाम से कुछ चिट्ठे छपवाये थे जो सर सैयद अहमद खाँ के हिन्दू-मुस्लिम एकता संबंधी नीति के विरोध में लिखे गए थे। जब ये चिट्ठे छप रहे थे उस समय गुप्त जी 'कोहेनूर' के संपादक थे। संभव है इन चिट्ठों से गुप्त जी ने प्रेरणा ली हो।

लार्ड कर्जन की भारत-विरोधी नीति से गुप्त जी अत्यधिक क्षुब्ध थे। उस क्षोभ-आक्रोश को प्रभावशाली ढंग से व्यक्त करने के लिए व्यंग्य एकमात्र तरीका था। इसे व्यंग्य न कहकर विडंबना (आइरनी) कहना अधिक संगत है। गुप्त जी के चिट्ठों का सारा ढाँचा विडंबनात्मक है। कुछ उदाहरण देखिए—"अभी गत मंगलवार को नागपंचमी थी। हमारे श्रीमान् लार्ड कर्जन होते तो देखते क्यों कर हिन्दू स्त्रियाँ नाग की पूजा करने उसकी बांवी पर जाती हैं और कैसे उसे दूध चढ़ाती हैं। जो देश साँप को भी ईश्वर मानकर पूजता है और उससे कल्याण की कामना करता है वह लार्ड कर्जन जैसे वायसराय से क्या कुछ आशा नहीं कर सकता ? इससे उसका स्वागत करते हैं।'

× × ×

"तीसरे पहर का समय था। दिन जल्दी-जल्दी ढल रहा था और सामने से संध्या फुर्ती के साथ पाँव बढ़ाये चली आती थी। शर्मा महाराज बूटी की धुन में लगे हुए थे। सिलवट से भंग रगड़ी जा रही थी। मिर्च मसाला साफ हो रहा था, बादाम-इलाइची के छिलके उतारे जा रहे थे। नागपुरी नारंगियाँ छील-छील कर रस निकाला जाता था। इतने में देखा कि बादल उमड़ रहे है। चीलें नीचे उतर रही हैं, तबियत भुरभुरा उठी। उधर घटा, बहार में बहार। इतने में वायु का वेग बढ़ा। चीलें अदृश्य हुईं। अँधेरा छाया, बूँदें गिरने लगीं, साथ ही तड़ तड़ धड़ होने लगी, देखा ओले गिर रहे थे, ओले थमे, कुछ वर्षा हुई, बूटी तैयार हुई, बमभोला कहकर शर्मा जी ने एक लोटा भर चढ़ाई। ठीक उसी समय लाल डिग्गी पर बड़े लाट मिंटों ने बंग देश के भूतपूर्व लाट उडवर्न की मूर्ति खोली।"

पहले उद्धरण में नागपूजा के उल्लेख के साथ हिन्दू समाज की अतिशय उदाराशयता का परिचय देते हुए साम्राज्यवादी लार्ड कर्जन को साँप से भी गया बीता संकेतित किया गया है। यह संकेत हास्य-विनोद मात्र नहीं है, बल्कि इस क्षोभ में चोट करने की भरपूर संभावना भी है। दूसरे उद्धरण में छोटे-छोटे वाक्यों और बोलचाल के शब्दों द्वारा संध्या की पृष्ठभूमि में भंग बनाने का जो ब्योरा दिया गया है, वह संपूर्ण संदर्भ में काफी अर्थवान है। मौसम का बदलना, ओले पड़ना, अँधेरा होना, लाल डिग्गी का बजना और उडबर्न की मूर्ति का खोलना आदि के वर्णन से लार्ड कर्जन की नीति का भी गहरा लगाव है। दो विरोधी स्थितियों को एक साथ रख कर भारतीयों और लार्ड कर्जन दोनों की स्थितियों पर प्रकाश डाला गया—एक भांग पी रहा है दूसरा मूर्ति का अनावरण। सारा-का-सारा वातावरण ही विडंबना पूर्ण है। राजनीतिक विषयों को भी साहित्यिक स्तर पर प्रभावशाली ढंग से प्रस्तुत करने में गुप्त जी अकेले हैं। अनेक प्रकार की भावनाओं को धीरे पर गहरी चोट करने वाली शैली उनकी अपनी निजी है। इसमें सन्देह नहीं कि वे अपने समय के अन्यंतम निबन्धकार हैं।

इसके अतिरिक्त उन्होंने हिन्दी भाषा, व्याकरण, राष्ट्रभाषा आदि पर भी निबन्ध लिखे। किन्तु इम निबन्धों में भी शैली उनकी व्यंग्यात्मक ही है। महावीर प्रसाद द्विवेदी के 'अनस्थिरता' शब्द पर लिखे गए निबन्ध अपनी व्यंग्यात्मकता के लिए प्रसिद्ध हैं।

माधव प्रसाद मिश्र (१८७१-१६०७)—माधव प्रसाद मिश्र के निबन्ध भारतेन्दु परम्परा के निबन्ध हैं। लेकिन ये उस परम्परा को आगे नहीं बढ़ाते। भारतेन्दु में अपनी संस्कृति पर अन्धानुराग नहीं है, वे उस पर खुले ढंग से विचार करते हैं। किन्तु मिश्र जी एक धार्मिक घेरे में बद्ध होने के कारण वैचारिक न होकर भावात्मक हो जाते हैं। भावात्मक निबन्धों में भाव कम और बाह्याडंबर अधिक है। एक उदाहरण लीजिए-- "जहाँ महा महा महीधर ढुलक जाते थे और अगाध अतल स्पर्शी जल था, वहाँ अब पत्थरों में दबी हुई एक छोटी-सी सुशीतल वारिधारा बह रही है जिससे भारत के विदग्ध जनों के दग्ध हृदय का यथाकिंचित् संताप दूर हो रहा है। जहाँ के महाप्रकाश से दिक्-दिगन्त उद्भासित हो रहे थे, वहाँ अब अन्धकार से घिरा हुआ स्नेह शून्य प्रदीप टिमटिमा रहा है जिससे कभी-कभी भू-भाग प्रकाशित हो रहा है। पाठक ! जरा विचार कर देखिये, ऐसी अवस्था में 'यहाँ कब तक शांति और प्रकाश की सामग्री स्थिर रहेगी ?"

उनका एक निबन्ध संग्रह 'निबन्धमाला' प्रकाशित हो चुका है।

गोविन्दनारायण मिश्र (१८५६-१६२६ई०) अपनी विद्वत्ता के लिए अधिक प्रसिद्ध हैं। 'प्राकृत-विचार' एक छोटा-मोटा प्रबन्ध है। इसमें प्राकृत भाषा के उद्भव और विकास पर विचार किया गया है। 'विभक्ति विचार' में विभक्तियों का व्याकरणिक विवेचन हुआ है। 'आत्माराम की टेन्टें' में अनस्थिरता शब्द को लेकर चलने वाले विवाद में द्विवेदी जी का पक्ष लिया गया है। किन्तु जब मिश्र जी 'कवि और चित्रकार' विषय पर निबन्ध लिखने लगते हैं तो तत्सम शब्दावली, उपमा, रूपक के लदाव, सानुप्रास भाषा के प्रयोग आदि में विचार का पता लगना मुश्किल हो जाता है—

"सहज-सुन्दर मनहर सुभाव-छवि-सुभाव-प्रभाव से सबका चित्त और सुचारु-सजीव-चित्र-रचना-चतुर चितेरा और जब देखा तब ही अभिनय सब रस-रसीली नित नव-नव-भाव-बरस रसीली अनूप-रूप सरूप-गरबीली, सृजन-जन-मोहन-मन्त्र की कीली, गमक जमकादिनक सहज-सुहाते-चमचमाते, अनेक अलंकार-शृंगार-साज-सजीली, छबीली कविता-कल्पना कुशल-कवि, इन दोनों का काम ही उस अग-जग-मोहिनी, बला की सबला सुभाव-सुन्दरी अति सुकोमल-अबला की नवेली-अलबेली-अनोखी छवि को आँखों के आगे परतच्छ-सी खड़ी दरसाकर मर्मज्ञ सुरसिक जनों के मन को लुभाना, तरसाना, सरसाना और रिझाना ही है। अर्थहीन विशेषणों की लम्बी कतार भाषा की झंकृति उन्हें निबन्धकार नहीं रहने देती।

इस काल की निबन्ध शैली के निर्माण में **चन्द्रधर शर्मा गुलेरी** (१८८३-१६२०ई०) का विशेष स्थान है। ये संस्कृत के विद्वान तथा भाषा के मर्मज्ञ थे। अल्पवय में ही जयपुर से 'समालोचक' नामक पत्र अपने संपादकत्व में निकलवाया था। अपभ्रंश साहित्य की विशेषताओं की ओर उन्होंने 'पुरानी हिन्दी' नामक निबन्धमाला लिखकर लोगों का ध्यान आकृष्ट किया था। उनके व्यक्तित्व में पांडित्य और सरसता का अद्भुत संयोग था। एक

ओर वे भाषा जैसे नीरस विषय का पांडित्यपूर्ण सरस विश्लेषण करते हैं दो दूसरी ओर 'मारिसि मोहिं कुठांउ' और 'कछुवा धर्म' जैसे व्यक्तित्व व्यंजक चुटीले निबन्धों की सृष्टि। आगे चलकर पांडित्य और सरसता का यह विरल संयोग हजारीप्रसाद द्विवेदी में दिखाई पड़ा।

गुलेरी जी संस्कृत से पण्डित होते हुए भी गोविन्द नारायण मिश्र अथवा माधव प्रसाद मिश्र की तरह अपनी संस्कृति के अन्धभक्त नहीं थे। इसीलिए अपने निबन्धों में उन्होंने भारतीय संस्कृति की त्रुटियों को व्यंग्यात्मक ढंग से चोट करने की शैली में उद्‌घाटित किया है। व्यक्तित्व व्यंजक निबन्धों में भी पांडित्य सर्वत्र है पर आधुनिक जीवन से सम्बद्ध होने के कारण वह रचनात्मक हो गया है। इस रचनात्मकता के मूल में बदलाव की वह आकांक्षा है जो संस्कृति में ताजगी और निखार लाती है। एक उदाहरण देखिए:—

"पर ईरान के अंगूरों और गुलों का, मजबूत पहाड़ की सोमलता का, चसका पड़ा था। लेने जाते तो पुराने गंधर्व मारने दौड़ते। हाँ, उनमें से कोई उस समय का चिलकौआ नकद नारायण लेकर बदले में सोमलता बेचने को राजी हो जाते थे। उस समय का सिक्का गौएं थीं। जैसे आजकल लखपती करोड़पती कहलाते हैं वैसे तब 'शतगु', 'सहस्त्रगु' कहलाते थे। ये दमड़ीमल के पोते करोड़ीचन्द अपने 'नवग्वाः', 'दशग्वाः' पितरों से शरमाते न थे। आदर से उन्हें याद करते थे। आजकल के मेवा बेचने वाले पेशावरियों की तरह कोई कोई सरहदी यहाँ पर भी सोम बेचने चले आते थे। मोल ठहराने में बड़ी हुज्जत होती थी, जैसा कि तरकारियों का भाव करने में कुंजड़िनों से हुआ करती। वे कहते, सोम बेच दो। वे कहते हैं, वाह ! सोम राजा का दाम इससे कहीं बढ़कर है। इधर ये गौ का गुण बखानते। पर काबुली काहे को मानता ? उसके पास सोम की मनोपली थी और इनका बिना लिए सरता नहीं। अंत में गौ को एक पाद, अर्ध होते-होते दाम तै हो जाते। भूरी आँखों वाली एक बरस की बछिया में सोम राजा खरीद लिये जाते। गाड़ी में रखकर शान से लाये जाते।"

सरल और बोलचाल की भाषा का व्यवहार इसलिए करना पड़ा कि लेखक को नई जमीन तोड़नी थी। बँधी हुई शब्दावली में बँधे हुए विचार ही व्यक्त हो पाते हैं। सोम के प्रसंग में करोड़ीमल और मनोपली जैसे शब्द पूरे निबंध को अर्थ-विस्तार देते हैं। बालमुकुन्द गुप्त को छोड़कर शेष निबंधकारों के पास गुलेरी जी जैसी मूल्यदृष्टि नहीं थी। इसलिए उनकी शब्दावली में ऐसी प्रत्यग्रता भी नहीं दिखाई देती। गुप्त जी समसामयिक विषयों से उलझते रहे किन्तु गुलेरी जी ने अपने निबंधों में अपनी लंबी सांस्कृतिक विरासत को ग्रहण किया है। इसलिये विचारों की संकुलता उनमें अधिक है। किन्तु इस परम्परा को नवीन जीवन-बोध से जोड़ने के लिए जरूरी था कि वे देशज, तद्‌भव और उर्दू के शब्दों का प्रयोग करते। शरमाना, चिलकौआ, सरता, शान, बछिया ऐसे ही शब्द हैं।

सरदार पूर्ण सिंह (१८८१-१६३१) ने केवल छः निबंध लिखे—सच्ची वीरता, कन्यादान, पवित्रता, आचरण की सभ्यता, मजदूरी और प्रेम और अमरीका का मस्ताना जोगी: वाल्ट ह्विटमैन। उनकी भावुकता, प्रेम, मानवतावाद आदि को देखकर कुछ शोध ग्रंथों में कहा गया है कि हिन्दी के निबन्धकारों में सरदार पूर्ण सिंह पर अंग्रेजी का सबसे अधिक प्रभाव पड़ा है। पर उनके व्यक्तित्व का बहुत कुछ निर्माण स्वामी रामतीर्थ के भाषणों, रचनाओं.

आचार-विचार से हुआ। रामतीर्थ उनके गुरु थे। गुरु की सहजता, पवित्रता, मानवीयता आदि ही उनके निबंधों में अपने ढंग से अवतरित हुई हैं।

'सच्ची वीरता' में सिंह जी ने कारलाइल की अत्यधिक प्रशंसा की है। इमर्सन के एक निबंध 'आन हिरोइज्म' का प्रभाव भी इस पर दिखाई पड़ता है। कारलाइल का उल्लेख 'आचरण की सभ्यता' में भी मिलता है, 'मजदूरी और प्रेम' में रस्किन का। अन्य निबंधों पर टालस्टाय, थोरो आदि के प्रभावों को देखा गया है। वस्तुतः साहित्य की रचना इधर-उधर के प्रभावों पर नहीं होती। भावात्मक निबंध तो बहुत कुछ लेखक के व्यक्तित्व को प्रतिफलित करता है। स्वयं रामतीर्थ के भाषणों में इमर्सन, कारलाइल, टालस्टाय, ह्विटमैन, थोरो आदि का जगह-जगह उल्लेख हुआ है। यदि स्वामी रामतीर्थ के भाषणों और सरदार पूर्ण सिंह के निबंधों का तुलनात्मक अध्ययन किया जाय तो सिंह जी पर रामतीर्थ का ही प्रभाव परिलक्षित होगा।

रामतीर्थ के प्रभाव में आकर उनकी मानवता में विशेष उदारता, नवीनता, भावाकुलता आ गई है; पाप-पुण्य की पुरानी परिभाषा बदल गई है। एक उदाहरण देखिए:—

'हल चलाने और भेड़ चराने वाले प्रायः स्वभाव से ही साधु होते हैं। हल चलाने वाले अपने शरीर का हवन किया करते हैं। खेत उनकी हवन-शाला है। उनके हवनकुंड की ज्वाला की किरणें चावल के लंबे और सफेद दानों के रूप में निकलती हैं। गेहूँ के लाल दाने इस अग्नि की चिनगारियों की डालियाँ हैं। मैं जब कभी अनार के फूल को देखता हूँ तब मुझे बाग के माली का रुधिर याद आता है।' इसके रेहटारिक का मूलाधार 'हवन' है। इसका लाक्षणिक प्रयोग उतना महत्वपूर्ण नहीं है जितना इसका संदर्पण। यह एक खास संदर्भ में प्रयुक्त होकर मेहनतकश लोगों के फलवान श्रम को उजागर करता है। इसी प्रकार अनार के फूल-फल और माली के रुधिर वर्ण-सादृश्य पर लट्टू होने वाले लोग केवल विशेषणों के आधार पर इसकी प्रशंसा करने में असमर्थ हैं। 'रुधिर' शब्द पूरे प्रकरण को नई अर्थवत्ता से संपृक्त कर देता है। माली का रुधिर द्रष्टा के यथार्थवादी दृष्टिकोण का सूचक है। यथार्थ पर आधारित होने के कारण उनकी भावात्मक शैली अर्थ-गौरव से पूर्ण हो उठती है।

पूर्ण जी के 'मौन व्याख्यान', 'अपवित्र पवित्रता', 'पापी में महात्मा और महात्मा में पापी डूबा हुआ है' आदि विरोधाभासों की जरूरत चमत्कार के लिए नहीं, बल्कि ये अर्थ की जटिलता के लिए ले आए गए हैं। 'पापी में महात्मा' कहकर वे दो निश्चित कोटियों में बँटे हुए पापी और महात्मा की कोटियों को तोड़ना चाहते हैं।

पद्मसिंह शर्मा, जगन्नाथ प्रसाद चतुर्वेदी, गणेशशंकर विद्यार्थी, यशोनन्दन अखौरी, विजयानन्द दुबे, मिश्रबन्धु, कृष्ण बल्देव वर्मा, स्वामी सत्यदेव परिव्राजक, हरिऔध, गंगा प्रसाद अग्निहोत्री, वेंकटेश नारायण तिवारी, काशीप्रसाद जायसवाल, कन्नोमल आदि इस काल के अन्य निबंधकार हैं। इनमें से कुछ तो नाम के निबंधकार हैं, कुछ में चामत्कारिता के अलावा निबंधीय विशेषताएँ नहीं हैं। प्रारम्भिक काल में अपने सामान्य योगदान के कारण इनकी गणना निबंधकारों में कर ली जाती है।

वस्तुतः इस काल के निबंधकारों को तीन श्रेणियों में विभाजित किया जा सकता

है—भाषिक चमत्कार पैदा करने वाले लेखक, भाषा परिष्कार करने वाले लेखक और व्यक्तित्व व्यंजक निबन्धकार। पहली दो श्रेणियों के लेखक जमीन तैयार करने की दृष्टि से ही महत्त्वपूर्ण हैं। इस युग के वास्तविक निबन्धकार चार ही हैं—श्यामसुन्दरदास, बालमुकुन्द गुप्त, चन्द्रधर शर्मा गुलेरी और सरदार पूर्ण सिंह। श्यामसुन्दरदास का महत्व भी इतिहास की दृष्टि से ही है, क्योंकि उनकी परम्परा में शुक्ल जी ऐसे श्रेष्ठ निबन्धकार पैदा हुए।

ये तीन निबन्धकार (गुप्त, गुलेरी, सिंह) भारतेन्दु हरिश्चन्द्र, बालकृष्ण भट्ट और प्रताप नारायण मिश्र की परम्परा को आगे बढ़ाते हैं—विषयवस्तु की दृष्टि से भी और भाषा-शैली की दृष्टि से भी। भारतेन्दु युग आन्दोलनों का युग था—धार्मिक और राजनीतिक आन्दोलन। पर इनका स्वरूप ठीक-ठीक स्पष्ट नहीं हो सका था। अतः उनमें पुरानेपन और नवीनता, राजभक्ति और देश-भक्ति का द्वंद्व आड़े आता था। अब स्थिति बदल गई थी। गुप्त जी चोट करने में किसी प्रकार की रू-रियायत नहीं करते थे। विदेशी सत्ता पर हमला करने में जो शैली उन्होंने अखत्यार की वह उनकी मूल्य-दृष्टि और पत्रकारिता की देन है। गुलेरी जी इस युग के सर्वश्रेष्ठ निबन्धकार हैं। बालकृष्ण भट्ट ने जिसे 'सुहृद संगोष्ठी', 'संलाप', 'घरेलू बातचीत' आदि कहते हैं वह गुलेरी जी में संजीदगी और जिन्दादिली से प्रकट हुई है। हजारी प्रसाद द्विवेदी इसी परम्परा में आते हैं, पर गुलेरी जी की चोट भारतेन्दु युग में की जाने वाली चोट की अपेक्षा गहरी और जटिल है।

आलोचना

आधुनिक हिन्दी साहित्य में आरम्भ से ही दो प्रकार की प्रवृत्तियाँ दिखाई पड़ती हैं—स्थूल नैतिकतावादी और रीतिवादी। पहली में मोटे भारतीय आचार विचार की परम्परा और नए भौतिकवाद दृष्टिकोण का मिला-जुला रूप है तो दूसरी में मोटी काव्यशास्त्रीय दृष्टि। नैतिकतावादी दृष्टि साहित्य में सामाजिक उपयोगिता और नैतिक शिक्षा की तलाश करती थी तो रीतिवादी दृष्टि स्थूल गुण-दोष की। इन दोनों दृष्टियों का परिचय बदरीनारायण चौधरी द्वारा की गई 'संयोगिता स्वयंवर' की समीक्षा में देखा जा सकता है। इसका उल्लेख पहले किया जा चुका है। बालकृष्ण भट्ट ने उसी पुस्तक की आलोचना व्यापक दृष्टि से की थी किन्तु उसकी ओर कम लोगों का ध्यान गया।

नैतिकता के आग्रह के कारण महावीर प्रसाद द्विवेदी को मेघदूत पसन्द नहीं आया था। पर जब उन्होंने उसमें नैतिक मूल्यों को खोज निकाला तो अपने मत को संशोधित कर लिया। कालिदास की निरंकुशता, कालिदास की विद्वत्ता, मेघदूत रहस्य, प्राचीन कवियों के काव्यों में दोषोद्भावना आदि निबन्धों की श्रेष्ठता उनमें प्राप्त होने वाले नैतिक आनन्द पर निर्भर है। उनकी दृष्टि में उत्तम काव्य वही है जिससे संसार का उपकार-साधन हो।

इस दृष्टिकोण के कारण मेघदूत की अपेक्षा रघुवंश को उन्होंने अधिक श्रेष्ठ काव्य माना है। काव्यगत चरित्रों को वे देशकाल की विशेषताओं से समन्वित होना आवश्यक समझते थे।

द्विवेदी जी अपने समय के सबसे अधिक उदार और प्रगतिशील आलोचक हैं।

उन्होंने अलंकारों की कलाबाजी और समस्यापूर्ति तथा नायिकाभेद के खेलवाड़ का विरोध किया। पूर्व प्रचलित छंदों के घेरे को तोड़कर उनके स्थान पर नए-नए छंदों के प्रयोग का आग्रह किया।

भाषा के सम्बन्ध में उन्होंने लिखा है कि वह बोलचाल के निकट की भाषा होनी चाहिए। काव्यगत शब्दों के विषय में उनका कथन आज के अर्थ-मीमांसकों के निकट मालूम पड़ता है—कविता को प्रभावोत्पादक बनाने के लिए उचित शब्द स्थापना की भी बड़ी जरूरत है। किसी मनोविकार के दृश्य के वर्णन में ढूँढ़-ढूँढ़ कर ऐसे शब्द रखने चाहिए जो सुनने वालों की आँखों के सामने वर्ण्य-विषय का चित्र-सा खींच दे। इसीलिए कवि को चुन-चुन कर ऐसे शब्द रखने चाहिए, और इस क्रम से रखने चाहिए, जिससे उसके मन का भाव पूरे तौर पर व्यक्त हो जाय। आश्चर्य होता है कि द्विवेदी जी ने काफी पहले काव्य के संदर्भ में शब्द-क्रम का उल्लेख किया।

अपनी व्यावहारिक समीक्षा में—विक्रमांकदेव चरित चर्चा, नैषधचरित चर्चा और कालिदास की निरंकुशता पुस्तकों में—कवि की अन्तःप्रकृति की छानबीन तो नहीं मिलती, पर उन सभी बातों का उल्लेख मिलता है जिन्हें शुक्ल जी की आलोचना की भूमिका कही जा सकती है। जैसे, नैतिकता का आग्रह, लोकमंगल की भावना, अलंकृति और निर्दिष्ट रूढ़ियों का विरोध। भाषागत काट-छाँट में लगे रहने तथा समीक्षात्मक अभिनिवेश के अभाव में उनकी आलोचनाओं में गहराई नहीं है, यह सच है, परन्तु वे पहले आलोचक हैं जिन्होंने मिश्रबन्धुओं के हिन्दी नवरत्न की आलोचना करते समय कवियों के उत्कर्षाकर्ष के निर्णयात्मक प्रतिमानों की माँग की। अपने समय में प्रकाशित पुस्तकों की छोटी-छोटी समीक्षाएँ भी उन्होंने लिखीं।

मिश्रबन्धुओं ने मिश्रबन्धु विनोद और हिन्दी नवरत्न में समीक्षा का जो स्वरूप खड़ा किया उससे हिन्दी आलोचना का कोई खास लाभ नहीं हुआ। उन्होंने भावपक्ष और कलापक्ष को एकदम असंबद्ध रूप में देखा। हिन्दी नवरत्न में कवियों की जो कोटियाँ बनाई गईं उनके पीछे कोई सिद्धान्त नहीं है। भावपक्ष और कलापक्ष दोनों का निरूपण निहायत अर्थहीन है। देव के कलापक्ष का उद्‌घाटन देखिए—

"देव ने घनाक्षरियाँ सवैये से अधिक रची हैं। उत्तमता में भी वे सवैयों से न्यून नहीं हैं। इनकी कविता में, पृष्ठ पर पृष्ठ पढ़ते चले जाइए, प्रायः कोई बुरा छन्द न पाइएगा।"

इससे देव की कला का कौन-सा पक्ष उद्‌घाटित होता है ? उत्तमता और बुरा कहने से क्या तात्पर्य है ?

इस समय के सबसे विशिष्ट आलोचक पद्मसिंह शर्मा हैं। उन्होंने बिहारी की सतसई नामक ग्रंथ में सतसई की तुलनात्मक आलोचना की है। उनकी प्रभावात्मक शैली निश्चय ही आलोचना के उपयुक्त नहीं कही जा सकती। किन्तु खेद है कि उसमें बहुत से शोधार्थियों को सार नहीं दिखाई पड़ता। यदि आचार्य रामचन्द्र शुक्ल का इतिहास ही सामने रख लिया होता तो खुद प्रभावात्मक ढंग न अपनाते। आचार्य शुक्ल ने लिखा है—'आर्यासप्तशती और गाथासप्तशती के बहुत से पद्यों के साथ बिहारी के दोहों का पूरा मेल दिखाकर शर्मा जी ने

बड़ी विद्वत्ता के साथ एक चली आती हुई साहित्यिक परम्परा के बीच बिहारी को रखकर दिखाया। किसी चली आती हुई साहित्यिक परम्परा का उद्घाटन भी साहित्य समीक्षक का एक भारी कर्त्तव्य है।"

नन्ददुलारे वाजपेयी ने शर्मा जी के सम्बन्ध में लिखा है—'रीतिकाव्य में, जो शर्मा जी के समय में प्रचलित काव्य प्रवाह था, रीतिबद्ध शृंगारिकता तो थी ही, रचना कौशल का भी पूरा योग था। शर्मा जी ने शृंगारिकता को छोड़कर रीतिकाव्य के दूसरे गुण निर्माण-कौशल को अपनाया, उसी की छानबीन की। शर्मा जी के समय के साहित्यिक निर्माण में रचना-कौशल की कमी थी। कदाचित् इसीलिए शर्मा जी की समीक्षा का मुख्य आधार काव्य-कौशल बना, जो सामयिक साहित्य-स्थिति के सुधार में भी एक सीमा तक सहायक हुआ।' वाजपेयी जी ने आगे कहा है कि काव्य शरीर के अन्तर्गत भाषा, पद-प्रयोग, उक्ति-चमत्कार और चित्रण-कौशल आदि आते हैं, इन्हीं की ओर शर्मा जी की दृष्टि गई। शब्दों, पदों आदि की अर्थमीमांसा में शर्मा जी ने अपने पांडित्य और सूझ-बूझ का अच्छा परिचय दिया है। जगह-जगह उन्होंने बिहारी का अनुचित पक्षपात करते हुए देव को नीचा दिखाया है। पर शब्दों की कारीगरी और उक्ति-चमत्कार पर विशेष बल देने के कारण भाव के समग्र सौंदर्य की उपेक्षा हो गई है। लेकिन इससे इतना अवश्य हुआ कि काव्य के कलात्मक सौष्ठव की ओर लोगों का ध्यान गया। यह कम महत्वपूर्ण उपलब्धि नहीं है।

अब हिन्दी आलोचना में देव-बिहारी में कौन बड़ा है और कौन छोटा है, इसको लेकर झगड़ा खड़ा हो गया। कृष्णबिहारी मिश्र ने 'देव और बिहारी' नाम की एक आलोचनात्मक पुस्तक ही लिख डाली। मिश्रबन्धुओं की तरह उनकी दृष्टि भी रीतिवादी है। यों शुक्ल जी ने बताया है कि इसमें जो बातें कही गई हैं, वे बहुत कुछ साहित्यिक विवेचन के साथ कही गई हैं, नवरत्न की तरह यों ही नहीं कही गई हैं। पर न तो उसे विवेचन कहा जा सकता है और न साहित्यिक। विवेचन के नमूने के रूप में ये कुछ वाक्य देखे जा सकते हैं—'धीरज से पृथ्वी पर चरण-कमलों का रखना कितना मर्मस्पर्शी है। कोमल-कांत-पदावली की कमनीयता के विषय में हमें कुछ नहीं कहना है। उनकी समुज्ज्वला उपमा प्रस्फुटित होती है।' कथित विवेचन के बीच-बीच यमक, समुच्चय, दृष्टांत आदि अलंकारों के उल्लेख को क्या साहित्यिक कहा जा सकता है ? पुस्तक के भाषा अध्याय में भी प्रभाववादी ढंग से अपूर्व शब्द चमत्कार—अनुप्रास स्वादीयसी—सुधा संयोग ढूँढ़कर कुछ भी नहीं कहा जा सकता है। शर्मा जी के पास शब्दों के अर्थगत वैशिष्ट्य को खोज निकालने की अद्भुत क्षमता थी, जो इस काल के अन्य व्यक्ति में नहीं पाई जाती।

लाला भगवानदीन को देव को बड़ा कहा जाना कैसे अच्छा लग सकता था। वे 'बिहारी और देव' पुस्तक लेकर आलोचना के अखाड़े में उतरे। उन्होंने मिश्रबन्धुओं की बातों को काटते हुए कृष्णबिहारी मिश्र का पूरा जवाब दिया। लाला जी की शैली अपेक्षायुक्त और बदले की भावना से अनुप्रेरित है। वे टीकाकार थे आलोचक नहीं। अपनी 'लक्ष्मी' पत्रिका में उन्होंने भारत-भारती, जयद्रथ बध की समीक्षाएँ भी लिखीं। पर इन ग्रंथों में भी उन्हें

छंदोभंग, यतिभंग आदि ही दिखाई पड़ा। रामचरित उपाध्याय के रामचरित चिन्तामणि की समीक्षा करते समय भी उनकी रीतिवादी दृष्टि को देखा जा सकता है।

यह समालोचना का आरम्भिक काल था। नए काव्यालोचन की ओर लोगों का ध्यान बहुत कम गया। महावीरप्रसाद द्विवेदी की सैद्धान्तिक आलोचनाओं में पुरानी रूढ़ियों का विरोध तथा नए प्रतिमानों का संकेत अवश्य मिलता है पर उनमें आलोचक की मेधा और पैठ का अभाव था। शेष आलोचकों के उपजीव्य रीतिकालीन व शृंगारी कवि थे। इसलिए उनसे नई उद्‌भावना की आशा दुराशा मात्र थी। इस समय तक हिन्दी की रचनात्मक उपलब्धियाँ भी कदाचित् उतनी महत्वपूर्ण नहीं थीं कि आलोचना को नए मानों की ओर ले जाने के लिए बाध्य करतीं। फिर भी महावीप्रसाद द्विवेदी और पद्‌मसिंह शर्मा के प्रभाव को, शुक्ल जी की पीढ़ी इन्कार नहीं कर सकती।

❑❑

स्वच्छन्दतावाद-काल
(१९२०-'४० ई०)

লোক-সাহিত্য-চর্চা

(খ্রী ১৮০৪-১৯২৪)

अध्याय पाँच

स्वच्छन्दतावाद-काल

हिन्दी साहित्य में यह युग छायावाद नाम से रूढ़ हो गया है। पर यह शब्द न तो अपने आप अपेक्षित अर्थ दे पाता है और न अन्य भारतीय साहित्य की धाराओं से जुड़ता है। अपने संकुचित अर्थ में यह तत्कालीन काव्य का विशेषण बन कर रह जाता है। इन दो दशकों के काव्य को तो छायावादी कहा जाता है पर नाटक-कहानी-उपन्यास आदि को छायावादी नहीं कहा जाता। प्रसाद के काव्य को छायावादी कहा जाता है और नाटक-कहानी को स्वच्छन्दतावादी। स्वच्छन्दतावादी अपनी अर्थव्याप्ति में छायावाद को समाविष्ट कर लेता है। यह एक ओर भारतीय साहित्य से भी जुड़ जाता है और दूसरी ओर अन्तर्राष्ट्रीय काव्यधारा 'रोमैंटिसिज्म' से भी। ऐसी स्थिति में इस युग का नामकरण स्वच्छन्दतावाद युग अधिक संगत है।

'स्वच्छन्दतावाद' शब्द का प्रयोग शुक्ल जी ने रोमैंटिसिज्म' के अर्थ में किया है। केवल स्वच्छन्दतावाद शब्द उन्हें 'रोमैंटिसिज्म' का ठीक पर्याय नहीं लगता। इसलिए वे इसके साथ 'सच्चे' अथवा 'स्वाभाविक' विशेषण भी जोड़ते हैं। 'श्रीधर पाठक ही सच्चे स्वच्छन्दतावाद (रोमैंटिसिज्म) के प्रवर्तक ठहरते हैं।' 'काव्यक्षेत्र में जिस स्वाभाविक स्वच्छन्दता (रोमैंटिसिज्म) का आभास पं० श्रीधर पाठक ने दिया था उसके पथ पर चलने वाले द्वितीय उत्थान में त्रिपाठी जी ही दिखाई पड़े।' सच्चे और स्वाभाविक विशेषण से यह संकेत मिलता है कि छायावाद को वे स्वाभाविक स्वच्छन्दतावाद की कोटि में रखने के लिए तैयार नहीं थे।

इस सिलसिले में उन्होंने काउपर, क्रैब और बर्न्स का उल्लेख किया है। इन कवियों ने विदेशी प्रभावों से मुक्त होकर, 'साधारण जनता की नादरुचि के अनुकूल नाना मधुर लयों में तथा लोकहृदय के ढलाव की नाना मार्मिक अन्तर्भूमियों में स्वच्छन्दतापूर्वक ढाला।' बर्न्स की सफलता का रहस्य ग्राम-जीवन की छवियों, प्राकृतिक दृश्यों, प्रेम और गाँव की निश्चल रीति-नीतियों के चित्रण में है। श्रीधर पाठक और रामनरेश त्रिपाठी की प्रशंसा भी शुक्ल जी ने उसी आधार पर की है। श्रीधर पाठक के 'गुनवंत हेमंत' में मूली मटर आदि का वर्णन उन्हें पसंद आया। ख्याल और लावनी की लय पर लिखा गया एकांतवासी योगी और सुथरे-साइंयों के ढंग पर लिखा गया 'जगत सचाई सार' भी उन्हें अच्छा लगा। रामनरेश त्रिपाठी की रचनाओं के रम्य प्राकृतिक दृश्य, कर्मयुक्त प्रेम, रहस्य-जिज्ञासा के प्रति भी वे आकृष्ट हुए।

बर्न्स अंग्रेजी साहित्य में पूर्व-रोमैंटिक युग का कवि माना जाता है। पर शुक्ल जी ने श्रीधर पाठक और रामनरेश त्रिपाठी को पूर्व-रोमैंटिक नहीं माना है। ऐसा करने पर उन्हें छायावाद को पाठक और त्रिपाठी द्वारा प्रवर्तित काव्यधारा की अगली मंजिल मानना पड़ा। किन्तु छायावाद को वे बाहर से प्रभावित और शैली की वस्तु स्वीकार करते हैं।

अंग्रेजी साहित्य में जो स्वच्छन्दतावादी धारा विकसित हुई उस पर जर्मन, फ्रांसीसी

स्वच्छन्दतावाद का स्पष्ट प्रभाव है, पर है वह अपने देश की प्रकृति और स्वरूप के अनुरूप। फ्रांसीसी स्वच्छन्दतावाद एक प्रकार का नवीन सौन्दर्यशास्त्रीय सिद्धान्तों की सृष्टि कर रहा था जब कि अंग्रेजी स्वच्छन्दतावाद रूढ़ कला के विरोध में आया। पूर्वी योरप में यह सामंतवाद और विदेशी शासन के विरुद्ध उठ खड़ा हुआ। हिन्दी का स्वच्छन्दतावाद अंग्रेजी स्वच्छन्दतावाद के अनुरूप न होकर पूर्वी योरप के स्वच्छन्दतावाद के अनुरूप है।

पूर्व-स्वच्छन्दतावादी काव्यधारा से सम्बन्ध न करने के कारण शुक्ल जी ने इसे बाहर से आई हुई वस्तु कह कर तिरस्कार किया और केवल शैलीवैचित्र्य के रूप में ग्रहण किया। इसे बाहर की वस्तु सिद्ध करने के लिये द्राविड़-प्राणायाम करना पड़ा है। छायावाद को उन्होंने दो अर्थों में प्रयुक्त किया—रहस्यवाद के अर्थ में और शैली विशेष या पद्धति विशेष के व्यापक अर्थ में। रहस्यवाद को वे आध्यात्मिक ज्ञान का आभास मानते हुए उसे ईसाई मजहब की छाया (फैंटेसमाटा) से जोड़ देते हैं। ब्रह्मसमाज के बीच गाये जाने वाले आध्यात्मिक गीतों को वे उससे प्रभावित मानते हैं। धीरे-धीरे यह शब्द-धार्मिक क्षेत्र से बाहर निकल कर साहित्यक्षेत्र में प्रविष्ट हुआ और रवीन्द्र बाबू की धूम मचने पर हिन्दी-साहित्य में भी प्रकट हो गया।

छायावादी काव्यशैली को, जो इसके अतिरिक्त और कुछ नहीं है, वे फ्रांस के रहस्यवादी कवियों के प्रतीकवाद से जोड़ते हैं। यह सीधे हिन्दी काव्य से तो जुड़ नहीं सकता। इसलिए वह अंग्रेजी-बंगला से होते हुए हिन्दी में आया। इस जोड़-तोड़ की झोंक में वे यहाँ तक कह गये कि योरोपीय काव्यक्षेत्र में प्रवर्तित आध्यात्मिक प्रतीकवाद (सिम्बालिज्म) के अनुकरण पर रची जाने के कारण बंगाल में ऐसी कविताएँ छायावादी कही जाने लगी थीं। सम्भव है शुक्ल जी ने रविबाबू के इस कथन से 'एइ प्रकारेर भाषा के केह बलेन धूयाँ केह बलेन छाया ....' अपना मन्तव्य निकाल लिया हो।

वस्तुतः छायावाद रूपी गंगावतरण की यह धारणा कोरी काल्पनिक है। बंगाल में किसी प्रकार की कविता की छायावाद की संज्ञा नहीं दी गई और न तो हिन्दी का छायावाद ब्रिटेन से सात समुद्र पार करता हुआ बंगाल पहुँच कर हिन्दी में आया। यह अपने देश की उस बेचैनी का परिणाम है जो सांस्कृतिक राजनीतिक पुनर्जागरण में दिखाई पड़ता है, जिसका सीधा सम्बन्ध नई मूल्य-दृष्टि से है। योरोपीय स्वच्छन्दतावाद में आगे प्रभाववाद, भविष्यवाद, अतियथार्थवाद आया जब कि हिन्दी स्वच्छन्दतावाद के बाद प्रगतिवाद। निश्चय ही इसकी ऐतिहासिक शक्तियाँ अन्य देशों से भिन्न थीं।

यदि इस देश के पुनर्जागरण का इतिहास देखा जाय तो पता लगेगा कि प्रत्येक प्रबुद्ध व्यक्ति भारतीय आत्मा की प्रतिष्ठा में संलग्न था। यह प्रतिष्ठा कई स्तरों पर की जा रही थी— धर्म के स्तर पर, दर्शन के स्तर पर, राजनीति के स्तर पर, काव्य के स्तर पर। रवीन्द्रनाथ टैगोर, महात्मा गाँधी, कुमारस्वामी, इकबाल आदि के विचार इस बात के सबूत हैं।

अंग्रेजी के सम्पर्क के कारण भारतीय चिन्ताधारा ने नई करवट ली, मध्यकालीन जड़ता विगलित होने लगी। प्रारम्भ में अंग्रेजी संस्कृति की ओर लोग बुरी तरह आकृष्ट हुए।

रविबाबू में यह आकर्षण कम नहीं था। इस आकर्षण के कारण थे। पाश्चात्य विज्ञान, यातायात के नए साधन, आर्थिक संघटनों के नए रूप और नई शिक्षा तथा राजनीतिक संस्थाओं द्वारा इस देश का बहिरन्तर तेजी से बदल रहा था। केशवचन्द्र सेन, दयानन्द सरस्वती, रवीन्द्रनाथ टैगोर, कुमारस्वामी, अरविन्द आदि अपने सिद्धान्तों की व्याख्या में वैज्ञानिक पद्धतियों का उपयोग किया। पश्चिमी भौतिकवादी दृष्टिकोण को अंशों में ग्रहण करते हुए भी आधुनिक चिंतकों ने अपनी जातीय धार्मिक दृष्टि को मूलाधार के रूप में अपनाया।

उधर योरप अपने भौतिक उन्माद में अंधा हो रहा था। किन्तु प्रथम महायुद्ध ने उसके रंगीन सपने चकनाचूर कर दिए। उसे पहली बार महसूस हुआ कि भौतिकता के परे भी कोई मूल्यवान वस्तु है। रविबाबू की 'गीतांजलि' के प्रति पश्चिम की ललक के मूल में उपर्युक्त मनोवृत्ति ही क्रियाशील रही है। पौरस्त्य और पाश्चात्य अभिवृत्तियाँ समन्वित होकर एक विश्वदृष्टि का निर्माण कर रही थीं। इस विश्वदृष्टि को हमारे चिन्तन और राजनीतिक आंदोलन में भी देखा जा सकता है। महात्मा गाँधी के नेतृत्व में सन् १९२१ में तरुण भारत आवेगपूर्वक राष्ट्रीय आन्दोलन में कूद पड़ा।

गाँधी जी अंतः प्रज्ञा में विश्वास करते थे। विवेकानन्द का कहना था कि जब हृदय और बुद्धि में संघर्ष हो तो हृदय की बात मानो। गाँधी जी तर्कमूलक संगति को बहुत महत्व नहीं देते थे। वे इमर्सन की पंक्ति 'मूर्खतापूर्ण तर्कसंगति छोटे दिमागों का हौवा है' प्रायः उद्धृत करते थे। उनके सम्पूर्ण जीवन-दर्शन में आन्तरिक आवाज का अत्यधिक मूल्य था। इसके आधार पर वे बड़े-से-बड़ा निर्णय ले लेते थे। वे इस माने में रहस्यवादी थे। तीव्र ध्यान के क्षणों में ही सत्य का उद्‌घाटन होता है। इस अर्थ में वे रोमैंटिक भी थे।

गाँधी जी व्यक्ति को बहुत ऊँचे स्थान के अधिकारी मानते थे। व्यक्ति का आवेग और संकल्प सामाजिक राजनीतिक परिवर्तन ले आने में पूर्णतः समर्थ हैं। जवाहर लाल नेहरू ने कहा है कि वे व्यक्ति के बारे में बहुत सोचते थे, समाज के बारे में बहुत कम। इसे वे पुराना और अवैज्ञानिक ढंग मानते थे, पर स्वयं जवाहर लाल में वैयक्तिकता का अंश कितना प्रबल था, यह किसी से छिपा नहीं है। गाँधी जी ने तो सामूहिक सत्याग्रह के अतिरिक्त व्यक्तिगत सत्याग्रह का भी प्रयोग किया। टैगोर का कहना था कि मनुष्य किसी निश्चित नियम के अनुसार नहीं बल्कि अपनी आन्तरिक प्रेरणा के अनुसार परिचालित होता है। अरविन्द ने भी व्यक्तित्ववाद के महत्व को स्वीकार किया। इकबाल का कहना है कि मनुष्य के भीतर कोई बागी, कोई विद्रोही है—वही उसका गौरव है।

स्वामी विवेकानन्द ने बहुत समय पहले पाश्चात्य सभ्यता के विघटन की घोषणा की थी। उस समय पश्चिमी मानस अपने यहाँ के संकट का आभास पाकर भारतीय प्रज्ञा की ओर अग्रसर हो रहा था। आधुनिक चिंतकों ने इसीलिए अपने यहाँ के व्यावहारिक दर्शन को विवेचन का आधार बनाया। यह आध्यात्मिकता उस समय के पूरे परिवेश में दिखाई पड़ती है। छायावादी काव्य में आध्यात्मिकता की झलक चन्द कवियों के मस्तिष्क की कल्पना नहीं है, बल्कि वह तत्कालीन पुनर्जागरण की साहित्यिक सर्जना है।

अब तक पाश्चात्य संस्कृति की चकाचौंध कम हो गई थी। लोग भारतीय परम्परा और संस्कृति की श्रेष्ठता का एहसास करने लगे थे। कुमारस्वामी ने भारतीय परम्परा में जो कुछ मूल्यवान है उसे सौंदर्यपरक और रचनात्मक दिशा देने का प्रयास किया। कुमारस्वामी ने राजनीतिज्ञों से पूछा था—'क्या आपने कभी समझा है कि राजनीतिक और आर्थिक दृष्टि से स्वतन्त्र किन्तु अपनी अन्तरात्मा में यूरोप द्वारा परास्त, भारत ऐसा आदर्श नहीं प्रस्तुत कर सकता जिसके लिए कोई जिए या मरे।' इसका अर्थ है अतीत और उसके मूल्यों की नए संदर्भ में पुनर्रचना।

मुक्ति के प्रति आग्रह का तात्पर्य इस लौकिक सत्ता से परे किसी चरम सत्ता में विलयन से नहीं था, बल्कि रूढ़ियों, अन्धविश्वासों, गलित मूल्यों से मुक्त होना था। स्वतन्त्रता को रविबाबू ने एक आन्तरिक दृष्टिकोण माना है। उनका कहना है कि स्वतन्त्रता के अभाव का अर्थ है एकता की अपूर्ण प्रतीति। अपने आपको विलीन करने की प्रक्रिया ही स्वतन्त्रता तक ले जाती है। बन्धन चेतना के मद्धिम पड़ने, बोध के संकीर्ण होने और चीजों के गलत मूल्यांकन का दूसरा नाम है। मुक्ति एक स्तर पर वैयक्तिक है तो दूसरे स्तर पर सामूहिक। साहित्य में वैयक्तिकता के फलस्वरूप ही काव्य-रूढ़ियों से मुक्त होने की कोशिश की गई। कुछ दिनों तक वैयक्तिकता प्रगतिमूलक तत्त्व—विद्रोही तत्व—के रूप में क्रियाशील थी पर आगे चलकर वह अकेलेपन की लाचारी में परिणत हो गई।

गांधी जी ने जीवन में दुःख को बहुत महत्व दिया है। वे कहते हैं प्रेम की कसौटी है तपस्या और तपस्या है आत्मपीड़ा। एक दूसरे स्थान पर उन्होंने लिखा है—जनता के लिए मूलभूत महत्व की वस्तुएँ केवल तर्कों द्वारा नहीं प्राप्त होतीं,बल्कि दुःख सहकर उन्हें प्राप्त करना होता है। वैयक्तिकता और पीड़ा का निश्चित रूप ही शैली का प्रोमेथियन दृष्टिकोण था। निराला का संपूर्ण जीवन ही प्रमथ्युगाथा है। अग्नि लाने का काम उसी ने किया था।

इस सांस्कृतिक परिवेश से अलग देखने पर छायावादी काव्य को विदेश से प्रभावित या रविबाबू की कविताओं की झंकृति मान लेना एकदम असंगत है। कुछ लोगों ने छायावाद काव्य की पृष्ठभूमि की व्याख्या करते हुए ब्रिटिश काल तथा कांग्रेस आन्दोलन के इतिहास के पृष्ठों तथा औद्योगिक आँकड़ों का जो विस्तृत ब्योरा दिया है उससे छायावाद की मूलभूत प्रवृत्तियों पर गलत प्रकाश पड़ता है। मार्क्सवादी सिद्धान्तों को जगह-जगह चस्पा करना अथवा काडवेल के सिद्धान्तों को जगह-जगह बैठा देना न आलोचना है न इतिहास। छायावादियों की स्वतंत्रता को स्वतंत्रता का भ्रम कहना काडवेलीय उल्था है। छायावादी काव्य पर विदेशी विचारधारा का उतना ही प्रभाव है जितना भारतीय पुनर्जागरण पर।

आचार्य नन्ददुलारे वाजपेयी ने ठीक ही कहा था—"इस छायावाद को हम पंडित रामचन्द्र शुक्ल के कथनानुसार केवल अभिव्यक्ति की एक लाक्षणिक प्रणाली विशेष नहीं मान सकेंगे। इसमें एक नूतन सांस्कृतिक मनोभावना का उद्‌गम है और एक स्वतन्त्र दर्शन की नियोजना भी—।"

इनकी सामान्य विशेषताओं का उल्लेख करने से पूर्व यह पता लगाने की जरूरत है कि छायावाद शब्द का अभिप्राय क्या है और इस नाम का प्रचलन कब और क्यों हुआ?

मुकुटधर पाण्डेय ने १९२० ई० में जबलपुर से प्रकाशित होनेवाली पत्रिका 'श्री शारदा' में 'हिन्दी में छायावाद' शीर्षक चार निबन्ध प्रकाशित कराये थे। जाहिर है कि उस समय तक छायावाद नाम प्रचलित हो चुका था। अपने निबन्धों में उन्होंने छायावाद काव्य की मूलभूत विशेषताओं—आन्तरिकता (वैयक्तिकता), स्वातन्त्र्य (मुक्ति का आग्रह), रहस्यवादिता, विचित्र प्रकाशन रीति (शैलीगत वैशिष्ट्य), अस्पष्टता आदि—का उल्लेख किया है। इसे उन्होंने भाव-प्रकाशन का नया मार्ग कहा है।

आचार्य नन्ददुलारे वाजपेयी ने छायावाद को परिभाषित करते हुए लिखा है—"मानव अथवा प्रकृति के सूक्ष्म किन्तु व्यक्त सौंदर्य में आध्यात्मिक छाया का भान मेरे विचार से छायावाद की सर्वमान्य व्याख्या हो सकती है।" किन्तु आध्यात्मिक शब्द से चिढ़ने वाले लोग उसका एक ही अर्थ जानते हैं—आत्म और परमआत्म का अभेद। उन्होंने 'आधुनिक साहित्य' में कहा है कि 'आधुनिक छायावादी काव्य किसी क्रमागत अध्यात्म पद्धति लेकर नहीं चलता।' इसमें इहलौकिक जीवन को जागतिक स्तर पर ही उठाया गया है—ईश्वरत्व या चरम सत्ता से संबद्ध करके। रविबाबू ने कहा है—"असीम का पूर्ण उद्घाटन तारों भरे आसमान में नहीं, मनुष्य की आत्मा में होता है—ईश्वर के प्रकट रूपों में मनुष्य अतुलनीय है। मानव-आत्मा अनुपम है क्योंकि उसमें ईश्वर अपने आपको विशेष प्रकार से प्रकट करता है।" फिर भी जहाँ तक इस आध्यात्मिकता ने मानवतावादी दृष्टि दी है, कवि के आत्म का विस्तार किया है वहीं तक यह प्रशंसनीय है। यह एक बाधा के रूप में भी आई है और इस रूप में वह काव्य का अंग नहीं हो सकी है।

डा० नगेन्द्र ने छायावाद को स्थूल के प्रति सूक्ष्म का विद्रोह कहा है। यह विद्रोह भाव तथा शैली दोनों स्तरों पर है। स्थूल से कदाचित् उनका अभिप्राय पूर्व-स्वच्छन्दतावादी इतिवृत्तात्मकता से ही है। किन्तु यह विद्रोह बद्ध काव्यरीति और दृष्टिकोण के विरुद्ध है। पंत के 'पल्लव' की भूमिका से जाहिर है, सारा काव्यान्दोलन रीतिबद्धता के विरोध में है। पर वे शुक्ल जी की इस बात से सहमत नहीं हैं कि छायावाद मात्र विशिष्ट काव्यशैली है। शुक्ल जी ने छायावाद की काव्यशैली की प्रशंसा तो की है पर उसकी भावभूमि पर संकीर्णता का आरोप लगाया है। यदि वक्तव्य वस्तु नई नहीं है तो भाषा-शैली की नवीनता अलंकरण मात्र होगी। एक को अच्छा तथा दूसरे को संकीर्ण कहना एक विचित्र अन्तर्विरोध है।

छायावादी काव्यभाषा का संबंध शुक्ल जी ने फ्रांसीसी प्रतीकवाद से जोड़ा है। जब इसे रोमैंटिक अंग्रेजी कविता के साथ संबद्ध नहीं किया गया तब हिन्दी की छायावादी काव्यभाषा से संबद्ध करना दुराग्रह नहीं तो क्या है। फ्रांसीसी प्रतीकवाद का प्रभाव ब्रिटेन के रोमैंटिक कवियों पर नहीं है बल्कि इलिएट, एट्स, आडेन, डायलन टामस आदि पर है। उसी प्रकार फ्रांसीसी प्रतीकवादियों का प्रभाव हिन्दी के आधुनिक कवियों—अज्ञेय, शमशेर बहादुर सिंह आदि पर है।

वस्तुतः नई वस्तु को अभिव्यक्त करने के लिए कवि नई भाषा का अन्वेषण करता है। पुरानी भाषा, पुराना छन्द भावाभिव्यक्ति में बाधक होते हैं। यों भाषा की अपनी असमर्थताएँ

भाव को सम्पूर्णतः व्यक्त नहीं कर पातीं। अपनी इस अपूर्णता के कारण वह संकेत करती है। रविबाबू ने लिखा है—

"काव्ये अनेक समये देखा जाय, भाषा भाव के व्यक्त करिते पारेना, केवल लक्ष्य करिया निर्देश करिया दिवार चेष्टा करे, से स्थले सेई अनभिव्यक्त भाषाइ एकमात्र भाषा। एइ प्रकार भाषा के केह बलेन धूँया के बलेन छाया, केह बलेन भाँगाभांगि, एवं किछु दिन हइल नवजीवनेर श्रद्धास्पद सम्पादक महाशय किंचित् हास्यरसावतारणार चेष्टा करिते गिया ताहाके 'काव्यि' नाम दियाछेन।"

कहना न होगा कि छायावादी काव्यभाषा ने पूर्णता के पूर्त्यर्थ लाक्षणिक और प्रतीकात्मक शब्दों का भरपूर प्रयोग किया। मानवीयकरण, विशेषण-विपर्यय आदि नवीन अलंकारों को भी छायावादी काव्य में स्थान मिला। पर इन प्रयोगों को ही छायावाद नहीं मानना चाहिये क्योंकि निराला की काव्यभाषा मुख्यतः अभिधात्मक है। फिर भी उनकी पदावली द्विवेदीकालीन कवियों की पदावली से भिन्न है। छायावादी काव्य छन्द,लय, संगीत, पदयोजना, बिंबविधान आदि की अपनी संश्लिष्टता में एकदम अलग, नूतन और ताजा है।

इस संश्लिष्टता को कवि की सृजन-प्रक्रिया द्वारा समझा जा सकता है। उस समय के कवि के मानस में संवेगों की अद्भुत प्रखरता थी। लाभ-हानि के व्यावसायिक जगत्, राजनीतिक प्रभुसत्ता, सामाजिक विसंगतियों में उसकी पहचान लुप्त होती जा रही थी, इसके विरुद्ध उसने अपनी संवेगमयता में, स्वतः स्फूर्त उद्गारों में, अपने अनुभूत संसार की सृष्टि की।

सृजन की इस प्रक्रिया में कल्पना का योग अत्यंत महत्वपूर्ण है। कल्पना एक संश्लेषणात्मक व्यापार है। इसके द्वारा काव्य के समस्त अवयव को एकान्विति प्राप्त होती है। कालरिज ने इस तरह की कल्पना को जीवन्त और उड़ान भरने वाली कल्पना को यांत्रिक माना है। इसे वह फैंसी कहता है। छायावाद काव्य में जीवन्त कल्पना के साथ-साथ फैंसी मिलती है।

अनुभूति अथवा संवेग जीवंत कल्पना द्वारा जब काव्यरूप में निर्मित हो उठता है तो विचारणीय होता है कि उस पर बौद्धिकता और यथार्थ का कितना अंकुश है। कोरे संवेग अथवा शोकाकुल भावुकता से संपृक्त काव्य श्रेष्ठ नहीं कहा जा सकता। छायावादी काव्य में दोनों प्रकार की रचनाएँ मिलती हैं। पहली अधिक, दूसरी कम।

आध्यात्मिकता का उल्लेख किया जा चुका है। छायावादी काव्य में काव्यत्व को न देखकर शांकर अद्वैत, शैवागम, अरविन्द दर्शन, बौद्ध दर्शन, योग आदि को देखने की परिपाटी ने इसके मूल्यांकन में अत्यधिक बाधा पहुँचाई है। वस्तुतः भारतीय पुनर्जागरण दर्शन की वैराग्यमूलक चेतना को कभी नहीं स्वीकार कर सका। शंकराचार्य का निवृत्त मार्ग भी किसी को मंजूर नहीं था। मुख्य कवियों ने या तो विवेकानन्द के व्यावहारिक दर्शन को स्वीकार किया या शैवागम के समन्वय को। प्रतिक्रियात्मक शक्तियों ने रहस्य में शरण ली।

मध्ययुगीन सन्तों, सूफियों और भक्तों ने प्रकारान्तर से इहलौकिक जीवन के अनेकानेक पक्षों पर प्रकाश डाला है किन्तु उनका ऐकांतिक लक्ष्य ब्रह्म अथवा ईश्वर का

साक्षात्कार रहा है। उनके राग-बोध में वैराग्य-बोध और निषेधात्मक दृष्टि भी मिलेगी। उन्होंने इस जीवन और जगत् को गौरव नहीं दिया। छायावादी कवियों की आध्यात्मिक दृष्टि इस जीवन और जगत् को गौरव देने में है। उदाहरण के रूप में निराला की यह कविता देखिए—

हे नश्वर यह दीन भाव,
कायरता, कामपरता,
ब्रह्म हो तुम :
पद-रज भर भी है नहीं पूरा यह विश्वभार।।

मध्यकालीन प्रेम से छायावादी कवियों का प्रेम भी भिन्न था। सन्तों और भक्तों ने निर्गुण और सगुण के प्रति जो प्रेमाभिव्यक्ति की है वह तभी सम्भव है जब व्यक्ति इस संसार से विमुख हो जाय क्योंकि वह खाला का घर नहीं है। इस संसार में मन विश्रांति लाभ नहीं कर सकता। तालस्ताय और महात्मा गांधी ने प्रेम को जगत् और जीवन से सम्बद्ध करते हुए कहा है कि प्रेम की कसौटी है तपस्या और तपस्या है आत्मपीड़ा। प्रेम, बलिदान और त्याग करता है। प्रसाद ने कहा ही है—'इस पथ का उद्देश्य नहीं है श्रांतभवन में टिक रहना।' निराला ने लिखा है—

प्रेम का पयोधि तो उमड़ता है
सदा ही निस्सीम भू पर
प्रेम की महोर्मिमाला तोड़ देती क्षुद्र ठाट।
जिसमें संसारियों के सारे क्षुद्र मनोवेग
तृण सम बह जाते हैं।
हाथ मलते भोगी
धड़कते हैं कलेजे उन कायरों के
सुन-सुन प्रेम सिंधु का
सर्वस्व त्याग गर्जन घन।

वही सात्त्विक प्रेम नारी के प्रति प्रेम-भावना का भी निर्माण करता है। स्वाभाविक था कि छायावादी कवि नारी को अछूते सौंदर्य और निष्कलुष प्रतिमा के रूप में चित्रित करते हैं। उसे उन्होंने केवल श्रद्धा, वासना की मुक्ति-मुक्ता त्याग में त्यागी, अकेली सुन्दरता आदि कहा। यह सही है कि इस चित्रण में नारी को अतीन्द्रीय धरातल पर रखने के कारण उसे मानवी के रूप में नहीं देखा गया। यह भी सही है कि किन्हीं अर्थों में वह प्रेम-चित्रण कुंठाग्रस्त हो गया। लेकिन छायावादी कवियों ने मुक्त-प्रेम का समर्थन कर नारी के अधिकारों को पहली बार स्वीकृति दी। इस तरह इस प्रेम-चित्रण को भी उच्चतम नैतिक मूल्यों से जोड़ दिया गया।

आत्म-तत्त्व की प्रधानता के कारण प्रवृत्ति में उन्होंने अपनी ही चेतना को देखा। दुःख, निराशा, वेदना, व्यथा की अभिव्यक्ति भी छायावादी काव्य में हुई है। कभी यह वैयक्तिकता के घेरे में बँधी हुई दिखाई देती है तो कभी गहरे संघर्ष के फलस्वरूप उत्पन्न होती हुई। स्मरण रखना चाहिए कि व्यक्तिवादी चेतना का यह एक अनिवार्य तत्त्व है। प्रसाद,

निराला, पंत, महादेवी वर्मा छायावादी काव्य के प्रतिनिधि कवि हैं। इन्हें रोमैंटिक कवियों की दूसरी पीढ़ी माना जा सकता है।

जयशंकर प्रसाद (१८८६-१६३७ ई०)

पहले कहा जा चुका है कि छायावादी काव्य एक विशेष सांस्कृतिक परिवेश की देन है ऐसी स्थिति में किसी एक कवि को थोड़ा आगे जन्म लेने मात्र से प्रवर्तक कहना ऐतिहासिक भूल है। प्रसाद, निराला, पंत, महादेवी आदि उस समूचे परिवेश से प्रेरणा ले रहे थे जो पुनर्जागरण के नाम से विख्यात है।

प्रसाद के 'झरना' काव्य का द्वितीय संस्करण, जिसमें छायावादी कविताएँ पहली बार सन्निविष्ट की गईं, सन् १६२७ में निकला। पंत का 'पल्लव' १६२६ में प्रकाशित हो चुका था। 'परिमल' में संगृहीत निराला की अधिकांश कविता, २३-२४ के मतवाला में छप चुकी थीं। जाहिर है कि ये सब कवि लगभग एक साथ ही नए काव्य-उन्मेष की ओर अग्रसर हो रहे थे।

प्रसाद का काव्य-विकास इस काल के अन्य कवियों की अपेक्षा धीमी गति से हुआ। इसका कारण संभवतः उनका आर्थिक-संघर्ष और साहित्यिक परिवेश था। काशी के प्रसिद्ध नागरिक शिवरत्न साहु (सुंघनी साब) उनके पितामह थे। पिता की मृत्यु से प्रसाद का परिवार ऋणग्रस्त हो गया। इसके लिए उन्हें काफी श्रम करना पड़ा। अधिकांश शिक्षा घर पर ही हुई। साहित्यिक परिवेश पुराने ढंग का था।

इस विकास की शुरुआत इन्दु (१६०६) पत्र के साथ होती है। वे पहले ब्रजभाषा में 'कलाधर' उपनाम से कविता लिखा करते थे। ये कविताएँ 'चित्राधार' (१६१८) में संकलित हैं। इनके भाव, भाषा-शैली आदि पर रीतिकालीन काव्य-बोध की स्पष्ट छाप है। 'प्रेमपथिक' में रीतिकालीन काव्य-बोध देखा जा सकता है। 'प्रेमपथिक' पहले ब्रजभाषा में लिखा गया। वह श्रीधर पाठक के एकांतवासी योगी की छाया से मुक्त नहीं है। बाद में उन्होंने बहुत कुछ इसी को परिवर्तित, परिवर्धित रूप में खड़ीबोली में प्रस्तुत किया। 'कानन-कुसुम' खड़ीबोली का उनका पहला काव्य-संग्रह है। इस संग्रह के सम्बन्ध में इतना ही कहा जा सकता है कि इसमें रीतिकाल से आगे बढ़कर वे द्विवेदी युग में आए। पर इसकी भाषा अनगढ़ है। आख्यानक रचनाएँ मध्यकालीन घेरे में से मुक्त नहीं हो पाई हैं। प्रेमपरक कविताओं में वैयक्तिक स्पर्श अवश्य है। 'करुणालय' एक प्रकार का गीतिनाट्य है। इसमें करुणा की प्रतिष्ठा तथा पौराणिक कथानक को नए युग से जोड़ने का प्रयत्न दिखाई देता है। 'महाराणा का महत्त्व' में राष्ट्रीय आकांक्षा की झलक है।

'झरना' उनकी फुटकल कविताओं का संग्रह है जो सर्वप्रथम १६१८ में प्रकाशित हुआ। उसके दूसरे संस्करण (१६२७) में कुछ नई कविताएँ जोड़ दी गईं। पर अतिशय वैयक्तिक होने के कारण वे बहुत कुछ सेंटीमेंटल हैं। भाषा की नवीनता की दृष्टि से भी इसे उल्लेख्य नहीं कहा जा सकता।

प्रसाद के विकास का पहला चरण 'आँसू' (१६२५) माना जाना चाहिए। इसका

द्वितीय संस्करण १६३३ ई० में प्रकाशित हुआ। इसमें अनेक प्रकार का सुधार-परिष्कार किया गया। छंदों की काट-छाँट के अतिरिक्त उनके क्रम बदले गए, नवीन छंदों को यथास्थान जोड़ा गया। यह परिवर्तन उसकी सजगता और नवीन जीवन दृष्टि का सूचक है।

नवीन जीवन-दृष्टि का सम्बन्ध आत्म-प्रसार से है, आत्मवेदना को विश्ववेदना से जोड़ने में है। पहले संस्करण में वह अपने को वैयक्तिक अनुभूति तक ही सीमित रखता है। किन्तु दूसरे संस्करण में उनकी विरह-वेदना मांगलिक हो जाती है। यह दूसरी बात है कि वह उसकी संरचना का अनिवार्य अंग नहीं बन पाती।

'आँसू' विरह-काव्य है। प्रेमी अतीत की मादक स्मृतियों की याद में अपनी आन्तरिक ज्वाला, विषाद और वेदना का इजहार करता है। स्मृति के रूप में प्रायः तीन वस्तुओं का उल्लेख हुआ है—प्रिय के शारीरिक सौंदर्य और परिरम्भ-कुम्भ की मदिरा तथा निःश्वास मलय के झोंके का। वर्ण्य का वास्तविक महत्व इसमें है कि वह कैसे वर्णित है। खेद है कि हिन्दी के आलोचकों ने 'आँसू' में सर्वत्र प्रेम का उच्च धरातल, सूफियों का-सा प्रेम-गाम्भीर्य, अद्‌भुत कला-सौंदर्य देखा है। वस्तुतः 'आँसू' काव्य का सृजन और उस तरह की आलोचना का लेखन एक ही बिन्दु से होता है—कैशोर भावना के बिन्दु से। यदि कैसे पर ध्यान दिया जाता तो कैशोर भावना अपने आप परिलक्षित हो जाती। हाहाकार स्वरों में वेदना का गरजना, मानस-सागर के तट पर लोल लहर की घातों का कुछ कलकल-ध्वनि में कहना, प्रतिध्वनि का टकराना, बिलखना और पागलों की तरह फेरी देना आदि प्रयोग की कचाई कैशोर की ही कचाई है। वेदना का गरजना, वह भी हाहाकार स्वरों में, वेदना के स्वरूप को ही विकृत कर देता है। वेदना और उसके गरजने में गहरी असंगति है। सागर की लहरें कलकल ध्वनि नहीं करतीं। प्रतिध्वनि का बिलखना अतिशय भावुकता (सेंटीमेंटैलिटी) का सूचक है। प्रिय का नखशिख-वर्णन मध्यकालीन परम्परा के मेल में है। अप्रस्तुत भी पुराने हैं। 'आँसू' के पहले संस्करण में कवि अपने दायरे को पार नहीं कर पाता। दूसरे संस्करण में अपनी वेदना को जो दार्शनिक रूप देने की चेष्टा करता है वह स्थूल आदर्श से आगे नहीं बढ़ता। 'आँसू' की यह परिसमाप्ति—

सबका निचोड़ लेकर तुम
सुख के सूखे जीवन में
बरसो प्रभात हिमकन-सा
आँसू इस विश्व-सदन में।

भरत-वाक्य के अतिरिक्त और क्या ?

पर आँसू में छायावादी काव्य की दो विशेषताएँ स्पष्टतः परिलक्षित होती हैं—आत्माभिव्यक्ति और प्रकृति के संबंध में नया दृष्टिकोण। अब काव्य का प्रयोजन सार्वजनीन भावों की अभिव्यक्ति से हटकर कवि की आत्माभिव्यक्ति हो गया। 'आँसू' की अनुभूति में जहाँ एक ओर वैयक्तिकता आवश्यकता से अधिक गहरी है वहाँ से कम-से-कम दूसरे संस्करण में उसे अतिक्रमित करने का प्रयास भी है। प्रकृति में सर्वत्र कवि की आत्मचेतना व्याप्त है। रहस्य, कुतूहल, जिज्ञासा आदि के संकेत भी जगह-जगह मिलेंगे।

आचार्य शुक्ल ने 'आँसू' में समन्वित प्रभाव नहीं देखा है। किन्तु अलग-अलग लेने पर उसमें उन्हें रंजनकारिणी कल्पना, व्यंजक चित्र का बड़ा ही अनूठा विन्यास, भावनाओं की अत्यन्त सुकुमार योजना मिलती है। वस्तुतः यह शिकायत शुक्ल जी अपनी सीमा के कारण करते हैं। कथा-तत्त्व और जीवन के मार्मिक स्थलों के अभाव में वे प्रबन्ध की कल्पना नहीं कर सकते। छायावादी काव्य में सामान्यतः कथा-तत्त्व की कमी मिलेगी। यदि 'आँसू' की केन्द्रवर्ती स्मृति पर शुक्ल जी की दृष्टि जाती तो उन्हें शिकायत का यह मौका न मिलता। यह भी संभव है कि उनके सामने 'आँसू' का पहला संस्करण ही रहा हो।

उन्होंने और भी लिखा है—"नियतिवाद और दुःखवाद का विषण्ण स्वर भी सुनाई पड़ता है। इस चेतना को दूर हटाकर मदतन्द्रा,स्वप्न और असंज्ञा की दशा का आह्वान रहस्यवाद की एक स्वीकृत विधि है। इस विधि का पालन 'आँसू' से लेकर 'कामायनी' तक हुआ है।" वस्तुतः नियतिवाद और दुःखवाद का जो स्वर सुनाई पड़ता है वह गहरा नहीं है और न उसमें किसी प्रकार की जटिलता ही दिखाई देती है। 'कामायनी' में आकर रहस्यवादी तत्त्व अधिक बौद्धिक हो जाता है। अपनी त्रुटियों और खामियों के बावजूद 'आँसू' में वे सम्भावनाएँ दिखाई देती हैं जो 'कामायनी' में अपनी चरम ऊँचाई पर जा पहुँची हैं।

'लहर' का प्रकाशन १९३३ में हुआ। यही वर्ष 'आँसू' के दूसरे संस्करण के प्रकाशन का भी है। इसके ठीक दो वर्ष बाद 'कामायनी' प्रकाशित हुई। अतः 'कामायनी' का सौन्दर्य-बोध तब तक संभव नहीं है जब तक 'लहर' का 'एस्थेटिक्स' न समझ लिया जाय। 'लहर' की पहली कविता में वह आनन्द की लघु-लघु लहरों का आह्वान करता है जो जीवन के सूखे तट को आर्द्र कर दे, किनारे के रसहीन अधरों को चूम ले। इसमें संगृहीत कविताओं में अनेक प्रकार की लहरें हैं, मुख्यतः प्रेम, करुणा, सौन्दर्य और इतिहास के खंडहरों से झाँकती हुई देश प्रेम की लहरें।

अपनी आत्मकथा में वह लिखता है—

मिला कहाँ वह सुख जिसका स्वप्न देखकर जाग गया।
आलिंगन में आते-आते मुसक्या कर वह भाग गया,

या फिर वह कहता है—

स्नेहालिंगन की लतिकाओं की झुरमुट छा जाने दो
जीवन-धन! इस जले जगत को वृन्दावन बन जाने दो।

प्रेम-कविताओं में मधुचर्या के साथ स्थान-स्थान पर करुणा का भी समावेश है। कुछ बौद्ध करुणा की कविताएँ भी हैं। 'अरी वरुणा की शांत कछार' में वह प्रश्न उठाता है—'भाग कितना लेगा मस्तिष्क हृदय का कितना अधिकार।' इसका समाधान 'कामायनी' है।

अशोक की चिंता, शेरसिंह का शस्त्र समर्पण, पेशोला की प्रतिध्वनि और प्रलय छाया इतिहास के जिन काल खंडों से लिया गया है उनमें विषादमयी करुणा, जीवन की भंगुरता, देशप्रेम आदि के चित्र हैं।

यदि इन रचनाओं में अभिव्यक्त अनुभूतियों की बुनावट, बिंबों-प्रतीकों पर विचार

किया जाय तो कामायनी के पूर्वरूप की झलक मिल जाती है। इसकी काव्यात्मक लय भी कामायनी में है। 'प्रलय की छाया' की संश्लिष्टता में क्लासिकल कसाव है।

वस्तुतः प्रसाद को कवि के रूप में जो श्रेय मिला है उसका मूलाधार कामायनी है। कामायनी आधुनिक युग का श्रेष्ठ काव्य है इसमें कोई संदेह नहीं। पर इसकी श्रेष्ठता कहाँ है— इसे लेकर काफी मतभेद है।

'कामायनी' का लेखन कब आरम्भ हुआ ठीक से नहीं कहा जा सकता। पर सन् '२८ में 'सुधा' के अक्टूबर अंक में 'कामायनी' के 'चिन्ता सर्ग' का अंश छपा और कामायनी प्रकाशित हुई सन् १६३५ ई० में। यदि इसके लेखन का आरंभ-काल '२८ मान लिया जाय तो इसे पूरा करने में कवि को कुल सात वर्ष लगाने पड़े। इसी बीच 'एक घूँट' और 'कामना' लिखे गए। इन्हें कामायनी कि चिन्तन-प्रक्रिया का ही अंग समझना चाहिए। वे 'आँसू' को मनु के चले जाने के बाद श्रद्धा के वियोग-वर्णन के रूप में रखना चाहते थे। किन्तु उन्होंने वैसा नहीं किया। इससे साफ है कि वे अपने जीवनदर्शन को (जो शैवागम दर्शन) काव्य का रूप देना चाहते थे। कामायनी के दर्शन और रूपक तत्त्व की जो इतनी अधिक चर्चा की जाती है इसके लिए स्वयं प्रसाद जी भी उत्तरदायी हैं।

'कामायनी' के सम्बन्ध में पहला प्रश्न यही उठता है कि उसे काव्य माना जाय या रूपक या दोनों। आमुख में प्रसाद ने लिखा है—"आर्य-साहित्य में मानवों के आदिपुरुष मनु का इतिहास वेदों से लेकर पुराण और इतिहासों में बिखरा हुआ मिलता है। इसलिए वैवस्वत मनु को ऐतिहासिक पुरुष ही मानना उचित है। ....यदि श्रद्धा और मनु अर्थात् मनन के सहयोग से मानवता का विकास रूपक है तो भी बड़ा भावमय और श्लाघ्य है। यह मनुष्यता का मनोवैज्ञानिक इतिहास बनने में समर्थ हो सकता है। ....यह आख्यान इतना प्राचीन है कि इतिहास में रूपक का भी अद्‌भुत मिश्रण हो गया है। इसलिए मनु, श्रद्धा और इड़ा इत्यादि अपना ऐतिहासिक अस्तित्व रखते हुए, सांकेतिक अर्थ की भी अभिव्यक्ति करें तो मुझे कोई आपत्ति नहीं। मनु अर्थात् मन के दोनों पक्ष हृदय और मस्तिष्क का सम्बन्ध क्रमशः श्रद्धा और इड़ा से भी सरलता से लग जाता है। ....इन्हीं सब के आधार पर 'कामायनी' की सृष्टि हुई है।"

डॉ० नगेन्द्र इस उद्धरण के आधार पर मानते हैं कि कामायनी के कवि ने मूलतः ऐतिहासिक काव्य के रूप में ही इसे लिखा है और गौण रूप से इसमें रूपक तत्त्व वर्तमान हैं। लेकिन आमुख को प्रमाण के रूप में ग्रहण नहीं किया जा सकता। इसकी निर्णायिका स्वयं 'कामायनी' है।

मनु, श्रद्धा और इड़ा अपनी सम्पूर्णता में ऐतिहासिकता की रक्षा नहीं करते। किन्तु सांकेतिकता या रूपकत्व के पद से वे कहीं भी स्खलित नहीं होते। उनके समस्त क्रिया-कलाप एक हद के बाद प्रतीक हो जाते हैं और दोनों के बीच की खाईं पट नहीं पाती। उनके मानवीय क्रिया-कलाप में रूपकत्व तो वर्तमान है पर रूपकत्व में मानवीय क्रिया-कलाप नहीं है। दूसरे शब्दों में कामायनी में खण्ड मानव चित्रित है किन्तु रूपकत्व अखण्ड और अविच्छिन्न है।

मनोवृत्तियों का वर्णन मानवीय चरित्र के विकास में बाधक है। उसका अपना स्वयं का चित्रण अत्यन्त मनोवैज्ञानिक और अर्थपूर्ण बन पड़ा है। पर अर्थ की अन्वितियाँ (सेमैंटिक यूनिटीज) बिखर गई हैं। अन्तिम तीन सर्ग कोरे दार्शनिक हो गए हैं। वे न तो मनोवृत्तियों से जुड़ पाये हैं और न मानवीय व्यापारों से। ऐसी स्थिति में कामायनी की आलोचना करते समय प्रायः मनोवैज्ञानिक आध्यात्मिक तत्त्व को नजर-अन्दाज नहीं किया जाता। अतः सामरस्य के सिद्धान्त की प्रतिष्ठा करते हुए भी इतिहास, मनोविज्ञान और दर्शन में सामंजस्य नहीं हो पाता। उल्टे अनेक असंगतियाँ उत्पन्न हो जाती हैं।

आचार्य शुक्ल ने अपने 'हिन्दी साहित्य का इतिहास' में लिखा है—"यदि हम इस विशद काव्य की अन्तर्योजना पर ध्यान न दें, समष्टि रूप में कोई समन्वित प्रभाव न ढूँढ़ें, श्रद्धा, काम, इड़ा इत्यादि को अलग-अलग लें तो हमारे सामने बड़ी ही रमणीय चित्रमयी कल्पना, अभिव्यंजना की अत्यन्त मनोरम पद्धति आती है।'' शुक्ल जी ने कमजोर अन्तर्योजना और अलग-अलग अभिव्यंजना की मनोरम पद्धति की ओर ध्यान आकृष्ट किया है पर वे दार्शनिक असंगतियों की चर्चा में ही इतने उलझे रहे कि उनका विवेचन न कर सके।

अपनी अन्तर्योजना में त्रुटिपूर्ण होने पर भी हिन्दी साहित्य के कलात्मक विकास में इसका अत्यन्त महत्वपूर्ण स्थान है। कामायनी के पूर्व हिन्दी के दो महाकाव्य लिखे जा चुके थे 'प्रियप्रवास' और 'साकेत'। इन तीनों महाकाव्यों में कथातंतु क्षीण है। यह एक मोटी समानता है। एक साथ ही कई स्तरों पर चलने वाली अर्थवत्ता के कारण इसकी संरचना अधिक जटिल है। 'प्रियप्रवास' और 'साकेत' के शब्द, बिंब, अलंकार जिन संवेदनाओं को मूर्त करते हैं वे ब्रह्म जगत् से स्थूल आदर्शों से सम्बद्ध हैं। उनमें व्यवहृत भाषा मध्ययुगीन मूल्यों से बँधी होने के कारण नई नहीं हो पाती।

कामायनी की धुरी जिस श्रद्धा पर आधारित है वह बदले हुए युग की देन है। श्रद्धा का महत्व इस देश की संस्कृति में बराबर स्वीकार किया गया है। लेकिन कामायनी की श्रद्धा अपनी परम्परा-मुक्तता के कारण वरेण्य नहीं है। उसकी महत्ता विशेष सन्दर्भ में प्रस्तुत किये जाने की वजह से है। आज के पागलपन के जमाने में जब बुद्धि के अतिरेक और यांत्रिकता के कारण मनुष्य शुष्क और जड़ होता जा रहा है, राग या प्रेम की आवश्यकता मनोवैज्ञानिक भी स्वीकार करने लगे हैं।

श्रद्धा में हृदय और मस्तिष्क दोनों का सामंजस्य है। वह कामकन्या है यानी गीता की शब्दावली में धर्म के अविरुद्ध स्वयंकाम है। इसकी धुरी पर ही महाकाव्य घूमता है। इसी के माध्यम से कवि नई मानवता के विकास की कथा कहता है, सौन्दर्य का अप्रतिम चित्र उरेहता है, आधुनिक जीवन की विडम्बनाओं से मुक्ति की राह अन्वेषित करता है, मन को समंजित करने की कुंजी प्राप्त करता है।

श्रद्धा कामकन्या है। अतः उसका अनिन्द्य सुन्दरी होना सहज है। प्रसाद ने उसके सौन्दर्य का जो अविकारी ऐन्द्रीय चित्र खींचा है वह आधुनिक हिन्दी काव्य में दुर्लभ है—समस्त हिन्दी काव्य में दुर्लभ है यह भी कहा जा सकता है। इन सौन्दर्य चित्रों की असमानन्तरता

बिंब-निर्माण, उनके अपने अन्तस्सम्बन्ध तथा संश्लिष्ट संघटना के सन्दर्भ में ही विश्लेषित की जा सकती है। कुछ उदाहरण देखिए—

सुना यह मनु ने मधु गुंजार, मधुकरी का सा जब सानन्द
किये मुख नीचा कमल समान प्रथम कवि का ज्यों सुन्दर छन्द
× × ×
और देखा वह सुन्दर दृश्य, नयन का इन्द्रजाल अभिराम
× × ×
नील परिधान बीच सुकुमार खुल कहा मृदुल अधखुला अंग,
× × ×
या कि, नव इन्द्रनील लघु शृंग फोड़कर धधक रही हो कांत
एक लघु ज्वालामुखी अचेत माधवी रजनी में अश्रांत।।
× × ×
कुसुम कानन-अंचल में मन्द पवन प्रेरित सौरभ साकार
रजित परमाणु पराग शरीर, खड़ा हो ले मधु का आधार।

इस संदर्भ में दिनकर की उर्वशी तथा उसकी सहेली अप्सराओं का जो रूपचित्र खींचा गया है वह कई दृष्टियों से इसकी तुलना में निष्प्रभ है। अप्सराओं को कल्प-कानन की कुसुम वल्लियाँ, वसन्त के स्वप्न की तस्वीरें, कविता की नूतन पंक्तियाँ कहने से प्रस्तुत के संवेदनात्मक चित्र नहीं बनते। इसी प्रकार उर्वशी को रति की मूर्ति, रमा की प्रतिमा, विधु की प्राणेश्वरी कहकर उन्होंने कुछ पुराने धराऊँ अप्रस्तुत निकाले हैं जिनसे उर्वशी की नई स्फूर्तिमयी मूर्ति बन नहीं पाती, बल्कि उसकी काल्पनिक मूर्ति कुछ मैली ही हो जाती है। यदि वह रति और रमा की प्रतिमूर्ति ही है तो उसके सौन्दर्य की अद्वितीयता क्या ? फलस्वरूप उर्वशी और पुरूरवा के प्रगाढ़ प्रेम की संघटना क्षीण प्रतीत होने लगती है। दिनकर के विचार (आइडिया) और बिंब या सूक्ष्म (एब्स्ट्रैक्शन) और ठोस के बीच कोई तनाव नहीं है। श्रद्धा की मधुगुंजार और प्रथम कवि के सुन्दर छंद में कोई तर्कसम्मत सम्बन्ध नहीं है। यह बात दृश्य और इन्द्रजाल, नीले परिधान और बिजली के फूल, मुखमण्डल और ज्वालामुखी, सौरभ और साकार पराग आदि के सम्बन्ध में भी सच है। पर इनमें गहरा तर्केतर सम्बन्ध है, जो प्रस्तुत को ठोस आधार देकर अधिक छविमान, ऐन्द्रिय तथा अर्थवान बनाता है। एक बिंब दूसरे को शक्ति देता है और सब मिलकर एक समग्र छवि निर्मित करते हैं जो किसी अन्य की प्रतीकृति नहीं है बल्कि अद्वितीय और अप्रतिम है।

इसीलिए मनु उसे लुटे से निरखने लगे थे। वह चिंतित मनु को कर्म में लगाना चाहती है। आत्मविस्तार की प्रेरणा देती है। अतः यह मध्यकालीन नारी से भिन्न, नवीन ऊर्जा के रूप में, मनु को अपने संकीर्ण घेरे से निकाल कर, जीवन और जगत् के कर्मक्षेत्र में ले जाती है। श्रद्धा त्यागमयी है तो मनु अपने सुख को चरम सुख मानते हैं। श्रद्धा मानवतावादी है तो मनु आत्मवादी। मानवतावाद आत्मविस्तार चाहता है तो आत्मवाद आत्मसंकोच। वस्तुतः यह एक चिरन्तन समस्या है जो समय-समय पर भिन्न-भिन्न रूपों में प्रकट होकर समाधान की अपेक्षा रखती है। श्रद्धा ने कहा है कि जगतीतल का सारा क्रंदन 'विषमयी विषमता' है।

एक प्रश्न उठता है कि क्या श्रद्धा के इस प्रकार के चिंतन के पीछे किसी पार्श्वभूमि की सृष्टि की गई है जो उसके चिंतन को सहज बना सके। मुक्तिबोध को यह पार्श्वभूमि नहीं दिखाई पड़ती है। आदिम मानव को इस तरह की चिंता क्यों सताने लगी ? क्या पशु-बलि के कारण श्रद्धा के मन में ऐसे विचार उठे ? मुक्तिबोध ने कामायनी को फैंटेसी मानकर समाधान ढूँढ़ लिया है। यदि मुक्तिबोध कामायनी पर मार्क्सवादी फैंटेसी लादने की कोशिश न करते तो सम्भवतः उन्हें स्थूल पार्श्वभूमि की तलाश न करनी पड़ती। देव-संस्कृति के ध्वस्त होने पर मानव-संस्कृति का विकास हुआ। दोनों ही उसके अवशिष्ट हैं। मनु पर उस संस्तृति के प्रबल संस्कार हैं किन्तु श्रद्धा नवीन संस्कृति-मानव-संस्कृति—की सृष्टि करना चाहती है जो समता पर, सामंजस्य पर आधारित है। इस वैषम्य को, जो बहिरंतर की समान समस्या है, समता या सामंजस्य में परिणत करना ही कामायनी का प्रतिपाद्य है। इस मूलवर्ती समस्या को प्रायः सर्वत्र देखा जा सकता है। कामायनी की समस्त संघटना इसी को संकेतित करती है।

पर इड़ा का महज प्रतीकात्मक सन्निवेश इसकी महाकाव्यात्मक संघटना को आवयविक अन्विति नहीं प्रदान करता। इससे व्यक्ति की मनोवैज्ञानिकता का विकास तो चित्रित हो जाता है लेकिन सामाजिकता का सिलसिला टूट जाता है। अन्तिम तीन सर्गों के अतिरिक्त संघर्ष सर्ग भी संरचना का अनिवार्य अंग नहीं बन पाता। यों वह अलग से भी कमजोर है। सारी लड़ाई बेदम है। लड़ाई का कारण और परिणति दोनों निस्सार वागाडंबर प्रतीत होते हैं। पात्र के रूप में इड़ा की कर्मठता, अनासक्तता, निःस्वार्थता जितनी श्लाघ्य है श्रद्धा के आगे अपनी सदोषता की स्वीकृति उतनी ही कृत्रिम और अश्लाघ्य। विज्ञान, औद्योगीकरण, बुद्धिवाद का जो विरोध प्रसाद ने किया है वह सैद्धांतिक होकर रह गया है। वस्तुतः यथार्थ चित्रण में प्रसाद की चित्तवृत्ति रम ही नहीं पाती। रैन्सम की शब्दावली में इसे यों कहना होगा कि इसके टेक्श्चर और सम्पूर्ण स्ट्रक्चर में तनावपूर्ण स्थिति ही नहीं आ पाती।

रूपक के प्रसंग में, जिसमें मनु मननशीलता, संकल्प-विकल्प का प्रतीक है, श्रद्धा, दया, ममता, त्याग, क्षमा आदि कोमल वृत्तियों का प्रतिनिधित्व करती है, यानी वह राग-वृत्ति है, इड़ा का तालमेल नहीं बैठ पाता है। वह बुद्धि का प्रतीक है जो द्वैत, वर्ग-भेद, वैषम्य की प्रचारक है, वह सामरस्य की बाधक है। श्रद्धा द्वारा ही इच्छा, क्रिया और ज्ञान के त्रिपुर का दाह होता है। इच्छा, ज्ञान और क्रिया को डॉ० नगेन्द्र संस्कृति, विज्ञान और राजनीति का समन्वय कहते हैं। पर क्या यह रूपक काव्य है ? इसी प्रकार शैवागम दर्शन से सर्गों तथा उससे सम्बद्ध सिद्धान्तों से भी काव्य का कोई सम्बन्ध नहीं माना जाना चाहिए।

अब प्रश्न उठता है कि क्या रूपकत्त्व और शैवागम दर्शन कामायनी के काव्यत्व में बाधा नहीं पहुँचाते ? रूपकत्त्व के निर्वाह के कारण संकल्प-विकल्पात्मक मनु अपार वीर्य से ऊर्जस्वित होने के बावजूद बौना ही बना रहता है। श्रद्धा का चरित्र केवल सैद्धान्तिक स्तर पर ही स्थिर रहता है व्यावहारिक स्तर पर उसमें गत्यात्मकता नहीं आती।

पर ये आरोप काव्यगत स्थूल घटनाओं और कार्य-व्यापारों के सन्दर्भ में ही लगाए जाते हैं। मनु और श्रद्धा आन्तरिक वृत्तियाँ हैं। यदि वे कामायनी की संश्लिष्ट संरचना और

आन्तरिक वृत्तियों की जटिलता में योग देती हैं तो उनकी सार्थकता स्वतः सिद्ध है। लेकिन इस संघटना के विश्लेषण का अर्थ है उस मूल्य की तलाश जो संघटना की प्रक्रिया में अनुस्यूत है और उसे अलग से न खोजकर उस प्रक्रिया मे ही खोजना होगा।

मनु की रूपरेखा—अवयव की दृढ़ मांसपेशियाँ—और 'निकल रही थी मर्म वेदना, करुणा विकल कहानी सी' की विसंगति मनु की चिन्ता को गहन, करुण और मार्मिक बना देती है। 'वहाँ अकेली प्रकृति सुन रही, हँसती सी पहचानी सी' में अकेला शब्द अन्य किसी भी श्रोता का निषेध करता है। प्रकृति का हँसना मनु की चिन्ता को विडंबना पूर्ण बनाकर और भी करुण बना देता है। चिन्ता सर्ग में चिन्ता को समग्रतः चित्रित करने के लिए कवि ने कई उपकरणों का प्रयोग किया है। चिन्ता की भयंकरता को संवेदनात्मक स्तर पर अंकित करने के लिए उसने बिंबों की शृंखला खड़ी कर दी है—विश्व वन की व्याली, ज्वालामुखी के विस्फोट का प्रथम कम्प, हरी-भरी सी दौड़-धूप, ग्रहकक्षा की हलचल आदि। ये बिंब चिन्ता की विषाक्तता, आतंक-त्रास, व्यर्थता आदि अनेक आयामों को उजागर करते हैं। चिन्ता को अपने संदर्भ में लेते हुए भी वे सार्वभौम संदर्भ देते हैं क्योंकि चिन्ता विश्व वन की व्याली है, ग्रहकक्षा की हलचल है।

देव सृष्टि की विलासिता का केन्द्रीभूत होना ही विघटन का मूल है, देव होना ही सृष्टि का विशृंखलित होना है। देव अर्थात् अमरता के चमकीले पुतले, विकल वासना के प्रतिनिधि, चिर किशोर-वय, नित्य-विलासी आदि। इसके बाद प्रलय का अद्भुत दृश्य उभरता है। इसके लिए दो पद्धतियाँ अपनाई गई हैं—दो विरोधी वस्तुओं को साथ-साथ रखना और उन वस्तुओं का चुनाव जो प्रलय को उसकी विभीषिका में चित्रित कर सकें। उदाहरण लीजिएः—

देव-कामिनी के नयनों से जहाँ नील नलियों की सृष्टि
होती थी, अब वहाँ हो रही प्रलयकारिणी भीषण वृष्टि
हाहाकार हुआ क्रंदनमय कठिन कुलिश होते थे चूर,
हुए दिगंत बधिर भीषण रव, बार बार होता था क्रूर।
दिग्दाहों से धूम उठे, या जलधर उठे क्षितिज तट के।
सघन गगन में भीम प्रकंपन झंझा के चलते झटके।।

वज्र का चूर होना, दिशाओं की बधिरता; रव की क्रूरता, आकाश का प्रकंप, झंझा के झटके प्रलय को उसकी संपूर्ण क्रूरता में ही आकलित नहीं करते बल्कि चिन्ता की सघनता को पूरी ऊँचाई तक पहुँचा देते हैं। चिन्ता की चरम परिणति मृत्यु-चिन्ता में होती है और उसके संदर्भ में जीवन का दार्शनिक और चिन्तापरक वर्णन अपनी यथार्थता में अपूर्व हैः—

अंधकार के अट्टहास सी मुखरित सतत चिरंतन सत्य;
छिपी सृष्टि के कण-कण में तू यह सुन्दर रहस्य है नित्य
जीवन तेरे क्षुद्र अंश है व्यक्त नील घन-माला में
सौदामिनी-संधि सा सुन्दर क्षण भर रहा उजाला में

अंधकार के अट्टहास सी मृत्यु प्रलय के परिवेश से संबद्ध होने से अत्यन्त भयानक हो उठती है। और जीवन ! घनमाला में बिजली की क्षणिक चमक। इस तरह मनु का चिन्तन व्यक्ति से हटकर समष्टिपरक हो जाता है।

आशा सर्ग में प्रकृति-वर्णन के संकेतों में उल्लास को मूर्त किया गया है। वह मनु की अपनी प्रफुल्लता का भी सूचक है। हिमालय का परिवर्तित रूप देखिए—

अचल हिमालय का शोभनतम लता कलित शुचि सानु शरीर
निद्रा में सुख स्वप्न देखता जैसे पुलकित हुआ अधीर।

थोड़े समय पूर्व हिमालय की स्थिति दूसरी थी 'नव कोमल आलोक बिखरता हिम-संसृति पर भर अनुराग।' किन्तु जब लताच्छादित उसका शोभन शरीर ऐसा मालूम पड़ने लगा मानों नींद में स्वप्न देखकर कोई पुलकाकुल हो उठा हो। श्रद्धा 'स्पर्श के आकर्षण से पूर्ण, प्रकट करती जड़ में स्फूर्ति।' आकर्षण श्रद्धा की—नारी मात्र की—केन्द्रवर्ती विशेषता है। इसमें आकर्षण शब्द विशेष रूप से द्रष्टव्य है। चिन्ता सर्ग में मनु ने देखा था—

धू-धू करता नाच रहा था अनस्तित्व का तांडव नृत्य।
आकर्षण विहीन विद्युत्कण बने भारवाही थे भृत्य।

लेकिन बदली हुई परिस्थितियों में सब कुछ आकर्षण की दीप्ति से प्रकाशित है। व्यापक अर्थ में आकर्षण ही काम है। इस आकर्षण के अभाव में आत्मविस्तार सम्भव नहीं है—'तपस्वी आकर्षण से हीन कर सके नहीं आत्मविस्तार।' इसके फलस्वरूप जिस वासना का उदय हुआ उससे अजीब उल्लास, स्नेह, शान्ति, विस्मय आदि की सृष्टि हुई। इसकी अभिव्यक्ति के लिए प्रकृति के उपकरणों—रागरंजित चंद्रिका, मदिर भीनी माधवी की गन्ध, उड़ते पराग, पुलकित पवन—का आधार ग्रहण किया गया है। मनु पूछ बैठते हैं—

कौन हो तुम विश्व माया कुहुक सी साकार
प्राणसत्ता के मनोहर भेद सी सुकुमार।

कामोदय के बाद मनु में वासना और श्रद्धा में लज्ञा का उदय होता है। लज्ञा का काव्यात्मक बिंब उपस्थित करने के लिए अनुभावों का सहारा लिया गया है 'पुलकित कदंब की माला सी नयनों में भर बांकपन/स्मृति बन जाती तरल हँसी, कपोलों की लाली, आँखों का आँजन' आदि और:—

छूने में हिचक, देखने में पलकें आँखों पर झुकती हैं
कलरव परिहास भरी गूँजें अधरों तक सहसा रुकती हैं।

लज्जा के दो पहलू हैं—सौन्दर्यात्मक और मूल्यात्मक। यह चेतना का उज्ज्वल वरदान है और इसी का नाम सौन्दर्य है। लज्ञा शालीनता का दूसरा नाम है। मनोवैज्ञानिकों के मतानुसार यह नारी की मज्ञागत विशेषता है। किन्तु जहाँ लज्ञा अपना संदेश सुनाती हुई कहती है—

नारी ! तुम केवल श्रद्धा हो विश्वास रजत नग पग तल में
पीयूष स्रोत सी बहा करो जीवन से सुन्दर समतल में

वहाँ काव्य मध्यकालीन नैतिकता की ओर घूम जाता है। उसका सम्पूर्ण संदेश लज्ञा का अनिवार्य अंग नहीं बन पाता। यहीं पर रचना, संश्लिष्टता क्षतिग्रस्त हो जाती है।

कर्म सर्ग दो पद्धतियों का द्वंद्व है—प्राणिमात्र के प्रति ममत्व और आत्मकेन्द्रित ममत्व। आत्मकेन्द्रित ममत्व ईर्ष्या को जन्म देता है और व्यक्ति अपनी आकांक्षाओं की पूर्ति के लिए इड़ा या बुद्धि का सहारा लेता है। इसके बाद स्वप्न, संघर्ष और निर्वेद सर्ग हैं।

आनन्दवर्धन के मतानुसार काव्य की संघटना गुणों पर आश्रित होती है। लेकिन यह तर्कसंगत नहीं है क्योंकि पाठक के सामने संघटना होती है गुण नहीं। यह मंचीय संघटना भी हो सकती है या इतर काव्य संघटना भी। कुछ आचार्य संघटना को धर्मी और गुण को धर्म मानकर संघटना को ही प्रमुखता देते हैं। इस संघटना को व्यापक अर्थ देकर आज की संरचना के साथ जोड़ा जा सकता है। सम्भवतः यह कुंतक की कविव्यापार-वक्रता से बहुत भिन्न नहीं है। भिन्न-भिन्न प्रकार के काव्यों की संघटना भी भिन्न होगी ही।

कामायनी की जटिल संघटना के आधार पर उसके गुणों को खोजा जा सकता है। अगर उसे महाकाव्य के पूर्व निश्चित सिद्धान्तों के आधार पर महाकाव्य सिद्ध करने की जिद बनी रही तो उस पर पूर्व निश्चित प्रतिमान भी आरोपित किये जायेंगे। सामान्यतः घुमा-फिरा कर किसी ने उसमें दंडी द्वारा निर्धारित महाकाव्य के तत्त्वों को देखा है तो किसी ने अरस्तू के काव्यशास्त्र में निर्धारित तत्त्वों को। या फिर बौद्धिकता, समरसता, चारित्रिक उदात्तता, आधुनिकता, वस्तु-वर्णन आदि को गिनाकर उसे महाकाव्य सिद्ध कर दिया जाता है।

इसे उदात्त-तत्त्व के आधार पर भी महाकाव्य कहा जाता है। इसके कथानक, कार्य, चरित्र, भाव और शैली को उदात्त माना गया है। उदात्त स्वयं गोल शब्द है। ब्रैडले ने सुन्दर के जो पाँच भेद—उदात्त, भव्य, मधुर, मनोरम, ललित—किए हैं, वे गुणमूलक, या प्रशंसामूलक और हवाई हैं। उनके आधार पर रचना की प्रशस्ति की जा सकती है, विवेचना नहीं।

वस्तुतः कामायनी की संरचना अर्थ के विभिन्न स्तरों को समान रूप से महत्वपूर्ण धरातल पर प्रतिष्ठित नहीं कर पाती। किसी लेखक को भाषा अपने समाज से मिलती है। उसकी अपनी भूमि और सीमा होती है। शैली लेखक का जीवमनोवैज्ञानिक पहलू है। वह भाषा और शैली में स्थित या कंडिशन्ड होता है। यह स्थिति उसके मंतव्य को अतिक्रमित करती है। इसी के आधार पर लेखक पुनर्रचना करता है और प्रतिश्रुत होता है।

मनुष्य के मन के अन्तर्विकास को दिखाते हुए प्रसाद ने उसे आनन्दवाद में पर्यवसित किया है। यह आनन्दवाद शैवागम का आनन्दवाद है, दर्शन है। अतः संरचना या काव्य-प्रक्रिया का अनिवार्य अंग नहीं हो सका है। बीच के सर्गों में जहाँ दर्शन काव्य संरचना में अन्तर्भुक्त है वहाँ उसमें अपूर्व चमक आ गयी है।

जीवन तेरा क्षुद्र अंश है व्यक्त नील घनमाला में।
सौदामिनी संधि-सा सुन्दर क्षण भर रहा उजाला में।

यह बौद्धदर्शन का क्षणवाद सम्पूर्ण चिन्ता सर्ग को सर्ग या सर्जना को गौरव देता

है, चिन्ता की कटुता और वेदना की क्षणभंगुरता का संदर्भ देकर सर्ग की संघटना का अंग हो जाता है।

समरसता को दूर तक संघटना का अंग बनाया गया है। मानव जीवन प्रायः वैषम्य की पीड़ा से विकल रहा है, सुख-दुःख, आकांक्षा-तृप्ति, अधिकार-अधिकारी, नर-नारी, आत्मोपासना-प्राणोपासना की विषमता से आधुनिक जीवन पहले की अपेक्षा अधिक संत्रस्त है। इन्हें सामान्यतः मनु-श्रद्धा के माध्यम से व्यक्त किया गया है। पर जब श्रद्धा की मुसकान द्वारा इच्छा, क्रिया और ज्ञान में सामरस्य स्थापित करके कहा जाता है—

समरस थे जड़ या चेतना, सुन्दर साकार बना था।
चेतनता एक विलसती आनन्द अखण्ड घना था।

तो सामरस्य सांप्रदायिक हो जाता है।

बिंबों और प्रतीकों का संघटना में महत्व होता है। कामायनी में एक से एक सुन्दर ऐंद्रिय बिंब है—चक्षु और घ्राण बिंब। इस दोनों बिंबों की इसमें प्रचुरता है। ये बिंब प्रसाद के जैव मनोवैज्ञानिक प्रकृति के अनुकूल हैं। इन बिंबों से भिन्न जहाँ उन्होंने अन्य प्रकारों के बिंबों का सृजन किया है वे न उतने प्रभावशाली बन पड़े हैं और न ऐंद्रिय। संघर्ष और काम सर्ग के बिंब ऐसे ही हैं।

कामायनी में जो प्रतीतियाँ मनोविज्ञान से सम्बद्ध हैं वे अपने-संदर्भों में सार्थक हैं। पर श्रद्धा और इड़ा की प्रतीकात्मकता लज्ञा, काम आदि से भिन्न है। लज्ञा और काम 'हारमोनिक' विशेषताएँ हैं जब कि श्रद्धा और इड़ा सामाजिक अहं (सुपरइगो) के पाये हैं। इसलिए उन्हें सामाजिक संदर्भों में भी सार्थक होना जरूरी है। मनु को सामाजिक संदर्भ न भी दिया जाय तो भी हर्ज नहीं है। उसे मात्र प्रतीक मान लेने पर भी संघटनापरक बाधा नहीं खड़ी होती।

किन्तु श्रद्धा बहुत दूर तक चरित्र होकर भी इड़ा से मिलने पर शुद्ध प्रतीक हो जाती है। इससे उसकी चारित्रिकता का खण्डित होना सहज है। मनु का इड़ा को आलिंगन-पाश में बाँधने के प्रयास का स्थल उसे पूरा प्रतीक बना देता है और जब वह निर्दोष होकर भी श्रद्धा के सम्मुख अपना दोष स्वीकार कर लेती है तो उसकी प्रतीकात्मकता पुष्ट हो जाती है। इससे संघटना की प्रक्रिया में जो मानववादी मूल्य दिखाई पड़ रहा था वह लुप्त हो जाता है, और काव्य एक प्रकार की नैतिक साधना की ओर अग्रसर हो उठता है।

इड़ा का स्वरूप या नखशिख वर्णन उसकी प्रतीकात्मकता को प्रभावशाली ढंग से प्रस्तुत करता है—

बिखरी अलकें ज्यों तर्क जाल
वह विश्व मुकुट सा उज्ज्वलतम शशिखंड सदृश था स्पष्ट भाल
दो पद्म पलाश चषक से दृग देते अनुराग विराग ढाल
गुंजरित मधुप से मुकुल सदृश वह आनन जिसमें भरा गान
वक्षस्थल पर एकत्र धरे संस्कृति के सब विज्ञान ज्ञान
था एक हाथ में कर्म कलश वसुधा जीवन रस सार लिये

दूसरा विचारों के नभ को था मधुर अभय अवलम्ब दिये
त्रिवली थी त्रिगुण तरंगमयी, आलोक वसन लिपटा अराल
चरणों में थी गति भरी ताल।

वह आज के बुद्धिवादी वैज्ञानिक जगत् से जुड़ जाती है। यह रूप उसके भावी क्रिया-कलापों से रचना के स्तर पर सम्बद्ध है, इसमें सन्देह नहीं। इड़ा किसी अज्ञेय सत्ता में विश्वास नहीं करती। वह मनु को प्रकृति के रहस्यों की खोज में लगाती है, विज्ञान के आधार पर जड़ता को चैतन्य की ओर ले जाने का उपाय बताती है। लेकिन जब मनु कहता है कि—'मैं बड़ा सहज, तो स्वयं बुद्धि को मानो आज यहाँ पाया' तो लगता है कि उसके सामने कोई मांसल छवि मौजूद है। परन्तु वह मांसल नहीं बन पाई है। श्रद्धा और इड़ा की सैद्धांतिक टकराहट दोनों के मानवीय अस्तित्व को तिरोहित कर देती है। यह पुरातन और नए मूल्यों की भी टकराहट हो सकती है। किन्तु टकराहट दोनों के मानवीय अस्तित्व में बाधक होती है।

श्रद्धा के रूप में प्रसाद ने आज के युग का एक ज्वलंत प्रश्न उठाया है कि मानवता का विकास आत्मकेन्द्रित होने में है या आत्मविस्तार में:—

मनु ! क्या तुम्हारी होगी उज्ज्वल नव मानवता ?
जिसमें सब कुछ ले लेना हो हंत ! बची क्या शवता।

× × ×

तुच्छ ! नहीं है अपना सुख भी श्रद्धे ! वह भी कुछ है
दो दिन के इस जीवन का तो वही चरम सब कुछ है।

स्त्री की प्रवृत्ति सब कुछ दे देने की है और पुरुष की ले लेने की है। सब कुछ पर एकाधिकार की आकांक्षा व्यक्तिवाद, पूँजीवाद की देन है जो संघर्ष, युद्ध और विनाश की ओर ले जाती है। सब कुछ दे देना स्वच्छन्दतावादी परिवेश का आदर्श है। रविबाबू के एक गीत में एक भिखारी की कथा कही गई है। उसने बड़ी मुश्किल से, बहुत कुछ समझाने-बुझाने पर, अपनी झोली से चावल का एक कण निकाल कर दान कर दिया था। घर पहुँचने पर उसे एक कण सोने का मिला। पर यह आदर्श विगत युग का आदर्श है जो पुरुषों द्वारा स्त्री के लिए बनाया गया है जिससे पुरुष की अपनी लूट-खसोट में कोई बाधा न हो, इस मध्ययुगीन आदर्श की रक्षा में श्रद्धा को व्यक्तित्व नहीं मिल पाता और वह अतिमानवी बनकर रह जाती है। प्रेमचन्द प्रसाद के समसामयिक थे। पर स्त्रियों के संबंध में उनका आदर्श प्रसाद के आदर्श से भिन्न नहीं था। 'गोदान' में वे मेहता को इसी रूप में देखते हैं। श्रद्धा वैयक्तिकता (इंडिविडुवलिटी) का निषेध करती है और मनु आत्मगतिकता से इतर वस्तुओं का। आत्मत्याग और स्वार्थपरता दोनों ही यथार्थपरक मानवीय मूल्य नहीं हैं। मूल्यों के प्रति आस्था होने के पूर्व मनुष्य को अपने को, अपनी प्रकृति को, अपनी क्षमता को जानना होगा। अपने को, अपनी वैयक्तिकता को न जानने के कारण श्रद्धा के मूल्य वास्तविक जीवन के मूल्य नहीं बन पाते। यही कारण है कि उसका बुद्धिवाद का विरोध निष्प्रभ हो जाता है। फलतः कामायनी आधुनिकता का आभास देकर भी आधुनिक नहीं बन पाती।

अपनी इन कमियों के बावजूद कामायनी एक अभिनव कला-कृति है। मनुष्य की अन्तर्वृत्तियों के इतने गूढ़ और संश्लिष्ट रचनात्मक चित्र बहुत ही कम मिलेंगे। हिन्दी के पिछले प्रबन्धकाव्यों से इसके बिंब भाषा, प्रतीक आदि एकदम अलग, नवीन और कल्पनात्मक छवियों से ओत-प्रोत हैं। अर्थ के विभिन्न स्तरों को यदि इसकी संरचना ठीक-ठीक आकलित कर पाती तो इसकी भाव्यता और कलात्मकता अद्वितीय होती। फिर भी उसके सामने कोई द्वितीय नहीं है।

सूर्यकान्त त्रिपाठी निराला (१८९९-१९६१ई०)

छायावादी कवियों में निराला का व्यक्तित्व और काव्य दोनों ही अपनी अन्तर्विरोधी प्रवृत्तियों, संघर्षों और अनघड़पन के कारण काफी दिनों तक विवाद के विषय बने रहे। पर ज्यों-ज्यों समय बीतता गया उनके काव्य के सम्बन्ध में लोगों की जानकारी और समझदारी बढ़ती गई। आज तो नया कवि अपने को निराला से जोड़ने में गौरव का अनुभव करता है। इससे भी पता लगता है कि निराला में कुछ ऐसा जरूर है जो आज के लिए भी प्रासंगिक है। सम्भव है भावी युग की प्रासंगिकता के कारण ही कुछ दिनों तक वे दुर्बोध समझे जाते रहे हों। इससे यह भी निष्कर्ष निकाला जा सकता है कि उनके काव्य में कुछ ऐसा भी था जो छायावाद युग को अतिक्रमित करता हुआ भावी युग के साथ जुड़ता था। जो कुछ उनके काव्य में युग के आगे था वही तत्कालीन आलोचकों और पाठकों की बँधी सृष्टि के दायरे में नहीं आ पाता था। किन्तु नये युग का कवि उसमें अपनी प्रासंगिकता को पाकर उससे जुड़ता है, सीखता है। इस तरह निराला अन्य छायावादी कवियों से अलग हो जाते हैं।

अलगाव के और भी बहुत से बिन्दु हैं किन्तु उनमें से मुख्य दो हैं—भाषा और जीवन-दृष्टि। प्रसाद की भाषा का निरन्तर संस्कार-परिष्कार होता गया है। वे किस तरह की भाषा में काव्य-रचना का आरम्भ करते हैं उसी को निरन्तर संस्कृत, परिष्कृत और अभिव्यक्ति-क्षम बनाते चलते हैं। 'युगवाणी' और 'ग्राम्या' को छोड़कर पंत की भाषा अपने आभिजात्य में एकरूप है। महादेवी तो एक भाषा और एक कविता ही लिखती रही हैं। पर निराला की भाषा में कहीं आभिजात्य का तेवर है तो कहीं उसी का विरोध। कहीं-कहीं एक ही रचना में वे दोनों का एक साथ प्रयोग करते हैं। भाषा के आधार पर ये एक और मुद्दे पर—अत्यन्त महत्त्वपूर्ण मुद्दे पर अन्य छायावादी कवियों से अलग दिखाई पड़ते हैं। यह मुद्दा है भाषा में विडंबना (आइरनी) का अर्थवान प्रयोग। जहाँ छायावाद के अन्य कवियों में सर्वत्र गम्भीरता की एकरसता दिखाई पड़ती है वहाँ निराला अपने व्यंग्यात्मक और विडंबनात्मक भाषाई प्रयोग से उसे तोड़ते चलते हैं। इसके फलस्वरूप वह एक ओर वैयक्तिक हो जाता है दो दूसरी ओर निर्वैयक्तिक। इससे रोमांटिकता और अ-रोमांटिकता टकरा कर रागात्मक बौद्धिकता को जन्म देती हैं।

निराला ने अपने युग और भोग के सन्दर्भ में अन्तर्दृष्टि की तलाश की है। प्रसाद की अन्तर्दृष्टि शैवागम दर्शन के संचालित है। पन्त अनेक दर्शकों को अपनाते और छोड़ते रहे हैं। अन्त में अरविन्द दर्शन में कुछ काट-छाँट कर उसी को अपना लिया है। निराला

पर भी अद्वैतवादी दर्शन का गहरा प्रभाव है। स्वामी रामकृष्ण परमहंस, विवेकानन्द आदि से भी वे काफ़ी प्रभावित हैं। इसमें भी शक नहीं कि उसकी अन्तर्दृष्टि के निर्माण में इसका महत्त्वपूर्ण योगदान है। किन्तु वे जीवन के भीतर पैठ कर अपनी दृष्टि निर्मित करते हैं। जीवन अन्तर्विरोधों से भरा पड़ा है। यह भी कहा जा सकता है कि अन्तर्विरोधों का नाम जिन्दगी है। जीवन का अन्तर्विरोध अन्ततः व्यक्ति और समाज के पारस्परिक तनावों में ही उगता है। निराला अद्वैत वेदान्ती हैं तो भक्त भी हैं। भारतीय परम्परा की गत्यात्मकता के पोषक भी हैं और अत्यधिक आधुनिक भी हैं। एक ओर उनमें गहरा अस्वीकार है तो दूसरी ओर सहज स्वीकार। एक ओर उनमें विद्रोह का स्वर मुखर है तो दूसरी ओर मानवीय नियति और विवशताओं की करुण रागिनी। इतने सारे अन्तर्विरोध उसी व्यक्ति में दिखाई पड़ सकते हैं जो निरन्तर संघर्षों में टूटता और निर्मित होता रहा है। इन विविधताओं, संघर्षों के कारण ही जीवन को पूर्णता मिलती है। कहना न होगा कि निराला जीवन की पूर्णता के कवि हैं। उनकी अन्तर्दृष्टि का निर्माण इसी के भीतर से होता है। इसी के भीतर वह आत्मान्वेषण करता है। किन्तु यह आत्मान्वेषण एक ओर छायावाद के अन्य कवियों के आत्मसाक्षात्कार से भिन्न है तो नए कवियों के रीतिबद्ध आत्मान्वेषण से अलग। निराला का आत्मान्वेषण जीवन की वैयक्तिक सार्थकता को युगीन सन्दर्भों के साथ भी जोड़ता चलता है। दूसरे शब्दों में कहा जा सकता है कि उसकी अन्तर्दृष्टि तमाम मानवीय स्थितियों को पार करने में निहित है। यह उसकी मुक्ति है। यह मुक्ति छंद के बन्धनों, रूढ़ियों, आभिजात्य आदि सभी की मुक्ति है—आगे चलकर मुक्ति से भी मुक्ति।

जीवन के आरम्भिक काल से ही—सोलह-सत्रह वर्ष की अल्पवय में ही—उनके ऊपर पारिवारिक विपत्ति का पहाड़ टूट पड़ा। सम्मिलित कुटुम्ब के पोषण के लिए उन्हें जगह-जगह भटकना पड़ा। उनका जन्म बंगाल के महिषादल में हुआ था। बचपन भी वहीं बीता। बंगला भाषा पर अच्छा अधिकार हो गया था। अतः कलकत्ता रास आ गया। रामकृष्ण मिशन (कलकत्ता) के साधुओं के पत्र 'समन्वय' के सम्पादकीय विभाग में आने पर उनके दार्शनिक विकास से लिए ठोस भूमि मिली। सन् १९२३ में कलकत्ता से सेठ महादेव प्रसाद ने 'मतवाला' साप्ताहिक पत्र निकाला। उसके संपादक-मण्डल में निराला भी सम्मिलित हुए। 'मतवाला' के तुक पर उनका नाम निराला रखा गया। 'मतवाला' के मुखपृष्ठ पर एक 'मोटो' छपता था—'अमियगरल शशिसीकर रविकर राग विराग भरा प्याला, पीत हैं जो साधक उनका प्यारा है मतवाला।' कहना न होगा कि 'अमिय-गरल' को एक साथ पीने वाला साधक कवि स्वयं है। उसके मुक्त छन्द 'मतवाला' में छपने लगे। निराला के साहित्यिक विकास में इस पत्र ने ऐतिहासिक भूमिका निभाई।

निराला का प्रथम काव्य-संग्रह—अनामिका—का प्रकाशन '२३ में हुआ। इसके पहले पन्त की वीणा '१८ और ग्रंथि '२० में प्रकाशित हो चुकी थीं। उच्छ्वास का प्रकाशन '२२ में हुआ। प्रसाद के 'झरना' का द्वितीय संस्करण ही छायावादी दृष्टि से विशिष्ट है। यह संस्करण '२७ में प्रकाशित हुआ। इस तरह प्रायः ये सभी कवि समसामयिक थे। अनामिका ('२३) में निराला की पंचवटी प्रसंग, अधिवास, जुही की कली आदि ऐसी कविताएँ हैं जो

उस समय तक प्रकाशित प्रसाद और पंत की प्रकाशित रचनाओं की अपेक्षा अधिक संश्लिष्ट तथा प्रौढ़ हैं। बाद में 'अनामिका' ('३७) का रूप ही बदल गया। '२३ की 'अनामिका' की अधिकांश रचनाएँ 'परिमल' में संगृहीत हो गई हैं।

निराला की कविता का समारंभ मुक्तवृत्त से होता है। 'जुही की कली' (निराला के मतानुसार-१९१६) उनकी पहली रचना है और यह मुक्तवृत्त में है। 'परिमल' (१९२९) की भूमिका में निराला ने लिखा है—'मनुष्यों की मुक्ति की तरह कविता की भी मुक्ति होती है। मनुष्यों की मुक्ति कर्मों के बंधन से छुटकारा पाना है, और कविता की मुक्ति छंदों के शासन से अलग हो जाना।.... ' मुक्ति को उसने मूल्य के रूप में ग्रहण किया है। मुक्त मनुष्य के तमाम कार्य औरों को प्रसन्न करने के लिए होते हैं।' मुक्त काव्य से 'स्वाधीन चेतना फैलती' है। मुक्तवृत्त में छन्दोबद्ध रचना के तुक, मात्रा आदि के अवरोधक तत्त्व निःशेष हो जाते हैं। छन्दों का बन्ध तोड़ने का संबंध केवल परंपराभुक्त ढाँचे को तोड़ना भर नहीं है। इसका संबंध उस ईमानदारी से है जो भावों को किसी पूर्वनिश्चित ढाँचे में न ढाल कर उन्हें अपना रूप स्वयं निर्मित करने में मदद करती है। छन्दों की रीतिबद्धता को तोड़ना एक क्रांतिकारी काम था। भविष्य में कविता ने यही रूप ग्रहण किया। निराला ने लिखा है—

मुक्त छन्द
सहज प्रकाशन वह मन का—
निज भावों का प्रकट अकृत्रिम चित्र।

'जुही की कली' में जिस प्रणय का चित्रण किया गया है वह पंत और प्रसाद के प्रणय-चित्रण की तरह कुंठाग्रस्त नहीं हैं और न रीतिकालीन कवियों की तरह स्थूल। कविता का आखिरी बन्द है—

निर्दय उस नायक ने
निपट निठुराई की
कि झोंकों की जड़ियों से
सुन्दर सुकुमार देह सारी झकझोर डाली,
मसल दिए गोरे कपोल गोल;
चौंक पड़ी युवती—
चकित चितवन निज चारों ओर फेर
हेर प्यारे को सेज पास
नम्रमुखी हँसी-खिली,
खेल रंग, प्यारे संग।

इस तरह का दो टूक प्रणय-चित्र छायावादी काव्य में अन्यत्र नहीं मिलेगा। 'जागो फिर एक बार', 'महाराज शिवाजी का पत्र' और 'पंचवटी प्रसंग' 'परिमल' के तृतीय खंड की लंबी कविताएँ हैं। इस खंड की सभी कविताएँ काल-क्रम की दृष्टि से पहले आती हैं। अतः उन पर अद्वैत दर्शन और भारतीय संस्कृति की गहरी छाप है। 'महाराज शिवाजी का पत्र' के संबंध में दूधनाथ सिंह ने कहा है कि इसमें बार-बार सनातन धर्म और भारतीय

संस्कृति की चर्चा की गयी है। उन्होंने जाति या भारतीय का अर्थ हिन्दू से लिया है। उन्होंने यह भी लिखा है कि इस आधार पर कहा जा सकता है कि वे हिन्दुओं के कवि हैं। निराला हिन्दू-मुसलिम एकता की बात कम-से-कम इस कविता में नहीं सोचते। निराला की साहित्य-साधना में रामविलास शर्मा ने उन समस्त परिस्थितियों का उल्लेख किया है जिनमें यह कविता लिखी गई। इसमें कुछ ऐसा अवश्य है जिसे हिन्दूसंगठन के लोगों ने अपने पक्ष में इस्तेमाल किया। पर निराला ने औरंगजेब का संदर्भ लेकर इसे साम्राज्य विरोधी रचना का रूप दे दिया है। औरंगजेब का नाम लेने मात्र से जिन लोगों को साम्प्रदायिकता की गंध आती है वे अन्य प्रकार की साम्प्रदायिकता से ग्रस्त हैं। 'जागो फिर एक बार' में इतिहास और संस्कृति के उस वर्चस्व का स्मरण किया गया है जो आज भी उद्‌बोधन का कार्य करता है। 'शिवाजी के पत्र' से यह सर्वथा अलग है। 'पंचवटी प्रसंग' में अद्वैत के साथ ही भक्ति का भी समर्थन है। अद्वैत और भक्ति का यह अन्तर्विरोध उनकी परवर्ती कविताओं में भी मिलेगा।

'परिमल' के शेष दोनों खंडों में से प्रथम में छन्दोबद्ध रचनाएँ हैं तो दूसरे खंड में स्वच्छन्द छन्द। इनमें मुख्यतः प्रेम, प्रकृति, करुणा, क्रांति और आध्यात्य सम्बन्धी रचनाएँ संगृहीत हैं। प्रथम खंड में 'मौन', 'प्रिया के प्रति', 'निवेदन' आदि प्रेमगीत है; 'माया', 'अध्यात्मफल', 'तुम और हम' आध्यात्य संबंधी रचनाएँ हैं और 'तरंगों के प्रति', 'वसंत समीर' आदि में प्रकृति-चित्रण है। 'यमुना के प्रति' अतीतोन्मुखी लम्बी कविता है। द्वितीय खंड की अधिकांश कविताएँ कवि का प्रतिनिधित्व ज्यादा करती हैं। 'विधवा', 'भिक्षुक', 'दीन', 'संध्यासुन्दरी', 'धारा', 'बादलराग' आदि प्रसिद्ध रचनाएँ इसी में सन्निविष्ट हैं।

प्रथम खंड की रचनाएँ अध्यात्म और अतीतोन्मुखता के भार से दबी होने के कारण कुछ खास नया नहीं दे पातीं। 'यमुना के प्रति' में मौलिक उद्‌भावनाओं का अभाव है। यद्यपि मुक्ति का आग्रह इसमें है फिर भी अतीत की स्मृतियों की उद्‌भावनाहीन बंदिश इसे अलंकरण बना कर छोड़ देती है। लेकिन द्वितीय खंड की रचनाएँ कवि की वैयक्तिकता और युगबोध से संपृक्त होने के कारण प्रभविष्णु हो उठी हैं। वह विघ्नों का स्वागत करता हुआ लिखता है—

कितने ही विघ्नों का जाल
जटिल, अगम, विस्तृत पथ पर विकराल;
कंटक, कर्दम, भय-श्रम मिश्रित शूल;
हिंस्र निशाचर, भूधर, कंदर पशु-संकुल
पथ घन तम, अगम अकूल —
पार—पार करके आए, हे नूतन !

जो लोग निराला की जिन्दगी को जानते हैं वे विघ्नों के जाल से भी परिचित हैं और हिंस्र निशाचरों और पशुओं से भी। 'सिर पर कितना गरजे/वज्र बादल' लेकिन वह इन्हें पार कर जाता है। 'नूतन !' सम्बोधन पहले आत्म-सम्बोधन है फिर नवीन युगीन चेतना को भी सम्बोधित है। 'अभी न होगा मेरा अन्त' में नवयौवनोचित आस्था अभिव्यक्त हुई है।

विधवा, दीन, भिक्षुक में करुणा की रागिनी है, सह जाते हो की ध्वनि है। सहने की विवशताएँ जहाँ इन कविताओं को प्रामाणिक बनाती हैं वहाँ उनके माध्यम से विवशताओं को पार करने की आकांक्षाएँ भी जगाती हैं।

इस जागरण का ही फल है कि वह कविता लिखता है—

बहने दो
रोक टोक से कभी नहीं रुकती है
यौवन मद की बाढ़ नदी की
किसे देख झुकती है ?

'झुकती है' शब्द विशेष रूप से द्रष्टव्य है। 'झुकने' शब्द प्रयोग के पीछे उसका सम्पूर्ण व्यक्तित्व बोल उठता है। इतिहास की धारा अपने अवरोधों और द्वन्द्वों में ही आगे बढ़ती है।

'बादल राग' परिमल की सर्वाधिक महत्वपूर्ण और लम्बी कविता है—निराला के व्यक्तित्व को रेखांकित करने वाली। यह वातावरण प्रधान रचना है। इसमें मुख्यतः ध्वनि, नाद और रूपक के माध्यम से युद्ध और विप्लव का रचनात्मक वातावरण तैयार किया गया है। रचनात्मकता ही उसकी अन्तर्दृष्टि है। विधवा, दीन और भिक्षुक में 'सहने' के माध्यम से जिस करुणा का सृजन किया गया है वह बादल में गर्जन-तर्जन, विप्लव और प्रहार में बदल गई है। विप्लव की परिणति है—

रुद्ध कोष, है क्षुब्ध तोष,
अंगना-अंग से लिपटे भी
आतंक अंक पर काँप रहे हैं
धनी, वज्र-गर्जन से बादल
त्रस्त नयन-मुख ढाँप रहे हैं।
जीर्ण बाहु, है शीर्ण शरीर
तुझे बुलाता कृषक अधीर
ऐ विप्लव के वीर!

'दीन' में एक तोष है तो 'बादल राग' में वह क्षुब्ध हो उठा है। यह बादल भी कैसा है?—निर्बंध, स्वच्छन्द, उद्दाम ! यह सम्बोधन निराला के व्यक्तित्व और काव्य पर भी लागू है। सव्यसाची, भारत और गुडाकेश के पौराणिक प्रतीक अपने स्थान पर ही महत्वपूर्ण नहीं हैं बल्कि सम्पूर्ण कविता में युद्ध का वातावरण तैयार करने में, अन्याय के विरुद्ध लड़ने में अर्थवान् भूमिका अदा करते हैं। एक उदाहरण देखिए—

रथ का घर्घर नाद
तुम्हारे आने का संवाद।
ऐ त्रिलोकजित् ! इन्द्र धनुर्धर !
सुरबालाओं के सुख स्वागत !

विजय ! विश्व में नवजीवन भर,
उतरो अपने रथ से भारत !

'भारत' महाभारत के युद्ध का स्मरण दिलाता है। किन्तु बादल के सन्दर्भ में नए अर्थ से सम्पृक्त हो उठा है। इस सिलसिले में पन्त का बादल अन्यन्त बचकाना, क्रीड़ापरक और अन्तर्दृष्टि हीन लगता है—सुरपति के हम ही हैं अनुचर / जगत्प्राण के जलधर।'

सन् १६३६ में 'नवगति, नवलय, ताल छंद नव' से समन्वित 'गीतिका' का प्रकाशन हुआ। इसकी रचना के मूल में रावीन्द्रिक संगीत की प्रेरणा है। भाषा के गीतों की तरह यह राग-रागिनियों में बँधा हुआ नहीं है। ब्रजभाषा का उच्चारण भी बदला हुआ है। उच्चारण का नया आधार लिये हुए सभी गीत अलग भूमि पर खड़े हैं। इसकी स्वरलिपि में अंग्रेजी स्वरलिपि को भी ग्रहण किया गया है। अतः इसकी संगीतात्मकता परम्पराभुक्त हिन्दी गीतों से भिन्न हो जाती है।

छंद-बन्धनों को तोड़ने के पश्चात् यह निराला का दूसरा प्रयोग था। यद्यपि यह प्रयोग मुख्यतः छंद-सम्बन्धी है फिर भी काव्यात्मकता का पूरा ध्यान रखा गया है। पियानो पर गाये जाने वाले ईसाइयों के मार्मिक गीतों की झलक अधिकांश गीतों में मिलती है। ऐसा होने के कारण गायन-पद्धति और भाव-विन्यास में पवित्रता का संकेत मिलता है। प्रणय-गीतों का बेलाग वर्णन होने पर भी आज की कविता का भद्दा खुलापन नहीं है। 'नयनों के डोरे लाल गुलाल भरे, खेली होली' में होली का रूपक पूरी कविता को एक ओर खुला वर्णन का अवसर देता है तो दूसरी ओर इसे ठठोली कह कर संयमित भी कर देता है। प्रणय-चित्रण के अतिरिक्त इस संग्रह में ऋतुचित्र और आध्यात्मिक चित्र भी हैं।

सन् '३८ में उनका सर्वश्रेष्ठ काव्य संग्रह 'अनामिका' का प्रकाशन हुआ। 'सरोज स्मृति' और, 'राम की शक्ति पूजा' जैसी प्रसिद्ध लम्बी कविताएँ इसी संग्रह में हैं। लम्बी कविताएँ कई और हैं—वनवेला, रेखा, प्रेयसी। वस्तुतः निराला की श्रेष्ठता उनकी दो तरह की कविताओं पर निर्भर है—लम्बी कविताओं पर या लघुगीतों पर। लम्बी कविताओं में अनेक अन्तर्विरोधों का समाहार उन्हें श्रेष्ठता प्रदान करता है तो लघु प्रगीतों में भाव की संहिति। इस संग्रह की रचनाओं में व्यंग्य और विवशताओं का भी सन्निवेश दिखाई पड़ता है। सच पूछिए तो इस संग्रह की रचनाओं में कवि की अन्तर्दृष्टि अधिक व्यापक और गहरी हो गई है।

रेखा, प्रेयसी और सम्राट एडवर्ड अष्टम के प्रति तीन लम्बी-प्रेम-कविताएँ हैं। मुक्त प्रेम के हिमायती निराला प्रारम्भ से ही रहे हैं। पर 'परिमल' और 'गीतिका' की प्रेम कविताओं में एक प्रकार की स्थूलता है। रेखा, प्रेयसी आदि में मनोवृत्तियों से सूक्ष्म तारों को पकड़ा गया है। जाति, धर्म आदि के आगे चलकर 'अपनाव' ही प्रेम है।

सरोज स्मृति ('३५), राम की शक्ति पूजा ('३६), और तुलसीदास ('३८) निराला की लम्बी कविताएँ हैं। क्या इन तीनों रचनाओं में कोई क्रमागत आन्तरिक एकसूत्रता स्थापित की जा सकती है ? क्या सरोज स्मृति के पिता, राम की शक्ति पूजा के राम और तुलसीदास के तुलसीदास कहीं-न-कहीं एक-दूसरे से मिलते हैं ? क्या कर्म संन्यास, शक्ति की आराधना

और सांस्कृतिक चेतना के द्रष्टा कवि तुलसीदास एक ही मनःस्थिति के विकसित रूप नहीं हैं? लगता है 'राम की शक्ति पूजा' दोनों कविताओं की मध्यवर्तिनी है। तीनों ही गहरे अन्तर्द्वन्द्व की कविताएँ हैं जो कवि के अपने द्वंद्व को भी समाहित कर लेने के कारण अधिक प्रामाणिक हो गई हैं। युद्ध का वातावरण तीनों में है

देखता रहा मैं खड़ा अपल
वह शरक्षेप, वह रणकौशल

—सरोज स्मृति

रवि हुआ अस्त : ज्योति के पत्र पर लिखा अमर
रह गया राम रावण का अपराजेय समर
आज का, तीक्ष्ण-शर-विधृत-विप्र-कर, वेग प्रखर,

—राम की शक्ति पूजा

होगा फिर से दुर्धर्ष समर
जड़ चेतन का निशिवासर
कवि का प्रति छवि से जीवन हर, जीवन भर;

—तुलसीदास

'सरोज स्मृति' में वैयक्तिकता-निर्वैयक्तिकता का गहरा संघर्ष है। उसे अपनी विषम स्थितियों को पार न कर पाने का बेदह दर्द है। व्यंग्य और विडम्बना का प्रयोग इस तथ्य का सबूत है कि कवि अपने आत्मसंघर्ष को रचना के स्तर पर प्रतिष्ठित करना चाहता था। रचाव के सन्दर्भ में वह अपने संघर्ष को दूसरे स्तर पर जीता है। अन्य रचनाओं में संघर्ष-जन्य तनाव की स्थितियों में ऐसी सघनता नहीं है। व्यंग्य और विडम्बना वैयक्तिक तनाव को निर्वैयक्तिक बनाकर अधिक काव्योचित बना देती है। 'राम की शक्ति पूजा' में भी व्यक्तित्व की सम्पूर्णता ही अभिव्यक्त है। लेकिन युद्ध-जन्य संशयग्रस्तता का परिप्रेक्ष्य उसे सीमित कर देता है। 'राम की शक्ति पूजा' और 'तुलसीदास' की रचना-प्रक्रिया में एक प्रकार का साम्य है। हनुमान का ऊर्ध्वगमन तुलसीदास का भी ऊर्ध्वगमन है। शक्ति पूजा में राम कहते हैं—'रावण, अधर्मरत भी, अपना मैं हुआ अपर ।' पर तुलसीदास में विजय के प्रति गहरी आस्था व्यक्त हुई है—

भारती इधर, हैं उधर सकल
जड़ जीवन के संचित कौशल;
जय, इधर ईश, हैं उधर माया-कर।

इन तीनों लम्बी कविताओं को एक विकास-क्रम में देखने पर ही इनके साथ न्याय किया जा सकता है। यह कवि की मानसिक स्थितियों का भी विकास-क्रम है। 'सरोज स्मृति' की त्रासद भयावहता से उबर कर वह 'राम की शक्ति पूजा' में शक्ति संग्रह करता है। इसके आधार पर 'तुलसीदास' में वह सांस्कृतिक पुनर्निमाण से गहरे अर्थ में सम्पृक्त हो उठता है।

इनमें कवि आत्म की तलाश करता है, इस माध्यम से वह समाज और संस्कृति की भी तलाश करता है। इसलिए ये आत्म, समाज और संस्कृति के साक्षात्कार की कविताएँ बन

जाती हैं। 'लहर' में प्रसाद की एक लम्बी कविता संगृहीत है—'प्रलय की छाया'। इसमें कवि की रोमैंटिक चेतना अपने चरमोत्कर्ष पर पहुँची हुई है। कवि अपनी सौन्दर्य-चेतना और रोमानी आदर्श के प्रति पूरी ईमानदारी बरतता है। किन्तु यह रचना सामाजिक-सांस्कृतिक वर्तमानता को उजागर न कर एक वैराग्यमूलक हताशा में परिणत हो जाती। यों अपने आप में वह अत्यंत उत्कृष्ट रचना है—संश्लिष्ट और एकतान। प्रजापतियों के संयम से रक्षित राम के वाण भी हत और खंडित हो गए। अतः आत्मसाक्षात्कार की ओर मुड़े। यह आत्मलोचन विजय की ओर ले जाता है। इसी का फल है 'तुलसीदास'।

'सरोज स्मृति' निराला की सर्वाधिक व्यक्तिपरक रचना है। इसलिए इसमें उसके आत्मसंघर्ष का अत्यन्त सघन रूप दिखाई पड़ता है। दूसरे शब्दों में कहा जा सकता है कि यह आत्मसंघर्ष ही रचना के रूप में बदल गया है। कविता का समारंभ गीता के रूपक द्वारा होता है और समापन गीता में प्रतिपादित कर्म-संन्यास में। इन दोनों छोरों के बीच उन कर्म-संघर्षों का चित्रण है जो उन्हें कर्म-संन्यास की परिणति तक पहुँचाते हैं। ये सभी संघर्ष निराला के अपने हैं। जो किसी अन्य के नहीं हो सकते।

अनुभव की करुण गाथा को विसंगतियों और व्यंग्य-विडम्बनाओं के आधार पर और भी करुण बना दिया गया है। यहीं पर करुणा और व्यंग्य-हास्य को परस्पर विरोधी कहने वाली परिपाटी-ग्रस्त शास्त्रीय परम्परा ध्वस्त हो जाती है। मैथ्यू आर्नल्ड का यह कथन कि अत्यन्त गम्भीर काव्य और व्यंग्य दोनों को एक साथ रखना अनौचित्य पूर्ण है, कोई मायने नहीं रखता। एक ओर बेटी की अट्ठारह वर्ष की तरुणाई में करुण मृत्यु का अंकन और दूसरी ओर सम्पादकों और कनौजियों का मखौल उड़ाना; दोनों एक दूसरे से विपरीत मालूम पड़ते हैं। पर यह वैपरीत्य ही इस काव्य का विन्यास (डिक्शन) है और इसी के आधार पर कवि अपनी वैयक्तिकता का परिहार करता हुआ निर्वैयक्तिकता के क्षेत्र में प्रवेश करता है।

कवि जिस मानवीय स्थिति में पड़ा हुआ है, उसे पार करने की बार-बार कोशिश करता है। इस स्थिति के मूल में अर्थाभाव है। उसे 'अर्थागमोपाय' मालूम है। लेकिन 'लखकर अनर्थ आर्थिक पथ पर/हारता रहा मैं स्वार्थ समर।' 'अर्थागम' के लिए जो जनता का शोषण करना पड़ेगा। कवि कहता है—'क्षीण का न छीना कभी अन्न ।' पूँजीवादी व्यवस्था में हर ईमानदार आदमी को इसी मजबूरी का बोध होता है। कन्या का उत्तम पोषण न करने की टीस उसे हमेशा सालती रही। 'अर्थाभाव' के अतिरिक्त वह परम्परावादी सम्पादकों से लड़ता हुआ व्यर्थता का बोध कर रहा था—

'तब भी मैं इसी तरह समस्त
कवि-जीवन में व्यर्थ भी व्यस्त
लिखता अबाधगति मुक्त छन्द
पर सम्पादकगण निरानन्द
वापस कर देते पढ़ सत्वर
दे एक-पंक्ति दो में उत्तर।

निराला गैर-मामूली जीवट के व्यक्ति थे— 'खण्डित करने को भाग्य-अंक/देखा

भविष्य के प्रति अंशक।' लेकिन वह अर्थ-अंक कैसे खण्डित करे ! विवाह-प्रथा को अर्थ कितना विकृत बना चुका है, यह किसी से छिपा नहीं है। वे कान्यकुब्जों पर व्यंग्य करते हुए लिखते हैं—

ये कान्यकुब्ज कुल कुलांगार;
खाकर पत्तल में करें छेद,
इनके कर कन्या, अर्थ खेद,

सामाजिक संकीर्णताओं के निर्माण में अर्थ का महत्वपूर्ण योग होता है। बाद में ये संकीर्णताएँ रूढ़ियाँ बन जाती हैं। निराला ऐसा क्रान्तिकारी कवि इन रूढ़ियों को समर्पित नहीं हो सकता—

वे जो जमुना के-से कछार
पद फटे बिवाई के, उधार
खाये के मुख ज्यों पिये तेल
चमरौधे जूते से सकेल
निकले, जी लेते, घोर गंध
इन चरणों को मैं यथा अंध
कल घ्राण-प्राण से रहित व्यक्ति
हो पूजूँ, ऐसी नहीं शक्ति।

अंत में अपना निर्णय देते हुए वह कहता है—

ऐसे शिव से गिरिजा विवाह
करने की मुझको नहीं चाह।

ऊपर की सभी पंक्तियाँ 'ऐसे शिव' की विशेषण हैं। यह व्यंग्य सम्पूर्ण कविता को विडंबनात्मक (आइरेनिकल) बना देता है। कवि बुरी तरह स्थितिपरक (सिचुएशनल) हो जाता है। इसकी जिम्मेदारी बहुत कुछ उस विद्रोहात्मक तेवर पर है। वास्तविक संसार अपने ढंग की अपेक्षा करता है। दुनिया की माँग और कवि की माँग में एक टकराहट होती है, एक तनाव आता है। इस व्यंग्य विधान और विसंगति द्वारा कवि झूठी वास्तविकता की दुनिया को अपनी रचना में और भी दर्दनाक बना देता है।

विद्रोही व्यक्ति समाज को भी तोड़ता है और स्वयं भी टूटता है। यह उसकी नियति होती है। वह कहता है—'तुम करो ब्याह, तोड़ता नियम/मैं सामाजिक योग के प्रथम।' नियम तोड़ने की फलश्रुति है—'दुख ही जीवन की कथा रही/क्या कहूँ आज जो नहीं कही !' यहाँ आकर भाषा मौन हो जाती है। भाषा की अपनी सीमाएँ होती हैं। उससे आगे मौन की कह सकता है। इसके बाद कर्म-संन्यास। कर्म संन्यास कविता की स्वाभाविक परिणति है, पंत के 'नौकाविहार' की अन्तिम पंक्तियों की तरह चिपकाई हुई नहीं है।

'राम की शक्ति-पूजा' निराला के आत्मान्वेषण का दूसरा कदम है। इसका कथानक बंगला के कृत्तिवास रामायण से उठाया गया है। कृत्तिवास की युद्धकथा और राम की शक्ति-पूजा का मुख्य अन्तर यह है कि पहला जितना ही स्थूल और बाह्योन्मुखी है दूसरा उतना ही सूक्ष्म और आन्तरिक। इसलिए 'राम की शक्ति-पूजा' की अपनी मौलिकता है।

'सरोज समृति' की तरह इसका कथानक वैयक्तिक नहीं है। किन्तु इस कविता को भी निराला की अपनी वैयक्तिकता ही प्राणवान बनाती है। राम किन्हीं अंशों में निराला हैं। उनका युद्ध निराला का भी युद्ध है। राम, रावण और युद्ध तीनों प्रतीक हैं। यह युद्ध भीतर-बाहर निरंतर चलता रहता है। यह युद्ध सामयिक भी है और सनातन भी। परिस्थिति विशेष में इसके रूपाकार में भेद हो सकता है पर मूलभूत तत्त्व युद्ध वही रहता है। रावण हीनतर मनोवृत्तियों का प्रतीक है, राम उच्चतर मनोवृत्तियों के। व्यक्ति और समाज द्वंद्वों से ही गत्यात्मक होते हैं।

इस युद्ध को राम की तरह ही निराला ने भी झेला था। पराजय के फलस्वरूप—'स्थिर राघवेन्द्र को हिला रहा फिर फिर संशय/रह रह उठता जग जीवन में रावण-जय-भय।' निराला और राम इसी संशय से जूझ रहे थे। उस समय समस्त देश साम्राज्यवादी शक्तियों से जूझ रहा था। अपनी विजय के प्रति वह भी कम संशयग्रस्त नहीं था।

इस संशय के लिए ज्योतिपत्र पर अंकित राम-रावण-युद्ध का जो भयंकर दृश्य प्रस्तुत किया गया है वह इसे यथार्थ की भूमिका देता है। नरेश मेहता के 'संशय की एक रात' की तरह किसी अवधारणा (कान्सेप्ट) को ऊपर से चस्पा नहीं किया गया है। युद्ध के परिवेश में राम को विशिष्ट रूप में स्थापित (सिचुएट) करते हुए कवि इसे सम्पूर्ण रचना का अनिवार्य अंग बना देता है—

अनिमेष-राम-विश्वजिद्दिव्य-शर-भंग-भाव,—
विद्धांग-बद्ध-कोदंड-मुष्टि-खर-रुधिर-स्राव

'विश्वजिद्दिव्य-शर-भंग-भाव' ही राम को शंकाकुल बनाता है। 'खर-रुधिर-स्राव' निराला के वैयक्तिक जीवन में भी देखा जा सकता है। 'सरोज समृति' इसके अतिरिक्त और क्या है ? इस भाव को राम की श्लथ मुद्रा द्वारा और भी प्रामाणिक बना दिया जाता है—'श्लथ धनुगुण है, कटिबंध स्रस्त-तूणीर-धरण', इसके आगे पृष्ठभूमि है—'है अमानिशा; उगलता गगन घन अंधकार।' यह केवल किसी अन्य घटना की पृष्ठभूमि नहीं है बल्कि राम की मानसिकता से जुड़ कर पूरी कविता की संरचना से जुड़ जाती है। टेक्श्चर और स्ट्रक्चर का ऐसा सामंजस्य शायद ही कहीं मिले।

ऐसे ही निराशा के क्षणों में विदेह के उपवन की सीता-छवि राम के मन में विद्युत् की तरह कौंध उठी। यह कौंध अतीत और वर्तमान की स्थितियों में चामत्कारिक विसंगति के लिए नहीं ले आया गया है। जैसा, प्रसाद की 'प्रलय की छाया' में है। और न अज्ञेय की असाध्यवीणा के 'मुझे स्मरण है' की तरह वातावरण को अलंकरण पूर्ण बनाने के लिए ही ले आया गया है। नारी का सौन्दर्य, स्नेह राम को थोड़ी देर के लिए क्रियमाण और गत्यात्मक बना देता है। इसके तुरन्त बाद एक निरावलंब प्रत्यक्ष—हैलुसेनेशन !— महाशक्ति की भीमा मूर्ति। और 'लख शंकाकुल हो गए अतुल-बल शेष-शयन।'

हनुमान के प्रसंग को लेकर आचार्य नन्ददुलारे वाजपेयी ने इसे गाथा काव्य कहा है। उनके मतानुसार निराला ने इसे गाथा की भूमि से उठाकर महाकाव्योचित गाम्भीर्य देने की चेष्टा की है। गाथा काव्य में लोक विश्वासों की प्रचुरता, अतिरंजना के चमत्कार और

अलौकिकता की योजना रहा करती है। ये सभी योजनाएँ 'राम की शक्ति-पूजा' में भी हैं। पूछा जा सकता है कि क्या ये अतिरंजनाएँ 'कामायनी' में विशेष रूप से उसके अन्तिम तीन सर्गों में नहीं हैं ? हनुमान का ऊर्ध्वगमन योगमार्ग की एक प्रचलित प्रणाली है। ऊर्ध्वगमन और समस्त ब्रह्मांड को लील जाने की गाथा मिथकीय होने पर ही प्रासंगिकता पाते हैं। पौराणिक गाथाओं में मिथकीयता होती है न कि गाथा काव्य (बैलेड) की अतिरंजनाएँ—जादू-टोना आदि। इस प्रसंग को ले आने का एक प्रयोजन यह भी है कि बाहर की बड़ी-से बड़ी जादुई शक्ति श्रद्धा-भक्ति तक ही सीमित होकर रह जाती है। आन्तरिक शक्ति के साथ मिलने पर ही बाहरी शक्ति फलप्रद हो सकती है।

राम की समस्या है—'अन्याय जिधर, है उधर शक्ति'। यह समस्या जितनी राम की है उतनी ही किसी अन्य व्यक्ति की हो सकती है। प्रायः शक्ति का संग्रह अन्याय द्वारा होता है। उसे संतुलित करने के लिए बड़ी शक्ति की जरूरत पड़ती है। निराला शक्तियों के संघर्ष में ही मानवीय नियति का उज्ज्वल भविष्य देखते हैं। इसीलिए जांबवान ने उन्हें समझाते हुए कहा—'आराधन का दृढ़ आराधन से दो उत्तर।"

साधनागत विघ्न के कारण राम पुनः निराश होते हैं।—

धिक् जीवन को जो पाता ही आया विरोध,
धिक् साधन जिसके लिए सदा ही किया शोध !
जानकी ! हाय, उद्धार प्रिया का न हो सका

उपर्युक्त पंक्तियों में 'सरोज स्मृति' की 'दुख ही जीवन की कथा रही' की प्रतिध्वनि सुनी जा सकती है। लेकिन 'एक और मन रहा राम का जो न थका।' यह दूसरा मन निराला के जीवन में भी था जो विक्षेप-काल में भी उनकी सर्जनात्मक क्षमता को गतिशील करता रहा।

अन्त में महाशक्ति राम के भीतर लीन हो गई। इस आन्तरिक शक्ति के अभाव में राम सब कुछ करते हुए भी हार का अनुभव करते थे। वस्तुतः 'राम की शक्ति-पूजा' अपनी सम्भावनाओं के साक्षात्कार की प्रक्रिया है। अन्य छायावादियों में आत्माभिव्यक्ति मिलती है तो निराला की लम्बी कविताओं में आत्मान्वेषण या साक्षात्कार। इसलिए नई कविता का मूल निराला की कविता में खोजा जाता है।

'राम की शक्ति-पूजा' की फलश्रुति 'तुलसीदास' है। 'तुलसीदास' में भी निराला सम्मिलित हैं। उसे अपनी शक्ति का एहसास हो गया है। स्मरण रखना चाहिए कि 'तुलसीदास' निराला के अत्यन्त प्रिय कवि थे। निराला की सांस्कृतिक सचेतनता (अवेरनेस) पर तुलसी का विशेष प्रभाव है। अपने समय में तुलसीदास को न तो ब्रह्म को ढूँढ़ने वाले सन्त अच्छे लगे और न 'मुरली तऊ गोपालहिं भावति' लिखने वाले सूरदास तथा कृष्णभक्ति शाखा के अन्य कवि। उन्होंने जीवन के अनेकानेक आयामों को चित्रित किया। वर्णाश्रम धर्म का समर्थन निश्चय ही एक प्रतिक्रियावादी प्रवृत्ति थी। लेकिन सब मिलाकर वे भारतीय संस्कृति के ही कवि थे। निराला ने उन्हें अपने ढंग से देखा है। उन्हें लगा कि उस समय नए सन्दर्भ के अनुरूप नए तुलसी की अवतारणा आवश्यक है।

निराला के तुलसी वैयक्तिक परिस्थितियों के साथ-साथ सामाजिक-सांस्कृतिक समस्याओं के शर से भी बिंधे हुए थे—

देशकाल के शर से बिंध कर
यह जागा कवि अशेष छविधर
इसका स्वर भर भारती मुखर होएँगी

स्वयं निराला का काव्य छायावादी कवियों में सबसे अधिक देशकाल के शर से बिंधा हुआ है। समसामयिकता के प्रति उसमें गहरी चेतना है। 'तुलसीदास' का कथानक तीन भागों में बँटा है। प्रथम भाग में सांस्कृतिक ह्रास का चित्रण है, द्वितीय भाग में चित्रकूट पर्यटन और नवजीवन के संदेश का। तृतीय भाग में रत्नावली का प्रसंग और नवीन चेतना का उदय चित्रित है।

मध्यकाल में विदेशी आक्रमणकारियों की संस्कृति इस तरह छा गई थी कि भारतीय संस्कृति अपना मूल भी खोती जा रही थी। निराला संस्कृति के नाम पर रूढ़ियों के विरोधी थे पर अपनी संस्कृति की मूलवर्ती धारा को बनाए रखने के पक्ष में थे। निराला के तुलसीदास बहुत कुछ बदल गए हैं। 'मानस' के रचयिता 'बन्दी प्रथम महीसुर चरना' लिखते हैं और वर्णाश्रम धर्म के कट्टर समर्थक हैं । पर नए तुलसीदास वर्णाश्रम का विरोध करते हैं—

चलते फिरते, पर निःसहाय
वे दीन क्षीण, कंकाल काय,
× × ×
वे शेष श्वास, पशु, मूक भाव
पाते प्रहार अब हताश्वास;
सोचते कभी आजन्म ग्रास द्विजगण के
होना ही उनका धर्म परम
वे वर्णाधम, रे द्विज उत्तम।
वे चरण चरण बस, वर्णाश्रम रक्षण के।

वे अब भी पशुओं की तरह ही जीते हैं। स्थान-स्थान पर अब भी उन पर अनेक प्रकार के हमले किये जाते हैं। उपर्युक्त पंक्तियाँ 'मानस' के तुलसी पर व्यंग्य करती हुई प्रतीत होती हैं।

'मानस' प्रकारान्तर से सामंतीय समाज का समर्थन करता है। पर निराला के तुलसीदास—

वह रंक, यहाँ जो हुआ भूप, निश्चय रे
चाहिए उसे और भी और,
फिर साधारण को कहाँ ठौर।
जीवन के, जग के, यही तौर है जय के।

पूँजीवादी समाज में, रंक भी भूप हो जाते हैं और उनकी आकांक्षाएँ बढ़ती जाती हैं, वे अधिकाधिक प्राप्त करने के लिए सचेष्ट रहते हैं। जीवन में विजयी होने की यही प्रक्रिया

है। निराला ने इस प्रक्रिया का बार-बार विरोध किया है। वे खुद ही इसके शिकार नहीं थे बल्कि उनके समान अनगिनत व्यक्ति इसमें पिस रहे थे। संस्कृति को उन्होंने नए सन्दर्भ में लिया है और फलस्वरूप तुलसीदास की पूरी 'मेटामारफोसिस' हो जाती है।

इस पर 'राम की शक्ति-पूजा' का स्पष्ट प्रभाव है। मन के ऊर्ध्वगमन का चित्र इसमें भी है। घटनाएँ पूजा की अपेक्षा और कम हो गई हैं। भाषा की क्लिष्टता इसमें भी है। भाषा में निराला ने सर्वत्र नया अर्थ भरने का प्रयास किया है। किन्तु मानसिक द्वंद्व की जो जटिलता 'सरोज स्मृति' और 'शक्ति-पूजा' में दिखाई देती है वह यहाँ नहीं मिलेगी। लगता है अपने द्वंद्वों और संघर्षों के समाधान के लिए ही उन्होंने इसे लिखा है। इसका समापन रोमैंटिक आशावादिता के साथ होता है। उपर्युक्त दोनों रचनाओं की उपेक्षा इसका सुथरापन इसे उनकी समकक्षता नहीं दे पाता।

इन प्रौढ़तर कृतियों के अनन्तर निराला की काव्यधारा पलट जाती है। इसी समय कवि के जीवन में भी विश्रांति और विक्षेप की शुरुआत होती है। फिर भी काव्य और जीवन में एक तरह की संगति दिखाई पड़ती है। पांडित्य, प्रौढ़ता, अभिजात्य, यथार्थ एक सीमा के बाद—संघर्षों के बाद—टूट जाता है। इसकी प्रतिक्रिया दो रूपों में दिखाई देती है—व्यंग्य-विडम्बना और अवसाद में। अपनी परम्परा वे खुद तोड़ देते हैं। उनकी रचनाएँ रोमांस विरोधी हो उठती हैं।

छायावादी कवियों में निराला में पुरुषोचित गुण सबसे अधिक था। ऐसा व्यक्ति सौन्दर्यवाद (aestheticism) की ओर नहीं जाता। निराला जैसे लोगों में मूर्तिभंजक (iconoclast) का तेवर होता है। वे दूसरों की प्रतिमाएँ भी तोड़ते हैं और अपनी भी। कुकुरमुत्ता (१९४२) संग्रह की कविताओं में उन्होंने एक ओर छायावादी चेतना को तोड़ा है तो दूसरी ओर अभिजातीय और वर्गसंघर्ष की चेतना को। एक स्वतंत्र चेतना न ढूँढ़ने के कारण कोई इसे मार्क्सवादी सिद्धान्तों पर खरा उतारता है तो डॉ० मदान इसमें आधुनिकता खोज निकालते हैं। 'कुकुरमुत्ता' पर कविता लिखने का निर्णय छायावादी रहस्यवादी विषयों के विपरीत है। भाषा में गहरा बदलाव है। छायावाद की संस्कृतनिष्ठ अलंकृत शब्दावली के स्थान पर भाषा सपाट किन्तु व्यंग्यात्मक हो गई है।

इसमें सन्देह नहीं कि यह मार्क्सवादी दृष्टिकोण से प्रभावित है। गुलाब पूँजीवादी संस्कृति का प्रतीक है तो कुकुरमुत्ता सर्वहारा संस्कृति का। नवाब अन्त में कहता है—"बोले, 'चल गुलाब जहाँ थे, उगा/हम भी सबके साथ चाहते हैं अब कुकुरमुत्ता/बोला माली, फर्मायें मुआफ खता/कुकुरमुत्ता उगाये नहीं उगता।" किन्तु गुलाबी संस्कृति का पोषक नवाब कुकुरमुत्ता संस्कृति को अपने वर्गीय संस्कारों के कारण अपना नहीं सकता। किन्तु गोली और बहार, एक नवाब की लड़की है दूसरी माली की, अपने वर्गीय संस्कारों से मुक्त एक-दूसरे को अपना लेती हैं। सम्भवतः निराला का यह विचार है कि बाल्यकाल में नए संस्कारों को डाला जा सकता है लेकिन जब व्यक्ति वर्गबद्ध हो जाता है तब उसे बदला नहीं जा सकता। पूँजीवादी व्यवस्था पर कड़ा प्रहार करता हुआ कुकुरमुत्ता कहता है—

शाहों, राजों, अमीरों का रहा प्यारा
इसीलिए साधारणों से रहा न्यारा
वरना क्या हस्ती है तेरी, पोच तू
कली जो चटकी अभी
सूख कर काँटा हुई होती कभी
रोज पड़ता रहा पानी
तू हरामी खानदानी।

निराला की परवर्ती रचनाओं—अणिमा, बेला, नये पत्ते, अर्चना, आराधना, गीतगुंज और सांध्यकाकली में मुख्यतः दो प्रवृत्तियाँ परिलक्षित होती हैं—विषाद की गहरी छाया और गहरा राजनीतिक-सामाजिक व्यंग्य। ये दोनों प्रवृत्तियाँ उनमें पहले से ही पाई जाती हैं। इस विषाद में आदर्श और आभिजात्य नहीं है—शुद्ध अनुभूति है। अणिमा का एक गीत देखिए—'स्नेह निर्झर बह गया है/रेत ज्यों तन रह गया है/आम की यह डाल जो सूखी दिखी/कह रही है—'अब यहाँ पिक या शिखी/नहीं आते, पंक्ति मैं वह हूँ लिखी/नहीं जिसका अर्थ/जीवन बह गया है।' निरर्थकता का जो बोध नई कविता में आया उसका उद्‌गम स्रोत निराला की रचनाएँ ही हैं। विषादात्मक रचनाओं में भी चिनगारी जल उठती है—'चोट खाकर राह चलते/होश के भी होश छूटे/हाथ जो पाथेय थे ठग/ ठाकुरों ने रात लूटे/कण्ठ रुकता जा रहा है,/आ रहा है काल देखो/......बुझ गई है लौ पृथा की/ जल उठो फिर सीचने को।'

व्यंग्यात्मक कविताएँ निराला के लिए नई नहीं है। पर पहले की तरह सामाजिक पद बंध के स्थान पर ठेठ देशज शब्दों का प्रयोग अपने व्यंग्य में अधिक मारक बन पड़ा है। एक ही व्यक्ति के प्रति लिखी गई रचनाओं की भाषा और कथ्य का तेवर देखना हो तो बनबेला और 'आजकल पंडित जी देश में विराजते हैं' को एक साथ पढ़कर देखा जा सकता है। 'काले काले बादल छाये' में तत्कालीन नेतृत्व पर ही प्रहार नहीं है बल्कि निराला की अपनी मान्यताओं का भी इजहार है—

कैसे हम बच पायें निहत्ये, बहते गये हमारे जत्थे
राह देखते हैं भरमाये, न आये वीर जवाहर लाल

निराला न तो जीवन में समझौतावादी थे, न साहित्य में, न राजनीति में। आश्चर्य है कि स्वच्छन्दतावादी कवियों में ये अकेले कवि हैं जिन्हें गाँधीवादी राजनीति कभी भायी नहीं। सन् '४६ में छात्र-विद्रोह पर भी उन्होंने कविता लिखी—समर्थन में। जिस व्यवस्था का विरोध इधर किया जा रहा है वह निराला की अनेक रचनाओं में देखा जा सकता है। 'राजे ने रखवाली की' इसी तरह की रचना है।

भाषाई संरचना की दृष्टि से भी परवर्ती कवि उनसे प्रभावित हैं। पर लोक-भाषा के जितने निकट निराला की शब्दावली, पद विन्यास और मुहावरे हैं उतने निकट नए कवियों की भाषा नहीं जा सकी है। उर्दू के प्रभाव से निराला ने गद्य की लय भी स्वीकार कर ली है। 'न्यू लेफ्ट' की प्रवृत्ति वाले लोगों ने निराला के परवर्ती व्यंग्य की अत्युक्तिमूलक प्रशंसा

की है। किन्तु उन्होंने यह नहीं देखा कि कुछ रचनाओं को छोड़कर अधिकांश रचनाओं को रचनात्मकता नहीं मिल पाई है। पर इतना अवश्य है कि भावी पीढ़ी को उन्होंने नया मार्ग दिखलाया। इस दृष्टि से इन परवर्ती रचनाओं का महत्त्व अवश्य है।

सुमित्रानन्दन पंत (१६००-१६७७)

सुमित्रानन्दन पंत का काव्य-विकास अन्तर्मुखता से निरन्तर बहिर्मुख होने का इतिहास है। जिस प्राकृतिक परिवेश में उनका जन्म और पालन-पोषण हुआ वह स्वयं कविता से कम आकर्षक और लुभावना नहीं है। उनकी जन्मभूमि कौसानी ने उनके मन में सौन्दर्य और प्रेम का जो बीज वपन किया वह समय पाकर 'पल्लव' के रूप में पल्लवित हुआ। इस प्रभाव के कम होते ही उनपर मार्क्स और गाँधी का प्रभाव पड़ता है और उसके फलस्वरूप उनकी कविता भी दूसरी दिशा की ओर मुड़ जाती है। उनके जीवन को तीसरा मोड़ देता है अरविन्द दर्शन। 'स्वर्ण किरण', 'स्वर्ण धूलि' तथा उनके बाद के काव्य इसी दर्शन को प्रतिफलित करते हैं। इन मोड़ों से गुजर कर ही उनकी कविता का समाकलन हो सकता है।

पंत को प्रकृति ने सौकुमार्य, सौन्दर्य तथा परिष्कृति दी है। इनका प्रभाव उनकी सांस्कृतिक अभिरुचियों, रहन-सहन, भाषा-शैली आदि सभी पर पड़ा। उनका व्यक्तित्व अनघड़ न होकर संस्कारित है। जीवन के वैविध्य से होकर उन्हें नहीं गुजरना पड़ा है। इसलिए उनमें अनुभूतिगत वह सम्पन्नता नहीं है जो निराला में मिलती है। उनकी कल्पना इसी कमी को पूरा करती है। उनके आभिजात्य और कल्पना का पूरा तालमेल अरविन्द की अधिमानसी दुनिया से बैठ जाता है।

पंत का काव्यक्षेत्र में प्रवेश १६१८ से ही हो जाता है। '१८-'१६ में लिखी गई कविताएँ 'वीणा' में प्रकाशित हुई हैं। इसके बाद ग्रंथि, पल्लव और गुंजन तक वे एक विशेष भावधारा यानी सौन्दर्य-चेतना का अनुसन्धान करते हुए प्रतीत होते हैं। इस चेतना के तीन आयाम हैं—प्रेम, प्रकृति और जिज्ञासा-रहस्य। 'उच्छ्वास' में कैशोर प्रेम और यौवनोचित भावनाएँ अभिव्यक्त हुई हैं। इसके अनन्तर प्रकाशित कविता 'आँसू', 'उच्छ्वास' का ही उत्तरार्द्ध है। 'पल्लव' में संगृहीत इस कविता का एक उपशीर्षक है—'आँसू की बालिका के प्रति'। दोनों ही कविताएँ एक लम्बी कविता का रूप धारण कर लेती हैं। इस कविता में कैशोर उच्छ्वास है जिसे अस्पष्ट प्रेमोच्छ्वास कहा जाना चाहिये। आचार्य नददुलारे वाजपेयी ने इसके सम्बन्ध में कहा है—'कवि बालिकावत् अपने बाल्यजीवन के वियोग में दुःख प्रकाश कर रहा अथवा वह अपनी किसी बाल्य-सहचरी का विरह-वर्णन कर रहा है।' सामान्यतः इसका दूसरा अर्थ ही अधिक संगत प्रतीत होता है। यह अर्थ लेने पर वाजपेयी जी के मतानुसार इसमें 'निराश रोदन की ही प्रमुखता सिद्ध होगी।' इसके पूर्व निराला की 'जुही की कली' लिखी जा चुकी थी। उसमें एक खुलापन है, मुक्ति के प्रति आग्रह है। इसके ठीक विपरीत पंत के उच्छ्वास—आँसू में अस्पष्टता, गोपन और झिझक है।

'वीणा' का प्रकाशन, 'पल्लव' के प्रकाशन के बाद १६२७ में हुआ था, पर इसमें संग्रहीत रचनाएँ १६१८-१६ की लिखी हुई थीं। इन रचनाओं पर 'गीतांजलि' का हल्का

प्रभाव है। इसलिए अधिकांश गीतों में जिज्ञासा, रहस्य का पुट दिखाई पड़ता है। 'वीणा' संग्रह की रचनाओं को कवि ने अपना, 'दुधमुँहा' प्रयास कहा है। किन्तु जिस सजग शिल्प और कल्पना का विकसित रूप पंत की परवर्ती रचनाओं में दिखाई देता है उसका प्रारम्भ 'वीणा' से ही हो जाता है:—

अहो कल्पनामय ! फिर रच दो
वह मेरा निर्भय अज्ञान,
मेरे अधरों पर वह मा के
दूध से धुली मृदु मुसकान।

बालकोचित निश्छलता की माँग पंत की प्रारम्भिक कविताओं में बार-बार की जाती है। अतीतोन्मुखता छायावादी काव्य का एक वैशिष्ट्य माना जाता रहा है। बालोचित निश्छलता विज्ञान की बौद्धिकता के विरोध में पड़ती है। 'निर्भय अज्ञान' की पुनर्रचना कल्पना द्वारा ही सम्भव है। बाद में कल्पना-प्रधान रचना पंतकाव्य की विशेषता बन गई।

'ग्रंथि' (१६२०) एक दीर्घ विरह-गीत है। सम्पूर्ण विरह-काव्य किशोर भावुकता के धरातल से शुरू होकर उसी धरातल पर समाप्त होता है। आचार्य शुक्ल ने ठीक ही लिखा है—"वीणा के उपरान्त ग्रंथि है—असफल प्रेम की। इसमें एक छोटे-से प्रेम-प्रसंग का आधार लेकर युवक कवि ने प्रेम की आनन्द-भूमि में प्रवेश, फिर चिर विषाद के गर्त में पतन दिखाया है। प्रसंग की कोई नई उद्‌भावना नहीं है। करुणा और सहानुभूति से प्रेम का स्वाभाविक विकास प्रदर्शित करने के लिए जो वृत्त उपन्यासों और कहानियों में प्रायः पाये जाते हैं—जैसे डूबने से बचाने वाले, अत्याचार से रक्षा करने वाले, बन्दीगृह में पड़ने या रणक्षेत्र में घायल होने पर सेवा-शुश्रूषा करनेवाली के प्रति प्रेम संचार—उन्हीं में से एक चुन कर भावों की व्यंजना के लिए रास्ता निकाला गया है।" यह ग्रंथि किसकी है? स्वयं पंत की या आलोचकों की, कहना मुश्किल है। दूसरों की ग्रंथियों के चक्कर में न पड़कर स्वयं काव्यगत ग्रंथि को खोलना आलोचक-धर्म है। यह ग्रंथि चाहे जिसकी हो पर इसमें पहले की झिझक की ग्रंथि खुली है:—

लाज की मादक सुरा सी लालिमा
फैल गालों में, नवीन गुलाब से
छलकती थी बाढ़ सी सौन्दर्य की
अधखुले सस्मित गढ़ों से, सीप से
(इन गढ़ों में—रूप के आवर्त-से—
घूम फिर कर, नाव से किसके नयन
हैं नहीं डूबे, भटक कर, अटक कर,
भार से दब कर तरुण सौन्दर्य के?)

'पल्लव' (१६२६) पंत के छायावादी काल का प्रौढ़तम काव्य-संग्रह है। इसमें सन् १६१८ से लेकर '२५ तक की रचनाएँ संगृहीत हैं। 'पल्लव' काव्य की तरह इसकी भूमिका भी अत्यन्त महत्त्वपूर्ण है। यह भूमिका मध्यकालीन रीति कविता की प्रतिक्रिया में लिखी गई

है। पंत ने लिखा है—"नवीन युग अपने लिए नवीन वाणी, नवीन जीवन, नवीन रहस्य, नवीन स्पंदन-कंपन तथा नवीन साहित्य ले आता, और पुराना जीर्ण पतझड़ इस नवजात वसन्त के लिए बीज तथा खाद रूप बन जाता है। नूतन युग संसार की शब्दतंत्री में नूतन ठाट जमा देता है, उसका विन्यास बदल जाता, नवीन युग की आकांक्षाओं, क्रियाओं, नवीन इच्छाओं के अनुसार उसकी वाणी में नये गीत, नये छंद, नये राग, नई कल्पनाएँ तथा भावनाएँ फूटने लगती हैं।"

प्रश्न उठता है कि नवीन वाणी, नवीन रहस्य, स्पंदन-कंपन आदि क्या हैं? 'पल्लव' की भाषा अपने वक्रोक्ति-वैचित्र्य के कारण द्विवेदी युगीन भाषा से भिन्न थी। इस विधान के कारण ही वे सौन्दर्य की सूक्ष्मतर चेतना का उद्‌घाटन कर सके हैं। 'ग्रंथि' में सौन्दर्य की जो मांसलता थी वह 'पल्लव' की आन्तरिकता में घुल गई है।

'पल्लव' में कवि की आन्तरिकता और परिवेश में अद्‌भुत सामंजस्य है, मुख्यतः प्राकृतिक परिवेश से। प्रसाद का परिवेश व्यापक और आत्मनिष्ठ है। निराला अपने बहुआयामी परिवेश से संघर्ष करते हैं। उनके काव्य में इस संघर्ष की परुषता और कर्कशता सर्वत्र प्रतिफलित हुई है। महादेवी अपनी वेदना में एकतान हैं। पंत में प्रकृति और सौन्दर्य चेतना के प्रति सहज उल्लास है।

वह प्रकृति में रहस्यात्मक जीवन का बोध पाता है, मानवीय जीवन को प्रकृति की सम्पृक्ति में देखता है। वह पहाड़ियों, निर्झरों, प्राकृतिक दृश्यों, ध्वनियों से रूप, रंग, रस, गंध, शील, शक्ति ग्रहण करता है :—

मेखलाकार पर्वत अपार
अपने सहस्त्र दृग सुमन फाड़
अवलोक रहा है बार-बार
नीचे जल में महाकार
जिसके चरणों में पला ताल
दर्पण सा फैला है विशाल।

× × ×

नव वसन्त के सरस स्पर्श से
पुलकित वसुधा बारम्बार
सिहर उठी स्मित श्यामावलि में
विकसित चिर यौवन के भार
फूट पड़ा कलिका के उर से
सहसा सौरभ का उद्‌गार
गंध-मुग्ध हो अंध समीरण
लगा थिरकने विविध प्रकार।

प्रकृति के रूप, रस, गंध के साथ कवि की आन्तरिकता का तादात्म्य हो उठा है।

दोनों रूप-चित्र गत्यात्मक और कम मांसल हैं। गति मांसलता को कम कर देती है। इन्हें गत्यात्मक बनाने में विशेषणों का प्रयोग द्रष्टव्य है—मेखलाकार, सहस्र, पुलकित, स्मित आदि। दूसरे रूप-चित्र में क्रिया विशेषण सम्पूर्ण बिम्ब को क्रियात्मक (फंक्शनल) बना देते हैं। बिम्बों की क्रियात्मकता इन्हें मध्यकालीन और द्विवेदी युगीन स्थिर बिम्बों से अलग कर देते हैं। नारी रूप चित्रण के समय भी वह प्राकृतिक उपादानों का ही मुख्य सहारा लेता है—

मलिन्दों से उलझी गुंजार
मृणालों से मृदु तार;
मेघ से सन्ध्या का संसार
वारि से उर्मि उभार।
× × ×
अकेली सुन्दरता कल्याणि
सकल ऐश्वर्यों की सन्धान।

कहना न होगा इसमें मुग्धा नायिका का चित्र है। जिस भोलेपन की याद कवि 'वीणा' की रचनाओं में करता है उससे इसका तालमेल बैठ जाता है।

इसी प्रकार रहस्यपरक रचनाओं में भी प्रतीकवत् उपकरण प्रकृति से ही परिगृहीत हैं:—

तुमुल तम में जब एकाकार
ऊँघता एक साथ संसार,
भीरु झींगुर कुल की झनकार
कँपा देती तन्द्रा के तार,
न जाने, खद्योतों से कौन
मुझे पथ दिखलाता तब मौन!

पंत के काव्य में—छायावादी काव्य में—प्रकृति के रूप और गुण या तो लाक्षणिक ढंग से प्रयोग में ले आये गये हैं या किसी अन्य कार्य के माध्यम के रूप में। पर नई कविता में ये स्वयं प्रतीक बन गए हैं—अज्ञेय की एक कविता है जिसमें अँधेरे में जुगनू का टिमकता व्यक्तित्व अपनी शक्ति और साधना का सूचक है। वह मुकम्मल प्रतीक है न कि मार्गदर्शक या माध्यम।

'पल्लव' संग्रह की एक ही कविता 'परिवर्तन' जीवन के यथार्थबोध को उजागर करती है। किन्तु उसका मूल स्वर भी छायावादी नैराश्य के मेल में है।

'पल्लव' संग्रह की रचनाएँ अपने शिल्प और तराश के बावजूद जीवन के गहरे बोध से न कहीं जुड़ पाती हैं और न कैशोर भाव की देहरी लाँघ पाती हैं। अधिकांश सम्बोध गीतों पर कल्पना के लदाव के कारण अनुभूति दब जाती है। या यों भी कहा जा सकता है कि अनुभूति की कमी की पूर्ति कल्पना करती है। उदाहरण के लिए छाया और अनंग को लिया जा सकता है। 'छाया' में उपमाओं का अम्बार लगा हुआ है—रतिश्रान्ता ब्रज वनिता-सी,

दमयन्ती-सी, गूढ़ कल्पना-सी कवियों की, ऋषियों के गम्भीर हृदय-सी, बच्चों के तुतले भय-सी आदि-आदि। छाया को इन अप्रस्तुतों ने तमाशा बना दिया है। अनंग पर भी इनका लदाव कम नहीं है। आश्चर्य यह है कि भावना के रूप में लाए गए पंत के चामत्कारिक अप्रस्तुतों पर रूसी आलोचक चेलिशोव छायावादी ढंग से मुग्ध हैं।

आचार्य शुक्ल पंत के काव्य-सन्दर्भ में लिखते हैं—'यही कारण है कि 'छायावाद' शब्द मुख्यतः शैली के अर्थ में, चित्रभाषा के अर्थ में, उनकी रचनाओं पर घटित होता है।' वस्तुतः पंत को छायावाद का प्रतिनिधि कवि मान लेने के कारण ही शुक्ल जी में यह दृष्टिदोष आया। यह विशेषता स्वयं पंत के छायावाद की है न कि पूरे छायावाद की। जाहिर है कि पंत की अनुभूतिगत विरलता को शुक्ल जी ने भी लक्षित किया था।

'गुंजन' (१९३२) में '२६ से '३१ के बीच लिखी गई रचनाएँ संगृहीत हैं। इन रचनाओं में कल्पना का उल्लास न होकर मनन की अभिव्यक्ति है। यह दूसरी बात है कि मनन का दर्जा क्या है? आश्चर्य तो तब होता है जब चोटी के आलोचक इस चिंतन को गूढ़, गम्भीर और न मालूम क्या-क्या कहते हैं। गुंजन में एक जगह कहा गया है :—

जग पीड़ित है अति दुःख से
जग पीड़ित रे अति सुख से
मानव जग में बँट जाये
दुःख सुख से औ', सुख दुःख से।

यह एक सामान्य वक्तव्य है, न कि चिंतन। इस प्रकार चिंतन का एक दूसरा नमूना पेश किया जाता है :—

सुन्दर से नित सुन्दरतर
सुन्दरता से सुन्दरतम
सुन्दर जीवन का क्रम से
सुन्दर सुन्दर जग - जीवन

केवल सुन्दर की आवृत्तियों से व्यक्त किया गया विश्वास कितना अविश्वसनीय लगने लगता है। आचार्य नन्ददुलारे वाजपेयी का कहना है—"पल्लव की अपेक्षा गुंजन में कल्पना का सहज-सुन्दर उद्रेक उतना नहीं है जितनी उपदेशक प्रवृत्ति और पांडित्य का प्रदर्शन है।"

किन्तु इसमें कुछ कविताएँ ऐसी अवश्य हैं जो अपनी सीमा में कल्पना, शिल्प और अनुभूति का सामंजस्यपूर्ण समाहार करती हैं। नौकाविहार, एक तारा और अप्सरा ऐसी ही रचनाएँ हैं :—

साड़ी की सिकुड़न सी जिस पर, शशि की रेशमी विभा से भर
सिमटी हैं वर्तुल, मृदुल, लहर।
× × ×
चाँदी के साँपों सी रलमल, नाचती रश्मियाँ जल से चल।
—नौकाविहार

पत्रों के आनत अधरों पर खो गया निखिल वन का मर्मर

—एक तारा

रवि-छवि-चुंबित चल जलदों पर,
तुम नभ में उस पार,
लगा अंक से तड़ित्-भीत शशि--
मृग - शिशु को सुकुमार
छोड़ गगन में चंचल उडुगण
चरण - चिह्न लघु-भार,
नाग-दन्त-नत इन्द्रधनुष पुल
करतीं तुम नित पार!

—अप्सरा

इन कविताओं में भाषाई वक्रता और संयम दोनों हैं। वर्ण-बिम्बों के आधार पर उभारे गये चित्र अधिक विश्वसनीय बन पड़े हैं। पर नौकाविहार और एक तारा के समापन जिस दार्शनिकता से सम्बद्ध किये गये हैं वे रचना के अनिवार्य अंग नहीं बन पाते। 'अप्सरा' में रवि बाबू की उर्वशी की एकतानता और अखण्डता का अभाव है। अप्सरा अपेक्षाकृत अधिक वायवीय है। ज्योत्स्ना में वायवीयता अपने चरमोत्कर्ष पर पहुँच जाती है।

'युगान्त' का प्रकाशन '३६ में हुआ। '३६ से '३८ तक छायावाद के चरमोत्कर्ष काल था। पंत ने महसूस किया कि इस चरमोत्कर्ष में ही एक युग की समाप्ति और दूसरे युग का समारम्भ है। वे युगांत में लिखते हैं—

द्रुत झरो जगत् के जीर्ण पत्र,
हे स्रस्त-ध्वस्त ! हे शुष्क-शीर्ण
हिमपात पीत, मधुवात भीत,
तुम वीतराग, जड़, पुराचीन !

'पल्लव' काल का कल्पना-उल्लास और कलात्मक मोह छोड़कर कवि गुंजन में जीवन और जगत के सुख-दुःख की ओर उन्मुख हो चुका था। युगांत में वह अपनी पिछली सौन्दर्य-चेतना से मुक्त होकर वैचारिक जगत में प्रविष्ट करता है। बापू के प्रति, ताज आदि ऐसी ही रचनाएँ हैं। इन दोनों रचनाओं की पर्याप्त प्रशंसा की गई है। पर वे गद्यात्मक और वैचारिक हैं। 'पल्लव' काल में कल्पना का अतिरेक था तो इनमें कल्पना का अभाव। 'बापू के प्रति' में वे लिखते हैं:—

साम्राज्यवाद था कंस, वन्दिनी
मानवता पशु बलात्क्रांत
शृंखला दासता, प्रहरी बहु
निर्मम शासन-पद शक्ति भ्रांत,
कारागृह में दे दिव्य जन्म
मानव आत्मा को मुक्त, कांत

जन शोषण की बढ़ती यमुना
तुमने की नत-पद-प्रणत शांत !

यही सही है कि इस कविता में वस्तु और उसके आन्तरिक सम्बन्ध बदल गए हैं। पर ये सम्बन्ध वैचारिक हैं, काव्य-बोधात्मक नहीं, यानी वास्तविक नहीं है। टी० एस० इलिएट का कहना है कि गद्य विचारों (आइडियाज) को अभिव्यक्त करता है, कविता वास्तविकता को।

इलिएट का यह कथन बहुतों को अजीब और विचित्र मालूम पड़ा है। गद्य सामान्यतः तर्कपरक तथा निष्कर्ष पर पहुँचाने वाला होता है पर कविता इससे परे स्थिति को समग्रता में अभिव्यक्त करती है। उपर्युक्त कविता गद्य हो गई है।

इसमें जो रूपक ले आया गया है वह सहज न होकर थोपा हुआ है। साम्राज्यवाद को उसकी विद्रूपता में कंस नहीं उभार पाता। जन शोषण और बढ़ती यमुना में भी कोई रूप-गुणात्मक साम्य स्थापित नहीं हो पाता। इसलिए इन रचनाओं में कलात्मक ह्रास का देखा जाना स्वाभाविक हो जाता है।

'युगवाणी' (१९३८) की रचनाओं पर मार्क्सवाद और गाँधीवाद का स्पष्ट प्रभाव है। इसे कवि ने 'गद्य गीत' कहा है। सामान्यतः इन दोनों दर्शनों में मेल नहीं है। पर पंत का कहना है—'ऐतिहासिक भौतिकवाद और भारतीय अध्यात्म दर्शन में मुझे किसी प्रकार का विरोध नहीं जान पड़ा, क्योंकि मैंने दोनों का लोकोत्तर कल्याणकारी सांस्कृतिक पक्ष ही ग्रहण किया है। मार्क्सवाद के अन्दर श्रमजीवियों के सुसंगठन, वर्गसंघर्ष आदि से सम्बन्ध रखने वाले बाह्य दृश्य को, जिसका वास्तविक निर्णय आर्थिक और राजनीतिक क्रांतियाँ ही कर सकती हैं, मैंने अपनी कल्पना का अंग नहीं बनने दिया है। इस दृष्टि से मानवता एवं सर्वभूत हित की जितनी विशद भावना मुझे वेदान्त में मिली, उत्तनी ही ऐतिहासिक दर्शन में भी।' इसके साथ ही वे सत्य-अहिंसा (गाँधीवादी दर्शन के मूल तत्त्व) को सांस्कृतिक संघटन के अनिवार्य उपादान मानते हैं।

भौतिकतावाद को आत्मदर्शन का साधन कहते हुए कवि लिखता है—

भूतवाद उस धरा स्वर्ग के लिए मात्र सोपान
जहाँ आत्मदर्शन अनादि से समाधीन अम्लान।

किन्तु

नहीं जानता, युग विवर्त में होगा कितना जनक्षय
पर मनुष्य को सत्य अहिंसा इष्ट रहेंगे निश्चय

दो विरोधी दर्शनों के समन्वय की आकांक्षा 'युगवाणी' को न तो वैचारिक दृष्टि से महत्त्वपूर्ण होने देती है और न काव्य-दृष्टि से। श्रेणी-विभाजन का विरोध, सामूहिक कृषि का समर्थन, श्रम की समर्थ पक्षधरता आदि के साथ वे कहते हैं— 'मानवता की मूर्ति गढ़ोगे तुम सँवार कर चाम।' इससे उनका अन्तर्विरोध जाहिर हो जाता है। अपने समय के मार्क्सवादी आन्दोलन का प्रभाव ग्रहण करके भी वे गाँधीवादी सत्य-अहिंसा को नहीं छोड़ पाते। विचारों को पद्यबद्ध करने से काव्य-पक्ष बुरी तरह दब गया है।

महात्मा गाँधी 'गाँव' को इस देश की आत्मा मानते थे। पंत ने 'ग्राम्या' में गाँव की विविध समस्याओं का आकलन किया है। 'युगवाणी' में मार्क्स और गाँधी के सिद्धांतों को किताब से पढ़कर छन्दोबद्ध किया गया है तो 'ग्राम्या' में गाँव की समस्याओं को दूर से देखकर लिपिबद्ध किया गया है। इस दूरी को कवि ने स्वयं स्वीकार किया है, "इसमें पाठकों को ग्रामीणों के प्रति केवल बौद्धिक सहानुभूति ही मिल सकती है। ग्राम-जीवन में मिलकर, उसके भीतर से, वे अवश्य नहीं लिखी गयी हैं। ग्रामों की वर्तमान दशा में वैसा कहना केवल प्रतिक्रियात्मक साहित्य को जन्म देना होता।"

फिर भी कवि अपने छायावादी संस्कारों से हटने की कोशिश करता हुआ दिखाई पड़ता है :—

है मांसपेशियों में उसके दृढ़ कोमलता
संयोग अवयवों में अश्लथ उसके उरोज
कृत्रिम रति की है नहीं दृश्य में आकुलता
उद्दीप्त न करता उसे भाव कल्पित मनोज !

छायावादी कविताओं में जिस वायवीय रति की कामना की गई थी उससे हट कर इसमें मांसलता की ओर बढ़ा जा रहा है। पर यहाँ भी भाषा और विचारों में अन्तर्विरोध आ गया है। उपर्युक्त पंक्तियों की शब्दावली छायावादी है और भाव अछायावादी।

यह अन्तर्विरोध अधिकांश कविताओं में मिलता है—

वह विष्णुपदी, शिव मौलि सुता
वह भीष्म प्रसू औ' जन्तु सुता,
वह देव निम्नगा, स्वर्गंगा
वह सगर पुत्र तारिणी श्रुता !

—गंगा

× × ×

तुम कोटि बाहु, वह हलधर, वृष वाहन बलिष्ठ
मित असन, निवर्सन, क्षीणोदर, चिर सौम्य, शिष्ट

—ग्राम देवता

वृहद् जिह्व विश्लथ केंचुल सा
लगता चितकबरा गंगाजल

—संध्या के बाद

जहाँ पर वह इस अन्तर्विरोध को बचा पाया है वहाँ काव्य की नवीन सर्जना संभव हो सकती है। 'वे आँखें', 'ग्रामबधू', 'वह बुड्ढा' आदि ऐसी ही कविताएँ हैं। कुछ स्थानों पर अपने स्वभाव के विपरीत पंत ने विडंबना का प्रयोग किया है किन्तु वह एक प्रकार का सामान्यीकरण (जेनरलाइजेशन) होकर रह गया है।

इसके बाद पंत के काव्य-विकास का तीसरा चरण आरंभ होता है। स्वर्णकिरण, स्वर्णधूलि, मधुज्वाल, युगपथ, उत्तरा, रजतशिखर, शिल्पी, अतिमा, सौवर्ण, वाणी, चिदम्बरा,

कला और बूढ़ा चाँद, रश्मिबंध, गीत हंस, स्वर्णिमचक्र, समाधिता आदि अन्य काव्य-संग्रह है। 'लोकायतन' प्रबन्ध-काव्य है। इन सारी रचनाओं पर मुख्यतः अरविन्द दर्शन की छाप है। यद्यपि पंत ने अरविन्द के आधार पर नया दर्शन ढूँढ़ने का प्रयास किया है फिर भी उस पर अरविन्द दर्शन की गहरी छाया है।

पर इन कृतियों को लेर कहा जाने लगा कि ये पंत के विकास के ह्रासोन्मुखी चिह्न हैं। पंत ने स्वयं कहा है—'कुछ आलोचकों को युगवाणी से उत्तरा तक की मेरी रचनाओं में कलात्मक ह्रास के चिह्न दृष्टिगोचर होते हैं, जिसे मैं दृष्टिविडंबना कहूँगा।.....' दिनकर ने अपनी पुस्तक 'पंत, प्रसाद और मैथिलीशरण' में लिखा है—'और विचित्रता की बात यह है कि केवल पाठकों ने ही नहीं पंडितों और आलोचकों ने भी युगान्तर के बाद के पंत-काव्य पर बहुत ही कम ध्यान दिया है। अभी भी पंत-काव्य के विशेषज्ञ का लक्षण यह है कि वह पल्लव और गुंजन को भलीभाँति पढ़ा होता है।'

आखिरकार यह स्थिति क्यों हैं? इसके दो ही कारण हो सकते हैं, एक तो यह कि पंत की काव्य-चेतना आज के मेल में नहीं है दूसरा यह कि जान-बूझ कर उनकी उपेक्षा की जा रही है। पंत ऐसे कवि की उपेक्षा नहीं की जा सकती। इसलिए पहला ही कारण सत्य के अधिक निकट मालूम पड़ता है।

पंत के काव्य में अरविन्द दर्शन के प्रवेश को किसी अशुभ ग्रह का योग ही समझना चाहिए। अरविन्द दर्शन को अपनाकर पंत छायावाद से निकलने की चेष्टा करते हुए पुनः उसी क्षेत्र में प्रविष्ट हो जाते हैं। अरविन्द दर्शन क्या है? आरोह-अवरोह क्या है? अधिमानस क्या है? अतिमानव क्या है? अतिमन क्या है?

अरविन्द मानते हैं कि पहले द्रव्य था। द्रव्य से प्राणतत्त्व निकला, प्राणतत्त्व से उपचेतन तथा उपचेतन से मानस प्रादुर्भूत हुआ। मनुष्य को इस मानस से ऊपर उठकर अधिमानस के धरातल पर जाना है। मनुष्य की वास्तविक समस्या युद्ध और शोषण नहीं है। यह रोग का बाहरी लक्षण है। मानव को उद्विकास के आधार पर अधिमानस पर पहुँचना है। वहाँ पहुँचने के लिए कुछ मनुष्य को प्रयास करना होगा, कुछ भगवत्कृपा होगी। मनुष्य के ऊपर उठने को वे आरोह और नीचे आने को अवरोह कहते हैं। यह आरोह-अवरोह द्रव्य और आत्मा के बीच होता रहता है जो महासत्य के दो छोर हैं। द्रव्य में, अनन्त संभावनाएँ हैं। मनुष्य का विकास ऊर्ध्व होता है और इस क्रम में वह अतिमानव हो जाता है। मन विकसित होकर जब अतिमन (सुपरमाइंड) हो जाता है तो मनुष्य अतिमानवता की उपलब्धि करता है।

पंत अरविन्द दर्शन और अपने दर्शन का अन्तर स्पष्ट करते हुए कहते हैं— 'अरविन्द जीवन को जड़ के ऊपर की एक स्थिति भर मानते हैं। उनके अनुसार जड़ से जीवन, जीवन से मन का विकास हुआ है और मन के अतिमन या ऋतचित् जिसे वे सुपरमाइंड कहते हैं, उसका विकास होगा और तभी व्यक्ति दिव्य या पूर्णतर बन सकेगा, जिसे वह नास्टिक-बीइंग कहते हैं।..... उनका अतिमन कुछ साधकों के समूह में अवतरित होगा, वे विशिष्ट चैतन्य—युक्त व्यक्ति होंगे जो धीरे-धीरे संसार में, उन लोगों में, उस नयी संबोधि का प्रसार कर सकेंगे जो

उसके उपयुक्त पात्र होंगे।..... मैंने अपने मनोविकास को योग-साधना के उपयुक्त नहीं पाया। वैसे भी मैं जगत जीवन से ईश्वर तत्त्व या परम चैतन्य तत्त्व को विच्छिन्न कर आत्मा की अधिभूमि पर साक्षात्कार से प्राप्त सत्यबोध को अर्ध सत्यबोध ही मानता हूँ और जागतिक जीवन के पूर्ण विकसित रूप में ही ईश्वर दर्शन या साक्षात्कार को क्रमशः सम्भव मानता हूँ।' पर इस अलगाव से पंत किसी स्वतन्त्र दर्शन का निर्माण नहीं कर पाते। इधर के काव्य में प्रायः सर्वत्र अरविन्दीय शब्दावली भरी पड़ी है। जागतिक जीवन के विकास के नाम पर वे फ्रायडीय और मार्क्सीय भोग का पूरा समर्थन करते हैं। इसका फल यह हुआ है कि उनके काव्य में काम-प्रतीकों की बहुलता हो गई है। कुछ उदाहरणों द्वारा उपर्युक्त मत की पुष्टि की जा सकती है :—

स्वर्ण-वाष्प का घन लटका जघनों के माणिक सर में।
स्वर्णिम निर्झर-सी रति-सुख की जंघाओं पर पेशल
लिपटी जीवन की ज्वाला निज दीपन करती शीतल—

—स्वर्णकिरण

× × ×

अर्ध-विवृत जघनों पर तरुण सत्य के सिर धर
लेटी थी वह दामिनि-सी रुचि-गौर कलेवर
गगन-भंग से लहराये मृदु कच अंगों पर
वक्षोजों के खुले घटों पर लसित सत्य-कर।

—स्वर्णकिरण

× × ×

मन के समस्त दुर्ग
यम नियम की दीवारें
टूट कर
छिन्न-भिन्न हो गईं !
तुम्हारे उन्मत्त शक्तिपात की
रतिक्रीड़ा के लिए
मेरी कोमल तृणों की देह
लोटपोट हो
बिछ बिछ जाती है !

—कला और बूढ़ा चाँद

पंत की साधना की चरम उपलब्धि है 'लोकायतन'। यह उनकी महत्त्वाकांक्षापूर्ण कृति है—कलेवर में कामायनी से लगभग छह गुना बड़ी। इस महत्काव्य का मूल प्रतिपाद्य सामूहिक मुक्ति है जो गाँधीवाद और अरविन्दवाद दोनों से प्रभावित है। पुराने संस्कार, दार्शनिकता, कृच्छ-साधना को अधूरा बतला कर कवि ने आत्मवादी ऋषियों का विरोध किया है। इस तरह वह वैयक्तिक मुक्ति के विरोध में सामूहिक मुक्ति का समर्थन करता है। गाँधीवादी

जीवन दर्शन से आरम्भ होकर यह काव्य चेतना के ऊर्ध्व स्पर्शों से अनुप्राणित अरविन्दीय समाज के चित्रण में समाप्त होता है। कामायनी की भाँति इसका अंत भी हिमालय दर्शन में ही होता है। संयुक्ता हिमालय के सौन्दर्य को देखकर विस्मित-चकित हो जाती है। संसार में एक दिव्य ज्योति फैल जाती है।

सन् '२५ से लेकर '६३ तक बहुत सारी घटनाओं के समावेश से कवि जहाँ इसमें सम-सामयिकता को समेटता है वहाँ इसे बहुत कुछ वर्णनात्मक-व्याख्यात्मक भी बना देता है। फलतः काव्य में एक प्रकार का असंतुलन और अ-गतिमयता आ जाती है। शक्तिपात को भी वह मनोवैज्ञानिक नहीं बना सका है। वैयक्तिकता से पलायित न होने का परिणाम भी शुभ नहीं हुआ है। माधव गुरु और उनके साथियों के साथ वंशी और हरि का संघर्ष काफी स्थूल होने के कारण कथा की गति मंद हो गई है। ठूँस-ठाँस वर्णन-विवरण, पुराने ढंग का ऋतुवर्णन अमनोवैज्ञानिक दार्शनिक सम्पूर्ण काव्य को भानुमती का कुनबा बना देता है। अतः आज के युग में लोकायतन का राग बेसुरा, असामयिक और कर्कश प्रतीत होता है।

छायावादी संस्कारों से सर्वथा मुक्त होने की कोशिशों के बावजूद पंत कभी भी उससे मुक्त नहीं हो सके। ग्राम्या को छोड़कर जहाँ कहीं वे मुक्त हुए हैं वहाँ भाषा कर्कश हो गई है। जहाँ भाषा रागात्मक हो पाई है वहाँ प्रकृति और रूपसौन्दर्य के प्रति पुराना शिल्प, तराशे हुए शब्द , नपे-तुले वाक्य विन्यास आदि दिखाई पड़ते हैं। नयी कविता के जमाने में जब साहित्यिक चेतना बदल गई है अरविन्द और पंत दोनों की अधिमानसी दुनिया के प्रति लोगों का उदासीन हो जाना स्वाभाविक है।

महादेवी वर्मा (१९०७-१९८७)

महादेवी वर्मा छायावाद के अन्तर्गत रहस्यवाद की कवयित्री मानी जाती हैं। अज्ञात प्रियतम की विरहानुभूति में उन्होंने वेदना के गीत लिखे हैं। वेदना ही उनके काव्य की विषय-वस्तु है। उनके विषय का विस्तार सीमित है। उन्होंने जीवन और जगत के विविध क्षेत्रों में हाथ-पाँव मारने की कोशिश नहीं की है क्योंकि वे उनकी अनुभूति के बाहर पड़ते हैं। यह ईमानदारी कम कवियों में मिलती है। महादेवी में अनुभूति का वैविध्य और विस्तार न मिलकर उसकी सघनता मिलती है। सघन से सघनतर होती हुई अनुभूतियों के आधार पर उनका विकास-क्रम देखा जा सकता है।

पर महादेवी की रचनाओं को रहस्यवाद के भीतर डाल कर क्या उनके साथ न्याय किया जा सकता है ? क्या वे उसी प्रकार की रहस्यवादी हैं जिस प्रकार के रहस्यवादी कबीर और जायसी माने जाते हैं ? क्या जिस परोक्ष सत्ता के प्रति सन्तों ने आत्म-विह्वलता-आकुलता की अभिव्यक्ति की है उसी परोक्ष सत्ता या अज्ञात प्रियतम के प्रति महादेवी की आकुलता नहीं समर्पित है ? फिर भी महादेवी पर सन्तत्व का आरोप नहीं किया जा सकता। वे मुख्यतः कला-चेतना से अनुप्राणित हैं। उन्होंने अपनी सूक्ष्म वेदना को कला-रूप देने की भी भरसक चेष्टा की है। तो फिर उनकी वेदना का स्वरूप क्या है ?

'रश्मि' की भूमिका में महादेवी ने लिखा है—"अपने दुःखवाद के विषय में भी दो शब्द कह देना आवश्यक जान पड़ता है। सुख और दुःख के धूप-छाही डोरों से बुने हुए जीवन में मुझे केवल दुःख ही गिनते रहना क्यों इतना प्रिय है, यह बहुत लोगों के आश्चर्य का कारण है। इस क्यों का उत्तर दे सकना मेरे लिए किसी समस्या के सुलझा डालने से कम नहीं है। संसार साधारणतः जिसे दुःख और अभाव के नाम से जानता है वह मेरे पास नहीं है। जीवन में मुझे बहुत दुलार, बहुत आदर और बहुत मात्रा में सब कुछ मिला है, उस पर पार्थिव दुःख की छाया नहीं पड़ी। कदाचित् यह उसी की प्रतिक्रिया है कि वेदना मुझे इतनी मधुर लगने लगी है।" उनकी वेदना पर बौद्धदर्शन की छाप भी पड़ी है, इसे वे स्वयं स्वीकार करती हैं। वे दुःख के दो रूप मानती हैं, एक मनुष्य के संवेदनशील हृदय को संसार से बाँध देता है और काल सीमा में आबद्ध असीम चेतन का क्रन्दन प्रस्तुत करता है।

किन्तु महादेवी की व्याख्या उनके दुःख का स्वरूप निश्चित नहीं कर पाती। सुख की प्रतिक्रिया में दुःख का होना विश्वसनीय नहीं माना जा सकता। बौद्धदर्शन का प्रभाव बौद्धिक ही हो सकता है, अनुभूति-परक नहीं। बौद्धदर्शन में दुःखवाद को जो आध्यात्मिक स्तर मिला है, महादेवी में उसका आभास मिलता है, वह भी आवरण के रूप में। ब्लेक की तरह जो बाइबिल से प्रभावित है, महादेवी रहस्यवादी नहीं बन पातीं। ऐसी स्थिति में उनकी वेदना का स्वरूप अस्पष्ट बना रहता है।

यह वेदना अज्ञात प्रियतम के प्रति प्रणय-निवेदन के रूप में हुई है। छायावादी कवियों ने प्रेम-निवेदन को रहस्य के अनेक पर्तों में लपेट कर उसे दिव्य, पवित्र, अलौकिक जाने क्या-क्या नाम दिया है। इस तरह वे परम्परागत नैतिकता के दबाव में लिख रहे थे। इस दबाव और मुक्ति के आग्रह के बीच जो तनाव आया उससे छायावाद की प्रेम-कविता का जन्म हुआ। स्त्री होने के नाते महादेवी में यह तनाव अधिक घने रूप में उभरा। स्त्री और पुरुष की प्रेमजन्य वेदना में कोई मौलिक अन्तर नहीं होता है। पर परम्परागत संस्कारों के कारण स्त्री की अनुभूति में तीव्रता अधिक होती है। कहना न होगा कि छायावादी कवियों में महादेवी जैसी वेदना-जनित विह्वलता किसी अन्य में नहीं है। इसे उन्होंने प्रकृति के नाना उपकरणों द्वारा अज्ञात प्रियतम के प्रति आत्मनिवेदन के रूप में अभिव्यक्त किया है।

इसकी शुरुआत 'नीहार' ('२४ से '२८ तक की रचनाएँ) से ही हो जाती है—

पीड़ा का साम्राज्य बस गया
उस दिन दूर क्षितिज के पार
मिटना था निर्वाण जहाँ
नीरव रोदन था पहरेदार।

कैसे कहती हो सपना है
अलि उस मूक मिलन की बात?
भरे हुए अब तक फूलों में
मेरे आँसू उनके हास !

'नीहार' के गीतों में भावुकता का प्राधान्य है, अनुभूतियों में सघनता की कमी है

और कल्पना अभी पंख फैलाना सीख रही है। बहुत से गीतों में मधुमास का बिखराव, फूलों की पलकों से पंथ देखना, प्राणों की सेज पर पीड़ा का सोना, संसार की अस्थिरता आदि के उल्लेख द्वारा वे अपने को संयमित करना चाहती हैं।

'रश्मि' उनका दूसरा काव्य-संग्रह है। इसमें न तो 'जो तुम आ जाते एक बार' की आकांक्षा है और न उच्छ्वासों की छाया। न छलना का ताप है न घायल मन लेकर सो जाने की चिन्ता और न पागल प्यार की चाह। 'नीहार' का धुँधलका 'रश्मि' में छँट गया है। 'नीहार' की अतृप्ति 'रश्मि' में काम्य बन गई है—

मेरे छोटे जीवन में देना न तृप्ति का कण भर
रहने दो प्यासी आँखें भरतीं आँसू के सागर !

उस अतृप्ति और आँसू के सागर को वह मूल्य भी देती है—

दुःख के पद छू बहते झर झर
कण कण से आँसू के निर्झर
हो उठता जीवन मृदु उर्वर
लघु मानस में वह असीम जग को आमन्त्रित कर लाता !

आँसू के निर्झर से जीवन को उर्वर बनाने की कल्पना महादेवी की विकासयात्रा की दूसरी मंजिल मानी जा सकती है। इसी विन्दु पर संसार के साथ वह एकतान दिखाई पड़ती हैं। कभी-कभी वे वेदना के बाहर भी झाँकने की कोशिश करती हैं—

कह दे माँ अब क्या देखूँ
देखूँ खिलती कलियाँ या प्यासे सूखे अधरों को,
तेरी चिर यौवन-सुषमा या जर्जर जीवन देखूँ !
देखूँ हिम-हीरक हँसते हिलते नीले कमलों पर
या मुरझाई पलकों से झरते आँसू कण देखूँ !

पर 'प्यासे सूखे अधरों' को काव्य में वे नहीं देख सकी हैं। ऐसा करने का दावा भी उन्होंने नहीं किया है। उनकी वैविध्य रहित अनुभूतियों में जीवन के कर्कश पक्षों का समावेश नहीं हो सकता था। जहाँ कहीं वे अपनी अनुभूति को लाँघने की कोशिश करती हैं वहाँ उनका वर्णन सपाट हो जाता है।

'नीरजा' महादेवी का तीसरा काव्य-संग्रह है। इसमें 'वेदना' काम्य होने से आगे बढ़कर आस्था बन जाती है। आस्था काव्य के रूप में ढल कर सान्द्र हो उठती है और नीरजा का काव्य-रूप अपने स्थापत्य में अप्रतिम बन जाता है : धीरे-धीरे उतर क्षितिज से, विरह का जलजात जीवन, बीन भी हूँ मैं तुम्हारी रागिनी भी हूँ, मधुर-मधुर मेरे दीपक जल, मुखर प्रिय हौले बोल, टूट गया वह दर्पण निर्मम, ओ विभावरी आदि अनेक श्रेष्ठ गीत संगृहीत हैं। कुछ उदाहरण देखिए :—

तुम्हें बाँध पाती सपने में
तो चिर जीवन प्यास बुझा
लेती उस छोटे क्षण अपने में !

पावस घन सी उमड़ बिखरती
शरद-निशा सी नीरव घिरती
धो लेती जग का विषाद
ढुलते लघु आँसू कण अपने में !

× × ×

मुखर प्रिय हौले बोल !
हठीले हौले-हौले बोल !
मर्मर की वंशी में गूँजेगा मधुऋतु का प्यार
झर जावेगा कंपित तृण से लघु सपना सुकुमार
एक लघु आँसू बन बे-मोल !

× × ×

मैं मतवाली इधर, उधर प्रिय मेरा अलबेला सा है !
मेरी आँखों से ढलकर छवि उसकी मोती बन आई
उसके घन प्यालों में है विद्युत् सी मेरी परछाईं
नभ में उसके दीप, स्नेह जलता है पर मेरा उनमें
मेरे हैं यह प्राण, कहानी पर उसकी हर कंपन में
यहाँ स्वप्न की हाट वहाँ अलि छाया का मेला सा है।

इन गीतों में अनुभूति की सघनता बढ़ गई है, वे पहले की अपेक्षा अधिक सूक्ष्म और तरल हो उठी है। 'रश्मि' में आँसू के निर्झर और सागर जैसे अविश्वसनीय पद-विन्यास अब 'ढुलते लघु आँसू कण' में बदल गए हैं। अप्रस्तुतों के चुनाव में संयम आ गया है। पहले दो उदाहरणों में रूप और ध्वनि द्वारा बिम्बों को आकार दिया गया है तो तीसरे उदाहरण में रूप-रंग द्वारा। 'उसके घन प्यालों में है विद्युत् सी मेरी परछाईं' में घन और विद्युत द्वारा एक रंगीन चित्र बनने के साथ प्रिय और प्रेम की एकात्मकता भी खिंच उठती है। संगीत का यह माधुर्य जो काव्य की अर्थवत्ता में भी पूरा योग देता है छायावादी काव्य में अन्यत्र नहीं मिलेगा। उनका संगीत छोटी-छोटी लयात्मक लहरों से बुना जाने के कारण अपने टेक्श्चर में अधिक सम्पन्न है। पंत का लयात्मक ताना-बाना अपनी विस्तृति में सघन नहीं हो पाया है। कविता के संघटन में लघु-लघु लयात्मकता का विशेष महत्त्व होता है, इससे अर्थ में घनात्मक अन्विति और संश्लिष्टता आ जाती है।

'सांध्यगीत' में कवयित्री की आस्था दर्शन का रूप ले लेती है। वह अपना परिचय देती हुई कहती है—

मैं नीरभरी दुख की बदली !
स्पन्दन में चिर निस्पन्द बसा
क्रन्दन में आहत विश्व हँसा

नयनों में दीपक से जलते
पलकों में निर्झरिणी मचली !

× × ×

विस्तृत नभ का कोई कोना
मेरा न कभी अपना होना
परिचय इतना इतिहास यही।
उजड़ी कल थी मिट आज चली !

यह उसका अपना संसार है—आँखों में दीप जलने का संसार, क्रन्दन में दुखी विश्व के हँसने का जगत्। यह उसका साध्य है और यही साधना भी है। इसे दूसरे शब्दों में दुःख की साधना भी कहा जा सकता है।

यह साधना भक्त कवियों की साधना से भिन्न है। कबीर, सूर, तुलसी और मीराबाई आदि की साधना भक्ति-परक थी। इसलिए उसका आत्म-निवेदन महादेवी के आत्म-निवेदन से भिन्न हो जाता है। महादेवी ने सांध्यगीत की भूमिका में लिखा है—"वास्तव में गीत के कवि को अतिक्रन्दन के पीछे दुःखातिरेक को दीर्घ निश्वास में छिपे हुए संयम से बाँधना होगा। तभी उसका गीत दूसरे के हृदय में उसी भाव का उद्रेक करने में सफल हो सकेगा। गीत यदि दूसरे का इतिहास न कह कर वैयक्तिक सुख-दुःख ध्वनित कर सके तो उसकी मार्मिकता विस्मय की वस्तु बन जाती है इसमें सन्देह नहीं।"

उन भक्त कवियों में मीरा का भाव ही वैयक्तिक सुख-दुःख बन गया था। वैसी निश्छल भावनामयता महादेवी में नहीं मिलती। भक्त कवि-साधक भगवान् में अपनी लयमानता को चरम सिद्धि मानते थे। पर छायावादी कवि अपने व्यक्तित्व का विसर्जन न कर उसका अलगाव बनाये रखता है—

रंगमय है देव दूरी
छू तुम्हें रह जायेगी यह
चित्रमय क्रीड़ा अधूरी !
दूर रह कर खेलना पर मन न मेरा मानता है !

× × ×

नभ डुबा पाया न अपनी बाढ़ में भी क्षुद्र तारे
ढूँढ़ने करुणा मृदुल घन चीर कर तूफान हारे
अन्त के तम में बुझे क्यों
आदि के अरमान मेरे !

इस अलगाव को और भी स्पष्ट रूप से 'रे पपीहे पी कहाँ' में देखा जा सकता है—

हँस डुबा देगा युगों की प्यास का संसार भर तू
कंठगत लघु विन्दु कर तू !
प्यास ही जीवन, सकूँगी
तृप्ति में मैं जी कहाँ ?

गोस्वामी तुलसीदास ने चातक को प्रेम का प्रतीक माना है—उसकी अनन्यता, एकनिष्ठता और ईमानदारी को। पर स्वाती की एक बूँद पाकर वह तृप्त हो जाता है। किन्तु महादेवी तो तृप्ति में जी नहीं सकतीं। मध्ययुगीन प्रतीकों को वैयक्तिकता के नए परिप्रेक्ष्य में रखकर नई अर्थवत्ता दी गई है।

वैयक्तिकता के आग्रह को दार्शनिक अनुबन्धों में बाँधा गया है। पर ये अनुबन्ध काव्य की दृष्टि से प्रायः शिथिल पड़ जाते हैं। 'नीरजा' के गीतों पर दार्शनिकता कहीं हावी नहीं हो पाती पर 'सांध्यगीत' उसके बोझ से बोझिल हो गया है। जहाँ दार्शनिकता की पकड़ ढीली हुई है वहाँ 'नीरजा' की तरह 'सांध्यगीत' में भी आस्थापरक प्रौढ़ काव्याभिव्यक्ति हुई है—

अचल हिमगिरि के हृदय में आज चाहे कंप हो ले
या प्रलय के आँसुओं में व्योम अलसित व्योम रो ले
आज भी आलोक को डोले तिमिर की घोर छाया
जाग या विद्युत्-शिखाओं में निठुर तूफान बोले !
पर तुझे है नाश-पथ पर चिह्न अपने छोड़ आना !

'दीपशिखा' उनका अगला काव्य-संग्रह है जिसमें उनकी आस्था और भी दृढ़ हो गई है। दृढ़ता की दृष्टि से ही इस काव्य-संग्रह का महत्व है, मौलिकता की दृष्टि से नहीं। 'दीपशिखा' के 'दो शब्द' में उन्होंने लिखा है—"आलोक मुझे प्रिय, पर दिन से अधिक रात का—दिन में तो अन्धकार से उसके संघर्ष का पता ही नहीं चलता परन्तु रात में हर झिलमिलाती लौ योद्धा की भूमिका में अवतरित होती है। इस नाते दीपशिखा मेरे अधिक निकट है।"

'यह मन्दिर का दीप अकेला' में वे लिखती हैं—

यह मन्दिर का दीप इसे नीरव जलने दो।
झंझा है दिग्भ्रान्त रात की मूर्च्छा गहरी
आज पुजारी बने, ज्योति का यह लघु प्रहरी
जब तक लौटे दिन की हलचल
तब तक यह जागेगा प्रतिफल
रेखाओं में भर आभा-जल
दूत साँझ का इसे प्रभाती तक चलने दो !

मध्यकाल में 'दीपशिखा' सौन्दर्य की प्रतीक थी। पर छायावाद काल में अंधकार से जूझते हुए व्यक्तित्व का प्रतीक बन गई। इसी प्रकार अपनी अडिग आस्था को आँकते हुए वे लिखती हैं—

पंथ रहने दो अपरिचित प्राण रहन दो अकेला
अन्य होंगे चरण हारे
और हैं जो लौटते, दे शूल को संकल्प सारे;
दुख व्रती निर्माण उन्मद
यह अमरता नापते पद

बाँध देंगे अंक संसृति
से तिमिर में स्वर्ण बेला

किन्तु 'दीपशिखा' के बहुत से दार्शनिक गीत अन्योक्ति पद्धति पर लिखे जाने के कारण काव्यात्मकता से बहुत कुछ रिक्त हो गए हैं। वस्तुतः महादेवी के गीत अपनी समस्त कलात्मकता के बावजूद ऊब पैदा करते हैं। उनके पास भाव का वैविध्य नहीं है। इसलिए बिम्बों में भी आवृत्तियों की इतनी बहुलता हो गई है कि परवर्ती काव्य में उनकी ताजगी खो गई है।

रामकुमार वर्मा, गोपालसिंह नेपाली, बालकृष्ण राव, आरसी, केसरी, प्रभात, बच्चन, अंचल, नरेन्द्र शर्मा, सुधीन्द्र, मिलिन्द, जानकी बल्लभ शास्त्री, दिनकर, सोहनलाल द्विवेदी, सुमित्रा कुमारी सिन्हा, विद्यावती कोकिल, तारा पाण्डेय, उदयशंकर भट्ट, गुरुभक्त सिंह भक्त आदि में से कुछ छायावाद से अत्यधिक प्रभावित हैं। जैसे रामकुमार वर्मा और जानकी बल्लभ, कुछ ने नई जमीन तोड़ने की कोशिश की है जैसे बालकृष्ण राव और केसरी, कुछ द्विवेदी युगीन चेतना के कवि हैं जैसे सोहनलाल द्विवेदी, कुछ ने नया रास्ता बनाया है जैसे बच्चन और दिनकर। वस्तुतः छायावाद के समापन-काल तथा प्रयोगवादी कविता के आरम्भ-काल के बीच आने वाले कवियों में पिछले दोनों कवियों का व्यक्तित्व और काव्य सबसे अधिक महत्वपूर्ण कहा जायगा।

नाटक

इस काल की स्वच्छन्दतावादी कविताओं की मूल प्रवृत्तियाँ नाटकों में भी दिखाई पड़ती हैं। कविताओं की तरह ही नाटक भी पूर्ववर्ती उपदेश-मूलक और इतिवृत्तात्मक नाटकों से अलग होकर मानवीय चित्तवृत्तियों के अन्तर्जगत् में प्रवेश करते हैं। अतीत के प्रति प्रेम, वैयक्तिकता, आवेगमयता, उल्लास, नियतिबद्धता आदि स्वच्छन्दतावादी आन्दोलन की विशेषताएँ थीं । इन समस्त विशेषताओं के साथ नाटककार प्रसाद का आविर्भाव होता है।

सज्जन, कल्याणी परिणय, प्रायश्चित्त, करुणालय, राज्यश्री उनकी प्रारम्भिक नाट्यकृतियाँ हैं। इन्हें उनकी नाट्ययात्रा का प्रस्थान बिन्दु मानना चाहिए। विशाख (१९२१), अजातशत्रु (१९२२), कामना (१९२७), जनमेजय का नागयज्ञ (१९२६) इस यात्रा की दूसरी मंजिल है। तीसरी और आखिरी मंजिल की यात्रा में पड़ने वाले नाटक स्कन्दगुप्त (१९२८), एक घूँट (१९२९), चन्द्रगुप्त (१९३१) और ध्रुवस्वामिनी (१९३३) उनके श्रेष्ठ नाटक हैं। प्रसाद की काव्य-यात्रा की भाँति नाटक-यात्रा में भी एक स्पष्ट विकास-क्रम दिखाई पड़ता है। इससे सिद्ध होता है कि वे अपने विकास के प्रति निरंतर सचेत बने रहे।

'विशाख' और 'अजातशत्रु' दोनों में कैशोर भाव का प्राधान्य है—पहले में अधिक दूसरे में अपेक्षाकृत कम। वस्तुतः अजातशत्रु उनका पहला महत्वाकांक्षापूर्ण नाटक है, जो गहन अन्तर्द्वन्द्वों पर आधारित है। अहं, महत्त्वाकांक्षा, विलास आदि से गुजरते हुए पात्र किसी-न-किसी महनीय पात्र से टकरा कर सामान्य मानवीय धरातल पर उतर आते हैं। बौद्धों की करुणा की छाया में ये नाटक व्यापक आयामों से सम्पक्त नहीं हो सके हैं। 'जनमेजय के

नागयज्ञ' में 'अजातशत्रु' की मल्लिका की भाँति व्यास का अवतरण होता है और उसी में समस्त समस्याओं की परिणति।

'कामना' अन्योपदेशिक नाटक है। सम्भवतः विशाख और अजातशत्रु में उठाई गई समस्याओं के समाधान में इसकी परिकल्पना की गई। इसमें उस अराजक स्थिति को चित्रित करने का प्रयास किया गया है जिसमें न राजा होता है और न दण्ड विधान। प्रजा धर्म से ही अपनी रक्षा करती है। इस राज्य में प्रजा प्राकृतिक जीवन व्यतीत करती हुई आकांक्षा, अभाव और संघर्ष से असम्पृक्त रहती है। सारी बुराइयों के मूल में वासना, विलास, आर्थिक लिप्सा, व्यवस्था आदि को माना गया है। प्रकृति का स्वच्छन्द वातावरण प्रसाद को प्रिय था। स्वच्छन्दतावादियों को नियमानुबन्धता प्रिय नहीं थी। कामना में निर्बन्धता का समर्थन किया गया है। 'एक घूँट' एकांकी नाटक है।

'स्कन्दगुप्त' और 'चन्द्रगुप्त' में विदेशी आक्रमणकारियों के विरुद्ध देश की सुरक्षा और एकीकरण के प्रयासों का चित्रण किया गया है। स्कन्दगुप्त को दो मोर्चों पर लड़ना पड़ता है—घरेलू कलह के मोर्चे पर और विदेशी आक्रमणकारियों के मोर्चे पर। 'चन्द्रगुप्त' में भिन्न-भिन्न स्वतन्त्र राज्यों में बँटे हुए देश को एकतन्त्र में बाँध कर यवन आक्रमणकारियों से देश को मुक्त किया जाता है। सैनिक स्तर के अतिरिक्त यह युद्ध सांस्कृतिक स्तर पर भी लड़ा जा रहा था। इस स्तर पर भी इस देश की विजय होती है। 'ध्रुवस्वामिनी' एक समस्या नाटक है। इसकी मूल समस्या यह है कि वह रामगुप्त की पत्नी बनी रहे या शकराज से उसका उद्धार करने वाले चन्द्रगुप्त की परिणीता बने।

स्वच्छन्दतावादी प्रवृत्ति के कारण प्रसाद के कुछ नाटकों की वस्तु-योजना में एक बिखराव आ गया है—विशेष रूप से अजातशत्रु, जनमेजय का नागयज्ञ और चन्द्रगुप्त में। अब नाटक संस्कृत काव्यशास्त्र के रूढ़ नियमों में नहीं बँध सकता था। अतः उसकी नियोजना में बिखराव का आ जाना स्वाभाविक था। शेक्सपियर के स्वच्छन्दतावादी नाटक भी अपनी वस्तु-योजना में स्वच्छन्द हैं। अतः प्रसाद के नाटकों में अर्थ प्रकृतियों और संधियों को खोजना बुद्धि-विलास के अतिरिक्त और कुछ नहीं है। प्रसाद पहले नाटककार हैं जिन्होंने शास्त्रीय रूढ़ियों को तोड़ा।

'स्कन्दगुप्त' और 'ध्रुवस्वामिनी' की वस्तु-योजना में अधिक कसाव है। इसकी घटना-शृंखलाएँ प्रमुख व्यापार से इस प्रकार संबद्ध हैं कि उनमें साधन-साध्य संबंध स्थापित हो जाता है। कुसुमपुर में चलने वाले समस्त षड्यंत्र स्कन्दगुप्त के राष्ट्रीय और वैयक्तिक जीवन में अनेक प्रकार के आरोह-अवरोह ले आते हैं। स्कन्द और विजया का प्रथम साक्षात्कार भी एक ऐसी घटना है जिससे अन्य बहुत सी घटनाएँ और क्रियाएँ प्रादुर्भूत होती हैं। अन्य नाटकों की भाँति आकस्मिकता इसमें भी महत्वपूर्ण योग देती है। नाटकीयता की दृष्टि से विजया की अवतारणा देवसेना की अपेक्षा अधिक सटीक बन पड़ी है।

'ध्रुवस्वामिनी' तक आते-आते प्रसाद का नाटकीय विधान अधिक सहज और रंगमंचोपयुक्त हो जाता है। इसके तीनों अंक एक दूसरे से अनिवार्यतः संबद्ध हैं। जहाँ प्रसाद के अन्य नाटकों में गीतिमय पात्र नाटकीय वस्तु-स्थिति से थोड़ा-बहुत निःसंग होने के कारण

वस्तु-योजना में सहायता नहीं पहुँचाते वहाँ ध्रुवस्वामिनी में कोमा का प्रसग अनेक स्थितियों पर प्रकाश डालता है।

प्रसाद आधुनिक साहित्य की अप्रतिम सर्जनात्मक प्रतिभा थे। इनकी सर्जना का उत्कृष्टतम रूप चरित्रगत विशेषताओं के उद्‌घाटन में दिखायी पड़ता है। अभी तक हिन्दी नाटकों के चरित्रों को स्वतन्त्र व्यक्तित्व नहीं मिल पाया था। वे नाटककारों के व्यक्तित्वों से चिपटे रह गये थे। प्रसाद ने उन्हें पहली बार व्यक्तित्व प्रदान किया। उन्होंने अपने पात्रों को अधिक-से-अधिक सहानुभूति दी और उनके अन्तर्द्वन्द्वों और बाह्य संघर्षों को अत्यन्त मार्मिक ढंग से चित्रित किया। कहीं पर इनके चित्रों की रेखाएँ खूब पुष्ट और उभरी हुई हैं, जो पात्रों की सूक्ष्मातिसूक्ष्म भंगिमाओं को व्यक्त करने में पूर्ण समर्थ हैं और कहीं रेखाओं के हल्के स्पर्शों से पात्रों की सम्पूर्ण भावुकता को कुशलतापूर्वक अंकित किया गया है।

इनके नाटकों के पात्रों को धीरोदात्त या धीरोद्धत के बँधे-बँधाए स्थूल मापों में नहीं मापा जा सकता और न मानव-दानव आदि के कटघरे में ही डाला जा सकता है। ऊपर-ऊपर से एक विशेष ढंग से दिखाई देने पर भी वे परम्पराभुक्त मान्यताओं और नाटकीय सिद्धान्तों का अतिक्रमण कर जाते हैं। अतः उनका उचित स्थान निर्धारित करने के लिए उनकी विविध परिस्थितियों तथा उनके प्रति उनकी मनोवैज्ञानिक प्रतिक्रियाओं की जाँच करनी पड़ेगी। उनके नाटकीय पात्रों की सामान्य विशेषताओं को देखते हुए सुविधा की दृष्टि से उन्हें कतिपय श्रेणियों में रखा जा सकता है—(१) महात्वाकांक्षी पात्र (२) राष्ट्रीय एकता और स्वतन्त्रता के लिए सब कुछ उत्सर्ग कर देने वाले स्त्री-पुरुष (३) कूटनीति के आचार्य (४) भारतीय आध्यात्मिकता के प्रतीक महात्मा और ऋषि (५) भारतीय नारीत्व का प्रतिनिधित्व करने वाली करुणा-तितिक्षा की जीवन्त मूर्ति नारियाँ (६) अनेक गुण समन्वित अपनी परिस्थितियों में टूटने और निर्मित होने वाली स्त्रियाँ और (७) संगीत की अन्तिम लहरदार तान छोड़ जाने वाले गीतिमय नारी पात्र।

प्रसाद के चरित्रों की विशेषता है कि बाह्यतः एक तरह के होते हुए भी वे अपना-अपना व्यक्तित्व रखते हैं। अजातशत्रु, विरुद्धक और भटार्क महत्त्वाकांक्षी पात्र हैं। अजातशत्रु महत्त्वाकांक्षी होते हुए भी आन्तरिक दुर्बलताओं से मुक्त नहीं है। विरुद्धक उसकी भाँति परावलम्बी, आत्मकेन्द्रित और अहंवादी नहीं है। वह भयानक साहसी, आत्मनिर्भर और अपने भाग्य का अपने आप नियामक है। भटार्क महत्वाकांक्षा की पूर्ति में सारे नैतिक मानों को कुचलता चलता है पर बीच-बीच में उसका अन्तःकरण उसे रोकता-टोकता चलता है। छलना, सुरमा, विजया आदि में भी यह अलगाव दिखाई देगा।

मातृभूमि के उद्धारक चरित्रों में स्कन्दगुप्त टिपिकल स्वच्छन्दतावादी पात्र है—अपने अधिकारों के प्रति बेहद उदासीन किन्तु राष्ट्र-रक्षा के प्रति अत्यधिक सतर्क। वह कहता है—'भटार्क, यदि कोई साथी न मिला तो साम्राज्य के लिए नहीं जन्मभूमि के उद्धार के लिए मैं अकेला युद्ध करूँगा।' अकेला ही युद्ध करने की स्पृहा स्वच्छन्दतावादी वैयक्तिकता का आग्रह है। चाणक्य कदाचित् प्रसाद की सर्वश्रेष्ठ चरित्र-सृष्टि है। वह लौहस्तंभ की भाँति अप्रणत, अनबूझ पहेली की भाँति रहस्यमय, आत्मविश्वासी, निर्मम और अद्वितीय कूटनीतिज्ञ

है। वह सिद्धि देखता है, साधन चाहे कैसे ही हों। मल्लिका प्रसाद का आदर्श नारी पात्र है। सृष्टि का अपार सौन्दर्य, गौतम की असीम करुणा, स्त्री की संपूर्ण सरलता और स्निग्धता उसे एक साथ प्राप्त है। देवसेना, मालविका और कोमा के माध्यम से प्रसाद ने अपने व्यक्तित्व की एकांत गीतिमयता को मूर्त किया है। ध्रुवस्वामिनी यथार्थ की भूमिका पर प्रतिष्ठित की गई है जो नई परिस्थितियों में अपने को बदल लेती है।

अभिनेयता की दृष्टि से विचार करने पर प्रसाद के अधिकांश नाटकों के सामने प्रश्नवाचक चिह्न लग जाते हैं। घटना-विस्तार, दृश्यों की बहुलता, लंबे-लंबे दार्शनिक संवाद, भाषा की क्लिष्टता, स्वगत-कथन आदि के कारण आधुनिक उपकरणों से सुसज्जित मंचों पर भी उन्हें उतारना कठिन हो जाता है। उपयुक्त निर्देशक मिलने पर भी योग्य अभिनेताओं का मिल पाना संभव नहीं होता। संयोगात् इन दोनों के मिलने पर दर्शकों तक उन्हें प्रेषणीय बना पाना एक समस्या हो जाती है।

किन्तु जहाँ एक ओर उनके नाटक अरंगमंचोपयुक्त माने जाते हैं वहाँ अपने औदात्य के कारण बेजोड़ भी। इस असंगति की संगति क्या है ? अगर रंगमंच और नाटक की श्रेष्ठता का अनिवार्य संबंध है तो उनके नाटकों को मंचोपयुक्त मानना पड़ेगा अन्यथा दोनों के संबंध का प्रश्न ही बेमाने है।

प्रसाद के नाटकों की भाषा काव्यात्मक है। इसलिए वे बिंबों से भरे पड़े हैं। नाटक है भी तो 'चाक्षुष क्रतु।' किन्तु दृश्य-श्रव्य होने के कारण इसमें भाषेतर बिंबों को भी समाविष्ट किया जाता है—रंगसज्जा, वेषभूषा, चारी, नृत्य, गीत आदि। पीकाक का रूपक को 'एक्सटेंडेड मेटाफर' कहना सर्वथा संगत है। ये बिंब संपूर्ण नाटक को प्रतीकात्मक अर्थ देते हैं और उन्हें चाक्षुष-क्रतु में परिणत करते हैं। स्कन्दगुप्त का कथन है—'उत्सवों में परिचारक और अस्त्रों में ढाल से भी अधिक अधिकार-लोलुप मनुष्य क्या अच्छे हैं ?' 'परिचारक' और 'ढाल' स्कन्दगुप्त की परिस्थिति और आन्तरिकता को अत्यन्त प्रभावी ढंग से अभिव्यक्त करते हैं। गीत नाटकों को 'एक्सटेंडेड मेटाफर' बनाने में सहायता करते हैं।

मूलतः रोमैंटिक होने के कारण वे कल्पनाशील नाटककार हैं। पर उनकी कल्पनाएँ अपने परिधि लाँघकर अतीन्द्रिय लोक में विचरण नहीं करतीं। क्लासिकल कलाकार जहाँ बुद्धि और तर्क का अधिक भरोसा रखता है वहाँ रोमैंटिक साहित्यकार हृदय की पुकार और अन्तर्मन के विश्वासों का। यही कारण है कि पात्रों में अपने देश, जाति, गौरव तथा आत्माभिमान के लिए अपने को लय करने की अद्भुत चाह दिखाई पड़ती है।

रोमैंटिकता और भारतीय संस्कृति उन्हें नियतिवादी, दार्शनिक और कर्मयोगी बनाती हैं। अपनी संस्कृति के प्रति अत्यधिक आस्थावान होने पर भी वे किसी अर्थ में पुनरुत्थानवादी नहीं हैं। इसमें सन्देह नहीं कि उन्होंने भारतीय संस्कृति को उसकी जटिलताओं में खूब उभारा है। किन्तु उसकी ह्रासोन्मुखी रूढ़ियों को उभारने का उनका प्रयास भी कम सराहनीय नहीं है। देशभक्ति और राष्ट्रीयता का पूरा समावेश हुआ है। दूसरे शब्दों में कहा जा सकता है कि राष्ट्रीय जागरण तथा उसकी कमजोरियों को अंकित करने के लिए उन्होंने इतिहास का आच्छादन ग्रहण किया है। विभिन्न संस्कृतियों के पारस्परिक संघर्ष तथा अवान्तर संस्कृतियों

के वैषम्य को दिखाते हुए भी वे मूलवर्तिनी भारतीय सांस्कृतिक धारा को बनाए रखने में पूर्ण समर्थ हैं। स्कन्दगुप्त और चन्द्रगुप्त में उन्होंने जनबल की वास्तविकता को पहचान कर उसे निर्णयात्मक तत्त्व के रूप में स्वीकार किया है।

इस काल के परवर्ती नाटककारों में हरिकृष्ण प्रेमी और लक्ष्मी नारायण मिश्र के नाम विशेषरूप से उल्लेखनीय हैं। प्रसाद ने अपने नाटकों के लिए जहाँ भारतीय इतिहास के स्वर्णयुग का इतिवृत्त ग्रहण किया वहाँ प्रेमी ने मध्यकालीन इतिहास का इतिवृत्त। लक्ष्मीनारायण मिश्र प्रसाद से अलग होकर समस्या-नाटकों की सृष्टि करने लगे। किन्तु ये दोनों नाटककार भी मूलतः रोमैंटिक ही हैं।

हरिकृष्ण प्रेमी (१६०८) पर बचपन से ही राष्ट्रीयता का संस्कार था। वे गाँधी जी की हिन्दू-मुस्लिम एकता को अपने नाटकों में चित्रित करते रहे। स्वर्ण विहान (१६३०), रक्षा बंधन (१६३४), पातालविजय (१६३६), प्रतिशोध (१६३७), शिवा-साधना (१६३७) आदि नाटकों की विषय-वस्तु हिन्दू-मुस्लिम एकता और राष्ट्रीयता से संबद्ध है।

'शिवा-साधना' की भूमिका में उन्होंने लिखा है—'पंजाब में ज्ञान-बाँसुरी और कर्म का शंख फूँकनेवाली बहिन कुमारी लज्जावती ने एक बार मुझसे कहा था कि हमारे भारतीय साहित्य में हिन्दुओं और मुसलमानों को एक दूसरे से दूर करने वाली पुस्तकें तो बहुत बढ़ रही हैं, उन्हें मिलाने का प्रयत्न बहुत थोड़े साहित्यकार कर रहे हैं। तुम्हें इस दिशा में प्रयत्न करना चाहिए। इसी लक्ष्य को सामने रखकर उन्होंने मुझे ऐतिहासिक नाटक लिखने का आदेश दिया।

'रक्षाबंधन' में कर्मवती की राख को देखकर हुमायूँ कहता है—'.....महाराणा ! बहन कर्मवती की चिता की यह आग मजहबी तअस्सुब की जलन पैदा न करे। सारे मुसलमान बुरे हैं, यह न समझना .... मै तो हिन्दुओं के कदमों में बैठकर मुहब्बत करना सीखना चाहता हूँ।''

मुसलमानों की राष्ट्रीयता को प्रायः संदिग्ध दृष्टि से देखा जाता रहा है। पर ऐसे मुसलमानों की कमी नहीं थी जो इस देश को अपना देश समझते थे। 'शिवा-साधना' के बाजी और 'प्रतिशोध' के बकी खाँ ऐसे ही पात्र हैं। बकी खाँ कहता है .....'बुन्देलखंड क्या सिर्फ बुन्देलों का है ? क्या यह जमीन सिर्फ हिन्दुओं को दाना-पानी देती है, हम मुसलमानों को नहीं ? मजहब के नाम पर मुल्क के टुकड़े न करो सुजानसिंह। जिस मुल्क में हम पैदा हुए, जिसकी मिट्टी में हम खेले-कूदे, जिसके आबोदाना से हम पले, उसकी आजादी से क्या हमारा कोई ताल्लुक नहीं ?'

प्रेमी के नाटकों की वस्तु-योजना प्रसाद की अपेक्षा अधिक ऋजु, शृंखलाबद्ध, गतिशील और रंगमंचोपयुक्त है, संवाद गठे हुए और अनलंकृत हैं। पात्र लेखक के आदर्शों के अनुरूप हैं। किन्तु प्रसाद के नाटकों का औदात्य, जीवन की जटिलता, 'एक्सटेंडेड मेटाफर' प्रेमी के नाटकों में नहीं पाये जाते। फलतः प्रेमी के नाटक अपनी सपाटता में जीवंत नहीं बन पाये हैं।

लक्ष्मी नारायण मिश्र (१६०३-१६८७) डी० एल० राय और प्रसाद की

स्वच्छन्दतावादिता का विरोध करते हुए नाटक के क्षेत्र में आये। प्रसाद तथा अन्य रोमैंटिक साहित्यकारों ने बुद्धिवाद का विरोध किया था तो मिश्र जी ने अपने को स्पष्ट करते हुए कहा कि मैं बुद्धिवादी क्यों हूँ ?' इस काल में लिखे प्रायः सभी नाटकों में रोमैंटिक प्रेम के विरोध में भारतीय विवाह-संस्कारों का समर्थन किया गया है। इस समस्या से संबद्ध नाटक हैं—संन्यासी, राक्षस का मंदिर, मुक्ति का रहस्य, राजयोग, सिन्दूर की होली और आधी रात।

बुद्धिवाद का दावा करने के बावजूद मिश्र जी शा और इब्सन के अर्थ में बुद्धिवादी नहीं है। शा रूढ़ि विध्वंसक नाटककार है। उसकी प्रसिद्धि इसलिए हुई कि उसने जनता को नैतिकता पर पुनर्विचार करने के लिए बाध्य किया किन्तु रोमैंटिक प्रेम का विरोध करने पर भी मिश्र जी नैतिकता के संबंध में पुनर्विचार करने के लिए बाध्य नहीं करते। बल्कि वे रूढ़ियों के समर्थन पर उतर आते हैं।

इब्सन ने एक स्थान पर कहा है कि यदि तुम विवाह करना चाहते हो तो प्रेम में मत पड़ो और यदि प्रेम करते हो तो प्रिय से अलग हो जाओ। मिश्र जी के 'संन्यासी' नाटक की मालती कहती है—'और फिर विश्वकान्त प्रेम करने की चीज है.... विवाह करने की नहीं। प्रेम किसी दिन की.... किसी महीने की, किसी साल की घड़ी भर के लिए, जो चाहे जितना दुःख-सुख दे.... उसमें जितनी बेचैनी हो.... जितनी मस्ती हो.... लेकिन वह ठहरता नहीं।' एक दूसरे स्थान पर रोमैंटिक प्रेम की व्याख्या करती हुई वह पुनः कहती है—'जिसे प्रेम करे उसके सामने झुक जाना—बिलकुल मर जाना—उसकी एक-एक बात पर अपने को न्योछावर कर देना रोमैंटिक प्रेम होता है। हम लोग प्रेम नहीं करेंगे।' 'राक्षस का मंदिर' की ललिता का स्वर भी उससे भिन्न नहीं है। 'मुक्ति का रहस्य' की आशादेवी अंत में रोमांसविरोधी रुख अपनाती है। 'सिन्दूर की होली' की मनोरमा आद्यन्त रोमांस-विरोधी बनी रहती है।

'सिन्दूर की होली' के दो पात्र मनोरमा और चन्द्रकान्ता एक-दूसरे के विरोधी हैं। मनोरमा वैधव्य का समर्थन करती है और चन्द्रकान्ता रोमैंटिक प्रेम का। मनोरमा का विधवा-विवाह का विरोध स्वयं बुद्धिवाद का विरोध करने लगता है और रोमैंटिक चन्द्रकान्ता का तर्क बुद्धिवाद हो जाता है।

रोमैंटिक भावुकता और यथार्थवादी बुद्धिवाद की टकराहट मिश्र जी के नाटकों में इस ढंग से चित्रित हुई है कि मिश्र जी भावुकता से मुक्त नहीं हो पाते। प्रायः सभी पात्रों में भावुकता लिपटी हुई है। मिश्र जी के व्यक्तित्व में ये दोनों तत्त्व पाये जाते हैं। वे भीतर से भावुक और बाहर से बुद्धिवादी हैं। भारतीयता के प्रति उनकी आस्था में भी विचित्र भावुकता का सन्निवेश हो गया है।

बुद्धिवादी रुख अपनाने के कारण मिश्रजी की भाषा प्रसाद की भाषा से भिन्न है। उसमें तर्क करने की अद्भुत क्षमता है। 'मुक्ति का रहस्य' में उन्होंने लिखा है—'शेक्सपियर के नाटकों के साथ जब प्रसाद के नाटक रखे जायँगे तब स्वगत का वही अतिरंजना, वही संवादों की काव्यमयी कृत्रिमता, मनोविज्ञान या लोकवृत्ति के अनुभव का वही अभाव, संघर्ष और द्वंद्व की वही आँधी....' कहना न होगा कि मिश्र जी ने उनसे बचने का प्रयास किया है। संवादों में स्फूर्ति, लघुता और तीव्रता का विशेष ध्यान रखा गया है। वाग्वैदग्ध्य,

हाजिरजवाबी, तर्कपूर्ण उत्तर-प्रत्युत्तर आदि समस्या नाटकों की विशेषताएँ हैं। इसमें संदेह नहीं कि अपनी त्रुटियों के बावजूद मिश्र जी ने हिन्दी नाटकों को रूमानियत से बाहर निकालने का प्रयास किया है।

समस्या नाटकों के अतिरिक्त मिश्र जी ने कई ऐतिहासिक नाटकों की रचना भी की है। गरुड़ध्वज, नारद की वीणा, वत्सराज, दशाश्वमेध, वितस्ता की लहरें, जगद्गुरु, मृत्युंजय, सरजू की धार आदि ऐतिहासिक नाटक हैं।

प्रसाद की 'कामना' के अतिरिक्त **सुमित्रानन्दन पंत** ने 'ज्योत्स्ना' अन्यापदेशिक नाटक लिखा। पंत की अपनी कविताओं की तरह ज्योत्स्ना भी कल्पनाप्रधान है। इसमें जड़ता से चैतन्य की ओर, शरीर से आत्मा की ओर, रूप से भाव की ओर ले जाने का उपक्रम किया गया है जो बुद्धि विलास बन कर रह जाता है। वस्तुतः कथानक से शून्य, क्रिया से विरहित, वायवीय ताने-बाने से बुना नाटक दार्शनिक ऊहापोहों में उलझ कर रह जाता है।

इस काल में कुछ गीतिनाट्य भी लिखे गये जिनमें मैथिलीशरण गुप्त का 'अनघ', हरिकृष्ण प्रेमी का 'स्वर्ण विहान', भगवती चरण वर्मा का 'तारा', उदय शंकर भट्ट के 'मत्स्यगंधा' और 'विश्वामित्र' आदि उल्लेखनीय हैं।

'अनघ' का रूप-शिल्प गीतिनाट्य का है, पर आत्मा संवादात्मक काव्य की। 'मुझे है इष्ट जन सेवा' से अनुप्राणित यह गीति नाट्य गाँधीवादी जीवनदर्शन के स्थूल आदर्शों से आगे बढ़कर आन्तरिक संघर्षों के सूक्ष्म स्तर तक नहीं उतर पाता। भगवती चरण वर्मा के 'तारा' की समस्या उनके 'चित्रलेखा' उपन्यास की ही समस्या है। गीतिनाट्य का मूल प्रेरक तत्त्व अन्तर्द्वन्द्व होता है जो इसमें आद्यन्त विद्यमान है। बृहस्पति निवृत्ति मार्गियों की भाँति वैभव, सुख, ऐश्वर्य और भोग को काल्पनिक और अस्थायी तथा वासना को अधःपतन का मूल बतलाते हैं। पर तारा के तर्क को सुनकर वे भी कहते हैं—'पुण्य शुष्क है, रसमय केवल पाप है।'

उदयशंकर भट्ट (१८९८-१९६६) अपनी मूल्य दृष्टि, काव्य-सौन्दर्य और नाटकीय तत्त्व के कारण विशिष्ट गीतिनाट्यकार हैं। मत्स्यगंधा, विश्वामित्र और राधा उनके गीतिनाट्य हैं। तीनों में ही यौवन और प्रेम को लेकर कथावस्तु का निर्माण किया गया है। मत्स्यगंधा, विश्वामित्र की मेनका और राधा तीनों पौराणिक सुन्दरियाँ हैं। पर मत्स्यगंधा का साध्य स्वयं यौवन है, मेनका यौवन और प्रेम का समन्वय करती है। किन्तु राधा प्रतिदान शून्य प्रेम की आकांक्षी है। संभवतः इनके माध्यम से नाटककार ने यौवन और प्रेम से संबद्ध एक दृष्टि की तलाश की है।

मत्स्यगंधा प्रकृति के उन्मुक्त प्रांगण में सद्यः आगत यौवन के शीतल स्पर्श से सिहर उठती है। पराशर के समझाने पर भी पह कन्यकात्व और अक्षय यौवन का वरदान प्राप्त कर लेती है। अंत में विधवा सत्यवती के रूप में उसका चिर-यौवन अभिशाप बन जाता है और वह व्यथा से व्याकुल होकर पुकार उठती है—

डूबो नभ, डूबो रवि, डूबो शशि, तारिकाओ
डूबो धरे, वेदना में मेरी ही युगान्त की।

'विश्वामित्र' में जीवन के निषेधात्मक और स्वीकृत्यात्मक मूल्यों का संघर्ष है। विश्वामित्र सांसारिक सुखोपभोग से विरक्त, आनन्द से विमुख कठोर तपस्या में संलग्न जीवन के निषेधात्मक मूल्यों के प्रतीक हैं और लौकिक सुख तथा आनन्द में विश्वास करने वाली मेनका जीवन के स्वीकृत्यात्मक मूल्यों की प्रतीक है। विश्वामित्र पुरुष के चरम अहंकार और रुक्ष विवेक-बुद्धि का प्रतिनिधित्व करते हैं और मेनका नारी की स्फूर्ति, ज्योतिर्मयता और कोमलता का।

'राधा' में उपर्युक्त द्वंद्वों का समाधान मिल जाता है। राधा उपचार निरपेक्ष और प्रतिदान शून्य प्रेम की प्रतीक है। उसमें न तो मत्स्यगंधा के अतृप्त यौवन का संवेग है और न मेनका की अस्थिरता। राधा के गीतिमय व्यक्तित्व में भट्ट जी का कवित्व प्राणमय हो उठा है। उसके माध्यम से प्रेम में एक क्रमिक सघनता ले आने का प्रयास बहुत अच्छा बन पड़ा है। राधा का एक आवेगमय क्षण देखिएः—

वे यहाँ हैं, वे वहाँ हैं, हृदय में, विश्वास बल में
कुसुम कलियों में, लता में, वृक्ष में, सरिता लहर में
गगन में, पाताल में, भूधर-धरा-जीवन-मरण में

मत्स्यगंधा की टेकनीक को कुछ हद तक इसमें भी अपनाया गया है, जैसे प्राकृतिक सेटिंग और कोरस़। पर मत्स्यगंधा की अपेक्षा इसमें नाटकीय आरोह-अवरोह के क्षण कम हैं।

अन्य नाट्यकृतियों में अंबिकादत्त त्रिपाठी का 'सीय स्वयंवर नाटक' , रामचरित उपाध्याय का 'देवी द्रौपदी', रामनरेश त्रिपाठी का 'सुभद्रा', परिपूर्णानन्द वर्मा का 'वीर अभिमन्यु नाटक', वियोगी हरि का 'प्रबुद्ध यामुन अथवा यामुनाचार्य चरित', जगन्नाथ प्रसाद चतुर्वेदी का 'तुलसीदास' प्रेमचन्द का 'कर्बला' जगन्नाथ प्रसाद मिलिन्द का 'प्रताप-प्रतिज्ञा', चतुरसेन शास्त्री का 'उत्सर्ग', विश्वंभर नाथ शर्मा कौशिक का 'हिन्दू विधवा नाटक', गोविन्दवल्लभ पंत का 'अंगूर की बेटी', यमुनादास मेहरा का 'हिन्दू कन्या', बेचनशर्मा उग्र का 'चुंबन' आदि उल्लेखनीय हैं।

इस काल के नाटकों का समग्र आकलन करने पर स्पष्ट दिखाई पड़ता है कि ऐतिहासिक-पौराणिक नाटक अधिक लिखे गए। इनके माध्यम से अतीत के गौरव की खोज करने के साथ-साथ राष्ट्रीय आन्दोलन को भी जोड़ा गया। कुछ नाटक ऐसे भी लिखे गए जिनमें स्वच्छन्दता-पूर्व की सुधारवादी प्रवृत्तियाँ मिलती हैं। किंतु अधिकांश नाटकों में वैयक्तिकता, जो इस युग की मुख्य विशेषता थी, चरमोत्कर्ष पर दिखाई पड़ती है।

प्रसाद के नाटकों में पात्रों को व्यक्तित्व मिला है। फिर भी वे नैतिकता की रूढ़िबद्धता को तोड़ नहीं पाते बल्कि रूमानी पवित्रता को उदात्तीकृत (ग्लोरीफाई) कर देते हैं। किंतु भगवती चरण वर्मा और उदयशंकर भट्ट के गीतिनाट्य रोमैंटिक नैतिकता पर चोट पहुँचाने लगते हैं। इसकी प्रतिध्वनि स्वच्छन्दतावादोत्तर कविताओं में मिलती है।

रंगमंच और भाषा की दृष्टि से नाटक क्रमशः यथार्थ की ओर बढ़ने का उपक्रम करते हुए दिखाई देते हैं। प्रसाद की काव्यात्मक भाषा को छोड़कर प्रेमी और लक्ष्मी नारायण

मिश्र ने सरल भाषा का प्रयोग किया। किंतु इनकी भाषा में प्रसाद की भाषा की नाटकीयता नहीं आ पाई।

उपन्यास

प्रेमचन्द (१८८०-१६३६) के साहित्य-जगत में प्रवेश के साथ ही हिन्दी उपन्यास में एक नया मोड़ आता है। अभी तक हिन्दी पाठक जासूसी का चमत्कार और तिलस्म के आश्चर्यजनक करिश्मे देख रहे थे। ऐतिहासिक रोमासों की स्थिति भी इससे भिन्न नहीं थी। उनमें सनातनधर्मी प्रतिक्रियावादी मनोवृत्तियाँ—पर्दाप्रथा का समर्थन, थोथे पातिव्रत्य का अनुमोदन, सहशिक्षा तथा विधवा-विवाह का विरोध—स्पष्ट दिखाई पड़ता है। प्रेमचन्द ने इस भूलभूलैया और प्रतिक्रियावादी स्थितियों से बाहर निकाल कर हिन्दी-उपन्यासों को वास्तविकता की जमीन पर खड़ा किया।

उन्होंने लड़कपन में ही मौलाना फैजी के 'तिलस्म होशरूबा', रेनाल्ड के 'निस्ट्री आफ दी कोर्ट आफ लंडन' की कई पुस्तकों के उर्दू अनुवाद, मौलाना सज्ज़ाद हुसेन की हास्य-कृतियाँ तथा रतननाथ सरशार के बहुत-से किस्से पढ़ डाले थे। इन पुस्तकों का असर उनके कुछ उपन्यासों और कहानियों पर भी पड़ा है। पर वे इस दलदल में नहीं फँसे। उन्होंने स्वयं लिखा है—'इन आख्यानों का उद्देश्य केवल मनोरंजन था और हमारे अद्‌भुत-रस-प्रेम की तृप्ति; साहित्य का जीवन से कोई लगाव है, यह कल्पनातीत था।' साहित्य को उपन्यासों को जीवन से संबद्ध करने का काम प्रेमचन्द ने किया।

उनका जन्म बनारस के पास के एक गाँव 'लमही' में हुआ था। खेत-खलिहानों में घूमते, गुल्ली-डंडा, आती-पाती खेलते, उस्ताद मौलवी को चिढ़ाते-खिजाते गरीबी में उनका बचपन बीता था। सनातन धर्मी कर्मकांड से आर्यसमाज उन्हें अच्छा लगा। महात्मा गांधी के व्यक्तित्व, व्यापक राष्ट्रीय आन्दोलन और उदात्त नैतिक मान-मूल्यों से वे बेहद प्रभावित थे। १६१७ की रूसी बोलशेविक क्रांति ने उन्हें नए सिरे से सोचने को बाध्य किया। गांधीवादी और समाजवादी अवधारणाओं का अन्तर्विरोध उनकी रचनाओं में प्रायः मिलता है।

प्रेमचन्द के लेखन की शुरुआत उर्दू-उपन्यास-कहानियों के लेखन से हुई। 'असरारे मआविद उर्फ देवस्थान रहस्य (१६०३-५), 'हमखुर्मा-ओ-हम सबाब (हिन्दी अनुवाद प्रेमी),किशना और रूठी रानी (१६०७) पर तिलस्मी चमत्कार का किंचित् प्रभाव होते हुए वे यथार्थ की भूमि पर प्रतिष्ठित हैं। इसी वर्ष उर्दू कहानियों का संग्रह 'सोजेवतन' प्रकाशित हुआ जो अगले वर्ष जब्त कर लिया गया। अभी तक प्रेमचन्द (घर का नाम धनपत राय) नवाबराय के नाम से लिखा करते थे। किन्तु 'सोजेवतन' की जब्ती के बाद से प्रेमचन्द नाम से लिखने लगे।

इनके बाद के बहुत सारे उपन्यास उर्दू में ही लिखे गए। बाद में वे हिन्दी में अनूदित हुए। 'कायाकल्प' उनका पहला उपन्यास है जिसकी पांडुलिपि हिन्दी में मिलती है। इसके बाद के उपन्यास—निर्मला, प्रतिज्ञा, गबन, कर्मभूमि, गोदान और मंगलसूत्र (अपूर्ण) हिन्दी में

लिखे गए। इनका अनुवाद बाद में उर्दू में हुआ। इस तरह प्रेमचन्द (हिन्दी-उर्दू) दोनों भाषाओं के अन्यतम कथाकार ठहरते हैं।

सेवासदन (१६१८) उनका पहला हिन्दी उपन्यास है जिसे स्वयं प्रेमचन्द ने 'हिन्दी का बेहतरीन नावेल' कहा है। यह उनके उर्दू उपन्यास 'बाजारे हुस्न' (१६१४) का हिन्दी रूपान्तरण है। यह भारतेंदु युग से चली आती हुई वैचारिक समस्याओं—दहेज प्रथा, अनमेल विवाह, वेश्यावृत्ति आदि का प्रथम रचनात्मक रूपायन है। वस्तुतः यह आर्यसमाज की सुधारवादी संरचना के समानान्तर साहित्यिक संरचना थी। प्रेमचन्द पूर्व के हिन्दी-उपन्यासों में भी वेश्यावृत्ति का उल्लेख है जिसके प्रति पाठकों में घृणा का भाव जागरित किया गया है। प्रेमचन्द ने वेश्यावृत्ति को नहीं वेश्या जीवन को अपना विषय बनाया है। प्रेमचन्द ने उसके साथ अपनी सहानुभूति ही नहीं दिखाई है बल्कि उन तथ्यों का भी पर्दाफाश किया है जो मध्यवर्गीय बहू-बेटियों को वेश्या बनने के लिए बाध्य करते हैं। इसकी जिम्मेदारी बहू-बेटियों पर नहीं स्वयं समाज पर है।

चूँकि यह उपन्यास 'बाजारे हुस्न' का हिन्दी रूपान्तरण है इसलिए स्पष्ट है कि इसकी समस्या भी वेश्या जीवन की ही समस्या है। दहेज प्रथा, अनमेल विवाह आदि वेश्या-जीवन की ओर ले जाने वाले सामाजिक दोष हैं। इनके कारण एक मध्यवर्गीय परिवार विघटित हो जाता है। झूठी मध्यवर्गीय मर्यादा भी इसके लिए जिम्मेदार है। इस मर्यादा का पर्दाफाश 'गोदान' तक में किया गया है। गार्हस्थिक मर्यादा के लिए प्रेमचन्द ने लड़कियों को गृहिणी बनने की शिक्षा पर भी जोर दिया है। इस शिक्षा का उल्लेख 'गबन' में भी है।

समुचित दहेज न देने के कारण सुमन का विवाह एक अधेड़ दुहाजू से हो जाता है। पति गजाधर की शंकालु प्रवृत्ति सुमन को वेश्या बना देती है। सुमन के वेश्या होने की जिम्मेदारी उसके परिवार पर भी है। उसे न संतोष देने वाली धर्म शिक्षा मिली थी। न सद्गृहस्थ बनने की। जो शिक्षा मिली थी वह आनन्द-भोग की मिली थी। स्त्री का समाज में आदर नहीं था। कुलवधू से अधिक सम्मान वेश्याओं को मिलता था।

इन समस्याओं के समाधान के लिए प्रेमचन्द के पास पश्चात्ताप का एक नुस्खा है जो परवर्ती उपन्यासों में भी मिलता है। समापन में अनफिट पात्रों की किसी न किसी बहाने मौत हो जाती है। गोदान को छोड़कर शेष उपन्यासों में इन उपकरणों का प्रयोग किया गया है। दारोगा कृष्ण चन्द्र आत्महत्या कर लेते हैं; पद्म सिंह वकील वेश्याओं के उद्धार में लग जाते हैं। सदन सिंह सुमन की छोटी बहन शांती से विवाह कर लेता है। गजाधर साधु हो जाता है। सुमन अपने साधु पति की कुटी में जाकर सेवासदन की स्थापना करती है। 'सेवासदन' की स्थापना के साथ वेश्याओं का नगर के बाहर बसाने और नैतिक शिक्षा देने का कार्यक्रम भी बनाया जाता है। इस तरह के कृत्रिम समाधान से उपन्यास कोरा आदर्शवादी हो जाता है।

सुमन वेश्या होकर भी शारीरिक दृष्टि से पवित्र रहती है। सदन के प्रति उसका प्रेम 'मानस पुण्य होहि नहीं पापा' का उदाहरण है। यह प्रेमचन्द का आदर्शवाद है। **समाज विकृतियों का वे दो समाधान देते हैं—सेवासदन की स्थापना और स्वस्थ विवाह।** कहना न

होगा कि 'सेवासदन' की समस्याएँ जितनी स्थूल हैं उनका हल उनसे ज्यादा स्थूल है। 'सेवासदन' की समस्याएँ प्रेमचन्द के पूर्ववर्ती उपन्यासों में वर्णित अनमेल विवाह, दहेज प्रथा आदि के ही मेल में हैं। प्रेमचन्द ने इन्हें अधिक विश्वसनीय और तर्कसम्मत बनाया है।

'प्रेमाश्रम' (१६२२) की कथावस्तु 'सेवासदन' से भिन्न है। किन्तु आश्रम की स्थापना दोनों में होती है—एक में 'सेवासदन' है तो दूसरे में 'प्रेमाश्रम'। सेवासदन का कार्य सामाजिक कुप्रथाओं को दूर कर समाज और परिवार को व्यवस्थित करना है तो प्रेमाश्रम में प्रेम के माध्यम से हृदय परिवर्तन द्वारा समाज की आर्थिक विषमताओं को हटाकर रामराज्य की स्थापना करना है। सेवासदन पर आर्यसमाज का प्रभाव है तो प्रेमाश्रम पर गाँधीवाद का और एक हद तक बोलशेविक-क्रांति का। वस्तुतः यह हिन्दी का पहला राजनीतिक उपन्यास है।

महात्मा गाँधी की कार्य-प्रणाली, दर्शन और व्यक्तित्व में आज जो भी खामियाँ ढूँढ निकाली जायँ पर वे अपने देश की परम्परा को युगानुरूप मोड़ देने वाले सर्वाधिक शक्तिशाली और मान्य व्यक्ति थे। उनका सबसे महत्वपूर्ण कार्य था देश की सामान्य जनता में इस विश्वास को दृढ़ करना कि वह अंग्रेजी साम्राज्यवाद तथा उसके पोषक जमींदारों, देशी राजाओं और पूँजीपतियों के विरुद्ध लड़ सकती है।

'प्रेमाश्रम' के किसान जमींदारों की बेगारी, धौंस, इजाफा, अत्याचार के विरुद्ध तन कर खड़े हैं। 'यहाँ कोई दबैल नहीं है। जब कौड़ी-कौड़ी लगान चुकाते हैं तो धौंस क्यों सहें।' 'एक-एक के सिर तोड़ के रख दूँ।' 'मियाँ हमारी गर्मी पाँच-पाँच रुपल्ली के चपरासियों के मान की नहीं, जाओ अपने साहब बहादुर के जूते सीधे करो, जो तुम्हारा काम है। हमारी गर्मी के फेर में न पड़ो, नहीं तो हाथ जल जायँगे—।' सन् १६२१ के किसान आन्दोलन की प्रतिध्वनियों को उन उद्धरणों में सुना जा सकता है। उपन्यास का एक पात्र बलराज है जो रूस और बलगेरिया के किसान-मजदूर-राज्य की बात करता है।

इस जाग्रत चेतना को दबाने के लिये जमींदार और पुलिस दोनों एक हो गए। लखनपुर गाँव पर कहर ढाया जाने लगा। मुकदमे चले, लोगों को जेल भेजा गया, गाँव वालों के बर्तन-भाँड़े तक बिक गए। प्रेमचन्द ने इस दमन चक्र का यथार्थ चित्रण किया है। एक स्थान पर उन्होंने यह भी लिखा है— '....इन अत्याचारों के रोकने वाला अब कौन था ? सत्याग्रह में अन्याय को दमन करने की शक्ति है, यह सिद्धांत भ्रांतिपूर्ण सिद्ध हो गया, लगता है गांधीवादी सिद्धान्त उनकी दृष्टि में संदिग्ध हो चुके थे।

किसानों के सामने कोई स्पष्ट लक्ष्य नहीं था। वे अपने किसी बुनियादी अधिकार के लिए नहीं, बल्कि जमींदारों के जुल्म के विरुद्ध लड़ रहे थे। इस लड़ाई को कुछ लोग (तथाकथित नये लोग) भारतीय साम्यवाद की संज्ञा देते हैं। इन प्रबद्धों (!) को यह भी नहीं मालूम कि साम्यवाद भारतीय-अभारतीय नहीं होता है वह सिर्फ साम्यवाद होता है। वस्तुतः किसान-आन्दोलन की यह लक्ष्यहीनता १६२१ के किसान-आन्दोलन में ही थी। नेहरू ने 'मेरी कहानी' में लिखा है—'इस तरह हम चलते रहे—अस्पष्टता से, किंतु उत्कटता के साथ, और हम अपने कार्य में सुधबुध भूले हुए थे। मगर लक्ष्य के बारे में स्पष्ट विचार का बिल्कुल अभाव था।'

किसी निश्चित उद्देश्य के अभाव में किसान-आन्दोलन का धधक कर रह जाना स्वाभाविक था। इस स्थिति से आगे न बढ़ने देने का श्रेय बहुत कुछ गाँधीवादी जमींदार प्रेमशंकर को है। किन्तु प्रेमशंकर की 'कल्पना' की कल्पना होने के कारण यथार्थ से अलग हो जाती है। किसानों के आन्दोलन में अन्तर्विरोध अपेक्षाकृत कम है। किन्तु जमींदार तबके में अन्तर्विरोध अधिक दिखाई पड़ते हैं। किसान एक ओर अत्याचार का विरोध करता है तो दूसरी ओर भीरु भी है, एक ओर वह भाग्यवादी है दो दूसरी ओर कर्मवादी पर वह अन्याय के विरोध और भाग्यवाद के विरुद्ध कर्मवाद की ओर उन्मुख हो चुका है। जमींदार तबके में सिद्धान्त और व्यवहार का अन्तर्विरोध दिखाई पड़ता है। किन्तु हृदय-परिवर्तन के सिद्धान्त के कारण अन्तर्विरोधों का शमन हो जाता है। प्रेमशंकर के प्रभाव से लोगों में रासायनिक परिवर्तन होने लगता है। प्रेमशंकर स्वयं जमींदारी से अपना हक छोड़ देता है। ज्ञानशंकर जैसे हिंस्र पशु का पुत्र मायाशंकर भी प्रेमशंकर का अनुसरण करता है। खूनी डाक्टर प्रियानाथ, अत्याचारी थानेदार दयाशंकर आदि अपना स्वभाव छोड़कर 'प्रेमाश्रम' में बागवानी करने लगते हैं। कुछ साधु बन जाते हैं और कुछ तीर्थयात्री। गाँव में रामराज्य स्थापित हो जाता है। इस कृत्रिम आदर्शवाद के कारण प्रेमाश्रम का पूर्वार्ध एक उपन्यास हो जाता है तो उत्तरार्ध दूसरा। दोनों के बीच कोई संबंध-सूत्र स्थापित नहीं हो पाता है।

'रंगभूमि' (१६२४) में सर्वहारा और पूँजीपति के बीच सीधा संघर्ष चित्रित है। पूँजीपति वर्ग के सहायक हैं जमींदार और पुलिस। प्रेमाश्रम में संघर्ष तो था पर उसका कोई केन्द्रीय बिन्दु नहीं था। महात्मा गाँधी देश के औद्योगीकरण के विरुद्ध थे। वे इस विशाल जनसंख्या वाले देश के लिए कुटीर उद्योग को हितकारी समझते थे। इससे बेरोजगारी की समस्या हल होती है और औद्योगीकरण जन्य अमानवीय परिवेश भी नहीं उत्पन्न होता। 'रंगभूमि' की मूलवर्तिनी कथा औद्योगीकरण के विरोध को ही लेकर चलती है।

'गोदान' की अपेक्षा 'रंगभूमि' का फलक अधिक व्यापक और संघर्ष-धर्मी है। इसका कथासूत्र बनारस से लेकर राजस्थान तक व्याप्त है। अपने समय की विविध घटनाओं, धर्मों, जातियों, वर्गों के समावेश के कारण यह युग के अनेक आयामों को सहज में समाविष्ट कर लेता है। सूरदास जैसे निरीह पात्र में आत्मिक बल की ऊर्जा भर कर प्रेमचन्द ने इस उपन्यास को गाँधीवादी जीवन-दर्शन का महाकाव्यात्मक उपन्यास (एपिक नावेल) बना दिया है।

पांडेपुर गाँव में सूरदास के पास दस बीघा जमीन है। उस जमीन पर जान सेवक सिगरेट का कारखाना खोलना चाहता है। वह जानता था कि कारखाना स्थापित हुआ नहीं कि गाँव की सहकारिता, निश्छलता, सादगी आदि समाप्त हो जायगी। उसने जमीन देने से इन्कार कर दिया। किंतु उसकी सारी अडिगता फरियाद के बावजूद निकल गई और कारखाना भी स्थापित हो गया।

किंतु पूँजीवादी व्यवस्था का चक्र पेचीदा होता है, अब पांडेपुर गाँव को खाली कराने की बात आयी। अन्य लोगों ने गाँव खाली कर दिया। पर सूरदास अपनी झोपड़ी छोड़ने को तैयार न था। सशस्त्र पुलिस झोपड़ी गिराने पर अमादा थी। उधर पुलिस का

विरोध करने के लिए जनसमुद्र उमड़ रहा था। गोली चली और अनेकानेक लोग हताहत हुए। सिपाहियों ने गोली चलाने से इन्कार कर दिया। गोरखा फौज बुलाई गई। सूरदास डर गया कि कहीं और लोग न मारे जायँ। उसने इस अन्याय के विरुद्ध अकेले ही लड़ने का निश्चय किया। वह भीड़ को संबोधित करते हुए कहता है—'आप लोग मेरी सहायता करने नहीं आये हैं। हाकिमों के मन में, पुलिस के मन में जो दया और धरम का ख्याल आता, उसे आप लोगों ने जमा होकर क्रोध बना दिया है। मैं हाकिमों को दिखा देता कि एक दीन अंधा आदमी एक फौज को कैसे पीछे हटा देता है, तोप का मुँह कैसे बन्द कर देता है, तलवार की धार कैसे मोड़ देता है। मैं धरम के बल पर लड़ना चाहता था—' पर सूरदास क्लार्क की गोली से शहीद हो गया। सूरदास के इस निर्णय पर चौराचौरी कांड के कारण के लिए महात्मा गाँधी के उस निर्णय का स्पष्ट प्रभाव है जिससे सामूहिक सत्याग्रह स्थगित कर दिया गया था। फिर भी व्यक्तिगत सत्याग्रह की छूट थी। सूरदास इसी व्यक्तिगत सत्याग्रह का शिकार हुआ।

सूरदास की इस आधिकारिक कथा के साथ-साथ विनय और सोफिया की प्रासंगिक कथा भी चलती है। इसके आधार पर प्रेमचन्द रियासती समस्याओं का भी समावेश कर लेते हैं। इसके माध्यम से सामंतीय जीवन के अन्तर्विरोधों, अंग्रेजी साम्राज्यवाद की पकड़, विनय के ढुलमुल व्यक्तित्व आदि को एक प्रकार से किसान-मजदूरों के विरोध में खड़ा किया गया है। सोफिया भी यथार्थ न बनकर छायावादी प्रेमिका की तरह भावनालोक में निवास करती है पर छायावादी काल की राष्ट्रीयता से भी वह ओत-प्रोत है। किन्तु यह प्रासंगिक कथा आधिकारिक कथा का अनिवार्य अंग नहीं बन पाती।

'रंगभूमि' प्रेमचन्द के औपन्यासिक दृष्टिकोण में एक बदलाव की सूचना देती है। यद्यपि इसमें भी असत् पक्ष को दंड मिलता है फिर भी यह ट्रेजिडी बनी रहती है। सूरदास की प्रतिष्ठित मूर्ति गिरा दी जाती है और इस तरह से एक शहीद का अपमान होता है। मूर्ति के पैरों में घाव के निशान पड़ जाते हैं और चेहरा विकृत हो जाता है। अपने उपन्यासों में प्रेमचन्द ने पहली बार प्रतीक का प्रयोग किया है। गिरी हुई मूर्ति के नीचे दबकर सामंतवादी महेन्द्र कुमार की मृत्यु हो जाती है। पैरों के घाव और विकृत चेहरे का प्रतीकात्मक अर्थ है।

सूरदास मानवीय संस्कृति के प्रतीक हैं। पूँजीवाद के रहते पैरों का घाव और चेहरे का विकार दूर नहीं हो सकता। महेन्द्र की मृत्यु का अर्थ भी प्रतीकात्मक है। सूरदास के बलिदान से सामंतवाद की तो मृत्यु हुई पर पूँजीवाद का प्रतीक जान सेवक जीवित था। क्या वह सूरदास की मूर्ति को नहीं गिराएगा ? संभव है उसका हृदय परिवर्तित हो जाये।

पर **'कायाकल्प'** (१९२६) पहला उपन्यास है जिसकी पांडुलिपि हिन्दी में मिलती है। इसमें महेन्द्र कुमार फिर जिन्दा हो जाते हैं। रियासतों का माहौल फिर उभर आया है। किन्तु इस माहौल के बीच देवप्रिया के अलौकिक और अतिरंजनापूर्ण प्रसंग अनावश्यक रूप से विस्तृत और अविश्वसनीय हो गए हैं। हिमालय में रहने वाले महात्मा के चमत्कार अद्भुत हैं। वे पूर्वजन्म की स्मृतियों को ताजा बना देते हैं और वृद्धा को तरुणी में बदल देते हैं, प्रेमी-युगल यान पर बैठकर नक्षत्रलोक की सैर करते हैं। यह सब क्या है ? हो सकता है

प्रेमचन्द को इन अलौकिकताओं पर विश्वास रहा हो। इन्हीं विश्वासों को उन्होंने 'कायाकल्प' में उतार दिया है। इस उपन्यास को क्या कहा जाय ? क्या यह उपन्यास है ? संभव है पुनर्जन्म पर कुछ लोगों का विश्वास हो। किन्तु कुछ लोगों के ऐकांतिक विश्वास अधिकांश लोगों के विश्वास नहीं हो सकते। इसलिए मेरे विचार से 'कायाकल्प' प्रेमचन्द के उपन्यासों में एक क्षेपक-प्रकरण है।

'कायाकल्प' के बाद **'गबन'** (१६३०) का प्रकाशन प्रेमचन्द की उपन्यास यात्रा की अगली मंजिल है। इस बीच उन्होंने दो लघु उपन्यास—निर्मला और प्रतीज्ञा—लिखे। ये उपन्यास सेवासदन, प्रतिज्ञा और वरदान की परम्परा में पड़ते हैं। निर्मला में जो लोग 'मानवीय स्वाधीनता' और 'त्रासदी' देखते हैं वे लोग धन्य हैं। उनके पास न तो ऐतिहासिक दृष्टि है और न वे शब्दों का ठीक अर्थ ही समझते हैं। 'मानवीय स्वाधीनता' अस्तित्ववादी यथार्थ के रूप में अभी हाल में प्रयुक्त होने लगा है। नैतिक संघर्ष के अभाव में यह झलक भी नहीं है। यह सीधे अनमेल विवाह की समस्या है जो भारतेंदु के जमाने से शुरू होकर थोड़ा-बहुत छायावाद काल तक चलती रही। त्रास की जगह यह करुणा पैदा करती है। प्रतिज्ञा प्रेम का ही नया रूप है।

'ग़बन' में मध्यवर्गीय कमजोरियों को बुनियादी तौर पर उद्‌घाटित किया गया है। यों तो प्रेमचन्द के प्रायः सभी उपन्यास मध्यवर्ग की समस्याओं को कमोवेश रूप में चित्रित करते हैं। पर किसी में सामाजिक कुप्रथाओं का प्राधान्य हो गया है तो किसी में आर्थिक-राजनीतिक संकटों का। 'ग़बन' में उन्होंने इस वर्ग की मज्ञागत कमजोरियों को सामने लाकर उसे नंगा कर दिया है। यह वर्ग अपने खोखलेपन को बाहरी टीमटाम, प्रदर्शन आदि से आवृत्त करने की चेष्टा करता है। वह जो कुछ नहीं है उसी को सिद्ध करता है कि है। वह जो कुछ है उसे वह कहता है कि नहीं रमानाथ इस प्रकार का टिपिकल पात्र है।

रमानाथ खुद में एक स्थिति (सिचुएशन) है और वह बराबर उसी में स्थित है। उसे पार करने की शक्ति उसमें नहीं है। स्थितियों की लंबी शृंखला में बँधा हुआ रमानाथ यथार्थ और विश्वसनीय लगता है। जालपा स्वयं में एक स्थिति है जिसमें रमानाथ तब तक स्थित रहता है जब तक वह स्वयं नहीं बदल जाती। इस बदलाव के लिए रमानाथ उस स्थित का हो जाता है। किन्तु वह उसे पार कर जाती है। इसके पहले प्रेमचन्द की नारियाँ अपनी-अपनी स्थितियों में कैद हैं किन्तु जालपा इस कैद को लाँघ जाती है। पर जालपा का बदलना इस तरह का बदलना होता है कि उसे पहचानना किंचित् मुश्किल हो जाता है।

इस उपन्यास में कथानक का संयोजन अन्य उपन्यासों की अपेक्षा अधिक गठा हुआ है क्योंकि इसकी केन्द्रीय विषय-वस्तु एक है—मध्यवर्ग की कमजोरी पर कलकत्ते का कथा-चक्र उतना ही सहज नहीं लगता। अपने अन्य उपन्यासों की तरह उसे भी प्रेमचन्द आदर्शोन्मुखी बना देते हैं। देवीदीन खटिक के उद्‌गार उसे भावनापरक (सेंटीमेंटल) तथा जालपा का प्रभाव वहाँ की समस्त घटनाओं को मेलोड्रेमेटिक बना देता है।

कर्मभूमि (१६३२) 'प्रेमाश्रम' का अगला कदम है। 'प्रेमाश्रम' में केवल किसानों का ही संघर्ष चित्रित है तो कर्मभूमि में मजदूर-किसान दोनों का। मजदूर म्युनिस्पल कारपोरेशन

के खिलाफ लड़ रहे हैं तो किसान जमींदारों के खिलाफ। प्रेमाश्रम के किसानों वे एकता नहीं थी, वे किसी मसले पर एकजुट नहीं हो पाते थे। किन्तु कर्मभूमि के किसान संघटित हैं, उन्हें, मध्यवर्गीय नेता भी मिल गए हैं।

इस उपन्यास का लेखन १९२९ में शुरू होता है। '२८ में किसान-मजदूरपार्टी की स्थापना हो चुकी थी। इसी वर्ष बारडोली में लगान-बन्दी का आन्दोलन भी शुरू हुआ। सन् '३० में गांधी जी की दाँडी-यात्रा हुई। '३१ गांधी-इरविन पैक्ट हो गया। इन सभी घटनाओं का प्रभाव कर्मभूमि पर देखा जा सकता है।

लगान बंदी आन्दोलन में पुलिस जालिमाना सख्ती करती है, गिरफ्तारी होती है गोली चलती है। स्त्रियों पर अत्याचार होते हैं। पर पुरुषों के साथ-साथ चलने में स्त्रियाँ पीछे नहीं हैं—कुछ डग आगे ही हैं।

इस तरह के आन्दोलन के विरोध का स्वर भी सुनाई पड़ता है। गजनवी को कभी-कभी मालूम पड़ता है कि इनकिलाब के अलावा कोई दूसरा रास्ता नहीं है। सलीम कहता है—'हम आजादी चाहते हैं मगर उसकी कीमत नहीं देना चाहते।' अन्त में एक समझौता हो जाता है। फिर भी उन्होंने समझ लिया था—सैकड़ों घर बरबाद हो जाने के सिवा और कोई नतीजा नहीं निकलता फिर प्रेमचन्द इस तरह के चक्कर में नहीं पड़े।

'गोदान' (१९३६) प्रेमचन्द का अंतिम और सर्वश्रेष्ठ उपन्यास है। इसमें प्रेमचन्द के जीवनानुभव और कलात्मक जगत् का सार है। इसकी देहली पर खड़े होकर प्रेमचन्द ने स्वयं और अपनी रचनाओं तथा उनमें वर्णित संघर्षों तथा आदर्शों को ढहते हुए देखा और अपने को मोहभंग की स्थिति में पाया।

अभी तक प्रेमचन्द पुरानी व्यवस्था में ही सुधार-परिष्कार के पक्ष में थे। छोटे-मोटे आन्दोलन, संस्थाएँ, आदर्शवादी व्यक्ति व्यवस्था में परिवर्तन ले आ सकते थे। इसे अनेक कहानी-उपन्यास में देखा जा सकता है। 'बड़े घर की बेटी' में संयुक्त परिवार की आदर्श गृहस्थी को बेटी टूटने नहीं देती। 'पंच परमेश्वर' की पंचायत दूध का दूध पानी का पानी करती है। वे इस पंचायत, पारस्परिक संबंध, ग्रामीण संस्कृति की रक्षा रंगभूमि में करते हैं। दहेज प्रथा, महाजनी सभ्यता, अनमेल विवाह पुलिस-जमींदार के अत्याचार की चर्चा वे प्रायः अपने उपन्यासों में करते रहे हैं। पर उन्हें विश्वास था कि हृदय परिवर्तन या व्यक्ति-बलिदान से व्यवस्था में कोई-न-कोई अच्छा परिवर्तन आयेगा।

'गोदान' में पूर्ववर्ती उपन्यासों और अनेक कहानियों की समस्याएँ ली गई हैं। इसमें पंचपरमेश्वर, बड़े घर की बेटी, घासवाली, पूस की रात कहानियाँ हैं। पंच परमेश्वर का पंच है पर वह परमेश्वर नहीं रह गया है। पूस की रात इसमें सुरक्षित है। उपन्यासों के गाँव वहीं हैं, परिस्थितियाँ ऊपर-ऊपर से वही हैं। किन्तु उन्हें देखने का परिप्रेक्ष्य बदल गया है। दूसरे शब्दों में कहा जा सकता है कि 'गोदान' में प्रेमचन्द ने अपनी कृतियों का पुनरीक्षण परिवर्तन और नवीन संयोजन किया है।

अब किसान पहले का किसान नहीं रह गया है और न जमींदार पहले का जमींदार है। दोनों चालाक हो गए हैं। न किसान आन्दोलन करता है और न जमींदार सीधे अत्याचार।

दोनों एक व्यवस्था में रह रहे हैं। व्यवस्था का विरोध कोई नहीं करता। प्रेमचन्द ने पूर्ववर्ती उपन्यासों की तरह गाँव की रीति-नीति आचार-विचार को बचाने की कोशिश नहीं की है। होरी भी धरम और मरजाद की रक्षा में अपनी आहुति देता है। लेकिन न धरम बचता है न मरजाद। घर की मर्यादा नष्ट हो जाती है, रूपा को दुहाजू के हाथ बेच देने से धर्म भी खत्म हो जाता है और वह किसान से मजदूर हो जाता है।

जिस महाजनी सभ्यता की प्रेमचन्द ने अपने एक लेख में चर्चा की है वह 'गोदान' में सर्वत्र व्याप्त है। किसान समाज महाजनों से घिरा है। जमींदारों का शोषण उतना भयावह नहीं था जितना महाजनों का जहरीला शोषण। लाला परमेश्वरी और पुरोहित दातादीन के ऋण प्लेग के कीटाणु की तरह घातक थे। दुलारी आना रुपया ब्याज लेती थी। झिंगुरी सिंह एक साल का ब्याज पेशगी काटकर रुपया देते थे। महाजनों के शिकंजे में किसान वर्ग दिन-प्रतिदिन कसता जा रहा था। बिरादरी की आचार-संहिता अलग थी। उस संहिता का पालन न करने पर बिरादरी दंड की कठोर व्यवस्था करती थी।

महाजनी सभ्यता का ही दूसरा रूप पूँजीवादी सभ्यता है। प्रजातंत्र भी इसके जाल में फँसा हुआ है। मिर्जा खुर्शेद कहते हैं—'जिसे हम डिमोक्रेसी कहते हैं, वह व्यवहार में बड़े-बड़े जमींदारों और व्यापारियों का राज्य है और कुछ नहीं। चुनाव में वही बाजी ले जाता है, जिसके पास रुपये हैं।' पूँजीवादियों के चक्कर में फँसी काँग्रेस पर फबतियाँ सकते हुए प्रेमचन्द लिखते हैं—अगर आज सभी अंग्रेज अपसरों की जगह हिन्दुस्तानी हो जायँ तब भी स्वराज्य उतनी ही दूर रहेंगे, जितने इस वक्त हैं।' स्वराज्य प्राप्त करने के चार दशक बाद क्या हम स्वराज्य के निकट आ पाए हैं ?

गोबर-झुनिया और मतई-सिलिया का विवाह अन्तर्जातीय विवाह की दिशा में एक-कदम जरूर है। पर लात खाकर भी झुनिया को गोबर के साथ और अपमानित होकर भी सिलिया का मतई के साथ संबंध निभाना है। यह अपनी भारतीय परंपरा का आदर्श है। इसे प्रेमचन्द की सीमा भी कहा जा सकता है।

गाँव का मंच यथार्थवादी है। होरी, गोबर, मातादीन, दातादीन, अलगू, मंगरू, धनिया, सिलिया, झुनिया, सहुआइन सभी सही ढंग से अपनी भूमिका अदा करते हैं। महाजनी सभ्यता का दबाव, किसान जीवन का मजदूर जीवन में परणति, गोबर के रूप में कई पीढ़ी का व्यवस्था-विरोधी अभियान आदि स्मरणीय दृश्य प्रभावी ढंग से उभरते हैं। किंतु गाँव के यथार्थवादी मंच के साथ शहर का भी एक मंच हैं जो पारसी थिएटर की याद दिलाता है। इन दोनों में कोई तालमेल नहीं बैठ पाता है। इस असंगति की ओर लक्ष्य करके नन्ददुलारे वाजपेयी ने लिखा है—'उपन्यास के नागरिक और ग्रामीण पात्र एक बड़े मकान के दो खंडों में रहने वाले दो परिवारों के समान हैं, जिनका एक-दूसरे के जीवन-क्रम में बहुत कम सम्पर्क है। वे कभी आते-जाते मिल लेते हैं और कभी-कभी किसी बात पर झगड़ा भी कर लेते हैं, परन्तु न तो उनके मिलने और न झगड़ने में ही ऐसा संबंध स्थापित होता है, जिसे स्थायी कहा जा सके।'

ऊपर कहा गया है कि शहर का मंच पारसी मंच है, जिस पर धमा-चौकड़ी,

शोर-शरापा की अतिरंजनाएँ अधिक दिखाई पड़ती हैं। इसका एक परदा सेमरी गाँव में उठता है जहाँ सभी शहरी एकत्र हैं। ओंकार की दुर्गति में अनोखा दृश्य है, प्रो० मेहता का स्वाँग अद्‌भुत है। फिर तो लाख कोशिश करने पर भी वे फिलासफर की मुद्रा नहीं धारण कर पाते। दूसरा पर्दा नगर में खुलता है—वीमेंस लीग में मेहता का भाषण हो रहा है, कबड्डी हो रही है, मेहता-मालती रोमांस हो रहा है। सब कुछ मेलोड्रामा हो जाता है। फिर भी इन्हीं खोखले बौद्धिकों में प्रेमचन्द विगत गुणों के मूल्य सुरक्षित रखते हैं। शहरी कथा विगत मूल्यों के संरक्षण में झूठी हो जाती है। यह स्वयं प्रेमचन्द का अपना अन्तर्विरोध है। मालती-मेहता प्रसंग में जिस त्याग, तपस्या, अपने व्यक्तित्व का समष्टि में विलय आदि की चर्चा की गई है वह स्वच्छन्दतावादी आदर्शों के निकट है। गोबर के तेवर, विद्रोहात्मक स्वर आदि से इनका मेल नहीं बैठता है। मेल बैठ भी नहीं सकता था क्योंकि उस नई पीढ़ी का प्रतिनिधित्व करता है जो देश का भविष्य है।

प्रश्न उठता है कि तब गोदान में क्या है जो उसे हिन्दी के सर्वश्रेष्ठ उपन्यासों में परिगणित कराता है ? इसमें भी तो किसान की ही कथा है जो समसामयिक ही कही जायगी। वह कौन-सी वस्तु है जो समसामयिकता को पार कर जाती है। वह है मानवीय संवेदना की तीखी अनुभूति। इस अनुभूति को उन्होंने गार्हस्थिक संदर्भों में देखा है। इस संदर्भ को मैथिलीशरण गुप्त ने भी लिया है। पर राजकीय परिवारों के रिश्ते भावना-जगत में उलझ कर रह जाते हैं उन्हें यथार्थ की जमीन नहीं मिलती। प्रेमचन्द ने कहानियों-उपन्यासों में परिवार को कहीं नहीं छोड़ा है। पर विघटित होते हुए परिवार का जो गहरा दर्द गोदान में दिखाई पड़ता है, वह अन्यत्र कहीं नहीं मिलेगा। 'झुनिया' को सारी मर्यादाओं के विरुद्ध अपने घर में जगह देने से बढ़कर मानवता क्या होगी ? हीरा की कृतज्ञता से वह जीवन संग्राम में जीत का अनुभव करता है। अपने बेटे को जो उससे तना हुआ था अपना पैर छूते देखकर वह विह्वल हो उठता है। धनिया तो उसके जीवन की संगी थी। सब कुछ के बावजूद होरी क आँसू बन्द नहीं हुआ—दरिद्रता से जूझते हुए उसकी लीला समाप्त होती है। कितना अकेल है वह न बेटा न बेटी—केवल धनिया है साथ में। इस तरह प्रेमचन्द के जीवन के एक गहन प्रश्न का संकेत छोड़ जाते हैं। बीस आने का गोदान देकर होरी मर जाता है। गरीब किसान और मजदूर की इससे बड़ी ट्रेजिडी क्या होगी ?

प्रेमचन्द पहले उपन्यासकार हैं जिन्होंने हिन्दी उपन्यासों को साहित्यिक उपन्यास का दर्जा दिया। फिर भी गोदान के पूर्ववर्ती उपन्यासों का ऐतिहासिक महत्व ही शेष रहेगा अपनी खामियों के बावजूद गोदान भारतीय किसानों के उत्पीड़न का ही प्रामाणिक दस्तावे नहीं है बल्कि मानवीय संवेदना को भी वह गहरे और घने अर्थ में उजागर करता है। इसलि उसका साहित्यिक महत्व उतना ही है जितना किसी भी अन्य महत्वपूर्ण उपन्यास का हो सकत है।

प्रेमचन्द के पात्र प्रायः चरित्र नहीं बन सके हैं। टाइप होने के कारण उनमें व्यक्ति की कमी दिखाई पड़ती है। इसीलिए जब कभी उन्हें मनोगतियों का चित्रण करना पड़ा है सतह पर ही ठिठक गए हैं। किन्तु व्यक्तित्व प्रदान करने के प्रारंभिक पुरस्कर्ता वे ही ठहरा

जायँगे। गोदान के पात्र अपवाद हैं। प्रेमचन्द का औपन्यासिक विकास भाषा-विकास की भी यात्रा है, रूप और वस्तु की भी। 'वरदान' की भाषा को देखते हुए लगता है प्रेमचन्द उर्दू और हिन्दी की भाषा को अलग-अलग मानकर चल रहे थे। अस्थि चर्मावशेष, किमधिकम्, वेतनोन्नति, चित्तोद्विग्रता आदि शब्दों को प्रमाण रूप में पेश किया जा सकता है। पर सेवासदन तथा उसके बाद के उपन्यासों में भाषा का आमफहम रूप ही मिलता है। 'गोदान' में उपन्यासों को जैसे अपनी भाषा मिल गई है। यद्यपि वर्णनों-विवरणों और वक्तव्यों का अनावश्यक विस्तार 'गोदान' में भी है। पर यहाँ आते-आते विवरण-विवरण रचनात्मक दिखाई पड़ने लगते हैं। मुहावरे और लोकोक्तियों का सटीक प्रयोग तो उनकी रचनाओं में पहले से ही मिलता है। बदली हुई विचारधारा को रूपायित करने के लिए 'गोदान' में उन्होंने व्यंग्य का तीखा प्रयोग किया है। अलंकारों का प्रचुर प्रयोग करने पर भी उनकी भाषा अनलंकृत है।

प्रेमचन्द का महत्व तिलस्म और रोमांस की भूलभुलैया से बाहर निकाल कर हिन्दी उपन्यासों को सामाजिक समस्याओं से जोड़ने में है। आदर्शोन्मुख यथार्थवाद से स्वयं को मुक्त कर ठोस यथार्थ के साथ अपने को संबद्ध करने में है, अंतिम उपन्यास में गोबर के माध्यम से भावी संघर्ष का संकेत देने में है। इसमें सन्देह नहीं कि उन्होंने हिन्दी को सही भाषा दी सही दिशा दी।

जयशंकर प्रसाद के 'कंकाल' (१६२६) को प्रेमचन्द के उपन्यासों का प्रतिपक्ष कहा जा सकता है। प्रेमचन्द ने अपने उपन्यासों में समाज के बहिर्जीवन—आन्दोलनों, हलचलों, आर्थिक-नैतिक विकृतियों—को चित्रित किया है। गोदान को छोड़कर अन्य उपन्यासों में समाज सुधार के लिए किसी-न-किसी संस्था की स्थापना कराई गई है। पर प्रसाद का मिजाज प्रेमचन्द से भिन्न था। प्रसाद स्वच्छन्दतावादी होने के कारण व्यक्तिवाद के पक्षधर थे तो प्रेमचन्द समष्टिवाद के। इस बुनियादी अन्तर को 'कंकाल' में देखा जा सकता है।

प्रेमचन्द का सम्बन्ध समाज की दृश्यमान व्यवस्था से था जब कि रोमैंटिक व्यक्तियों का सम्बन्ध उस आन्तरिकता से था जो भीतर की वास्तविकता को अन्वेक्षित करती है। 'कंकाल' में उस समस्त धार्मिक व्यवस्थाओं, संस्थाओं पर आक्रमण किया गया है जो ऊपर-ऊपर से साफ-सुथरी तथा भीतर-भीतर से सड़ी हुई हैं, जो निहित स्वार्थियों के शोषण में योग देती हैं जो व्यक्ति को उसके सहज धर्म से वंचित कर उसका शिकार करती हैं।

'कंकाल' की कथा के केन्द्र हैं प्रयाग, काशी, हरद्वार, मथुरा, वृन्दावन आदि तीर्थस्थान। धर्म के पर्दे के पीछे स्थिर स्वार्थियों को मनमानी करने की खुली छूट है। मठों, मंदिरों, तीर्थस्थानों के महात्माओं और ईसाई धर्मगुरुओं की पोल खोलकर धार्मिक संस्थानों पर गहरा व्यंग्य करना 'कंकाल' का एक उद्देश्य है। गोस्वामी कृष्णशरण समाज सुधार के लिए किसी संस्थान की स्थापना में रुचि नहीं लेते। समाज कल्याण के लिए स्थापित 'धर्मसंघ' के संबंध में भी निरंजन कहता है—इसमें मैंने बड़ा ढोंग पाया।'

'कंकाल' के प्रतिपाद्य और जवाहरलाल नेहरू के 'मेरी कहानी' में अभिव्यक्त धर्म संबंधी मत में विचित्र समानता है—'मुझे तो लगभग हमेशा यही मालूम हुआ कि अन्धविश्वास, प्रगतिविरोध, जड़ (प्रमाण रहित) सिद्धान्त और कट्टरपन, अंध श्रद्धा और शोषण नीति और

(न्याय अथवा अन्याय से) स्थापित स्वार्थों के संरक्षण का ही नाम 'धर्म' है। मगर यह भी मुझे अच्छी तरह मालूम है कि धर्म में और भी कुछ है, उसमें कुछ ऐसी चीज भी है जो मनुष्यों की गहरी आन्तरिक आकांक्षा भी पूरा करती है ....'

वस्तुतः कंकाल में धर्म द्वारा संस्थापित स्वार्थों का पर्दाफाश तथा व्यक्ति की आन्तरिक आकांक्षा की प्रतिष्ठा की गई है। समाज के स्थापित स्वार्थ ने व्यक्ति को स्वतंत्र रूप से जीने के अधिकार से वंचित कर दिया है। प्रसाद को यह मान्य नहीं है। पाप का दायित्व समाज के कठघरे को है। व्यक्ति समाज द्वारा निर्धारित पापचक्र-परम्परा से छुटकारा नहीं पाता।

प्रेमचन्द ने बाह्य कुल मर्यादा पर चोट की है तो प्रसाद ने आन्तरिक कुंठाओं पर। कंकाल के सभी पात्र जारज संतानें हैं। घंटी, तारा, विजय जैसे व्यक्तिवादी पात्रों के साथ प्रसाद की पूरी सहानुभूति है। विजय जैसे विद्रोही पात्र के कंकाल की जिम्मेदारी समाज पर है।

प्रसाद का दूसरा उपन्यास 'तितली' (१९३४) सामान्यतः आदर्शवादी और 'कंकाल' यथार्थवादी कहा जाता है। पर दोनों में एकसूत्रता खोजी जा सकती है। 'कंकाल' में धर्म का कंकाल है तो तितली में उसकी आन्तरिकता। इस आन्तरिकता को प्रसाद ने भारतीय परम्परा से जोड़ा है। प्रेमचन्द की भाँति 'तितली' में भी ढहती हुई सामंतवादी, सम्मिलित कौटुंबिक प्रणाली की विकृतियाँ, ग्रामसुधार आदि के परिवेश में मुख्य पात्रों को रखा गया है। किन्तु ये समस्याएँ गौण हैं मुख्य हैं भारतीय जीवन-दृष्टि से लेकर चलने वाली तितली और पाश्चात्य जीवन दृष्टि की अनुगामिनी शैला की टकराहट। इस टकराहट में प्रसाद भारतीय नारी के जीवन दर्शन की विजय दिखलाते हैं।

तितली कामायनी की श्रद्धा है जो शैला से कहती है 'तुम धर्म के बाहरी आवरण में अपने आप को ढँक कर हिन्दू स्त्री बन गई हो तो सही किन्तु उसकी संस्कृति की मूल शिक्षा भूल रही हो। हिन्दू स्त्री का श्रद्धापूर्ण समर्पण उसकी साधना का प्राण है।' श्रद्धापूर्ण समर्पण हिन्दू नारी की अनिवार्यता है। कम-से-कम छायावाद काल तक इस मान्यता के प्रति एक आस्था बनी रही। तितली नए युग के अनुरूप, छायावाद युग के अनुरूप, व्यक्तित्व-प्राण नारी है जो न किसी की दया की आकांक्षिणी और न सहायता की। किन्तु परम्परा के अनुरूप वह श्रद्धापूर्ण आत्मसमर्पण की अनुगत है। आज के बुद्धिवादी युग में इसे अतीत के प्रति रोमैंटिक भावना के अतिरिक्त और क्या कहा जायगा ?

शैला का हठ आधुनिक युग के अधिक अनुकूल है। वह इन्द्रदेव की विवाहिता होकर भी उसे श्रद्धापूर्ण समर्पण नहीं कर पाती। वह वाटसन और इन्द्रदेव के बीच भटकती रहती है। वह जिस रूप में है उस रूप में स्नेह करने के लिए उसे कोई तैयार नहीं है। लोग कुछ-न-कुछ आवरण चाहते हैं। यह भटकाव, अकेलापन इसलिए है कि अद्वैतता स्थापित नहीं कर पाती। आर्थिक, सामाजिक और संस्कार की दृष्टि से वह भिन्न है। इनके न रहने पर भी क्या भटकाव बंद हो जायगा ? क्या वह एक मनोवैज्ञानिक प्रक्रिया नहीं है ? पर प्रसाद ने श्रद्धापूर्ण आत्मसमर्पण के नुस्खे द्वारा शैला को बदल दिया है। शैला का बदलाव

बुद्धिसंगत न होकर एक परम्परा के प्रति रोमानी लगाव के कारण ही संगत प्रतीत होता है। इस समाधान से अलग हटकर भी इस समस्या का स्वतंत्र महत्व है।

प्रेमचन्द ने अपने उपन्यासों में वर्गगत (टाइप) पात्रों की सृष्टि की तो प्रसाद ने व्यक्ति पात्रों की। कंकाल में उन्होंने वैयक्तिकता का समर्थन किया था। 'तितली' के धामपुर का सुधार समूह द्वारा न होकर अलग-अलग व्यक्तियों द्वारा होता है। इसे कोई छायावादी प्रवृत्ति या भारतीय आत्मवाद चाहे जो नाम दे सकता है।

जैनेन्द्र (१९०५-१९८८) इस युग के दूसरे महत्वपूर्ण उपन्यासकार हैं। दोनों की अपनी-अपनी दिशाएँ अपनी-अपनी राहें हैं। प्रेमचन्द बाहर के परिवर्तनों और आन्दोलनों को उपन्यासों में बाँध रहे थे तो जैनेन्द्र भीतर की हलचल और परिवर्तनों को; पहले ने समाज की समस्या ली है तो दूसरे ने व्यक्ति की। सच्चे अर्थ में स्वच्छन्दतावादी युग की उपज जैनेन्द्र ही हैं। इसलिए उनके उपन्यासों में स्थूल सामाजिक नैतिक संघर्ष के स्थान पर सूक्ष्म नैतिक संघर्ष और जटिल मानसिकता मिलती है। इस तरह की विषय-वस्तु लेकर लघु उपन्यास ही लिखे जा सकते थे और जैनेन्द्र के सभी उपन्यास छोटे हैं।

उन्होंने बहुत से उपन्यासों की रचना की है—परख, सुनीता, त्यागपत्र, कल्याणी, सुखदा, विवर्त, व्यतीत, जयवर्धन, मुक्तिबोध आदि। परख १९२९ में प्रकाशित हुआ, इस समय तक स्वच्छन्दतावाद एक दशक पार कर चुका था। 'सुनीता' १९३५ में और 'त्यागपत्र' १९३७ में प्रकाशित हुए। इसके बाद छायावाद यानी ३७-३८ के बाद स्वच्छन्दतावाद या छायावाद समाप्त हो जाता है। क्या छायावादी कवियों की तरह जैनेन्द्र भी इसी समय समाप्त नहीं हो जाते ? क्या परवर्ती उपन्यास पूर्ववर्ती जैनेन्द्र के एक्सटेंशन नहीं हैं?

छायावादी कवियों की तरह जैनेन्द्र का प्रेम भी अशरीरी और प्लेटानिक है। छायावादी काव्य की भाँति जैनेन्द्र के उपन्यासों में भी जिज्ञासा, विस्मय और रहस्य की झिलमिली ज्योति मिलेगी। छायावादी कवियों ने परम्परा-भुक्त छन्द के बंध को तोड़ा तो जैनेन्द्र परंपरा-भुक्त औपन्यासिक रूप बंध को। छायावादी लंबी कविताओं और प्रबंधकाव्यों की तरह जैनेन्द्र के उपन्यासों में घटनाओं की कमी है, अन्तर्द्वन्द्व की प्रधानता है।

फ्रायड, गाँधीवाद और छायावादी युग-चेतना की पूरी छाप जैनेन्द्र के उपन्यासों पर है। 'परख' में प्रेम का उन्नयन है। किन्तु यह प्रेम किशोर-भावुकता पर आधारित है। यथार्थ—भौतिक प्रलोभन—के धक्के से उसका टूट जाना स्वाभाविक है। लेकिन एक भावुकता को छोड़कर जैनेन्द्र दूसरी भावुकता पर पहुँच जाते हैं। सत्यधन-गरिमा के मुकाबले जिस बिहारी और कट्टो को रखा गया है वे और भी अधिक रोमानी हैं।

सत्यधन के प्रति कट्टो की निष्ठा को देखकर बिहारी के भीतर कुछ उठा—'इसी क्षण भीतर कुछ उठा और बिहारी के शरीर और आत्मा को एक रंग में रंग गया। परमात्मा ने हम दोनों को साथ ला दिया है—अब दोनों धाराएँ एक होकर बहेंगी, उनका कुछ और काम न होगा।—बिहारी एक क्षण इस लोकोत्तर भावना के प्रबल प्रस्फुटन में आत्मसात् हो गया।' यह गाँधीवादी दर्शन की आत्मा की आवाज है। इस आवाज के आधार पर बिहारी अपने को नई दिशा देता है।

'सुनीता' में रोमैंटिक प्रेम को यथार्थ की भूमिका देने का प्रयत्न किया गया है। कट्टो की अपेक्षा सुनीता कहीं अधिक पढ़ी-लिखी और सुसंस्कृत है। इसमें वास्तविकता और वैलक्षण्य का जो संघर्ष है वह इसे परख से अलग कर देता है। यह संघर्ष इसकी प्रासंगिकता को धार देता है—समसामयिकता की प्रासंगिकता को और कलागत प्रासंगिकता को।

अभी तक संयुक्त परिवार को सुरक्षित रखने पर बल दिया जाता रहा है। प्रेमचन्द ने पुराने मूल्यों के आधार पर पारिवारिक विघटन को रोकने की कोशिश की है। पर पढ़े-लिखे परिवारों की एक और समस्या थी—जड़ता और एकरसता की। यह समस्या बाह्य न होकर आन्तरिक है। मध्यवर्गीय परिवार में यह समस्या आज भी बनी हुई है। पति-पत्नी में संवाद की स्थिति तक नहीं रह जाती। यह संवादहीनता किसी आर्थिक समस्या के कारण नहीं उत्पन्न होती और न किसी नैतिक समस्या के कारण। यह बँधे हुए जीवन की वजह से उत्पन्न होती है, बाहरी जीवन से असंबद्ध होने से उत्पन्न होती है। यह एक मनोवैज्ञानिक समस्या है।

श्रीकांत घर की एकरसता को तोड़ना चाहता है। वह घर में हरिप्रसन्न को ले जाता है। हरिप्रसन्न क्रान्तिकारी है। उसके व्यक्तित्व में अजीब तरह का रहस्य, रोमांच और कुतूहल है। सुनीता और श्रीकांत दोनों उसके अबूझ व्यक्तित्व से आकृष्ट हैं। हरिप्रसन्न को श्रीकान्त के घर में जो दुनिया मिलती है वह उसे भी आन्दोलित करती है। इस आन्दोलन और हलचल के माध्यम से जैनेन्द्र ने रचनात्मक प्रक्रिया पर भी प्रकाश डाला है। हरिप्रसन्न की बनाई हुई तस्वीर—क्रुसीफिकशन की तस्वीर—उनकी जिन्दगी के साथ-साथ आधुनिक जिन्दगी को भी प्रतीकित करती है। किन्तु श्रीकान्त का हरिप्रसन्न को, जड़ता तोड़ने के लिए, ले आना, अमनोवैज्ञानिक है। क्या कोई पति इस सीमा तक अपनी पत्नी को छूट दे सकता है ? क्या इससे परिवार टूट जाने का खतरा नहीं है ? इस प्रश्न की कसौटी पर इसे कसना जैनेन्द्र के साथ अन्याय है। इस संदर्भ में रविबाबू के घर-बाहर की याद आती है। रविबाबू भी घर टूटने नहीं देते और जैनेन्द्र भी। रविबाबू में जीवन और जगत का यथार्थ है। जैनेन्द्र एक विचार को लेकर चलते हैं और वह आज भी विचारणीय है। सुनीता को निरावरण करना एक प्रतीक में बदल जाता है।

'त्यागपत्र' जैनेन्द्र का सर्वाधिक महत्वपूर्ण उपन्यास है। परख की परिसमाप्ति विवाह में होती है, सुनीता में वैवाहिक जीवन को गत्यात्मक बनाने की समस्या है। पर त्यागपत्र की समस्या विवाह से ही शुरू होती है। अपने रूपविन्यास में भी पूर्ववर्ती उपन्यासों से भिन्न है। यह एक प्रकार का 'मेम्वायर' या 'कान्फेशनल' उपन्यास है। इसकी शुरुआत समस्या से होती है—'नई भाई पाप-पुण्य की समीक्षा मुझसे नहीं होगी।'

स्पष्ट है कि पाप-पुण्य के बीच विभाजक रेखा खींचना कठिन है। छायावाद युग के पूर्व पाप-पुण्य के खाने बने हुए थे। समाज के भीतर व्यक्ति का प्रवेश स्थिर मान्यताओं के आगे प्रश्न लगाने लगा।

प्रेमचन्द के उपन्यासों में मध्यवर्गीय प्रतिष्ठा समस्या के रूप में आई, फिर भी उस वर्ग ने उस घेरे में ही रहने का प्रयास किया। त्यागपत्र में भी यह घेरा है। मृणाल को आर्यगृहिणी के ढाँचे में ढालने की कोशिश की गई, कड़े अनुशासन में रखा गया, उसकी स्वतंत्रता पर अंकुश लगाया गया। पर मृणाल की वैयक्तिकता इस घेरे में नहीं रह सकी।

इस घेरे को वह सहसा नहीं तोड़ती। उसे तोड़ने की जटिल मानसिक प्रक्रिया से गुजरना पड़ता है।

'वह मुझे अब उपदेश नहीं देतीं, बल्कि अपनी छाती से लगाकर जान पार कहाँ देखने लगती है।'

'वे शाम के वक्त छत पर खटोला डाले ऊपर उड़ती हुई चीलों को ही चुपचाप देख रही हैं। कभी पतंग के पेंच देखती है, और कटी हुई पतंग पर, जब तक ओझल न हो जाय, आँख गाड़े रहती हैं। और नहीं तो खटोले पर पेट के बल लेट कर कोयले से धरती पर कीरम काँटे ही खींचती हैं।'

'जाने पार कहाँ देखती हैं'—बदली हुई मनोवृत्ति का सूचक है—इस पार के प्रति उदासी, विक्षोभ, किंकर्त्तव्यविमूढ़ता आदि वृत्तियों का व्यंजक !

दूसरे उद्धरण में चील, पतंग के पेंच, कीरम काँटे आदि उलझनपूर्ण तथा घनीभूत मनःस्थिति के प्रतीक हैं। 'जाह्नवी' कहानी में प्रतीक के साथ जाह्नवी भी मुख्य हो जाती है। किन्तु यहाँ प्रतीक मुखर हैं और वाणी मौन।

प्रमोद से वह इतना कहती है—'मैं चिड़िया होना चाहती हूँ। यह मात्र उन्मुक्त कामना नहीं है बल्कि यह वाक्य उस घेरे को भी उजागर करता है जिसके बाहर जाना कठिन है।

मृणाल अनमेल विवाह की बेड़ी में जकड़ दी जाती है, क्योंकि वह शीला के भाई के घर जाती थी। ससुराल से घर आती है और उसकी बँधी हुई निगाहें उत्तर माँगती हैं—'मैं कुछ चाहती हूँ, पर अरे कोई बतायेगा कि क्या ?' इससे उसका व्यक्तित्व समग्रता में उभर आता है। न तो उसे मालूम पड़ा कि वह क्या चाहती है और न कोई बताने वाला ही मिला। इसलिए वह एक रहस्य से दूसरे रहस्य में भटकती रहती है।

किंतु वह जिस व्यवस्था के पार जाना चाहती है उसे तोड़ने की आकांक्षा उसमें नहीं है। उल्टे वह व्यवस्था का समर्थन करती है जब कि व्यवस्था उसे तोड़ती है। 'मैं समाज को तोड़ना-फोड़ना नहीं चाहती हूँ, समाज टूटी कि हम किसके भीतर बनेंगे ? यह कि किसके भीतर बिगड़ेंगे ? इसलिए इतना ही कह सकती हूँ कि समाज से अलग होकर उसकी मंगलाकांक्षा में खुद ही टूटती रहूँ।' यह विसंगति क्यों ? वह समाज की यथास्थिति क्यों कायम रखना चाहती हैं ? फिर अपने टूटने का क्या अर्थ है ? क्या अपने टूटकर समाज का हृदय परिवर्तन करना चाहती है ?

कोयले वाले के पास जाकर वह तन की कथित पवित्रता तो खो देती है। तन देना ऐसी वस्तु नहीं है जो मानवीय दृष्टि से मूल्यवान मानी जाय। करुणा, कृतज्ञता बड़े मानवीय मूल्य हैं। इससे वह आभिजात्य को धक्का देती है। आभिजात्यवादी आचारवादियों को यह नहीं सुहाया और इसे लेकर प्रायः मृणाल पर आक्रमण किये गए। स्पष्ट है कि मृणाल ने कुछ तोड़ा जरूर। लेकिन जब मृणाल अपने दुर्भाग्य को दर्शन बनाकर झेलने लगती है तो वह आत्मनिर्वासन, अकेलापन और निस्सहायता की ओर ले जाता है। वह एक जगह से दूसरी जगह भटकती रहती है। समाज से निर्वासित होकर वह छोटे और असभ्य लोगों में

इन्सानियत की तलाश करने लगती है। इस तरह वह सभ्यता के आवरण को हटाकर उसे नंगा करती है।

मृणाल दयाल की बुआ है। दयाल व्यवस्था जीवी प्राणी है। वह बुआ की मौत के बाद बदलने लगता है। बुआ की मौत—मौत नहीं, मौत तक चलने की पूरी प्रक्रिया —से वह आहत होता है। उपन्यास का चौथा और आठवाँ अध्याय जो अंतिम अध्याय भी है, दयाल के उस जीवन-दर्शन की भी अभिव्यक्ति करता है जो उसे प्राप्त हुआ है। ज्यादा अच्छा हो कि कहा जाय कि जिसका उसने साक्षात्कार किया है। चौथा अध्याय सोच-विचार का मध्यान्तर है और आठवाँ पटाक्षेप और परिणति। अंतिम अध्याय के आरम्भ में वे लिखते हैं—'घटनाएँ होती हैं, होकर चली जाती हैं। हम जीते हैं और जीते-जीते एक रोज मर जाते हैं। जीना किस हौसले से आरम्भ करते हैं। पर उस जीवन के इस किनारे आते-आते कैसी ऊब, कैसी उकताहट जी में भर जाती है। मैं इस लीला पर, इस प्रेहलिका पर सोचता रह जाता हूँ। कुछ पार नहीं मिलता, कुछ भेद नहीं पाता।' ये कुछ ऐसे सवाल हैं जो अस्तित्ववादी वास्तविकता को उजागर करते हैं। फिर समुद्र—तरंगायति समुद्र का रूपक—

दयाल किनारे खड़ा है। मृणाल समुद्र में तैर रही है—उसके आगे समुद्र पड़ा है, उसे पार करना है। वह किनारे लौट नहीं सकती। दयाल अथाह समुद्र में कूद नहीं सकता। अन्त में वह संन्यास ले लेता है। दयाल का वैराग्य ले लेना रोमैंटिक मनोवृत्ति है जिसकी चरम परिणति इसी में होती है। किन्तु क्या यह मृणाल के संघर्ष की विफलता नहीं है ? इससे एक व्यंजना और होती है। व्यवस्थित मनुष्य व्यवस्था को छोड़ तो सकता है उसे तोड़ नहीं सकता। एक व्यवस्था को छोड़कर दूसरी व्यवस्था की शरण लेना एक ही बात है। किनारे खड़े व्यक्ति से इससे अधिक आशा नहीं की जा सकती। दयाल का संन्यास लेना दूसरी व्यवस्था में जा पहुँचना है।

मृणाल दयाल को इस समुद्र में कूदने से मना करती है। वह कूदती है इसलिए कि अपने को तोड़ सकती है—आत्मपीड़ा के माध्यम से। यह आत्मपीड़ा उसकी अपनी चुनी हुई है। इसलिए उसकी जिम्मेदारी भी उसी की है। इस पर फ्रायड का प्रभाव तो है ही अपनी परंपरा और परिवेश का भी है।

मृणाल भारतीय परम्परा को सुरक्षित भी रखना चाहती है और अपने व्यक्तिगत जीवन में उसे तोड़ती भी है। भारतीय परम्परा में नारी की जो स्थिति रही है वह प्रसाद के शब्दों में 'श्रद्धापूर्ण आत्मसमर्पण' के अतिरिक्त और कुछ नहीं है। केवल आत्मसमर्पण एक विवशता है। इसमें भी उसे टूटना है और इसके बाहर भी उसे टूटना है। मृणाल मानती है कि समाज को बदला नहीं जा सकता। उससे समझौता न होने पर टूटना नियति हो जाता है। यह टूटना गाँधीवादी हृदय परिवर्तन के अनुकूल है। मृणाल स्वयं टूट कर क्या समाज की व्यवस्था को अनजाने ही क्षतिग्रस्त नहीं करती ?

कल्याणी (१९४०) में पति-पत्नी के बीच आर्थिक समस्या आ खड़ी होती है। इस समस्या के फलस्वरूप परम्परागत मान्यताओं का एक सीमा तक टूटना स्वाभाविक है। जहाँ बाहरी दबाव हमें बदलने के लिए बाध्य करता है वहाँ हमारे संस्कार बदलाव को रोकते हैं।

कल्याणी के पति का यही द्वंद्व है। पर इस द्वंद्व का शिकार होती है कल्याणी। कल्याणी डाक्टरी करके भी कर नहीं पाती क्योंकि पुरुष उसे करने नहीं देता। कल्याणी डाक्टरी छोड़कर भी छोड़ने नहीं पाती क्योंकि पुरुष उसे छोड़ने नहीं देता। कल्याणी मृणाल की तरह चुन नहीं सकती। वह पति से कहती है—'दोनों में एक मुझे चुनकर दे दो। पातिव्रत्य या डाक्टरी।' किन्तु अपनी आर्थिक सुरक्षा के लिए पति डाक्टर पत्नी से डाक्टरी कराने के लिए बाध्य है। लेकिन वह पत्नी को पातिव्रत्य की रूढ़ियों से भी ग्रस्त रखना चाहता है। कल्याणी उन्मादग्रस्त और विक्षिप्त हो उठती है। कल्याणी की ट्रेजिडी में प्रसाद की 'तितली' का सा 'जो है उसे स्वीकारो' वाला दर्शन नहीं है। यह प्रसाद और जैनेन्द्र का अपना अन्तर भी है और दो परिवेश का भी है। इन दबावों में कल्याणी आत्मविमुक्त होकर अलगाव का बोध करती है। यह बोध विक्षिप्तता में परिणत हो जाता है। कल्याणी में बदलते हुए समाज के ऐतिहासिक बोध को देखा जा सकता है। व्यक्ति के न चाहते हुए भी ऐतिहासिक विकास की प्रक्रिया बदलाव ले आकर ही रहेगी। उसकी गति को न समझने वाले व्यक्ति को टूटना ही होगा।

वैयक्तिकता के अतिरिक्त छायावादी या स्वच्छन्दतावादी युग की दूसरी प्रमुख विशेषता रही है अतीत के प्रति रागोन्मुखता। प्रसाद के काव्य-नाटक में इसे देखा जा सकता है। इस रागोन्मुखता की अभिव्यक्ति किशोरीलाल गोस्वामी के ऐतिहासिक उपन्यासों में हो चुकी थी। पर उनके उपन्यास कल्पनाविलास अधिक है। इस दिशा में सर्वाधिक महत्वपूर्ण प्रयास वृन्दावनलाल वर्मा का है।

वृन्दावनलाल वर्मा (१८८६-१६६६) ने अपने ऐतिहासिक उपन्यासों की विषय-वस्तु का चुनाव मध्यकाल से किया। प्रसाद की 'इरावती' की भाँति उन्होंने प्राचीन भारत से कथावस्तु नहीं ग्रहण की। इसके दो मुख्य कारण प्रतीत होते हैं—एक तो यह कि मध्यकाल की रूमानियत वर्मा जी की मानसिक वृत्ति के अधिक अनुकूल पड़ी, दूसरा यह है कि वे जिस क्षेत्र (बुंदेलखण्ड) में रहते थे वह क्षेत्र मध्यकालीन शौर्य के कारण ही विख्यात है। इस क्षेत्र और उसके इतिहास से उनका अधिक लगाव होना स्वाभाविक था।

बुंदेलखण्ड के नदी-नाले, छोटे-बड़े दुर्ग और उनके भग्नावशेष, हरी-भरी तथा खल्वाट पहाड़ियाँ, ऊँची-नीची असम जमीन, भव्य वीरानगी अपने आप में रोमैंटिक हैं। वर्मा जी ने उन्हें निकट से देखा है, उनसे संबद्ध वृत्तों का आधिकारिक अध्ययन किया है। लोक-प्रचलित अनुश्रुतियों और किंवदन्तियों का जीवंत परिचय प्राप्त किया है। इस परिवेश से जिस एक रोमानी चेतना का प्रादुर्भाव हुआ उसे वर्मा जी ने अपने उपन्यासों में पुनर्जीवित करने का प्रयास किया है।

कुंडलीचक्र, अमरबेल और अचल मेरा कोई जैसे कुछेक सामाजिक उपन्यासों को छोड़कर गढ़कुंडार, विराटा की पद्मिनी, झाँसी की रानी लक्ष्मीबाई, मुसाहिबजू, कचनार, मृगनयनी, भुवन विक्रम, माधव जी सिंधिया आदि ऐतिहासिक उपन्यास हैं। गढ़कुंडार, विराटा की पद्मिनी आदि उपन्यास ऐतिहासिक रोमांस हैं—प्रेम रोमांस कहना अधिक संगत है। बुंदेलों की आन-बान, शौर्य-पराक्रम आदि के बारे में भी रोमैंटिक दृष्टिकोण ही अपनाया गया है।

'झाँसी की रानी लक्ष्मीबाई' के परिवेश निर्माण तथा वर्णन में सजीवता होने पर भी यह बहुत कुछ ऐतिहासिक डाकुमेंट्री हो गया है। मृगनयनी उसका सर्वश्रेष्ठ ऐतिहासिक उपन्यास है। इसमें न तो गढ़कुंडार की तरह मात्र रोमांचकता (थ्रिल) है और न विराटा की पद्मिनी की तरह भावुकतापूर्ण और रहस्यमयी प्रेमगाथा। 'झाँसी की रानी' की तरह इसे इतिवृत्तात्मक भी नहीं बनाया गया है। इसका रोमांस अपेक्षाकृत अधिक संयमपूर्ण और नैतिक है।

ऐतिहासिक वृत्त के अलावा इस उपन्यास में जनश्रुतियों, किंवदन्तियों तथा कल्पना का ऐसा मिश्रण किया गया है कि इसमें अपेक्षित संतुलन आ गया है। इस सन्तुलन का केन्द्रवर्ती पात्र मृगनयनी है। वह लोक जीवन और सामंतीय जीवन को मिलाती है, और साहित्य, संगीत और कला का प्रवर्धन और उन्नयन करती है, मानसिंह को शृंगार और वीरता में प्रशिक्षित करती है। देशप्रेम का स्वर भी इसमें कम मुखर नहीं है।

मानसिंह तोमर के समस्त, क्रिया-कलापों की मूल प्रेरक शक्ति मृगनयनी ही है। यों वह स्वयं में वीर, कलाप्रिय और प्रजावत्सल है। फिर भी मानसिंह की समस्त योजनाओं पर मृगनयनी के सौन्दर्य और संयम की छाप है। वर्मा जी के अन्य उपन्यासों में रोमांस की प्रधानता है तो इसमें उसके साथ सांस्कृतिक जीवन की झाँकियाँ भी सन्निविष्ट हो गई हैं।

इस स्वच्छन्दतावादी युग में मध्यकालीन ऐतिहासिक वृत्त को लेकर भी जड़ रूढ़ियों को तोड़ा गया है। मृगनयनी और मानसिंह का विवाह स्वयं में ही जड़ता पर प्रहार और प्रगतिशीलता का सूचक है। पुजारी की अनुमति न मिलने पर भी लाखी-अटल का अन्तर्जातीय विवाह हो जाता है। प्रेमचन्द वैवाहिक जीवन के सुधारवादी पक्ष तक ही सीमित थे। प्रसाद ने इन्द्रदेव और शैला का विवाह कराया है। किंतु उसमें भी धार्मिकता को अजीब प्रश्रय दिया गया है। लेकिन यहाँ पर पुरोहित की अनुज्ञा के विरुद्ध प्रेम-विवाह होता है इसे रोमैंटिसिज्म का अगला कदम कहा जा सकता है।

मृगनयनी के चरित्रों में व्यक्तित्व की अद्‌भुत गरिमा है। अपने कर्तव्य, प्रेम, पारिवारिक संबंधों के प्रति अचूक निष्ठा है। मृगनयनी की अपेक्षा लाखी अधिक रोमैंटिक है। पर मृगनयनी अधिक महत्वाकांक्षिणी तथा स्वप्नदर्शी है। वह सोचती है—'जहाँ भी रहें इस प्यारी नदी की दमकती सी कल्लोलिनी धारा को अपने पास में रखूँ। बाहर जाऊँ तो क्या इसको बाँधकर समेटकर नहीं ले जाया जा सकता.... पहाड़ों की ऊँचाइयाँ एक स्थल पर क्यों न इकट्‌ठा कर लूँ ? बड़े-बड़े पेड़ों के बन्दनवार बना लिए जायँ और डालियों पत्रों के साजों के झरोखे....'

अंग्रेजी के प्रसिद्ध उपन्यासकार स्काट की तरह वर्मा जी के उपन्यासों में अतीत को स्वच्छन्दतावादी कल्पना द्वारा पुनः सर्जित किया गया है। उनमें मानवीय संवेगों के विविध रूपों, करुणा, दया, साहस आदि के जीवंत चित्र मिलेंगे। मध्यकालीन जीवन मूल्यों के प्रति जगह-जगह जो झुकाव दिखाई पड़ता है वह स्वच्छन्दतावादी युग के सर्वथा अनुरूप है। उपन्यासों के विन्यास में नियति, साहस, आश्चर्य आदि का पर्याप्त योग है। वर्मा जी के औपन्यासिक विन्यास में कल्पना का समुचित योग है। उन्होंने नए पात्र और नई स्थितियों को अन्वेषित किया है। इतिहास की परिकल्पना नई न होते हुए भी गत्यात्मक है और उपन्यास

की परिकल्पना नाटकीय। उनके पात्रों, बदलते हुए दृश्यों में गति है, दृश्यमानता है। उनके पात्र अपनी भूमिका का उचित निर्वाह करते हैं पर वर्मा जी उनकी गहरी मनोवैज्ञानिकता में नहीं उतर सके हैं। यहाँ पर वे परवर्ती ऐतिहासिक उपन्यासकारों से अलग हो जाते हैं। अपनी सारी ऐतिहासिकता के बावजूद वे वास्तविक इतिहास के निर्माता सामान्य मनुष्यों को नहीं विस्मृत कर सके हैं।

वृन्दावनलाल वर्मा की तरह **चतुरसेन शास्त्री** (१८८८-१९६०) मुख्यतः स्वच्छन्दतावाद काल के ही उपन्यासकार हैं, यद्यपि वे भी वर्मा जी की तरह ही २०वीं शताब्दी के ५वें दशक तक लिखते रहे हैं। व्यभिचार, हृदय की प्यास, अमर अभिलाषा, आत्मदाह आदि प्रारंभिक उपन्यासों में विकृत प्रेम और विधवा-विवाह की समस्या को ही चित्रित किया गया है। पर उनकी कीर्ति का आधार 'वैशाली की नगरवधू' (१९४८) है। इसके बाद भी उनके अनेक उपन्यास प्रकाशित हुए—पूर्णाहुति, रक्त की प्यास, अपराजिता, वयंरक्षामः (दो भाग), सोमनाथ, आलमगीर आदि। इनमें भी 'वयंरक्षामः' और सोमनाथ उल्लेख्य हैं।

'वैशाली की नगरवधू' एक वृहद्काय महत्वाकांक्षापूर्ण उपन्यास है। वैशाली के 'धिक्कृत कानून' के तहत आम्रपाली को, जो सर्वश्रेष्ठ सुन्दरी घोषित की जाती है, नगरवधू बनने के लिए बाध्य होना पड़ता है। अपनी इच्छा के विरुद्ध नगरवधू बनने की आग में वह जीवन-पर्यन्त जलती रही। वैशाली से प्रतिशोध लेने की आकांक्षा ने उसे कई पुरुषों की बाँहों का आश्रय लेना पड़ा। अन्ततोगत्वा वह भगवान गौतमबुद्ध की शरणागत हो जाती है।

यदि शास्त्री जी ने इसमें अनेकानेक घटनाओं, कथाओं, पात्रों, यौन विकृतियों, अतिप्राकृत तत्त्वों आदि के समावेश द्वारा इसके विन्यास को क्षतिग्रस्त न किया होता तो अंबपाली की जटिल मानसिकता को उजागर करने के अधिक अवसर मिलते। इसमें इतिहास-रस तो है लेकिन इतिहास-रस उपन्यास-रस नहीं होता। सोमनाथ पर कन्हैया लाल माणिक लाल मुंशी के 'जय सोमनाथ' का प्रभाव है तो 'वयंरक्षामः पर माइकेल मधुसूदन दत्त के 'मेघनाद-वध' की छाया।

पांडेय बेचनशर्मा 'उग्र' (१९०१-१९६१) को वाद-विशेषज्ञ विद्वानों ने जोला के प्रकृतवादी-यथार्थवादी प्रवृत्ति का उपन्यासकार कहते हुए उनकी रचनाओं पर अश्लीलता का आरोप लगाया है। किन्तु जोला का नग्न यथार्थवाद उग्र में नहीं है। उग्र ने समाज के उन गलीज फोड़ों पर नश्तर लगाया है जिनसे समाज के सारे शरीर में विष व्याप्त होने का खतरा था। अपने युग के अन्य साहित्यकारों की तरह वे सुधारवादी ही थे और भारतीय परंपरा में उनकी अटूट निष्ठा थी। अपनी सुधारवादी परिणतियों के कारण उनकी क्रान्तिकारिता में कमी आ जाती है। चन्द हसीनों के खुतूत, दिल्ली का दलाल, बुधुवा की बेटी, शराबी, घंटा, सरकार तुम्हारी आँखों में, कढ़ी में कोयला, जी जी जी, फागुन के दिन चार और जूह उनके उपन्यास हैं।

स्वच्छन्दतावाद काल में कविता और उपन्यास दोनों में मुक्त प्रेम की कल्पना की गई। कविता में भाव के स्तर तक ही सीमित होने के कारण इसके मूल में छिपी अन्य प्रवृत्तियाँ अलक्षित रह जाती हैं। पर उपन्यास में ब्योरों का भी महत्व होता है। औपन्यासिक ब्योरों

से जाहिर है कि प्रेम को केवल मानवीय स्तर पर ही स्वीकार करने का समय अभी नहीं आया था। चंद हसीनों के खुतूत में नर्गिस ने यह सवाल उठाया है—'औरत का दिल ऐसी चीज नहीं जिसे आज हिन्दू कल मुसलमान कह दिया जाय।' फिर भी वैवाहिक बंधन में बँधने के लिए प्रसाद की शैला की भाँति नर्गिस को भी हिन्दू होना पड़ता है। 'दिल्ली का दलाल' में स्त्रियों का व्यापार करने वाले समाज की पोल खोली गई है और उसकी गिरफ्त में पड़ी हुई औरतों का दो आर्यसमाजी युवकों द्वारा उद्धार कराया गया है।

उपर्युक्त दोनों उपन्यासों की तरह बुधुवा की बेटी (मनुष्यानन्द) पर भी आर्यसमाज का प्रभाव है। अछूतों और दलितों को तब तक सवर्णों का शिकार होना पड़ेगा जब तक उन्हें बराबरी का सामाजिक स्तर नहीं मिलता। इसमें रधिया का पुरुष मात्र के प्रति बदला लेने की भावना को मनोवैज्ञानिक स्तर पर उभारा गया है।

'शराबी' उनका सबसे उत्तम उपन्यास है, किन्तु सुधारवाद इस पर भी हावी है। वेश्या-जीवन के चटकीले वर्णनों के बावजूद इसके सुधारवाद और हिन्दी के पहले उपन्यास 'परीक्षागुरु' के सुधारवाद में अनेक समानताएँ मिलती हैं। वेश्या जवाहर हिन्दी उपन्यास में चित्रित प्रायः सभी वेश्याओं की तरह अपना सतीत्व सुरक्षित रखती है और आवारा मानिक उससे विवाह करने के बाद शरीफ हो जाता है।

'घंटा' उपन्यास शिल्प की दृष्टि से एक नया प्रयोग है। इसे फैंटेसी कहा जा सकता है। घंटा भारतीय संस्कृति का प्रतीक है जो अन्याय और अनैतिकता पर कहर ढाता है। इसके माध्यम से वह अशोक गाँधी की शांति के सामने कैसर के युद्धोन्माद को हेठी दिखाता है। स्वच्छन्दतावादी प्रवृत्ति के अनुरूप इसमें भारतीय संस्कृति, जातीयता, त्याग, संतोष, दया आदि को उभारने की कोशिश की गई है। उनके अन्य उपन्यासों में भी सुधारवाद ही सवोपरि है।

'उग्र' पर अश्लीलता का आरोप लागू नहीं होता। पर सुधारवादी होने का आरोप लगाया जा सकता है। उग्र के उपन्यासों में प्रयोग है, विषय-वस्तु के नए आयाम हैं, भाषा की नवीनता और ताजगी है। यदि नहीं है तो जीवन के प्रति गंभीर दृष्टि। इसलिए नये आयामों वाले उपन्यास सतह पर ही ठिठके दिखाई पड़ते हैं। गंभीरता के अभाव में प्रसंग आने पर भी वे मानसिक जटिलता को बचा जाते हैं।

इलाचन्द्र जोशी (१६०२) मनोविश्लेषणात्मक उपन्यासकार हैं। उन्होंने अपने उपन्यासों में प्रायः अवचेतन मन की गुत्थियों, कुंठाओं, ग्रंथियों को सुलझाया है। कहीं-कहीं तो ऐसा प्रतीत होता कि वे मनोविज्ञान की पुस्तकों में वर्णित मनोवैज्ञानिक केसों को औपन्यासिक रूप दे रहे हैं। संन्यासी, पर्दे की रानी, प्रेत और छाया, निर्वासित, जहाज का पंछी आदि उनके उपन्यास हैं।

छायावादी कवियों में प्रसाद के अतिरिक्त **निराला** ने भी कई उपन्यास लिखे—अप्सरा, अलका, निरूपमा, प्रभावती, चोटी की पकड़। अप्सरा में वेश्या की कन्या कनक और उसके उद्धारकर्ता और प्रेमी से विवाह की सामान्य कथा है। अलका में वियुक्त पति-पत्नी का पुनर्मिलन चित्रित किया गया है। 'निरुपमा' की प्रेम-कहानी पर बंगाली भावुकता की छाप

होते हुए भी प्रेम के मानवीय पक्ष को उजागर किया गया है। प्रारम्भ में भाषा काव्यात्मक और अलंकृत दिखाई देती है किंतु क्रमशः वह सहजता की ओर बढ़ती गई है।

कुल्लीभाट और बिल्लेसुरबकरिहा की गणना भी संस्मरणात्मक उपन्यासों में की जानी चाहिए। समाजिक व्यंग्य की दृष्टि से दोनों बेजोड़ हैं।

सियारामशरण गुप्त ने तीन उपन्यास लिखे हैं—गोद, अंतिम आकांक्षा और नारी। इसमें नारी का सात्विक स्नेह, वेदना, करुणा आदि का भावुकतापूर्ण चित्रण हुआ है जो भारतीय परम्परा के सात्विक पक्ष को प्रस्तुत करते हैं।

राजा राधिकारमण प्रसाद सिंह (१८९०-१९७१) की गणना सुप्रसिद्ध उपन्यासकार और गद्यशैलीकार के रूप में की जाती है। राम-रहीम, पुरुष और नारी, टूटा हीरा, सूरदास, संस्कार, माया मिली न राम, अपनी-अपनी नजर अपनी-अपनी डगर इनके उपन्यास हैं। इनमें 'राम-रहीम' सबसे अधिक प्रसिद्ध हैं।

इस काल के अन्य उपन्यासकारों में भगवती प्रसाद वाजपेयी, प्रतापनारायण श्रीवास्तव, श्रीनाथ सिंह, अवधनारायण, धनीराम प्रेम, विश्वरम्भनाथ जिज्ञा, प्रफुल्लचन्द्र ओझा, जहूरबख्श आदि के नाम उल्लेखनीय हैं।

कहानियाँ

इस युग में कहानियों को भी जीवन की नई समस्याओं से जोड़ने का प्रयास पहले पहल प्रेमचन्द ने ही किया। उनके उपन्यासों और कहानियों के विकास में एक समानान्तरता मिलती है। दोनों की विधाओं में वे आदर्श से यथार्थ की ओर अग्रसर हुए हैं। इसे उनकी पहली हिन्दी कहानी सौत (१९१५) से आखिरी कहानी 'कफ़न' (१९३६) तक की विकास-यात्रा में देखा जा सकता है। यों 'कफन' के कुछ महीने बाद 'कश्मीर सेब' का प्रकाशन हुआ। अतः काल की दृष्टि से यह अंतिम कहानी है। किन्तु स्वयं कहानी महत्वपूर्ण नहीं है।

(१९१६-२०) तक के समय को उनकी कहानियों का उन्मेष काल माना जा सकता है। पंच परमेश्वर (१९१६) नमक का दारोगा, बड़े घर की बेटी, रानी सारन्धा, शंखनाद, बैंक का दिवाला, बूढ़ी काकी (१९१९), आदि इसी कालावधि में लिखी गई हैं। जैसा उनके उपन्यासों के प्रसंग में कहा गया है, उन्होंने बहुत समय तक पुराने आदर्शों को पुनः प्रतिष्ठित करने की चेष्टा की। 'पंच परमेश्वर' में ग्रामपंचायत के अपने आदर्श को ही उभारा गया है, 'नमक का दारोगा' में नौकरी की ईमानदारी और 'बड़े घर की बेटी' में संयुक्त परिवार की मर्यादा प्रतिष्ठित की गयी है। ये कहानियाँ आदर्शात्मक, इतिवृत्तात्मक और घटनाबहुल हैं।

किंतु प्रेमचन्द की कहानियों के विकास का दूसरा चरण १९२० के बाद आरम्भ होता है। विकास की यह स्थिति सन् १९३० तक मानी जा सकती है। इस दशक में लिखी गई कहानियों को देखने से पता लगता है कि उनके रचनात्मक दृष्टिकोण में पर्याप्त परिवर्तन हुआ। अब आदर्श की नियमानुवर्तिता के चक्कर से उबर कर वे यथार्थ का साक्षात्कार करते हुए प्रतीत होते हैं। वे स्थूल इतिवृत्तात्मकता को पीछे छोड़कर संवेदना को छूते हुए नजर

आते हैं। चरित्रों के चित्रण में मनोवैज्ञानिक सूक्ष्मताओं का समावेश भी उनमें आ गया है। नाटकीयता तथा व्यंग्य के पैनेपन के कारण उनमें जीवन्तमयता और प्रभावान्विति की घनता आ गई है।

माता का हृदय, मैकू, आत्माराम, गरीब की हाय, दुर्गा का मन्दिर, वज्रपात, सेवामार्ग, आभूषण, शतरंज के खिलाड़ी आदि कहानियाँ इसी समय लिखी गईं।

उनकी कहानियों के विकास के तीसरे चरण में (१६३०-३६) नशा, मिस पद्मा, पूस की रात (१६३०) कफन आदि कहानियाँ आती हैं। इन कहानियों में वे सामान्यतः यथार्थवादी हो गए हैं। संवेदना की पकड़ और गहरी हो गई है, मनोवैज्ञानिकता सूक्ष्मतर हो उठी है। इस कालावधि के आखिर में आदर्श से उनका पूर्ण मोहभंग हो चुका था। 'पूस की रात' में किसान जीवन से चिपके रहने का स्वप्न टूट जाता है। कहानी का नायक 'गोदान' को गोबर की भाँति मजदूरी की ओर बढ़ता है।

'कफन' तो अत्याधुनिक कहानी है। इसमें तो सभी पुराने संस्कार, धार्मिक रूढ़ियाँ, संवेदना का बना बनाया ढाँचा सभी टूट कर चकनाचूर हो जाते हैं। जिस मूल्यहीनता, अलगाव और आधुनिकता की आज चर्चा की जाती है क्या वह 'कफन' में नहीं है? गैसेट ने कला के जिस अमानवीकरण (डीह्यूमनाइजेशन) का उल्लेख किया है वह यहाँ पर भी है। पूँजीवादी व्यवस्था में गरीब तबके के मजदूर अपने उत्पादन तथा उत्पादन के साधनों से अलग होकर अपने संबंधों और समाज से अलग हो जाते हैं। इसके फलस्वरूप उनकी मानवीय संवेदनाएँ भी समाप्त हो जाती हैं। घीसू और माधव ऐसे ही संवेदनाशून्य पात्र हैं। जो लोग कफन में अस्वाभाविकता देखते हैं वे यथार्थ का अर्थ नहीं समझ पाते। 'कफ़न' में अलगाव की स्थिति अनजाने और ऐतिहासिक माँग के फलस्वरूप आई है। 'मानसरोवर' के आठ भागों में उनकी कहानियाँ संगृहीत हैं।

विश्वम्भरनाथ शर्मा 'कौशिक', विश्वम्भरनाथ जिज्ञा, सुदर्शन, ज्वालादत्त शर्मा आदि प्राँरभिक लेखक प्रेमचन्द के ढंग पर आदर्शोन्मुखी यथार्थवादी कहानियाँ लिख रहे थे। उनकी कहानियाँ घटनाप्रधान और इतिवृत्तात्मक हैं। भाषा के स्तर पर भी उनमें सपाटता और साफगोई है। चित्रशाला, मणिमाला, कल्लोल 'कौशिक' के कहानी संग्रह हैं। जिज्ञा की कहानियों का संग्रह 'घूँघट वाली' नाम से प्रकाशित हुआ है। सुदर्शन-सुधा, तीर्थयात्रा, पुष्पलता, गल्पमंजरी सुप्रभात आदि पुस्तकों में सुदर्शन की कहानियाँ संगृहीत हैं।

जिस समय प्रेमचन्द आदर्शोन्मुखी कहानियाँ लिख रहे थे, उसी समय बहुत से कहानीकार स्वच्छन्दतावादी या रोमैंटिक कहानियों का सृजन कर रहे थे। प्रसाद, जैनेन्द्र, उग्र, निराला, सियारामशरण गुप्त, हृदयेश तो मुख्य रोमैंटिक कहानीकार हैं ही। शेष वे लोग भी जिन्हें प्रेमचन्द संस्थान का कहानीकार कहा जाता है वे भी रोमैंटिक ही हैं। चन्द्रधर शर्मा गुलेरी, राजा राधिकारमण प्रसाद सिंह, भगवतीप्रसाद वाजपेयी, चतुरसेन शास्त्री, विनोदशंकर व्यास, वाचस्पति पाठक आदि की कहानियाँ मूलतः रोमैंटिक हैं।

आश्चर्य तब होता है जब **चन्द्रधर शर्मा गुलेरी** (१८८३-१६२२) को शोधग्रन्थों तक में प्रेमचन्द संस्थान का कहानीकार घोषित कर दिया जाता है। संस्थानवादी आलोचक

कहानीकार गुलेरी को प्रेमचन्द संस्थान का मानते हैं तो निबंधकारक गुलेरी को व्यक्तित्व-व्यंजक निबंधकार कहते हैं। इतिहास-दृष्टि का अभाव इसी प्रकार का अन्तर्विरोध पैदा करता है। गुलेरी जी जो निबंधों में थे वही कहानी में भी थे यानी वे रोमैंटिक कहानीकार थे। उनकी प्रसिद्ध कहानी 'उसने कहा था' का परिवेश, स्थानीय रंग, चारित्रिक आदर्श, प्रेम के लिए सब कुछ उत्सर्ग कर देने का उत्साह आदि स्वच्छन्दतावाद के मेल में है। 'गुलेरी जी की अमर कहानियाँ' में उनकी तीन कहानियाँ संगृहीत हैं। उन्होंने कुल तीन ही कहानियाँ लिखीं। पर उनकी कीर्ति का आधार 'उसने कहा था' ही है।

प्रसाद समग्रतः रोमैंटिक कलाकार हैं। उनकी कहानियों में स्वच्छन्दतावादी तत्व उसी सघनता में मिलते हैं जिस सघनता में उनके काव्य में दिखाई पड़ते हैं। कहानी और कविता एक दूसरे के काफी निकट पड़ने वाली विधाएँ हैं। कविता की तरह उनकी कहानियाँ भी प्रगीतात्मक हैं। प्रसाद के प्रगीतों की मुख्य विषयवस्तु प्रेम और सौन्दर्य है। उनकी कहानियों में इन्हीं की प्रमुखता है। अतीत के प्रति आसक्ति होने के कारण कुछ कहानियों में उसकी चेतना भी बद्ध है।

प्रसाद के कहानीकार के विकास की भी तीन मंजिलें हैं:—प्रारंभिक, विकासात्मक और प्रौढ़। प्रथम मंजिल को १६११ से १६२६ तक, द्वितीय को १६२६ से १६३३ तक और तृतीय को १६३१ से १६३६ तक माना जा सकता है। उनकी पहली कहानी 'ग्राम' १६११ में'इंदु' में छपी। प्रारंभिक काल में उनके दो कहानी संग्रह छपे—छाया और प्रतिध्वनि। 'छाया' की कहानियाँ प्रेमवृत्त पर आधारित हैं, उनमें कथातत्व अत्यन्त झीना है। उनमें प्रायः प्रकृति के काव्यपरक चित्रणों का समावेश किया गया है। 'प्रतिध्वनि' में भावात्मकता और भी गहरी हो गई है। भाव-विवृति के साथ कुछ अतीतोन्मुखता और छायावादी रहस्योन्मुखता भी है। 'छाया' नाम छायावाद युग का भी द्योतक हो सकता है।

सन् १६२६ से १६३३ के बीच भी उनके दो कहानी संग्रह प्रकाशित हुए—'आकाशदीप' और 'आँधी'। 'आकाशदीप' में संगृहीत अधिकांश कहानियाँ मानसिक अन्तर्द्वन्द्व की कहानियाँ हैं। विकास की इस मंजिल पर कहानियों को कथानक मिल गया है। उनमें नाटकीयता का भी समावेश हो गया है। संवेदना की दृष्टि से इनमें अजीब करुण अवसाद की अभिव्यक्ति हुई है। 'आकाशदीप' कहानी में प्रेम और घृणा की गहन आवेगमयता की गहरी टकराहट है। 'विसाती' और 'सुमन्द संतरण' में कहानी के रूप में लिखे गए प्रगीत की पूर्णता है। 'आँधी' में प्रसाद यथार्थवादी समस्याओं से टकराते हैं। इसी कारण ये कहानियाँ विफल भी हुई हैं।

'इन्द्रजाल' (१६३६) में उनकी तृतीय मंजिल की कहानियाँ सम्मिलित की गई हैं। 'आँधी' का गर्दोगुबार प्रसाद को प्रिय नहीं है। इसलिए वे 'इन्द्रजाल' की ओर लौट आते हैं। इन कहानियों के फलक पर व्यक्ति मन की रहस्यमयी उलझनों को अधिक संयमित ढंग से आँकने का प्रयास किया गया है। इसलिए इनमें भावों का बहाव उतना नहीं है जितना उनका विश्लेषण। 'सालवती' और 'गुंडा' इस संग्रह की श्रेष्ठ कहानियाँ हैं।

प्रसाद की कहानियाँ अपने ढंग की अद्वितीय हैं। इसलिए उनके ढंग पर लिखी

गई कहानियाँ समादृत नहीं हो सकीं। प्रेमचन्द की कहानियों में जीवन की जो विविधताएँ दिखाई देती हैं वे प्रसाद की कहानियों में नहीं मिलेंगी, पर मनोजगत् की गहराइयों में उनकी अद्‌भुत पैठ है। वह मनोजगत् यथार्थ से दूर कल्पना के निकट है, रम्य है, विस्मयावह है, रहस्यात्मक है।

प्रेमचन्द की बहुत सारी कहानियों में घटनाओं का अतिरेक है तो प्रसाद में भावों का। भावों को वहन करने के लिए उन्होंने काव्यमयी भाषा का प्रयोग किया है। अमूर्त भावों का अमूर्तन बिम्बों, प्रतीकों के साथ-साथ लगता है जगह-जगह छायावादी काव्य की पंक्तियाँ रख दी गयी हैं । कहानियों में जहाँ कहीं रूपचित्रण आया है वह अतिशय काव्यमय हो उठा है। वातावरण निर्माण की कला में भी वे बेजोड़ हैं।

निबंध

पुनर्जागरण युग में निबंध-लेखन का सूत्रपात हुआ। पूर्व-स्वच्छन्दतावादी युग में वह किंचित् वैचारिक हो चला। बालकृष्णभट्ट, महावीरप्रसाद द्विवेदी, श्यामसुन्दरदास की निबंध-परंपरा रामचन्द्र शुक्ल में अपनी पराकाष्ठा पर जा पहुँची। वस्तुतः शुक्ल जी इस काल के सर्वश्रेष्ठ निबंधकार हैं।

इनके निबंधों को दो श्रेणियों में बाँटा जा सकता है—मनोविकार संबंधी निबंधों की श्रेणी और आलोचनात्मक निबंधों की श्रेणी। शुद्ध निबंध विधा के रूप में पहली कोटि के निबंधों की गणना होगी। इस तरह के निबंध चिंतामणि भाग १ में संगृहीत हैं। चिंतामणि भाग २ में आलोचनात्मक निबंध संकलित हैं।

मनोविकार संबंधी निबंधों को लेकर कुछ लोग यह कहते हुए पाए गए कि ये साहित्यिक निबंध नहीं हैं। पर इन निबंधों में केवल शुक्ल जी के विचार ही नहीं अभिव्यक्त हुए हैं बल्कि उनका अपना व्यक्तित्व भी प्रकाशित हुआ है। पुस्तक के निवेदन में उन्होंने लिखा है—'इस पुस्तक में मेरी अन्तर्यात्रा में पड़ने वाले कुछ प्रदेश हैं। यात्रा के लिए निकलती रही है बुद्धि पर हृदय को भी साथ लेकर। अपना रास्ता निकालती रही है बुद्धि, जहाँ कहीं मार्मिक या भावाकर्षक स्थलों पर पहुँची है, वहाँ हृदय थोड़ा बहुत रमता अपनी प्रवृत्ति के अनुसार कुछ कहता गया है।' जाहिर है निबंधों में बुद्धि के साथ हृदय का भी यथोचित योग है।

'हिन्दी साहित्य का इतिहास' में निबंधों में व्यक्तिगत विशेषता की बात उन्होंने स्वयं स्वीकार की है। पर व्यक्तिगत विशेषता के लिए विचारों की शृंखला को तोड़ना और अर्थ योजना को विकृत कराना तथा भाषा की कसरत या हठयोग का आसन कराना उन्हें मान्य नहीं था। साहित्य की किसी विधा में भी वे तमाशा दिखाने के प्रबल विरोधी थे। प्रत्येक स्थिति में कोई बात अवश्य चाहिए जो लोक सामान्य की प्रकृति के अनुरूप हो।

मनोविकार संबंधी उनके कई निबन्ध हैं—भाव या मनोविकार, उत्साह, श्रद्धा भक्ति, करुणा, लज्जा और ग्लानि, लोभ और प्रीत, घृणा, ईर्ष्या, भय और क्रोध। शुक्ल जी के पहले बालकृष्ण भट्ट, प्रतापनारायण मिश्र और माधव प्रसाद मिश्र इस दिशा में पहल कर चुके

थे। इस संदर्भ में भट्ट जी के 'आत्मनिर्भरता', मिश्र जी के 'मनोयोग' और माधव प्रसाद के 'धृति और क्षमा' निबन्ध उल्लेख्य हैं।

यह पूरा युग ही मुख्यतः अन्तर्यात्रा का युग है। इसलिए शुक्ल जी ने मानोविकारों को अपने निबन्धों का विषय बनाया। इस निबन्धों पर शैंड के 'फाउन्डेशन आफ कैरेक्टर' का पूरा प्रभाव है जिसे शुक्ल जी ने अपने ढंग से ग्रहण किया है किंतु इस निबन्धों में उनकी भारतीय सांस्कृतिक-सामाजिक दृष्टि कहीं लुप्त नहीं हुई है। अधिकांश निबन्धों के बीच-बीच गोस्वामी जी की रचनाओं के अंश उद्धृत हैं। इससे स्पष्ट है कि गोस्वामी जी की कृतियों द्वारा रचा गया उनका मानस उनके निबंधों में भी साथ था।

यह आकस्मिक नहीं है कि जिस समय ये निबंध लिखे जा रहे थे उसी समय प्रसाद की कामायनी भी लिखी जा रही थी। कामायनी के सर्ग हैं—चिन्ता, श्रद्धा, काम, लज्जा, कर्म, ईर्ष्या, इड़ा आदि। शुक्ल जी इनमें से अधिकांश को निबंध का विषय बनाया। इसलिए उनमें गुणात्मक अन्तर आ गया। पर श्रद्धा दोनों को काम्य थी। एक ऐतिहासिक प्रक्रिया में दोनों एक ही विषय के संबंध में सोच रहे थे।

इन निबंधों को लिखते समय वे 'रसमीमांसा' की भी तैयारी करते हुए प्रतीत होते हैं। लोभ और प्रीति के अंत में वे शृंगार रस के दो पक्षों—संयोग और वियोग—का भी उल्लेख करते हैं। करुणा के प्रसंग में भी वे वियोग का उल्लेख करते हैं। श्रद्धा और भक्ति में तो स्पष्टतः भक्तिरस है ही।

इनके निबंधों का उल्लेख करते हुए प्रायः दो बातें विस्मृत कर दी जाती हैं—एक मनोविकार का दूसरे से स्पष्ट अलगाव और मनोविकारों का सामाजिक अनुषंग। जैसे, 'श्रद्धा का व्यापार स्थल विस्तृत है, प्रेम का एकांत। प्रेम में घनत्व अधिक है, श्रद्धा में विस्तार।' 'लोभ सामान्योन्मुख होता है, प्रेम विशेषोन्मुख।' 'श्रद्धा और प्रेम के योग का नाम भक्ति है।'

वे प्रत्येक विषय को कर्म से जोड़ देते हैं—'हमारे अन्तःकरण में प्रिय के आदर्श रूप का संघटन उसके शरीर या व्यक्ति मात्र के आश्रय से हो सकता है पर श्रद्धेय के आदर्श रूप का संघटन उसके फैलाए हुए कर्म तंतु के उपादान से हो सकता है।' भक्ति का उल्लेख करते हुए वे कहते हैं कि राम और कृष्ण मानव जीवन में पूर्णरूप से सम्मिलित थे। करुणा के संबंध में भी उसका कहना है—'सामाजिक जीवन की स्थिति और पुष्टि के लिए करुणा का प्रसार आवश्यक है।' इस तरह की मानवीय प्रवृत्तियाँ मरती जा रही हैं। इनको जिन्दा रख करके ही मनुष्य को सजीव बनाया जा सकता है।

वे सामाजिक जीवन के लिए क्रोध की आवश्यकता महसूस करते हैं। 'क्रोध के निरोध का उपदेश अर्थ-परायण और धर्म-परायण दोनों देते हैं। पर दोनों में जिसे अति से अधिक सावधान रहना चाहिए वही कुछ भी नहीं रहता। बाकी रुपया वसूल करने का ढंग बताने वाला चाहे कड़े पड़ने की शिक्षा दे भी दे, पर धज के साथ धर्म की ध्वजा लेकर चलने वाला धोखे में भी क्रोध को पाप का बाप ही कहेगा। क्रोध रोकने का अभ्यास ठगों और स्वार्थियों को सिद्धों और साधकों से कम नहीं होता।'

प्रश्न होता है कि उनके निबन्धों की रचनात्मकता कहाँ है ? कहा जाता है कि वे

पहिले अपनी बात को सूत्र रूप में कहते हैं, फिर उसकी व्याख्या करते हैं और अंत में उसे सोदाहरण स्पष्ट करते हैं। यह तो हुई उनकी वैचारिक पद्धति। तत्वचिंतक और निबन्ध लेखक का अन्तर बताते हुए वे कहते हैं—'तत्वचिंतक या वैज्ञानिक से निबन्ध लेखक की भिन्नता इस बात में भी है कि निबन्ध लेखक जिधर चलता है अपनी संपूर्ण मानसिक सत्ता के साथ अर्थात् बुद्धि और भावात्मक हृदय दोनों लिए हुए।' इसी से उनके निबन्धों को रचनात्मकता मिलती है।

उनके वैचारिक सम्बन्ध-सूत्र 'एक दूसरे से नथे हुए, पत्तों के भीतर की नसों के समान, चारों ओर एक जाल के रूप में फैले' रहते हैं। लेकिन उनका हृदय इधर-उधर की फूटी हुई सूत्रशाखाओं पर भी विचरता रहता है। ये सूत्र शाखाएँ वे स्वानुभूत प्रसंग हैं जिनमें व्यंग्य-विनोद, छेड़छाड़ आदि का समावेश होता चलता है।

अर्थगत विशेषता उनके लिए अधिक महत्त्वपूर्ण है। भाषा-शैली इसी के आधार पर खड़ी हो सकती। भाषा की ऐकांतिक गुहार करने वालों को शुक्ल जी से सबक लेना चाहिए।

गुलाबराय (१८८८-१९६३) मुख्यतः व्यक्तित्व-व्यंजक निबन्धकार हैं। ठलुआ क्लब, फिर निराशा क्यों, मेरी असफलताएँ, कुछ उथले कुछ गहरे आदि उनके निबन्ध संग्रह हैं। अपनी वैयक्तिकता के बावजूद उन निबन्धों में उपदेशपरकता की प्रवृत्ति है जो निबन्धों का स्वरूप विकृत कर देती है। वाक्य छोटे छोटे हैं और शब्दावली सरल है। पर दृष्टि के अभाव में निबन्धों में सपाटता आ गई है।

रघुवीरसिंह (१९०८—) 'अत्यन्त मार्मिक और चित्रमयी भावना लेकर' आये। 'शेष स्मृतियाँ' संग्रह में मुगलों के वैभव पराभव को गद्य काव्य के रूप में सहृदयता पूर्वक चित्रित किया गया है। ताजमहल, दिल्ली का लाल किला आदि के संबंध में लिखे गए निबन्ध भावात्मक शैली के उत्कृष्ट नमूने हैं।

शिवपूजन सहाय (१८९३-१९६३), पांडेय बेचन शर्मा उग्र (१९००—) और निराला तीनों 'मतवाला मंडल' के लेखक थे। सहाय जी भाषा के जादूगर माने जाते हैं। उनके निबन्धों का एक संग्रह 'कुछ' नाम से प्रकाशित हो चुका है। उनकी भाषा में एक प्रकार का आभिजात्य मिलता है जब कि उग्र और निराला की भाषा में उच्छृंखलता। पर इन दोनों में सहाय जी की भाषा की अलंकृति और सानुप्रासिक पदावली की कृत्रिमता नहीं है। उग्र ने स्वच्छन्दतावादी आदर्श और आभिजात्य को तोड़ा। इसलिए उनकी भाषा में गहरा पैनापन आ गया है।

इस काल में विषय-प्रधान निबन्ध प्रौढ़ता के शिखर पर जा पहुँचे। फलतः वैसे निबन्धों का लिखा जाना बन्द हो गया। व्यक्तित्व-व्यंजक निबन्धों की संख्या कम है। कविता के क्षेत्र में जो वैयक्तिकता इस काल में आई निबन्ध के क्षेत्र में वह बाद में पैदा हुई। कविता सबसे अधिक संवेदनात्मक विधा है। इसका पैना लेंस परिवर्तन को सबसे पहले पकड़ता है। निबन्ध में इसका प्रतिफलन बाद में होता है।

समालोचना

इस काल की आलोचना और काव्यमीमांसा का उल्लेख करते हुए **रामचन्द्र शुक्ल** ने (१८८४-१९४१) 'हिन्दी साहित्य का इतिहास' में लिखा है—'इस तृतीय उत्थान में समालोचना का आदर्श भी बदला। गुणदोष के कथन के आगे बढ़कर कवियों की विशेषताओं और उनकी अन्तःप्रवृत्ति की छानबीन की ओर भी ध्यान दिया गया।' इसके पूर्व आलोचक या तो संस्कृत काव्यशास्त्र की उद्धरणी प्रस्तुत कर रहे थे या कवियों की भावात्मक भाषा में निन्दा-स्तुति कर रहे थे। भाषा की कोई पहचान नहीं बन पाई थी। जीवन और जगत् के साथ काव्य का मेल दूर की बात थी।

उनकी जन्मभूमि बस्ती, शिक्षाभूमि मिर्जापुर और कर्मभूमि काशी थी। शिक्षा केवल हाईस्कूल तक हुई थी। मिर्जापुर में कुछ दिनों तक ड्राइंग मास्टरी की और आनन्द कादंबिनी का संपादन १९०३ में किया। सन् १९०८ में वे 'हिन्दी शब्द-सागर' से सहायक संपादक के पद पर काम करने के लिए नागरी प्रचारिणी सभा काशी में आ गए। '२१ में बाबू श्यामसुन्दरदास ने उन्हें काशी हिन्दू विश्वविद्यालय के हिन्दी विभाग में प्राध्यापक नियुक्त कर लिया। '३७ में बाबू साहब की पदनिवृत्ति के बाद हिन्दी विभाग के अध्यक्ष हुए।

सभा के अकादमीय परिवेश और उच्चतम कक्षाओं के अध्यापन के गंभीर दायित्व ने उन्हें जमकर पढ़ने-लिखने का अवसर दिया। काशी आने के पूर्व उनके दो निबंध—'साहित्य' (१९०४) 'सरस्वती' में तथा अपनी 'भाषा' पर विचार' (१९०७) 'आनन्द कादंबिनी' में प्रकाशित हो चुके थे। लेखन-चिंतन का शेष गंभीर कार्य काशी में ही सम्पन्न हुआ ।

आचार्य शुक्ल की साहित्य-यात्रा को दो मंजिलों में बाँटा जा सकता है—१९०४ से '२० तक पहली मंजिल और '२०-'४१ तक दूसरी मंजिल। पहली मंजिल को तैयारी का काल और दूसरी को प्रौढ़ काल कहा जा सकता है। पहली मंजिल पर उन्होंने 'न्यूमैन' के 'लिटरेचर' का 'साहित्य' शीर्षक से भावानुवाद किया, एडिसन के 'प्लेजर ऑफ हमैजिनेशन' को 'कल्पना का आनन्द शीर्षक' १९०५ से अनूदित किया। १९१२-१९ तक मनोविकार संबंधी जो निबंध उन्होंने लिखे वे नागरी प्रचारिणी पत्रिका में उसी अवधि में प्रकाशित होते रहे। हैकेल के 'रीडिल आफ दी यूनीवर्स' का जो अनुवाद सन् '२० में प्रकाशित हुआ उसके पाँच अध्याय में, '१२'-१९ तक की ना० प्र० प० में प्रकाशित हुए। कहना न होगा कि इन अनुवादों और निबंधों ने उन्हें नई सामाजिक दृष्टि दी जो शुक्ल पूर्व की गुण-दोष-विवेचनी पारंपरिक आलोचना में नहीं दिखाई पड़ती। मनोविकार संबंधी निबंध भी मुख्यतः सामाजिक दृष्टि से लिखे गए हैं, मनोवैज्ञानिक दृष्टि से नहीं।

शुक्ल जी की मानसिक निर्मिति पर 'विश्वप्रपंच' का विशेष प्रभाव पड़ा है जो शुक्लजी द्वारा लिखी गई उसकी विद्वत्तापूर्ण भूमिका से स्पष्ट है। शुक्ल हैकल की उक्त पुस्तक अपने समय की काफी महत्वपूर्ण पुस्तक मानी गई है। इसका उल्लेख लेनिन ने भी किया है।

इस पुस्तक की भूमिका से स्पष्ट है कि शुक्ल जी विकासवाद को स्वीकार करते

हैं। विकासवाद को स्वीकार करने का अर्थ ईश्वर को अस्वीकार करना है। वे निश्चित रूप से निरीश्वरवादी थे। पर एक चेतना सत्ता में उनका विश्वास था। वे संसार का मूल कारण इस चैतन्य या विश्वात्मा को मानते थे। वे प्रकृति की विकृति के मूल में इसी तत्त्व को लेते हैं। इस तरह वे एक ओर भौतिकवादी ठहरते हैं तो दूसरी ओर चित्‌वादी। अपनी मान्यता के फलस्वरूप वे सांख्य दर्शन के निकट पहुँच जाते हैं। लेकिन जिस रूप में भूमिका प्रस्तुत की गई वह उन्हें हीगेल का निकटवर्ती सिद्ध करती है। अतः उन्हें वस्तुनिष्ठ चित्‌वादी या भाववादी कहा जा सकता है। वस्तुनिष्ठ चित्‌वाद की असंगतियाँ उनमें मिलेंगी, पर भौतिकवाद की पक्षधरता भी उनमें कम नहीं है।

सन् '२० के बाद उनके विकास की दूसरी मंजिल शुरू होती है। तुलसीदास, जायसी और सूर पर उनकी व्यावहारिक आलोचनाएँ क्रमशः तुलसी ग्रंथावली ('२२) जायसी ग्रंथावली ('२४) और भ्रमरगीतसार ('२५) की भूमिकाओं के रूप में लिखी गई। हिन्दी साहित्य का इतिहास ('२९) भी हिन्दी शब्द सागर की भूमिका के रूप में लिख गया। '२२-'३५ के बीच उनके प्रसिद्ध सैद्धांतिक निबन्ध—काव्य में लोक मंगल की साधनावस्था, काव्य में रहस्यवाद, साधारणीकरण और व्यक्ति-वैचित्र्यवाद, काव्य में प्राकृतिक दृश्य—छपे। 'रस-मीमांसा' की मुख्य सामग्री का लेखन भी इस काल का है। '२० से '३६ तक का समय छायावाद का काल है यानी प्रसाद, नीराला, पंत का काल। इसी अवधि में प्रेमचन्द और शुक्ल जी का प्रौढ़ लेखन भी हुआ। इस समय राष्ट्रीय आन्दोलन में तेजी आ गई थी। किसान-जीवन में भी हलचल आई और बहुत सारे आन्दोलन हुए। हिन्दीजाति में अद्‌भुत ऊर्जा दिखाई पड़ने लगी। इस काल की ऊर्जा और साहित्य सर्जना में विचित्र पर सहज समानान्तरता है।

तुसली, जायसी और सूर पर लिखी गई आलोचनाओं के अतिरिक्त इतिहास में उन्हें संत कवियों, रीतिकालीन कवियों और छायावादी कवियों पर भी समीक्षाएँ लिखनी पड़ीं। अतः उनकी व्यावहारिक समीक्षा पर विचार करने तथा उनसे कुछ सामान्य सिद्धांत निकालने के लिए सभी कवियों की समीक्षाओं को ध्यान में रखना होगा। इसके साथ ही सैद्धांतिक आलोचनाओं को भी नजरअन्दाज नहीं करना होगा।

उनकी आलोचना का एक बीज शब्द है—'लोकधर्म'। इसमें धनपक्ष और ऋणपक्ष दोनों सम्मिलित हैं। धनपक्ष में इहलौकिकता, सामाजिकता, सहृदयता, आदि हैं। लोकमंगल का अर्थ है इसी लोक में सुख का विधान। आलसी, कामचोर, शोषक, धर्मध्वज, पाखंडी लोकधर्म से विरत रहते हैं। रसानुभूति के लिए सहृदय को लोकधर्मी आलंबनों में रुचि रखनी पड़ती है। वर्णाश्रम धर्म, मर्यादावाद, राष्ट्रीयता का समावेश भी इसी के अन्तर्गत होता है। वर्णाश्रम धर्म को लेकर उन पर आपत्ति उठाई जा सकती है, उठाई भी गई है। किन्तु उनका वर्णाश्रम धर्म संकीर्ण नहीं है। इसे उन्होंने विस्तारपूर्वक 'विश्वप्रपंच' की भूमिका में विश्लेषित किया है। पर यथेष्ट ऐतिहासिक दृष्टि के अभाव में उन्होंने इसे गर्हित नहीं समझा। उनका लोकधर्म मर्यादावाद का पर्याय था। इसीलिए संतकवियों की क्रांतिकारी भूमिकाओं को उन्होंने लोकधर्म विरोधी कहा है क्योंकि संतों ने जाति-पाँति की मर्यादाओं पर गहरी चोट की थी।

इस प्रकार का मर्यादावाद लोकधर्म का एक तत्त्व है। लोकधर्म का दायरा उससे बहुत बड़ा है। लोकधर्म की वस्तुमात्रा को ध्यान में रखते हुए भी उन्होंने अपनी आलोचनाओं में भाव, अनुभूति, रसात्मकता, अलंकार आदि से अपने को अलग नहीं होने दिया है। लोकधर्म और रसधर्म के द्वन्द्वात्मक संबंधों को लेकर शुक्ल जी पर पुनर्विचार करने की जरूरत है।

यह लोकधर्म उन्हें तुलसीदास से मिला तो लोकसत्ता की यथार्थता 'विश्वप्रपंच' से। तुलसी में उन्होंने युगचेतना, गिरी जाति को ऊँचा उठाने की शक्ति, सर्वजन सुलभ भक्ति, वर्णाश्रम धर्म, हिन्दू धर्म और जातीयता का समन्वय, वास्तविक जीवन दशाओं की मार्मिकता के उद्घाटन की शक्ति, व्यापारशोधन की क्षमता, साहित्य-रूप, भाषा-शक्ति आदि को देखा है। पर सब मिलाकर 'गोस्वामी तुलसीदास' उनके आलोचना-ग्रंथों में सबसे कमजोर हैं। सर्वाधिक प्रिय कवि की सबसे कमजोर आलोचना ! इसका क्या कारण हो सकता है ? मर्यादावाद या वर्णाश्रम धर्म की योटिपिया की तलाश ने उनके सैद्धांतिक पक्ष को भी कमजोर किया है और आलोचना पक्ष को भी। इसी वर्णाश्रम धर्म या मर्यादावाद के तहत उन्होंने लिख डाला कि ऊँची श्रेणियों के कर्त्तव्य की पुष्ट अवस्था के अभाव में लेनिन अपने समय का महात्मा बन बैठा।

जायसी की आलोचना पर शुक्ल जी के प्रखर पांडित्य और जन संस्कृति के प्रति गहन रुझान की गहरी छाप है। तुलसी की आलोचना में वे अपनी विचारधारा खोज रहे थे, अतः जगह-जगह प्रभाववादी भी हो गए हैं। किन्तु यहाँ पर वे प्रभाववाद से बहुत कुछ मुक्त हैं। जायसी मर्यादावाद के विरुद्ध नहीं हैं। रतनसेन का क्षात्र धर्म और रानियों का साध्वीपन मर्यादा की रक्षा कर लेते हैं। जायसी के सर्वाधिक महत्त्वपूर्ण तत्त्व की ओर संकेत करते हुए वे लिखते हैं कि जायसी ने मनुष्य होने का परिचय दिया है—'इसी मनुष्य को ऊपर करने से हिन्दूपन, मुसलमानपन और ईसाईपन के उस स्वरूप का प्रतिरोध होता है जो विरोध की ओर ले जाता है।' बिहारी से तुलना करते हुए वे दरबारी संस्कृति के मुकाबले जायसी की जनपदीय संस्कृत की सराहना करते हैं। उन्होंने पद्मावत के लोकपरक सामाजिक-सांस्कृतिक संदर्भों को पूरी मर्मस्पर्शिता से रेखांकित किया है। इसके साथ ठेठ अवधी की मिठास, मसनवी शैली की विशेषताएँ और अलंकार योजना पर भी विस्तार से विचार किया है। फिर भी उसे वे पूर्ण जीवन गाथा न कहकर प्रेम गाथा कहते हैं क्योंकि जीवन का जो वैविध्य मानस में मिलता है वह इसमें प्राप्त नहीं होता।

तुलसी सूर से बड़े कवि हैं क्योंकि सूर का वर्णन तुलसी की तरह व्यापक है और न गंभीर। सूर में न जीवन की विविधताएँ हैं और न व्यापक लोकपक्ष का संनिवेश। उनका प्रेम भी ऐकांतिक है। फिर भी सूर के प्रेम को उन्होंने 'जीवनोत्सव' और स्वयं सूर को 'भावाधिपति' कहा है। गोपियों का प्रेम मर्यादावादी नहीं था, उलटे वह मर्यादाओं को तोड़ता था। यदि मर्यादाएँ न टूटीं तो प्रेम का अपना आन्तरिक मूल्य टूट जायगा। मानलीला, दानलीला को वे 'आनन्दोल्लास' का विधान कहते हैं। यहीं पर देव के 'अष्टयाम' की खबर लेने से नहीं चूकते क्योंकि वह 'एक घर के भीतर के भोग विलास की कृत्रिम दिनचर्या' थी।

रीतिकालीन कवियों की उन्होंने यथोचित प्रशंसा की है। मतिराम की सहज प्रतिभा,

देव के नवोन्मेष, बिहारी की बारीकी, पद्माकर की मूर्तिविधायिनी कल्पना ने उन्हें आकृष्ट किया। हर कवि के वैशिष्ट्य को मित भाषा में अभिव्यक्त करने की शैली शुक्ल जी से सीखने की चीज है। रीति कवियों को सामान्यतः वे भावुक, सहृदय और निपुण कहते हैं किंतु उनकी खामियों के लिए दो चीजें जिम्मेदार हैं—दरबारी संस्कृति और साहित्यिक रूढ़ियाँ। अतः उनका प्रेम क्रीड़ापरक और कृत्रिम हो गया है। भूषण की वे जी खोलकर प्रशंसा करते हैं क्योंकि वे उस काल की जनभावना का प्रतिनिधित्व करते हैं। स्मरण रखना चाहिए कि भूषण ने अन्याय दमन में तत्पर वीरों को अपने काव्य का विषय बनाया है। घनानन्द की मुक्तकंठ से प्रशंसा करते हुए उन्होंने लिखा है—प्रेममार्ग का ऐसा प्रवीण और धीर पथिक तथा जबाँदानी का ऐसा दावा करने वाला ब्रजभाषा का दूसरा कवि नहीं हुआ।' भाषा पर उनका अचूक अधिकार था। शुक्ल जी का कहना है कि हृदय का योग पाकर ही ऐसा होता है। इस सिलसिले में अनजाने ही शुक्ल जी ने भाव और भाषा के द्वन्द्वात्मक संबंधों का बड़ा ही सटीक उल्लेख किया है। भाव से वक्रोक्तियाँ उत्पन्न होती हैं तो भाषा के चलते प्रवाह से भाव।

शुक्ल जी के पहले भारतेंदु को समग्रता में किसी अन्य व्यक्ति ने नहीं समझा था। वे लिखते हैं—'भारतेन्दु हरिश्चन्द्र ने हमारे जीवन के साथ हमारे साहित्य को फिर से लगा दिया।' 'फिर से' शब्द पर ध्यान देना जरूरी है। संकेत यह है कि रीतिकाल में वह जीवन से कटा हुआ था। प्रेमचन्द की श्रेष्ठता को पहले पहल उन्होंने ही पहचाना।

पर आश्चर्य है कि इतना बड़ा प्रतिभा-संपन्न आलोचक अपनी समकालीन काव्यकृतियों—छायावादी काव्यकृतियों—के साथ न्याय नहीं कर सका है। छायावाद शब्द का प्रयोग वे दो अर्थों में करते हैं—रहस्यवाद के अर्थ में और पद्धति विशेष के अर्थ में। पहले का सम्बन्ध काव्यवस्तु से है तो दूसरे का काव्यशैली या रूप से। दोनों ही अभारतीय हैं। काव्यवस्तु को वे ईसाइयत के 'फैंटस्माटा' से जोड़ते हैं तो काव्यशैली को फ्रांसीसी प्रतीकवाद से। दोनों से ही छायावाद का दूर का भी रिश्ता नहीं है। आधुनिक काल की सर्वश्रेष्ठ काव्य-सृष्टि में उन्हें या तो रहस्यवाद दिखाई पड़ता है या मधुचर्या। अभिव्यंजना पक्ष में कल्पनावाद, अभिव्यंजनावाद और कलावाद ही दृष्टिगोचर होता है। पंत का स्वाभाविक अध्यात्मवाद उन्हें इसलिए पसंद है कि वह शुक्ल जी के चित्वाद के अनुरूप पड़ता है। शुक्ल जी के मतानुसार वे भावपक्ष पर बहुत कम ध्यान देते हैं, केवल कलापक्ष को लेकर चलते हैं। काव्य-समीक्षा को भावपक्ष और कलापक्ष के खाने में बाँटने से संश्लिष्ट समीक्षा-प्रणाली खंडित होती है। इसे तुलसी, जायसी और सूरदास की भूमिकाओं में भी देखा जा सकता है। छायावाद की जिन कमियों का शुक्ल जी ने उल्लेख किया है वे सही होते हुए भी नकारात्मक हैं। पर ये शुक्ल जी की अपनी सीमाएँ हैं।

जहाँ तक रसवाद का सम्बन्ध है, इसमें कोई संदेह नहीं वे रसवादी आलोचक हैं। पर उनका रसवाद, आलोचना की तरह ही सामाजिक भूमिका पर आधृत है। लेकिन उसे एकांगी समाजशास्त्रीय नहीं कहा जा सकता—यदि शास्त्रीय शब्द लगाकर ही कुछ कहना है तो वह जीवन शास्त्रीय है। कहीं पर भी किसी मतवाद का आग्रह नहीं है। वे साहित्य को राजनीति से ऊपर किन्तु जीवन के भीतर मानते हैं। इसीलिए रस की युगानुरूप, जीवन और जगत से संबद्ध नई व्याख्या प्रस्तुत कर सके।

संस्कृत से आचार्यों ने रस को अलौकिक, ब्रह्मानन्द सहोदर, चिन्मय आदि कह कर उसे रहस्यवादी बना दिया था। शुक्ल जी ने उसे जीवन से संपृक्त करके मानवीय अनुभव के दायरे में ले आये। वे रस को एक दशा मानते हैं—'जिस प्रकार आत्मा की मुक्तावस्था ज्ञान दशा कहलाती है उसी प्रकार हृदय की (वह) मुक्तावस्था रसदशा कहलाती है।' इसकी दूसरी भाषा देते हुए वे लिखते हैं—'लोकहृदय में हृदय के लीन होने की दशा का नाम रस दशा है।' रस दशा न अलौकिक है; न आनन्द है, न ब्रह्मानन्द सहोदर। 'आनन्द' के सम्बन्ध में वे कहते हैं कि इस शब्द ने काव्य के महत्व को बहुत कुछ कम कर दिया है—उसे नाच-तमाशे की तरह बना दिया है।' इसका अभिप्राय प्रायः लोग यह समझ लेते हैं कि शुक्ल जी ने रस की आनन्दमयता पर निर्मम प्रहार किया है। वे आनन्द के दो अतिवादी छोरों—लोकोत्तरत्व और नाच-तमाशेपन को—अस्वीकार करते हैं। रस की आनन्दवादी प्रकृति उन्हें स्वीकार्य है पर जीवन और प्रत्यक्षानुभूति की शर्तों पर।

जीवन और जगत से असंपृक्त होने को कारण शुक्ल जी ने क्रोचे के अभिव्यंजनावाद और टालस्टाय के पुराने कलावाद तथा ब्रैडले, स्विनवर्न क्लाइवबेल आदि के नए कलावाद का बुरी तरह खंडन किया है। कोचे के कलावाद का खंडन उसके समय में ही ग्रायशी द्वारा हो चुका था। फिर भी उसका प्रभाव योरप के एक वर्ग पर पड़ा। हिन्दी वाले भी उससे कम आतंकित नहीं थे। शुक्ल जी के खंडन के बाद भी उसका आतंक यहाँ भी आया। आज भी उसके नाम पर मर्सिया पढ़ने वाले मौजूद हैं। पर क्रोचे के खंडन के साथ बेचारे कुंटक को, जो संस्कृत काव्यशास्त्र का सर्वाधिक महत्वपूर्ण आचार्य है, नाहक वह भी गलत ढंग से घसीट लिया। 'कला के लिए कला' सिद्धांत मानने वाले वर्ग पर शुक्ल जी का प्रहार उतना ही गुरुतर था जितना 'केशवदास' पर।

पाश्चात आलोचकों में वे रिचाईस से सर्वाधिक प्रभावित थे। उसका समर्थन करते हुए उन्होंने लिखा है—'कविता जीवन से ही निस्सृत होती है, और जीवन के भीतर ही अपनी विभूति का प्रकाश करती है। उसे जीवन से विच्छिन्न बताना कहीं की बात कहीं लगाना है।' कहना न होगा कि उनकी आलोचना भी जीवन से अविच्छिन्न है।

वस्तुतः शुक्ल जी की आलोचना-प्रणाली से बहुत कुछ सीखकर तथा उसे विरासत के रूप में ग्रहण कर हम आलोचना के नए मार्ग पर अग्रसर हो सकते हैं। आलोचक को काव्य की अन्तः प्रवृत्ति की गहरी छानबीन करनी चाहिए। जीवन के अनेक पक्षों और जगत के नाना रूपों के साथ मनुष्य को हृदय का जितना गूढ़ सामंजस्य होगा काव्य उतना ही समृद्ध होगा। काव्य की ऊँचाई और उत्तमता नापने के लिए इसका विचार जरूरी है कि वह जीवन की कितनी उच्च भूमियों का मार्मिक स्पर्श कर सका है।

शुक्ल जी ने जहाँ एक काव्य की अन्तः प्रवृत्ति की छानबीन की बात उठाई है वहाँ आलोचना को नई भाषा भी दी है। सामाजिक परिप्रेक्ष्य को लेने के कारण उन्होंने संस्कृत काव्यशास्त्र की शब्दावली को नया अर्थ दिया है। 'लोक-धर्म,' 'लोक-सत्ता', 'लोक-संग्रह', साधनावस्था, सिद्धावस्था 'लोक-संस्कृति', लोक-भाषा आदि नए समीक्षात्मक शब्दों का प्रयोग किया है। समीक्षात्मक वाक्यों में ऐसे शब्दों का चुनाव करते हैं जो सटीक अर्थ देते हैं। अपने व्यंग्य-विनोद के कारण वे समीक्षा को जीवंत बना देते हैं।

विश्वनाथ प्रसाद मिश्र (१६०६—) शुक्ल संस्थान के प्रमुख लेखक हैं। शुक्ल जी ने अपनी आलोचना के लिए सगुणोपासक भक्त कवियों को चुना तो मिश्र जी ने रीतिकालीन कवियों को। बिहारी और घनानंद उनके प्रिय कवि हैं। इन कवियों ने उनकी काव्य-दृष्टि का भी निर्माण किया। इस चुनाव में लाला भगवान दीन की भी प्रेरणा रही होगी। शुक्ल-पद्धति पर ही उन्होंने भाव, भाषा, अलंकार, छंद, रस, ध्वनि आदि को अपनी आलोचना का प्रतिमान बनाया है। 'बिहारी की वाग्विभूति', 'वाङ्मय विमर्श', 'हिन्दी का समसामयिक साहित्य', 'हिन्दी नाट्य साहित्य का विकास' और 'हिन्दी साहित्य का अतीत' उनके आलोचनात्मक ग्रंथ हैं। 'घनानन्द ग्रंथावली', 'पद्माकर ग्रंथावली', 'रसिकप्रिया', 'भिखारी दास ग्रंथावली', 'रामचरित मानस' (काशिराज संस्करण) आदि ग्रंथों का विद्वत्तापूर्ण संपादन भी किया है। उनकी आलोचना की प्रमुख विशेषता है उनकी अनाविल दृष्टि और निर्मल विवेचन।

कृष्णशंकर शुक्ल भी इसी संस्थान के आलोचक हैं। 'केशव की काव्य-कला' (१६३४) और कविवर रत्नाकर (१६३५) की आलोचना में इन्होंने शुक्ल पद्धति को ही अपनाया है। इन्होंने 'आधुनिक हिन्दी साहित्य का इतिहास' भी लिखा है।

इस काल में संस्कृत काव्यशास्त्र का परिचय देने वाले सिद्धांत ग्रंथ भी लिखे गए। इनके लेखकों में जगन्नाथ प्रसाद भानु (रसरत्नाकर)। गुलाबराय (नवरस), भगवान दीन (व्यंग्यार्थ मंजूषा), रमाशंकर शुक्ल रसाल (अलंकार पीयूष), अर्जुनदास केडिया (भारती भूषण)। कन्हैयालाल पोद्दार (रसमंजरी), श्यामसुन्दरदास (रूपक रहस्य), हरिऔध (रसकलश), विनोदशंकर व्यास (कहानीकला) आदि के नाम उल्लेखनीय हैं। पर ये ग्रंथ संस्कृत की उद्धरणी मात्र हैं। व्यास जी की कहानी कला एक सामान्य पुस्तक है।

पाश्चात्य प्रभाव को लेकर श्यामसुन्दरदास ने 'साहित्यालोचन' लिखा। इसमें पूर्वीय और पश्चिमी काव्यशास्त्रों को एकत्र किया गया है। छात्रोपयोगी होते हुए भी आलोचना शास्त्र की यह पहली ठीक-ठकाने की पुस्तक है।

इस काल के अन्य आलोचकों में रामकृष्ण शुक्ल शिलीमुख (प्रसाद की नाट्यकला), ब्रजरत्नदास (हिन्दी नाट्य साहित्य), रामकुमार वर्मा (कबीर का रहस्यवाद), जनार्दन मिश्र (विद्यापति), कृष्णानन्द गुप्त (प्रसाद जी के दो नाटक), अखौरी गंगाप्रसाद (पद्माकर की काव्यसाधना), भुवनेश्वर मिश्र माधव (मीरा की प्रेमसाधना), गिरिजादत्त शुक्ल गिरीश (महाकवि हरिऔध), रामनाथ सुमन (प्रसाद की काव्यकला) उल्लेखनीय हैं।

□□

उत्तर-स्वच्छन्दतावाद-काल
(१९४०-१९८० ई०)

अध्याय छः

उत्तर-स्वच्छन्दतावाद-काल

उत्तर-स्वच्छन्दतावादी साहित्य की मुख्य प्रवृत्तियों का बीज स्वच्छन्दतावादी साहित्य में ही निहित था। नई ऐतिहासिक परिस्थितियों के कारण उन प्रवृत्तियों में से कुछ छूट गई और कुछ परिवर्तित रूप में सामने आई। स्वच्छन्दतावादी कवियों ने भी 'मैं' शैली अपनायी थी। किन्तु उनका 'मैं' अधिक व्यापक था जिसमें भौतिकता-आध्यात्मिकता, आदर्श-यथार्थ, ईश्वर-प्रकृति, कल्पना का समारोह, संस्कृतनिष्ठ और आमफहम भाषा आदि का समावेश था। उत्तर-स्वच्छन्दतावादी काव्य में कल्पना का समारोह छूट गया, आध्यात्मिकता विलुप्त-सी हो गई, ईश्वर गायब हो गया, संस्कृतनिष्ठ भाषा के मोहबन्ध से भी काव्य को दूर तक मुक्ति मिल गई।

अब कवि का 'मैं' अपने ही भोगे हुए यथार्थ तक सीमित हो गया, कल्पना का स्थान यथार्थ ने ले लिया, भाषा लोकभाषा के निकट चली आई। उदात्त मानवीय मूल्यों का विघटन शुरू हुआ। इसके स्थान पर व्यक्तिवादी और ह्रासोन्मुखी आधुनिकतावादी मूल्य सामने आये। इनमें हार और लाचारी का भी स्वर मिलता है और वैयक्तिक आस्था का भी। इसके साथ-साथ सामूहिक विद्रोह का राग भी बजता रहा। स्वच्छन्दतावादी काल का समापन १९३८ में माना जाता है, लेकिन इन प्रवृत्तियों को इसके पूर्व भी देखा जा सकता है, क्योंकि इतिहास एक अव्याहत प्रवाह है, प्रवाह-खण्ड नहीं।

१९३५-३८ तक का समय स्वच्छन्दतावादी (छायावादी) काव्य के चरमोत्कर्ष का समय था। १९३५ में 'कामायनी' का प्रकाशन हुआ। इसी वर्ष 'निराला' की 'सरोजस्मृति' भी छपी। १९३६ में 'राम की शक्ति-पूजा' प्रकाशित हुई तो १९३८ में 'तुलसीदास।' इसके बाद 'निराला' ने स्वयं अपने काव्य की दिशा बदल दी। इन दो वर्षों में स्वच्छन्दतावाद अपने उच्चतम शिखर को छूने का प्रयास कर रहा था। आगे की कविताओं में कहीं 'सरोजस्मृति' का टूटा हुआ व्यक्ति दिखाई देगा तो कहीं शक्तिपूजा द्वारा अन्याय के विरुद्ध संघर्ष करता हुआ आदमी। कहीं 'इड़ा' का आस्थाविहीन बुद्धिवाद परिलक्षित होगा तो कहीं रीढ़ हीन मनु।

सन् १९३५ में बच्चन की 'मधुशाला' और १९३८ में 'निशा निमन्त्रण' प्रकाशित हो चुके थे। १९३६ में प्रकाशित अपने काव्य-संग्रह का नाम 'युगान्त' रखकर पन्त ने एक युग के अन्त की घोषणा ही कर दी। इसी वर्ष प्रगतिशील लेखक संघ का प्रथम अधिवेशन भी हुआ जो एक नई जीवन-चेतना का संकेत देता है। १९३५ में दिनकर का 'हुंकार' छपा। ये सभी काव्य-संग्रह स्वच्छन्दतावादी काव्य-धारा से अलगाव की सूचना देते हैं। उन्हें नवस्वच्छन्दतावादी धारा न कहकर प्रगति-प्रयोग का समारम्भ कह सकते हैं।

सच पूछा जाय तो इस काल को—उत्तर-स्वच्छन्दतावादी काल को—प्रगति प्रयोग काल कहा जा सकता है। अवधारणा और कला की दृष्टि से इस काल में सचेतता अधिक

घनीभूत हो गई। प्रगति-प्रयोग एक साथ शुरू होकर अलग हो जाते हैं। कभी एक दूसरे को काटते हुए दो विरुद्धों के रूप में खड़े होते हैं कभी अपनी सम्पूर्ण द्वन्द्वात्मक में एक अभिनव रूप में प्रकाशित हो उठते हैं; जैसे मुक्तिबोध की कविता में। कभी आधुनिकतावादी बन जाते हैं तो कभी नव्य प्रगतिवादी। कहना न होगा कि काव्य के ये रूप विभिन्न प्रभावों के फलस्वरूप प्रादुर्भूत हुए हैं। पर मूलवर्ती धारा प्रगति-प्रयोग की ही है। राष्ट्रीय-सांस्कृतिक कविता अपनी चेतना के कारण इसी धारा में अन्तर्भुक्त हो जाती है।

इस काल की सम्पूर्ण साहित्य-संरचना तत्कालीन आर्थिक-राजनीतिक संरचना की समानान्तरता में समझना जरूरी है। साम्राज्यवादी-सामंतवादी लौह-शृंखलाओं को तोड़ने में एक ओर सत्याग्रह की सफलताएँ और विफलताएँ दिखाई पड़ रही थीं तो दूसरी ओर १९३४ में जयप्रकाशनारायण के नेतृत्व में समाजवादी दल की स्थापना हुई। जवाहरलाल नेहरू इसके प्रबल समर्थक थे। यद्यपि वे इसके सदस्य कभी नहीं बने। १९३६ में लखनऊ कांग्रेस अध्यक्ष पद से बोलते हुए उन्होंने समाजवाद का खुला समर्थन किया। नेहरू के अध्यक्षीय भाषण और प्रगतिशील लेखक संघ (१९३६) के प्रेमचन्द के अध्यक्षीय भाषण में जो मूलभूत साम्य दिखाई पड़ता है, वह आकस्मिक नहीं है, बल्कि एक परिवर्तमान सामाजिक चेतना की फलश्रुति है।

जवाहरलाल नेहरू के व्यक्तित्व की अत्यन्त सारवान विवेचना करते हुए आक्टोपाज ने उनके अन्तर्विरोधों का अत्यन्त सटीक विवेचन किया है। वह लिखता है कि "विज्ञान और टेक्नोलाजी में एक ओर उनकी गहरी आस्था थी तो दूसरी ओर प्रगति की फैंटेसी से उनका लगाव नहीं था। एक ओर वे समाजवाद के समर्थक थे तो दूसरी ओर उसके अधूरेपन और रूढ़िवादिता के विरोधी। उनके विद्रोही कवि-कलाकार ने आध्यात्मिकता से रिक्त एफ्लुएंट समाज का बराबर विरोध किया है।" नेहरू के एक भाषण का भी उसने उल्लेख किया है। नेहरू ने कहा है—"भीड़ को मैंने आकृष्ट किया और भीड़ ने मुझे, किन्तु मैं उसमें खो नहीं सका, मैंने अपने को बराबर अलग पाया।" इसके आधार पर पाज का निष्कर्ष है कि इस घोषणा में न तो अहंकार की गन्ध है और न विनम्रता का स्वर। वस्तुतः इसमें अन्य आदमियों की तरह एक आदमी होने तथा उनसे अलग अपना विशिष्ट व्यक्तित्व बनाये रखने की सचेतता है। नेहरू के व्यक्तित्व की यह समानान्तरता प्रगति-प्रयोग के काव्य में खोजी जा सकती है। प्रगतिवादी कवि भीड़ (जनता) से जुड़कर भी संवेदना के स्तर पर सामान्यतः उससे नहीं जुड़ पाता। व्यक्ति-स्वातन्त्र्य का हिमायती प्रयोगवादी भीड़ से नफरत करता है और तथाकथित दायित्व का झूठा बोझ उठाए फिरता है।

स्वतन्त्र भारत में समाजवाद के मिथक और पूँजावादी शिकंजे में पिसता हुआ व्यक्ति अजनबियत का शिकार हो गया। किन्तु एक बार फिर नव्य-प्रगतिवादी साहित्य जिसे जनवादी साहित्य भी कहा जा सकता है, उभर कर सामने आया है। जनता को महसूस होने लगा है कि इस बदलाव के अभाव में नजात नहीं मिल सकती। किन्तु सोवियत संघ के बिखराव के बाद इस प्रवृत्ति को गहरा धक्का लगा है।

इसके फलस्वरूप जो प्रवृत्तियाँ उभरी हैं वे निम्निलिखित हैं—

१—प्रगति-प्रयोग का पूर्वाभास

२—प्रगतिवाद
३—विप्लवगान और गाँधीवादी काव्य
४—प्रयोगवादी काव्य और नई कविता
५—मोहभंग का काव्य या आधुनिकतावादी काव्य
६—नव्य प्रगतिवाद (जनवादी काव्य)

पूर्वाभास

बच्चन, नरेन्द्रशर्मा और अंचल मूलतः प्रगति-प्रयोगवादी कवि हैं। अंग्रेजी शब्दावली के 'न्यूओरोमैंटिक' के वजन पर इन्हें नव्य-स्वच्छन्दतावादी कहा जाने लगा। अंग्रेजी के 'न्यूओरोमैंटिक' कवियों में स्विनबर्न का नाम विशेष उल्लेखनीय है। बायरन, शेली, कीट्स और लैन्डर से थोड़ा भिन्न होते हुए भी स्विनबर्न उनकी पीढ़ी में ही पड़ता है। उसकी विषय-वस्तुओं और शैली में पिछली पीढ़ी की प्रतिध्वनि मिलती है। बायरन, शेली आदि की तरह उसमें भी स्वतन्त्रता, दलित राष्ट्रों के प्रति सहानुभूति सत्ताधारी धर्म की खिलाफत आदि का आग्रह मिलता है। पर इस परम्परा में उसने कुछ जोड़ा भी है जैसे शुद्धतावादी नियमों के विरुद्ध विद्रोह, साहित्य पर सामाजिकता के आरोप का निषेध आदि।

बच्चन, नरेन्द्र, अंचल की स्थिति उससे भिन्न है। इनमें स्वच्छन्दतावादी कवियों का न उल्लास है और न राष्ट्रीयता, न ही आदर्श के प्रति कोई मोह। परम्पराभुक्तदर्शन—शैवागम, अद्वैतवाद, बौद्धों का दुःखवाद—का भी कहीं से स्पर्श नहीं है। विराट सत्ता से अपने को अलग करके उन्होंने अपने भोगे हुए जीवन को अभिव्यक्ति दी है, छोटे-छोटे अनुभव-खण्डों को साफ-सुथरी रोजमर्रा की भाषा में बाँधा है। स्वच्छन्दतावादी शुद्धता, अशरीरी प्रेम के स्थान पर शरीरी प्रेम को इन्होंने तरजीह दी है। मानवीय जीवन की अस्तित्ववादी नियति और मार्क्सवादी दर्शन की प्रतिध्वनियाँ भी प्रायः सुनाई पड़ती हैं। यदि स्वच्छन्दतावाद में गहन रागबोध, आवेग, करुणा, प्रकृति-प्रेम आदि शामिल हैं तो कोई भी सही साहित्य मुख्यतः काव्य इनसे अस्पृश्य नहीं रह सकता।

व्यापक अर्थ में यथार्थोन्मुख होने के कारण ये प्रगति के निकट हैं तो भाषा-गत बिंबवाद, तत्समता, क्लासिकल औदात्य, काल्पनिक उड़ान को तोड़कर काव्यभाषा को जनभाषा के निकट लाने तथा वाक्यों को रागात्मक गद्य बनाने का श्रेय भी इन्हीं को है—विशेष रूप से बच्चन को। यह प्रयोग नहीं तो और क्या है?

हरिवंशराय बच्चन (१९०७) प्रगति-प्रयोग काल के पूर्वाभास के तो सर्वाधिक महत्वपूर्ण कवि हैं ही स्वच्छन्दतावादोत्तर काल के श्रेष्ठ कवियों में भी एक कवि हैं। स्वच्छन्दतावाद-काल की रचनाओं का औदात्य और गौरव स्वच्छन्दतावादोत्तर-काल के न तो किसी कवि में मिलेगा और न समस्त रचनाओं में। पर इतिहास के विकास के क्रम में बच्चन ने कविता को जमीन पर उतारा, उसे इहलौकिक जीवन से सम्बद्ध किया और उसकी सीमा का विस्तार भी किया। स्वच्छन्दतावादी कवियों ने भी अपने निजी दुःख को विस्तार दिया है। निराला को छोड़कर शेष कवियों में वह विस्तार लोक की सीमा का अतिक्रमण कर वायवीय हो जाता है। पर

बच्चन भावनापरक होते हुए भी उसे धरती पर ही कायम रखते हैं।

बच्चन को प्रसिद्धि 'मधुशाला' के गायन से मिली, जिसे वे काशी हिन्दू विश्वविद्यालय के एक कवि सम्मेलन (१९३३) में आद्यन्त सुना चुके थे। उसके आधार पर उन्हें 'हालावाद' का प्रवर्तक भी कहा जाने लगा। हिन्दी में इस तरह का कोई वाद नहीं चला। यदि हालावाद नाम देना ही हो तो इस प्रवृत्ति का श्रेय बालकृष्ण शर्मा 'नवीन' और भगवतीचरण वर्मा को देना चाहिए। इसके पहले 'नवीन', 'साकी भर-भर ला तू अपनी हाला' और भगवतीचरण वर्मा 'बस मत कह देना अरे पिलाने वाले, हम नहीं विमुख हो जाने वाले' लिख रहे थे।

इसमें सन्देह नहीं कि मधुशाला (१९३३), मधुबाला (१९३६) और मधुकलश (१९३७) पर उमरखैयाम की गहरी छाप है। उसकी रुबाइयों का उनका किया अनुवाद भी १९३५ में छपा। किन्तु इसके पहिले मैथिलीशरण गुप्त, गिरिधर शर्मा के अनुवाद सन् १९३१ तथा कैलाशप्रसाद पाठक का अनुवाद १९३२ में प्रकाशित हो चुके थे। खैयाम के प्रभाव को बच्चन ने 'नये-पुराने झरोखे' में स्वयं स्वीकार किया है। खैयाम और बच्चन का अन्तर यह है कि पहले का क्षण-वाद मृत्युभीति से पीड़ित है तो दूसरे का मृत्यु के अन्तर्भाव में उल्लसित। 'मधुशाला' की लोकप्रियता का एक कारण और है कि उसमें स्वच्छन्दतावादी निषेध का निषेध है। 'मधुबाला' और 'मधुकलश' में वह जीवन-जगत् की समस्याओं से निकट का साक्षात्कार करता है। इस दृष्टि से मधुबाला की 'प्याला', 'हाला', 'इसपार-उसपार' और 'पगध्वनि' द्रष्टव्य हैं। प्रथम दोनों कविताएँ कवि का भी परिचय देती हैं—'मिट्टी का तन, मस्ती का मन। क्षण भर जीवन-मेरा परिचय।' 'उल्लास-चपल, उन्माद तरल, प्रतिपल पागल-मेरा परिचय।' 'इस पार उस पार' पंत के परिवर्तन की याद दिलाती है जिसके झंझावाद में परिवर्तन खो गया है किन्तु बच्चन का इस पार उस पार के परिप्रेक्ष्य में सहज और मानवीय है। 'मधुकलश' में लहरों से लड़ने का आमन्त्रण स्वीकार करते हुए कवि कहता है—

'डूबता मैं किन्तु उतराता
सदा व्यक्तित्व मेरा
हों युवक डूबे भले ही
कभी डूबा न यौवन।
तीर पर कैसे रुकूँ मैं,
आज लहरों में निमन्त्रण।

यौवन के प्रति गहन आस्था जीवन के प्रति आस्था है। वह मधुबाला में लिख चुका है—

'यह अपनी कागज की नावें
तट पर बाँधो, आगे न बढ़ो
ये तुम्हें डूबा देंगी गल कर
हे श्वेत-केश-धर कर्णधार।'

बच्चन के विकास का प्रथम चरण १९३३ से १९४७ तक है तो द्वितीय चरण १७४७ से आज तक। इस अवधि में उनकी तीन प्रमुख कृतियाँ प्रकाशित हुईं—निशा-निमन्त्रण

(१६३८), एकान्त-संगीत (१६३६) और आकुल अन्तर (१६४३)। अधिकांश लोगों की दृष्टि में 'निशा निमन्त्रण' उनकी सर्वोत्तम रचना है। 'मधुकलश' के प्रथम गीत का स्वर 'है आज भरा जीवन मुझमें, है आज भरी मेरी गागर' यहाँ चुक जाता है। उसके स्थान पर वेदना, निराशा और अकेलेपन की काली घटा घिर आती है। ये रचनाएँ पत्नी की मृत्यु से उद्भूत कवि के गम्भीर उद्गार हैं। इन्हें प्रणयगीत नहीं कहा जा सकता और न विरहगीत। शास्त्रीय शब्दावली में ये शोकगीत (एलेजी) हैं। शोकगीत का अनुभूत्यात्मक गाम्भीर्य जो कवि को उदारता की ओर ले जाता है निश्चय ही अत्यन्त प्रभावशाली बन पड़ा है। इसके साथ ही निराला का एक शोकगीत भी मानस क्षितिज पर उभरता है जो अपने सामाजिक सन्दर्भों और संघर्षों के कारण हिन्दी साहित्य में अद्वितीय हो गया है। बच्चन के इस शोकगीत में सामाजिक सन्दर्भ-संघर्ष प्रायः नहीं हैं। ऐसी स्थिति में इसका प्रभाव एक हद तक पड़कर रह जाता है।

इस शोकगीत में चिड़ियों के नीड़, संध्या, पतझड़, पपीहा, उडु, चाँदनी आदि के माध्यम से कवि अपनी दुःखाभिव्यक्ति करता है। ये सभी प्रतीक पुराने हैं किन्तु उन्हें पूरे सन्दर्भ में कहीं विसंगति और कहीं सादृश्य के परिप्रेक्ष्य में रखकर अनुभूति को गहरा कर दिया गया है—

बच्चे प्रत्याशा में होंगे,
नीड़ों से झाँक रहे होंगे—
यह ध्यान परों में चिड़ियों के भरता कितनी चंचलता है !
x x x
अन्तरिक्ष में आकुल-आतुर
कभी इधर उड़ कभी उधर उड़,
पंथ नीड़ का खोज रहा है पिछड़ा पंछी एक अकेला !
x x x
नीलम से पल्लव टूट गए,
मरकत से साथी छूट गए
x x x
अटके फिर भी दो पीत पात जीवन-डाली को थाम सखे !

चिड़ियों की नीड़ में पहुँचने की आतुरता, बच्चों की सुधियाँ कवि को बहुत निरीह और अकेला बना देती हैं क्योंकि उसका नीड़ नष्ट हो चुका है। फिर भी वह कहीं ईर्ष्यालु नहीं है—'मत देख नजर लग जायेगी, यह चिड़ियों का सुखधाम, सखे।' यही दृष्टि उसे मानवीय बना देती है। पीत-पातों का जीवन डाली थाम कर लटके रहना इस प्रकार की आस्था ही है।

'एकान्त-संगीत' में वह अपनी वेदना से उकेरने की कोशिश करता है। इसमें वह प्रश्न पूछता है—'अस्त जो मेरा सितारा था हुआ, फिर जगमगाया? / पूछता, पाता न उत्तर।' फिर भी वह कहता है—'क्षतशीश मगर नतशीश नहीं।' वह अपना आन्तरिक बल घनीभूत करता हुआ कहता है—

अग्नि पथ ! अग्नि पथ ! अग्नि पथ !
वृक्ष हों भले खड़े,
हों घने हों बड़े,
एक पत्र-छाँह भी माँग मत , माँग मत, माँग मत!
x x x
यह महान दृश्य है—
चल रहा मनुष्य है
अश्रु-स्वेद-रक्त से लथपथ, लथपथ, लथपथ!
x x x
झुकी हुई अभिमानी गर्दन
बन्धे हाथ निष्प्रभ लोचन!
यह मनुष्य का चित्र नहीं, पशु का है रे कायर!

'निशा-निमन्त्रण' में आत्मान्वेषण की जो प्रक्रिया आरम्भ हुई तो वह एकान्त संगीत में आकर राह पकड़ लेती है। लेकिन अभी उसकी खोज जारी है । 'आकुल अन्तर' में वह लिखता है—

'मैं खोज रहा हूँ, अपना पथ
अपनी शंका समाधान
चाँद सितारे मिलकर गाओ
इतने मत उन्मत्त बनो'

में उसे मार्ग मिल जाता है। 'जिसके आगे झंझा रुकते' में वह कहता है—

'जीवन में जो कुछ बचता है
उसका भी है कुछ आकर्षण।'

सतरंगिनी (१९४५) से मिलनयामिनी (१९५५) , प्रणयपत्रिका (१९५५) तक इनके विकास का अगला चरण है। इस बीच 'बंगाल का काल' (१९४६) , हलाहल (१९४६), 'सूत की माला' (१९४८) और खादी के फूल (१९४८) जैसी अनुभूति शून्य सामाजिक-राजनीतिक रचनाएँ भी लिखी गईं। 'सतरंगिनी' में उसे मार्ग मिल जाता है—

'है अँधेरी रात पर
दीवा जलाना कब मना है
जो बीत गई वह बात गई
नीड़ का निर्माण फिर-फिर
नेह का आह्वान फ़िर-फिर'

से यह स्पष्ट हो जाता है। 'मिलनयामिनी' और 'प्रणयपत्रिका' में मिलनोत्सुक गीत हैं।

धार के इधर-उधर (१९५७) , आरती और अंगारे (१९५८), और बुद्ध नाचघर (१९५८), त्रिभंगिमा (१९६१), चार खेमे चौंसठ खूँटे (१९६२) आदि में उनकी विषय-वस्तु व्यापक हो गई है। त्रिभंगिमा और चौंसठ खूँटे में ग्राम्यगीतों की सोंधी लय है। 'दो चट्टानें'

(१६६५) में 'सिसिफस बरक्स हनुमान' नामक लम्बी रचना में 'येट्स की तरह' मिथक निर्मित करने का सफल प्रयास दिखाई देगा। बच्चन के सम्पूर्ण काव्य की विशेषता है कि वे (बंगाल का काल सूत की माला आदि को छोड़कर) कहीं भी एक स्तर के नीचे नहीं जाते। भाषा और कथ्य में कहीं विक्षेप नहीं पड़ता। बच्चन की भाषा, वाक्य-विन्यास को आगे चलकर अधिकांश कवियों ने, बिना ऋण स्वीकार के, अपना आदर्श माना है।

नरेन्द्र शर्मा (१६१३) बच्चन की तरह न मार्गान्वेषी हैं और न भाषा के नए प्रयोग के प्रति सचेत। फिर भी उनका काव्य नयेपन की सूचना देता है। उनका प्रथम उल्लेख्य संग्रह प्रभातफेरी (१६३८) में प्रकाशित हुआ। इसके पहले दो काव्य संग्रह शूलफूल (१६३४) और कर्णफूल (१६३६) प्रकाशित हो चुके थे। उनसे ही चुनी हुई कविताएँ 'प्रभातफेरी' में संगृहीत की गई हैं। इसमें जोशवादी विध्वंसक गीत और बेहोशवादी प्रेम-गीत हैं।

उनका महत्वपूर्ण काव्यसंग्रह 'प्रवासी के गीत' (१६३६) है। इसका विरह गीत छायावादी कवियों से अलग लौकिकता की भूमि पर आधारित है। इन गीतों में अंचल की योगपरकता न होकर स्मृतिजन्य विह्वलताएँ हैं—

आह अन्तिम रात वह बैठी रही तुम पास मेरे
शीश कंधे पर धरे घन-कुंतलों से गात घेरे
क्षीण स्वर में कहा था, 'अब कब मिलोगे।'

'पलाशवन' (१६४०) में मुख्यतः प्रकृति के चित्र हैं। कुछ कविताएँ यथार्थवादी चेतना से भी संपृक्त हैं। 'मिट्टी और फूल' (१६४२) को रामविलास शर्मा अनामिका और तारसप्तक के बीच की अवधि में प्रकाशित दो महत्वपूर्ण कृतियों में से काव्य विकास की दृष्टि से इसे एक महत्वपूर्ण कृति मानते हैं। दूसरी महत्वपूर्ण कृति ग्राम्या है। उन्होंने आगे लिखा है— 'नरेन्द्र ने लोकगीतों का स्वर साधने में सबसे ज्यादा सफलता प्राप्त की। 'पकी जामुन के रंग की फाग, बाँधता आया लो आषाढ़।' कविता में एक नई सिद्धि थी। कविता यथार्थ की ओर बढ़ रही थी।

इसके अतिरिक्त हंसमाला (१६४७), रक्तचन्दन (१६४८), अग्निशस्य (१६५०), कदलीवन (१६५३), उत्तरजय (१६६५) इनके काव्य संग्रह हैं। द्रौपदी (१६६४) खण्डकाव्य है।

रामेश्वर शुक्ल 'अंचल' (१६१५) आरम्भ से ही अ-स्वच्छन्दतावादी रूप अपनाकर चले। अपने इस रुख के कारण उन्हें भोगीवादी कवि भी कहा गया। स्वच्छन्दतावादी काव्य के अशरीरी प्रेम की वायवीयता के विरुद्ध इन्होंने स्वानुभूतिपरक मांसलशरीरी प्रेम के प्रति अपनी आसक्ति को उजागर किया। जिस क्षणवाद का समर्थन प्रयोगवादी कवियों ने किया वह बच्चन, नरेन्द्र और अंचल तीनों में मिलता है—सबसे अधिक अंचल में। इसके साथ ही उसमें प्रगतिवादी तत्व भी मिलते हैं। दो उदाहरण देखिए—

एक पल की ही निकटता, लालसा उमड़ी प्रलय सी
एक सूनी सी नजर उफना उठी ज्वाला हृदय की
एक पगध्वनि ने मुझे, उन्मत्त रूपाकुल बनाया

स्पर्श के लघु गीत ने कितना अनल-मण्डल सजाया
प्यास का सागर तुम्हारा, स्वप्न-सा मधु-स्पर्श नारी
जल रहा परितृप्त अंगों में पिपासाकुल पुजारी
है तृषा इतनी विपुल, कितना बनूँगा अब विकल में
एक पल के ही दरस में, जल उठी तृष्णा अतल में।

x x x

जिनकी आँखों में मदिरा नस-नस में कामुकता उद्याम
बर्बर पशुता से लथपथ जो पी जाते नारी के जाम

ईश्वर पर प्रहार करते हुए वह कहता है—

ऊपर बहुत दूर रहता है शायद आत्मप्रवंचक एक,
जिसके प्राणों में विस्मृति है उर में सुख श्री का अतिरेक।
जिसका ले ले नाम युगों से माँस लुटाते तुम रोये,
किन्तु न चेता जो निशि-निशि भर जब न क्षुधातुर तुम सोये।

कालांतर में वे मार्क्सवादी दर्शन की ओर उन्मुख हुए। किरण-बेला (१६४१) और करील (१६४२) मं उनकी प्रगतिवादी रचनाएँ संगृहीत हैं। पर रह-रहकर वे शरीरासक्ति की ओर लौट आते हैं। लगता है वे अपना पचीसवाँ वर्ष कभी भी पार नहीं कर पायेंगे। मधूलिका (१६३८), अपराजिता (१६३६), लालचूनर (१६४२), वर्षान्त के बादल (१६५४), विरामचिह्न(१६५७) इनके काव्य-संग्रह हैं।

विप्लववादी और गाँधीवादी-काव्य

इस धारा के कवि स्वच्छन्दतावाद-काल से ही लिखते आ रहे थे किन्तु उनकी रचनाओं का अधिकांश उत्तर-स्वच्छन्दतावाद-काल में ही लिखा गया और प्रकाशित हुआ। इस धारा पर व्यापक अर्थ में क्रान्तिकारी आन्दोलन और गाँधीवादी आन्दोलन का विशेष प्रभाव था। कुछ लोग इसे राष्ट्रीय-सांस्कृतिक धारा कहते हैं। यदि यह राष्ट्रीय-सांस्कृतिक धारा है तो स्वच्छन्दतावादी (छायावादी) काव्य धारा क्या है ? वास्तव में दो कवियों को छोड़ कर शेष गाँधीजी की अपेक्षा तिलक से अधिक प्रभावित थे। सरदार भगत सिंह के बलिदान ने भी इस धारा को काफी बल दिया।

सन् '२५ में भगतसिंह ने भारतीय गणतन्त्रात्मक समाजवादी संघ की स्थापना की और इसके माध्यम से बिखरे हुए क्रान्तिकारी आन्दोलन को संघटित किया। '२६ में केन्द्रीय विधानसभा में बम फेंकने के अपराध में वे अपने साथियों सहित गिरफ्तार कर लिए गये। बाद में उन्हें फाँसी के तख्ते पर लटका दिया गया। इसके फलस्वरूप भारतीय जनता में एक विप्लवकारी लहर दौड़ पड़ी। सन् '३० के असहयोग आन्दोलन में भी पेशावर, चटगाँव तथा शोलापुर में अंग्रेजी साम्राज्यवाद के खिलाफ सशस्त्र विद्रोह हुआ। पेशावर में तो गुरिल्ला युद्ध होने लगा था। अपनी असफलताओं के बावजूद इस आन्दोलन ने भारतीय मानस को गहरे अर्थ में प्रभावित किया और जनता में क्रान्तिकारिता की भावना पनपने लगी। इस धारा के

अधिकांश कवियों ने क्रांतिकारिता के विप्लवी रूप को वाणी दी। उनकी रचनाओं में आक्रोश और क्रांति का अत्यन्त विक्षोभकारी स्वर सुनाई पड़ता है।

सन् '२९ में माखनलाल चतुर्वेदी की 'मरण-त्योहार' नामक कविता प्रकाशित हुई। इस पर टिप्पणी करते हुए दिनकर ने लिखा था—'. . .कवि ने कहा है कि नाश ने भारत को चुनौती भेजी है। इस नाश का पूरा जवाब न तो चरखेवाले दे पाये न आनन्द-भवनों के सम्राट, न उस चुनौती का जवाब पाण्डेचेरी दे सकी। 'नई दिल्ली ('३३) में दिनकर ने ब्रिटिश अत्याचारों का व्यंग्यात्मक ढंग से अत्यन्त उग्र विरोध किया है। सन् '३८ में यशपाल ने 'विप्लव' का प्रकाशन शुरू किया जो कविता की विप्लवी धारा के मेल में ही है।'

माखनलाल चतुर्वेदी, सियाराम शरण गुप्त, बालकृष्ण शर्मा नवीन, सुभद्रा कुमारी चौहान, और दिनकर इस धारा के कवि हैं। इनके विप्लव-गान में एक फक्कड़ाना मस्ती, लापरवाही और बलिबेदी चढ़ने की गहरी ललक मिलती है।

माखनलाल चतुर्वेदी 'एक भारतीय आत्मा' (१८८८-१९६८) का जन्म पूर्व स्वच्छन्दतावाद-काल में हुआ था। उनकी काव्य सर्जना की शुरुआत भी उसी समय हुई। किन्तु वे स्वच्छन्दतावादी-काल तथा उसके बाद भी लिखते रहे। उनकी रचनाओं पर सभी युगों का अपना-अपना प्रभाव है। किन्तु परिवर्तन की बेचैनी उन्हें विप्लववादी बना देती है।

वे एक साथ ही कवि, लेखक, पत्रकार और सक्रिय राष्ट्रीय कार्यकर्त्ता थे। अपने जीवन काल में उन्होंने तीन पत्रों—प्रभा, प्रताप और कर्मवीर का सम्पादन किया। साप्ताहिक 'कर्मवीर' तो राष्ट्रीय जागरण का अग्रदूत था। इस पत्र के माध्यम से उन्होंने जन-जागरण का शंख फूँका तथा नए लेखकों के निर्माण में सार्थक भूमिका निभाई।

राजनीति और साहित्य का सम्बन्ध पुराना है किन्तु आधुनिक युग में यह नए तेवर के साथ आया। भारतेन्दु के साहित्य में इस सम्बन्ध को देखा जा सकता है । आज तो इनके रिश्ते अविच्छिन्न हो गए हैं। चतुर्वेदीजी ने अपनी एक कविता में साहित्य और राजनीति के साभिप्राय सरोकार को स्पष्ट करते हुए लिखा है—

सखे, बता दे कैसे गाऊँ, अमृत मौत का दाम न हो,
जगे एशिया, हिले विश्व, और राजनीति का नाम न हो।

यदि साहित्य परिवर्तन का समर्थक है तो उसे राजनीति से गहरे अर्थ में जुड़ना ही होगा। आज हमें चतुर्वेदीजी से सबक लेना चाहिए।

'पुष्प की अभिलाषा' कविता अपने जमाने में काफी प्रसिद्ध हुई थी—

मुझे तोड़ लेना, वनमाली!
उस पथ में देना तुम, फेंक।
मातृभूमि पर शीश चढ़ाने
जिस पथ पर जावें वीर अनेक।

जीवन के आखिरी दौर में, स्वराज्य प्राप्ति के बाद, सत्ताधारियों की पदलोलुपता की होड़ में देश की दुर्दशा देखकर उन्हें असह्य पीड़ा का बोध हुआ था। उसकी अभिव्यक्ति उनके आखिरी काव्य-संग्रह 'धूम्र वलय' में हुई है—

जीतें या हारें, सूली अपना पथ था
x x x
मैं प्राण चढ़ाकर तुझे तार देता था
पिस्तौल उठाता, और मार देता था
x x x
अब तुम पदलोलुप देशभक्त अनदेखे
x x x
उसकी यादों के तरु-पल्लव लो अब तो हम छोड़ चले।
शपथें रावी के तट पर खायीं, यमुना के तट पर तोड़ चले।

इसके अतिरिक्त उनकी रचनाओं में प्रणय-निवेदन और रहस्य के गीत भी जहाँ-तहाँ मिलते हैं। हिमकिरीटिनी, हिमतंरगिणी, वेणु लो गूँजे धरा, माता, युग चरण, मरण ज्वार, बीजुली काजल आँज रही और धूम्र वलय उनके काव्य-संग्रह हैं।

सियारामशरण गुप्त (१८६५-१६६३) मैथिलीशरण गुप्त के अनुज थे, पर दोनों भाइयों की प्रकृति में अन्तर था। मैथिलीशरण गुप्त की उल्लासमयता और बहिर्मुखता के स्थान पर सियारामशरण में संयम, भावनात्मक चिंतन और करुणा है। राष्ट्रीयता का गाँधीवादी स्वर दोनों की रचनाओं में सुनाई पड़ता है जो बड़े भाई में कुछ अधिक मुखर है तो छोटे भाई में कुछ अधिक संयमित और वेदना मिश्रित।

जीवन और जगत् में करुणा का बड़ा महत्व है। इसका प्रसार व्यक्ति से समाज की ओर होता है। यह प्रसार जितना जटिल, संकुल और टेढ़ा-मेढ़ा होगा कविता में उतने ही प्रभावशाली ढंग से अभिव्यक्ति होगा। किन्तु गुप्त जी की निर्वेद मिश्रित करुणा अपनी सहजता में जटिलता की ओर उन्मुख नहीं होती। लेकिन समाजोन्मुख तथा सूक्ष्म नैतिक बोध से समन्वित उनकी करुणा व्यंग्य मिश्रित होकर धारदार तथा संवेदनात्मक हो जाती है। 'एक फूल की चाह' में अछूत बच्ची की मृत्यु पर वह क्षुब्ध होकर लिखता है—"कैदी कहते, अरे मूर्ख क्यों ममता थी मन्दिर पर ही ? / पास वहीं मस्जिद भी तो थी, दूर न था गिरजाघर भी!" कहना न होगा कि हिन्दू धर्म की संकीर्णता उत्तर-दक्षिण में अछूतों को मसजिद और गिरजाघर भी दिखाई पड़ गए हैं। मैथिलीशरण गुप्त आस्था के कवि हैं तो सियारामशरणजी संवेदना के।

करुणा का ही दूसरा नाम है गाँधीवाद। गाँधीवादी में उनका अटूट विश्वास था। 'उन्मुक्त' और 'दैनिक' युद्ध-काल की रचनाएँ हैं। गाँधीवादी अवधारणाओं का काव्यानुवाद करने के कारण 'उन्मुक्त' की रचनाएँ प्रभावशाली नहीं बन पड़ी हैं। 'हिंसा का है एक अहिंसा प्रत्युत्तर।' एक खास ऐतिहासिक परिस्थिति में इसकी सचाई से इन्कार नहीं किया जा सकता। पर हर परिस्थिति में यह सच नहीं है। यह एक अवधारणा है जिसे ज्यों का त्यों रख दिया गया है। अवधारणाएँ साहित्य नहीं हैं। 'दैनिकी' में कवि यथार्थ की धरती पर उतर आया है। शोषितों के प्रति असहाय करुणा न दिखा कर वह संघर्ष का आवाहन करता है—

ज्वाला गिरि के बीज, क्रूर शोषण से जमकर
फूट पड़े हैं ठौर-ठौर आग्नेय विकट . तर।

काँप उठी है धरा उन्हीं के विस्फोटन में
फैल गयी प्रलयाग्नि-शिखा यह निखिल भुवन में।

मौर्य विजय (१९१४), अनाथ(१९१७), दूर्वादल(१९२१), आर्द्रा(१९२७), आत्मोसर्ग (१९३१), पाथेय (१८३३), मृणमयी (१९३६), बापू (१९३७), उन्मुक्त(१९४०), दैनिकी (१९४२), नकुल (१९४६) नोआखाली(१९४६), जयहिन्द आदि उनके काव्यग्रन्थ हैं।

बालकृष्ण शर्मा नवीन (१८९७-१९६०) एक कर्मठ राजनीतिक कार्यकर्ता, सफल पत्रकार और ओजस्वी कवि थे। गणेशशंकर विद्यार्थी के सम्पर्क में आने पर वे 'प्रताप' से सम्बद्ध हो गए। गणेशशंकर विद्यार्थी के मरणोपरान्त कुछ दिनों तक 'प्रताप' का सम्पादन भी करते रहे, दो-तीन वर्षों तक 'प्रभा' का भी सम्पादन किया। वे अत्यन्त ओजस्वी वक्ता थे। उनकी कविताओं पर वक्तृत्व का स्पष्ट प्रभाव देखा जा सकता है।

यद्यपि उनका लेखन १९१७ से ही प्रारम्भ हो गया था पर अधिकांश रचनाएँ '३६ से '५२ के बीच की हैं। अपने बारे में उन्होंने स्वयं लिखा है—'हम विषपायी जनम के, सहे, अबोल कुबोल'; 'ठाठ फकीराना है अपना, बाघंबर सोहे तन पर।' इससे उनके व्यक्तित्व की मस्ती, देश की आन पर अपने को न्योछावर करने की प्रवृत्ति, जोश खरोश की संवेगात्मक छाप उनकी रचनाओं पर पाई जाती है।

राष्ट्रीय आन्दोलन के तूफानी दिनों में देश के नौजवान ब्रिटिश साम्राज्यवाद की संगीनों के विरुद्ध सीना तानकर चल रहे थे। उस समय उनकी ओर से उसने सन् '३३ माँग की—

कवि कुछ ऐसी तान सुनाओ, जिससे उथल-पुथल मच जाये
एक हिलोर इधर से आये, एक हिलोर उधर से आये
प्राणों के लाले पड़ जायें, त्राहि-त्राहि स्वर नभ में छाये
बरसे आग, जलद जल जाये, भस्मसात भूधर हो जाये

सन् '३७ में उनका यथार्थ जन्य क्षोभ इस प्रकार अभिव्यक्त हुआ—

और चाटते जूठे पत्ते उस दिन देखा मैंने नर को
उस दिन सोचा, क्यों न लगा दूँ आज आग दुनिया भर को?
यह सोचा, क्यों न टेंटुआ घोंटा जाय स्वयं जगतिपति का?
जिसने अपने ही स्वर को रूप दिया इस घृणित विकृति का?

सम्भवतः ईश्वरवाद के विरुद्ध यह पहला उद्‌गार है। निराशा के क्षणों में भी कवि ने अपने को 'कर्मठ यथार्थवादी' कहा है। गाँधी जी के प्रति, अपार श्रद्धा कई कविताओं में व्यक्त हुई है। 'सिरजन की ललकारें' में वह मार्क्सवादी सोवियतवादी क्रांति से सहानुभूति रखता हुआ गाँधीवादी अहिंसा का समर्थन करता है। थकान के समय नवीन शृंगारिक कविताएँ भी लिखते रहे हैं और कभी-कभी मानवीय रहस्य के भीतर भी झाँक लेते थे। 'नवीन' में गहरी सृजन-क्षमता थी, पर सक्रिय राजनीति में उलझे रहने के कारण काव्य-साधना के लिए जो एकाग्रता चाहिए वह उन्हें कभी नहीं मिली।

कुंकुम ('३६), रश्मिरेखा और अपलक('५१), क्राशि ('५२), बिनोवास्तवन ('५५), उर्मिला (खण्ड काव्य '५७), और 'हम विषपायी जनम के' ('६४) उनके काव्य संग्रह हैं।

भगवतीचरण वर्मा (१९०३-१९८१) भी भावनात्मकता के कवि हैं। ललकार और लाचारी उनकी कविता के मुख्य स्वर हैं। 'नवीन' और वर्मा जी दोनों की ललकारों में अराजकता सर्वत्र दिखाई देती है। पर इसके बाद कवि प्रणय-भावना अथवा लाचारी के गीत गाने लगता है। 'नवीन' की तरह इनमें एक तरह की दीवानगी है—

हम दीवानों की क्या हस्ती
हैं आज यहाँ कल वहाँ चले
मस्ती का आलम साथ चला
हम धूल उड़ाते जहाँ चले।

दीवानगी, मस्ती का आलम, प्रणय-गीत सम्बन्धी रचनाएँ 'मधुकण' और 'प्रेम संगीत,' में संगृहीत हैं। 'मानव' की रचनाएँ 'प्रगतिवाद' से प्रभावित हैं। 'चली आ रही भैंसागाड़ी, चूँ चरर मरर चूँ चरर मरर, जैसी प्रसिद्ध कविता इसी दृष्टिकोण का परिचायक है।

यद्यपि वर्मा जी काव्य के क्षेत्र में बहुत दिनों तक नहीं रह सके फिर भी उनकी भाषा, संगीत, खैय्यामी अन्दाज, प्रणयगत नैराश्य आदि का प्रभाव परवर्ती कवियों पर पड़ा—मुख्य रूप से बच्चन, नरेन्द्र शर्मा पर इस दृष्टि से इनका ऐतिहासिक महत्व है। 'मधुकण', 'प्रेम संगीत', और 'मानव' इनके काव्य संग्रह हैं।

सुभद्राकुमारी चौहान (१९०४-४८) भी माखनलाल चतुर्वेदी और नवीन की भाँति राष्ट्रीय आन्दोलन से सक्रिय रूप से जुड़ी रही हैं। इस सिलसिले में उन्हें कई बार जेल भी जाना पड़ा। उनकी कविताओं के कुल दो ही संग्रह प्रकाशित हुए हैं—'त्रिधारा' और 'मुकुल' जिनमें राष्ट्रीय और घरेलू जीवन की कविताएँ संगृहीत हैं।

उन्होंने तत्कालीन राष्ट्रीय भावनाओं को ऐतिहासिक और सांस्कृतिक सन्दर्भों से इस प्रकार से जोड़ा है कि कहीं जोड़ नहीं दिखाई पड़ता और न ही कहीं कवित्व का क्षरण हुआ है। बलिदान और युद्ध का आह्वान उनकी रचनाओं में भी है। बुन्देलखण्डी लोकशैली में लिखी गई उनकी कविता 'झाँसी की रानी' अपने समय में काफी प्रसिद्ध हुई। लोग उसे प्रायः गाया करते थे—'बुन्देले हरबोलों के मुँह हमने सुनी कहानी थी। खूब लड़ी मर्दानी वह तो झाँसी वाली रानी थी।' घरेलू कविताओं में 'मैं बचपन को बुला रही थी, बोल उठी बिटिया मेरी' भी काफी लोकप्रिय है। इतना सहज महत्व और ऋजु वात्सल्य आधुनिक कविता में अत्यन्त मिलना दुर्लभ है।

रामधारी सिंह दिनकर (१९०८-१९७४) में एक भारतीय आत्मा, नवीन और भगवतीचरण वर्मा को एक साथ समन्वित, परिष्कृत और संयमित रूप में देखा जा सकता है। उनसे मिलती-जुलती राष्ट्रीयता और शृंगारिकता किन्तु अधिक रचनात्मक, बौद्धिक और मर्यादित। एक भारतीय आत्मा के काव्य में भावाकुल उच्छ्वास अन्त तक बना रहा। नवीन के लिए कवि-जीवन राजनीतिक जीवन का 'बाई प्रोडक्ट' बन गया। दिनकर का पूरा जीवन

साहित्य को समर्पित है। उन्होंने अपने साहित्य का रह-रह कर निरीक्षण-परीक्षण भी किया है। उसके प्रकाश में अपनी साहित्यिक यात्रा के पड़ावों को बदला भी है। '२० से '४० के बीच अपनी समसामयिकता के प्रति जितने सजग और ईमानदार दिनकर रहे हैं उतना सजग कोई दूसरा कवि नहीं दिखाई देता। इन दो दशकों के इतिहास के लिए दिनकर की रचनाएँ सर्वाधिक प्रामाणिक हैं।

दिनकर न तो बच्चन, अंचल आदि नव्य छायावादियों (व्यक्तिवादियों) से जुड़ पाते हैं और न प्रगतिवादियों से। उनका अपना अलग रास्ता है। वे कहीं दोनों धाराओं के बीच में पड़ते हैं। इसलिए कहीं वे गाँधीवाद का समर्थन करते हैं तो कहीं सशस्त्र क्रांति का, कहीं प्रकृति और नारी-प्रेम की आकांक्षा व्यक्त करते हैं तो कहीं सर्वहारा के उदय की। कवि के इस अन्तर्विरोध को किस रूप में लिया जाय? इन अन्तर्विरोधों को राष्ट्रीयता की व्याप्ति में समेटा जा सकता है। समय की माँग के फलस्वरूप जहाँ-जहाँ उनके मन को मेल बैठता गया वहाँ-वहाँ उनकी कविता भी अपना विशिष्ट रूप लेती गई। किन्तु इसका अभिप्राय यह नहीं है कि उन्होंने समसामयिक कविताएँ लिखी हैं। समसामयिक होकर भी अनेक रचनाएँ समसामयिकता को पार कर जाती हैं। वस्तुतः ये ही उनकी उपलब्धियाँ हैं।

रेणुका (१६३५) दिनकर का प्रथम काव्य-संग्रह है। इस संग्रह ने कवि को लोकप्रिय बनाया। इसमें जो कविताएँ संगृहीत हैं वे कवि की द्विधाग्रस्त चित्तवृत्ति की सूचक हैं। इसमें कहीं क्रांति का उद्घोष है तो कहीं अमिताभ की दया, माया, ममता और अहिंसा की शीतल छाया की माँग। कहीं छायावादी रूमानियत है तो कहीं शोषकों के प्रति विक्षोभ जन्य स्वर।

'ओ द्विधाग्रस्त शार्दूल बोल' में वह हिंसा का समर्थन करता है किन्तु 'संजीवन धन दो' में वह दूसरा स्वर निकालते हुए लिखता है—

तप कर शील मनुज का साधे
सबके प्राण कुसुम से बाँधे
सत्य हेतु निष्ठा अशोक की, गौतम का प्रण दो।
मन-मन मिलते जहाँ देवता ! वह विशाल मन दो।।

यह वैचारिक अन्तर्विरोध कवि का अपना भी है और युगीन अस्थिरता का भी।

'हुंकार'(१६४०)को कवि ने राष्ट्रीय कविताओं का संग्रह कहा है। इसे वैतालिक का जागरण गान भी कहा जा सकता है—'तिमिर-ज्योति की समरभूमि का मैं चारण, मैं वैताली।' 'हाहाकार' जैसी लोकप्रिय रचना इसी संग्रह में है—

हटो व्योम के मेघ, पंथ से, स्वर्ग लूटने हम आते हैं।
'दूध, दूध' ओ वत्स ! तुम्हारा दूध खोजने हम जाते हैं !

कहीं-कहीं भगवती चरण वर्मा की मस्ती भी इसमें मिलेगी—'उन मौजों पर चली जा रही किश्ती कुछ दीवानों की।' वह बार-बार रुद्र, प्रलय, नृत्य आदि का आह्वान करता है। इससे उसकी युद्ध-प्रियता का पता चलता है। हिमालय में वह लिखता है—

रे ! रोक युधिष्ठिर को न यहाँ
जाने दे उनको स्वर्ग धीर।

पर फिरा हमें गांडीव गदा,
लौटा दे अर्जुन भीम वीर
कह दे शंकर से आज करें
वे प्रलय नृत्य फिर एक बार
सारे भारत में गूँज उठे,
'हर हर हर बम' का महोच्चार।

वस्तुतः देश की तत्कालीन राजनीति से ऊब कर वह विप्लव के गीत गाता है। वह खुद लिखता है—'ऊब गया हूँ देख चतुर्दिक अपने/अजा-धर्म का ग्लानि-विहीन प्रवर्तन।

'सामधेनी' (१६४७) में कवि की दृष्टि अपेक्षाकृत व्यापक हो गई है। '४१ से '४६ के बीच घटी हुई राष्ट्रीय और अन्तर्राष्ट्रीय घटनाएँ काव्य का वर्ण्य विषय हैं फिर भी मुख्य विषय राष्ट्रीयता है। वह अब भी गाता है—

व' देख लो, खड़ी है कौन तोप के निशान पर;
व' देख लो, अड़ी है कौन जिन्दगी की आन पर;
व' कौन थी जो कूद के अभी गिरी है आग में?
लहू बहा? कि तेल आ गिरा नया चिराग में?
अहा, व' अश्रु था कि प्रेम का दबा उफान था?
हँसी थी या कि चित्र में सजीव, मौन गान था?
अलभ्य भेंट काल को चढ़ा रहीं जवानियाँ।

'कलिंग विजय' तथा 'मेरे स्वदेश' में उनका दृष्टिकोण बदला हुआ लगता है। जिसे वह 'अजाधर्म' के नाम से पुकारता था उसे ही वह दूसरे कोण से देखता हुआ प्रतीत होता है।

इन संग्रहों को दिनकर का प्रारम्भिक प्रयास कहा जायेगा। भाषा पर मैथिलीशरण गुप्त का स्पष्ट प्रभाव है। किन्तु इसमें गुप्त जी की सहज वर्णनात्मकता नहीं है। छायावादी ढंग के संवेग के कारण भाषा अधिक गत्यात्मक हो गई है। पर गति में कसाव की जगह उछल-कूद है, आडम्बर है। अनुभूति के स्थान जब भावनामयता (सेंटीमेंटैलिटी) ले लेती है तो रेहटारिक का प्राधान्य हो उठता है।

'रसवन्ती' (१६४०) में श्रृंगारिक रचनाएँ संगृहीत हैं। किन्तु इसमें अभिव्यक्त श्रृंगारिक चेतना भी द्विवेदी-युगीन है। वही सात्विक भाव और वही स्थूल नैतिक प्रतिबन्ध। प्रेम को अर्चना और साधना कह कर दिनकर ने मध्यकालीन मनोवृत्ति का परिचय दिया है। सम्पूर्ण संग्रह में कहीं पर न तो प्रेम की व्याकुलता है और न उसकी उष्णता। अनुभूति की कमी इसे बहुत कुछ नीरस बना देती है। भाषा पंत का प्रभाव लिये हुए है किन्तु अपनी वर्णनात्मकता में वह उसे विकृत कर देती है।

'द्वंद्वगीत' (१६४०) में जीवन और जगत् सम्बन्धी रहस्यों को उभारा गया है--'भेजा किसने? क्यों? कहाँ?/ भेद अब तक न क्षुद्र यह जान सका। / युग-युग का मैं यह पथिक श्रान्त-अपने को अब तक पा न सका।

वस्तुतः 'कुरुक्षेत्र' (१९४६) के प्रकाशन के बाद ही दिनकर गम्भीर कवि के रूप में स्थापित हुए। पूर्ववर्ती रचनाओं को 'कुरुक्षेत्र' तक पहुँचने का सोपान समझना चाहिए। पहले की भावनामयता बौद्धिकता से सम्पृक्त होकर 'कुरुक्षेत्र' को बौद्धिक स्तर पर विचारणीय बना देती है। दो महायुद्धों की लपेट में आकर तथा भावी महायुद्ध की त्रासद आशंका से भयग्रस्त होकर दुनिया के बुद्धिजीवी युद्ध और शान्ति के सम्बन्ध में गम्भीरतापूर्वक विचार करने लगे थे। रसेल जैसे उच्चकोटि के दार्शनिक ने इस सम्बन्ध में काफी लिखा है। दिनकर रसेल से भी प्रभावित हैं। 'सामधेनी' में संगृहीत 'कलिंगविजय' में वे युद्ध और शान्ति की समस्या को ही विश्लेषित करते हैं।

'कुरुक्षेत्र' के 'निवेदन' में दिनकर ने लिखा है—'कुरुक्षेत्र' की रचना भगवान् व्यास के अनुकरण पर नहीं हुई है और न महाभारत को दुहराना ही मेरा उद्देश्य था। मुझे जो कुछ कहना था, वह युधिष्ठिर और भीष्म का प्रसंग उठाए बिना भी कहा जा सकता था। किन्तु तब यह रचना, शायद, प्रबन्ध के रूप में न उतर कर मुक्तक बन कर रह गई होती। तो भी यह सच है कि इसे प्रबन्ध के रूप में लाने की मेरी कोई निश्चित योजना नहीं थी।'

इससे दो बातें स्पष्ट हैं, एक तो यह कि वे महाभारत के शान्ति-अनुशासन पर्व का आधार ग्रहण कर कुछ नया कहना चाहते हैं और दूसरी यह कि वे इसे प्रबन्ध का आकार देना चाहते हैं। मतलब यह कि वे इसे युगानुरूप प्रासंगिकता देना चाहते हैं और 'साकेत' तथा 'कामायनी' की परम्परा को आगे बढ़ाना चाहते हैं।

इसमें युधिष्ठिर और भीष्म के संवाद के माध्यम से अन्याय के विरुद्ध युद्ध का समर्थन किया गया है। शांति सत्ताधारियों का हथियार है, जिसके आधार पर वह अपनी सत्ता को अक्षुण्ण रखता है। न्यायोचित अधिकार माँगने से नहीं मिलता उसे लड़कर लेना पड़ता है। सहिष्णुता, क्षमा आदि विजेता की शोभा हैं। हारी हुई जाति के लिए सहिष्णुता अभिशाप है। देह बल के आगे आत्मबल की नहीं चलती। अतः अन्याय के प्रतिरोध में युद्ध की अनिवार्यता स्वतः सिद्ध है। लेकिन युद्ध का परिणाम? चारों ओर उजड़ा हुआ क्षत-विक्षत प्रदेश—भयावह बियाबान। महाभारत युद्ध के पश्चात् इस स्थिति को देखकर युधिष्ठिर का मन खिन्न हो उठता है और वे पश्चात्ताप से भर उठते हैं। वे भीष्म पितामह के पास जाते हैं और समस्या का समाधान चाहते हैं। भीष्म कहते हैं कि युद्ध प्रकृति जन्य है। जिस तरह तूफान प्रकृति के विकारों का परिणाम है उसी प्रकार युद्ध मानवीय विकारों का। युद्ध रोका नहीं जा सकता, उसका दायित्व किसी एक व्यक्ति पर नहीं है। यह तभी रुक सकता है जब मानव-मन स्वार्थों से निर्लिप्त हो जाय, सुख में सबका सम भाग हो।

प्रश्न होता है कि जब युद्ध मानवीय प्रकृति के विकारों से सम्बद्ध है तो प्रकृति को बदला कैसे जा सकता है? जब सत्ताधारियों के अन्याय के विरुद्ध युद्ध छेड़ा जायेगा तो क्या दूसरी सत्ता स्थापित नहीं होगी? कौन जानता है यह दूसरी सत्ता पहली से कम क्रूर होगी! कैसे कहा जाय कि पाण्डवों का राज्य कौरवों से अच्छा होता!

'कुरुक्षेत्र' में अन्याय का स्वरूप नहीं विवेचित किया गया है। अतः वह अस्पष्ट होकर रह गया है। प्रत्येक युग में अन्याय का स्वरूप बदलता रहा है और उसके विरुद्ध

अपने-अपने ढंग के युद्ध होते रहे हैं। इसमें सन्देह नहीं कि दिनकर ने शोषण ने विरुद्ध दलित-शोषित वर्गों को रण के लिए आहूत किया है। इस तरह प्रकारान्तर से वे वर्ग-संघर्ष की आवाज उठाते हैं। लेकिन यह सपाट बन करके रह जाता है। यानी यह उपरले स्तर के स्थूल समाजवाद का ही स्पर्श करता है।

युद्ध की अनिवार्यता आज के सन्दर्भ से पूरे तौर पर नहीं जुड़ पाती। यदि आज विश्वयुद्ध छिड़ जाय तो उसका परिणाम क्या होगा? शांति की समस्या आज की प्रमुख समस्या हो गई है। युधिष्ठिर की विकलता, मनस्ताप और विक्षोभ इस समस्या को लेकर ही तो है। किन्तु वह वैयक्तिक बन कर रह जाती है और एक प्रकार से 'रोमैंटिक एगोनी' का रूप ले लेती है।

कवि युद्ध की परिसमाप्ति का भी संकेत करता है—

श्रेय होगा सुष्ठु-विकसित मनुज का वह काल
जब नहीं होगी धरा नर के रुधिर से लाल।
श्रेय होगा धर्म का आलोक वह निर्बंध।
मनुज जोड़ेगा मनुज से जब उचित संबंध।

इस तरह की यूटोपिया रसेल ने भी प्रस्तुत किया है—युद्ध का निराकरण तभी संभव है जब मनुष्य की दुष्ट प्रवृत्तियों का निराकरण हो जाय। प्रकृति-परिवर्तन का उल्लेख मारकुस भी करता है। किन्तु प्रकृति के बदलने की आकांक्षा आकाश-कुसुम है। हाँ, मूल्य-पद्धति में आमूल परिवर्तन संभव हो सकता है। जिस समाज में, प्रतिदिन उत्पादन बढ़ता जा रहा है उस समाज में, उसके लगभग समान वितरण के आधार पर मूल्य-परिवर्तन की कल्पना की जा सकती है। हो सकता है भावी पीढ़ी के सामाजिक मूल्यों में परिवर्तन आवे। इस परिवर्तन में ही युद्ध-समाप्ति की केवल संभावनाएँ निहित हैं।

अब यह निश्चित करना है कि साकेत और कामायनी की परम्परा को यह प्रबंध-काव्य कितना आगे बढ़ाता है। पर स्मरण रखना है कि न तो यह 'साकेत' की तरह भावनामूलक काव्य है और न 'कामायनी' की तरह अन्तर्वृत्ति निरूपक। उन दोनों से अलग यह बौद्धिक प्रबंध है। इसके साथ ही यह देखना होगा कि अपने प्रबंध-विधान में यह किस सीमा तक बौद्धिक समस्याओं को रचनात्मक स्तर दे सका है।

'साकेत' और 'कामायनी' की तरह इसकी कथावस्तु भी पौराणिक है। उन दोनों की तरह कथावस्तु की क्षीणता इसमें भी है। पर भाषाई स्तर पर यह कामायनी की अपेक्षा 'साकेत' के निकट है। फिर भी विचार-प्रधान काव्य होने के कारण भाषा में सटीकता अधिक है। नलिनविलोचन शर्मा रसात्मकता का प्रश्न उठाते हुए इसकी काव्यात्मकता के प्रति संदेह प्रकट करते हैं। किन्तु 'कुरुक्षेत्र' काव्य को रस की दृष्टि से देखना इस पर एक रूढ़ शास्त्रीय मान को थोपना है। इसकी भाषा में दिनकर की सहज ऊर्जा है, साफगोई है। पिछली रचनाओं की तरह इसमें अतिरिक्त शब्दों का प्रयोग नहीं हुआ है।

पर साफगोई और अभिधात्मक शब्दों का प्रयोग इसकी विशेषता भी है, इसकी कमजोरी भी। यह कमजोरी और वैशिष्ट्य इसके कथ्य में भी है। 'कामायनी' की भाषाई

जटिलता उसके कथ्य की भी जटिलता है। इस दृष्टि से 'कुरुक्षेत्र' 'कामायनी' के स्तर तक नहीं पहुँच पाता।

'उर्वशी' (१९६१) उनका दूसरा विशिष्ट प्रबंध है, जिसे गीतिनाट्य भी कहा गया है। कथा का पाँच अंकों में विभाजन और कथोपकथन की पद्धति के कारण इसे नाट्य की स्थूल संज्ञा दी जा सकती है, पर इसमें नाटकीयता का अभाव है। मूलतः यह प्रबंध काव्य है—आधुनिक प्रबंध परम्परा का काव्य। इसमें घटनात्मक तत्त्व अत्यधिक क्षीण है, पात्रों की संख्या बहुत कम है। प्रतीकों के माध्यम से संपूर्ण कथ्य को भौतिकता से आध्यात्मिकता की ओर ले जाने का प्रयास किया गया है।

दिनकर ने कहीं कहा है कि उनका मन 'रसवन्ती' में बसता है यद्यपि लोकप्रियता उन्हें हुंकार' से मिली। 'उर्वशी' उन्हीं दोनों के तनाव की सृष्टि है। इसमें उर्वशी और पुरूरवा की प्रणय-कथा को वैदिक तथा कालिदासीय स्रोतों से ग्रहण किया गया है। नाट्य प्रबंध के प्रथम अंक में पुरूरवा की राजधानी प्रतिष्ठानपुर के नन्दनकानन में अप्सराओं का अवतरण और उर्वशी-पुरूरवा में प्रेम का सूत्रपात होता है। द्वितीय अंक में पुरूरवा की राजमहिषी औशीनरी को पुरूरवा की प्रणय-कथा का समाचार मिलता है और वह उद्विग्न हो उठती है। इस नाट्य प्रबंध कल्पना का सबसे महत्वपूर्ण अंश तीसरा अंक है। इसमें प्रणय-लीलाओं की उन्मुक्त विवृति के साथ उससे पार जाने का, जीवन की चरम उपलब्धि का समारोहपूर्ण चित्रण किया गया है। चौथे अंक में उर्वशी अपने नवजात शिशु को च्यवन ऋषि की पत्नी सुकन्या को पालनार्थ सौंप देती है। पाँचवें अंक में सुकन्या उर्वशी-पुरूरवा के पुत्र 'आयु' को लेकर प्रतिष्ठानपुर आती है और भरतमुनि के शाप के फलस्वरूप अदृश्य हो जाती है तथा पुरूरवा संन्यास ले लेता है।

पुरूरवा और उर्वशी के माध्यम से कवि एक कामाध्यात्म की दुनिया सिरजता है जिसे लेकर आलोचकों में काफी मतभेद है, विशेष रूप से उसकी आधुनिक प्रासंगिकता को लेकर। पुरूरवा मन का प्रतीक है जो काम-पीड़ा से अत्यधिक व्याकुल है। वह औशीनरी से तृप्त न होकर उर्वशी के साथ निर्बाध विलास में डूब जाता है।

पर इस निर्बाध विलास में पृच्छाएँ उसका साथ नहीं छोड़तीं—'रूप की आराधना का मार्ग आलिंगन नहीं है।'

x x x

रूप की आराधना का मार्ग
आलिंगन नहीं तो और क्या है?
स्नेह का सौन्दर्य को उपहार
रस चुंबन नहीं तो और क्या है?

x x x

'पर जहाँ तक भी उड़ूँ, इस प्रश्न का उत्तर नहीं है।'

ये सारी पृच्छाएँ उस समय जगती हैं जब उर्वशी पुरूरवा के गाढ़ालिंगन में बँधी है। इस स्थिति पर आपत्ति उठाते हुए मुक्तिबोध ने ठीक ही लिखा है—'वैसे तो मैं कल्पना

भी नहीं कर सकता कि रति-सुख की विविध संवेदनाओं की बारीकियाँ और गहराइयाँ नर और नारी के बीच चर्चा का विषय हो सकती हैं। यही क्या, नर भी संभवतः उसे भूल जाता होगा। फिर भी अगर यह मान भी लें कि रति-सुख के स्मरण-चित्र उसके मन में उपस्थित होते हैं तो उसके साथ यह भी जोड़ना होगा कि उन स्मरण-चित्रों में उसे अतीन्द्रिय सत्ता की प्रतीति नहीं हो सकती। वह उन स्मरण-क्षणों में रत रहते हुए विरत नहीं हो सकता कि ऐन्द्रिय सुख के चरम क्षणों के चित्र उपस्थित होते ही उसे अतीन्द्रिय सत्ता की उपलब्धि का मार्ग दिखाई दे। संक्षेप में, न वास्तविक कामोत्कर्ष के क्षणों में न रति-सुख के स्मरण-चित्रों में डूबे होने की अवस्था में, अतीन्द्रिय सत्ता परम तत्व का बोध हो सकता है। यह कहना कि कुछ प्रज्ञावान् योगियों के लिए ऐसा होता है या हो सकता है, कोई मतलब नहीं रखता, क्योंकि सामान्य मनुष्य के लिए आज जो स्थिति अप्राकृतिक है वह संभवतः अस्वस्थ मनोदशा वालों के लिए ही प्राकृतिक हो सकती है।'

कृत्रिम मनोविज्ञान पर आधारित होने के कारण उर्वशी का तृतीय सर्ग, अपने समारोह के बावजूद, एकतान नहीं हो पाता। उर्वशी के कथन अधिक सुसम्बद्ध, भावोत्कर्षपूर्ण और अर्थवान् बिम्बों से संपृक्त हैं। पुरूरवा का अन्तर्द्वन्द्व अपने आप में काफी सशक्त होते हुए भी पूरी स्थितियों से जुड़ जाने पर अपने प्रभाव को कम कर देता है। फिर भी उर्वशी का यह अंक सम्पूर्ण ग्रंथ में अत्यधिक महत्वपूर्ण बन पड़ा है। पुरूरवा द्वंद्वमय सनातन पुरुष और उर्वशी सनातन नारी के प्रतीक भी हैं। पर पुरूरवा का द्वन्द्व काम और मोक्ष के द्वन्द्व तक सीमित होने के कारण 'कामायनी' के 'मनु' के द्वन्द्व की तरह व्यापक और सामयिक नहीं बन पाता है। पुरूरवा अपनी सामंतीय तथा मध्ययुगीन सीमाओं का कहीं अतिक्रमण नहीं कर सका है। यह प्रेम न तो सहज है और न सिद्धों-योगियों का युगनद्ध प्रेम। यह एक सशक्त ऐश्वर्य सम्पन्न सामंत का प्रेम है जो एक ही राग में भैरवी और विहाग गा लेता है।

चौथे अंक में च्यवन और सुकन्या का गार्हस्थ्य प्रेम चित्रित किया गया है। वह अपनी उद्वेगहीनता में समतल और प्रशान्त है। पाँचवें अंक में औशीनरी के निष्काम प्रेम की परिणति है—बिना प्रतिदान के सम्पूर्ण समर्पण। तृतीय अंक के ऐश्वर्यपूर्ण शृंगार चेतना के आगे च्यवन-सुकन्या का गार्हस्थ्य प्रेम निष्पन्द लगता है। द्वन्द्व से उतर कर जैसे कवि की लेखनी भी केन्द्रच्युत हो गई है। च्यवन-सुकन्या का प्रेम यदि पुरूरवा-उर्वशी के विरोध में खड़ा किया गया है तो यह विरोध बहुत ही कमजोर है। अगर इसे शक्तिशाली ढंग से प्रस्तुत किया गया होता तो उर्वशी-पुरूरवा का द्वन्द्व और भी उत्कर्षपूर्ण बन जाता। औशीनरी भारतीय नारीत्व की प्रतारणा को व्यक्त करती हुई फिर उसी से समझौता कर लेती है। औशीनरी का पछतावा यह है कि अपने भीतर बसी हुई उर्वशी को वह व्रीड़ा के आच्छादन में क्यों लपेटे रही? किन्तु उसे उजागर करके भी क्या वह उर्वशी का मुकाबला कर सकती थी? यदि मुकाबला भी कर लेती तो क्या वह सामंतीय अभिरुचि को बदल सकती थी? अन्त में सुकन्या उसे मध्यकालीन तर्कों में समझा लेती है—'और त्रिया जो अबल, मात्र आँसू, केवल करुणा है'; 'नारी क्रिया नहीं, वह केवल क्षमा, क्षान्ति, करुणा है।' विश्वमना के अनुसार महाराज के केन्द्र में प्रव्रज्या-योग पड़ा हुआ था, प्राण दशा में शनि का प्रवेश हो

चुका था, सूक्ष्म में मंगल थे। अतः कुंडली चक्र के अनुसार पुरूरवा को उसी दिन संन्यस्त होना नियत था। यह मध्यकालीन मनोवृत्तियों को ही पुष्ट करता है।

इस तरह के कर्महीन चिंतन की परिणति संन्यास में नहीं होगी तो कहाँ होगी? वस्तुतः उर्वशी आई० ए० रिचर्ड्स के शब्दों में अपवर्जन (पोइट्री ऑफ एक्स्लूजन) का काव्य है, अन्तर्वेशन (इन्क्लूजन) का नहीं। तथाकथित कामाध्यात्म्य के अतिरिक्त जीवन के जटिल आयामों के स्पर्श से विरहित यह काव्य न तो दिनकर की प्रकृति के अनुकूल है और न आज के जीवन सन्दर्भों के।

'रश्मिरथी' (१९५२) और 'परशुराम की प्रतीक्षा' (१९६३) उनके अन्य प्रबन्ध काव्य हैं। पहले में कर्ण को आधुनिक सन्दर्भ में रखा गया है और 'परशुराम की प्रतीक्षा' को चीन-भारत के युद्ध-सन्दर्भ में। 'इतिहास के आँसू', 'धूप और धुआँ', 'दिल्ली', 'नीम के पत्ते', 'नील कुसुम', 'हारे के हरिराम' उनके काव्य-संग्रह हैं।

वास्तव में दिनकर की कृति का मुख्य केन्द्रबिन्दु 'कुरुक्षेत्र' है। उसमें दिनकर की प्रकृति और प्रवृत्ति दोनों को आकार मिल गया है। उर्वशी की तरह न उसमें वाग्विस्तार है और न अतिरिक्त अलंकरण और न सांस्कृतिक प्रतिध्वनियाँ। युधिष्ठिर का द्वन्द्व आधुनिक मनुष्य का द्वन्द्व है जब कि पुरूरवा का द्वन्द्व मध्यकालीन सामंत का द्वन्द्व है।

प्रगतिवाद

साहित्य में प्रगति और प्रयोग की एक लम्बी परम्परा दिखाई पड़ती है। किन्तु मुख्यतः यह आधुनिक काल की देन है। क्योंकि ये अवधारणाएँ इसी काल की हैं व्यापक अर्थ में इन्हें भारतेन्दु हरिश्चन्द्र की रचनाओं में देखा जा सकता है। भारतेन्दु हरिश्चन्द्र पहले व्यक्ति हैं जिन्होंने अंग्रेजी साम्राज्यवाद की लूट और शोषण के विरुद्ध आवाज उठाई। लावनी, कजली, आल्हा आदि छन्दों के प्रयोग द्वारा उनके मण्डल के कवियों ने काव्य को जनता के बीच ला खड़ा किया। कृषकों की दुर्दशा का वर्णन प्रेमघन की कविताओं से हुआ है। मैथिलीशरण गुप्त की रचनाओं में भी कृषक-जीवन का दैन्य प्रस्फुटित हुआ है। बालमुकुन्द गुप्त ने लिखा है—'अहा विचारे दुःख के मारे निसिदिन पच-पच मरें किसान। / जब अनाज उत्पन्न होय तब सब उठवा ले जायँ लगान।'

छायावादी कवियों में निराला स्पष्ट रूप से शोषित जनता के पक्षधर रहे हैं। उनकी प्रतिबद्धता किसानों के प्रति भी है और मजदूरों के प्रति भी। उनकी 'दीन', 'भिक्षुक' और 'बादलराग' कविताएँ तो '२४ के पहले लिखी जा चुकी थीं। 'तोड़ती पत्थर' सन् '३७ में लिखी गयी। सही मायने में सच्ची प्रगतिवादी कविता का इससे बेहतर उदाहरण कहाँ मिलेगा। सन् '३७ में प्रसाद ने एक लेख लिखा—'यथार्थवाद और छायावाद' यथार्थ को उन्होंने भारतेन्दु की परम्परा से जोड़ा। उनकी दृष्टि में यथार्थवाद 'लघुता की ओर साहित्यिक दृष्टिपात' है। कहना न होगा कि यथार्थवाद प्रगतिवाद की नींव है। सन् '३६ में ही भगवतीचरण वर्मा की अत्यन्त लोकप्रिय कविता 'चरमर-चूँ-चरर-मरर जा रही चली भैंसागाड़ी' प्रकाशित हुई।

किन्तु आन्दोलन के रूप में इसकी शुरुआत सन् '३६ से मानी जाती है। 'प्रगतिशील

लेखक संघ' का एक अन्तर्राष्ट्रीय अधिवेशन हेनरी बारबूज के नेतृत्व में सन् '३५ में पेरिस में हुआ। इसकी एक स्थायी समिति बना दी गई जिसके अध्यक्ष थे अंग्रेजी के कथाकार फारेस्टर। इसी वर्ष मुल्कराज आनन्द और सज्ज़ाद जहीर ने लन्दन में भारतीय प्रगतिशील लेखक संघ की स्थापना की। इसका पहला अधिवेशन '३६ में लखनऊ में हुआ। उसके सभापति प्रेमचन्द थे। दूसरे अधिवेशन का सभापतित्व रवीन्द्रनाथ ठाकुर ने किया।

लेकिन प्रेमचन्द के भाषण में 'प्रगतिवाद' शब्द का प्रयोग नहीं हुआ है और न उन्होंने मार्क्सवादी काव्य-सिद्धान्तों की ही चर्चा की है। परन्तु उन्होंने स्पष्ट बताया है कि साहित्य का उपयोगितावादी होना चाहिए और यह भी कहा है कि 'जो दलित है, पीड़ित है, वंचित है—चाहे वह व्यक्ति हो या समूह उसकी हिमायत करना उसका फर्ज है।' मार्क्सवादी साहित्यिक सिद्धान्तों की सर्वप्रथम चर्चा विशाल भारत (मार्च '३७) में प्रकाशित शिवदान सिंह चौहान के एक लेख 'भारत में प्रगतिशील साहित्य की आवश्यकता' में हुई। लेकिन 'प्रगतिवाद' शब्द वहाँ भी गायब है। '३८ के 'प्रगतिशील लेखक संघ' के घोषणा-पत्र में भी इसका उल्लेख नहीं मिलता। सन् '३८ के 'रूपाभ' में भी जो मुख्यतः प्रगतिशील विचारधारा का ही पत्र था, 'प्रगतिवाद' शब्द नहीं प्रयुक्त हुआ है। इसी विषय पर सन् '४० में हिन्दी साहित्य सम्मेलन के पूना अधिवेशन में दिये गए नन्द दुलारे वाजपेयी के भाषण में भी यह नदारत है। वस्तुतः इसका प्रयोग '४० के बाद ही हुआ। 'प्रगतिशील' और 'प्रगतिवाद' में अन्तर है। 'प्रगतिशील' विशेषण है जो अपने विशेष्य के साथ रहकर ही अर्थवान होता है। पर 'प्रगतिवाद' संज्ञा है, अवधारणा है। 'प्रगतिशीलता' में लघुता के प्रति संवेदनात्मक रुझान होती है तो प्रगतिवाद में मार्क्सवादी अवधारणा का अनुबन्ध यानी आधार-अधिरचना का द्वन्द्वात्मक सम्बन्ध, वर्ग-संघर्ष और सर्वहारा की पक्षधरता।

'रूपाभ'('३८) के प्रथम अंक के सम्पादकीय में पंत ने लिखा है—"इस युग की वास्तविकता ने जैसा उग्र आकार ग्रहण कर लिया है उससे प्राचीन विश्वासों में प्रतिष्ठित हमारे भाव और कल्पना के मूल हिल गए हैं। श्रद्ध अवकाश में पलने वाली संस्कृति का वातावरण आन्दोलित हो उठा है और काव्य की स्वप्नजड़ित आत्मा जीवन की कठोर आवश्यकता के उस नग्न रूप से सहम गई है। अतएव उस युग की कविता स्वप्नों में नहीं पल सकती। उसकी जड़ों को अपनी पोषण सामग्री धारण करने के लिए कठोर धरती का आश्रय लेना पड़ रहा है।" 'युगवाणी' पंत का पहला काव्य-संग्रह है जिसमें वे प्रगतिवादी रचनाएँ संगृहीत हैं जो '३७-३८ में लिखी गई थीं। 'प्रगतिवाद' की शुरुआत '३८ से मानी जाय या '३६ से महत्वपूर्ण नहीं है। प्रगतिशील लेखक संघ के पहले अधिवेशन ('३६) वर्ष को इसका आरम्भिक वर्ष मानना अधिक इतिहास सम्मत है।

आरम्भ में सिद्धान्तों का ही काव्यानुवाद मिलेगा। 'युगवाणी' में ऐसी ही रचनाएँ संगृहीत हैं। ग्राम्या ('४०) पर छायावादी भाषा का भरपूर प्रभाव है पर उसमें ग्राम्य जीवन के प्रति गहरी सहानुभूति, सहानुभूति चाहे बौद्धिक स्तर पर ही क्यों न हो, व्यक्त की गई है। इस आन्दोलन का प्रभाव कम नहीं पड़ा। बच्चन, अंचल, नरेन्द्र शर्मा प्रगतिवादी कविताएँ लिखने लगे। तारसप्तक ('४३) में संगृहीत चार कवियों ने अपने को घोषित रूप से मार्क्सवादी

कहा।

इस धारा को रोकने का प्रयास भी कम नहीं हुआ। 'विशाल भारत' ने जमकर इसका विरोध किया। '३८-३९ में जब अज्ञेय 'विशाल भारत' के सम्पादक नियुक्त हुए तो इस विरोध में और भी तेजी आई। अज्ञेय ने इसे कम्युनिस्ट पार्टी से सम्बद्ध करके एक संकीर्णतावादी आन्दोलन की संज्ञा दी और प्रगतिशील लेखक संघ को साम्यवादी साहित्यिक संघ कहा। इलाचन्द्र जोशी ने भी इसी मंच से प्रगतिशील लेखक संघ पर हमला करते हुए चिरंतन सत्यों की खोज में हुए फ्रायडवाद की मंजिल तक जा पहुँचे। यद्यपि भगवतीचरण वर्मा '३६ में 'भैंसागाड़ी' लिख चुके थे फिर भी 'विचार' के सम्पादक के रूप में वे इस आन्दोलन का विरोध कर रहे थे। सन् '४४-४५ में स्थापित इलाहाबाद के परिमल-दल ने इसके विरुद्ध व्यक्ति-स्वातंत्र्य, प्रयोगवाद और कलावाद का समर्थन शुरू किया।

सन् '४२ में दूसरे महायुद्ध के दौरान कम्युनिस्ट पार्टी ने रूस के समर्थन में फासीवाद का विरोध करने के लिए कई और मोर्चे खोले। भारतीय जननाट्य संघ (इप्टा) की स्थापना '४३ में हुई। शम्भूमित्र, उत्पलदत्त, बलराज साहनी, हबीब तनबीर, दुर्गा खोटे, जोहरा सहगल आदि इसके रंगकर्मी थे। इसके माध्यम से फासीवादी के विरोध में देश भर में जगह-जगह प्रभावशाली नाटक खेले गए। पर इसी समय अंग्रेजी साम्राज्यवाद के विरुद्ध जो तीव्र लहर देश में पैदा हुई थी कम्युनिस्ट पार्टी ने उसका साथ नहीं दिया। फलस्वरूप वह देश की मुख्य धारा से कट कर अकेली हो गई। प्रगतिशील लेखक संघ का हश्र भी यही हुआ। स्वयं संघ में संकीर्णतावादी और उदारतावादी दो दल हो गए और '५१ के आते-आते संघ में इससे बिखराव आ गया। प्रयोगवादियों ने इस स्थिति का लाभ उठाकर प्रयोगवादी आन्दोलन को तेज कर दिया।

इस आन्दोलन और साहित्य-सर्जना की मुख्य त्रुटि यह रही है कि यह गहरे अर्थ में अपनी जमीन से नहीं जुड़ पाई। अपनी परम्परा और भाव-धारा के प्रति अनादर का भाव रखने के कारण भी यह आन्दोलन देश की मुख्यधारा से कट कर अलग हो गया। अपने देश की ऐतिहासिकता को नजर अन्दाज कर विदेशी ऐतिहासिकता को—समाजवादी यथार्थवाद को—साहित्य पर आरोपित किया जाने लगा। कम्युनिस्ट पार्टी ने पूँजीवाद की पिछड़ी हुई अवस्था को न देखकर मजदूरों के क्रांतिकारी चरित्र पर पूरा भरोसा कर रखा था। कृषकों के प्रति वह कभी भी आश्वस्त नहीं थी। इसकी प्रतिध्वनि साहित्य में भी सुनाई पड़ी। पंत कृषकों के बारे में लिखते हैं—'युग-युग का वह भारवाह, आकटि नत-मस्तक।' और मजदूर 'लोक क्रांति का अग्रदूत, वरवीर, जनाहत।' यद्यपि आज की परिस्थितियों में मजदूरों का चरित्र क्रांतिकारी नहीं रह गया है फिर भी पंतजी की भाववादी मनःस्थिति प्रगतिशील कवियों में अब भी विद्यमान है। आलोचकों ने इस मनोवृत्ति को कम बढ़ावा नहीं दिया है। संवेदनहीन सिद्धान्तों के काव्यानुवाद को कविता कह कर उन्होंने इस स्वस्थ काव्य-प्रक्रिया को एक संकीर्ण बाड़े में घेर दिया है।

पश्चिम में कट्टर (आरथोडाक्स) मार्क्सवादी सिद्धान्तों से भिन्न मार्क्सवाद के नए अर्थापन किए जा रहे हैं। मार्क्सवादी सौन्दर्यशास्त्र को पूर्णता की ओर ले जाने की दिशा में

लूकाच, ग्रामूशी, सार्त्र, एलथूसर एडोर्नो, बेंजामिन, लूसिए गोल्डमन, रेमण्ड विलियम्स आदि ने स्तुत्य प्रयास किए हैं। अवधारणा और साहित्य के सम्बन्ध में नए ढंग से विचार किया जाने लगा है। यह भी सवाल उठा है कि आधार में परिवर्तन न होने पर भी क्या अधिरचना में क्रांतिकारी परिवर्तन हो सकता है? प्रतिबद्धता पर एडोर्नो ने रैडिकल ढंग से विचार किया है। उसने कला में व्यक्तित्व के सन्निवेश की बात भी उठाई है। हर सौन्दर्यपरक वस्तु किन्हीं अंशों में व्यक्तिनिष्ठ होती है। संरचनावाद का जोर कम होने पर अवधारणा के निर्माण में भाषा की भूमिका पर बल दिया जाने लगा है। इन बहसों से रचनात्मक साहित्य को अपेक्षित दिशा की ओर उन्मुख होने में सहायता मिली है।

हिन्दी की मार्क्सवादी आलोचना में वैचारिकता के स्थान पर एक बार पुनः आतंक का माहौल खड़ा किया जा रहा है। अतः गिने गिनाये थोड़े से कवियों की सूची में नए नाम प्रायः नहीं जुड़ पा रहे हैं ले-देकर मार्क्सवादी कवियों में नागार्जुन, सुमन, केदारनाथ अग्रवाल, त्रिलोचन और रांगेयराघव की गणना की जाती है। इनमें से कोई भी 'मेजर' कवि नहीं है। मुक्तिबोध जैसे श्रेष्ठ मार्क्सवादी कवि के सामने कट्टरपंथी मार्क्सवादी आलोचक प्रश्न-चिन्ह लगा देते हैं।

नागार्जुन (१९११) का घरेलू नाम वैद्यनाथ मिश्र है। 'यात्री' उपनाम से वे मैथिली में कविता लिखते हैं। मार्क्सवादी सामाजिक चेतना से अनुप्राणित इनकी कविताओं में मिथिला जनपद की गंध भी मिलती है। इन्हें राहुल जी का लघु संस्करण समझना चाहिए—यात्रा का वही शौक, अध्ययन का वही अभ्यास और बहुत-सी भाषाओं में अपने को अभिव्यक्त करने की वह क्षमता। सिंहल में बौद्धधर्म की दीक्षा लेकर बैजनाथ मिश्र से नागार्जुन बन गए। अंग्रेजी स्कूल, कॉलेज, विश्वविद्यालयों से कोई सरोकार नहीं रहा। संस्कृत पढ़ने के लिए कुछ दिन काशी वास किया था। लेकिन इनके पास कोई शैक्षणिक उपाधि नहीं है। फिर भी वे संस्कृत, पालि, अपभ्रंश, तिब्बती, मराठी, गुजराती, बंगाली, सिंधी आदि की रचनाओं को धड़ल्ले से पढ़ लेते हैं और समझ लेते हैं।

ये कोरे लेखक नहीं हैं। राजनीतिक आन्दोलनों में शरीक होकर जेल-यात्राएँ भी की हैं। मूलतः मार्क्सवादी चेतना से प्रभावित होते हुए भी इनमें उसका कठमुल्लापन नहीं है। गाँधीजी के प्रति अपार श्रद्धा है नागार्जुन में। सुभाषचन्द्र बोस से भी पत्र-व्यवहार था। जयप्रकाश द्वारा संचालित आन्दोलन में शरीक होकर वे जेल भी गए थे। लेकिन आन्दोलन की सारहीनता की प्रतीति होने पर उसके विरुद्ध कविता लिख डाली। '६२ में चीनी आक्रमण के समय कम्युनिस्ट पार्टी से त्यागपत्र दे दिया। बाबा को जब जैसा अनुभव हुआ तब वैसा लिखा। राजनीतिक मतभेदों के बावजूद शोषित, पीड़ित सर्वहारा और किसानों की पक्षधरता का पल्ला कभी नहीं छूटा। युगधारा(१९५६), सतरंगे पंखों वाली (१९५९), प्यासी पथराई आँखें, तालाब की मछलियाँ, तुमने कहा था (१९८०), खिचड़ी विप्लव देखा हमने ('८०) और हजार-हजार बाँहों वाली ('८१) इनके काव्य-संग्रह हैं।

नागार्जुन ने संख्या में काफी कविताएँ लिखी हैं जिनमें से अधिकांश रोजमर्रा घटित होने वाले अखबारी समाचारों से सम्बद्ध हैं। इन्हें नुक्कड़ कविताओं की संज्ञा दी जा सकती

है क्योंकि वे शुद्ध प्रचारात्मक हैं। ऐसी स्थिति में भ्रम पैदा होता है कि वे पीली पत्रकारिता के कवि हैं। यदि इन प्रचारात्मक कविताओं को छोड़ दिया जाय तो इनकी ऐसी कविताओं की संख्या भी कम नहीं है जो जीवन बोध और कला की दृष्टि से काफी महत्वपूर्ण हैं। इनके आधार पर विचार करने पर वे प्रगतिवादी कवियों की श्रेणी में अप्रतिम ठहरेंगे।

नागार्जुन गरीब परिवार--निम्न मध्यवर्गीय परिवार में पैदा हुए थे और अपने चारों ओर गरीबी, अपमान, दैन्य, विषमता में तड़पते हुए किसानों, मजदूरों को देखा था और अब भी देख रहे हैं। अतः इनके लिए जिम्मेदार व्यक्तियों, सरमायादारों, संस्थाओं और सरकारों पर जम कर प्रहार किया है। अतः अमन या शान्ति की कविता न लिखना उनकी विवशता है—

कैसे लिखूँ शान्ति की कविता,
अमन-चैन को कैसे कड़ियों में बाँधूँ,
मैं दरिद्र हूँ, पुश्त-पुश्त की यह दरिद्रता
कटहल के छिलके जैसी खुरदरी जीभ से
मेरा लहू चाटती आई
मैं न अकेला.......
मुझ जैसे तो लाख-लाख हैं, कोटि-कोटि हैं

वह कोटि-कोटि जन का प्रतिनिधि कवि है। जनता तक अपनी भावनाओं को संप्रेषित करने और उसे प्रशिक्षण देने के लिए वह व्यंग्य का प्रयोग करता है। व्यंग्य के विविध प्रकार की छायाएँ—हास्य, विद्रूप आदि—प्रायः सर्वत्र मिल जायेंगी। इनका व्यंग्य निराला के व्यंग्य की याद दिलाता है। लेकिन इनके व्यंग्य में निराला के व्यंग्य की जटिलता और अर्थ की अनेकानेक छबियाँ नहीं मिलतीं। वे प्रायः सतह के नीचे नहीं धँस पाते। एक उदाहरण देखिए —

बापू के भी ताऊ निकले तीनों बन्दर बापू के !
सकल सूत्र उलझाऊ निकले तीनों बन्दर बापू के !

रोजमर्रा की समस्याओं से हटकर नागार्जुन जब अपने जनपद की ओर लौटते हैं तो उसकी वाणी में रागात्मकता का तत्व अधिक घनीभूत हो उठता है और कल्पना में सजीवता आ जाती है। स्थान-स्थान पर वर्ग-वैषम्य तथा बदलाव को भी वे रेखांकित करते चलते हैं। ऐसी कविताओं में कुछ स्मृति-चित्र, प्रवासजन्य स्मृतियाँ, जनपद की पाठशालाओं की दुर्दशा, पेड़-पौधे, मौसम आदि के चित्रण में उसकी तन्मयता देखते ही बनती है। 'सिन्दूर तिलकित भाल' में पत्नी की याद के साथ ही अन्य स्वजन भी नहीं भूलते—

याद आते स्वजन
जिनकी स्नेह से भींगी अमृतमय आँख
स्मृति-विहंगम की कभी थकने न देती पाँख
याद आता वह मुझे अपना 'तरउनी' ग्राम
याद आतीं लीचियाँ, वे आम

स्नेह भींगी आँखें तथा आम-लीचियों के जनपदीय कवि की स्मृतियों का एक जीवंत परिवेश निर्मित कर देते हैं। यह परिवेश शहरी परिवेश से कितना अलग किन्तु कितना सरस है ! प्रवास में मित्रों की कमी नहीं है। वह एहसास करता है—'किन्तु जीवन भर रहूँ फिर भी प्रवासी ही कहेंगे हाय !' वहाँ भी मित्रों की कमी नहीं है।

मरने पर वे चिता में दो फूल डाल देंगे। लेकिन जब तुमको मालूम होगा तो—

सुनोगी तुम तो उठेगी हूक
मैं रहूँगा सामने (तस्वीर) पर मूक
सांध्य नभ में पश्चिमान्त—समान
लालिमा का जब करुण आख्यान
सुना करता हूँ, सुमुखि, उस काल
याद आता है तुम्हारा सिन्दूर तिलकित भाल।

'लालिमा का करुण आख्यान' और 'सिन्दूर तिलकित भाल' के साम्य द्वारा जिस मृत्युबोध को यहाँ चित्रित किया गया है वह आधुनिकतावादी मृत्युभीति से एक दम अलग है। इसके भीतर से स्नेह सौहार्द, आन्तरिकता, ममत्व आदि का जो स्रोत बहता हुआ दिखाई देता है वह मृत्युबोध में भी जीवन-बोध देता है।

जनपद के हृदय की धड़कन, चाहे गाँव के पाठशाले का चित्र हो चाहे अकाल का,जहाँ कहीं भी मिलती है वहाँ कविता संवेदना के स्तर पर पहुँच जाती है। इनमें वस्तुनिष्ठ समीकरण का जो विन्यास दिखाई पड़ता है वह यथार्थ का जीवंत चित्र प्रस्तुत करने के साथ-साथ व्यवस्था पर भी चोट करने में नहीं चूकता—

घुन खाये शहतीरों पर बारहखड़ी विधाता बाँचे
फटी भीत है, छत चूती है, आले पर बिसतुइया नाचे
बरसा कर बेबस बच्चों पर मिनट-मिनट में पाँच तमाचे
इसी तरह दुखरन मास्टर गढ़ता है आदम के साँचे

× × ×

कई दिनों तक चूल्हा रोया / चक्की रही उदास / कई
दिनों तक काली कुतिया/ सोई उनके पास

जनपद की प्रकृति और मौसम में तो उसकी सम्पूर्ण आन्तरिक चेतना बसती है या यों कहिए उसकी चेतना में जनपद अपने सम्पूर्ण भोलेपन और सौन्दर्य में निवास करता है। आंचलिक उपन्यासकारों-कहानीकारों की तरह गाँव की प्रकृति के प्रति उसकी दृष्टि रोमैंटिक नहीं है और न केदारनाथ अग्रवाल की तरह उसमें रोमानी रंग है। वह पाठकों को अपने साथ खेत की मेड़ों, कछारों, गेहूँ-धान की सुनहली बालों, मौलश्री-कटहल के पेड़ों के बीच ले जाकर पूरे परिवेश को वंशी-मादल के स्वरों, किशोरियों के कोकिल कंठ, बाल्य स्मृतियों से जोड़कर जीवन की अर्थवत्ता के आस्तिक बना देता है। जिस जीवनोत्सव की चर्चा आचार्य रामचन्द्र शुक्ल ने की है उसे नागार्जुन के प्रकृति-चित्रों में देखा ही नहीं जा सकता, अनुभव किया जाता है। कुछ उदाहरण देखिए—

मृगछालों पर पल्थी मारे, मदिरारुण आँखों वाले उन
उन्मद किन्नर-किन्नरियों की, मृदुल मनोरम अंगुलियों को
वंशी पर फिरते देखा है, बादल को घिरते देखा है।

X X X

मौलिसिरी के ढेर-ढेर के ताजे टटके फूल
अपनी गँवई पगडंडी की चन्दनवर्णी धूल

X X X

पग-पग पर ऋतुपति का छवि संभार
दिशा-दिशा में किसलय कुसुम-प्रसार

X X X

निकलेंगे झोपड़ों से छोकरे उलंग
रहेगा जामुन का-सा देह का रंग
सिखायेंगे झरनों को बहने का ढंग
ढलेंगे छन्द मादल-बाँसुरी के संग।

नागार्जुन के प्रकृति-चित्र प्रायः जनपदीय हैं और भाषा पर उसका गहरा रंग है। ये प्रकृति का संश्लिष्ट चित्र नहीं खींचते और न उसका मानवीकरण करते हैं। कवि की रक्त-मज्जा में रसी-बसी प्रकृति विभिन्न ऋतुओं में अपने अपरूप रूप को खोलती चलती है, मादल-वंशी के संग छन्द ढलते-चलते हैं। 'गँवई पगडण्डी की चन्दनवर्णी धूल' के प्रति कितनी गहन आस्तिकता है उसमें ! वह प्रकृति को एक ओर ग्राम्य संस्कृति के साथ जोड़ता है तो दूसरी ओर जनवादी चेतना से। इसका फल यह होता है कि उसमें आदिम गंधों के बिम्ब के साथ सार्थक परिवर्तन के प्रति उमंगमयी चेतना भी उभरती चलती है।

प्रकृति-चित्रों की शैली चित्रणात्मक है तो राजनीतिक कविताओं की शैली व्यंग्यात्मक या वक्रात्मक। उसे नाट्यात्मक बयान की संज्ञा दी जा सकती है। सम्बोधन करते समय वह बतकही की मुद्रा अपनाता है। बातचीत गूढ़ वैचारिक मसलों पर नहीं होती, बल्कि रोजमर्रा के मसलों को लेकर होती है। जहाँ ये मसले सीधे राजनीतिपरक हो गए हैं वहाँ कविता-कविता नहीं रह जाती। यदि नागार्जुन की श्रेष्ठ कविताओं को अलग से संगृहीत कर दिया जाय तो उसके प्रति लोगों की समझदारी बढ़ जायेगी। लेकिन स्मरण रखना चाहिए कि राजनीति उसकी कविताओं की दुर्बलता है तो वही उसकी महत्ता भी है।

उसने अपने लिए ठीक ही लिखा है—'जन-जन में जो ऊर्जा भर दे, मैं उद्‌गाता हूँ उस रवि का।'

केदारनाथ अग्रवाल (१६११) प्रगतिवादी धारा के सुमित्रानन्दन पंत हैं। पंत पर पहाड़ी प्रकृति का काल्पनिक रंग है तो केदार पर गाँव की प्रकृति का यथार्थवादी रंग। नागार्जुन की कुछ ही कविताओं पर स्वच्छन्दतावादी कविता के वस्तु-रूप का प्रभाव है लेकिन केदार पर अधिक है। इस प्रकृति-चित्रण को केदार 'प्रकृति का किसानी चित्रण' कहते हैं। उनकी ख्याति का कारण यह किसानी चित्रण ही है न कि समाजवादी से प्रभावित रचनाएँ।

उनके यह काव्य-संग्रह प्रकाशित हो चुके हैं—युग की गंगा (१६४७), नींद के बादल (१६४७), फूल नहीं रंग बोलते हैं (१६६५), आग का आईना (१६७०), समय-समय पर (१६७०)। 'फूल नहीं रंग बोलते हैं' का द्वितीय संस्करण १६७७ में छपा है जिसमें पहले संग्रहों की चुनी हुई कविताएँ संगृहीत हैं। इसके बाद तीन काव्य संग्रह और प्रकाशित हुए—पंख और पतवार ('७६), हे मेरी तुम ('८१) और मार-प्यार की थापें ('८१)।

केदार के प्रकृति-चित्रण और छायावादी कवियों के प्रकृति-चित्रण का अन्तर यह है कि केदार की प्रकृति सहज और आत्मीय है जबकि छायावादी काव्य की प्रकृति में नागर कोमलता तथा भयंकरता है और कवि प्रायः उनकी शरण में पनाह खोजता रहता है। जिस ग्राम्या की अतिशयोक्तिपूर्ण गलत प्रशंसा हुई है उसकी प्रकृति पर भी छायावाद का गहरा रंग है। ग्राम्या के 'मखमल की कोमल हरियाली', 'तैलाक्तगंध', 'यामल भूतल पर झुका हुआ/ नभ का चिर निर्मल नील फलक /' आदि का गाँव से दूर का भी सम्बन्ध नहीं है। पर केदार की कविताएँ हमें गाँव के किसानी प्राकृतिक परिवेश से एकतान कर देती हैं—'एक बीते के बराबर / यह हरा ठिगना चना, / बाँधे मुरैठा शीश पर / छोटे गुलाबी फूल का, / सजकर खड़ा है। /' वसंती हवा', 'आज नदी बिलकुल उदास थी', धूप आदि में प्रकृति की सहज छवि सुरक्षित है, ईषत रोमानी रंग के साथ।

'अस्थि और अंकुर खंड' में प्रगतिवादी रचनाएँ संगृहीत हैं। आरम्भ में ही लेखक ने कहा है—सामूहिक उन्नति के आगे / 'सामूहिक अष्टांग समर्पण / अपनी-अपनी भिन्न इकाई का अब कोई मूल्य न दर्शन।' कुछ प्रगतिवादी रचनाओं की बानगी लीजिए—

काटो, काटो, काटो, करबी
मारो, मारो, मारो, हँसिया
हिंसा और अहिंसा क्या है
जीवन से बढ़ हिंसा क्या है।

(कड़ई का गीत)

मिलों के मालिकों को
अर्थ के पैशाचिकों को
भूमि को हड़पे हुए धरणीधरों को,
मैं प्रलय के साम्यवादी आक्रमण से मारता हूँ,
और उनके अपहरण की
दिग्विजयिनी सभ्यता को
सर्वहारा को नवोदित सभ्यता से जीतता हूँ।

(मोरचे पर)

इस प्रकार की रचनाओं को जो लोग प्रगतिवादी काव्य की संज्ञा देते हैं वे प्रगतिवादी काव्य के विरुद्ध साजिश करते हुए प्रतीत होते हैं। कुछ छोटी-छोटी कविताएँ जो मार्क्सवादी जार्गन से मुक्त हैं अच्छी बन पड़ी हैं—

तेज धार का कर्मठ पानी,

चट्टानों के ऊपर चढ़कर
मार रहा है
घूँसे कस कर
तोड़ रहा है तट चट्टानी !

तीसरे खण्ड की कुछ कविताएँ ध्यान आकृष्ट करती हैं—

हम जियें न जियें दोस्त
तुम जियो एक नौजवान की तरह
खेत में झूम रहे धान की तरह
मौत को मार रहे बान की तरह।

'खजुराहो के मन्दिर' की संरचना क्लासिकल संस्पर्श लिए हुए है, लेकिन उसके रचाव में औदात्य नहीं है।

पंख और पतवार (१९७९) उनका ताजा काव्य-संग्रह है। इसमें कवि मार्क्सवादी चेतना के प्रति अधिक सचेत हो उठा है, पर महत्वपूर्ण कविताएँ वे ही हैं जिन पर प्रकृति का रंग चढ़ा हुआ है जैसे 'धूप की तलवार', 'बस छूटने पर', 'लवर्स बीच पर', 'नागलिंगम्', 'बछल पंखी मौसम' आदि। लेकिन जब वह १९७६ में (आज का लेखन) लिंखता है—'आज का लेखन' / आग के अँगूठों की / क्रान्तिकारी कतार का, / बन्दूकमार लेखन है।' तो लगता है कि मार्क्सवादी सौन्दर्य शास्त्र के इतना विकसित हो जाने पर भी वह पिछले जमाने के 'बन्दूकमार लेखन' की रोमैंटिक धारणा को अभी भी चिपकाये हुए है।

कविता की भाषा को लोकभाषा के निकट लाने में केदार का प्रयास उल्लेख्य है। भाषा को कुछ इस ढंग से प्रयुक्त किया गया है कि वह कवि के ही शब्दों में धूप में लहराते धान के खेत की तरह मन को छू जाती है। लोक धुनों के प्रयोग के लिए उसके माँझी। 'न बजाओ बंशी मेरा मन डोलता', 'धीरे उठाओ मेरी पालकी', 'मेरी नाव पुरइन के पात की' गीत विशेष रूप से लोकप्रिय हैं।

शिवमंगल सिंह सुमन (१९१६)— स्वभाव से ही भावुक कवि हैं। उसकी भावुकता पर बुद्धि का अंकुश नहीं लग पाता। उसका मन सहज होकर विरह-गीत लिखता है। जब कभी बुद्धि के वश में होता है तो मार्क्सवादी सिद्धान्तों के आधार पर कविता गढ़ता है। सुमन का द्विधा-विभक्त व्यक्तित्व कहीं पर ठहराव नहीं पाता। संभव है अपनी विरहाकुलता को कम करने के लिए ही उन्होंने अपना रास्ता बदला हो।

उसका विरह न तो छायावादियों की तरह उदात्त है और न अंचल-नरेन्द्र शर्मा की तरह मांसल और क्षयग्रस्त। बच्चन की तरह ऐकान्तिक भी नहीं है। पुरवैया की लहरदार गंगा के भँवर में पड़ी हुई छोटी नौका की तरह चंचल है—

है सारा संसार सुखी क्या केवल मैं एक दुखी क्या
यही समझ धीरज धर लेता, यह निष्फल-सा जीवन मेरा

'हिल्लोल' और 'पर आँखें नहीं भरी' इसी ढंग के काव्य-संग्रह हैं। 'नवयुग के गान' और 'प्रलय सृजन' में कवि समाजवादी भूमिका पर प्रतिष्ठित दिखाई देता है। इनमें

शोषित वर्ग की हिमायत और पूँजीवादी वर्ग की खिलाफत अभिव्यक्त हुई है। 'गुनिया का यौवन', 'कलकत्ते का अकाल' और 'चल रही कुदाली' आदि लोकप्रिय रचनाएँ हैं। अन्य प्रगतिवादियों की तरह रूस के प्रशस्तिगान भी इनमें समाविष्ट हैं। प्रगतिवादी कविता के दो उदाहरण निम्नलिखित हैं—

हाय यहाँ मानव-मानव में समता का व्यवहार नहीं है,
हाहाकारों की दुनिया में सपनों का संसार नहीं है
इसीलिए अपने सपनों को मुट्ठी में मलता जाता हूँ।
x x x
जगे वीर, जागी वसुन्धरा, जागी युग की ज्वाला
यहाँ लुटेरे फासिस्तों को पड़ा मौत से पाला
जन-जन जागे, कण-कण जागा, जागा लाल सितारा
चली लाल सेना लहराती लाल रक्त की धारा
कौन लड़ेगा ? कौन बढ़ेगा ? कौन साहसी शूर है
दस हफ्ते दस साल बन गए, मास्को अब भी दूर है।

सुमन की प्रगतिवादी रचनाओं में ओज है—पर यह ओज निराला के काव्य का ओज न होकर रेहटारिक का ओज है। रामविलास शर्मा और रांगेय राघव भी प्रगतिवादी शिविर के कवि हैं। पर एक ने आलोचना का क्षेत्र अपना लिया है तो दूसरे ने कथा-साहित्य का।

भाषा की दृष्टि से इनके अवदान को नकारा नहीं जा सकता। छायावादी काव्यभाषा की अलंकृति, अस्पष्टता और धुँधलके से हटकर इन कवियों ने भाषा को लोक से जोड़ा या लोकभाषा को अपनाया। इससे अभिव्यक्ति में सपाट बयानी आई। सपाट बयानी कविता नहीं हो सकती क्योंकि जटिल भावों की अभिव्यक्ति में यह सर्वथा असमर्थ है। किन्तु आगे के कवियों ने, मुख्यतः नए कवियों ने इसमें नया अर्थ भर कर इसे जटिल भावाभिव्यक्ति के योग्य बनाया।

त्रिलोचन शास्त्री (१९१७) ऐसे महत्वपूर्ण कवि हैं जिनकी कविता अपने औसत धरातल से कहीं भी नीचे नहीं उतरती। इनकी भाषा की पारदर्शिता अर्थ में कहीं भी उलझाव नहीं आने देती। शमशेर त्रिलोचन की भाषा की सरलता और व्यंजकता पर मुग्ध हैं। अन्य प्रगतिवादी कवियों की तरह त्रिलोचन ने भी लोकभाषा के मुहावरों से अपनी भाषा को अभिव्यंजनाक्षम बनाया है।

त्रिलोचन ने सतर्कतापूर्वक अपने को प्रगतिवादी नारों से बचाया है। फिर भी कुछ कविताओं में इनका समावेश हो ही गया है, जैसे, सोच समझ कर चलना होगा, तुम बढ़ो विजय के पथ पर, चीन महान् चीन, इन दिनों मनुष्य का महत्व कोई नहीं है आदि।

त्रिलोचन का प्रगतिवाद त्रासदीय जीवन बोध (ट्रेजिक सेंस ऑफ लाइफ) में है। यह बोध उसे सैद्धांतिक स्तर पर नहीं मिला है, बल्कि जीवन के लघु-लघु प्रसंगों से प्राप्त हुआ है। जिसे उसने देखा-सुना और भोगा है।

मैं जब कभी अकेला बिलकुल हो जाता हूँ, गोविन्द आज तुम नहीं हो, जीवन का निश्चय क्या, जीवन का एक लघु प्रसंग आदि ऐसी कविताएँ हैं। 'मैं जब कभी अकेला बिलकुल हो जाता हूँ' की कुछ पंक्तियाँ हैं—

दृश्य बदलता है
कि देखता हूँ फिर
मैं बीमार खाट पर लेटा हूँ मनमारे
सिरहाने बैठी हो तुम माथे पर अपना हाथ पसारे
पूछ रही हो
[दृग में चिन्ता वाणी में विश्वास अटल है]
अब कैसी तबियत है !

यह बोध उसके प्रकृति-चित्रों में भी मिलता है—दो दिन पाहुन जैसे रह कर बादल चले गये वे, सघन पीली उर्मियों में बोर, हंस के समान दिन उड़कर चला गया आदि।

त्रिलोचन की कविता में व्यंग्य-विनोद का अभाव है। सानेटों में कुछ व्यंग्यात्मक रचनाएँ हैं। पर जहाँ है वहाँ धारदार है। 'चम्पा काले-काले अक्षर नहीं चीन्हती' देखी जा सकती है—

चम्पा, पढ़ लेना अच्छा है
चम्पा बोलो—तुम कितने झूठे हो
राम, राम, तुम-पढ़ लिखकर इतने झूठे हो
मैं तो ब्याह कभी न करूँगी
और कहीं जो ब्याह हो गया
तो मैं अपने बालम को संग-साथ रखूँगी
कलकत्ता मैं कभी न जाने दूँगी
कलकत्ते पर वज्र गिरे।

पढ़े-लिखे लोगों पर तो व्यंग्य है ही, पर क्या इस पूँजीवादी व्यवस्था में चम्पा अपने बालम को कलकत्ता जाने से रोक सकेगी?

त्रिलोचन को सानेट सिद्ध है। यद्यपि यह छन्द अंग्रेजी साहित्य का है फिर भी त्रिलोचन ने इसे अपनी भाषा की प्रकृति के अनुरूप ढालने का प्रयास किया है। इसके माध्यम से उसने गाँव की प्रकृति, प्रेमानुभव और गरीबी की असहायता का ठोस वस्तून्मुखी वर्णन किया है जिस पर कहीं-कहीं निराला का प्रभाव दिखाई पड़ता है। सॉनेटों की भाषा अन्य कविताओं की भाषा से कहीं अधिक कसी हुई, सामासिक और सामान्यतः तत्सम परक हैं जो शायद छन्द की माँग है। त्रिलोचन को समझने के लिए उसके सॉनेटों का समझना जरूरी है।

धरती (१९४५), गुलाब और बुलबुल (गजलें और रूबाइयाँ : १९५६), दिगन्त(सॉनेट, '५७), ताप के ताए हुए दिन ('८०), ७ शब्द ('९०), उस जनपद का कवि हूँ ('८१) उसके काव्य-संग्रह हैं।

रांगेय राघव (१९२३-६२)— ऐसे कवि और कथाकार हैं जो साहित्य और समाज

के प्रति पूर्णतः समर्पित हैं। शायद ही कोई प्रगतिवादी कवि हो जो अपने मार्क्सवादी सिद्धान्त और काव्यगत ईमानदारी के प्रति इतना अधिक निष्ठावान् हो। 'अज्ञेय खण्डहर' (१६४४), 'मेधावी' (१६४७) और 'पांचाली' (१६५५) कवि के आख्यानात्मक काव्य हैं।

'अजेय खण्डहर' में तीन शीर्षकों—झंकार, ललकार, हुंकार—से स्तालिनग्राद युद्ध के कतिपय स्थलों का वर्णन किया गया है। इसके माध्यम से उसने अन्तर्राष्ट्रीय चेतना और भारतीय स्वातंत्र्य संग्राम को एकसूत्र में बाँधने की कोशिश की है—

जागो याद कर गतमान, मेरे प्राण हिन्दुस्तान
स्तालिनग्राद हिन्दुस्तान।

अपनी इतिवृत्तात्मकता के बावजूद इसमें जगह-जगह काव्यात्मक प्रौढ़ता के दर्शन होते हैं। अन्य कवियों की तरह उसने केवल समसामयिकता तक ही अपने को सीमित नहीं किया है, बल्कि उसके पार जाकर स्थायित्व की तलाश भी की है।

'मेधावी' चिन्तन-प्रधान काव्य है। इसमें 'दर्शन, भूगोल, इतिहास, काव्य, समाजशास्त्र' आदि का समावेश है। इतिहास के नाना प्रसंगों को चिन्तन की कड़ियों में गूँथने के कारण इसमें एक तरह का बिखराव आ गया है। पर बीच-बीच में लाए हुए गीत अधिक काव्यमय बन पड़े हैं।

'पांचाली' में धर्मराज युधिष्ठिर और पांचाली के चरित्रों के माध्यम से नारी, समाज, राष्ट्र, वर्ण, राज्यतन्त्र, प्रेम, अहिंसा आदि से सम्बद्ध महत्वपूर्ण समस्याओं पर विचार व्यक्त किए गए हैं। 'मेधावी'की अपेक्षा 'पांचाली' की वस्तुसंघटना अधिक कलात्मक बन पड़ी है। जहाँ तक शिल्प का सम्बन्ध है रांगेय राघव ने पर्याप्त सजगता का परिचय दिया है, यद्यपि उसमें भी वस्तु तत्त्व की ही प्रधानता है।

प्रयोगवाद और नई कविता

प्रयोगवादी कविता का समारम्भ अज्ञेय के संपादकत्व में प्रकाशित 'तार-सप्तक' के प्रकाशन काल (१६४३) से माना जाता है। पर प्रगतिवादी काव्यधारा की भाँति प्रयोगवादी काव्य का स्रोत भी छायावाद ही है। निराला के समस्त काव्य को प्रयोग का अलबम कहा जा सकता है। प्रगतिवादी-प्रयोगवादी दोनों निराला की अगुआई स्वीकार करते हैं। अपने एक निबन्ध 'तार सप्तक प्रसंग' में नेमिचन्द्र जैन ने लिखा है—"जिस बदलती हुई काव्य-चेतना की एक अभिव्यक्ति तार सप्तक के कवियों में मिलती है वह उस दौर के अन्य बहुत से तरुण कवियों में थी जिनमें निराला के अतिरिक्त शमशेर बहादुर सिंह, त्रिलोचन, भवानी प्रसाद मिश्र, राजेश्वर गुरु, केदारनाथ अग्रवाल और नरेन्द्र शर्मा तक उल्लेख किया जा सकता है।"

इसमें दो बातें जाहिर हैं, एक तो यह कि '४३ के पहले से ही प्रयोग हो रहा था, दूसरी यह कि अनेक कवि जिन्हें प्रगतिवाद के खाते में डाल दिया गया है, प्रयोग को लेकर ही काव्य-क्षेत्र में अवतरित हुए। इससे यह तथ्य भी पुष्ट होता है कि प्रगतिवाद-प्रयोगवाद कुछ समय तक एक साथ, एक में घुलमिल कर चलते रहे। लेकिन प्रगतिवाद ज्यों-ज्यों कुत्सित समाजवादियों के सिद्धान्तों में जकड़ता गया त्यों-त्यों प्रयोगवाद उससे अलग होता गया। 'तार

सप्तक' में ही, जैसा प्रगतिवाद के प्रसंग में कहा जा चुका है, कम-से-कम पाँच कवि ऐसे हैं जो मार्क्सवादी होने का दावा करते हैं। बाद में दोनों के अलग-अलग शिविर हो गए और एक का शिविर दूसरे के लिए निषिद्ध हो गया। समय-समय पर एक शिविर के लोग दूसरे शिविर पर हमला करते रहे। प्रगतिवादी काव्य-आन्दोलन थोड़े ही समय में समाप्त हो गया। किन्तु प्रयोगवादी काव्य 'नई कविता' का रूप लेकर दो दशकों तक जीवित रहा। यों व्यापक अर्थ में प्रगति और प्रयोग एक-दूसरे से मिलते, कभी काटते बराबर चलते रहेंगे।

'प्रयोगवाद' शब्द का प्रयोग सबसे पहले नन्ददुलारे वाजपेयी ने अपने एक निबन्ध 'प्रयोगवादी रचनाएँ' में किया। इस निबन्ध में मुख्यतः 'तार सप्तक' की समीक्षा की गई है। उन्होंने लिखा है—'पिछले कुछ समय से ही हिन्दी काव्य क्षेत्र में कुछ रचनाएँ हो रही हैं, जिन्हें किसी सुलभ शब्द के अभाव में, प्रयोगवादी रचना कहा जा सकता है।' 'दूसरा सप्तक' की भूमिका में अज्ञेय ने वाजपेयी जी का उत्तर देते हुए 'तार सप्तक' की रचनाओं को प्रयोगवादी कहना स्वीकार नहीं किया है। पर तार सप्तकीय कवियों के वक्तव्यों में प्रयोग शब्द बार-बार प्रयुक्त हुआ है। ऐसी स्थिति में इस शब्द का चलन हो जाना स्वाभाविक था।

इस प्रसंग में नकेन के प्रपद्यवाद का उल्लेख प्रासंगिक है। इस काव्य-संग्रह में नलिनविलोचन शर्मा, केसरी और नरेश की कविताएँ संगृहीत हैं। इस संग्रह के आरम्भ में 'प्रपद्यवाद के घोषणापत्र का प्रारूप' भी दिया गया है। इसमें तार सप्तकीय कवियों को प्रयोगशील और नकेनवादियों को प्रयोगवादी कहा गया है। प्रयोगशीलों के लिए प्रयोग साधन है जबकि नकेनवादियों के लिए साध्य। प्रयोगशील और प्रयोगवाद का भेद वैसे ही बेमानी है जैसे प्रगतिशील और प्रगतिवाद का। दोनों में कोई फर्क नहीं है। प्रपद्यवाद का प्रकाशन १९५६ में हुआ था। '५० के आसपास प्रयोगवादी काव्य नया मोड़ लेकर नई कविता का नाम ले चुका था। ऐसी स्थिति में प्रपद्यवाद को असली प्रयोगवाद की संज्ञा देना बेसुरा राग अलापने के अतिरिक्त और क्या है?

जहाँ तक छायावाद की अपनी वायवीयता, आदर्शवादिता, अलंकरण, कल्पना-बाहुल्य आदि का सम्बन्ध है प्रगतिवाद-प्रयोगवाद दोनों ने अपने को उससे अलगाने का प्रयास किया। दोनों ने अपने-अपने ढंग के यथार्थ का अनुसरण किया—प्रगतिवाद ने समाजवादी यथार्थवाद का और प्रयोगवादी ने व्यापक अर्थ में अस्तित्वमूलक यथार्थवाद का। प्रश्न उठाया जा सकता है कि अस्तित्वमूलक यथार्थ का स्वरूप क्या था? और नए काव्य-आन्दोलन के रूप में अपने विरोधों के बावजूद, इसी का स्वागत क्यों हुआ। इस सम्बन्ध में 'समीक्षा की समस्याएँ' में मुक्तिबोध का कथन उद्धृत कर देना पर्याप्त है—"किसी जमाने में प्रयोगवादी कविता प्रगतिवाद के अधिक निकट थी। किन्तु प्रगतिवादियों ने उसकी खूब उपेक्षा की। जो अपने से भिन्न है, वह अपना विरोधी भी है। जो काव्य के अपने ढाँचे में ढला हुआ नहीं है वह गलत भी है, असुन्दर भी है, प्रतिक्रियावादी भी है। इस प्रकार का सोच-विचार समीक्षकों की मानव-यथार्थ से दूरी—लम्बे-चौड़े फासले—सूचित करता है।"

पश्चिम में जो नया काव्यान्दोलन हुआ उसके परिप्रेक्ष्य में देखने से हिन्दी के प्रयोगवादी आन्दोलन की प्रकृति को समझने में सहायता मिलेगी। प्रथम महायुद्ध ने योरप के

स्थिर आदर्शों को बहुत कुछ तोड़ दिया। धर्म और अध्यात्म के मूल्य विघटित हो गए और आर्थिक समता यानी साम्यवाद की ओर लोगों की दृष्टि गई। १९३० के आसपास साम्यवाद आधुनिकता का मानदण्ड था। किन्तु योरोपीय मानस उसे आयत्त नहीं कर सका। साम्यवाद को स्टेफेन, स्पेन्डर आदि ने 'गॉड दैट फेल्ड' कहा। ब्रिटेन के कुछ कवियों ने 'न्यू सिग्नेचर' नाम से १९३२ में एक काव्य-संग्रह प्रकाशित किया। इसमें आडेन, एम्पसन, जॉन लेहमन, स्पेन्डर आदि की रचनाएँ संगृहीत थीं। इन कवियों ने परम्परागत काव्य-पद्धतियों को अधूरा समझ कर नई दिशाओं की खोज की। पुराने के प्रति असन्तोष तथा नए के अन्वेषण में सभी समान थे। अज्ञेय की तारसप्तकीय भूमिका में 'न्यू सिग्नेचर' प्रतिध्वनि का सुनाई पड़ना अस्वाभाविक नहीं है। १९४६ में अज्ञेय द्वारा प्रकाशित 'प्रतीक' पत्र इस काव्यान्दोलन को पुष्ट करता है।

'दूसरा सप्तक' १९५१ में प्रकाशित हुआ। इस समय तक कविता को नई कविता कहा जाने लगा। प्रयोगवादी कविता और नई कविता के पारस्परिक सम्बन्धों को लेकर विवाद खड़ा हुआ। कुछ लोगों ने कहा कि नई कविता प्रयोगवादी कविता का परिष्कृत रूप है। कुछ के विचार से नई कविता अज्ञेय के प्रयोगवाद से मुक्ति का प्रयास है। वस्तुतः तीनों सप्तक एक ही काव्यान्दोलन के तीन सोपान हैं। 'तीसरा सप्तक' १९५९ में प्रकाशित हुआ। '६० के बाद कविता दूसरी दिशा की ओर मुड़ी। यह दूसरी दिशा अ-स्वच्छन्दतावादी दिशा थी।

नई कविता नाम देने का मुख्य कारण यह है कि कवि अपने को किसी वादग्रस्त शिविर में बन्द नहीं रखना चाहते थे। यों इस नाम के पीछे अंग्रेजी के 'न्यू पोइट्री' काव्यान्दोलन का भी प्रभाव है। 'न्यू पोइट्री' के वजन पर ही प्रयाग से नई कविता का नामकरण हुआ। पहले कहा जा चुका है, नई कविता प्रयोगवादी कविता का नया संस्कार है। प्रयोग के प्रति प्रत्येक सप्तक का कवि आग्रही है। क्रमशः प्रयोग और प्रयोग द्वारा प्राप्त मन्तव्य के बीच की दूरियाँ कम होती गईं।

सन् १९७९ में 'तीसरा सप्तक' के ठीक बीस वर्षों बाद अज्ञेय के सम्पादन में 'चौथा सप्तक' भी प्रकाशित हुआ। इसमें अवधेश कुमार, राजकुमार कुम्भज, स्वदेश भारती, नन्दकिशोर आचार्य, सुमनराजे, श्रीराम वर्मा और राजेन्द्र किशोर की कविताएँ संगृहीत हैं। तीसरे सप्तक के कवियों के व्यक्तित्व स्वतन्त्र हैं उन सप्तकों में अज्ञेय ने कवियों की अपनी रचनाधर्मिता को पहचानने की कोशिश की है। किन्तु 'चौथा सप्तक' के कवि अपने वक्तव्य और रचनाओं में अज्ञेय की प्रतिध्वनियों को सुरक्षित करते दिखाई पड़ते हैं। इस तरह यह सप्तक सम्पादक और कवियों का सुरक्षा-कवच बनकर रह जाता है। इसीलिए इसकी नोटिस नहीं ली गई।

'तार सप्तक' की निषेधात्मक प्रवृत्ति है छायावाद से मुक्ति पाने का प्रयास और प्रयोगों के द्वारा नए राग सत्य की अभिव्यक्ति। यह प्रवृत्ति तीनों सप्तकों में पाई जाती है। छायावाद से छुटकारा किसी सप्तक को नहीं मिल पाया है। दूसरे सप्तक में 'ढली कोमल कली पाटल की', 'अमराई में दमयन्ती सी पीली पूनम काँप रही है', 'इन फिरोजी ओठों पर बरबाद मेरी जिन्दगी' का फिजाँ बना हुआ है। दूसरी ओर इसमें मार्क्सवादी दर्शन से प्रभावित रचनाएँ

भी हैं। एक ओर आत्यन्तिक आत्मनिष्ठा और दूसरी ओर वस्तुनिष्ठता (आत्यन्तिक नहीं)। तीसरे सप्तक में दोनों का अलगाव कम हो गया है। मतलब यह कि नई कविता प्रयोगवादी कविता का ही क्रमिक विकास है।

प्रयोगवाद या नई कविता की प्रवृत्तियाँ निर्धारित करने के लिए केवल सप्तकों पर निर्भर नहीं करना होगा। सप्तक तो केवल उन पथ-चिन्हों को संकेतित करते हैं जो काव्य-विकास के नए दौर में बने हैं। इनके आधार पर न तो कवियों की अपनी क्षमताओं और कृतित्व पर प्रकाश डाला जा सकता है और न उन युगीन संवेदनाओं पर जो इसके लिए उत्तरदायी हैं। इस काव्यान्दोलन को समग्रतः आकलित करने के लिए सप्तकेतर कवियों के कृतित्व और सप्तकों में संगृहीत कवियों के काव्य-संकलनों का ध्यान रखना होगा।

नई कविता की निम्नलिखित प्रवृत्तियाँ हैं—

१—भाषा का नया प्रयोग—प्रतीक, बिम्ब, फांतेसी, नए अप्रस्तुत, विसंगति, विडंबना और सम्प्रेषण की समस्या।

२—वैयक्तिकता : आत्मकेन्द्रित और खण्डित।

३—परम्परा की नई व्याख्या

४—बौद्धिकता का आग्रह।

५—आधुनिक संवेदना : क्षणवाद और अजनबियत की नियति।

६—यथार्थवादी नवीन मानवीय मूल्य—इहलौकिकता, जिजीविषा और प्रगतिशील जीवन-दृष्टि।

एक काव्य-प्रवृत्ति का दूसरी काव्य-प्रवृत्ति से अलगाव भाषा के अलगाव से ही देखा जा सकता है। आरम्भ में प्रयोगवादी काव्य छायावादी अलंकरण और तत्समता से मुक्त नहीं हो सका था। पर धीरे-धीरे उसकी भाषा आमफहम होती गई। इसके आदि पुरस्कर्ता भी निराला ही हैं। यों नए कवियों को एहसास हो गया था कि छायावादी शब्दावली, मुहावरे, अप्रस्तुत आदि घिस-घिसा कर पुराने पड़ चुके हैं, उनकी अर्थवत्ता समाप्त हो गई है। 'अज्ञेय' ने 'हरी घास पर क्षण भर' काव्य-संग्रह की कविता 'कलँगी बाजरे की' में लिखा है—

अगर मैं तुमको
        ललाती साँझ के नभ की अकेली तारिका
अब नहीं कहता,
        या शरद के भोर की नीहार-न्हायी कुँई
टटकी कली चम्पे की
वगैरह, तो
नहीं कारण कि मेरा हृदय उथला या कि सूना है
या कि मेरा प्यार मैला है।
बल्कि केवल यही :
ये उपमान मैले हो गये हैं।
देवता इन प्रतीकों के कर गये हैं कूच।
कभी बासन अधिक घिसने से मुलम्मा छूट जाता है।

भाषा पर सप्तकों के अन्य कवियों की अपेक्षा अज्ञेय ने कहीं अधिक गहन विचार-व्यक्त किया है। नए कवियों की भाषिक कठिनाई का साक्षात्कार करते हुए कहा है कि 'राग वही रहने पर भी रागात्मक सम्बन्धों की प्रणालियाँ बदल गई हैं।' राग को सम्बन्धों की बदली हुई प्रणालियों से जोड़ने के लिए नई भाषा की जरूरत हुई। प्रणालियों की जटिलता के कारण साधारणीकरण और सम्प्रेषण की समस्या भी उठ खड़ी हुई। अतः कविता बहुत कुछ दीक्षगम्य हो गई। किन्तु यह कठिनाई प्रयोगशील कविता के सामने ही नहीं आई, छायावादी काव्य भी साधारणीकृत होते-होते हुआ। जब-जब रूपात्मक परिवर्तन, जो कथ्यात्मक परिवर्तन से द्वन्द्वात्मक रूप से सम्बद्ध होता है यह कठिनाई आती ही है। छायावादी कवियों को भाषा की भी तलाश थी और शब्दों की भी। प्रयोगशील कवियों के सामने समस्या शब्दों की थी, उनमें नए अर्थ भरने की थी। इस समस्या को नए कवियों ने छायावादी कवियों से भिन्न प्रतीकों, बिम्बों, रंगों, ध्वनियों से हल करने की कोशिश की। इनके माध्यम से उन्होंने बदले हुए सन्दर्भों को व्यंजित किया।

छायावादी काव्य में शुद्ध प्रतीकों का प्रयोग प्रायः नहीं हुआ है। वे या 'प्रतीकवत्' हैं या अन्यापदेशिक (एलेगारिकल)। झंझा, बिजली, नीरदमाला आदि प्रतीकवत् प्रयुक्त हैं और मनु, इड़ा आदि अन्यापदेशिक रूप में। 'कुकुरमुत्ता' शायद पहला नया और मौलिक प्रतीक प्रयोग है। प्रयोगवादी नई कविता में—नई कविता में प्रयोग है ही—प्रतीकों का प्रभूत मात्रा में प्रयोग हुआ है। अज्ञेय की रचनाओं में प्रतीक भरे पड़े हैं—सागर, मछली, बूँद, साँप, नदी के द्वीप, बावरा अहेरी आदि मुक्तिबोध में भी उसकी कमी नहीं है—ब्रह्मराक्षस, ओरांग उटाँग, लकड़ी का बना रावण, चम्बल की घाटी आदि। भारती, कुँवर नारायण, केदारनाथ सिंह में भी उन्हें देखा जा सकता है। बिम्ब में तुलनीयता होती है, वह चित्र बनाता है जब कि प्रतीक समीकरणात्मक होता है। जीवन की जटिलता को संश्लिष्ट रूप में चित्रित करने का वह सशक्त माध्यम है। अज्ञेय का 'साँप' सशक्त प्रतीक है। धीरे-धीरे दीक्षा गम्य भाषा से मुक्त होकर कवि गाँव के गीतों की भाषा, लय, छन्द, मुहावरों की ओर उन्मुक्त हुए सन् '५० के आसपास। इसे 'दूसरा सप्तक' में देखा जा सकता है और दूसरा सप्तक के बाहर की रचनाओं में भी।

प्रतीक का मूलाधार बुद्धि होती है और बिम्ब का संवेदना। प्रतीक के लिए मूर्तिमत्ता अनिवार्य नहीं है जब कि यह बिम्ब का अनिवार्य धर्म है। मुख्य प्रतीक काव्यगत लघु-लघु प्रतीकों से पुष्ट होकर अधिक जटिल और संश्लिष्ट बन जाता है। बिम्ब अमूर्त विचार या भावना का वह संवेदनात्मक शब्द-चित्र है जो अपनी निर्मिति में पुनः रचित हो जाता है।

छायावादी काव्य-बिम्ब और प्रयोगवादी काव्य-बिम्बों का मुख्य अन्तर एक के भावपरक, तरल, अस्पष्ट, विराट आदि होने में है तो दूसरे के वैयक्तिक और वस्तुपरक, ठोस अनुभव पर आधारित और बौद्धिक होने में है। छायावादी बिम्ब आवेग को घनीभूत, विराट, विस्फारित और आदर्शमूलक बनाने में मदद करते हैं। प्रभाकर माचवे ने लिखा है— "इस सहस्मृत और परम्परागत बिम्बों के बजाय इसे राग और ज्ञान से पूरित, ऐन्द्रेयिक, आवेगाश्रित और अभिजात 'इमेजेज' की सृष्टि करना है।" छायावादी बिम्ब, निराला के बिम्बों को छोड़कर

मूलतः रागात्मक ही बना रहा किन्तु प्रयोगवादी बिंबों में बौद्धिकता की अन्तश्चेतना का भी समावेश हुआ। मशीनी यान्त्रिकता के फलस्वरूप मनुष्य का व्यक्तित्व खण्डित और अनेकधा विभक्त हो गया। मुक्त आसंग के आधार पर खण्डित बिम्बों की समायोजना की गई। कुछ उदाहरण लीजिए : तलुए—मकई के लाल, विज्ञान—धुएँ का अजगर, नवम्बर की दुपहर—जार्जेट का पीला पल्ला, दूज का चाँद—कटी रोटी का सूखा हुआ हासिया,—हँसी, सीलन के विवर्ण दीवार पर लगा किसी पुराने कौतुक नाटक का फटियल-सा इश्तहार आदि। जाहिर है कि ये अप्रस्तुत रागात्मक से अधिक बौद्धिक है। यह हँसी प्रसाद की 'रक्त किसलय पर ले विश्राम/अरुण की एक किरण अम्लान/ अधिक अलसाई हो अभिराम' की तरह कोमल, रमणीय और नयनाभिराम नहीं है। बल्कि वह एक ओर छायावादी रूमानियत के विरोध में पड़ती है, तो दूसरी ओर मनुष्य को उसके यथार्थ में उजागर करती हुई उसकी विषण्ण वेदना का इजहार करती है। खण्डित बिंम्बों का सर्वाधिक प्रयोग अज्ञेय ने किया है। शमशेर बहादुर सिंह में भी इस तरह पर्याप्त बिम्ब मिलेंगे। इसके अतिरिक्त जगह-जगह फांतेसी भी मिलेगी।

भाषा में विसंगति और विडम्बना की प्रवृत्ति भी बढ़ी। यह प्रवृत्ति निराला की रचनाओं में प्रारम्भ से ही मिलती है। 'वनवेला' और 'सरोज स्मृति' में इसे देखा जा सकता है। '४० के बाद तो उनमें यह प्रवृत्ति और भी मुखर हो गई। आश्चर्य है कि छायावाद के अन्य कवि व्यंग्य-विद्रूप से लगभग शून्य हैं। इसका मुख्य कारण यह था कि अन्य कवियों का ध्यान हृदय पक्ष पर ही ज्यादा टिका हुआ था जब कि निराला हृदय को इतिहास के परिप्रेक्ष्य में देखते थे। प्रगतिशील कवियों में नागार्जुन और नये कवियों में रघुवीर सहाय में भाषा का विडम्बनात्मक प्रयोग ज्यादा हुआ है। एक उदाहरण लीजिए :—

पढ़िए गीता
बनिए सीता
फिर इन सब में लगा पलीता
किसी मूर्ख की हो परिणीता
निज घरबार बसाइए
होंय कटीली
आँखें गीली
लकड़ी सीली, तबियत ढीली
घर की सबसे बड़ी पतीली
भर कर भात पसाइए।

(रघुवीर सहाय)

मेलार्मे का कहना है कि कविता की निर्मिति शब्दों द्वारा होती है। अर्थात् कविता में सही और अर्थवान् शब्दों के प्रयोग पर अधिक बल दिया जाता है। गद्य में शब्दों का नहीं, समूची भाषा का महत्व होता है। अज्ञेय का कहना है—''मेरी खोज भाषा की खोज नहीं है, केवल शब्दों की खोज है। भाषा का उपयोग मैं करता हूँ, निस्संदेह; लेकिन कवि के नाते जो मैं कहता हूँ वह भाषा के द्वारा नहीं, केवल शब्दों के द्वारा। मेरे लिए यह भेद

गहरा महत्व रखता है।"

बहिरन्तर के जटिल द्वन्द्वात्मक अन्तर्विरोधों और बेचैन मनःस्थितियों की अभिव्यक्ति के लिए फैंटेसी का प्रयोग किया गया। फैंटेसी का सम्बन्ध स्वप्न और अवचेतन मन में घटित होने वाली घटनाओं की खण्डित और बेतरतीब बिम्बावलियों से होता है। प्रयोगवादी कवियों में मुक्तिबोध सर्वाधिक बेचैनी के कवि हैं। अतः इसकी सही अभिव्यक्ति के लिए उन्होंने स्वप्न में चलाने वाली बेतरतीब बिम्बावलियों का इस्तेमाल किया है।

नई कविता की दूसरी प्रवृत्ति है विभाजित व्यक्तित्व का—व्यक्तित्व की संपूर्णता का—अन्वेषण। छायावादी काव्य में कवि का व्यक्तित्व कहीं से भी विभाजित नहीं है। पुनर्जागरण की छाया में पलने वाले युग की अपनी विशिष्ट आकांक्षाएँ और दर्शन था। स्वतन्त्रता के समय देश का विभाजन अत्यन्त दुर्भाग्यपूर्ण घटना थी। स्वातन्त्र्योत्तर भारत के नए वर्गों का उदय हुआ और वर्गों के बीच के फासले और बढ़ गए। ऐसी स्थिति में मध्यवर्गीय बुद्धिजीवी वर्ग के व्यक्तित्व का विभाजित हो जाना स्वाभाविक था। अज्ञेय ने बार-बार अहं के विलयन की बात उठाई है। व्यक्ति समष्टि की ओर उन्मुख होकर भी व्यष्टि में ही लौट आता है। जिस समष्टि में वह विलीन होना चाहता है उसका कोई रूप-रंग नहीं है। समष्टि से ज्यादा महत्वपूर्ण था अपनी पहचान को रेखांकित करना।

मुक्तिबोध का विभाजित व्यक्तित्व अजीब तरह की तल्खी और बेचैनी से भरा हुआ है। इसका कुण्ठित अंश उस अंश में समाहित या अन्तर्भूत होना चाहता है जो मध्यवर्ग और निम्नवर्ग की त्रासद समस्याओं को आत्मसात् कर किसी तर्क संगत उपलब्धियों तक पहुँचाने के लिए निरन्तर प्रयत्नशील है। ऐसा करके ही वह व्यक्तित्व की सम्पूर्णता को प्राप्त कर सकता है।

पूँजीवादी अर्थव्यवस्था और यान्त्रिकता के दबाव के कारण ज्यों-ज्यों आदमी की अपनी पहचान खोती गई त्यों-त्यों वह उसकी रक्षा के लिए, स्वातन्त्र्य के लिए जागरूक हो उठा। किन्तु व्यक्तित्व का यह एहसान उसे समाज से काट देता है। छायावादी युग में व्यक्ति और समाज के बीच यह कटाव नहीं था। लेकिन इस युग में व्यक्ति अपने भीतर ही विभक्त होकर अपने से जूझने लगा। वह नदी का द्वीप, चक्रव्यूह में फँसा अभिमन्यु, या रथ का टूटा पहिया हो गया। व्यक्तित्व का यह विभाजन छठे दशक के अन्त में स्पष्टतः दिखाई पड़ने लगता है। सातवें दशक में तो वह आत्मनिर्वासन के हद तक पहुँच जाता है।

छायावादी काव्य में बौद्धिकता के स्थान पर हृदय-पक्ष की प्रतिष्ठा की गई तो नए कवियों ने नई ऐतिहासिक माँग के फलस्वरूप बौद्धिकता की। इसके पीछे मार्क्स और फ्रायड की विचारधारा भी क्रियाशील थी। इसके फलस्वरूप परम्परा के आगे भी प्रश्नचिह्न लगा दिया गया—महज प्रश्नचिह्न लगाया गया। इसका अर्थ यह है कि ईश्वर, प्रेम, स्त्री-पुरुष के पारस्परिक सम्बन्धों के पारम्परिक मूल्य ढह गए। लेकिन परम्परा की परिवर्तमान धारावाहिकता सभी को स्वीकार्य हुई। इसमें से पारलौकिकता, धार्मिक रूढ़िबद्धता को नकार कर इहलौकिकता, दायित्व और जिजीविषा को अपनाने का प्रयास भी दिखाई पड़ा।

ज्ञान-विज्ञान और प्रविधि के विकासात्मक दबाव के कारण धर्म, ईश्वर संबंधी मूल्य, पुराने ढंग के परम्परायुक्त नैतिकताएँ, विधि-निषेध आदि खण्डित हो गए। उनके साथ पर मानव को केन्द्र में मानकर नए मूल्यों की तलाश की जाने लगी। नए मूल्यों की तलाश में अस्तित्ववादी दर्शन ने भी योग दिया। मनुष्य होने का बोध महत्वपूर्ण हो उठा। क्षणवाद इसी मनोवृत्ति का फल है—

'एक क्षण, क्षण में प्रवहमान व्याप्त संपूर्णता,
इससे कदापि बड़ा नहीं था महाम्बुधि जो पिया अगस्त्य ने,
एक क्षण, होने का, अस्तित्व का अजस्र द्वितीय क्षण
होने के सत्य का, सत्य के साक्षात् का, साक्षात् के क्षण का
आज हम आचमन करते हैं।'

क्षणवाद एक ओर व्यक्ति सत्य की ओर ले जाता है तो दूसरी ओर भोगवाद या हिडोनिज्म की ओर। 'क्षण में प्रवहमान व्याप्त सम्पूर्णता' तो नहीं दिखाई पड़ी, उलटे क्षण भूत-भविष्य से कट कर निरपेक्षता हो गया। इस निरपेक्षता के फलस्वरूप भोगवादी या हिडोनिस्टिक प्रवृत्ति बढ़ी। आधुनिक संवेदना, सामाजिक कटाव के कारण व्यक्ति अकेलेपन की नियति और हताशा से बँध गया।

अज्ञेय (१९११-) हिन्दी की प्रयोगवादी धारा के प्रवर्तक माने जाते हैं। 'तार सप्तक' की योजना और प्रकाशन के सम्बन्ध में विभिन्न कवियों के अपने-अपने दावे हैं। लेकिन इसमें कोई सन्देह नहीं कि 'तार सप्तक' के प्रकाशन के साथ ही नई काव्य-धारा में नवोन्मेष आया। अज्ञेय ने इस धारा को अन्वेषित नहीं किया किन्तु उसके संयोजन का श्रेय उन्हें अवश्य है। कवि के रूप में उन्हें 'तार सप्तक' द्वारा ही प्रतिष्ठा मिली। किन्तु उनका काव्य उतना निर्विवाद नहीं है जितना कथा-साहित्य।

छायावादी काव्यधारा में प्रगति और प्रयोग दोनों मिलते हैं। प्रगति का सम्बन्ध सामाजिक विषमताओं के उद्घाटन और उन पर प्रहार से है तथा प्रयोग का सम्बन्ध बहुत कुछ वैयक्तित्व जीवनानुभव से है। प्रयोग अनिवार्यतः कला से सम्बद्ध होकर ही अस्तित्व में आ सकता है। पहले ही कहा जा चुका है कि आरम्भ में प्रगति-प्रयोग एक साथ चलते रहे। किन्तु मार्क्स और फ्रायड के प्रभाव के कारण दोनों धाराएँ अलग हो गई। अज्ञेय पर मुख्यतः फ्रायड का ही प्रभाव है, क्योंकि वे व्यक्तिवादी हैं।

वस्तुतः अज्ञेय का कवि छायावादी काव्य धारा से ही जनमा है। उसके प्रारम्भिक काव्य-संकलन भग्नदूत(१९३३), चिन्ता(१९४२) और इत्यलम् (१९४६) को इसके प्रमाण में पेश किया जा सकता है। 'इत्यलम्' में 'भग्नदूत' भी संगृहीत है। इसके अतिरिक्त उसके चार खण्ड और हैं—'बन्दी स्वप्न', 'हिय-हारिल', 'वंचना के दुर्ग' और 'मिट्टी की ईहा'। 'तार सप्तक' में अज्ञेय की संगृहीत कविताओं का अधिकांश 'वंचना के दुर्ग' और 'मिट्टी का ईहा' से लिया गया है। इन रचनाओं का 'तार सप्तक' के संगृहीत होने का यह अर्थ लिया जा सकता है कि इस समय तक उनकी रचनाओं में एक नया मोड़ आ चुका था। फिर भी 'इत्यलम्' शीर्षक इसका प्रमाण है कि वे ऐसी रचनाओं को पीछे छोड़कर आगे जाना चाहते थे।

'भग्नदूत' में मुख्यतः गदहपचीसी का प्रणय निवेदन है। मधु की मोहक छलना में उलझा हुआ कवि कहीं दया की भीख माँगता है तो कहीं करुणा की। कहीं प्रसाद के आँसू का प्रभाव है तो कहीं निराला के गीतों का। पर सब मिलाकर वह महादेवी वर्मा के गीतों की वेदना और विन्यास से प्रभावित है। छायावादी ढंग से वह कहता है—'एक तीक्ष्ण अपांग से कविता उत्पन्न हो जाती है/ एक चुम्बन में प्रणय फलीभूत हो जाता है/ पर मैं अखिल विश्व का प्रेम खोजता फिरता हूँ/ क्योंकि मैं उसके असंख्य हृदयों का गाथाकार हूँ।'

'चिन्ता' में भग्नदूत की प्रणयानुभूति को दार्शनिक आधार देने की चेष्टा की गई है। इसमें स्त्री को चिरंतन नारी और पुरुष को चिरंतन पुरुष के रूप में प्रस्तुत किया गया है। दोनों के संघर्ष और संतुलन को लेकर इसका कथा-बन्ध निर्मित हुआ है।

इसके दो खण्ड हैं—विश्वप्रिया और एकायन। विश्वप्रिया में पुरुष के उद्‌गार हैं और एकायन में नारी के। इस काव्य लेखन के मूल में कवि की शांति प्राप्ति की आकांक्षा है जिसमें फ्रायड की दमित वासना के अभिव्यक्ति-सिद्धान्त की गंध आती है। विश्वप्रिया को लेकर पुरुष के इच्छित विश्वास और विवेक में गहरा द्वंद्व होता है। अज्ञेय ने लिखा है—'कभी-कभी शायद सदी में एक बार एक व्यक्ति ऐसा उत्पन्न हो जाता है जिसकी कामना की अपेक्षा उसका विवेक अधिक क्रियाशील होता है। ऐसा व्यक्ति संसार में तहलका मचा देता है, किन्तु सुखी नहीं हो पाता.....' पर अपने इस कथन के बावजूद वह ऐसा नहीं बन पाता। वह नारी की हृदयहीनता की भर्त्सना करता है। अन्त में संसार से विरक्त होते-होते परिणय-सूत्र में बँध जाता है।

'एकायन' में नारी पुरुष का प्रत्युत्तर देती है। विश्वप्रिया कहती है—'वह आत्मदमन है, घोर यातना है, किन्तु वह मेरे स्त्रीत्व का अभिमान भी है, मेरे प्राणों की अभिन्नतम पीड़ा—जिसके बिना मैं रह नहीं सकती।' वह समर्पण है, देवता का निर्माल्य। फिर भी वह चाहती है कि यदि प्रिय को जाना ही है तो अकस्मात् चला जाय जिससे अन्तिम क्षण तक वे एक-दूसरे के प्रति आकृष्ट बने रहें। द्वैत की यह भावना महादेवी में भी है। समर्पण, पीड़ा, आत्मदमन को नारी के मत्थे मढ़ कर अज्ञेय ने मध्यकालीन बोध का समर्थन किया है। वह पुरुष के अहं को इसी माध्यम से सफल देखता है—उसमें असाधारणता तलाशता है।

'इत्यलम्' के चार खण्ड हैं—बन्दी का स्वप्न, हिय-हारिल, वंचना के दुर्ग और मिट्टी की ईहा। प्रथम खण्ड में सामान्य स्तर की राष्ट्र-भावना की कविताएँ हैं। इस पर हालावाद का भी प्रभाव दिखाई पड़ता है। 'हिय-हारिल' प्रणय का प्रतीक है और अधिकांश कविताएँ इसी भावना को रोमैंटिक ढंग से अभिव्यक्त करती हैं। इसमें उनके वैयक्तिक रहस्यवाद का भी उल्लेख है—

मैं उस असीम शक्ति से
सम्बन्ध जोड़ना चाहता हूँ—
अभिभूत होना चाहता हूँ—
जो मेरे भीतर है।

असीम शक्ति का दावा रोमैंटिक का है और उससे अभिभूत होने का वैयक्तिक

रहस्यवाद का। इस रहस्यवाद का विकास आगे की रचनाओं में मिलता है—यहाँ तक कि उपन्यास 'अपने-अपने अजनबी' में भी।

'वंचना के दुर्ग' खण्ड में वह अपने से ही मुक्त होने के लिए ऐंटी-रोमैंटिक रुख अपनाता है। सावन मेघ, शिशिर की राका निशा आदि ऐसी ही रचनाएँ हैं—

आह, मेरा श्वास है उत्तप्त—
धमनियों में उमड़ आयी है लहू की धार—
प्यार है अभिशप्त—
तुम कहाँ हो नारि?
× × ×
वंचना है चाँदनी सित,
झूठ यह आकाश का निरवधि गगन-विस्तार—
शिविर की राका-निशा की शांति है निस्सार।
निरन्तर धँसती हुई छत, आड़ में निर्वेद
मूत्र सिंचित मृत्तिका से वृत्त में
तीन टाँगों पर खड़ा, नतग्रीव
धैर्यधन, गदहा।

'सावन मेघ' में यौन-प्रतीकों की संख्या अधिक है। किन्तु वह इनके प्रयोग द्वारा कुण्ठा मुक्त होने का उपक्रम करता है। 'तार सप्तक' के वक्तव्य में वह कहता है—'आधुनिक युग का साधारण व्यक्ति यौन-वर्जनाओं का पुंज है।' 'तुम कहाँ हो नारि?' वर्जनाओं की प्रतिक्रिया है। 'वंचना है चाँदनी' में वह जानबूझ कर रोमानी दृष्टि का विरोधी और प्रतिक्रियात्मक पक्ष उपस्थित करता है। छायावादी काव्य में भव्यता और सौन्दर्य को ही गृहीत किया गया है। प्रयोगवादी कविताओं में कुरूपता और नगण्य वस्तुओं को प्रभूत रूप में लिया गया। 'उषःकाल की भव्य शांति' में भी इस तथ्य को देखा जा सकता है। पर इस प्रवृत्ति को प्रयोगवादी कविता का उपहार नहीं समझना चाहिए। निराला के परवर्ती काव्य में—कुकुरमुत्ता, बेला, नए पत्ते आदि में—इस प्रवृत्ति को देखा जा सकता है। फर्क यह है कि निराला ने जिन कुरूपताओं को लिया है उनके पीछे कोई-न-कोई मूल्य-दृष्टि है पर अज्ञेय की ये रचनाएँ शुद्ध प्रतिक्रियात्मक हैं।

कुछ प्रकृति-सम्बन्धी ऐसी रचनाएँ भी इसमें संगृहीत हैं जो भाषायी और वस्तुपरक दृष्टि से ताजा है—

फूल कांचनार के
प्रतीक मेरे प्यार के
प्रार्थना सी अर्धस्फुट काँपती रहे कली।
पंक्तियों का संपुट, निवेदिता ज्यों अंजली।
आय फिर दिन मनुहार के, दुलार के
फूल कांचनार के।

अज्ञेय की अन्तःयात्रा का वास्तविक समारम्भ 'हरी घास पर क्षणभर' से होता है। मुक्तिबोध की यात्रा बाहर से भीतर और भीतर से बाहर होती है। इसलिए उसे खौफनाक स्थितियों और विषम चुनौतियों का सामना करना पड़ता है। अज्ञेय की अन्तःयात्रा में पड़ने वाले प्रदेश विचित्र, अजनबी और किंचित् रहस्यमय होते हैं। इसी को वह आत्मान्वेषण, व्यक्तित्व की खोज आदि का नाम देता है। इस संग्रह की पहली कविता में ही इसे देखा जा सकता है। 'कितनी शान्ति! कितनी शान्ति!/ समाहित क्यों नहीं होती यहाँ भी मेरे हृदय की क्रांति?/ क्यों नहीं अन्तरगुहा का अशृंखल दुर्बाध्य वासी/ अथिर यायावर, अचिर में चिर-प्रवासी/ नहीं रुकता, चाहकर—स्वीकार कर—विश्रान्ति ?/ (मान कर भी, सभी ईप्सा सभी कांक्षा, जगत् की उपलब्धियाँ/ सब हैं लुभानी भ्रान्ति !' इस अपार शान्ति में, यह मान कर भी कि सभी उपलब्धियाँ भ्रांतिमूलक हैं वह रुकता नहीं, गतिहीन नहीं होता। जिस तुमको वह याद करता है वह उसका निजी प्रश्न है। सम्भवतः यही उसका इच्छित विश्वास है जिससे उसके विवेक का द्वन्द्व चलता रहता है—

अहं ! अन्तर्गुहावासी ! स्व-रति ! क्या मैं चीन्हता
कोई न दूजी रहा ?
जानता क्या नहीं, निज में बद्ध होकर है नहीं निर्वाह ?
क्षुद्र नलकी में समाता है कहीं बेथाह
मुक्त जीवन की सक्रिय अभिव्यंजना का तेज-दीप्त प्रवाह
जानता हूँ। नहीं सकुचा हूँ कभी समवाय को देने स्वयं का दान।
विश्व-जन की अर्चना में नहीं बाधक था कभी इस व्यष्टि का अभिमान !

'मुक्त जीवन की सक्रिय अभिव्यंजना का तेज-दीप्त प्रवाह' को स्व-रति से बाहर आना है। किन्तु यह बाहर आना अपने भीतर प्रवेश करना है। वह बाहर के देवता की चिन्ता नहीं करता क्योंकि वह स्वयं सिद्धि है। वह प्यार और आशा को संघर्षन का सहायक मानता है। किन्तु उनके अभाव में भी उसके पास आस्था है जो नगण्य होने पर भी बहुत निजी है।

'नदी के द्वीप' शीर्षक कविता इसी संग्रह में है। इसे अज्ञेय के जीवन का मूल दर्शन कहा जा सकता है—

किन्तु हम हैं द्वीप।
हम धारा नहीं हैं।
स्थिर समर्पण है हमारा। हम सदा के द्वीप हैं स्रोतस्विनी के
किन्तु हम बहते नहीं हैं। क्योंकि बहना रेत होना है।
हम बहेंगे तो रहेंगे ही नहीं।
x x x
तुम बढ़ो प्लावन तुम्हारा घरघरा उठे—
तुम बढ़ो प्लावन तुम्हारा घरघरा उठे—
x x x

तो हमें स्वीकार है वह भी। उसी में रेत होकर
फिर छनेंगे हार। जमेंगे हम। कहीं फिर पैर टेकेंगे,
कहीं फिर खड़ा होगा नए व्यक्तित्व का आकार।

समष्टि की धारा से घिर कर भी वह उससे अलग है, उससे मिलकर भी न मिलना उसकी नियति है, अज्ञेय का सम्पूर्ण काव्य इस नियति से अभिशप्त है।

'सो रहा है झोंप' क्वाँर की बयार, शरद्, कतनी पूनों आदि प्रकृति-चित्रण की कविताएँ हैं। 'सो रहा है झोंप' का दूसरा बन्द है—

प्रस्फुटन के दो क्षणों का मोल
शेफाली
विजन की धूल पर चुप-चाप
अपने मुग्ध प्राणों से अजाने
आँक जाती है।

'प्रस्फुटन के दो क्षणों' का मोल आँक शेफाली क्षण के महत्व को सूचित करती है।

कवि, हुआ क्या फिर क्या, नयी व्यंजना, कँलगी बाजरे की, बने मंजूषा यह अन्तर, कवि की काव्य-मान्यताओं को उजागर करती हैं। उनमें कहीं-कहीं लोक-कल्याण को भी पैबन्द की तरह जोड़ दिया गया है। जैसे 'कवि, हुआ फिर क्या, में—'भावनाएँ तभी फलती हैं कि उनसे लोक के /कल्याण का अंकुर कहीं फूटे।' 'कँलगी बाजरे की' में नए उपमानों पर जोर देता है—

नहीं कारण कि मेरा हृदय उथला या कि सूना है
या कि मेरा प्यार मैला है।
बल्कि केवल यही—
ये उपमान मैले हो गये हैं
देवता इन प्रतीकों के कर गये हैं कूच।
कभी बासन अधिक घिसने से मुलम्मा छूट जाता है।

'नई घास पर क्षण भर' में अज्ञेय प्रणय निवेदन, प्रकृति चित्रण और जीवनदर्शन की नई भूमि पर आ गए हैं। पूर्ववर्ती काव्य में वह छायावादी अभिव्यक्तियों से मुक्ति पाने का प्रयास करता हुआ, वैयक्तिकता और निर्वैयक्तिकता के द्वन्द्व से जूझता रहा है। 'हरी घास पर क्षण भर' में जैसे उसके व्यक्तित्व को आकार मिल गया है। इसे उसने अपने आस्था, जीवन-दर्शन, नई सहज भाषा, अछूते बिम्बों द्वारा गढ़ा या पाया है। भाषायी अलंकृति और आत्मान्वेषण के भटकाव से छुट्टी मिल गई है। अपनी पिछली चारदीवारी को तोड़कर वह सीमित-विस्तृत संवेदना को पाता है।

इसके बाद 'बावरा अहेरी'। सम्भवतः यह अज्ञेय का सर्वश्रेष्ठ काव्य संकलन है। इसमें कवि का मुख्य दृष्टिकोण अपने को विराट को समर्पित कर देने में है। पहले बल अपने पर था अब विराट पर है। इस विराट में वह छोटे-छोटे क्षण, छोटी-छोटी वस्तुओं का भी

चुनाव करता है। 'हरी घास पर क्षण भर' के पहले की रचनाओं में लघुता-विराटता का स्रोत वह स्वयं था। है तो अब भी वही। किन्तु इसके लिए उसे 'आब्जेक्टिव कोरिलेटिव' मिल गया है। प्रणयानुभूति में भी उसे निस्संगता प्राप्त हो गई है।

'बावरा अहेरी' सूर्य का प्रतीक है। यह वह विराट है जो अपने जाल में सबको समेट लेता है—मझोले परेवा, छोटी-छोटी चिड़ियाँ, बड़े-बड़े पंखी, बेडौल उड़ते जहाज, कलस-तिसूलवाले मन्दिर, मोटरों के धुवें आदि। वह उद्विग्न होकर पूछता है—'एक बस मेरे मन-विवर में दुबकी कलौंस को/ दुबकी ही छोड़कर क्या तू चला जायगा?' वह विराट के पास जाने का, उसके साक्षात्कार का आकांक्षी है। वह वही नहीं होना चाहता। किन्तु ज्योति-किरण पहनना उसका लक्ष्य है।

'दीप अकेला' में समर्पण के बहाने अपनी आन्तरिकता को—व्यक्तित्व की अद्वितीयता को—व्यक्त करता है—

यह मधु है : स्वयं काल की मौना का युग संचय
यह गोरस : जीवन कामधेनु का अमृत मंत्र-पूत पय
यह अंकुर : फोड़ धरा को रवि को तकता निर्भय
यह प्रकृत, स्वयंभू, ब्रह्म, अयुत :
इसको भी शक्ति को दे दो।

इसी अद्वितीयता को वह 'जो कहा नहीं गया' में दूसरे ढंग से कहता है—

निर्विकार मरु-तक को सींचा है
तो क्या ? नदी-नाले ताल-कुएँ से पानी उलीचा है।
तो क्या ? उड़ा हूँ, दौड़ा हूँ, तैरा हूँ पारंगत हूँ।
इसी अहंकार के मारे
अन्धकार में सागर के किनारे
ठिठक गया : नत हूँ
उस विशाल में मुझसे
बहा नहीं गया।

अब उसके प्रेम में पहले की तरह कैशोर आसक्ति नहीं है। मनोविज्ञान की शब्दावली प्रयुक्त की जाय तो उसकी आसक्ति उन्नीत होकर उदात्त हो गई है। प्रेम अब सर्जनात्मक स्थिति में पहुँच गया है। निःसंगता उसका जीवन-दर्शन हो गई है—

फूल को प्यार करो
पर झरे तो झर जाने दो
जीवन का रस लो, देह-मन आत्मा की रसना से
पर जो मरे उसे मर जाने दो

निस्संगता की यह स्थिति उसकी प्रकृति तथा प्रणय-सम्बन्धी रचनाओं में भी देखी जा सकती है।

'हरी घास पर क्षण भर' और 'बावरा अहेरी' अज्ञेय के विकासमान व्यक्तित्व के

मध्यवर्ती बिन्दु हैं जहाँ उसकी अन्तर्वृत्तियों को सामंजस्य प्राप्त हो गया है—वस्तु की दृष्टि से भी और भाषा की दृष्टि से भी। पूर्ववर्ती काव्य में भाषा बहुत कुछ ऊबड़-खाबड़, संस्कृतनिष्ठ और बिखरी हुई है क्योंकि उससे भावों में भी एक प्रकार का कैशोर अतिरेक है। आत्मान्वेषण की प्रक्रिया का जो समारम्भ शुरू में दिखाई देता है उसे यहाँ आते-आते आकर मिल गया है। आस्था, समर्पण, दुःख, निःसंगता आदि से मँज कर वह मुक्त है। शब्द मुहावरे, बिम्ब और लोक से गृहीत प्रतीक, अपेक्षित और ताजा अर्थ सृष्टि करते हैं।

आगे की रचनाओं में कवि का अन्तःप्रयाण और गहरा होता जाता है। इन्द्रधनु रौंदे हुए ये, अरी ओ करुणा प्रभामय, आँगन के पार द्वार, कितनी नावों में कितनी बार सागर मुद्रा में मुख्यतः अन्तर्लोक की यात्रा और रहस्य-दर्शन मिलेंगे।

'इन्द्रधनु रौंदे हुए ये' की रचनाओं को दो कोटियों में विभाजित किया जा सकता है।—अनुभव सत्य से सम्बन्ध वैचारिक कविताएँ और व्यंग्य काव्य। 'जितना तुम्हारा सच है, सत्य को बहुत मिले, हवाई यात्रा : ऊँची उड़ान, आखेटक आदि पहली कोटि में रखी जायँगी तो साँप, नयी कविता : एक सम्भाव्य भूमिका, इतिहास की हवा आदि दूसरी कोटि में। 'जितना तुम्हारा सच है' में वह कहता है—

मौन भी अभिव्यंजना है :
जितना तुम्हारा सच है
उतना ही कहो

x x x

आकांक्षा इतनी है, साधना भी लाये हो
तुम नहीं व्याप सकते; तुम में जो व्यापा है
उसी को निबाहो।

मौन, साधना, भीतर जो व्यापा है उसे निबाहना आदि रहस्योन्मुख होने का प्रमाण है। इस संग्रह में उनकी एक कविता 'मै वहाँ हूँ' में उसने अपने को सेतु माना है, जिसके नीचे जन-जीवन की अजस्र प्रवाहमयी नदी बहती है। वह मानव का प्रतिनिधि है। स्वयं भीड़ से अलग। पर बीच-बीच में वह 'हवाई यात्रा : ऊँची उड़ान' से भूमि पर उतर कर उस 'नर' से मिलने की कल्पना करता है 'जिसकी अनझिप आँखों में नारायण की व्यथा भरी है।' पर उसे अपनी व्यथा से कहाँ फुरसत है कि दूसरों की व्यथा देखे। इस तरह जन-जीवन से जहाँ कहीं भी वह अपने को जोड़ने की कोशिश करता है कविता अप्रामाणिक हो उठती है। 'इतिहास की हवा' आज की विसंगतियों को अनेक अर्थयुक्त प्रतीकों में अभिव्यक्त करती है।

'अरी ओ करुणा प्रभामय' में जैन-बुद्धिज्म के प्रभाव से वह औपनिषदिक ऋषि की वाणी में बोलने लगता है। 'आँगन के पार द्वार' में पूर्ववर्ती काव्य-संग्रह की धार्मिकता और रहस्य को सिद्धि मिल गई है। 'अरी ओ करुणा प्रभामय' में वह लिखता है—

द्वार के आगे
और द्वारः

यह नहीं कि कुछ अवश्य
है उनके पार—
किन्तु हर बार
मिलेगा आलोक
झरेगी रसधार।

जैन प्रज्ञा द्वारा द्वार के बाद द्वार खोलते हैं। इसलिए नहीं कि वहाँ उनको कुछ मिलेगा, बल्कि 'न मिलने को' को उपलब्ध करने के लिए करते हैं। यही रसधार है। 'आँगन के पार द्वार' के तीनों खण्डों में—अन्तःसलिला, चक्रान्तशिला और असाध्य वीणा में—जैन बौद्ध दर्शन का गहरा प्रभाव है। वस्तुतः यह दर्शन ध्यान, प्रज्ञा, शून्यता, अशब्द, मौन, समर्पण आदि पर ऐकान्तिक बल देता है, तर्क, बौद्धिकता आदि पर नहीं। इसके अनुसार प्रज्ञा (इन्ट्यूशन) द्वारा सम्पूर्ण को जाना जा सकता है जबकि विज्ञान द्वारा सीमित भौतिक खण्ड सत्य को। सम्पूर्ण की उपलब्धि शब्दों द्वारा नहीं हो सकती क्योंकि वह शब्देतर है। 'सरस्वती पुत्र' कविता में मन्दिर के भीतर लोग अत्यन्त मुखर होकर राम नाम गाते जाते थे पर वे अन्दर से गूँगे-बहरे थे। किन्तु रूप की पहचान करने वाला—

पा रहा वाणी और बूझता शब्द
पर दिन दिन अधिकाधिक हकलाता था,
दिन-दिन पर उसकी घिग्घी बँधती जाती थी।

'चक्रान्तशिला' एक मिथक से आरम्भ होकर मौन सन्नाटे के रहस्य में परिणत हो जाती है। कभी-कभी वह कबीर की उलटबाँसी बोलने लगता है—'हाँ : / या कि नहीं क्यों?/ मिट्टी के भीतर / पत्थर था / पत्थर के भीतर / पानी था/ पानी के भीतर/ मेढक था / मेढक के भीतर /अस्थियाँ थीं यानी मिट्टी पत्थर था। ....'

जैन-बौद्ध दर्शन का चरमोत्कर्ष 'असाध्य वीणा'— अज्ञेय की सबसे लम्बी कविता में मिलता है। एक राजा के पास एक प्राचीन वीणा थी जिसे वज्रकीर्ति ने पुरातन किरिटी तरु से गढ़ा था। राजा ने अनेक कलावन्तों को आमन्त्रित किया किन्तु इसे कोई बजा न सका, क्योंकि वे अपने कलाकार के प्रति जागरूक थे। लेकिन प्रियंवद, केशकंबली। गुफागेह साधक ने अपने मौन, समर्पण तथा तरु, वन, हिमशिखर आदि से एकतान होकर अपनी उँगलियाँ उठाई ही थीं कि वीणा स्वयं ही बज उठी। उसके मोहन वाद्य संगीत से लोगों को अलग-अलग अर्थ बोध हुआ और सभी को अपनी सम्पूर्णता उपलब्ध हो गई—

इसे गमक नट्टिन के एँड़ी के घुँघुरू की—
उसे युद्ध का ढोल :
उसे झंझा—गोधूली की लघु टुन-टुन
उसे प्रलय का डमरू-नाद।
उसके जीवन की पहली अंगड़ाई
पर उसको महाजृंभ विकराल काल।
सब डूबे, तिरे, झिपे, जागे—

हो रहे वशंवद, स्तब्ध :
संघीत हुई, इयत्ता सबकी अलग-अलग जागी,
पा गई विलय।

इस रचना में 'सटोरी' की उपलब्धि का चित्रण है। 'सटोरी' समाधि के आगे की अवस्था है। यह विशिष्ट अनुभव नहीं है बल्कि यह सभी अनुभवों में प्रवहमान रहती है। विभिन्न स्वरों में एक ही 'सटोरी' है। 'सटोरी' के बारे में सचेत न होने पर ही इसकी प्राप्ति होती है। किन्तु इसे सर्वथा छोड़ा भी नहीं जा सकता। लेकिन विशिष्ट प्रयत्न द्वारा सर्वथा इसे नहीं पाया जा सकता। कलावन्तों और साधक में यही भेद है। सधी हुई भाषा, अर्थपूर्ण प्रतीक, अपेक्षित ध्वन्यात्मकता, टटकी बिंबावलियों द्वारा कवि शुद्ध कविता की खोज करता है। 'सटोरी' इस जीवन और जगत् के परे अन्तस् की वस्तु है। इसमें सन्देह नहीं कि कला की दृष्टि से, भाषाई संरचना की दृष्टि से यह एक श्रेष्ठ संरचना है। पर जीवन की व्यापक समस्याओं से सर्वथा अछूती न रहकर, यह रहस्य-रीति में बद्ध हो जाती है। उधार लिया हुआ दर्शन अपना दर्शन नहीं होता। महादेवी वर्मा के रहस्यवाद और अज्ञेय के रहस्यवाद में क्या अन्तर है ? यही न कि महादेवी किसी मिथक का निर्माण नहीं करतीं जबकि अज्ञेय मिथक बनाते हैं। महादेवी को अपनी सूक्ष्मतर कल्पनाओं के लिए अपेक्षित बिंब नहीं मिल पाये हैं और अज्ञेय को अपनी साधना के फलस्वरूप मिल गये हैं।

'कितनी नावों में कितनी बार', 'सागर मुद्रा' की मूल संवेदना भी पिछली रचनाओं से अलग नहीं है। सागर मुद्रा की एक रचना है 'कन्हाई ने प्यार किया'—

कन्हाई ने प्यार किया कितनी गोपियों को कितनी बार।
पर उड़ेलते रहे अपना सारा दुलार
उस एक रूप पर जिसे कभी पाया नहीं—
जो कभी हाथ आया नहीं।
कभी किसी प्रेयसी में उसी को पा लिया होता—
तो दुबारा किसी को प्यार क्यों किया होता?
कवि ने गीत लिखे नये-नये बार-बार
पर उसी एक विषय को देता रहा विस्तार
जिसे कभी पूरा पकड़ पाया नहीं—
जो कभी किसी गीत में समाया नहीं
किसी एक गीत में वह अँट गया दिखता
तो कवि दूसरा गीत ही क्यों लिखता ?

वस्तुतः जैसा इस कविता में लिखा गया है 'उसी एक विषय को देता रहा विस्तार', अज्ञेय ने एक ही विषय को विस्तार दिया है। मदान अज्ञेय की कविता को इसीलिए कविता कहते हैं। इत्यलम् तक उनके काव्य-विकास का प्रारम्भ है। 'हरी घास पर क्षण भर' और 'बावरा अहेरी' वह आगे बढ़कर रुक जाता है। 'आँगन के पार द्वार' तक विकास अपनी सम्पर्ण परिपक्वता प्राप्त कर लेता है किन्तु इसके आगे वह चुक जाता है।

अज्ञेय का आभिजात्य उन्हें अत्यन्त सजग बनाये रखता है। किन्तु सजगता केवल कला तक ही सीमित है। उनकी शब्दावली, चाहे संस्कृत से ली गई हो या लोकभाषा से, कटी-छँटी और तराशी हुई होती है। इससे जो रूपाकार बनता है वह उसकी वैयक्तिकता को झंकृत करके रह जाता है। वे व्यक्तिवादी कलाकार हैं जो आत्मसाक्षात्कार या आत्मान्वेषण में विश्वास रखते हैं। उनका मनोप्राणिशास्त्रीय निर्माण ही ऐसी धातुओं से हुआ है कि वे इसके बाहर नहीं जा सकते। आत्मसाक्षात्कार की सीमाएँ होती हैं। इसलिए उन्हें 'अपना सच' कम ही मिल पाता है। किसी स्रष्टा के लिए आत्मसाक्षात्कार ही पर्याप्त नहीं है। जब तक उसे क्रियात्मकता (एक्शन) से नहीं जोड़ा जायगा यानी जब तक 'सेल्फ रिअलाइजेशन' को 'सेल्फ ऐक्चुअलाइजेशन' में नहीं बदला जायगा तब तक उसमें अपेक्षित प्राणवत्ता नहीं आ सकती।

प्रभाकर माचवे की विचारधारा और कविता को लेकर कभी उन्हें प्रगतिवादी, कभी प्रयोगवादी, कभी नई कविता का कवि कहा गया है। अपने 'मेपल' काव्य-संग्रह की भूमिका में उन्होंने स्वयं यह स्वीकार किया है। किंतु माचवे की कविता को किसी वाद विशेष में नहीं बाँधा जाना चाहिए। वस्तुतः तार सप्तक के अधिकांश कवि प्रगतिवादी दृष्टिकोण लेकर आए। लेकिन इसके साथ व्यक्ति-स्वातंत्र्य पर जोर देने के कारण वे प्रयोग की भूमिका में भी उतरे। उन्होंने तार सप्तक के वक्तव्य में लिखा है—"युग की वाणी जैसे गरीबों पर निरे निष्क्रिय आँसू बहाकर या बुर्जुआ को दस-पाँच गाली देकर समाप्त नहीं होती...... चूँकि मैं विशेष को साधारण से अविच्छिन्न और अविभाज्य मानता हूँ। एक ओर जहाँ 'स्वांतः सुखाय' को स्व-रति कहने में नहीं हिचकता, दूसरी ओर ट्राटस्की के 'कला हथौड़ा है' वाले नारे से भी सहमत नहीं होना चाहता।"

जाहिर कि वह रूढ़ अर्थ में प्रगतिवादी नहीं है। किन्तु मेपल (१९६५) तक आते-आते वह कवि को सूफी, भविष्यवक्ता, अराजक, 'एकला चलो' का व्रती कह कर प्रयोगवादियों की बोली बोलने लगता है। कवि 'एकला चलो' का कथ्य प्रमाणित करता है मुख्यतः अपने संदर्भों और व्यंग्यों से। पर वे सतह पर ही रह जाते हैं। भाषा में वह अलंकरण के विरुद्ध है पर इसका निर्वाह नहीं हो पाया है।

'स्वप्नभंग' और 'अनुक्षण' उनके अन्य काव्य संग्रह हैं।

तार सप्तक के शेष कवियों में **रामविलास शर्मा** की कविताएँ साफ-सुथरी और सम्बद्ध हैं। पर शर्मा जी ने अपने को कवि-मार्ग से अलग कर लिया। **नेमिचन्द्र जैन** ने छायावादी काव्य-चेतना से अपने कवि जीवन की शुरुआत की और मार्क्सवादी चेतना को भी उसी रोमैंटिक दृष्टि से देखा। **भारतभूषण अग्रवाल** के काव्य-संग्रह हैं—'मुक्तिमार्ग', 'ओ अप्रस्तुत मन', 'अनुपस्थित लोग', 'कागज के फूल' आदि। बच्चन, नरेन्द्र शर्मा, अंचल से प्रभाव ग्रहण करते हुए भी ये साम्यवाद की ओर उन्मुख हुए। फिर उससे विमुख हो गए। यदि उनकी समग्र रचनात्मक कृतियों को 'कागज के फूल' शीर्षक के अन्तर्गत रख दिया जाय तो ज्यादा सही होगा।

गिरिजाकुमार माथुर (१९११—) तार सप्तक के एक कवि हैं। 'तार सप्तक' का

प्रकाशन चाहे कोई घटना न हो पर गिरिजाकुमार माथुर का उसमें संकलित होना एक घटना अवश्य है। जिन उपकरणों के आधार पर कवियों का संकलन उस सप्तक में किया गया है वे माथुर पर लागू नहीं होते। यहीं संकलन-कर्ता की समझदारी भी संदिग्ध हो उठती है।

माथुर न तो प्रयोगवादी कवि हैं, न प्रगतिवादी और न यथार्थवादी। वे बच्चन, नरेन्द्र शर्मा, अंचल की परम्परा के कवि हैं—उन्हीं की तरह शरीरी और मांसल। उनका पहला काव्य-संग्रह 'मंजीर' १९४१ में प्रकाशित हो चुका था जो कैशोर प्रणय-भावुकता की अभिव्यक्ति है—

रूठ गये वरदान सभी फिर भी मैं मीठे गान लिये हूँ
टूट गया मन्दिर तो क्या पूजन के तो अरमान लिये हूँ
राजमहल तो उजड़ गया
पर खँडहर में सपने बाकी हैं
फूल वहाँ के नहीं किन्तु फूलों जैसे पाषाण लिये हूँ।

बच्चन की काव्य छाया में यह अभिव्यक्ति भी बौनी होकर रह गयी है।

दूसरा काव्य-संग्रह 'नाश और निर्माण' १९४६ में प्रकाशित हुआ। संग्रह के नामकरण से स्पष्ट है कि कवि अपने भीतर रोमान्स का क्षय और निर्माण की कल्पना लिये हुए है। किन्तु वास्तविकता यह है कि इसमें न तो किसी वस्तु का नाश होता है और न किसी का निर्माण। वह लिखता तो है 'बीत गया संगीत प्यार का' पर 'कसे हुए बंधन में चूड़ी का झर जाना' उसे भी विस्मृत नहीं होता। और जब वह संघर्ष की कविता लिखता है तो भी संघर्ष के स्थान पर प्यार ही उभरता है—

हमको भी है ज्ञान विरह का
और मिलन का
यह मत समझो बरफ बन गया हृदय हमारा
या कालान्तर में पथराये भाव हमारे
या हमको है नहीं किसी की याद सताती
पर वह तुमसे बहुत भिन्न है
हम मन में सुधि रखकर भी
हैं कर्मशील
हैं संघर्षों में डूबे-भूले
हम डटकर जीवन में युद्ध कर रहे प्रतिपल

'धूप के धान', 'शिला पंख चमकीले' और 'अभी कुछ और' में अपने को दुहराया गया है। 'भीतरी नदी की यात्रा' (१९७५) से सिद्ध है कि उनकी यात्रा का मार्ग वृत्ताकार है। जिस किसी बिन्दु से शुरू करें अंत में वहीं पहुँचते हैं—'फिर घुमड़े वही मेघ, फिर आया याद प्यार / फिर खिलने लगे पहिले-पहिले के हर सिंगार, जीवन की लम्बी यात्रा में वे कैशोर भावुकता से कहीं भी मुक्त नहीं हो पाते। रामविलास शर्मा के शब्दों में 'उनका किशोर मन न वयस्क होता है, न प्रौढ़; वार्धक्य तो दूर की बात है।'

शमशेर बहादुर सिंह (१६११—) अपनी काव्यगत अनोखी विशिष्टताओं के कारण इतिहासकार के सम्मुख अनेक प्रश्न खड़ा कर देते हैं। शमशेर को कहाँ 'सिचुएट' किया जाय? क्या दूसरे सप्तक का कवि मान कर 'नई कविता' का कवि मान लिया जाय? लेकिन प्रयोगवादी कवियों ने जिस तरह अपने को छायावादी चेतना से अलगाने तथा प्रगतिवाद की प्रचारवादी भाषण-शैली से हटाने की चेष्टा की है उससे शमशेर मुक्त हैं। नई कविता के कवियों में वे लगभग अकेले, प्रचार से पृथक्, आत्मस्थ और मौन हैं। वे न अज्ञेय की तरह कला के प्रति अत्यधिक सचेत हैं और न मुक्तिबोध की तरह प्रतिबद्ध। वे रोमैंटिक होकर भी रोमैंटिक नहीं हैं, प्रगतिवादी होकर भी प्रगतिवादी नहीं हैं, प्रयोगवादी होकर भी प्रयोगवादी नहीं हैं। शमशेर पर कोई लेबुल नहीं लगाया जा सकता। यदि कोई लेबुल लगाया जा सकता है तो कवि का लेबुल। सही अर्थ में वे कवियों के कवि हैं।

कदाचित् शमशेर पहले नए कवि हैं यदि अनुभूति की प्रामाणिकता नई कविता की अनिवार्य शर्त है। यों उन्हें निराला और मुक्तिबोध की परम्परा से जोड़ा जा सकता है—वह भी आत्मसंघर्ष के आधार पर। निराला ने अपने आत्मसंघर्ष के लिए नई भाषा अन्वेषित की और मुक्तिबोध ने भी। ये दोनों कवि निरंतर आत्मसंघर्ष करते रहे। 'राम की शक्तिपूजा' 'सरोज स्मृति' से अधिक सघन आत्मसंघर्ष और कहाँ मिलेगा? 'ब्रह्मराक्षस का शिष्य', अँधेरे में जैसा कटु-तिक्त आत्मसंघर्ष कहाँ दिखाई देगा ! शमशेर 'निराला के प्रति' लिखते हैं—

छू, किया करते
आधुनिकतम दाह मानव का
साधना-स्वर में
शांति-शीतलतम

इसमें 'साधना-स्वर' और 'आधुनिकतम दाह' पर बल दिया गया है। किन्तु 'शांति-शीतलतम' शमशेर की अपनी प्रणाली है। निराला का संदर्भ अधिक व्यापक, जटिल और दाहक है। शमशेर का निजी निहायत प्राइवेट।

मुक्तिबोध के प्रति लिखे गये 'किता' के वे अधिक निकट हैं— चमन खिलता था, तू खिलता था; और वह खिलना कैसा था /—कि जैसे हर कली से दर्द का याराना हो जाये!' ये दोनों कवि वस्तुबिंब और आत्मबिंब को पुनः वस्तुबिब बना लेते थे। किन्तु शमशेर का वस्तुबिंब आत्मबिंब में घुलमिल जाता था। शमशेर आत्मबिंब को वस्तुबिंब नहीं बना पाते। यही कारण है कि उनकी कविता अधिक निजी और दुरूह हो गई है। इसी में वह अपने को पाता है।

शमशेर ने अपने को पाने का उल्लेख बार-बार किया है। छायावादी काव्य में आत्मविस्तार है यानी अपने में जो नहीं है उसे भी समाविष्ट कर लेने की प्रवृत्ति। प्रयोगवादी काव्य में जो कुछ अपने में व्याप्त है उसी को खोजने की स्पृहा है और शमशेर में अपने को पाने का प्रयास है। अपने को पाने को कवि ने स्पष्ट नहीं किया है। छायावादी कवि अपने आत्मविस्तार में कुछ अतिरिक्त भी पाता है और प्रयोगवादी आत्मान्वेषण में कुछ अधिक का अन्वेषण कर लेता है। पर अपने को पाने का मतलब है कि वह वस्तुतः जो कुछ है—उससे

न अधिक और न कम—पाता है। ऐसा शुद्ध संवेदना के स्तर पर ही संभव है। यह संवेदना गलदश्रु भावुकता पर निर्भर नहीं है बल्कि आन्तरिक तनावों पर आश्रित है। एट्स का कहना है कि दूसरों से संघर्ष करने वाला कवि रेहटारिक लिखता है और अपने से संघर्ष करने वाला व्यक्ति कविता।

अपने को पाना निजीपन का ही दूसरा नाम है। उसका कहना है—'कला कैलेन्डर की चीज नहीं है। वह कलाकार की अपनी बहुत निजी चीज है। जितनी ही अधिक वह उसकी अपनी निजी है, उतनी ही कालान्तर में वह औरों की भी हो सकती है—अगर वह सच्ची है, कलापक्ष और भावपक्ष दोनों ओर से। वह अपने आप प्रकाशित होगी। और कवि के लिए वह सदैव कहीं-न-कहीं प्रकाशित। अगर सच्ची कला है, पुष्ट कला है।'

कवि की अपनी कला पर कई व्यक्तियों और कला आन्दोलनों का प्रभाव देखा जा सकता है—एजरा पाउंड, डायलन टामस, फ्रांसीसी प्रतीकवाद और अति यथार्थवाद का। पाउंड के बारे में उसने खुद लिखा है—'टेकनीक में एजरा पाउंड शायद मेरा सबसे बड़ा आदर्श बन गया है।' पाउंड का 'आइडोग्राम' चित्रलेख तो इसमें दिखाई पड़ता है, आभिजात्य नहीं। वस्तुतः शमशेर अति यथार्थवादी काव्यान्दोलन से अधिक प्रभावित ज्ञात होते हैं। इस कला आन्दोलन का सीधा संबंध शुद्ध कविता से है। यह अतार्किक (ऐंटी-रैशनल) है। इसका मूल आधार स्वतः संचालनवाद (आटोमैटिज्म) है। इसका उद्देश्य कला को उच्च धरातल पर स्थापित करना है। यह कला आन्दोलन द्वंद्वात्मक भौतिकवाद में अपनी आस्था व्यक्त करता है पर कला संबंधी समाजवादी यथार्थवाद को अस्वीकार करता है। शमशेर बौद्धिक स्तर पर द्वंद्वात्मक भौतिकवाद को स्वीकार करते हैं पर उनकी कविता इसे स्वीकार नहीं करती।

शमशेर अन्तर्दृष्टि संपन्न कल्पना के कवि हैं, वे खूबसूरत लयात्मक सृष्टि करते हैं। किंतु उनकी रचना बहुत कुछ गड्डमड्ड, अमूर्त और अस्पष्ट होकर रह जाती है। उदाहरण के लिए 'चित्तप्रसाद की बहार शीर्षक कविता सुनकर' उद्धृत की जा सकती है। उनकी एक अति यथार्थवादी (सुररियलिस्ट) रचना देखिए :—

सींग और नाखून
लोहे के बख्तर कंधों पर।
सीने में सूराख हड्डी का।
आँखों में : घास-काई की नमी।
एक मुर्दा हाथ
पाँव पर टिका
उलटी कलम थामे।
तीन तसलों में कमर का घाव सड़ चुका है।
जड़ों का भी कड़ा जाल
हो चुका पत्थर।

इसमें शब्द स्वयं वस्तु हैं—सींग, नाखून आदि : आदिम हिंस्र प्रवृत्तियों के प्रतीक हैं। लोहे के बख्तर प्रतिरक्षा को प्रतीकित करते हैं। युद्ध का अंजाम : सीने में सूराख हड्डी

का। उलटी कलम थामे लेखकीय विडम्बना है। प्रत्येक प्रतीक अपना अलग अस्तित्व रखते हैं। यह एक अति यथार्थवादी चित्र का नमूना है। सारी चीजें एक साथ एकत्र हैं—यह कविता से अधिक चित्र अधिक है : सम्भवतः युद्ध-चित्र का बिखराव। यह अवचेतन मन की सृष्टि है।

अवचेतन मनःसृष्टि का एक दूसरा नमूना लीजिए :—

नीबू का नमकीन-सा शरबत, शाम
(गहरा, नमकीन)
प्राचीन ईसाई चीजों-सी कुछ
राजपूताने की-सी बहुत कुछ
गहरी सोन-चम्पई
सोन-गोरिया शाम।
.....शान्त।
तुम्हारी साड़ी की सी शाम
बहुत परिचित।
मेरे दिल के अजीब फैलाव की
लातीनी पीतल-काँसे के घंटों की-सी
क्लासिक शाम
बहुत दूर तक बजती हुई शाम।

शाम का यह बिंब बिलकुल निजी है, किन्तु पिछले चित्र की तरह दुरूह नहीं। इसके माध्यम से कवि अपने अन्तर्लोक की यात्रा करता है और पाता है। स्वाद, स्पर्श, वर्ण ध्वनि बिम्बों के लिए जो अप्रस्तुत ले आये गये हैं वे केवल नये नहीं बल्कि कवि की निजी अनुभूतियों को इस तरह लपेटे हुए हैं कि वे प्रथम पाठ में विचित्र-से लगते हैं किन्तु सारे बिम्ब शाम के विभिन्न आयामों को प्रस्तुत करते हुए उस उदास रोमैंटिक शाम को—बहुत दूर तक बजने वाली शाम को—क्लासिक बना देते हैं।

कवि का अवचेतन मन प्रकृति-चित्रण और प्रणयगाथा में अधिक रमता हुआ प्रतीत होता है जो एक नया रोमान लिये हुए है। इसमें भाषातीत गहन आकुलता को बाँधने का प्रयास है। पर इसे बाँधने में शमशेर के भाषाई पाश छोटे पड़ जाते हैं। शमशेर ने प्रतीकों, अछूते बिम्बों, अति यथार्थवादी चित्रों, कोष्ठकों, डैशों आदि से उस अन्तराल को भरने का प्रयास किया है। यह अन्तराल भरा नहीं जा सकता है। और शायद इस अन्तराल के भर जाने पर शमशेर का कवि छोटा पड़ जाता।

गजानन माधव मुक्तिबोध (१६१७-६४)—इस काल के सर्वाधिक महत्वपूर्ण कवि हैं। सच्ची क्रियापरक समाजवादी दृष्टि तथा फैंटेसी शिल्प के कारण उनकी अपनी निजी पहचान बन जाती है। पर इस दृष्टि तथा शिल्प को प्राप्त करने में उसे आत्म-यातना की लम्बी प्रक्रिया से गुजरना पड़ा है। इस यातना को दो ही कवियों ने भोगा है—निराला ने और मुक्तिबोध ने। मुक्तिबोध का जन्म मुरैना जिले के एक कस्बे में हुआ था। चम्बल की घाटी उससे दूर

नहीं है। ब्रह्मराक्षस, पोरूर, बरगद का पेड़ आदि राजनाद गाँव के आस-पास, जहाँ वे प्राध्यापक थे, दिखाई देते हैं। उनके बेचैन मन की भावाभिव्यक्ति के लिए उपर्युक्त वस्तुएँ 'आबजेक्टिव कोरिलेटिव' का काम करती हैं।

अपने पूर्ववर्ती और समकालीन काव्यान्दोलनों से वे असंतुष्ट थे। उनका कहना था कि छायावादी मनोदशा वास्तविक जीवन का प्रतिनिधित्व नहीं करती। प्रगतिवाद अपने को राजनीतिक पक्ष तक ही सीमित रखता है। प्रयोगवाद का 'प्रखर बौद्धिक व्यक्तिवाद' और 'मानसिक प्रत्याघातों का चित्रण' उन्हें रास नहीं आया। नई कविता के बारे में उनका कहना है 'कि नई कविता उनकी अपनी है जो 'मिसफिट' है। जो न आत्म-सामंजस्य स्थापित कर सकते हैं न बाह्य सामंजस्य— और उनका तथाकथित जो विद्रोह है वह? वह व्यक्ति आधारित है, इसलिए वह भी गोबी के रेगिस्तान में किसी अनजानी खारी नमकीन झील में जाकर खुदकुशी कर लेगा।' स्पष्ट है कि उसे वास्तविक जीवन का चित्रण करना है, व्यक्तिवाद का विरोध करना है, मिसफिट नहीं होना है और न खुदकुशी करना है। इसलिए मार्क्सवादी विचारधारा के पास जाने के अतिरिक्त कोई विकल्प नहीं बचता। सन् '४२ में वे मार्क्सवादी की ओर आकृष्ट होते हैं। पर अपने अन्तर्द्वन्द्व से वे निरंतर जूझते रहे।

उनके अन्तर्द्वन्द्व को मार्क्सवाद से जोड़कर पूरे तौर पर नहीं समझा जा सकता। जैसा कि उन्होंने तारसप्तक में लिखा है कि पहले वे बर्गसाँ के भाववादी दर्शन से प्रभावित थे। इस दर्शन से वे पूर्णतः मुक्त नहीं हो सके। जिस प्रकार सार्त्र ने अस्तित्ववाद और मार्क्सवाद के गठबन्धन का प्रयास अपनी रचनाओं में किया है उसी प्रकार मुक्तिबोध की रचनाओं में भी बर्गसाँ के विवर्तन सिद्धान्त और मार्क्सवाद के गठबन्धन का हल्का प्रयास दिखाई देगा, यद्यपि मार्क्सवाद के प्रभाव के कारण विवर्तन-सिद्धान्त का भाववादी पक्ष तिरोहित हो गया है।

विवर्तन सर्जनात्मक क्रिया है। सर्जना का मतलब है किसी प्रस्तुत सामग्री से नवीन और अपूर्व वस्तु की रचना। विवर्तन प्रक्रिया के प्रत्येक स्तर पर कुछ न कुछ अपूर्व और नवीन वस्तु प्रादुर्भूत होती है। यह पुनरावृत्यात्मक नहीं होती। बर्गसाँ 'विवर्तन प्रक्रिया की तुलना उस अग्निवाण से करते हैं जिसके विस्फोट से अगणित और अनपेक्षित स्फुलिंगों की अनन्त संख्या का प्रादुर्भाव होता है।' बर्गसाँ नियतिवाद का विरोध करते हैं।

प्रकृति में दो प्रकार की वस्तुएँ होती हैं—परिणत (रेजल्टेंट) और उत्क्रान्त (इमर्जेंट)। पहली पूर्ववर्ती, अवस्थाओं का परिणाम है। दूसरी पूर्ववर्ती अवस्थाओं पर अकस्मात् उपस्थापित हो उठती हैं। उत्क्रान्त अवस्था के सम्बन्ध में दो मत हैं कि यह चिद्वादपरक होती है कि यह निसर्गात्मक होती है। मुक्तिबोध की रचनाओं के 'स्फुलिंग' और सहसा किसी वस्तु का उपस्थित होकर नया मोड़ दे देना उत्क्रान्तात्मक विवर्तन ही है। पर इस विवर्तन को मुक्तिबोध ऐतिहासिक भौतिकवाद के परिप्रेक्ष्य में लेते हैं।

यही कारण है कि जैसा कि वे स्वयं लिखते हैं—'इस आत्मग्रस्तता के बावजूद और शायद उसको साथ-साथ लिये मेरा आत्म-संवेदन समाज के व्यापकतर छोर छूने लगा।' उसके खण्डित व्यक्तित्व में एक ओर आत्मग्रस्तता है तो दूसरी ओर उससे मुक्ति का प्रयास और

सर्वहारा के पक्ष में आमूल परिवर्तन की क्रियात्मक माँग। वे अत्यन्त ईमानदार और एकत्वपरक (इंटीग्रेटेड) व्यक्तित्व के कवि हैं—एकत्वपरक इसलिए कि वे अपने कशमकश को छिपाते नहीं हैं। इस काल में आत्मग्रस्त कवि अनेक हैं। किन्तु उन्हें आत्मग्रस्त कहने के स्थान पर आत्मस्थ कहना चाहिए। अज्ञेय के 'अहं का विलयन' एक बुद्धिजीवी का नाटक है—यह अहं से निकल कर अहं में विलीन होता है। अज्ञेय ने 'आत्मान्वेषण' 'कला की स्वायत्तता', 'निस्संगता', 'अद्वितीयता' आदि की चर्चा बार-बार उठाई है। ये सब व्यक्ति-स्वातन्त्र्य के मुखौटे हैं। मुक्तिबोध आत्मान्वेषण या आत्मोद्‌घाटन को अत्यन्त संकुचित और वायवीय कहते हैं। कला की स्वायत्तता को मंजूर करते हुए भी वे उसे जीवन-सापेक्ष्य, युग-सापेक्ष्य और वर्ग-सापेक्ष्य कहते हैं। निस्संगता और अद्वितीयता को वे स्वार्थग्रस्त अहंग्रस्त, व्यक्ति-सत्तात्मक स्थिति बतलाते हैं। जाहिर है कि मुक्तिबोध स्वातन्त्र्य के पुरोधाओं के विरुद्ध खड़े हैं और कला की स्वायत्तता को व्यापक अर्थ देते हैं।

आत्मग्रस्तता और समाज के व्यापक छोरों के छूने के प्रयास के अन्तर्द्वन्द्व में ही उसकी कविता बनती है। इसे आत्मसंशोधन की अव्याहत प्रक्रिया कह सकते हैं। इसकी गहनता और कवि के बेचैन मन की अभिव्यक्ति को तारसप्तक में संगृहीत 'अन्तर्दर्शन', 'आत्मसंवाद' और 'एक आत्मवक्तव्य' कविताओं में देखा जा सकता है। एक आत्मवक्तव्य में वह कहता है—'खूब काँट-छाँट और गहरी छील-छाल/ रंदों और बसूलों से मेरी देखभाल। मेरा अभिनव संशोधन अविरत/ क्रमागत/ रंदा और बसूला 'भूरी-भूरी खाक धूल' में भी है और अँधेरे' कविता में भी। यह क्रमागत संशोधन वर्गान्तरण की अग्नि परीक्षा है। मुक्तिबोध इसकी आँच में तप करके ही निष्कलुष हुए हैं।

अब तक उसके दो काव्यसंग्रह प्रकाशित हैं—'चाँद का मुँह टेढ़ा है' (१९६४) और 'भूरी-भूरी खाक धूल' (१९८०)। दूसरे संग्रह की कविताएँ पहले संग्रह की कविताओं से पहले लिखी गई हैं। 'अभिनव संशोधन' का प्रारम्भिक काल है। इसकी कविताएँ 'चाँद का मुँह टेढ़ा है' की प्रदीर्घ कविताओं की प्रास्ताविक हैं। इसके सरल भावबोध और विरल बिम्बावलियाँ 'चाँद का मुँह टेढ़ा है' में जटिल और सघन हो जाती हैं। 'ज्वलत् रक्त अग्निजाल' इस संग्रह की कविताएँ भी हैं। उसे जीवन में सार्थकता की तलाश है, सफलता की नहीं। 'उदरम्भरि' के खतरे से वह बार-बार सावधान करता है। इस व्यवस्था में हर व्यक्ति चक्करदार सीढ़ियाँ चढ़कर ऊपर पहुँच जाना चाहता है—'इस सल्तनत में / हर आदमी उचक कर चढ़ जाना चाहता है / हर एक को अपनी-अपनी / पड़ी हुई है/ लेकिन इस रेल-पेल में सब लोग सब कहीं जा रहे हैं/ लेकिन कोई कहीं नहीं जा रहा है /' लेकिन मुक्तिबोध सार्थकता के गन्तव्य तक जाना चाहते हैं, ठण्डी रगों में गर्मी खोजते हैं। 'वैसे यह जिन्दगी भोजन है / मौज है /'

इस संग्रह की कविताओं पर उत्क्रान्त विवर्तन और छायावाद के संस्कार हैं। वे अपनी परिणतियों में आशावादी हैं। 'मालव निर्झर की कंचन रेखा' 'इस नगरी में' हैं 'सत्य के गर्वीले अन्याय न सह' और 'पीली ढलती हुई साँझ' ऐसी ही रचनाएँ हैं। कही भव्यताएँ मिलेंगी जैसे, भव्य धूप, व्यक्तित्व-भव्यता, भव्यरक्ताप्लावित तो कहीं 'उकसे पुष्पित लोचन'

और 'शबनमी चमक' मिलेगी। ये प्रायः सुगठित, आन्तरिक तुकों से समन्वित, लयबद्ध और संगीतात्मक हैं। और आशावाद—'पृथ्वी हुई युद्ध के बाद रूपान्तरित धन्य/ गहरी गली हो गई राजपथ, लोग सुप्रसन्न।'

'चाँद का मुँह टेढ़ा है' की रचनाओं में उसके खण्डित व्यक्तित्व का कशमकस और भी सघन हो उठा है सर्वहारा क्रान्ति की सम्भावनाओं में और भी तेजी आ गई है। नामवर सिंह ने 'अँधेरे' कविता की लम्बी व्याख्या करते हुए 'अस्मिता की खोज' की बात उठाई है। रामविलास शर्मा ने अपने दो लम्बे लेखों में मुक्तिबोध के काव्य का ऐतिहासिक विवेचन करते हुए उन पर अस्तित्ववाद और रहस्यवाद के प्रभाव का आरोप लगाया है। यदि मुक्तिबोध पर अस्तित्ववाद का प्रभाव मान लिया जाय तो 'अस्मिता की खोज' की बात भी स्वीकार करनी चाहिए क्योंकि 'अस्मिता' शब्द अस्तित्ववादी दर्शन और मनोविश्लेषण शास्त्र से ग्रहण किया गया है। मुक्तिबोध में न तो अस्तित्ववादी आत्मनिर्वासन है और न मार्क्सवादी। मुक्तिबोध में कोई ऐसी अस्मिता नहीं है जो खो गई है और उसे वे खोज रहे हैं। वास्तविक समस्या वर्गान्तरण की है—अपने मध्यवर्गीय व्यक्तित्व को सर्वहारा वर्ग में अन्तरित करने की समस्या। रामविलास शर्मा उसमें 'अपराध-बोध' भी देखते हैं। ऐसा करके वे कविता को न देखकर कवि को देखने लगते हैं। यह शब्द भी मनोविश्लेषण शास्त्र का ही है। यदि कवि द्वारा अपराध-बोध का कथन उसके अपराधी होने का साक्ष्य प्रस्तुत करता है तो सूरदास को पदों के आधार पर उन्हें पापी सिद्ध करने वाले कौन-सा गुनाह करते हैं?

इसमें कोई संदेह नहीं कि मुक्तिबोध की कविताएँ गहरे आत्मसंघर्ष की कविताएँ हैं अन्यथा उनमें शब्दों का इतना तनाव न होता। उनमें ही एक वर्गसंघर्ष चल रहा है। उसका व्यक्तित्व अंधकार और प्रकाश के द्वन्द्वात्मक वृत्तों में बँटा हुआ है। एक ओर पूँजीवादी व्यवस्था, साम्राज्यवाद, ब्यूरोक्रैट, अवसरवादी बुद्धिजीवी आदि हैं तो दूसरी ओर 'संकल्पधर्मा चेतना का रक्तप्लावित स्वर' है यानी गुरिल्ला, क्रान्तिकारी, संकल्पित सर्वहारा। लेकिन यह भी सच है कि आमूल परिवर्तन का नेतृत्व मध्यवर्ग ही करेगा। किन्तु यह वर्ग अवसरवादी होता है। अद्‌भुत बहुरूपिया होता है, स्वार्थी और आत्मकेन्द्रित होता है। इस अवसरवाद से मुक्त होना मुश्किल है। पर इसके बिना बदलाव भी सम्भव नहीं है। पूरे वर्ग का वर्गान्तरण सम्भव नहीं है। फिर भी कुछ लोग तो वर्गान्तरित हो ही सकते हैं जिसे मुक्तिबोध 'कोई एक' कहते हैं। अतः खण्डित व्यक्तित्व और आत्म-संघर्ष उसका अपना भी है, और एक मुखौटा (परसोना) भी है, कथन की एक प्रणाली (मेथड) भी है।

इस तथ्य को ध्यान में न रखने के कारण मुक्तिबोध को समझने के लिए ब्रेख्त, दोस्तेवेस्की तथा 'इम्मार्टेलिटी ओड' को समझने की सलाह दी जाती है। फलस्वरूप मुक्तिबोध की कविता की समझ के स्थान पर नामों का आतंक और सूक्तियाँ हाथ लगती हैं। जरूरत है कि उसकी कविता से सीधे साक्षात्कार किया जाय, उसके उद्देश्य, थीम, भाषिक प्रयोगों को विश्लेषित किया जाय। दूसरे शब्दों में 'टेक्स' और 'कान्टेस्क्ट' के द्वन्द्वात्मक सम्बन्धों की तलाश की जाय।

उसका मूल उद्देश्य वर्गहीन शोषणमुक्त समाज की स्थापना करना है। इसे सिद्ध

करने के लिए उसके पास वैज्ञानिक समाजवादी दृष्टि है। मध्यवर्ग की तो अपनी आन्तरिक कमजोरियाँ होती ही हैं—बुद्धिजीवी मध्यवर्ग और भी अधिक प्रापंचिक होता है। कभी अपने अतिरेकवाद के कारण समाज से कट जाता है तो कभी न्यस्त स्वार्थ के कारण। इसी में उसकी सफलता और इसी में उसकी असहाय ट्रेजिडी है। 'चाँद का मुँह टेढ़ा है' की अधिकांश कविताओं में यह ट्रेजिडी दिखाई पड़ेगी। इस ट्रेजिडी से मुक्ति पाने का भी उपाय है, पर वह काफी कष्टसाध्य है।

उसका मूल उद्देश्य इस पंक्तियों में स्पष्ट है—समस्या एक / मेरे सभ्य नगरों में और ग्रामों में / सभी मानव / सुखी, सुन्दर व शोषण-मुक्त कब होंगे /। इस सोच से उसकी कविताओं में राजनीतिक 'प्रैक्सिस' का समावेश हो जाता है, जो ब्रेश्ट के नाटकों में भी दिखाई पड़ता है। इस उद्देश्य की पूर्ति के लिए बुद्धिजीवी मध्यवर्ग को एक कारगर भूमिका निभानी पड़ेगी। मुक्तिबोध इस वर्ग से खूब परिचित थे। खुद भी वे इसी वर्ग के थे। इसलिए उसकी लानत-मलामत करने में कोई कोर-कसर नहीं छोड़ी है। यों तो इस तथ्य को उसकी प्रत्येक कविता-कहानी में देखा जा सकता है। पर इसके स्वरूप का पूरा उभार 'भूल-गलती', 'ब्रह्मराक्षस' और 'दिमागी गुहान्धकार का ओरांग-उटांग' में अधिक मुखर हुआ है। बुद्धिजीवी मध्यवर्ग का निषेध करते हुए वे इस निषेध का भी निषेध करते हुए वे क्रियात्मक संकेत भी देते हैं।

'भूल गलती' में खूनी आलीजाह के सामने शायर, सूफी, आलिम-फाजिल, मनसबदार आदि की कतारें सलाम में झुकी हैं। लेकिन एक और व्यक्ति है—'सामने बेचैन घावों की अजब तिरछी लकीरों से कटा / चेहरा / कि जिस पर काँप / दिल की भाफ उठती है / पहने हथकड़ी वह एक ऊँचा कद / समूचे जिस्म पर लत्तर / झलकते लाल लम्बे दाग / बहते खून को / वह कैद कर लाया गया ईमान /' उसे जिन्दगी की शर्मनाक शर्तें नामन्जूर हैं। इसमें 'ईमान' और 'नामन्जूर-नामन्जूर' महत्वपूर्ण शब्द प्रयोग हैं। आचार्य शुक्ल इसी को शब्द-शोधन का व्यापार कहते हैं। एक वे लोग हैं जो 'ईमान' के विरुद्ध बे-ईमान हैं और जिन्दगी की शर्मनाक शर्तों को स्वीकार किए हुए हैं। 'ईमान' का मानवीकरण कविता को अजीब ऊर्जा भर देता है। ईमान के लक्षण हैं—जाल लम्बे राग, हथकड़ी, बहता खून वगैरह। फिर वह बुर्ज के उस तरफ, बे-मालूम दरों के इलाके में, लश्कर मुहैया करने के लिए गुम हो जाता है। इसमें गुरिल्ला युद्ध का संकेत है।

'दिमागी गुहान्धकार का 'ओरांग उटांग' का पंडित मध्यवर्ग संस्कृत प्रभामय अध्ययन-गृह में बहस कर रहा है। बहस के अनेक मुद्दे हैं। किन्तु केन्द्रीय मुद्दा है—'स्वयं को चाहते हैं प्रस्थापित करना / अहं को, तथ्य के बहाने /' कहना न होगा कि मुक्तिबोध के जमाने में अहंवादियों की एक जमात खड़ी हो गई थी जो सिद्धों-नाथों की तरह पश्चिमी नाममाला के सहारे अपनी पंडिताई की धाक जमाना चाहते थे।

'ब्रह्मराक्षस' भी ओरांग उटांग है—दिमागी गुहान्धकार में बन्द। वह ऐसे बुद्धिजीवी का प्रतीक है जो मारा जा कर प्रेत हो गया है। यह बुद्धिजीवी प्रेत का मिथक है—प्रेतों में सबसे बड़ा प्रेत। जिन्दा रहने पर भी लोगों को यातना पहुँचाता है—मर कर और क्रूर हो

जाता है। अपने लिए वह स्वयं ट्रेजिडी है। आत्मचेतस् इतना कि उसे लगता है कि चाँद-सूरज उसे प्रणाम करते हैं। समाज से कटा हुआ बन्द कोठरी में गणित हल करता हुआ मर गया। किन्तु सचेत बुद्धिजीवी उसके ज्ञान का उपयोग संसार को बेहतर बनाने के लिए करना चाहता है। ब्रह्मराक्षस 'आत्म-चेतस्' तो था किन्तु 'विश्वचेतस्' नहीं था यानी उसके पास सही अर्थों में वैश्विक दृष्टि (वर्ल्डव्यू) नहीं थी। इस वैश्विक दृष्टि को लेकर ही पूर्ण तर्कसंगत निष्कर्ष तक पहुँचा जा सकता है। ब्रह्मराक्षस का शिष्य कहानी में भी इसी दृष्टिकोण का समर्थन किया गया है।

अकेले व्यक्ति से अपेक्षित परिवर्तन नहीं हो सकता। इसलिए वह समूह बद्ध प्रयास की माँग करता है। अपनी सार्थकता कोई मायने नहीं रखती। 'मैं तुम लोगों से दूर हूँ' में वह कहता है—'फिर भी मैं अपनी सार्थकता में खिन्न हूँ/ विष से अप्रसन्न हूँ /इसीलिए कि जो है उससे बेहतर चाहिए / पूरी दुनिया साफ करने के लिए मेहतर चाहिए / वह मेहतर मैं हो नहीं पाता / ।' 'मेहतर' निम्न वर्गीय चेतना का भी प्रतीक है।

'चंबल की घाटी में' आत्मसंघर्ष, व्यवस्था-विरोध, अराजकता-विरोध के संदर्भ में और तेज हो गया है। अंत में सामूहिक प्रयास की ओर स्पष्ट संकेत है। इस कविता के संबंध में रामविलास शर्मा के दो परस्पर विरोधी मत हैं। पहला मत 'मुक्तिबोध का आत्मसंघर्ष और उनकी कविता' में व्यक्त हुआ है तो दूसरा मत 'नई कविता और मुक्तिबोध का पुनर्मूल्यांकन' में। पहले लेख में वे 'अपने ही दरों में /....किन्तु अकेले की तुम्हारी ही वह सिर्फ / नहीं होगी कहानी!!' उद्धृत करते हुए लिखते हैं —'इस तरह मुक्तिबोध अस्तित्ववाद, रहस्यवाद और मार्क्सवाद का समन्वय करते हैं।.... अनस्तित्व का विकास क्या होता है? जिसका अस्तित्व ही नहीं, उसका विकास कैसा? यह विकास भी किस काम का जब उसकी परिणति है पूर्ण विनाश। ..... टीले के टूटने की कहानी हर आदमी की कहानी क्यों बनेगी? शोषण से मुक्ति पाने के लिए आदमी का टूटना क्यों जरूरी है?''

दूसरे लेख में वे लिखते हैं —''पूर्ण विनाश अनस्तित्व का चरम विकास है'' —इस पंक्ति में चरम विकास अनस्तित्व का न होगा। विकास तब होगा जब 'अनस्तित्व' का विनाश होगा। ऐतिहासिक दृष्टि से जिस ढाँचे का औचित्य नहीं है, उसका नाश होगा।' कहना न होगा कि रामविलास जी ने अपने को एक हद तक संशोधित कर लिया है। किन्तु यदि वे 'पूर्ण-विनाश' के बीच पड़े हाइफन पर विचार करते तो अर्थ की अन्य गहराइयाँ—व्यवस्था-विरोध और अव्यवस्था-विरोध—अधिक स्पष्ट होती।

'अँधेरे में' एक प्रदीर्घ लम्बी कविता है—मुक्तिबोध के भाव, इन्द्रियबोध और विचारधारा की संहिति। न तो इसमें अस्मिता की खोज है और न विलय। यदि अस्मिता को लेकर ही विचार करना है तो मुक्तिबोध की शव्दावली में इसे अस्मिता का विकास कहा जा सकता है। खंडित व्यक्तित्व के दो भागों में एक द्वन्द्वात्मक संबंध है। विकास की दिशा इसी से निर्धारित होती है, वह दिशा है 'आत्मसंभव परम अभिव्यक्ति।' द्वन्द्व का प्रथम पक्ष दहशत, तानाशाही का 'टेरर' बुद्धिजीवी की कायरता आदि हैं तो दूसरा पक्ष रक्तालोक स्नात पुरुष, कोई वह ज्ञान, परम अभिव्यक्ति आदि हैं। इन दोनों की टकराहट में ही अस्मिता 'पूर्ण

अवस्था' तक पहुँचेगी।

यह आत्मसंभवा परम अभिव्यक्ति क्या है? आत्मसंभवा आत्मा से उत्पन्न। 'आत्मसंभवा' मुक्तिबोध की ईमानदारी को रेखांकित करती है। जनक्रांति की पक्षधरता भीतर से उत्पन्न होती है। 'कुकुरमुत्ता उगाए नहीं उगता।' मुक्तिबोध न तो सौन्दर्य शास्त्र (एस्थेटिक्स) पर राजनीति का रंग चढ़ाते हैं और न राजनीति पर सौन्दर्य शास्त्र का। इस कविता में दोनों का अद्‌भुत सामंजस्य है।

कविता के पहले बंद में रक्तालोक स्नात पुरुष दिखाई पड़ता है। यही कोई एक है जो लगातार चक्कर लगाता है। 'भूल-गलती' में 'कोई एक' लश्कर मुहय्या करने चला गया है। इसी में उसके पूर्ण का आविर्भाव है। दूसरे बन्द में वही 'मैं' को बाहर आने के साँकले बजाता है। इसी में वह-मैं का गुरु-शिष्य संबंध स्थापित होता है। तीसरे बन्द में संगीन नोकों के चमकते जंगल का जुलूस है, चौथे में ज़ीने का अर्थ प्रतिपादित है। पाँचवाँ बन्द दीप्ति वलयित रत्नों से भरा है। छठे का शीर्षक 'जनता और भविष्य' हो सकता है। सातवें में अभिव्यक्ति के खतरे का उल्लेख है। आठवें में युवकों का 'व्यक्तित्वांतरण और परम अभिव्यक्ति के दर्शन' हैं।

दूसरा बन्द अन्य बन्दों की पृष्ठभूमि है। रक्तालोक स्नात पुरुष प्रकट होता है। उसके चेहरे पर सुबहें खिलती हैं। 'मैं' अत्यन्त ललक से कहता है—'लगता है दरवाजा खोलकर / बाँहों में कस लूँ हृदय में रख लूँ।' पर अपनी वर्गीय कमजोरियों के कारण वह वैसा कर नहीं पाता। रहस्य पुरुष के पास जगत-समीक्षा (वैश्विक दृष्टि) है, विवेक-विक्षोभ और भविष्य का नक्शा है। समस्या यह है कि इसे न वह सह सकता है और न इसके बिना रह सकता है।

तीसरे बन्द में 'क्या वह मैं हूँ/ मैं हूँ?' को ऊपर की पंक्तियों के साथ न पढ़ने पर गलतफहमी हो जाती है और उस पर अस्तित्ववाद का लेबुल चिपका दिया जाता है। सारी पंक्तियों को क्रमबद्ध रूप से पढ़ने पर यह आत्मान्वीक्षण का क्षण प्रतीत होता है। इसमें एक डरावना जुलूस चल रहा है—'संगीन नोकों का चमकता जंगल / चल रही पदचाप, तालबद्ध दीर्घ पाँत/टैंकदल, मोर्टार, आर्टिलरी सन्नद्ध/।' जुलूस में तरह-तरह के लोग शामिल है—कर्नल, ब्रिगेडियर, आलोचक, विचारक, कवि तथा शहर का कुख्यात हत्यारा डोमाजी उस्ताद। मतलब यह है कि हत्यारों का यह जुलूस जनक्रांति के विरुद्ध है। इसमें उच्च और मध्यवर्ग दोनों एक साथ हैं। चौथे में आतंकवाद से ग्रस्त परिवेश के बीच से उद्‌बोध गीत गूँजता है—'अब तक क्या किया? / जीवन क्या जिया !!/।' ऐसे कितने लोग हैं जिन्हें इस तरह के सवाल मथते हैं?आगे के बन्द में दीप्तिवलयित रत्न अनुभव, वेदना, विवेक-निष्कर्ष—चमक उठते हैं। और आगे (छठे बन्द में) इतिहास-स्मृति यानी तिलक-गाँधी के संदर्भ में वह जन-क्रांति का प्रारूप तैयार करता है। अपने को दूसरे से संबद्ध करता है।

वह आगे घोषणा करता है—'कविता में कहने की आदत नहीं / पर कह दूँ / वर्तमान समाज में चल नहीं सकता / पूँजी से जुड़ा हुआ हृदय बदल नहीं सकता/ स्वातन्त्र्य व्यक्ति का वादी छल नहीं सकता मुक्ति के मन को जन को / 'बीच बीच में मुक्तिबोध अपने

समय के व्यक्ति-स्वातंत्र्य की साजिशों का भी परदा फाश करते हैं।

आठवाँ खंड के प्रारम्भ आठ बन्दों की टेक है— 'कहीं आग लग गई, कहीं गोली चल गई।' यह जनक्रांति का माहौल है जो सामूहिक है। इसके विरोध में खाकी ड्रेस खड़ा है। और बुद्धिजीवी? 'सब चुप, साहित्यिक चुप और कविजन निर्वाक / चिन्तक, शिल्पकार, नर्तक चुप हैं / उनके खयाल में यह सब गप है / मात्र किंवदन्ती / रक्तदायी वर्ग से नाभि-जाल-बद्ध ये लोग / नपुंसक भोग-शिरा-जालों में उलझे/।' बुद्धिवादी वर्ग पर यह अत्यन्त निर्मम प्रहार है, जिसके औचित्य को स्वीकार करने के अतिरिक्त कोई विकल्प नहीं है। आगे वह और भी जोरदार धक्का देता है—'बौद्धिक वर्ग है क्रीतदास / किराये के विचारों का उद्‌भास/।'

इस नपुंसक वर्ग के बावजूद जनक्रांति रुकती नहीं—मकानों की छत से / गाडर कूद पड़े धम से।/ भयानक वेग से चल पड़े हवा में।/गगन में नाच रही कक्का की लाठी।/ यहाँ तक कि बच्चे की पें पें भी उठती, /तेजी से लहराती घूमती हवा में / सलेट-पट्टी।/ अब युग बदला है, वाकई /। विवेक-पीड़ा का जल पीकर युवकों का व्यक्तित्वान्तरण होता जा रहा है।

परम अभिव्यक्ति फिर दिखाई पड़ी। लेकिन अब वह फटे हाल रूप में हर सड़क पर घूमती हुई प्रत्येक आत्मा का इतिहास बन गई है। 'परम अभिव्यक्ति' अपने अनुभूति-विस्तार में मिम्नमध्यवर्ग की चेतना में ऐतिहासिक परिवर्तन ले आती है। उसका क्रियात्मक रूप है —तड़ित-रंगीय गतिमयता और सकर्मक प्रेम की अतिशयता। वह हर देश की राजनीति परिस्थिति, प्रत्येक मानवीय स्वानुभूत आदर्श, विवेक प्रक्रिया और क्रियागत परिणति में व्याप्त है। क्रियागत परिणति के अभाव में अनुभूत आदर्श (इच्छा) विवेक (बुद्धि) का कोई अर्थ नहीं है। प्रसार की इच्छा, बुद्धि और क्रिया की समन्वित यहाँ पर दूसरे ढंग से की गई है। प्रसाद का सन्दर्भ दार्शनिक है और मुक्तिबोध का जनवादी। पर खोज की प्रक्रिया समाप्त नहीं हुई है। और न यह प्रक्रिया समाप्त हो सकती है। समाजवादी व्यवस्था में भी इसकी जरूरत पड़ती रहेगी—स्वयं व्यवस्था को गतिशील रखने के लिए।

इस प्रदीर्घ कविता में फैन्टेसी का प्रयोग अनेक प्रकार के विरुद्धों को अगल-बगल रखकर किया गया है—एक दृश्यालेख 'अन्डरटोन' में है तो दूसरा 'ओवरटोन' में। अन्य रचनाओं की अपेक्षा इस स्वप्नकथा में अलगाव के बिन्दु कम हैं। बिंब और प्रतीक-मालाओं के कारण तम और प्रकाश का द्वन्द्व गहरा गया है। अंधेरा अवचेतन का भी है और पूँजीवादी व्यवस्था का भी। अंधेरे को तोड़ता हुआ प्रकाश इस कविता की वस्तु भी है और रूप भी। कविता के अपने आन्तरिक नियमों का ताना-बाना तम और प्रकाश से ही बुना गया है—उनके अनेक बिंबों और प्रतीकों से। कोई चाहे तो इसे दूसरा शीर्षक 'तमसो मा ज्योतिर्गमय' दे सकता है। आश्चर्य है रूसी शोधार्थिनी अग्न्येशा मुक्तिबोध की चार कहानियों—क्लाड ईथरली, विपात्र, पक्षी और दीमक तथा जंक्शन—के आधार पर 'अँधेरे में' के 'मैं' को मुक्तिबोध का 'मैं' कहती हैं। ऐसा मान लेने पर आलोचिका की वस्तुनिष्ठ दृष्टि धूमिल हो जाती है और वह मनोविश्लेषणशास्त्र में प्रविष्ट हो जाती है। मुक्तिबोध का मैं उसका परसोना है। ऐसा न होने

पर साधारणीकरण सिद्धान्त के आगे प्रश्न-चिह्न लग जायगा। साधारणीकरण के सामने प्रश्न-चिह्न लगने का अर्थ हुआ कविता के सामने प्रश्न-चिह्न लगाना।

मुक्तिबोध की कविता तो जनवादी कविता है लेकिन कविता की भाषा जनवादी नहीं है। यह जरूरी नहीं है कि जनवादी भाषा में लिखी गई कविता जनवादी हो ही। जनवादी कविता के लिए जनवादी भाषा की कोई अनिवार्यता नहीं है। कवि अपनी भाषा की तलाश स्वयं करता है। आरम्भ में मुक्तिबोध पर छायावादी काव्यभाषा की स्पष्ट छाप देखी जा सकती है। 'भूरी-भूरी खाक धूल' की कविताओं पर भी एक 'तार सप्तक' में संगृहीत कविताओं पर भी। पर 'चाँद का मुँह टेढ़ा है' की अधिकांश रचनाएँ इससे मुक्त हैं।

संगीतात्मकता के अभाव की पूर्ति नाटकीयता से होती है। नाटकीयता सम्प्रेषण का सशक्त माध्यम है। अवचेतन मन में चलते हुए वैचित्र्यपूर्ण नाटकों को नाटकीयता द्वारा ही प्रभावशाली ढंग से प्रस्तुत किया जा सकता है। दो दृश्यालेखों के दिक् (स्पेस) को जोड़ने का काम भी इससे लिया जाता है।

मुक्तिबोध के बिम्ब सामान्यतः भयावह होते हैं। इनसे पर्यावरण का निर्माण किया जाता है। बिम्बों को पूर्णता देने के लिए वे सार्थक विशेषणों का प्रयोग करते हैं। उदाहरणार्थ, 'कटे-उठे पठारों का, दर्रों का / धसानों का बियावान इलाका, / गुंजान रात,/ अजनबी हवाओं की तेज मार-धाड़, / बरगदों, बबूलों को तोड़-ताड़-फाड़। क्षितिज पर अड़े हुए पहाड़ों से छेड़छाड़ / नहीं कोई आड़ / इसमें विशेषणों के अतिरिक्त ध्वन्यात्मक बिम्ब भी शामिल हैं।

इनकी कविताएँ मुख्यतः प्रतीकात्मक हैं। ओरांग उटांग, रावण, ब्रह्मराक्षस, फणिधर, चम्बल की घाटी, अँधेरा आदि प्रतीक हैं—भयावह प्रतीक। कहीं-कहीं तो पूरी कविता प्रतीकों में ही कह दी जाती है। मानो प्रतीकों की लड़ी पिरो दी गई हो। प्रतीकों का चुनाव ऐसे क्षेत्रों में किया गया है जो अन्तरमन की गहराइयों को नाप लेने में पूर्ण समर्थ हैं। वृक्षों में बरगद और पीपल उनके प्रिय प्रतीक हैं। बरगद जनगण का प्रतिनिधित्व करता है तो पीपल डरावनेपन का। पशु-पक्षियों में ओरांग उटांग, औदुम्बर, घुग्घू आदि का प्रतीक के रूप में इस्तेमाल किया गया है। यों परित्यक्त सूनी बावड़ी, खण्डहर, टीला, पहाड़, धँसान आदि भी प्रतीक ही हैं, जो मुख्य प्रतीकों की भयावहता में इजाफा करते हैं। महाभारत के पात्रों से कृष्ण, वसुदेव, अर्जुन, कंस आदि को इतिहास-स्मृति के रूप में लिया गया है। टालस्टाय, तिलक, गांधी, तुलसी, कबीर भी उसकी दृष्टि से ओझल नहीं हैं। लेकिन जब वे इंगला-पिंगला को प्रतीक बनाते हैं तो कवितागत पाठकों पर हावी हो जाता है।

सब मिलाकर मुक्तिबोध की भाषा में अजीब खुरदरापन है जो अपना अनुकर्ता नहीं पैदा करता पर मसृणता की रूमानियत से बचाता भी है। इसकी बहुत कुछ जिम्मेदारी उनकी अपनी मातृभाषा मराठी पर भी है। इसलिए इसे हिन्दी और मराठी का हाईब्रिड भी कहा जा सकता है। सम्भवतः ऐसी भाषा में जन-क्रान्ति की कर्कशता को रूपायित करना सम्भव है।

हरिनारायण व्यास काव्य में सामाजिकता का सन्निवेश अनिवार्य मानते हैं। वैयक्तिकता उसे भी स्वीकार्य है किन्तु उसी सीमा तक जिस सीमा तक वह सामाजिकता को अपने में सामहित कर ले। वे व्यक्तित्व को कटाव में, अलगाव में न देखकर सामाजिकता संदर्भों में

निर्मित मानते हैं। इसलिए उनकी कविता में संघर्ष का वर्चस्व मिलता है।

भवानीप्रसाद मिश्र (१९१४) दर्शन में अद्वैतवादी, राजनीति में गाँधीवादी और टेकनीक में सहजता को स्वीकार करने वाले कवि हैं। जाहिर है वे मनोवृत्ति से स्वच्छन्दतावादी हैं। भाषा पर लोकगीतों और मुहावरों का विशेष प्रभाव है। 'सतपुड़ा के जंगल', 'गीत फरोश', 'कमल के फूल' आदि कविताएँ अपनी सहज अभिव्यक्ति और गेयता के कारण लोकप्रिय नहीं हैं।

नरेश मेहता (१९२१—) के रहन-सहन और काव्य दोनों में सुरुचिपूर्ण आभिजात्य दिखाई पड़ता है। मालवा और काशी की सांस्कृतिक छाप के कारण उनके काव्य में सांस्कृतिक राग की हल्की-गहरी अनुगूँज सुनाई पड़ती है। नरेश के प्रारंभिक गीतों पर ऋग्वैदिक ऋचाओं के बिंबों का गहरा प्रभाव है—विशेष रूप से उषस् का। ये बिंब नए संदर्भ में अद्‌भुत आकर्षण और टटकापन लेकर आए। वनपाखी सुनो, बोलने दो चीड़ को और मेरा समर्पित एकांत उनके काव्यसंग्रह हैं। 'संशय की एक रात' नाटक शैली में लिखी गयी लंबी कविता है।

नरेश की वेषभूषा और प्रारंभिक काव्य पर सुमित्रानन्दन पंत का स्पष्ट प्रभाव देखा जा सकता है। किंतु नरेश में कल्पना के विस्तार के स्थान पर संवेदना अधिक है। पंत के प्रभाव से छूट कर कवि अज्ञेय के प्रभाव में आया प्रतीत होता है मुख्यतः 'मेरा समर्पित एकांत' की कुछ रचनाओं में। इस संग्रह की महत्त्वपूर्ण लंबी कविता है—समय-देवता। इसे नरेश ने नई कविता की पहली लंबी कविता कहा है। संभवतः मुक्तिबोध की लंबी कविताओं का रचना-काल इसके पहले का है। 'समय-देवता' में धरती के विभिन्न भागों की सांस्कृतिक राजनीतिक स्थितियों का 'सीनिरियो' प्रस्तुत किया गया है।

'संशय की एक रात' में युद्ध को लेकर राम के मन में उठने वाले गहन द्वंद्व का चित्रण है। राम का संशय अर्जुन के संशय से मिलता-जुलता है। फर्क यह है कि गीता के अर्जुन दार्शनिक आधार पर युद्ध के लिए प्रस्तुत होते हैं और 'संशय की एक रात' के राम लोकमत के निश्चय के आधार पर—'अब मैं निर्णय हूँ / सब का / अपना नहीं !' पर राम का द्वंद्व स्थूल नैतिकता को पार कर आन्तरिक का स्पर्श नहीं कर पाता। स्थूल नैतिकता की परिणति भी स्थूल बन कर रह गई है।

दूसरे सप्तक में ही शकुंतला माथुर की रचनाएँ भी संगृहीत हैं।

रघुवीर सहाय (१९२९) दूसरे सप्तक के कवि हैं। उनके दो काव्य-संग्रह प्रकाशित हो चुके हैं—'सीढ़ियों पर धूप में' और 'आत्महत्या के विरुद्ध'। पहले काव्य-संग्रह 'सीढ़ियों पर धूप' में उसने जिस सहज भाषा, नवीन वस्तु और जिजीविषा का विनियोग किया है वह उसे अन्य कवियों से अलग कर देता है। मुक्तिबोध अपनी फैंटेसी, शमशेर अपनी शैली और सहाय अपनी सामान्य भाषा और व्यंग्यात्मकता के कारण विशिष्ट पहचान बना लेते हैं। भाषाई रोमांस से इतना अलग कोई कवि नहीं हो पाया है। बाद के कवियों में भी रूमानी स्पर्श का एकांत अभाव नहीं है। रघुवीर सहाय अकेले कवि हैं जिन्हें इससे अछूता कहा जा सकता है।

आधुनिकता के नाम पर उनमें निर्वासन, अकेलापन, अलगाव, पुरानी पीढ़ी के प्रति

आक्रोश नहीं मिलेगा। उनके स्थान पर मिलेंगी—अनाहत जिजीविषा, मध्यवर्गीय जीवन का दबाव और लोकतांत्रिक जीवन की विडम्बनाएँ। इसका आभास प्रथम संग्रह में ही मिलने लगता है—

दुखी मन में उतर आती है पिता की छवि
अभी तक जिन्हें कष्टों से नहीं निष्कृति
उन्हीं अपने पिता की मैं अनुकृति हूँ
यही मैं हूँ।

X X X

तुमने जो दी है अनाहत जिजीविषा
उसे क्या करें ?
कहो, अपने पुत्रों मेरे छोटे भाइयों के लिए यही कहो।

ये दोनों रचनाएँ 'सीढ़ियों पर धूप' की प्रारम्भिक दो कविताओं के अंश हैं। यह सपाट बयानी नहीं है। सपाट बयानी और कविता का चिरंतन विरोध है। बोलचाल की भाषा को और भी साफ-सुथरा बनाकर उसे व्यंग्यपूर्ण बना दिया गया है। पहली कविता में 'उन्हीं' और 'यही मैं हूँ' द्वारा समूची कविता को आज की यथार्थता दे दी गई है। यहाँ पिता को कोसा नहीं गया है वरन् उस मैनरिज्म से हट कर उसके द्वारा प्राप्त जिजीविषा को वह अपने छोटे भाइयों तक विस्तारित करना चाहता है।

किसी भी कविता को उठा लीजिए। उसकी सादगी के पीछे आधुनिकता की नियति को पार कर जाने की यथार्थ जिजीविषा है—

बन्धु हम दोनों थके हैं
और थकते ही रहें तो साथ चलते भी रहेंगे
वह नहीं है साथ जिसमें तुम थको तो हम तुम्हें लादे फिरें
औ' हम थकें तो दम तुम्हारा फूल जाये हाय।

x x x

यदि आप प्यार कर सकते हैं तो आप बाकी सब कुछ कर
सकते हैं।
यदि आप नहीं कर सकते है तो आप खुश रहिए, आप खुशी
से मर सकते हैं।

हमने यह देखा, दुनिया, पढ़िए गीता, नारी आदि में रुँधे हुए रचनात्मक व्यंग्य हैं। किन्तु इन रचनाओं में उसे अभी तक कोई निश्चित दृष्टि नहीं मिल सकी है।

'आत्महत्या के विरुद्ध' में वह प्रतिपक्ष का कवि हो जाता है। प्रतिपक्ष में न शामिल होकर वह आत्महत्या के पक्ष में चला जाता है। प्रतिपक्ष में सम्मिलित होने का कारण है। वह लिखता है—''पहले हम उस दुनिया को देखें जिसमें हमें पहले से ज्यादा रहना पड़ रहा है लेकिन जिससे हम न लगाव साध पा रहे हैं न अलगाव। लोकतन्त्र—मोटे, बहुत मोटे तौर पर लोकतन्त्र ने हमें इन्सान की शानदार जिन्दगी और कुत्ते की मौत के बीच चाँप लिया है।

इस स्थिति में सबसे आसान यह पड़ता है कि व्यक्ति-स्वातन्त्र्य की अभी तक बची सुविधा का फायदा उठाकर मैं अपने लिए बचे रहने की निजी, बिलकुल अहस्तान्तरणीय रियायत ले लूँ। उसमें कुछ मुश्किल यह है कि मैं यह रियायत अस्वीकार करूँ और उसके आसरे जिन्दा रहूँ जो इन्सान के लिए दूसरे हथियारों से लड़ते हैं—साहित्येतर हथियारों से। सबसे मुश्किल और एक ही सही रास्ता है कि मैं सब सेनाओं से लड़ूँ—किसी एक में ढाल सहित, किसी में निष्कवच होकर—मगर अपने को अन्त में मरने सिर्फ अपने मोर्चे पर दूँ—अपने भाषा के, शिल्प के और उस दो-तरफा जिम्मेदारी के मोर्चों पर जिसे साहित्य कहते हैं।'' इस उद्धरण से स्पष्ट है कि उसका पक्ष वर्तमान लोकतन्त्र का प्रतिपक्ष है और वह अपने ही मोर्चे पर यानी साहित्य के मोर्चे पर मरना चाहता है—जिसकी जिम्मेदार दोहरी है। अर्थात् वह साहित्य के अपने निजी मोर्चे को भी संभालता है और उसके माध्यम से लड़ाई के मोर्च को भी। किन्तु दो मोर्चों पर एक साथ लड़ना किंचित् कठिन है।

लोकतन्त्र के भ्रष्टाचार से सभी लोक परिचित हैं। उसके प्रतिनिधि हैं मन्त्री मुसद्दी लाल। सम्पूर्ण संग्रह में मुसद्दी लाल छाये हुए हैं और उनकी छाया में लोक-तन्त्र का ठीक ढंग से उग पाना सम्भव नहीं है। मुसद्दी लाल ने नेहरू युग के औजारों में पेंचभरी चूड़ियों का इजाफा किया है। कोई इसलिए बीमार होता है कि उसने मुसद्दी को खुश नहीं किया—

दर्द, खैराती अस्पताल में डाक्टर ने कहा वह मेरा काम नहीं
वह मुसद्दी का है
वही भेजता है मुझे लिख कर इसे अच्छा करो
जो तुम बीमार हो तो उसे खुश करो
कुछ करो

'आत्महत्या के विरुद्ध' तभी हुआ जा सकता है जब कुछ किया जाय। 'भीड़ में मैकू और मैं', अधिनायक, फिल्म के बाद चीख, एक अधेड़ भारतीय आत्मा इस तरह की ही कविताएँ हैं।

नेता, मन्त्री, लोकतन्त्र, राष्ट्रगीत, मतदाता आदि के चतुर्दिक लिखी हुई कविताओं के लिए आवश्यक था कि वे व्यंग्यात्मक होतीं। व्यंग्य प्रायः आक्रामक होता है। सहाय ने इसके लिए मुसद्दी वर्ग के लोगों की आदतों, मुद्राओं, कर्मकाण्ड (रिचुअलस) को अपने आक्रमण का लक्ष्य बनाया है। इसके लिए कथातत्त्व (फेबुल), सफेद झूठे आदर्श, चबाये हुए भाषण आदि उपकरणों को अपनाया गया है। किन्तु ये व्यंग्य इतने सतह पर हैं कि इनके द्वारा जटिल अनुभवों को अभिव्यक्त नहीं किया जा सका है। 'हँसो हँसो जल्दी हँसो' आपत काल (इमरजेंसी) के हादसे से संबद्ध कविताओं का संकलन है। 'लोग भूल गए हैं' में नवधनाढ्यों द्वारा विकसित अपसंस्कृति तथा सरकार द्वारा अपने हित में पोसित नीति की समीक्षा है। उसका नवीनतम संग्रह है 'कुछ पते कुछ चिट्ठियाँ।' इस संग्रह में उसने अपने को तोड़ कर नई बस्ती बनाई है जो अपने रचाव वैलक्षण्य लिए हुए है। बस्ती की डिजाइन और उसमें रहने वाले लोगों के पदार्थीकृत (डी-ह्यूमनाइज्म) चेहरे एक हैं। इसकी रचनात्मकता में पहले की अपेक्षा 'इल्यूजन' अधिक हैं। उसने स्वयं कहा है—'कहीं कहीं नहीं है भ्रांति, वही

है सबसे कम काव्य /।' कहना न होगा कि इसमें काव्यात्मकता अधिक अर्थ पूर्ण और जटिल है। सब मिलाकर रघुवीर सहाय एक पोलिटिकल कवि ठहरते हैं, गहन मानवीय मूल्यों में उनकी रुचि नहीं है।

धर्मवीर भारती (१९२६) मुख्यतः प्रणयाभूति के कवि हैं। 'दूसरा सप्तक' में संगृहीत कवियों में भारती तथा रघुवीर सहाय सर्वाधिक प्रतिभासम्पन्न कवि हैं। भारती व्यक्तिवादी होने के कारण नवरोमान की प्रवृत्ति से ग्रस्त हैं। जहाँ इससे वे उबर सके हैं वहाँ उसके काव्य में सामाजिकता और काव्यात्मकता निखर उठी है।

भारती ने लिखा है—'प्रथम बार समस्त जीवन का व्यक्ति या समाज, इस प्रकार के तंग विभाजनों के आधार पर न माप कर मूल्यों की सापेक्ष स्थिति में व्यक्ति और समाज दोनो को मापने का प्रयास कर रहा है।..... नई कविता की जो प्रमुख भावभूमि है, उसमें मुख्य प्रश्न है, सर्वांगीण मानवीय विघटन का मुकाबला करने का।...... नई कविता 'मनुष्य की आन्तरिकता' को फिर से प्रतिष्ठित करना चाहती है, उसके असामंजस्य को दूर करना चाहती है।'

स्वातन्त्र्योत्तर भारत केवल गाँधी-नेहरू के व्यक्तित्वों और विचारधारा से प्रभावित नहीं हो रहा था बल्कि नरेन्द्रदेव, राममनोहर लोहिया और पी० सी० जोशी की विचारधारा से भी प्रभावित हो रहा था—मुख्यतः लोहिया की विचारधारा से। लोहिया मार्क्स की इतिहास की व्याख्या को इस रूप में मानने को तैयार नहीं थे कि उसमें व्यक्ति की अपनी कोई हैसियत नहीं है। साहित्य और दर्शन में ज्याँ पाल सार्त्र ने जिस तरह मार्क्सवाद और अस्तित्ववाद को एकसूत्र में बाँधने का प्रयास किया है और उसी प्रकार लोहिया ने राजनीति में भी समाजवाद के भीतर व्यक्तिस्वातन्त्र्य को स्वीकार किया। कहना न होगा कि पाँचवें-छठे दशक के लेखकों पर इसका गहरा प्रभाव पड़ा। रघुवीर सहाय में समाजवाद का स्वर मुख्य है तो भारती में व्यक्ति-स्वातन्त्र्य का। कालान्तर में व्यक्ति-स्वातन्त्र्य पर जोर देने वाले कवियों की सामाजिक मनोवृत्ति क्रमशः क्षीण होती गई— यहाँ तक कि वह प्रतिक्रियावाद की सीमा छूने लगी।

भारती के काव्य में प्रेम-रोमान्स का प्राधान्य है, अन्धा युग को छोड़कर। प्रारम्भिक काव्य-संग्रह 'ठंडा लोहा' (१९५२) में जो कैशोर अल्हड़ता दिखाई पड़ती है वह बच्चन, नरेन्द्र शर्मा से प्रभावित है, फिर भी अलग—

अगर मैंने किसी के होंठ के पाटल कभी चूमे
अगर मैंने किसी ने नैन के बादल कभी चूमे
अगर मैंने किसी की मद भरी अंगड़ाइयाँ चूमीं
अगर मैंने किसी की साँस की पुरवाइयाँ चूमीं
महज इससे किसी का प्यार मुझ पर पाप कैसे हो?
महज इससे किसी का स्वर्ग मुझ पर शाप कैसे हो?

भारती के प्रथम उपन्यास 'गुनाहों का देवता' में भी यही कैशोर भावुकता दिखाई पड़ती है। 'इन फिरोजी ओठों पर/ बरबाद मेरी जिन्दगी।' इसी संग्रह में है।

सात गीत वर्ष(१९५१-५८) में वह प्यार की अपर्याप्तता के बाहर भी जाता है—'प्रभु/

इस रस को / इस नए रस को क्या कहते हैं?/ जिसमें शृंगार की आसक्ति नहीं/ जिसमें निर्वेद की विरक्ति नहीं / जिसमें बाँहों के / फूलों जैसे बन्धन के/ आकुल परिरम्भन की गाढ़ी तन्मयता के क्षण में भी / ध्यान कहीं और चला जाता है।' इसमें व्यक्ति की ऐसी जिज्ञासा उभरती है जो स्वच्छन्दतावादी जिज्ञासा से भिन्न है। इसमें व्यक्ति की अपनी सार्थकता या होने की सार्थकता के बिन्दु दिखाई पड़ते हैं। आस्था, दायित्व और आन्तरिकता को खोज यहीं से शुरू होती है।

इस संग्रह में प्रमथ्यु गाथा एक लम्बी कविता है। प्रमथ्यु एक यूनानी पौराणिक पुरुष है। वह स्वर्ग स्थित द्युपितर के महलों से मनुष्य के लाभार्थ अग्नि चुरा लाया था। द्युपितर ने प्रमथ्यु को दंड देने के लिए एक शिलाखण्ड में बँधवा दिया था और उसके हृदय-मांसपिण्ड को नोंच-नोंच कर खाने के लिए एक बूढ़े गिद्ध को तैनात कर दिया था। इसमें प्रमथ्यु, द्युपितर, जनसाधारण, अग्नि आदि अपना-अपना वक्तव्य देते हैं।

इसमें परम्पराबोध के विरुद्ध आधुनिकताबोध को उजागर किया गया है। गिद्ध पूर्ववर्ती परम्परा का सूचक है। उससे राह ढूँढ़ने में एक ओर सहायता मिलती है तो दूसरी ओर वह व्यक्ति को नोंचता और खण्डित करता है। किन्तु प्रमथ्यु को विश्वास है कि उसकी पीड़ा प्रत्येक व्यक्ति में छिपे प्रमथ्यु को जगायेगी। यह पीड़ा अज्ञेय के पीड़ावाद या दर्दवाद से मेल में है जो आज की रचनाओं में भी रह-रह अपनी प्रेत-छाया को छोड़ देता है।

जैसा कहा गया है वह इतिहास-चक्र से अपनी रक्षा के लिए सतर्क है—'कूड़े-सा हमको तज कर तट के पास / मन्थर गति से बढ़ जायेगा इतिहास/ सामूहिकता भी केवल/ साबित होगी जिस दिन छल / अपनी वैयक्तिकता हार / क्या पायेंगे / प्रभु / हम क्या पायेंगे/?' जाहिर है कि वह सामूहिकता के मुकाबले वैयक्तिकता को चरम मूल्य के रूप में स्वीकार करता है।

'टूटा पहिया' में वह उपर्युक्त तथ्य की पुष्टि करता है—

मैं रथ का टूटा हुआ पहिया हूँ
लेकिन मुझे फेंको मत
इतिहासों की सामूहिक गति
सहसा झूठी पड़ जाने पर
क्या जाने
सच्चाई टूटे हुए पहियों का आश्रय ले।

तीसरा सप्तक १६५६ में प्रकाशित हुआ। बुनियादी तौर पर दूसरे सप्तक से इसे अलग नहीं किया जा सकता। व्यक्तिगतता का आग्रह, अन्वेषण, स्वतन्त्रता आदि पर प्रायः प्रत्येक कवि ने जोर दिया है। आधुनिकता की जो शुरुआत दूसरे सप्तक में हुई थी वह इसमें भी मिलेगी। सातवें दशक की कविताओं में जो अनास्था दिखाई पड़ती है उसके स्रोत दूसरे और तीसरे सप्तक में मिल जायेंगे। पर भाषा के सुथरेपन की दृष्टि से यह संग्रह निश्चित रूप से पिछले सप्तकों से आगे है। प्रयाग नारायण त्रिपाठी, कीर्ति चौधरी, मदन वात्स्यायन, केदारनाथ सिंह, कुँवरनारायण, विजय देव नारायण साही और सर्वेश्वर दयाल सक्सेना इस

सप्तक के कवि हैं।

इस सप्तक में संगृहीत कवियों में **केदारनाथ सिंह** (१९३४) को उनकी रूप-रस-वर्ण-स्पर्श-गंधी बिम्ब-योजना के लिए विशिष्ट माना गया है। बिम्ब-योजना पर ही सारा ध्यान केन्द्रित करने के कारण उसकी वस्तुमत्ता की ओर लोगों की दृष्टि प्रायः नहीं जा सकी है। वस्तुतः केदार 'अभी-अभी' की सचेतता (अवेयरनेस) की वजह से ही विशिष्ट बन पाते हैं। वर्तमान की तात्कालिकता (प्रेजेन्ट इंस्टैंट) के प्रति रचनात्मक स्तर पर शायद ही कोई दूसरा कवि इतना जागरूक हो। 'अभी-अभी' में अस्तित्व-अनस्तित्व दोनों समान रूप से अपने तनावों में समाहित हैं—'हर घड़ी, हर वक्त खटका लगा रहता है। 'खटका' की निरन्तरता उसकी कविता है। रचनाबद्ध होकर यह जितना कवि का है उतना ही दूसरों का भी हो जाता है। यही उसकी सार्थकता है।

'नए वर्ष' को कवि ने इसी 'अभी-अभी' के दृष्टिकोण से देखा है। वह न तो इसमें सुनहरा भवितव्य देखता है और न अँधेरा। इस पिटे हुए रास्ते को छोड़ कर वह इसमें खटके का नैरन्तर्य अनुभव करता है—'बन्द कमरे / या कि दरवाजे भरी दीवार /.....अनछुए तट / या कि रस्तों के नए भटकाव / धूपगंधी पंख चिड़ियों के / कि टूटे आँधियों के पाँव/—निहाई पर चोट घन की / या कि छेनी से निकलते—/ फूल, आँसू, ऋचाएँ, मन के रुँधे, सब बोल / गिरे पालों की उदासी / या जल के आईनों में काँपता भूडोल'। इन अनछुए, टटके बिम्बों का सौन्दर्य उनकी अर्थवान् प्रतीकात्मकता में है। दो विरोधी बिम्ब प्रतीक अपनी टकराहट से जो अर्थ-सृष्टि करते हैं वे तात्कालिकता भी हैं और तात्कालिकता के पार भी हैं। यह तात्कालिकता युगीन संशय ही है। कभी-कभी वह इसे व्यक्त करने के लिए महज कुछ सवाल खड़ा कर अलग हो जाता है—'रात—कहीं कोई मीनार टूटने की आवाज—/ इधर आई थी / क्या यह सच है / सुबह—एक मन्दिर के पास / किसी अजनबी फरिश्ते के पंख पड़े दीखे थे। / क्या यह सच है।' आज के माहौल में यह प्रश्न 'क्या यह सच है' भयानक जन्तु की तरह घूरता रहता है। घटिया-बढ़िया समाधानों की चिन्ता न करता हुआ कवि रागबोध के रचनात्मक स्तर पर रूमानियत पर गहरी चोट करता है।

वह अर्थ-परिवर्तन की एक अबूझ प्रक्रिया से जूझ रहा है—ऐसी प्रक्रिया से जो अनाघ्रात अर्थों की तलाश में है। अनाघ्रात अर्थों का अन्वेषण अलीकवादी कविकर्म है। उसमें न लिजलिजी रूमानियत है और न कथित प्रगतिवादी कवियों का शोर-सरापा। वह दिशाओं को संवेदना से पहचानता है—'पर अँधेरे कलेण्डर पर / काँपता-सा हाथ रखकर / बता सकता हूँ सहज / वह एक निश्चित / दूरगंधी / तिथि / पहर / आलोक क्षण / मेरे पड़ोसी बकुल में / जब फूल आते /। 'दिग्विजय का अश्व' की चुनौती और अंधड़ का साथ भी वह संवेदना से ही देता है।

केदार का दूसरा काव्य-संग्रह 'जमीन पक रही है'(१९८०) में प्रकाशित हुआ पहले संग्रह 'अभी बिल्कुल अभी' (१९६०) के ठीक बीस वर्ष बाद। इस संग्रह का काव्य-भूगोल वही है पर इतिहास बदल गया है। कविताओं के शीर्षक हैं—सूर्य, जमीन, दुश्मन, रोटी, बहस, बैल, पेड़, लड़के आदि। अनाघ्रात अर्थों की तलाश यहाँ भी है, पर अर्थ-परिवर्तन

की प्रक्रिया अब अबूझ नहीं रह गई है। अर्थ-परिवर्तन के कारण छन्द की पहली लय छूट गई है। रंग का स्थान गंध ने ले लिया है। कल्पना और वास्तविकता का द्वंद्व अधिक जटिल हो गया है। किंतु जहाँ वास्तविकता की पकड़ छूट गई है वहाँ कविता में अमूर्तन का प्राधान्य हो गया है। और जहाँ पकड़ मजबूत है वहाँ वास्तविकता का नया आयाम उभर आया है।

वस्तुतः केदार के नए काव्य की कुंजी है—'माझी के पुल से कितनी दूर है / माझी के पुल? /' इसके पहले वह खुद से पूछता है—कौन बड़ा है / वह जो नदी पर खड़ा है माझी का पुल / या जो टँगा है लोगों के अन्दर?/'

उसकी कल्पना, संवेदनाजन्य कल्पना, यथार्थ से टकराती है। केवल कल्पना वायवी होती है और केवल यथार्थ संवेदनाशून्य। कल्पना और यथार्थ का संघात या तनाव उसकी कविता को जन्म देता है। इसलिए वह कहीं भी क्रांतिकारी या मसिहाई मुद्रा धारण नहीं करता। रागबोध के कवि की प्रकृति के विरुद्ध है। 'यह जानते हुए कि लिखने से कुछ नहीं होगा/ मैं लिखना चाहता हूँ/' इससे महज आग की ओर इशारा किया जा सकता है। इस इशारे के कारण 'फर्क नहीं पड़ता' यथार्थ से उसकी कल्पना टकराती है और कविता 'फर्क पड़ता है' के सम पर पहुँच जाती है। 'बिना नाम की नदी', सूर्य, रोटी, दुश्मन, बैल, टमाटर बेचने वाली बुढ़िया, आवाज, 'एक प्रेम कविता को पढ़कर', 'भीड़ के विरुद्ध एक शब्द', 'जो एक स्त्री को जानता है' आदि रचनाओं में भी वही सवाल है— 'माझी के पुल से कितनी दूर है। मांझी का पुल /?

'बिना नाम की नदी' में नदी यथार्थ है। पर कल्पना की टकराहट से जो बिंब उभरते हैं वे नदी का अर्थ बदल देते हैं। वस्तु के अनुरूप स्थान को 'लोकेट' करते हुए वह कहता है—'और नदी जहाँ सबसे ज्यादा चुप और अकेली होती है/ उसी के आजू-बाजू फूँक आते है/? भैंसों के आगमन से नदी का गहरे में हिलना, झुम्मन मियाँ का बंशी लगाना आदि 'आब्जक्टिव कोरिलेटिव' हैं जो नदी को नया नाम देते हैं। 'एक प्रेम कविता को पढ़कर' के 'आब्जक्टिव कोरिलेटिव' प्रेम कविता के ध्वंस पर नया निर्माण करते हैं। कविता के भीतर और बाहर की स्त्री के द्वन्द्वात्मक रिश्ते एक दूसरे को रूपायित भी करते हैं और मुक्त भी।

केदार के दो और काव्य-संग्रह हैं—'यहाँ से देखो' और 'अकाल में सारस'। 'यहाँ से देखो' पिछले काव्य-संग्रह की बुनावट, भाषा और लय में भिन्न है। कविताओं की संरचना में वैसी जटिलता नहीं है। अर्थ-गौरव की दृष्टि से भी 'जमीन पक रही है' के समकक्ष नहीं है। फिर भी इसकी कुछ कविताएँ—टूटा हुआ ट्रक, पानी में घिरे हुए लोग, बनारस, जानवर, सन् '४७ को याद करते हुए आदि—अपनी संवेदना में अत्यन्त प्रभावशाली बन पड़ी हैं। 'अकाल में सारस' उसके काव्य विकास का ऐसा बिन्दु है जहाँ 'जमीन पक रही है' और 'यहाँ से देखो' की संरचनाएँ घुलमिल कर कविता की नई छबियाँ उकेरती हैं। इस संग्रह की कविताओं का मूल्य स्वर है जीवन को बचा लेना, वह चाहे जहाँ कहीं मिले। अकाल में दूब को देखकर पिता कहता है —'है—अभी बहुत कुछ है / अगर बची ही है दूब /।' 'अड़ियल साँस में' वह कहता है —'जो बचा रह गया नष्ट होने से / जो बचा रह जाता है/ लोग उसी को कहते हैं जीवन। यह संग्रह उसकी काव्य-यात्रा का सहज विकास है।

छायावादोत्तर कवियों में केदारनाथ सिंह सबसे अधिक सचेत कवि हैं—वाक् और अर्थ दोनों के प्रति दूसरे शब्दों में संरचना और जीवन के प्रति। जीवन का इतना वैविध्य, प्रतिपत्ति मूलक (जेनेरिक) भाषा का किंचित् जटिल किन्तु सरस और लयात्मक प्रयोग अन्यत्र कम मिलेगा।

कुँवर नारायण (१६२७—) का पहला काव्य-संग्रह--'चक्रव्यूह' आधुनिकता की मनोदशा का सूचक है—'मैं नवागत वह अजित अभिमन्यु हूँ/ प्रारब्ध जिसका गर्भ ही से हो चुका निश्चित / अपरिचित जिन्दगी के ब्यूह में फेंका हुआ उन्माद / बाँधी पंक्तियों को तोड़ / क्रमशः लक्ष्य तक बढ़ता हुआ जयनाद।' यह आज की सामाजिकता से घिरे व्यक्ति की एक दी हुई निश्चित स्थिति है। पर व्यक्ति लक्ष्य तक बढ़ेगा ही, किंतु इसे कुछ निग्रह (रिजरवेशन) के साथ ही स्वीकारा जा सकता है। इन पंक्तियों में अनजाने ही जो अन्तर्विरोध आ गया है वह कुँवर नारायण का ही नहीं है अनेक अन्य कवियों और युग का भी है।

प्रश्न है कि जिसका प्रारब्ध गर्भ में ही निश्चित हो चुका है वह अजित कैसे है? अगर उसकी अजेयता गर्भ में ही निश्चित है जो फिर वह अभिमन्यु कैसे हो सकता है? अभिमन्यु तो लक्ष्य तक पहुँचने के पूर्व मारा जाता है। एक ओर प्रारब्धवादी होना और दूसरी ओर न होना एक साथ सम्भव नहीं है। इस अन्तर्विरोध के कारण कवि का 'मैं' कहीं कहता है कि 'पर मैं प्रकाश का वह अन्तः केन्द्र हूँ / जिससे गिरने वाली वस्तुओं को छायाएँ बदल सकती हैं/' तो इसके विरुद्ध कहता है। विरुद्धों का यह सामंजस्य 'आत्मजयी' और 'परिवेश : हम-तुम' में मिलता है।

'आत्मजयी' एक चर्चित काव्य है। इसमें कठोपनिषद् की 'यम-नचिकेता' की कहानी आधार रूप में ग्रहण की गई है। नचिकेता का परिवेश भी अभिमन्यु के चक्रव्यूह से कम जटिल नहीं है। नचिकेता अपने ढंग से ब्यूह को तोड़कर लक्ष्य तक पहुँच जाता है। पर उसका लक्ष्य क्या है? परिस्थितियाँ क्या हैं? लक्ष्य पर पहुँचने की प्रक्रिया क्या है? और अन्त में उसकी प्रासंगिकता क्या है?

वस्तुतः नचिकेता निजी सुख-सुविधा से आगे किसी ऐसे मूल्य या बोध की तलाश में है कि 'मर्त्य होते हुए भी मनुष्य किसी अमर अर्थ में जी सकता है।' यह प्रश्न पुराने अर्थ में आध्यात्मिक या रहस्यात्मक न होकर अस्तित्वपरक (एक्जेंशिएल) है। इस नचिकेता का अमरत्व सर्जनात्मक संभावनाओं के प्रति आस्था की उपलब्धि में निहित है। किन्तु सर्जनात्मकता का अर्थ इतना अनिर्णीत है कि उसके सम्बन्ध में निश्चयात्मक रूप से कुछ कहा नहीं जा सकता।

वाजश्रवा भौतिक जीवन का विश्वासी है जो आज का युग है और नचिकेता आत्मा के सत्य तक, सार्थकता तक पहुँचना चाहता है। वह मृत्यु-बोध से आत्म-बोध या जीवन बोध पाता है। संपूर्ण जीवन को देकर ही सम्पूर्ण जीवन को पाया जा सकता है।

किसी भी सोचने-विचारने वाले व्यक्ति के मन में जिन्दगी की सार्थकता का सवाल बराबर उठता रहता है। वाजश्रवा के क्रोध के बाद नचिकेता के सवाल विषादात्मक बन जाते हैं—वे जिन से पाया / नगण्य सुख-साधन कुछ...../ दान मिला / दान से अधिक एहसान

मिला / वे जिनको प्यार दिया, जीवन को खाली कर, / उन्होंने दया की, मुझ पर उपकार किया / वे सब समृद्ध रहे अपने में / लेकिन मैं रीत गया आत्मा को व्यय करके, / बदले में केवल एक कुंठा संचय करके।/ प्रलोभनों में 'काम' को उपलक्षण के रूप में लिया गया है। वह जिज्ञासु हो उठता है—धरा, धाम, सखा, बन्धु / पिता, नाम, वर्तमान / मुझमें हैं—मुझसे हैं—मेरे हैं— / अनजाने, पहचाने, माने, बेमाने..../ सब मेरे हैं—मैं सबका हूँ— / लेकिन मैं क्या हूँ?/ मैं क्या हूँ?/ मैं क्या हूँ/ वह आत्महत्या का प्रयास करता है किन्तु बच जाता है। फिर अचेतावस्था में उसे अतीत और भविष्य-बोध होता है। इसके बाद जिज्ञासा, श्रेष्ठ का वरण, सृजक दृष्टि आदि शीर्षकों के अन्तर्गत नचिकेता की अन्तर्यात्राओं का उल्लेख किया गया है। अन्ततः वह मुक्तिबोध के सोपान तक पहुँच जाता है।

'आत्मा की ओर लौटो' की औपनिषदिक विचारधारा इस देश की अपनी विचारधारा बन गई है। हिन्दी साहित्य के संत सवियों कबीर, दादू आदि में इसे स्पष्टतः देखा जा सकता है। निराला की रचनाओं में भी इसकी प्रतिध्वनि मिलती है। दिनकर की उर्वशी की समस्या को कामाध्यात्म की समस्या कहा जाता है। उर्वशी के पुरूरवा की समस्या मानसिक ज्यादा है। उसे काम के अतिरेक का परिणाम भी कहा जा सकता है। वह कामाभाव में संन्यास लेता है। किन्तु 'आत्मजयी' की समस्या जीवन के एक बुनियादी सवाल को—सार्थकता के सवाल को—उठाती है। उर्वशी का कामाध्यात्मक रोमैंटिक हो गया है। रोमैंटिक कामाध्यात्मक का अन्त पलायन (संन्यास) में होता है। 'आत्मजयी' का आध्यात्म्य शांकर अद्वैतवाद में होता है—

स्वयं अदृष्ट
इसी माया वस्तु को
बार-बार धारण करूँ—इसी भोग सामग्री को ग्रहण करूँ—
इससे छूटा रह कर।
अपनी अपूर्व रचना में
एक कलाकार ईश्वर की तरह अनुपस्थित
अथाह समय से जियूँ—
    केवल आत्मा
    अमरत्व
    और आश्चर्य

यह परिणति नई नहीं हो पाती। संसार को मायावस्तु के रूप में लेना प्रकारान्तर से निवृत मार्ग का ही समर्थन है। इसमें सन्देह नहीं कि कुँवर नारायण इसके माध्यम में जीवन की जटिलतर समस्याओं और रचनात्मक बोध के विविध आयामों को उठाते हैं। पर इसकी शांकर अद्वैतवादी परिणति इसे निवृत्तवादी बना देती है। और काव्य मुक्तिबोध की सीमा में सिमटकर व्यक्ति का निषेधात्मक आत्मबोध बनकर रह जाता है। शमशेर के नए काव्य-संग्रह 'इतने पास अपने' की तरह कुँवर नारायण का नया काव्य-संग्रह 'अपने सामने' कुछ नया नहीं जोड़ पाता।

सर्वेश्वर दयाल सक्सेना (१९२७) तीसरे सप्तक के कवि हैं। पर ये केदारनाथ सिंह और कुँवर नारायण की भाँति एकतान चेतना की व्याप्ति और गहराई में पैठने वाले कवि नहीं हैं। इनकी शिल्प-साधना भी उतनी सटीक और परिपक्व नहीं है। किन्तु इनकी कविता में समकालीनता के विविध आयाम उभरते हैं जो इन्हें अपने समकालीनों से अलग कर देते हैं। अब तक चार काव्य-संग्रह काठ की घंटियाँ, बाँस का पुल, एक सूनी नाव और गर्म हवाएँ—प्रकाशित हो चुके हैं।

वे सूखा, चीथड़ों की धरती, लोहिया के न रहने पर, सरकंडे की गाड़ी, नए वर्ष पर जैसे समसामयिक विषयों पर कविता लिखना अधिक पसन्द करते हैं। पर समसामयिकता प्रायः रचनात्मक स्तर नहीं ग्रहण कर पाती। वह पत्रकारिता के आसपास मँडराती रह जाती है। 'लोहिया के न रहने पर' कविता में वे लिखते हैं—

लो और तेज हो गया उनका रोजगार
जो कहते आ रहे हैं
पैसे लेकर उतार देंगे पार
तुम्हारी घन भौंहों के बीच की
वह गहरी लकीर
अभी भी गड़ी है वहाँ बल्ली सी
जहाँ अथाह है जल
और तेज है धार।

कहना न होगा कि 'बल्ली' का रूपक न तो कविता को अन्विति दे पाता है और न लोहिया का वर्चस्व उभार पाता है।

व्यंग्योक्तियों और प्रेम कविताओं में अपनी भावनात्मकता तथा सपाट रोमानियत के कारण वे गहन जीवन-बोध से नहीं जुड़ पाते। **प्रयाग नारायण त्रिपाठी, मदन वात्स्यायन, कीर्ति चौधरी** और **विजय देव नारायण साही** तीसरे सप्तक के कवि हैं। 'मछलीघर' साही का काव्य-संग्रह है। वे राजनीति में समाजवादी और काव्य में व्यक्ति-स्वातन्त्र्य के आग्रही हैं। वे काव्य में कविता की निर्मिति चाहते हैं, व्यक्तित्व की नहीं। गोया कविता और कवि का व्यक्तित्व दोनों सर्वथा अलग-अलग वस्तुएँ हैं। यही कारण है कि कवि के वक्तव्य और कविता में भी एक अन्तराल दिखाई पड़ता है। उसका कहना है कि 'मैं सत्य के मुख पर ढँके हुए हिरण्यमय पात्र को उखाड़ दिया है'। यह सत्य सनातन सत्य के निकट है, जिसे छूता हुआ इतिहास निकल जाता है। उसकी फैंटेसी मुक्ति-बोध का 'संत्रास' न व्यक्त कर अज्ञेय के रहस्य को व्यक्त करती है। रहस्यमयता उसकी नियति है क्योंकि 'तुम्हारी प्रत्यंचा का कोई उपयोग नहीं / क्योंकि तुम्हारे पास दूसरा तीर नहीं है।'

सप्तकेतर कवि

सप्तकेतर कवियों में सबसे महत्त्वपूर्ण नाम है श्रीकान्त वर्मा। श्रीकान्त वर्मा का महत्त्व उत्तर-आधुनिकतावादी प्रवृत्तियों को रेखांकित करने में है। जो लोग अवधारणात्मक

फार्मूले में उसकी कविताओं को बाँधने की कोशिश करेंगे वे देखेंगे कि कविता फार्मूला नहीं होती—फार्मूला चाहे मार्क्सवाद का हो या अस्तित्ववाद का। किसी कविता में उनका सार (इसेंस) हो सकता है, फार्मूला नहीं। उत्तर-आधुनिकतावाद आज का यथार्थ है जो सबसे पहले कविता में रूपायित होता है, विशेष रूप से हिन्दी के सातवें दशक से नौवें दशक के मध्य तक। यदि इसे और भी विभाजित किया जाय तो उत्तर-आधुनिकतावाद की शुरुआत नवें दशक में ही होती है।

श्रीकान्त वर्मा के पहले दो काव्य-संग्रह 'दिनारंभ' और 'माया-दर्पण' एक ही वर्ष ('६७) में प्रकाशित हुए। दूसरा संग्रह 'जलसाघर' १९७३ में छपा। इनका महत्त्व इसीलिए है कि इनकी सीढ़ियों से होकर वह 'मगध' तक पहुँचा। इन संग्रहों में आधुनिकता की हताशा भी है और कुछ कर गुजरने की आकांक्षा भी। पर कुछ कर गुजरने की आकांक्षा मंद पड़ती जाती है।

माया दर्पण में वह कहता है—'कुछ भी होता नहीं, बस कहीं हिल जाती है' 'जलसाघर' में 'भी चाहे राहजनी डाल या क्रांति उसे केवल गुजर जाना है।' 'मगध' में कुछ नहीं होता, स्थायी भाव हो जाता है और कुछ कर गुजरने की मिथ से वह मुक्त हो जाता है।

उत्तर-छायावाद का सही और सटीक मुहावरा केदारनाथ सिंह की कविता 'फर्क नहीं पड़ता' में मिलेगा। यह युग का मुहावरा है। इसका एहसास करते हुए भी केदार उसके विरुद्ध खड़े होने का प्रयास करते हैं। श्रीकान्त वर्मा 'मगध' में फावड़ा को फावड़ा कहने के पक्षधर हैं। 'मगध' एक ओर युगीन व्यवस्था की चीड़-फाड़ करता है तो दूसरी ओर अतिशय दिशाहीनता का करुण मर्मस्पर्शी एहसास।

वह इतिहास के एक विशिष्ट काल-खंड, ऐतिहासिक स्थलों और व्यक्तिवाचक नामों को चुनकर उन्हें उछाल देता है फिर उन्हें मिथ में परिवर्तित कर अपने युग के साथ तथा कुछ प्रश्नों के साथ जोड़ देता है। प्रश्न नहीं तो साहित्य भी क्या है। मगध, कोसांबी, कपिलवस्तु, उज्ञयनी, काशी, मथुरा, वैशाली, कोसल, श्रावस्ती, चम्पा। बसंतसेना, अंबपाली, रोहिताश्व, शकटार। इनके बीच गुजरता हुआ वह बार-बार प्रश्न पूछता है—

'पूछो तो, किसका है यह शव?/ रोहिताश्व का? / ....तो वह / रोहिताश्व नहीं हो सकता / और अगर हो भी तो / क्या फर्क पड़ेगा?/' 'कभी भी लड़ा गया हो महाभारत, क्या फर्क पड़ता है?' 'क्या कुछ फर्क पड़ेगा / अगर मैं कहूँ / मैं मगध का नहीं / अवन्ती का हूँ?' फर्क न पड़ने के मुहावरे में युगीन दबाव है। वस्तुतः यह एक प्रश्न है 'क्या फर्क पड़ेगा / यह कहकर / उसने / टालना चाहा सवाल को।' लेखक ने इसे उछाल भर दिया है।

'मगध' में प्रश्न ही प्रश्न हैं। मुख्य प्रश्न है कि तुम, कहाँ जा रहे हो? कोई कहता है कि मैं समय के साथ चल रहा हूँ। किन्तु इसका कोई अर्थ नहीं है। 'सवाल यह है कि समय तुम्हें बदल रहा है / या तुम / समय को बदल रहे हो?' घर आ पहुँचने का अर्थ भी व्यर्थ है—'सवाल यह है / इसके बाद कहाँ जाओगे?' 'कहाँ जाओगे' का कोई एक उत्तर

नहीं है। कोई कोसल जाना चाहता कोई श्रावस्ती, कोई काशी कोई तक्षशिला। बताया हुआ रास्ता कहीं नहीं पहुँचाता—'प्रायः यही होता है / बताये गए / रास्ते / वहाँ नहीं जाते / जहाँ/ हम पहुँचना चाहते हैं।' जब सभी लोग कन्नौज जा रहे हों तो यह प्रश्न महत्वपूर्ण हो जाता है—'कौन है जो, कन्नौज नहीं जा रहा है?' गडुलिका प्रवाह से मुक्त व्यक्ति महत्त्वपूर्ण है।

जब वह कहता है कि 'कोसल अधिक दिन नहीं टिक सकता,/ कोसल में विचारों की कमी है।/' तो बद्ध विचारों वाले अपनी पद्धति की ओर संकेत न पाकर आहत होते हैं। लेकिन वह अनेकान्तवादी (प्लूरलिस्ट) विचारों का समर्थक है। जाने-आने के रास्ते और उतरने-चढ़ने की सीढ़ियाँ काफ्का 'कासिल' हैं। अनिश्चित और निर्देश-हीन। यह स्थिति विगत के राजा-प्रजा हो या न हो वर्तमान की है। इस तरह की स्थिति में व्यक्ति के होने का सवाल कहीं-कहीं जुगुनू की तरह टिमक जाता है। उत्तर-आधुनिकतावाद के मूलभूत सवालों को इसमें काव्यात्मक स्तर पर उठाया गया है। तुकों का अनावश्यक आग्रह इस संग्रह में प्रायः नहीं है। वह संवाद द्वारा विसंवाद और विसंगति द्वारा मानवीय अस्तित्व की संगति प्रस्तुत करता है।

अन्य कवियों में दुष्यन्तकुमार उल्लेख्य हैं। वे अपना प्रथम संग्रह 'सूर्य का स्वागत' लेकर काव्य-क्षेत्र में आये। 'एक कंठ विषपायी' काव्य-नाटक है। इसमें शिव को निर्वैयक्तिकता से वैयक्तिकता और वैयक्तिकता से निर्वैयक्तिता की ओर लौटाया गया है। उसकी गजलें भी लोकप्रिय हुईं। जगदीश गुप्त के मध्यकालीन रुझानों के बावजूद नएपन के प्रति कम आग्रह नहीं है।

मोहभंग की प्रक्रिया और नई दिशाएँ

'छठे दशक में नई कविता' का काव्यान्दोलन अपनी व्यक्तिगतता और आत्मस्थता के कारण अपनी मौत मर गया। सब मिलाकर उसमें आस्था का स्वर ही प्रधान था, यद्यपि अनास्था की कमी नहीं कही जा सकती। आस्था-अनास्था के द्वंद्व में व्यक्ति-स्वातन्त्र्य, उत्तरदायित्व आदि मूल्यों का अन्वेषण भी किया गया। किन्तु सामाजिक व्यवस्था ने व्यक्ति-स्वातन्त्र्य और उत्तरदायित्व के बीच की खाई कभी पटने नहीं दी। कवियों के उगाए हुए सूरज में रोशनी नहीं आई—सूर्य का स्वागत व्यर्थ चला गया। अहं के विसर्जन की जगह कवि अहं में ही विसर्जित होते गए और फिलिस्टीनी मुद्रा के कारण कविता दीक्षा गम्य हो गई। राजनीतिज्ञों के वादों की तरह कवियों की आस्थाएँ भी झूठी सिद्ध हुई। इसलिए सातवें दशक के पहले दौर से अस्वीकार और नकार का स्वर अधिक मुखर होकर आया पर आगे चलकर आठवें दशक में एक व्यवस्था आई।

भारतीय संविधान में व्यक्ति-स्वातन्त्र्य और उसके दायित्व को रेखांकित किया गया। पर व्यक्ति स्वातन्त्र्य भ्रष्टाचार का दूसरा नाम हो गया। वर्तमान लोकतन्त्र अपनी विसंगतियों में प्रतिदिन धुँधलके की ओर बढ़ता रहा। पूँजीवादी और लोकतन्त्र की साठ-गाँठ के कारण मनुष्य की रही-सही आशा भी क्षीण हो गई। ज्यों-ज्यों समय बीतता गया वर्ग-भेद, जाति-भेद, भाई-भतीजावाद का बाजार गरमाता गया और राष्ट्रीय चरित्र गिरावट की सीमा पार कर

गया। फलस्वरूप स्वतन्त्रता के पाले हुए सपने का मोहबन्ध टूट गया। मूल्यहीनता की आत्यंतिक स्थिति में व्यक्ति की अपनी पहचान खो गई और समाज अँधेरे की पर्तों में खो गया।

ऐसी स्थिति में बुद्धिजीवी के पास दो विकल्प थे—एक तो यह कि वह व्यवस्था में अपने को ढाल ले, दूसरा यह कि बदलाव के लिए संघर्षरत हो। व्यवस्था में अपने को ढाल लेने पर बुद्धिजीवी बुद्धिजीवी नहीं रह जाता। अतः बदलाव ही एकमात्र विकल्प बचता है। इस बदलाव के प्रति दो दृष्टिकोण दिखाई पड़ते हैं—हताशा की नियति और बदलाव की गत्यात्मकता। इस दशक की मूल प्रवृत्तियाँ ये ही हैं। दोनों ही को अगर एक नाम देना हो तो आधुनिकता कहा जा सकता है।

इस दशक की अगुआई की **राजकमल चौधरी** ने। उसमें आधुनिकता अपनी समग्रता में दिखाई पड़ती है। इस समय की अधिकांश रचनाओं पर चौधरी की छाप देखी जा सकती है। चौधरी बिहार के पूर्वांचल के निवासी थे। बंगाल की भूखी पीढ़ी के साथ उनका गहरा सम्पर्क था। बंगाल के बसाक, मलय राय आदि ने ईश्वर, धर्म और औरत पर खुला हमला किया। उनका मैनिफेस्टो था : 'गॉड इज शिट। रेलिजन इज मर्डर रेप, सूसाइड प्वाइजन, फकिंग।' ये सभी लोग अमरीकी कवि एलेनगीन्सबर्ग से प्रभावित थे—'हाउल' रचना से भी, उसकी दिनचर्या से भी। चौधरी को भी इसी वर्ग में रखना चाहिए।

ये गुस्से के कवि थे। अपनी आक्रोशपूर्ण वाणी में ये अपना गुस्सा उतारते रहे। पूर्ववर्ती समस्त मूल्यों और परम्पराओं को नकार कर वे अपनी चीखों, जख्मों और यौन-विद्रूपताओं को कविता में व्यक्त करते रहे। व्यवस्था जिन मूल्यों को अपना कवच बनाए हुए थी उसे भेदना जरूरी था। लेकिन नकार जब स्वयं कवच बन जाता है तो आक्रोश व्यर्थता की खोल ओढ़ लेता है।

राजकमल चौधरी के 'कंकावती' और 'मुक्ति प्रसंग' के अध्ययन द्वारा इस दशक की नब्ज पकड़ी जा सकती है। पर स्वयं कवियों ने राजकमल की मृत्यु को शहादत घोषित कर मूल्यांकन में बाधा पहुँचाई है। चौधरी काव्य के अलबम में वेश्या, बीमार शहर, सड़े गोश्तों वाली औरतों के सम्भोग के फूहड़ चित्रों की कमी नहीं है। इसे आभिजात्य विरोधी कह कर चौधरी का समर्थन नहीं किया जा सकता क्योंकि वे हमें गिरावट की ओर ले जाते हैं। जब नकार स्वयं मूल्य बन जाता है तो वह अश्लील हो उठता है। पर जहाँ मूल्य रूप से गृहीत सेक्स की पवित्रता का पर्दाफाश किया गया है वहाँ पवित्रता-विरोधी रुख मूल्य हो जाता है।

'कंकावती' की भूमिका में वह लिखता है—"कंका से विवेकहीन घृणा, आसक्ति, हिंसा, सम्भोग, ईर्ष्या, क्षमा, विरति, हिंसा, सम्भोग, आक्रमण, घृणा, ईर्ष्या, पशुत्व, संभोग करते हुए मैंने प्रतिक्षण अपने अहं और अस्तित्व को प्रमाणित किया है। इस कृति के अधिकांश अनुभव और प्रभाव आत्मस्वीकृतियाँ (केवल 'कनफेशन' नहीं 'रिअलिजेशन' भी) हैं।" ये प्रवृत्तियाँ केवल कंकावती की नहीं हैं—पूरे दशक की हैं। 'संभोग' को तीन बार दुहराया गया है। जाहिर है इसमें संभोगात्मक नोट्स अधिक हैं। किन्तु इसके साथ आक्रमण-पशुत्व

आदि भी हैं। इसके माध्यम से वह अपने अस्तित्व की पहचान कराता है। मूल्यहीनता के शून्य में अपनी पहचान कराने का यह एक बीहड़ मार्ग है। चौधरी को इस बीहड़ मार्ग से गुजरना पड़ा है, कविताएँ यात्रा के अनुभव हैं। इस अनुभव में जहाँ का व्यंग्य सटीक बैठता है वहाँ की मार भी गहरी होती है।

राजकमल एक बिन्दु पर ठहरता नहीं, अछोर यात्रा करता रहता है। याद रखना चाहिए, उसकी यात्रा स्थापित मूल्यों के विपरीत होती है। इसमें वह अराजक भी हो जाता है। कथ्य और रचना दोनों स्तर पर।

'मुक्ति-प्रसंग' एक लम्बी कविता है जो सर्जिकल वार्ड में लिखी गई है। इसमें वह अनस्तित्व से मुक्त होकर अस्तित्व पाना चाहता है—'क्यों नहीं है मेरे लिए कोई नाम कोई नदी कोई / चिड़िया कोई फूल कोई सिद्धान्त / कोई दरख्त कोई राजनीतिक दल कोई जंगल/ कोई साँप कोई गाँव / कोई स्त्री कोई सड़क कोई संगीत कोई नशा / कोई प्रेम कोई घृणा / कोई घर कोई आँगन कोई छाँव /' नीले रंगों में खोया हुआ, मृत्यु के मध्य वह सम्भोगात्मक स्थितियों से भी मुक्त होना चाहता है। इसमें गहरे अवसाद के बिन्दु हैं—'सबके लिए, सबके हित में अस्पताल चला गया है / राजकमल चौधरी / लिखने-पढ़ने, गाँजा-अफीम-सिगरेट पीने / मरने का अपना एकमात्र कमरा बन्द / करके / दोपहर दिन के पसीने, पेशाब, वीर्यपात / मटमैले अँधेरे में लेटे हुए—/ धुँआ क्रोध दुर्गंधियाँ पीते रहने के सिवा / जिसने को बड़ा काम नहीं किया अपनी देह / अथवा अपनी चेतना में / इस उम्र तक /' इस दशक का यह अकेला कवि है जो मुखौटा नहीं लगता। किन्तु मुखौटा न लगाने का अर्थ नंगा होना नहीं है। यह नंगापन उसकी कविता में इतना उभर कर आया है कि वह मूल्यहीनता और अराजकता का स्रष्टा हो जाता है।

कैलाश वाजपेयी के 'संक्रान्त' में समूची पीढ़ी की अनास्था अभिव्यक्त है। कम से कम वह 'हिपोक्रैट' नहीं है। अपनी अनास्था के प्रति वह पूरा ईमानदार है। इस विशेषता के कारण ही लोगों का ध्यान इस संग्रह की ओर आकृष्ट हुआ। परास्त बुद्धिजीवी के वक्तव्य में वह कहता है—"चिल्लाती धूप में / बदहवास रात में / कहीं किसी गटर पर / हम खुली पलकें सो जायँगे / हमें अब किसी व्यवस्था में डाल दो / (जी जायेंगे)।' व्यवस्था से उसे लड़ना नहीं है, वह परास्त हो चुका है। फिर भी उसमें एक क्रियात्मक पीड़ा है—'रक्त और बादल / सर्प और तितलियाँ / यज्ञ और वेश्या / सब को एक साथ जोड़ जाता हूँ / मुझे कोई और नाम / और नाम दे दो !' प्यार, ईश्वर, इतिहास के अर्थ खो गए हैं। स्वतन्त्रता के बारे में वह कहता है 'एक सिल की तरह गिरी है स्वतन्त्रता / और पिचक गया है पूरा देश।' व्यर्थता के बोध का ऐसा स्वर पहले-पहले संक्रान्त में मिलता है। दूसरा संग्रह है—'देहान्त से हट कर।' इसमें पहले संग्रह की प्रत्यग्रता नहीं है। फिर भी इसमें पैना व्यंग्य अवश्य है—'मैं देखता हूँ / कुछ लकड़बग्घे / संसद् से निकल कर / पहुँच गए हैं घर रखैल के / और उधर कोई सुकरात रोज—/ अंधा हो जाता है सींखचे खिजते हुए जेल के।' **राजीव सक्सेना** में व्यर्थता-बोध के साथ सक्रियता, एक तथाकथित सदिच्छा भी है—'लोग भीड़ क्यों है / जलूस क्यों नहीं बन पाते / किन्तु इस तरह की सदिच्छाएँ भावनामयता के अतिरिक्त और कुछ नहीं

हैं।

जगदीश चतुर्वेदी, श्याम परमार, सौमित्रमोहन, आदि 'अकवितावादी' कवि हैं जो राजकमल चौधरी की परम्परा में पड़ते हैं। जगदीश चतुर्वेदी का एक काव्य-संग्रह 'इतिहास हंता' प्रकाशित हो चुका है। भय, अजनबियत, भदेसपन, सेक्स आदि उनकी परिणतियाँ हैं। प्रतिबद्धता उसके लिए गुनाह है। सुन्दर लड़कियों को रस्से में बाँधकर कोलतार की तपती सड़क पर घसीटने देखने में उसे सुख मिलता है, स्तनों को दाँतों से काटकर थूक देने में आनन्द प्राप्त होता है। वह अपने में सादे की क्रूरता और विध्वंस ले आना चाहता है। पर सादे में एक दार्शनिक विजन है जब कि अकवितावादियों में अराजकता का अन्धापन है। **अशोक वाजपेयी** का संग्रह 'शहर अब भी सम्भावना है' की भाषा पर छायावादी रंग और आस्था पर बीते दिनों की छाया है। संग्रह की स्थापना ही में सचाई के साथ कह दिया गया है—'मेरे प्रारम्भ में ही मेरा अंत है।' इधर सौमित्र मोहन का 'लुकमान अली और अन्य कविताएँ' (१९८०) काव्य-संग्रह प्रकाशित हुआ है। इसमें 'लुकमान अली' लम्बी कविता है जो अकविता और कविता का निष्कर्षहीन कोलाज बन कर रह गई है।

यौन और सम्भोग कक्ष से हट कर कुछ कवियों ने समकालीनता का अधिक वास्तविक साक्षात्कार किया। यह साक्षात्कार 'नई कविता' के आत्मसाक्षात्कार से भिन्न कार्य-व्यापार प्रधान है। इन रचनाओं में अपने को ही संबोधित न करके जन से सीधे संवाद किया गया है। इसलिए इनमें बातचीत के टुकड़े अधिक मिलेंगे। इन रचनाओं में पहले के व्यर्थ के आक्रोश को अर्थ मिल गया है। ऐसे कवियों में धूमिल की रचनाएँ अपेक्षाकृत अधिक संरचनात्मक अर्थवान हैं।

धूमिल (१९३६-७५) का असली नाम सुदामा पाण्डेय और उपनाम 'धूमिल' है। हाई-स्कूल की मामूली शिक्षा प्राप्त करने के बाद वे कभी लोहा ढोने वाले मजदूरों के साथ काम करते रहे तो कभी व्यावसायिक फर्म में। अन्त में वे आई० टी० आई० वाराणसी में नौकरी कर ली। इन सारे अनुभवों में उन्हें 'हत्यारे' का आतंक बराबर भयभीत करता रहा। वाराणसी के पास के उनके गाँव में भी वे हत्यारे मौजूद थे। वे कहाँ नहीं हैं ? उनकी कविता हत्यारों के खिलाफ एक लड़ाई है। उनके दोनों काव्य-संग्रहों—'संसद् से सड़क तक' (१९७२) और 'कल सुनना मुझे' (१९७७)—में हत्यारों को अनेक रूप रंगों में देखा जा सकता है।

अपने दूसरे संग्रह की भूमिका 'भाषा की रात' में उसने लिखा है—'युवा लेखन के लिए राजनीतिक समझदारी जरूरी है। बिना इस राजनीतिक समझदारी के आज का लेखन सम्भव नहीं। ....क्या बराबरी का दर्जा और आत्महीनता से मुक्ति का रास्ता एक नहीं है? यह आता कहाँ से है? आर्थिक मुक्ति से। और इसी को सब टुकड़खोर और हरामखोर शब्दों के कुहासे से ढकने की व्यर्थ कोशिश करते रहे हैं।....ऐसे में टुकड़खोर भाषाई गुलाम फिर बहकावे में एक जुट हो रहे हैं और अपने भड़वे अन्दाज में भटक रहे हैं।' साठोत्तरी कवियों के बारे में उसका विश्वास है कि वे 'शब्दों को खोलकर रखते हैं।' लेकिन खेद है कि कवि पुनः शब्दों को गोल करने लगे हैं।

इस राजनीतिक समझदारी के अतिरिक्त धूमिल को अकवितावादी सिद्धों नाथों की

युगनद्ध, मुद्रा से कविता को मुक्त करना था। मुक्ति के इस अभियान में तांत्रिक आकर्षणों और शवसाधनाओं से सर्वथा असंपृक्त रहना सम्भव नहीं था। 'राजकमल चौधरी के लिए' कविता में, यदा-कदा उसके बाहर भी, शवसाधकों को मन्त्रपाठ सुनाई पड़ता है। पर इसी कविता में वह शव का मुँह शिव की ओर घुमा देता है—शिव के रुद्र रूप की ओर। सच पूछा जाय तो उसकी अवधारणा 'एक सही कविता- / पहले / एक सार्थक वक्तव्य होती है।/' बीट-पीढ़ी की गलाजत से उसे मुक्त करने में मदद करती है।

उसे कविताओं की चिंता है। 'मुझे अपनी कविताओं के लिए / दूसरे प्रजातंत्र की तलाश है।' इसलिए उसका अधिक जोर इसके बदलाव पर है। 'अपने यहाँ संसद-/ तेली की वह घानी है / जिसमें आधा तेल है / और आधा पानी है।' चुनाव की पद्धति में वह एक जगह खड़ा कर दिया गया है कि अचानक उसकी चीख निकल पड़ती है--'हत्यारा ! हत्यारा !! हत्यारा !!!' किन्तु इसका समाधान ढूँढ़ते हुए वह कहता है—'सुनो ! तुम चाहे जिसे चुनो ! मगर इसे नहीं / इसे बदलो।' पर क्या भरोसा कि दूसरा भेड़िये का भाई नहीं निकलेगा। इस बदलाव को भी देश भोग चुका है। इसे देखते हुए प्रायः लोग धूमिल पर अराजकतावादी होने का आरोप करने लगते हैं। पर सारी कविताओं को दृष्टि में रखने से जाहिर है कि वह बायें हाथ का समर्थन करता है। इसी को वह 'मुनासिब कार्रवाही' के अन्तगर्त 'भाषा में/ आदमी होने की तमीज है' कहता है।

दूसरे संग्रह में भी वह 'प्रजातन्त्र के विरुद्ध' है। इसमें भी 'किस्सा जनतन्त्र' है, 'रोटी और संसद' है। इसी में 'कविता श्री काकुलम' भी है। इससे लगता है अभी भी उसे प्रजातन्त्र के विकल्प की तलाश है। पर इस संग्रह में पहले संग्रह का आवेग और तेवर नहीं है।

वस्तु के बदलाव के साथ धूमिल ने कविता को नई भाषा और नए मुहावरे दिये हैं जो विपक्ष का पक्ष प्रस्तुत करने में पूर्णतः समर्थ है। 'क्योंकि बनिया की भाषा तो सहमति की भाषा है।' बनिया भाषा के निषेध के साथ लोरियों की गंधवती भाषा भी उसे ग्राह्य नहीं है और न रूमान की हरी-भरी शब्दावली—'लहलहाती हुई फसलें..../ बहती हुए नदी..../ उड़ती हुए चिड़ियाँ..../ यह सब, सिर्फ, तुम्हें गूँगा करने की चाल है।/' धूमिल की भाषा में सचेतता है, बदलाव का उपक्रम है और कर्म की प्रेरणा है।

इसलिए वह शब्दों का चुनाव अपने गाँव के खेत-खलिहानों के सख्त चेहरों, तनी हुई मुट्ठियों, छोटी जातियों के घुटते हुए जीवन, राजनीतिक विसंगतियों, फुटपाथों, मोचियों-भंगियों का चुनता है। उसके शब्दों के चुनाव में विरुद्धों का सामंजस्य नहीं संतुलन मिलता है जैसे, रामनामी और रंडियों की दलाली, मैकमोहन रेखा और शव, क्रांति और असंग लोग आदि। बिंबों का उपस्थापन भी इसी आधार पर किया है। एक अनाघ्रात बिंब का उदाहरण लीजिए—कमरे के अपने एकान्त में / जूते से निकाले गये पाँव-सा / महकता हूँ।' यह अनाघ्रातता शब्दों को नाम देने में भी दिखाई पड़ती है—

भूख से रिरियाती हुई फैली हथेली का नाम
'गया' है /
और भूख में / तनी हुए मुट्ठी का नाम

नक्सलवाड़ी है।

'गया' संज्ञा क्रिया होकर और अर्थवान हो जाती है। आन्तरिक तुकों और चौंकाने वाले लटकों के बावजूद भाषा कर्म की एक कठोरता सर्वत्र दिखाई पड़ेगी।

लीलाधर जगूड़ी को धूमिल से अलग करके नहीं समझा जा सकता। उनके चार कविता संग्रह—नाटक जारी है, इस यात्रा में, रात अब भी मौजूद है, बची हुई पृथ्वी—प्रकाशित हो चुके हैं। पर धूमिल की छाया से बचकर मौलिक हो पाना उनके लिए सम्भव नहीं हो सका है। प्रजातन्त्र के प्रतिपक्ष में कविता लिखना एक रूढ़ि हो गई है। इसकी शुरुआत रघुवीर सहाय, सर्वेश्वर, राजकमल की रचनाओं में ही हो जाती है। धूमिल ने इसे अत्यन्त सशक्त ढंग से प्रस्तुत किया। जगूड़ी लिखते हैं—'यहाँ से वहाँ तक चुनाव का संकट लेकर/ पेट और प्रजातन्त्र के बीच / आदमी दरार की तरह खड़ा है / और बवंडर / हर दरवाजे पर/ पर्दे की तरह पड़ा है /' यदि जगूड़ी के स्थान पर 'धूमिल कहते हैं' लिख दीजिए तो कोई फर्क नहीं पड़ता। धूमिल ने भाषा और शब्दों की शक्ति और छल के बारे में बहुत कुछ कहा है पर जगूड़ी की तरह शब्दों को बुलेट कह कर कागजी क्रान्ति ले आने की चेष्टा नहीं की है। जगूड़ी को अपनी जगूड़ी से मुक्त होना है। आखिर संग्रह इस तरह का संकेत देता है।

लीलाधर जगूड़ी का संग्रह है—'नाटक जारी है।' इसमें भी लोकतंत्रीय नाटक को व्यंग्यात्मक ढंग से प्रस्तुत किया गया है। धूमिल के किंचित् प्रभावित होते हुए भी जगूड़ी के पास मीठी मार करने वाली भाषा है, यद्यपि इसमें चुस्ती की कमी है। जगूड़ी में विषय तथा उनके प्रस्तुतीकरण में अपेक्षाकृत अधिक वैविध्य है। विकल कमलेश , चन्द्रकांत देवताले, विष्णुचन्द्र शर्मा, मणिमधुकर, वेणुगोपाल, आलोकधन्वा, विनोद शुक्ल आदि इसी पीढ़ी के कवि हैं।

नवगीत

नई कविता की तरह गीतकारों ने अपनी पहचान बनाने के लिए नवगीत का आन्दोलन चलाया। इस आन्दोलन में मुख्य रूप से वे लोग शरीक हुए जो नई कविता नहीं लिख पाते थे या नई कविता में विफलता प्राप्त करने के उपरान्त पुराने गीत-लोक में लौटने के लिए बाध्य थे। ग्राम गीतों के कुछ टुकड़े, गाँव की भाषा, गीतों की लय आदि को पकड़ने के साथ आधुनिकता का रंग भर कर इसे नवगीत कहा जाने लगा। किन्तु नवगीतों की आन्तरिकता या नवरोमान का तालमेल नवगीत के साथ नहीं बैठ पाता। नई कविता ने जिस तरह या जिस सीमा तक अपनी पूर्ववर्ती काव्य-परम्परा से अपने को अलगा कर नए कथ्य, नए रूप-विन्यास को अपनाया है उस सीमा तक नवगीत अपनी पूर्ववर्ती गीत-परम्परा से नहीं अलगा सका है। अतः प्रयास करने पर भी इसका स्वर आधुनिक नहीं बन पाता। यह प्रेम और प्रकृति के दो छोरों तक सीमित रह कर स्थगित हो गया है।

यों तो कहना चाहिए कि हिन्दी काव्य-परम्परा का प्रवर्तन ही गीतों से हुआ। कबीर, विद्यापति हिन्दी के प्रारम्भिक गीत-कवि हैं। भक्त कवियों में प्रायः प्रत्येक ने पदों की रचना की। पुनर्जागरण काल में भारतेन्दु के गीतों में लोक तत्त्व का नया सम्मिश्रण मिलने

लगता है। स्वच्छन्दतावाद-काल में प्रसाद, निराला, पंत, महादेवी ने गीतों की प्रचुर रचना की। निराला के परवर्ती गीतों में लोक धुन का पर्याप्त समावेश है।

इस शताब्दी के चौथे दशक में बच्चन, नरेन्द्र शर्मा, अंचल और केदारनाथ अग्रवाल ने प्रसाद, पंत महादेवी आदि से अलग बोलचाल की भाषा में गीत-सृष्टि की। किन्तु भाषाई सादगी के बावजूद इनमें कैशोर भावुकता का प्राधान्य था। नवगीत का आरम्भ कुछ लोग '२० से ही मानते हैं, कुछ लोग '५० के बाद से। वस्तुतः स्वच्छन्दतावाद-काल के गीतों में जो आभिजात्य और परिनिष्ठता देखी जाती है वह बाद के गीतों में नहीं मिलती। निराला के परवर्ती गीतों में यह आभिजात्य परम्परा टूटती है। तार सप्तक के कवियों में अज्ञेय ने प्रारम्भ में बहुत से गीत लिखे हैं। गिरिजाकुमार माथुर तो समग्रतः गीतकार हैं।

जैसा पहले की कहा जा चुका है नई कविता के वजन पर गीतों को 'नवगीत' की संज्ञा मिली। दूसरे और तीसरे सप्तक के कवियों में नरेश मेहता, धर्मवीर भारती, हरिनारायण व्यास, कुँवरनारायण, रघुवीर सहाय, केदारनाथ सिंह, विजय देव नारायण साही आदि ने गीतों से ही कविता लिखना प्रारम्भ किया। पर इन्हें गीतकार के रूप में नहीं स्मरण किया जाता क्योंकि मूलतः ये लोग नई कविता के कवि हैं। इनकी परम्परा से अपने को जोड़ते हुए नवगीतकारों ने स्वतन्त्र व्यक्तित्व के निर्माण का दावा किया है।

शंभुनाथ सिंह, नीरज, वीरेन्द्र मिश्र, जगदीश गुप्त, रामदरश मिश्र, ठाकुर प्रसाद सिंह, रवीन्द्र भ्रमर, शलम श्री रामसिंह, सोमठाकुर, हरीश मादानी, नरेश सक्सेना, दिनकर सोनवलकर आदि नवगीतकार हैं।

शंभुनाथ सिंह की काव्य-यात्रा काफी लम्बी है। छायावादी संस्कारों से चल कर ये नए संस्कारों को समेटे हुए पुनः नवगीतों की सीमा तक जा पहुँचते हैं। वे मूलतः गीतकार हैं। उनके प्रारम्भिक गीत संग्रहों—रूपरश्मि, छायालोक—में रूमानी रूपासक्ति और तरल प्रणयोद्‌गार हैं। 'उदयाचल' में वे उपरले स्तर की प्रगतिशील चेतना से आक्रान्त हैं। 'दिवालोक' में वे दिन की ऊष्मा का अनुभव करते हुए लोक चेतना के निकट पहुँचना चाहते हैं। इधर हाल में उन्होंने कुछ व्यंग्य-दर्दपूर्ण गीतों की रचना की है जिनमें अनुभूति का तीखापन काफी गहरा हो उठा है।

शंभुनाथ सिंह की भाषा में अद्‌भुत लोच और मादल लय, लोकधुन, आंचलिक शब्दावली, विरोधाभास एक दूसरे में रच-पच कर उनके गीतों को संश्लिष्ट बना देते हैं। उनके स्वर का पारस स्पर्श पाकर गीतों की प्रभान्विति और भी बढ़ जाती है।

नवें दशक की कविताएँ

इस दशक के मुख्य कवि हैं—राजेश जोशी, अरुण कमल, मंगलेश डबराल और असद जैदी। इन कवियों में जोशी और अरुण कमल प्रतिबद्ध कवि हैं। डबराल में पहाड़ी परिवेश जीवन की त्रासदी है, जैदी में करुणा की टीस है। इन कवियों के प्रथम काव्य-संग्रह—एक दिन बोलेंगे पेड़, अपनी केवल धार, पहाड़ पर लालटेन और बटनें में भावी कविता की सशक्त सम्भावनाएँ दिखाई पड़ीं। वे सभी कवियों का दूसरा काव्य-संग्रह उनकी संभावनाओं को पीछे ठेल देते हैं।

उत्तर-स्वच्छन्दतावाद-काल (गद्य)

अध्याय सात

उत्तर-स्वच्छन्दतावाद-काल (गद्य-साहित्य)

उत्तर-स्वच्छन्दतावाद-काल में पद्य की तरह गद्य भी मुख्यतः स्वच्छन्दतावाद से यथार्थवाद की ओर मुड़ता है। विधागत अपनी निजी विशेषताओं के कारण जीवन के गद्य को चित्रित करने के लिए इसमें अधिक अवकाश था। तेजी के साथ बदलती हुई आर्थिक-सामाजिक-राजनीतिक व्यवस्थाओं और टूटते हुए मूल्यों को रचनात्मक स्तर पर व्यक्त करने के लिए रूपात्मक प्रयोग की बाध्यताएँ भी आईं। विगत के घिसे-पिटे मूल्यों के प्रति विद्रोहात्मक नकार के साथ एक बेहतर सामाजिक परिवर्तन के लिए संघर्षशील मनुष्य की यातनाओं के चित्र भी खींचे गए। व्यवस्था की मजबूत शृंखलाओं में बँधे हुए आदमी की बेचैनी, असहायता और मुक्तिपरक चीख का भी एहसास हुआ। इसे दूसरे शब्दों में आधुनिकता भी कह सकते हैं। इस आधुनिकता के दो पहलू हैं—आधुनिकतावाद और आलोचनात्मक तथा समाजवादी यथार्थ। कहीं पर इन दोनों का मिला-जुला रूप दिखाई पड़ेगा तो कहीं पर अलग-अलग। कविता की तरह गद्य-विधा में प्रगतिवाद और प्रयोगवाद का कोई आन्दोलन नहीं चला। पर प्रच्छन्न रूप से उसका प्रभाव गद्य पर भी पड़ा। सन् ६० के बाद प्रगति-प्रयोग की धारा ही आधुनिकतावाद और जनवाद का रूप ले लेती है।

सन् '३६ में 'प्रेमचन्द' के 'गोदान' से उपन्यासों में प्रगतिवादी परम्परा की शुरुआत होती है। उसी वर्ष 'कफन' कहानी द्वारा उन्होंने ही प्रगति-प्रयोग का एक मिश्रित रूप पेश किया। '४१ में अज्ञेय का प्रयोगवादी उपन्यास 'शेखर : एक जीवनी' प्रकाशित हुआ जो अपने में आधुनिकता की समस्त विशेषताओं को समाहित किए हुए है। '३८ में भुवनेश्वर का 'ऊसर' नाटक प्रकाशित हुआ जो आश्चर्यजनक रूप से प्रगति-प्रयोग, ऊलजलूलपन (एब्सर्डिटी) अतियथार्थवाद को समेटे हुए है। ताँबे के कीड़े (४६) तो साठोत्तरी ऊलजलूल नाटकों का पूर्वज ही नहीं उनसे किन्हीं अर्थों में बेहतर है।

नाटक : प्रगति-प्रयोग-धारा

नाटक साहित्य की सर्वाधिक संवेदनशील (सेंसिटिव) विधा है। जनजीवन की सूक्ष्मतम धड़कन और मानसिकता के उतार-चढ़ाव का जितना सही ग्राफ नाटक तैयार कर सकता है उतना साहित्य की अन्य विधा द्वारा संभव नहीं है। इस धड़कन को नापने की बेचैनी से ही नाटक का जन्म हुआ था। आधुनिक काल में जनमानस इतनी तेजी से बदल रहा है कि इसकी प्रामाणिक माप के लिए नाटक का प्रयोगधर्मी होना अनिवार्य हो गया है। कहना न होगा कि यह सर्वाधिक प्रयोगशील विधा है। मंचन से संबद्ध होने तथा प्रेक्षकों को सीधे संबोधित करने के कारण प्रयोग को एक ओर अपना सौन्दर्यशास्त्र गढ़ना पड़ता है दूसरी ओर नाट्यबिम्बों द्वारा उसका ऐसा विभाजन करना पड़ता है कि दर्शकों तक संप्रेषित हो जाय।

प्रगति-प्रयोग दोनों का समावेश भारतेन्दु के नाटकों में देखा जा सकता है विशेष रूप से 'अंधेर नगरी', 'वैदिकी हिंसा हिंसा न भवति', 'प्रेमयोगिनी', 'नीलदेवी', 'भारत दुर्दशा' आदि में। वर्तमान समय का ठीक नमूना प्रस्तुत करने के लिए उन्हें नई रंगशैलियों की तलाश करनी पड़ी। पारसी रंगमंच उन्हें विरासत में मिला था। भारतेन्दु ने उसका परिष्कार किया और लोक नाट्यशैली ग्रहण कर तत्कालीन राजनीतिक-धार्मिक विडंबनाओं से करारा प्रहार किया। 'अंधेर नगरी' जो आज भी पूरी तरह प्रासंगिक है। अव्यवस्था, अन्याय, धांधलेबाजी आज भी चारों ओर व्याप्त है। एक लोक कथा के आधार पर नौटंकी का बंध लेकर इसे रूपायित किया गया है। इसी प्रकार अन्य बहुत से नाटकों में भी राजनीतिक-सामाजिक जागरूकता पैदा करने के लिए अनेक नाट्यरूपों के मिश्रण द्वारा हिन्दी को एक रंगशैली और नाट्यरूप दिया। प्रसाद ने अपने ऐतिहासिक नाटकों के माध्यम से देश की समसामयिक राजनीतिक, सामाजिक और सांस्कृतिक समस्याओं का आकलन किया और उनके लिए पूर्व-पश्चिम की रंगशैलियों का एक मिश्रण भी तैयार किया। प्रसाद के समसामयिक तथा अन्य स्वच्छन्दतावादी नाटककारों ने सामान्यतः सतही, भावुकतापूर्ण तथा रंगविहीन नाट्य-सृष्टि की।

अश्क पहले नाटककार हैं जिन्होंने नाटक को रंगमंच से संबद्ध किया और उसे रोमांस के कठघरे से निकाल कर आधुनिक भावबोध के साथ (मोटे भावबोध) जोड़ा। यद्यपि उनका 'जय पराजय' (१६३७) प्रसाद की प्रभावछाया से बहिर्गत नहीं होता, वही ढंग, वही शैली, फिर भी १६४० में प्रकाशित 'छठाँ बेटा' उससे मुक्त हो जाता है। अश्क के बाद के प्रायः सभी नाटककार—जगदीशचन्द्र माथुर, धर्मवीर भारती, लक्ष्मीनारायण लाल, मोहन राकेश आदि—आधुनिक भावबोध और मंच से जुड़े हुए हैं। यह ऐसी विभाजक रेखा है जो प्रसाद के नाटकों तथा '४० के बाद लिखे गए नाटकों के बीच खींची जा सकती है।

अश्क का **'छठाँ बेटा'** में पिता-पुत्र के परिवर्तित संबंधों को व्यंग्यात्मक ढंग से चित्रित किया गया है। अवकाश प्राप्त पिता को छह बेटों में से कोई भी अपने पास रखने को तैयार नहीं है। जिन पुराने मूल्यों पर पिता-पुत्र का संबंध आधारित रहा करता था वे यहाँ गायब हैं। यदि कोई संबंध शेष है तो आर्थिक संबंध। स्वप्न के माध्यम से इस आर्थिक संबंध की स्थापना की जाती है जो स्वयं में एक छलना है। स्वप्न-नाटक होने के नाते छाया-सृजन का फिल्मी प्रयोग नाटकीय शिल्प की दृष्टि से श्लाघ्य है।

कैद (१६४५) और **उड़ान** (१६४६) एक दूसरे के पूरक हैं। प्रतीक का संस्पर्श दोनों में है पर पहले का प्रतीक अधिक सटीक और व्यापक है। 'कैद' में सामाजिक रूढ़ियों और यंत्रणाओं की कैद में घुटती हुई नारी का चित्र है तो दूसरे में रूढ़ियों से बाहर निकल कर मुक्त हवा में साँस लेती हुई नारी चित्रित है। कैद की दूसरी विशेषता यह है कि उसके सभी पात्र स्वयं अपने में बंदी हैं। पर उड़ान की नारी आरोपित है—आदर्श के पूर्वनिर्धारित मार्ग पर चलने वाली। अतः इसे नाटकीय सर्जनात्मकता का स्तर नहीं प्राप्त है। उसमें ऐसी बहुत-सी बातों का सन्निवेश है जो नाटक की अनिवार्यता नहीं हैं। 'कैद' और उड़ान' अपनी थीम के नएपन के कारण नाटकीय संभावनाओं से युक्त हैं। पर पहले में आन्तरिक संघर्ष

का अभाव है तो दूसरे में गहन नाटकीय स्थितियों का। अतः प्रयोगात्मकता सरलीकृत हो जाती है।

भंवर (१६५०) में जो थीम ली गई है वह अनेक नाटकीय संभावनाओं से युक्त है। किंतु लगता है अश्क संभावनाओं को छू सकते हैं, उनके भीतर घुसने में उन्हें भय लगता है। थीम का अपना महत्व नहीं होता बल्कि संपूर्ण सर्जनात्मक प्रक्रिया में उसके विकसित होने का महत्व होता है। इसकी नायिक प्रतिभा, जिस मानसिकता में डाली गई है वह आधुनिक ज़ीवन का एक महत्वपूर्ण आयाम है पर उस भंवर में न तो व्याकुलतापूर्ण आवर्त है और न गहराई। **अलग-अलग रास्ते** (१६५३) आदि मार्ग एकांकी का ही नया रूप है।

अंजो दीदी (१६५४) कदाचित् उनकी सर्वाधिक प्रौढ़ नाटकीय कृति है। इसकी केन्द्रीय पात्र है अंजो दीदी। वह बेहद अनुशासन प्रिय है। किन्तु उसका अनुशासन यंत्रीकरण का पर्याय हो जाता है। परिवार के प्रत्येक प्राणी को उसके यांत्रिक ढाँचे में ढलना अनिवार्य है। हर चीज का समय निर्धारित है—सुबह उठने का, नाश्ते का, भोजन का, आराम का, सोने का। हर चीज का एक सलीका है—उठने-बैठने का, नमस्कार-प्रणाम का. खेल-पढ़ाई का। कहीं पर भी उसे प्रमाद असह्य है। दीदी के साँचे में ढलकर भी वकील साहब ढल नहीं पाते हैं। उन्हें आत्महत्या करनी पड़ती है।

अंजो का भाई श्रीपत अंजो विरोधी चरित्र है, यानी अंजो की यान्त्रिकता का विरोधी। वह अंजो का मनोविश्लेषण करता हुआ कहता है—'अंजो सख्त, मार्बिड और जालिम थी क्योंकि उसके नाना मार्बिड और जालिम थे। वह इस घर को घड़ी की तरह चलाना चाहती थी, पर वह न जानती थी कि घड़ी मशीन है और इंसान मशीन नहीं। जब इंसान मशीन बन जायगा तो वह दिन दुनिया के लिए सबसे बड़े खतरे का दिन होगा—लेकिन मैं समझता हूँ, आज अंजो की सनक —उसके तिलस्म को तोड़ना जरूरी है, ताकि इस घर के वासी अपनी-अपनी जिन्दगी जियें।'

मशीनीकरण के कारण टूटते हुए व्यक्तित्वों का चित्रण आधुनिक जीवन का अत्यंत खतरनाक रोग है। किंतु उसे तोड़ने के लिए एक दूसरे पात्र की सर्जना सरलीकरण की प्रवृत्ति की सूचक है। इसके फलस्वरूप यांत्रिकता का समग्र, गहरा और जटिल नाटकीयता को उभार पाने में यह सफल नहीं होता। अंधीगली और पैंतरे उनके अन्य नाटक हैं।

पहले ही कहा जा चुका है कि अश्क ने हिन्दी-नाटकों को मंच और आधुनिक यथार्थ के साथ जोड़ा। मंच के प्रति सतर्क होने के कारण उन्हें अपनी भाषा को रोमैंटिक अभिव्यक्तियों से बचाकर यथार्थ सापेक्ष और कार्यक्षम बनाने की आवश्यकता हुई। पर वह गहन मानवीय स्थितियों को रूपायित नहीं कर पाती। वह स्थिति को स्थूल बाह्य स्तर पर ही नाटकीय बनाती है। तनावों के भीतर के तनावों को देख पाना इसकी शक्ति के बाहर है। हिन्दी-नाटकों के कथा-तत्व से भी अश्क छुट्टी नहीं पा सके हैं। कथा-तत्व की प्रमुखता भी गहराई में नहीं पैठने देती। या गहराई में न पैठने के फलस्वरूप ही कथा-तत्व की प्रधानता स्वीकार की गई है।

विष्णु प्रभाकर पहले 'समाधि' नाटक लिख चुके थे। उनका 'प्रक्टर' (१६५८)

नाटक अधिक चर्चित हुआ है। यह मनोवैज्ञानिक सामाजिक नाटक है। इसमें भावना और नैतिक कर्तव्य का संघर्ष दिखाया गया है। पर्दा डॉ० अनीला के नर्सिंग होम में उठता है। इंजीनियर सतीशचन्द्र शर्मा अपनी रोगी पत्नी को नर्सिंग होम में भरती करना चाहते हैं। अनीला शर्मा की परित्यक्ता पत्नी मधुलक्ष्मी है। अनीला को जब यह मालूम होता है तो मरीज को नर्सिंग होम से निकाल देने की आज्ञा देती है। सईदा के समझाने पर उनका अन्तर्द्वन्द्व तीखा हो जाता है। वह आपरेशन का निश्चय करती है। गोपाल को देख उसका अन्तर्द्वन्द्व और भी गहरा जाता है। उसका अन्तर्द्वन्द्व आपरेशन थिएटर और आपरेशन के समय भी चलता रहता है। आपरेशन करते समय भी द्वन्द्व का चलना विश्वसनीय नहीं बन पाता। यद्यपि अन्तर्द्वन्द्व और आन्तरिक संघर्ष की संभावनाओं का पूरा इस्तेमाल लेखक नहीं कर सका है, पर अंत में चलकर तनाव अपने चरमोत्कर्ष पर पहुँचकर आधुनिकता से जुड़ जाता है। जब शर्मा को मालूम पड़ता है कि डॉ० अनीला उसकी परित्यक्ता पत्नी है तो वह चिल्ला उठता है—'मधुलक्ष्मी !' इस पर दादा कहते हैं—'मधुलक्ष्मी मर चुकी है। यह डाक्टर अनीला, और तुम्हारे लिए केवल डाक्टर।'

जगदीश चन्द्र माथुर (१९१७-७८) और अश्क ने लगभग एक साथ लिखना प्रारंभ किया। जहाँ अश्क मध्यवर्गीय समस्याओं तक ही चक्कर काटते रहे वहाँ माथुर राजनीतिक, सामाजिक और सौन्दर्य शास्त्रीय आयामों की जटिलताओं से भी जूझते रहे। इस दौर के नाटककारों में वे सच्चे अर्थों में प्रगतिशील नाटककार हैं। उनकी पहली कृति 'मेरी बांसुरी' '३६ में प्रकाशित हो चुकी थी। इसके बाद उन्होंने अनेक एकांकियों की रचना की जिनका संग्रह 'भोर का तारा' '४६ में प्रकाशित हुआ।

वस्तुतः 'कोणार्क' ('५१) के प्रकाशन के साथ वे विशिष्ट नाटककार के रूप में उभरे। यह इतिहास से अधिक मिथकीय है। इतिहास अपनी तथ्यात्मकता में जड़ोन्मुख होता है तो मिथक तथ्यात्मकता से मुक्त होकर चिदोन्मुख हो उठता है। ऐसी स्थिति में मिथक धार्मिक अनुष्ठानों, पुराकथाओं, आद्यबिंबों, निषेधों आदि से जुड़कर एक ओर अतीत से जुड़ता है तो दूसरी ओर विशिष्ट स्थितियों, त्रास, गहन ओकांक्षा से संबद्ध होकर वर्तमान और भविष्य से। इस तरह वह अर्थ के अनेक सार्थक स्तरों पर संचरण करता है। ऐतिहासिक नाटक सामान्यतः एक आयामी होते हैं तो मिथकीय बहुआयामी और घटना विरल। प्रसाद के नाटक राष्ट्रीय सांस्कृतिक और वैयक्तिक और घटना बहुल होते हैं, आयाम तक रुक जाते हैं जबकि माथुर के नाटक बहुत से अन्य गहन आयामों को भी उद्घाटित करते हैं। इसके लिए उन्हें नए नाट्यरूपों का अन्वेषण करना पड़ा है। किन्तु यह अन्वेषण कथ्य को प्रभावी ढंग से संप्रेषणीय बनाने के लिए किये गये हैं न कि अनेक परवर्ती नाटकों की तरह प्रयोग का करिश्मा दिखाने के लिए।

इस नाटक में इतिहास का ढाँचा भर लिया गया है—अत्यंत विरल ढाँचा : इतना ही कि नरसिंह देव ने कोणार्क का मंदिर बनवाया। नरसिंह देव के बंगाल प्रवास में मंत्री राजराज का शक्तिशाली होना तथा कोणार्क के विध्वंस का कारण बनना भी ऐतिहासिक है। इसका उपयोग भी हुआ है। किन्तु केन्द्र में शिल्पी —पिता पुत्र—का मिथक है जो मनोवैज्ञानिक

तथा राजनीतिक यथार्थ से जुड़कर शक्तिशाली नाट्यबिंबों के माध्यम से अनेक आयामी जीवन की संपूर्णता का प्रतीक बन जाता है। संभवतः माथुर अपनी नाट्य-कल्पना में काक्त्यू, इलिएट और एट्स से किन्हीं अर्थों में प्रभावित हैं।

मूलतः इसमें तीन प्रकार की अवधारणाओं के बीच संघर्ष समायोजित हैं—सर्जना और विध्वंस के बीच पुरानी और नई पीढ़ी के बीच राजसत्ता और जनसत्ता के बीच। इनके प्रस्तुतीकरण के लिए मांसल व्यक्तित्वों, नाटकीय बिम्बों, स्मृति-चित्रों आदि को इस तरह संगुंफित किया गया है कि एक संघर्ष दूसरे का कारण बनकर एक संश्लिष्ट पद्धति में मूर्त हो उठते हैं।

कोणार्क की निर्मिति के मूल में शिल्पी विशु की सुकुमार मौन सर्जना क्रियाशील है—रतिभाव का उदात्तीकरण। वह कोरा कलाकार है। उसके मत से शासन के मामले में पड़ना हम शिल्पियों के लिए अनधिकार चेष्टा होगी, किन्तु सौन्दर्य सृजन के सम्मोहन में पड़े हुए कलाकार को राजसत्ता के अत्याचारों के विरुद्ध चेतावनी देते हुए विशु का पुत्र धर्मपाल शैवालिक से कहता है—'क्या हम लोग भेड़-बकरियाँ हैं, जो चाहे जिसके हवाले कर दी जायँ। जिस सिंहासन को तुम डाँवाडोल कर रहे हो वह हमारे कंधों पर टिका है। दोनों की बोली में कला संबंधी द्वन्द्वात्मक विचारों के संघर्ष के चित्रण के साथ एक गतिशील संकेत भी निहित है। मोहन राकेश के आषाढ़ का एक दिन में भी रचना-प्रक्रिया को विश्लेषित किया गया है किन्तु वह निहायत रोमैंटिक और लिजलिजा है। माथुर की रचना-प्रक्रिया का आधार अत्यंत सूक्ष्म, कोमल और यथार्थवादी है, इसलिए अधिक प्रामाणिक और विश्वसनीय भी।

कोणार्क के ध्वंस में कला का सम्मोहन और राजमद ध्वस्त हो जाते हैं, और जनसत्ता पूरे उत्तरदायित्व के साथ नई पीढ़ी को लेकर अत्याचार के खिलाफ भिड़ जाती है। इस ध्वंस में पुनः एक द्वन्द्व उभरता है—कला निर्मिति का प्रेम और पुत्र-प्रेम। यहाँ पर भी गहरा संवेदनात्मक घाव, जो ठोस जीवन पर आधारित है, विजयी होता है।

'कोणार्क' का रूप भारतीय नाट्यपरंपरा पर, जो नृत्य, गीत और वाद्य पर आधारित है, आश्रित है। माथुर ने स्वयं कहा है—'हम एशियावासी कितने आधुनिक क्यों न हो जायें। नाटक, गीत और नृत्य का मिला-जुला स्वरूप हमारे स्वभाव और धरोहर का एक अंग ही बन गया है। मंदिर के उद्घाटन के अवसर पर अभिनय के लिए कुंती-सूर्य का नृत्य-नाट्य तैयार किया गया है। इस मिथक के माध्यम से विशु और धर्म पद की माँ का प्रणय भी अपनी कोमलता में उद्घाटित हो उठता है। एक भी नारी पात्र कोणार्क में नहीं है पर नारी-प्रेम का काव्य-निर्झर सर्वत्र बहता दिखाई पड़ता है। यूनानी संस्कृत और लोक नाट्यपरंपरा के मेल से इस काव्यात्मक नाट्य की संवेदना और गहरा जाती है। रेडियो के ध्वनि-बिंबों की तरह इसका तीसरा अंक पूर्णतः ध्वनि-बिम्बों-मूर्तिखंडन के समय पत्थर पर पड़ती चोट पर चोट, कुदाली का आघात, विशु का अहसास, अंत में ध्वंस की क्रूरतम आवाज और अनुगूँज की गुंजलक—तथा तीखी रोशनी की व्यवस्था नाट्य की त्रासदी को सघनतम बना देती है। प्रयोगात्मक चाकचिक्य के प्रेमियों को यह नाटक सन्तुष्ट नहीं कर सकेगा। किन्तु एक ऐतिहासिक मिथकीय थीम को यथार्थवादी रंग के अनुरूप जिस नाट्य रूप को अन्वेषित किया गया है वह संपूर्ण (टोटल) नाट्य की कल्पना को साकार करता है।

माथुर का दूसरा महत्वपूर्ण नाटक 'पहला राजा' (१९६९) है। यह नाटककार का महत्वाकांक्षापूर्ण प्रयास है। वेद, महाभारत, भागवत पुराण, विष्णु पुराण, हड़प्पा-मोहन-जोदड़ो के मिथकों, पुराकथाओं, ऐतिहासिक वृत्तों और अतिप्राकृत तत्वों की बौद्धिकता के सूत्र में पिरोकर उन्हें तर्कसम्मत, इहलौकिक और जनहितवादी बना दिया गया है। इस तरह यह नाटक धरती की अनेक समस्याओं से जुड़कर अपने युग का बहुआयामी नाटक बन जाता है। इसकी काव्यात्मक झलक ब्रेश्ट के 'एपिक थिएटर' से प्रभावित बहुत कुछ अन्यापदेशिक (एलेगारिकल) और दूरीकृत प्रभाव (एलिनिएटेड इफेक्ट) से समन्वित है।

इस नाटक में उठाई गई समस्याओं का सीधा संबंध नेहरू-युग की समस्याओं से है जिसे लेखक ने नजदीक से देखा, समझा और भोगा है। भारतीय मिथकों में पृथु पहला राजा माना गया है और जवाहर लाल नेहरू स्वतंत्र भारत के प्रथम प्रधान मंत्री थे। पृथु की समस्याएँ लगभग वही हैं जो नेहरू की समस्याएँ थीं—प्रजातंत्र की व्यवस्था, उत्पादन की समस्या, जलाभाव से खेती के उत्पादन में कमी, सत्ता बनाम जनशक्ति, जाति-भेद, संविधान-निर्माण, मंत्रिमंडल की चखचख, रूढ़िबद्ध जिन्दगी, युद्ध आदि। नेहरू की ही भाँति पृथु देश के आधुनिकीकरण का विश्वासी था। इन सारी समस्याओं के मूल में संचरण करने वाली आर्थिक समस्या को माथुर ने पैनी दृष्टि से पकड़ा है।

पृथु को मालूम है कि प्रजातंत्र की सफलता प्रजा के सहयोग पर निर्भर है। वह कहता है कि 'असली धनुष की प्रत्यंचा तो जनपद के लोग हैं।' किन्तु अत्रि, गर्ग और शुक्राचार्य का मंत्रिमण्डल संविधान का सहारा लेकर, कुशा की रस्सी में बँधी हुई गाँठें संविधान की धाराएँ हैं, पृथु को प्रजा से पृथक करना चाहता है। सवर्णों का यह दल अनार्यों को आर्यों से अलगा देता है, अपनी आय वृद्धि के लिए तिकड़म रचता है। वक्तृत्व और झूठे नारों के आधार पर प्रजा को गुमराह करता है। अंत में पृथु धरती की ओर मुड़ता हुआ मालूम पड़ता है।

पृथु इस नाटक का नायक और सर्वाधिक द्वन्द्वमय चरित्र है। एक ओर वह प्रतीक है तो दूसरी ओर हाड़-मांस का बना हुआ मनुष्य। इन दोनों का निर्वाह सफलतापूर्वक किया गया है। यह प्रसाद के मनु की तरह निर्वीर्य और कायर नहीं है। जिस वैज्ञानिक, कवि और दार्शनिक का आवाहन नाटक के आरंभ में किया गया है उसका समन्वय पृथु में दिखाई पड़ता है। कहना न होगा कि इनकी समन्विति नेहरू में भी थी।

पृथु के माध्यम से एक मनोवैज्ञानिक प्रश्न भी उभरता है कि कर्म में मनुष्य उपलब्धि नहीं उपचार खोजता है। क्या स्वयं पुरुषार्थ पलायन से उबरने का आश्रय नहीं है? इस सवाल को लेखक ने नाटक की पृष्ठभूमि में उठाया है। इसको लक्ष्य करके कुछ लोग पृथु के पुरुषार्थ बोध को कवष और उर्मि के साथ किए गए कपटाचार से जोड़ देते हैं। पर ऊब, घुटन, अतृप्ति एक मनोरोग भी है जो रह रहकर आदमी पर हावी हो जाता है। इनसे त्राण पाने के लिए भी यदि मनुष्य किसी महत्वपूर्ण सामाजिक कर्म में लग जाता है तो ऊब, घुटन आदि भी रचनात्मक हो जाते हैं। महत्त्वाकांक्षी पृथु का उर्मि और कवष को अलग कर देना एक मानवीय कमजोरी है। जीवन की सार्थकता का प्रश्न अस्तित्ववादी जीवन-दर्शन का एक

अत्यंत महत्वपूर्ण प्रश्न है। जिस अंतहीन ऊब का अनुभव पृथु को हो रहा है उसके पीछे पूरा परिवेश है—मंत्रिमण्डल, अर्चि, युद्ध और युद्ध, उसकी स्वयं की महत्वाकांक्षा। यह ऊब उसे द्वन्द्वात्मक तो बनाती है किन्तु अस्तित्ववादियों की तरह या आधुनिकतावादियों की तरह कर्म से परे नहीं ढकेल देती। किन्तु कवष का महिमामय क्रांतिकारी व्यक्तित्व जितना उदग्र होना चाहिए उतना नहीं बन सका है।

अपने पूर्ववर्ती यथार्थवादी मंच को छोड़कर माथुर ने विप्रकृष्ट बहुधरातलीय मंच के विधान द्वारा नए रंग की तलाश की है। महाकाव्यात्मक नाटकों के लिए विप्रकृष्ट मंच ही सर्वाधिक उपयुक्त है। पर नट-नटी का दार्शनिक विवेचन मंच की प्रभावान्विति को कम कर देता है। गीतवाद्य, मुखौटों का प्रयोग, लोकमंच की विशेषताओं का सन्निवेश नाटकीय प्रभाव को सघन बनाते हैं।

इन नाटकों के अतिरिक्त माथुर के दो नाटक और हैं—'शारदीया' और 'दशरथनन्दन'। शारदीया में राजसत्ता का वह पक्ष प्रस्तुत किया है जो मानवीय जीवन के कोमलतम पक्ष-प्यार को अपने पक्ष में निर्ममतापूर्वक नष्ट कर देता है। 'दशरथनन्दन' द्वारा माथुर ने लोक-नाट्य को नया आयाम दिया है। जहाँ तक प्रगतिशील जीवन दृष्टि का द्वन्द्व, पौरुष, जनवादी रुझान का संबंध है माथुर की अद्वितीयता असंदिग्ध है। प्रयोग पक्ष भी कम महत्वपूर्ण नहीं है। जिस संपूर्ण नाट्य (टोटल थिएटर) की तलाश माथुर ने की है और जिसे अभिनवगुप्त 'संग्रह-नाट्य' कहता है वह आगे इस रूप में फिर नहीं दिखाई पड़ा। अपनी समग्रता में माथुर उत्तर स्वच्छन्दतावाद युग के श्रेष्ठ और महत्वपूर्ण नाटककार हैं।

धर्मवीर भारती का अंधायुग (१९५५) गीतिनाट्य में महाभारत के अठारहवें दिन की संध्या से प्रभासतीर्थ में कृष्ण के देहावसान के क्षणों तक की कथा ली गई है। इस कथा को चुनने का मूल प्रयोजन युद्धजन्य वर्तमान-कालीनता की प्रासंगिकता देना है। किंतु इसकी उपलब्धि केवल वर्तमानता के कारण नहीं है बल्कि जब-जब युद्ध होगा ऐसी ही अवसादपूर्ण त्रासद स्थितियाँ उत्पन्न होंगी और विघटित मूल्यों के संदर्भ में मनुष्य को नए मूल्यों की तलाश करनी होगी। बाह्य संकट से आगे बढ़ने पर जिन आन्तरिक संकटों का सामना करना पड़ता है वे अत्यंत भयावह होते हैं। थीम के नियोजन के अतिरिक्त भारती ने इस गीतिनाट्य को जो अनेक आयामी धरातल, नाटकीय बिंबात्मकता तथा रचनात्मकता प्रदान की है वे पूर्ववर्ती नाटकों में नहीं पाई जातीं। इतनी गहरी तथा संवेदनात्मक नाटकीय स्थितियाँ अन्यत्र शायद ही मिलें।

युद्ध क्या देता है? इसमें कौन विजयी होता है और कौन पराजित? ये सब ऐसे प्रश्न हैं जो अर्थशास्त्रीय आँकड़ों द्वारा उत्तरित नहीं हो सकते। इसका सही उत्तर संवेदनात्मक ज्ञान द्वारा ही दिया जा सकता है।

> यह रक्तपात कब तक समाप्त होना है।
> दोनों पक्षों को खोना ही खोना है।।

युद्ध के बाद पहले के सारे अर्थ बदल जाते हैं, पहिये और धुरियाँ दोनों एकत्र नहीं रह पाते। आस्था-अनास्था में तथा मूल्य निर्मूल्यता में खो जाते हैं। सभी दिग्भ्रमित और

बेचैनी से व्याकुल और श्रीहत हो उठते हैं। बहिर्द्वन्द्व के समाप्त होने पर अन्तर्द्वन्द्व की एक विकराल ज्वाला जग कर सभी को भस्मीभूत कर लेने के लिए उतावली हो जाती है। 'अन्धायुग' के युद्ध-शेष पात्र अपनी आन्तरिक ज्वाला में बुरी तरह जलते प्रतीत होते हैं। चारों ओर निर्जीव खंडित सत्य के शव बिखरे दिखाई देते हैं। उनके स्थान पर उगते हैं—अन्तरतम की चीख, नैराश्य, पीड़ा, निरर्थकता, अकेलापन। लेकिन भारती का उद्देश्य केवल युद्ध की फलश्रुति प्रस्तुत करना नहीं है, उनका कहना है—यह कथा ज्योति की है अंधों के माध्यम से। इसे अंत में कथागायन द्वारा भी पुष्ट किया जाता है।

प्रश्न किया जाता है कि जिस त्रासद परिवेश का निर्माण इस नाटक में किया गया है वह पाठक या सामाजिक को इतनी बुरी तरह दबोच लेता है कि उससे निकल पाना कठिन हो जाता है। वृद्ध का यह कहना कि कोई सुनेगा, क्या कोई सुनेगा, क्या कोई सुनेगा? उसकी अपनी आशावादिता पर भी पानी फेर देता है। तो क्या जिन मूल्यों का सृजन भारती ने किया है वे संपूर्ण नाटकीय संदर्भ में अर्थहीन होकर जोड़े हुए लगते हैं?

'अंधायुग' एक सशक्त आधुनिक त्रासदी है। प्रभु की मृत्यु के बाद तो त्रासद परिवेश और गहरा हो जाता है। नीत्से की इस घोषणा का कि 'ईश्वर मर गया' आज की दुनियाँ पर क्रांतिकारी प्रभाव पड़ा। पुराने मूल्य यहीं पर अंतिम रूप से टूट जाते हैं। परंतु इसी जगह से नए मूल्यों का बनना शुरू होता है। भारती ने मूल्यों की तलाश में तीन नाम दिए हैं, साहस, स्वतंत्रता और सृजन। पर ये मूल्य नितांत वैयक्तिक हैं। इसीलिए इतनी बड़ी त्रासदी में वे कहीं ठहर नहीं पाते और न वे विश्वसनीय ही लगते हैं। किन्तु इससे अंधायुग के महत्व में कमी नहीं आती। अगर इन मूल्यों का समावेश इसमें न होता तो इसकी भयावहता में सामाजिकता अपना मूल्यानुचिंतन स्वयं करते।

'अंधायुग' की भाषा अपनी सरलता, टोन के उतार-चढ़ाव, लय, क्रियात्मकता आदि के कारण नाटकीय स्थितियों का जो बिंब प्रस्तुत करती है उससे यथार्थ का नवीन पक्ष उद्‌घाटित होता है। यथार्थ के नवीन पक्ष या नये यथार्थ के चित्रण के फलस्वरूप कला में सृजन की समस्या उठती है। अंधायुग की सर्जनात्मकता हमें अभिभूत (इन्वाल्व) न करके चिन्तापरक (कांटेम्प्लेटिव) बनाती है।

वस्तुतः यह तनावों का नाटक है, संघर्ष का नहीं। नाटकीयता तनावों में ही होती है। अश्वत्थामा का अन्तः संघर्ष सामाजिक को तनावपूर्ण स्थिति में डालता है। अपने ही को अनेक टुकड़ों में बाँट देने वाला अश्वत्थामा का व्यथापूर्ण आक्रोश, युयुत्स की यातना, गांधारी के आवेश, धृतराष्ट्र की आत्मभर्त्सना, संजय की अभिशप्त चीख से घिर कर युद्धजन्य स्थितियों को पूर्णतः नाटकीय बना देता है।

अपनी-अपनी यातनाओं से पीड़ित व्यक्तियों का टेक्श्चर एक-दूसरे से टकराकर अन्तर्टेक्श्चर में बदलता है और इस प्रक्रिया से गुजर कर नाटकीय संघटना अपना नया रूप लेती है। यह प्रक्रिया विचारों, नाटकीय स्थितियों, दृश्यों की द्वन्द्वात्मकता में निहित है। अपनी इस द्वन्द्वात्मकता के कारण अंधायुग हिन्दी नाट्य साहित्य में विशेष गौरव का अधिकारी होगा।

'अंधायुग' के प्रकाशन के पहले और बाद में गीतिनाट्य लिखे गए। सुमित्रानन्दन पंत के गीतिनाट्य रजत शिखर, शिल्पी और सौवर्ण में संगृहीत हैं। पर वे न गीति बन सके हैं न नाट्य। गिरिजा कुमार माथुर के कल्पांतर, दंगाराम आदि में केवल कल्पांतर की नोटिस ली जा सकती है। कल्पांतर भी सैद्धान्तिक और सूचनापरक होने के कारण रचनात्मक नहीं बन पाता।

सृष्टि की साँझ और अन्य काव्य नाटक में **सिद्धनाथ कुमार** के पाँच गीतिनाट्य संगृहीत हैं— सृष्टि की साँझ, लौह देवता, संघर्ष, विकलांगों का देश और बादलों का शाप। इन नाटकों में समसामयिक समस्याएँ गृहीत की गई हैं। सृष्टि की साँझ में तृतीय महायुद्ध की आणविक लपटों के संदर्भ में नई चाँदनी का अवतरण चित्रित है। लौह देवता में यांत्रिक अभिशाप के बीच से उगने वाली सामाजिक व्यवस्था पर बल दिया गया है। संघर्ष में बहिरंतर के मध्य से कला को जीवनोन्मुखी होने का संकेत किया गया है। इन नाटकों में गहन आन्तरिक उद्वेलन का अभाव है। एक ओर समसामयिकता का उपरले स्तर पर चित्रण है तो दूसरी ओर आशापरक परिणतियाँ। इस तरह सारे नाटक फार्मूलाबद्ध होकर सरलीकरण का पैटर्न अपना लेते हैं।

'अंधायुग' के वजन पर **दुष्यन्त कुमार** ने **'एक कंठ विषपायी'** १९६३ में लिखा। इसकी कथा दक्षयज्ञ के समय पति के अपमान को देखकर सती के दग्ध होने पर आधारित है। सतीदाह के समाचार से शंकर देवताओं से युद्ध करने के लिए तैयार हो जाते हैं। इन्द्र भी युद्ध को सन्नद्ध होते हैं। किन्तु ब्रह्मा इन्द्र को युद्ध की अनुमति नहीं देते। प्रजा के विद्रोही होने पर भी ब्रह्मा अपनी नीति से विचलित नहीं होते क्योंकि उनकी दृष्टि में युद्ध न तो सत्य से अनुप्रेरित है और न वह किसी सत्य परिणति पर पहुँचता है। विष्णु के बीच-बचाव करने पर शंकर बिना युद्ध किए ही लौट जाते हैं। बीच-बचाव, समझौतावाद, स्थूल गाँधीवादी नैतिकता नाटक में नाटकीय संघर्षों के लिए कोई अवकाश नहीं निकालने देते।

भाषा की सपाटता न तो नाटकीय बिंबों की सृष्टि कर पाती है और न वर्णनात्मकता से आगे बढ़कर क्रियात्मकता को ही उभार पाती है। कथानक का संयोजन इस ढंग से किया गया है कि मानवीय संघर्षशील स्थितियों के लिए अवकाश नहीं रह गया है।

मोहन राकेश (१९२५-१९७२) प्रारंभ में प्रयोगशील कहानीकार रहे हैं। प्रयोगशीलता की यह प्रवृत्ति उनके नाटकों—आषाढ़ का एक दिन (१९५८), लहरों के राजहंस (१९६३) और आधे-अधूरे (१९६९) में और भी सक्रिय हो उठी है। प्रयोगवादी कवियों, कहानीकारों और नाटककारों का मुख्य प्रतिपाद्य व्यक्तित्व का विभाजन रहा है, इसे किसी ने निजी संदर्भों में देखा है और किसी ने व्यापक संदर्भों में। माथुर और भारती के नाटकों का भी मुख्य संदर्भ यही है। राकेश का संदर्भ बहुत निजी है जो उसकी कमजोरी भी है और मजबूती भी। व्यापक सामाजिक संदर्भों का कटाव कमजोरी है तो निजीपन का सघन भाव-बोध मजबूती। वह अपने नाटकों में व्यक्तित्व की स्वतन्त्रता और निजता को खोजता रहा है जो एकरसता को तोड़कर प्रामाणिकता को रेखांकित कर सके।

इस दिशा में 'आषाढ़ का एक दिन' उसका पहला प्रयास है। यह नाटक कालिदास

के काल्पनिक जीवन-वृत्त पर आधारित है। इसके माध्यम से राकेश ने साहित्यकार की उन भूमियों की तलाश की है जो उसकी सर्जना की प्रेरक बिन्दु हैं। मूलतः यह व्यक्ति-स्वातंत्र्य से ही जुड़ा हुआ है। किन्तु कालिदास के व्यक्तित्व पर राकेश ने अपने व्यक्तित्व का जो 'सर्जिकल' प्रत्यारोपण किया है उसे कालिदास का अन्तरंग जज्ब नहीं कर पाता क्योंकि कालिदास की जैविक प्रक्रियाएँ राकेश की जैविक प्रक्रियाओं की सजातीय नहीं ठहर पातीं। राकेश कालिदास के रूप में समस्त भारतीय सर्जनात्मक प्रतिभा को प्रस्तुत करने का संकल्प लेकर चलते हैं। लेकिन दर्शकों को मिलता है एक दुर्बल, बौना, गहन, आन्तरिक संघर्षों से शून्य, उत्तरदायित्व से रिक्त आत्मलीन कालिदास-व्यक्ति स्वातंत्र्य की चरम परिणति।

वस्तुतः कालिदास कलाकार के व्यक्ति-स्वातंत्र्य और राज्याश्रय के बीच भटकती हुई सर्जनात्मकता की तलाश का नाट्य-बिंब है, अपने आप में यह समस्या अत्यंत महत्वपूर्ण है। आज के माहौल में साहित्यकारों का दोमुँहापन समस्या को और भी गंभीर बना देता है। राज्याश्रय में पलने वाले रीतिकालीन कवियों में आजकल का छद्म नहीं था। आज की परिस्थिति में साहित्यकार एक ओर व्यक्ति-स्वातंत्र्य का फलसफा बघारता है दूसरी ओर सेठों या राजकीय व्यवस्था के सुखद प्रलोभनों के लिए मुँह बाये रहता है। एक हाथ से व्यवस्था-विरोध की मुनादी पीटता है दूसरे हाथ से राजकीय अलंकरण का तौक पहनता है, एक ओर व्यवस्था को अपनी अग्निवर्षी रचनाओं से ध्वस्त करना चाहता है दूसरी ओर उन सारे हथकंडों को अपनाता है जो उसे स्वयं व्यवस्था का अंग बना दे। किन्तु राकेश ने आर्थिक अभावों से जूझते हुए भी अपने व्यक्ति-स्वातंत्र्य की रक्षा की है। संभवतः इसीलिए कालिदास के संघर्ष में अनुभूति की प्रामाणिकता आ गई है।

कालिदास मल्लिका से कहता है—"मैं अनुभव करता हूँ कि यह ग्राम प्रान्त मेरी वास्तविक भूमि है। मैं कई सूत्रों से इस भूमि से जुड़ा हूँ। उन सूत्रों में तुम हो, यह आकाश और मेघ है। यहाँ की हरीतिमा है, हरिणों के बच्चे हैं, पशुपालक हैं—यहाँ से जाकर मैं अपनी भूमि से उखड़ जाऊँगा।" यही नहीं उसका दावा है कि 'मैं राजकीय मुद्राओं से क्रीत होने के लिए नहीं हूँ।' पर वह अपनी जन्मभूमि से उखड़ कर राजकीय मुद्राओं से क्रीत हो जाता है और राज्याश्रय के पक्ष में तर्क गढ़ने लगता है। कश्मीर का शासक बनने के बाद जब वह गाँव लौटता है, मल्लिका से नहीं मिलता। उसे डर लगता है कि मल्लिका की आँखों से बिंधकर कहीं वह राज्यसत्ता ही न खो बैठे। लेकिन धीरे-धीरे उसकी आन्तरिक उर्वरता नष्ट होने लगती है। अंत में गाँव लौटने पर मल्लिका का वाह्य परिवर्तन देखकर वह अपने को निर्वासित कर लेता है। मल्लिका की भावनामयता अभावों की मार खाकर एक तरह का वारांगनात्व स्वीकार कर लेने पर भी टूटती नहीं। कालिदास की सर्जनात्मकता को बनाये रखने में उसकी सार्थकता है। वह अत्यंत आत्मविश्वासमयी, संकल्पधर्मा और आस्तिक है। विवाह उसका निजी मामला है। इसकी आलोचना का अधिकार किसी को नहीं है। वह प्रताड़ित वर्तमान में जीती है। काश, कालिदास वारांगना के इस रूप को तनिक भी समझ पाता—वह रूप जिसमें तन मन बँटा हुआ है। अपने संपूर्ण आचरण में वह इतनी महिमामयी हो उठती है कि कालिदास और भी बौना हो जाता है।

कालिदास और मल्लिका की रोमैंटिकता के विरुद्ध अंबिका, विलोम और मातुल को खड़ा किया गया जो अपने विक्षोभ, व्यंग्य, कटूक्तियों से कालिदास को ट्रेजिक बना देते हैं। यों सभी की जिन्दगी भीतर है। किन्तु कालिदास के अतिरिक्त सभी पात्र उसे झेल जाते हैं। किसी बड़ी अर्थवत्ता से न जुड़ पाने तथा नया नाट्यरूप न खोज पाने पर भी अपनी काव्यात्मकता और नाट्य बिम्बों की योजना में यह नाटक नई दिशा निर्देशित करता है। बिंबों का बहुत ही अर्थवान् नियोजन हुआ है जैसे, घोड़ों की टापों की ध्वनि, राजपुरुषों का क्रूर और हृदयहीन बिंब उभारती है। घायल हरिण-शावक स्वयं कालिदास की व्यथा का बिंब बन जाता है ठीक वैसे ही जैसे, रेल-दुर्घटना टालस्टाय की अन्नाकरेनिना की ट्रेजिडी का करुण बिंब प्रस्तुत कर देती है। मेघों के बिंब मनःस्थितियों से जुड़कर उन्हें मूर्त कर देते हैं, तन मन को भिगो देने वाले मेघ, अपने गर्जन-तर्जन में तरल-कोमल स्मृतियों को उकेर देने वाले मेघ। कोई चाहे तो इसे मेघ-बिंबों का नाटक कह सकता है।

लहरों के राजहंस में न तो कामाध्यात्म्य की समस्या है यद्यपि नंद काम और आध्यात्म्य के बीच ही भटकता दिखाई देता है और न घर की तलाश की समस्या यद्यपि नंद घर से बाहर-भीतर चक्रवात की तरह घूमता रहता है। इसकी समस्या 'आषाढ़ का एक दिन' और 'आधे अधूरे' की समस्याओं से मूलतः भिन्न नहीं है। ये सभी नाटक चुनने और प्रामाणिक जिन्दगी जीने के वृत्त में घूमते रहते हैं। 'लहरों के राजहंस' में इन प्रश्नों को सूक्ष्म मनोवैज्ञानिक धरातल पर प्रतीकों के आधार पर पूरी जटिलता से उभारा गया है।

इसका कथानक अश्वघोष के सौन्दरनंद पर आधारित है। कपिलवस्तु का राजकुमार नन्द गौतमबुद्ध का सौतेला भाई है। वह अपनी अनिंद्य सुन्दरी पत्नी के रूप के प्रति अत्यधिक आसक्त है। उसका समर्पण असाधारण रूप से निरीह और विनीत है—इतना विनीत कि सुन्दरी को सोचना पड़ता है कि काश वह किंचित् दुर्विनीत होता। उसके आकर्षण का एक और विन्दु है—महात्मा बुद्ध। वह इन दो विन्दुओं के बीच भटकता रहता है।

प्रामाणिक जिन्दगी जीने का सवाल अस्तित्ववादी दर्शन का सवाल है, जो हिन्दी-कहानियों में आ चुका था। '६१ में अज्ञेय के उपन्यास 'अपने-अपने अजनबी' में यह सैद्धांतिक स्तर पर प्रतिपादित भी हो चुका था। '६१ में राकेश के 'अंधेरे बन्द कमरे' में भी इसी का विवेचन हुआ है। इसका बीज उसकी एक कहानी रात बीतने तक (४६-४७) में मिलता है। बाद में इसी का नाट्य रूपान्तरण 'सुन्दरी' जालन्धर रेडियो से प्रसारित हुआ। 'लहरों के राजहंस' के प्रथम संस्करण (१९६३) में यह बीज सुरक्षित है किन्तु दूसरे संस्करण (१९६८) में यह बहुत कुछ बदल गया—निजता की भरपूर चेतना के रूप में।

इस नाटक में मुख्य पात्र दो ही हैं—नन्द और सुन्दरी। चुनने का प्रश्न नन्द के सामने है। सुन्दरी ने तो अपने रूप-दर्प को जीने का पर्याय मान लिया है। किन्तु राकेश बौद्ध-दर्शन के प्रतीत्यसमुत्पाद और क्षणवाद यानी अटूट परिवर्तमानता का समावेश भी इसमें कर लेते हैं। कालिदास मल्लिका से कहता है—मैं वह व्यक्ति नहीं हूँ, जिसे तुम पहले पहचानती रही हो। दूसरा व्यक्ति हूँ। केश कटाने के बाद जब नन्द घर पहुँचता है सुन्दरी कहती है—'लौटकर वे नहीं आये। जो आया है वह व्यक्ति दूसरा है।' अपने अहं के टूटने पर

सुन्दरी में भी गहरा परिवर्तन आता है। बौद्ध दर्शन के मतानुसार एक नदी को एक बार ही पार किया जा सकता है, दूसरी बार दूसरी नदी को पार करना होगा।

नन्द दो सशक्त व्यक्तित्वों बुद्ध और सुन्दरी तथा दो सशक्त अवधारणाओं अध्यात्म और काम से आकृष्ट-अनाकृष्ट होता रहता है। इस तरह ढरकी की तरह यहाँ से वहाँ और वहाँ से यहाँ घूमता हुआ वह अपनी कोई पहचान नहीं बना पाता है और राग-विराग, श्रेय-प्रेय तथा नारी सौन्दर्य और त्यागमूलक संन्यास के बीच लुढ़कता रहता है। यह जानकर कि गौतम बुद्ध उसके द्वार से खाली भिक्षा लेकर लौट गए हैं वह अपराध-बोध से ग्रस्त हो उठता है। क्षमा-याचना के लिए वहाँ जाकर बौद्ध धर्म में शिक्षित हो जाता है और मुंडित मस्तक घर लौटकर सुन्दरी का साक्षात्कार करते ही पुनः अपराध-बोध का अनुभव करता है। वह किसी का विश्वास ओढ़कर नहीं जी सकता, नहीं जीना चाहता। वह अपने विश्वास की तलाश में चला जाता है। आनंद एक स्थान पर कहता है—'मुझसे पूछना चाहते हो? परन्तु जो व्यक्ति तुम्हारे किसी भी प्रश्न का उत्तर दे सकता है वह मैं नहीं हूँ। उत्तर तुम्हें केवल एक ही व्यक्ति से मिल सकता है और उस व्यक्ति का नाम नन्द है।' मतलब यह कि मनुष्य को अपना रास्ता खुद चुनना होगा।

सुन्दरी के अहं के मूल में उसका रूप-दर्प है। वह कहती है—'नारी का आकर्षण पुरुष को बनाता है तो उसका अपकर्षण उसे गौतम बुद्ध बना देता है।' इस आधार पर वह यशोधरा के रूप की अवमानना करती है और इसी आधार पर बुद्ध के व्यक्तित्व को चुनौती देती है। पर मुंडित मस्तक नन्द को देखकर उसका अहंकार खंड-खंड हो उठता है।

'आषाढ़ का एक दिन' यदि बिम्बों का नाटक है तो लहरों का राजहंस प्रतीकों का। लहरों के राजहंस, श्यामा, दर्पण, दीपाधार, मृत हरिण-शावक, मदनोत्सव, व्याघ्रयुद्ध नन्द-सुन्दरी के अन्तर्द्वन्द्वों को गहरे अर्थों में उजागर करते हैं। श्यामांग नन्द-मन के भटकाव की चीख है। मृग-शावक नन्द के बाण से नहीं अपनी ही थकान से मरा है जो वह स्वयं है। किन्तु इस प्रतीक से नन्द की थकान और ऊब उस ढंग से नहीं उभर पाती है जिस ढंग से 'आषाढ़ का एक दिन' का घायल मृग शावक कालिदास की परिस्थितियों को उभारता है। व्याघ्र-युद्ध नन्द के कसमकस को अवश्य पूरी अर्थवत्ता में चित्रित करने में समर्थ है। मन की द्वन्द्वमयता और नन्द-सुन्दरी की मानसिक हलचलों को चित्रित करने में दर्पण का प्रतीक अत्यंत सार्थक बन पड़ा है। सुन्दरी नन्द को अपना दर्पण कहती है। शृंगार के प्रसंग में नन्द दर्पण पकड़े हुए हैं और सुन्दरी शृंगार कर रही है। उसी समय भिक्षुओं का स्वर सुनाई पड़ता है। नंद दो विरोधी मनोवृत्तियों से चंचल हो उठता है। दर्पण हिल जाता है। अन्त में दर्पण के टूटने से सुन्दरी का अहं खंडित होता है और नन्द दूसरी दिशा की ओर मुड़ जाता है। नाटक के तीन अंकों का दृश्यबंध एक ही है जो मनःस्थितियों के अनुरूप उल्लासमय अस्तव्यस्त और सूनेपन से भरा हुआ दिखाई पड़ता है। ध्वनि बिंबों का भी बड़ा ही अर्थपूर्ण प्रयोग हुआ है, चाहे राजहंसों का कलरव हो चाहे 'बुद्धं शरणं गच्छामि' का स्वर।

इसमें कोई संदेह नहीं कि प्रतीकों का विधान अन्तर्द्वन्द्वों को गहराई में आँकने के लिए एक सार्थक रंग-युक्ति है, किन्तु नाटक के अनुव्यवसाय पक्ष को बाधित भी करती है।

'आधे अधूरे' उसका तीसरा विवादास्पद नाटक है—कुछ लोगों की दृष्टि नाटक के क्षेत्र में क्रांतिकारी प्रयोग और कुछ लोगों की दृष्टि में उलझा हुआ सामान्य प्रयास। वस्तुतः इस नाटक में भी निजता और पूरे व्यक्तित्व की ही तलाश है जो सिर्फ तलाश बनकर रह जाती है—न कहीं जाती है और न दूसरों को ले जाती है! आधे-अधूरे शीर्षक से हमारा ध्यान पूरे पर तो जाता है, किन्तु पूर्ण व्यक्तित्व का कोई प्रत्यय नहीं उभरता। क्या केवल निजता पा लेने से ही व्यक्तित्व में पूर्णता आ जाती है?

इस नाटक की दूसरी चिन्त्य कमजोरी है कि यह जीवन के बृहत्तर और महत्वपूर्ण आयाम से नहीं जुड़ पाता। मध्यवर्गीय परिवार की नागर वैवाहिक विडंबनाएँ परिवार के प्रत्येक सदस्य को कुंठित बनाकर उन्मादग्रस्त (पैरान्वायड) कर देती हैं। मनोरोगियों का यह परिवार एक स्थान पर रहने के लिए अभिशप्त है। रोगों की आन्तरिकता तथा तज्ञन्य चिह्नों की एकरूपता इसे बहुत कुछ सपाट बना देती है। अतः नाटक बहुत छोटा और एकांगी हो जाता है। पिछले दोनों नाटकों में जीवन की व्यापक सिम्तें दिखाई पड़ती हैं। इस यथार्थवादी नाटक का यथार्थ वर्ग-विशेष की सीमा में बँधकर यथार्थ की परिधि को काफी संकुचित कर देता है। मध्यवर्ग—एक खास तरह के मध्यवर्ग—को छोड़कर इसमें आम आदमी की कोई दिलचस्पी नहीं हो सकती।

पिछले दोनों नाटकों में लेखक ने परिवर्तमानता को स्वीकारा है। उसके सभी पात्र परिस्थितियों के चक्र में पड़कर बदलते हैं। किन्तु इसमें तो कारण (परिस्थिति) को ही नकार दिया गया है। इसलिए कारणों की खोज व्यर्थ है। परिस्थितियों के अनुसार मानसिकता के बदलने की बात भी नाटककार ने उठाई है। किन्तु बदलाव का उसका अर्थ व्यक्ति का उनमें ढल जाना है। उसे सही दिशा में मोड़ने के लिए प्रयास करना नहीं। 'परिस्थितियाँ बदल जाती तो भी मैं यहीं रहता' किस तथ्य की सूचना देता है? न बदल पाने की मानवीय नियति से कोई निष्कृति नहीं है। यह है व्यक्तित्व की तलाश, व्यक्ति-स्वातंत्र्य, संपूर्णता की खोज का आखिरी प्रतिक्रियावादी मंजिल।

इस मध्यवर्गीय परिवार में कुल पाँच सदस्य हैं—पति, पत्नी, लड़का और दो लड़कियाँ। पति महेन्द्रप्रताप पत्नी सावित्री की कनाई खाता है। सावित्री नौकरी करके परिवार का भरण-पोषण करती है। पति-पत्नी एक दूसरे से नफरत करते हैं। सावित्री महेन्द्रनाथ के लिए कहती है—'आदमी होने के लिए क्या यह जरूरी नहीं कि उसमें अपना एक माद्दा, अपनी एक शख्शियत हो?..... जब से मैंने उसे जाना है, हमेशा हर चीज के लिए किसी न किसी का सहारा ढूँढ़ते पाया है। वह खुद एक आदमी का आधा-चौथाई भी नहीं है।' घर की जिन्दगी समेटने के प्रयास में वह और भी बिखरती जाती है। अपनी टूटन को समाप्त करने के लिए वह सिंहानिया, जुनेजा, मनोज, जगमोहन से संपर्क स्थापित करती है। लेकिन वे सभी आधे-अधूरे हैं। अंत में अपने व्यक्तित्वहीन अधूरे पति के साथ शेष जिन्दगी काट देने के लिए अभिशप्त हो जाती है। पति पत्नी से भागकर भी उसी के पास लौटने के लिए विवश है। बड़ी लड़की माँ के प्रेमी के साथ भाग खड़ी होती है। लेकिन अपने पति के साथ अजनबियत महसूस करती है। फिर घर लौट आती है। लड़का फिल्मी तारिकाओं के चित्रों

के साथ समय काट रहा है और माँ-बाप दोनों को बेहद नापसंद करता है। छोटी लड़की बिन्नी जिद्दी, विद्रोही और बदतमीज है। उसे घर काटने दौड़ता है। सभी घर छोड़ने को तैयार हैं पर घर किसी को नहीं छोड़ता।

सावित्री की बुनियादी गलती है कि वह एक संपूर्ण व्यक्तित्व की तलाश करती है। पुरुष चार ने उसके भ्रम को तोड़ते हुए कहा है—

'महेन्द्र की जगह इनमें से कोई भी होता तुम्हारी जिन्दगी में तो साल-दो साल बाद तुम यही महसूस करती। तुमने एक गलत आदमी से शादी कर ली है। उसकी जिन्दगी में भी ऐसे ही कोई महेन्द्र, कोई जुनेजा, कोई शिवजीत या कोई जगमोहन होता जिसकी वजह से तुम यह सब सोचती, यह सब महसूस करती। क्योंकि तुम्हारे लिए जीने का मतलब रहा है कितना कुछ एक साथ होकर, कितना कुछ एक साथ पाकर और कितना कुछ एक साथ ओढ़कर जीना, वह उतना कुछ कभी तुम्हें एक जगह न मिल पाता।'

'चुनने' या 'प्रामाणिक जिन्दगी जीने' के प्रश्न को नन्द के माध्यम से हल करने का जो संकेत लहरों के राजहंस में दिया गया है उसे यहाँ एकदम नकार दिया जाता है। पुरुष चार कहता है—फिर भी तुम्हें लगता रहा है कि तुम चुनाव कर सकती हो, लेकिन क्या सचमुच कोई चुनाव नजर आया है तुम्हें? इससे निष्कर्ष निकलता है कि चुनना प्रामाणिक जिन्दगी जीना, निजता की तलाश, भारी भ्रम है। वह जिस वृत्त में है वह—'नो इक्जिट' का वृत्त है।

इस नाटक में एक ही व्यक्ति को पाँच खण्डों में विभाजित किया गया है काले शूट वाला आदमी, पुरुष १, पुरुष २, पुरुष ३ और पुरुष ४। पर पाँचों पुरुषों की भूमिकाएँ इतनी अलग-अलग हैं कि वे एक ही व्यक्ति की अनिवार्य अंग नहीं बन पातीं। यह रंगयुक्ति चमत्कारपूर्ण तो है किन्तु नाटकीय व्यापार में बाधक है। इसका अत्यंत संगत प्रयोग सुरेन्द्र वर्मा ने 'द्रौपदी' नाटक में किया है।

राकेश के पिछले नाटकों में बिंबों और प्रतीकों का सशक्त प्रयोग हुआ है। 'लहरों के राजहंस' के प्रतीक भी बिंबात्मक हैं—इसलिए वे अधिक काव्यात्मक और जीवंत बन पड़े हैं। किन्तु आधे-अधूरे के प्रतीक बिंबात्मकता से अस्पृश्य होकर अत्यंत नीरस, उपरले स्तर के बौद्धिक और शोर-शरापे में सिनमाई हो जाते हैं। भाषा के प्रयोग में यह नाटक अवश्य पिछले नाटकों से हटकर है। बोलचाल की भाषा में अनुभव खण्डों की अभिव्यक्ति सराहनीय है। 'घर घुसरा', 'रबर स्टैम्प', 'दरिंद्रा' इत्यादि की अर्थवत्ता वक्ता की झल्लाहट क्षोभ आदि को मूर्त तो बनाते हैं पर सब मिलाकर यह एक आरोपित और असफल रचना है—किसी हद तक साठोत्तरी व्यर्थताबोध से आक्रान्त। कोई चाहे तो इसे व्यर्थता बोध का नाटक भी कह सकता है।

'आधे-अधूरे' के व्यर्थता-बोध की पुष्टि उसके छोटे नाट्यप्रयोगों अंडे के छिलके, अन्य एकांकी तथा बीजनाटक (१६७३) से भी हो जाती है। इस संग्रह के 'अंडे के छिलके' वगैरह तो सामान्य प्रारम्भिक नाट्य-प्रयोग हैं। किन्तु बीजनाटक 'शायद' (६७) और 'हः' (६७) आधे-अधूरे के पहले प्रकाशित हो चुके थे। इन्हीं की मूल चेतना 'आधे-अधूरे' में

जन्म लेती है। 'शायद' में कोई चीज होल्ड नहीं करती, सभी चीजें एक-सी हैं खालीपन से भरी हुई। 'हः' का पपा कहता है—'पपा अब कूड़ा हो गया है। उसे अब डस्टविन में फेंक देना चाहिए।' छतरियों में भी निरर्थकता का तीखा बोध है। उनका अपूर्ण नाटक 'पैर तले की जमीन' पूरा होने पर लगभग ऐसा ही होता है। यह बोध साठोत्तरी व्यर्थता-बोध के परिवेश से प्रभावित है जो निजता की तलाश या अस्मिता की गलत खोज का तर्क सम्मत निष्कर्ष है। निष्कर्षतः वे स्वच्छन्दतावादोत्तर नाटककारों में शीर्ष स्थान के अधिकारी हैं।

इस समय नरेश मेहता के दो नाटक 'सुबह के घंटे' ('५६) और 'खंडित यात्राएँ' ('६२) प्रकाशित हुए। पहले में राजनीतिक दलों से ऊपर उठकर व्यक्ति-स्वातंत्र्य के लिए बलिदान हो जाने वाले नायक का आदर्श चित्रित है तो दूसरे में मूल्यों का विघटन। पर विष्णु-प्रभाकर के डाक्टर ('५८) और 'युगे-युगे क्रान्ति' में विगत का आदर्शवादी स्वर सुनाई पड़ता है।

आधुनिकतावादी और जनवादी धारा

सन् '६० के बाद प्रयोगवादी नाटकों का पर्यवसान आधुनिकतावादी ऊलजलूल (एब्सर्ट) नाटकों में होता है जिनका मूल स्वर असहायता, चरम निराशा, अराजकता और शून्यवाद में होता है। किन्तु इसी समय प्रगतिवादी नाटक जनवादी चेतना लेकर यानी जनभाषा, लोकनाट्य प्रणाली, वर्गसंघर्ष लेकर बदलाव की भूमिका भी अदा करते दिखाई पड़ते हैं। चूँकि क्रमशः नाटक रंगमंच से जुड़ता गया इसलिए उनमें रंगान्वेषण का प्रयास भी दिखाई देगा। कुछ नाटक ऐसे भी दिखाई देंगे जिनमें आधुनिकतावादी और जनवादी चेतना का अन्तर्विरोध भी चित्रित हुआ है। इस संपूर्ण धारा को प्रगति-प्रयोग का नया विकास और विस्तार समझना चाहिए।

उलजलूल या व्यर्थताबोध नाटकों के प्रथम पुरस्कर्ता होने का श्रेय भुवनेश्वर (१९१०-५७) को है। उसका कारवाँ संग्रह ३६ में प्रकाशित हुआ है। इसमें श्यामा : एक वैवाहिक विडंबना ('३३), शैतान ('३४), रोमांस-रोमांच ('३५) और कारवाँ ('३६) एकांकी संगृहीत हैं। शा, लारेंस और फ्रायड से प्रभावित ये एकांकी नए होकर भी प्रेम के त्रिकोण फ्रेम में बँधकर पुराने ही हैं। ३८ में 'ऊसर' के प्रकाशन के साथ व्यर्थता-बोध नाटक की शुरुआत होती है। मध्यवर्गीय परिवार के सभी व्यक्ति एक दूसरे से अजनबी हैं, उनके संवादों में अजीब विसंगति और अतार्किकता, ऊब और घुटन है। फिर भी इससे निकलने की एक राह है। गृहस्वामी कहता है.....मैं कहता हूँ कि आनेवाली जेनरेशन चाहे वह बिल्लियों की हो या सर्पों की हमसे अच्छी होगी...... हमसे।' शब्दों के बीच का मौन कितना अर्थपूर्ण और नाटकीय होता है इसका एहसास भुवनेश्वर को बहुत पहले हो चुका था।

'ताँबे के कीड़े' (१९४६) ऊलजलूल या विसंगत नाटक का ऐसा नमूना है जिसकी परंपरा हिन्दी में ५५ वर्ष बाद चली। आश्चर्य है कि पश्चिम में केवल फ्रांस और रूस में इसकी शुरुआत हुई पर उनसे संपृक्त होकर भी भुवनेश्वर ने द्वितीय विश्वयुद्धोत्तर वैश्विकदृष्टि को इस नाटक में आकलित किया। इसमें कोई कथा नहीं है, चरित्र नहीं है, कथानक नहीं

है, संवादों का सामंजस्य नहीं है। नाटक के बिखराव को झुनझुने वाली एनाउन्सर एक कमजोर धागे से जोड़ती रहती है। वस्तुतः यह बेतरतीब आवाजों का एक कोलाज है, एक अमूर्त चित्र है जिससे आधुनिक जीवन का अर्थहीन संत्रास अभिव्यक्त होता है। व्यंग्य के आधार पर अकेलेपन, आध्यात्मिक रिक्तता, नाश और निर्माण, जीवन के संगमरमर पर बहते हुए खून के सवालात जरूर खड़े किए हैं। अगर इस पर लेखक की न्यरोसिस हाबी न होती तो यह और बेहतर नाटक हो सकता था। इस तरह के व्यर्थता-बोध के लिए न वह समय उपयुक्त था और न यह समय। इसीलिए विसंगत्यात्मक नाटक प्रयोग की स्थिति तक ही सीमित रह गए।

सन् ६० की 'कल्पना' में विपिनकुमार अग्रवाल का 'तीन अपाहिज' प्रकाशित हुआ था। इस पर ताँबे के कीड़े तथा बेकेट के 'गोदो की इन्तजार में' के संवादों की सतही छाप है। इसमें भी कथानक, चरित्र, तार्किक संगतियाँ नहीं हैं। संपूर्ण नाटक से गंभीर प्रश्न नहीं उठते। भाषणों का झूठा आश्वासन, एकता की व्यर्थता, दोस्ती के झूठ को अपेक्षित तीव्रता से नहीं उठाया जा सका है।

शंभूनाथ सिंह का 'दीवार की वापसी' और 'अकेला शहर', लक्ष्मीकांत वर्मा का 'अपना-अपना जूता' (६४) राजकमल चौधरी का 'भग्नस्तूप का एक अक्षत स्तंभ' इसी परंपरा के नाटक हैं। पर इन नाटकों का कथ्य प्रायः आयातित तथा आत्मानुभूति विरहित होने के कारण अपनी परंपरा को आगे नहीं बढ़ाते।

इन दो दशकों में मुख्यरूप से दो नाटककार उभर कर आये—लक्ष्मीनारायण लाल और सुरेन्द्र वर्मा। लक्ष्मीनारायण लाल ६० के पहले ही दो नाटक लिख चुके थे। इसके बाद भी लगभग एक दर्जन नाटक लिखे। अंधाकुआँ (५५), मादा कैक्टस (५९), तीन आँखों वाली मछली (६०), सूखा सरोवर (६०), नाटक बहुरंगी (६१), नाटक तोता-मैना (६२), रक्तकमल (६३), रातरानी (६२), दर्पन (६२), सूर्यमुख (६८), कलंकी (६९), मिस्टर अभिमन्यु (७१), करफ्यू (७२), अब्दुल्ला दीवाना (७३), व्यक्तिगत (७५), नरसिंह कथा (७५) यक्षप्रश्न (७६), इत्यादि उसके नाटक हैं। इन नाटकों में प्रयोग की ललक प्रयोग की अराजकता तथा सुनिर्दिष्टि की कमी, कभी सेक्स और कभी सतही सामूहिकता और उपरले स्तर के वर्ग-संघर्ष की ओर उन्मुख हो जाती है।

सबसे पहले लोगों का ध्यान 'मादा कैक्टस' की प्रतीकात्मकता की ओर गया। इसमें कलाकार की सर्जनात्मकता का सवाल उठाया गया है। 'मादा कैक्टक' के सम्पर्क में आने पर नर कैक्टस सूख जाता है। इसलिए नर कैक्टस अरविन्द (कलाकार) अपनी पत्नी सुजाता (मादा कैक्टस) से अलग हो जाता है और आनन्दा से बौद्धिक दोस्ती करता है। पर इससे मादा कैक्टस आनन्दा सूख जाती है, उसे कैंसर हो जाता है। इसके फलस्वरूप अरविन्द की कला भी निष्प्रभ हो जाती है। इस संकट से प्रश्न उठता है कि जीवंत कला के लिए कलाकार का जीवन से निस्संग होना जरूरी है या संपृक्त होना। कलाकार की सर्जनात्मकता की समस्या 'आषाढ़ का एक दिन' में भी उठी है। पर वहाँ पर इसे जीवन के बृहत्तर संदर्भों

में रखा गया है। किन्तु यहाँ पर इस प्रश्न को अत्यंत संकुचित दायरे में बन्द कर दिया गया है। फलतः पूरा नाटक ही सूख जाता है।

'दर्पन' दृष्टिकोण तथा प्रयोग की दृष्टि से साफ-सुथरा नाटक है। 'दर्पन' प्रतीक के माध्यम से विभाजित व्यक्तित्व के आत्म-संघर्ष को वैयक्तिक और सामाजिक धरातल पर सार्थक ढंग से उभारा गया है। नायिका का व्यक्तित्व दो भागों में विभाजित है—दर्पन और पूर्वी में। दर्पन सामाजिकता है तो पूर्वी वैयक्तिकता। परिस्थितियों के मानसिक दबाव से वर्तमान का दर्पन टूट जाता है और पूर्वी वृहत्तर कल्याण के लिए दर्पन की ओर लौट जाती है। यद्यपि इसकी परिणति स्थूल रोमैंटिक आदर्शवाद में होती है फिर भी भाषा की बिंबात्मक पकड़, प्रतीकों का अर्थपूर्ण प्रयोग मूल्य-सृष्टि में सहायक होते हैं।

'सूर्यमुख' और 'कलंकी' में अयथार्थवादी रंग-प्रयोग है। किन्तु सूर्यमुख का मिथक कल्पनाश्रित होने के कारण झूठा और कलंकी का मिथक अन्यापदेशिक (एलोगोरिकल) होने के कारण अ-मिथक हो जाता है। इसके कारण मिथकीय आस्था का स्वप्न टूट जाता है और वह जीवन के हल्के-फुल्के सवालों को ही छू पाता है। सूर्यमुख में प्रद्युम्न और उसकी विमाता बेनुरती के अवैध प्रेम का उल्लेख न तो पुराणों में मिलता है न महाभारत में। अतः इसका मिथकत्व नष्ट हो जाता है। लगता है सोफोक्लीज के 'इडिपसरेक्स' के आधार पर इसकी कल्पना की गई है। किन्तु 'इडिपसरेक्स' मिथक है जबकि सूर्यमुख नहीं है। बभ्रु कृष्ण का नहीं अर्जुन का पुत्र था। व्यासपुत्र का चरित्र तो नितांत मनगढंत है। इसे पौराणिक कथा का तोड़-मरोड़ भी कहा जा सकता है और अज्ञान भी। यदि युद्धजन्य विभीषिका से ऊबकर नारी के प्रणय-क्रोड में पलायन के साथ भी इसे जोड़ा जाता तो भी गनीमत थी। यदि माँ-बेटे का अवैध सम्बन्ध दिखाकर चौंकाना था तो पिता-पुत्री का अवैध सम्बन्ध और भी अधिक चौंकाने वाला और क्रान्तिकारी सिद्ध होता।

कलंकी नाट्य प्रयोगों का अद्भुत अलबम है। 'मिस्टर अभिमन्यु' पिटी मूल्य दृष्टि और अशक्त प्रयोग दृष्टि का नाटक है।

'करफ्यू' शायद उन महिला लेखिकाओं की प्रतिस्पर्धा में लिखा गया है जो सेक्स के नंगेपन को सीमारेखा के पार तक ले जाती हैं। 'अब्दुल्ला दीवाना' में कुछ महत्वपूर्ण मूल्यों को, जिनकी हत्या कर दी गई है, मूर्त करने की कोशिश की गई है। किन्तु मूर्त होने की प्रक्रिया में वे और भी अमूर्त हो गए हैं। और नाट्य कौशलों से पूरी तरह परिचित हैं। लेकिन प्रयोग के उत्साह में उनका सम्यक् समायोजन नहीं कर पाते। उसकी दूसरी दिक्कत है कि उसके पास कोई अपनी जीवन-दृष्टि नहीं है। रह-रह कर प्रयोग साधन न होकर साध्य हो जाता है। भाषा के प्रति अत्यधिक लापरवाही, शब्द प्रयोग के प्रति अनवधानता उसकी नाट्य-प्रगति के सबसे बड़े बाधक तत्व हैं।

नए नाटककारों में सुरेन्द्र वर्मा ने तीन नाटकों—'द्रौपदी' (७०), 'सूर्य की अंतिम किरण से सूर्य की पहली किरण तक' (७५) और 'आठवाँ सर्ग' (७६)—के ही आधार पर अपना विशिष्ट स्थान बना लिया है। व्यापक मानवीय संदर्भ तो इन नाटकों में नहीं मिलेंगे, किन्तु पहले दो नाटकों में मानवीय नियति की सीमित पर गहन ट्रेजिडी और तीसरे में अश्लीलता

और राजसत्ता बनाम साहित्यकार की स्वतंत्रता का प्रश्न उठाया गया है। प्रयोग की दृष्टि से वह राकेश से प्रभावित है। लेकिन राकेश के प्रयोगों में जो उलझन मिलती है वह यहाँ नहीं है। सुरेन्द्र वर्मा ने पूर्ववर्ती प्रयोगों को नया संस्कार देकर अपना बना लिया है और इसके फलस्वरूप वे अधिक प्रभावशाली भी बन गए हैं।

तीनों ही मिथकीय नाटक हैं किन्तु पहले में मिथक टूट जाता है जबकि अन्य नाटकों में मिथक सुरक्षित रहता है। महाभारत की द्रौपदी और उसके पाँचों पतियों में 'अन्डरस्टैंडिंग' है किन्तु इस नाटक की द्रौपदी केवल एक पति को—उसके एक ही पक्ष को तलाशती है। इस पक्ष को छोड़ दिया जाय तो इसमें भौतिक प्रगति की अंधी दौड़ में सरपट भागते हुए पति (मनमोहन) के विभाजित व्यक्तित्व की ट्रेजिडी पूरे परिवार की ट्रेजिडी बन जाती है। 'आधे-अधूरे' की रंग-युक्ति का प्रयोग यहाँ भी किया गया है थोड़े परिष्कृत रूप में। राकेश के नाटक में यह रंग-युक्ति चौंकाने वाली होकर रह जाती। वह व्यक्तित्व के विभाजन पर चस्पा नहीं हो पाती। किन्तु यहाँ मनमोहन के साथ चार नकाब वाले व्यक्ति उसी के विभाजित अलग-अलग व्यक्तित्व हैं—कोई पदोन्नति के चक्कर में है तो कोई लाकर की चाबी के चक्कर में, कोई सेक्स के चक्कर में है तो कोई अपने भीतर के चक्कर में। अलका-वर्षा और अनिल-राजेश के एक-से संवाद रोमांस की एकरसता की पोल खोलकर प्रेम के रोमांस-विरोधी पक्ष को भी व्यंग्यात्मक ढंग से उजागर करते हैं। स्मृत्यावलोकन और प्रकाश-वृत्त के पश्चिमी नाट्य प्रयोगों का बड़ा ही सटीक उपयोग हुआ है। तीनों नाटकों में यह सर्वाधिक महत्त्वपूर्ण है।

'सूर्य की अंतिम किरण से पहली किरण तक' में नपुंसक पति और उसकी पत्नी की नियति चित्रित है। इसके साथ ही मातृत्व के मिथक को तोड़कर यौन-सुख के यथार्थ को स्थापित किया गया है। सामाजिक समस्याओं से इसका कोई सम्बन्ध नहीं है। 'आठवाँ सर्ग' में कालिदास के 'कुमारसंभव' के आठवाँ सर्ग के आधार पर वात्स्यायन मुनि प्रणीत कामसूत्र को सूक्ष्मतापूर्वक उद्‌घाटित किया गया है। अश्लीलता का प्रश्न पति-पत्नी के संदर्भ में सीमित होने के कारण एकांगी हो गया है। जिस ढंग से कवि के स्वातंत्र्य का सवाल उठाया गया है वह सतही हो गया है। यदि सुरेन्द्र वर्मा जीवन के व्यापक यथार्थ से विषय-वस्तु का चुनाव नहीं करते तो अपने बनाये हुए वृत्त में ही घूमते रहेंगे।

रमेश वक्षी के 'देवयानी का कहना है'(७२) में 'देवयानी' के सेक्स सम्बन्धी विचारों में काफी दुस्साहस (बोल्डनेस) के साथ, आधुनिकता की एक प्रतिक्रियावादी प्रवृत्ति को अविश्वसनीय ढंग से प्रस्तुत किया गया है। 'तीसरा हाथी' (७५) में पीढ़ीगत अन्तराल को पुत्र द्वारा पिता को भद्दी गालियाँ दिलवाकर एक भोड़े नाटक की सृष्टि की गई है। मुद्रा राक्षस को 'तिलचट्टा' (७२) नक्सलवाद से जुड़ते-जुड़ते रह गया है। मृदुला गर्ग का 'एक और अजनबी' (७२) सेक्स के इर्द-गिर्द घूमता है। मन्नू भण्डारी का नाटक 'बिना दीवारों का घर' में अनुभूति का एक तीखापन है पर जीवन का संश्लिष्ट आयाम नहीं है।

सन् '६० के बाद के कुछ नाटकों में राजनीतिक भ्रष्टाचार को चित्रित किया गया है तो कुछ में चीन-भारत युद्ध जन्य भावुकता को। शिव प्रसाद सिंह की 'घाटियाँ गूजती हैं',

ज्ञानदेव अग्निहोत्री की, 'नेफना की एक शाम', 'शुतुर्मुर्ग', ललित सहगल का 'हत्या एक आधार की', सुशील कुमार सिंह का 'सिंहासन खाली है' आदि ऐसे ही नाटक हैं। शंकर शेष के 'एक और द्रोणाचार्य' में अवसरवादी प्राध्यापकों पर व्यंग्य है। काशीनाथ सिंह का 'शोआस' (६७) बुद्धिवादियों पर तीखा प्रहार है। मणि मधुकर का 'रस गंधर्व' अपनी राजनीतिक चेतना के बावजूद बहुत सारी अन्य बातों में खो जाता है।

सर्वेश्वर का 'बकरी' (७४) और असगर वजाहत की 'वीरगति' (८१) अपने कथ्य और नाट्य प्रयोग दोनों दृष्टियों से जनवादी हैं। प्रयोगवाद और आधुनिकतावाद के वैयक्तिक घेरे को तोड़ कर बकरी में आम आदमी के यथार्थ को संप्रेषित करने की कोशिश की गई है। नाटककार के शब्दों में यह नाटक हमारी स्वाधीनता की तलछट का चित्र है—वह तलछट जो समय बीतने के साथ गहरी होती गई है। बकरी प्रतीक है गाँधीवादी आदर्शों का जिनकी हत्या स्वयं गाँधी के अनुयायियों ने की है। इसमें जनता को शोषकों ने बकरी बना दिया है। लेकिन इसके भीतर से जनता में बदलाव ले आने की आग भरी गई है। नौटंकी शैली और पैरोडियो ने, नारेबाजी के बावजूद इसे रोचक, स्फूर्तिमय और महत्वपूर्ण बना दिया है।

असगर वजाहत के 'वीरगति' के साथ मृणाल पाण्डेय के जो 'राम रुचि राखा' नटरंग के एक ही अंक (८१) में प्रकाशित हुए हैं। दोनों नाटक विजयदान देथा द्वारा संगृहीत एक राजस्थानी लोकगाथा 'खोजी' पर आधारित हैं। किन्तु दृष्टिभेद के कारण दोनों की परिणतियाँ भिन्न-भिन्न हो गई हैं। दोनों ने ही वर्ग को दृष्टि में रखा है। मृणाल मन्नासेठ के उस अन्तर्विरोध को, जो अपने ही वर्ग से नफरत करता है और पुनः उसी में लौट आता है, तीखे ढंग से उभारती हैं। किन्तु नाटक लेखिका की अपनी वर्गीय दृष्टि के हिसाब से मायावाद 'भाग्यवाद या यथास्थितिवाद' में बदल जाता है। असगर के पास एक साफ-सुथरा नजरिया है जो पूँजीवादी व्यवस्था पर, उसकी क्रयशक्ति पर जो स्वयं सत्ता को खरीद सकती है, गहरी चोट करती है।

इतने सारे प्रयोगों के बावजूद हिन्दी नाटकों की उपलब्धियाँ कम नहीं हैं। प्रयोग पर दृष्टि टिकी होने के कारण नाटक सामान्यतः वैयक्तिकता के संकीर्ण कटघरे को नहीं तोड़ सके हैं और जहाँ पर भ्रष्टाचार आदि का सपाट कथन है वहाँ प्रयोग नहीं के बराबर है। सामाजिक यथार्थ के जटिल संदर्भों तथा तदनुकूल नाट्य प्रयोगों के अभाव में पश्चिम के नाटकों की समकक्षता में खड़ा होना मुश्किल है।

उपन्यास

गद्य-पद्य की अन्य विधाओं की भाँति इस काल के उपन्यासों में भी प्रगति-प्रयोग का समारंभ एक साथ ही होता है। किन्तु उनके बीच विषमता की एक स्पष्ट रेखा खिंची हुई है। इस विधा का जन्म ही मध्यवर्गीय सामाजिक चेतना के उन्मेष के फलस्वरूप होता है। इसकी अनिवार्य माँगों के तहत लेखक को एक दृष्टिकोण लेकर चलना पड़ता है। सन् ४१ में प्रकाशित दो उपन्यासों—'शेखर : एक जीवनी' और 'दादा कामरेड' में प्रयोग और प्रगति की दो जीवन-दृष्टियाँ साफ उभर कर आई हैं। किन्तु 'शेखर : एक जीवनी' के शक्तिशाली

प्रयोग, अभिनव रूप-विन्यास और विद्रोह मूलक वैयक्तिक आग्रहों ने अपनी ओर लोगों का ध्यान बरबस आकृष्ट किया। परवर्ती प्रयोगमूलक उपन्यासकारों में न तो अस्मिता का ऐसा तीखा बोध था और न इसे कलात्मक रूप में रेखांकित करने की रचनात्मक क्षमता। वस्तुतः व्यक्ति-स्वातंत्र्य मूलक तार्किक निष्कर्षों की सभी संभावनाओं को यह निःशेष कर देता है। ऐसी स्थिति में आगे के प्रयोगवादी उपन्यास प्रायः निर्जीव दिखाई देने लगते हैं।

मार्क्सवादी विचारधारा का प्रभाव प्रेमचन्द की रचनाओं पर दिखाई पड़ता है। प्रमाणस्वरूप कुछ कहानियों और उपन्यासों का उल्लेख किया जा सकता है। अपने निबंधों में भी वे इसका समर्थन करते हुए दिखाई पड़ते हैं। किन्तु इस समय तक इसका व्यवस्थित अध्ययन न तो प्रेमचन्द ने किया था और न तो किसी अन्य रचनात्मक साहित्यकार ने। फिर भी उनके जीवन और उपन्यासों की जमीन ऐसी थी जिस पर यह धारा स्वयं प्रवाहित हो चली थी। किन्तु बाद में इस विचारधारा का प्रभाव बढ़ता गया और कुछ लोगों ने इसका गहरा अध्ययन ही नहीं किया बल्कि कम्यूनिस्ट पार्टी के सदस्य भी हो गए। इस संदर्भ में राहुल सांकृत्यायन का नाम विशेष रूप से उल्लेखनीय है। यशपाल ने 'गाँधीवाद की शव परीक्षा' की और अपनी रचनाओं को मार्क्सवादी अवधारणाओं पर टिकाया। रांगेय राघव भी इस धारा के समर्थक थे।

कविता की सांस्कृतिक राष्ट्रीय धारा के समानान्तर उपन्यासों में सांस्कृतिक सामाजिक धारा का विकास हुआ। वृन्दावन लाल वर्मा, हजारी प्रसाद द्विवेदी सांस्कृतिक धारा के उपन्यासकार हैं तो अश्क, भगवतीचरण वर्मा और अमृत लाल नागर दूसरी धारा के। सन् '५० के बाद प्रयोग-प्रगति की धारा का मिलाजुला रूप आंचलिक उपन्यासों में मिलता है। इसी दौर में कुछ लघु औपन्यासिक प्रयोग भी हुए।

सन् '६० में कविता की तरह उपन्यासों में भी नया मोड़ आता है। पिछले दो दशकों में आधुनिकतावादी और जनवादी धारा दिखाई देने लगती है। मोहन राकेश, निर्मल वर्मा, उषा प्रियंवदा आदि आदि पहली श्रेणी के उपन्यासकार हैं तो अमृतराय, भैरव प्रसाद गुप्त, मार्कण्डेय आदि दूसरी श्रेणी के।

प्रयोगवादी उपन्यास

प्रेमचन्द के जमाने में ही जैनेन्द्र एक सीमित अर्थ में व्यक्ति स्वातंत्र्य की समस्या को अपने उपन्यासों का वर्ण्य-विषय बनाते थे। किन्तु रूढ़ सामाजिक संस्कार व्यक्ति-स्वातंत्र्य को खुलकर सामने नहीं आने देते। उसके सभी नारी पात्र सामाजिक मर्यादाओं को बनाये रखने और अपनी पहचान को रेखांकित करने के द्वन्द्व में उलझे रहते हैं। ऐसी स्थिति में आत्म-यातना के अतिरिक्त अन्य कोई राह शेष नहीं बचती। वे समाज को न तोड़कर स्वयं टूटते हैं। टूटना उनकी नियति है और अनिर्मित्त उनकी मंजिल। नियति, ईश्वर, धर्म आदि में अटूट आस्था के कारण उसके उपन्यास आधुनिक नहीं बन पाते। अनेक अस्तित्व मूलक प्रश्नों को लेकर वे 'रोमैंटिक एगोनी' का रूप ले लेते हैं। फ्रायड के अवचेतन भाव की प्रधानता उन्हें एक आयामी बना देती हैं।

अज्ञेय के शेखर एक जीवनी (४१) में मूलतः समस्या व्यक्ति-स्वातंत्र्य की ही उठाई गई है। क्रान्तिकारी जैनेन्द्र की सुनीता में भी है और अज्ञेय के शेखर में भी। दोनों ही एकरसता को तोड़ने के लिए प्रेम का एडवेंचर लेते हैं—हरि प्रसन्न की एकरसता वैवाहिक जीवन की है और शेखर की अविवाहित जीवन की। पर शेखर जटिल जीवन की गहराइयों में डूबता-उतराता, अनेक प्रकार के प्रयोग करता, पारंपरिक मूल्यों को ढहाता एक विद्रोही का व्यक्तित्व धारण कर लेता है और जो अन्ततोगत्वा अपने खिलाफ जाता है।

शेखर विद्रोही-रोमैंटिक विद्रोही नहीं, निहिलिस्ट विद्रोही है। रोमैंटिक विद्रोही के नकार के पीछे सामाजिक आध्यात्मिक उद्देश्य होता है। पर निश्लिस्ट विद्रोही केवल निषेध जानता है—अमोघ निषेध। रोमैंटिक विद्रोही अपने अहं को अति क्रमित करता रहता है पर निहिलिस्ट विद्रोही अपने आत्यंतिक अंह से चलकर उसी में लौट आता है। अमोघ निषेध से वह अपनी अस्मिता की पहचान कराता है। वह इसीलिए है कि विद्रोही है।

शेखर के विद्रोह का माडेल है तुर्गनेव के पिता और पुत्र का नायक 'बाजरोव'। अज्ञेय ने बाजरोव को नियतिवादी और शेखर को स्वतंत्र तथा सम्पूर्ण मानव बनने की दिशा में अग्रसर होने वाला कहा है। स्वतंत्र तो वह चरम कोटि का है। किन्तु मानव तो वह आधा-अधूरा भी नहीं है। बाजरोव कला, संस्कृति, धर्म के परंपरागत मूल्यों को नकारता है। नकार उसका भी अमोघ है। किन्तु यह नकार एक अस्थायी दृष्टिकोण है न कि शेखर की तरह चिरंतन फलसफा। एक जगह वह कहता है 'फिलहाल, नकार सर्वाधिक उपयोगी है। इसलिए हम अस्वीकार करते हैं।'

बाजरोव इतिहास की एक विशेष परिस्थिति में यह फैसला लेता है। किन्तु शेखर इतिहास को ही अस्वीकार करता है। वह एतादृश्वत्व मात्र का विरोधी है। विद्रोही व्यक्ति कर्ण के कवच कुंडल की तरह विद्रोह को लेकर पैदा होता है। परिस्थितियाँ उसे नहीं बनातीं। विद्रोह अनन्त है, नित्य है। इसके तीन अस्त्र हैं, प्रेम, बौद्धिक घृणा और घोरतम यातना। वह कहता है, 'मैं अपने पहले बीते हुए असंख्य युगों का निचोड़ हूँ।' 'नृजाति के उच्चतम आदर्शों का केन्द्रीभूत पुंज भी मैं ही हूँ, और मैं नया हूँ, अपूर्व हूँ।' जाहिर है इसके पीछे नीत्शे का अतिमानव (सुपरमैन) बोल रहा है। पर नीत्शे का अतिमानव सर्वथा मूल्य-च्युत नहीं है।

चूँकि परिस्थितियों से उसका सरोकार नहीं है इसलिए वह अपने को अपूर्व और नया सिद्ध करने के लिए विद्रोह करता है। शेखर क्रांतिवादी नहीं है और न उसके पास क्रांति के मौलिक आदर्श हैं। क्रांति का संबंध राजकीय सत्ता के उस परिवर्तन से है जिसमें संपूर्ण प्रणाली बदल जाती है। हाँ, वह निहिलिस्ट विद्रोही अवश्य है वैसा निहिलिस्ट विद्रोही नहीं जिसमें नाश और निर्माण का अन्तरविरोध मिलता है, ऐसा निहिलिस्ट जिसमें नाश का आग्नेय उत्साह है।

शेखर विद्रोह करता है—माँ के विरुद्ध, पिता के विरुद्ध, शिक्षा के विरुद्ध माँ-बाप द्वारा निर्णीत विवाह के विरुद्ध, हर चीज के विरुद्ध। विद्रोहियों के जिन तीन हथियारों—प्रेम, घृणा और यातना—का उल्लेख करता है उसका प्रयोग भी वह नहीं कर पाता। प्रेम और

घृणा में विभक्त उसका व्यक्तित्व घृणा की ओर ज्यादा उन्मुख दिखाई पड़ता है। अपने विभाजित व्यक्तित्व की बात स्वयं लेखक ने उठाई है। संभवतः व्यक्तित्व के विभाजन की चर्चा सबसे पहले इसी उपन्यास में उठाई गई है जो उसकी कविताओं में भी अभिव्यक्त हुई है। प्रेम के लिए समर्पण अपेक्षित है और अहं की परिणति घृणा में होती है। उसका अहं (अहंकार) प्रेम (समर्पण-चाहे व्यक्ति के प्रति हो या समष्टि के प्रति) से कहीं अधिक भारी पड़ता है। अहं के रक्षार्थ वह प्रेम-प्रसंगों में भी अत्यंत क्रूर हो जाता है।

प्रेम का मँगता तो वह है लेकिन दाता नहीं है, इसलिए जिम्मेदार नहीं है। उसके अस्तित्व के लिए प्रेम-यौनाकांक्षा-अनिवार्य है, प्रेम चाहे किशोरी का हो अथवा आन्द्रेजीद के किशोर का। वह अपने लिए प्रेमास्पद को निचोड़ लेना चाहता—सिर्फ अपने लिए। शशि उसके लिए टूट जाती है किन्तु वह उसकी मृत्यु में मुक्ति देखता है। फिर उसकी स्मृतियों की सड़ी लाश ढोता हुआ सर्जनात्मक होना चाहता है। उसकी यातना-ग्रस्तता संवेदना का स्तर नहीं ले पाती। अतः उसके तीनों हथियारों में घृणा का अस्त्र ही हाथ लगता है। इससे औरों पर पाशविक आक्रमण करने में सुविधा हुई है लेकिन शाण चढ़ी हुई इसकी धारा का अंतिम शिकार उपन्यास होता है।

अपने समस्त संरचनात्मक विशेषताओं और प्रयोगों—तराशी हुई भाषा, कलात्मक विखराव, चेतना प्रवाह, पूर्व दीप्ति, अभिनव काल-विन्यास आदि—के बावजूद जीवन के वृहत्तर और गहन आयामों को न समेट पाने के कारण यह व्यक्ति वैचित्र्यवाद का नमूना बनकर रह जाता है। ऐसा क्यों ?

इसकी रचना-प्रक्रिया के क्षीर घट में पानी पड़ गया है। लेखक टी० एस० इलिएट की इस बात से सहमत है कि भोगने वाला प्राणी और सृजन करने वाले कलाकार में सदा एक अन्तर होता है। किन्तु शेखर और इसके लेखक में सामान्यतः अन्तराल नहीं है। अतः यह व्यक्ति का अभिन्नतम निजी दस्तावेज तो बन जाता है किन्तु इतिहास के कट जाने के कारण समाज का दस्तावेज नहीं हो पाता। इस क्षति की पूर्ति कलावाद से की गई है। यद्यपि प्रेम संबंधी अपने अन्तर्विरोधों को वह शिक्षा-संस्कारों की फलश्रुति कहता है किन्तु यह समस्त उपन्यास पाश्चात्य शिक्षा-संस्कारों से आवेष्टित होने के कारण अपनी जमीन और स्वस्थ पारंपरिक संस्कारों के कटा हुआ इतिहास की धारा को ही गलत मोड़ देना चाहता है। तुर्गनेव, रोमारोलाँ, नीत्शे, कामू के विचार इतिहास के एक खास विन्दु पर उभरते हुए दिखाई पड़ते हैं। इसलिए उनके विचारों में एक ऊर्जा और असलियत का आकर्षण है। किन्तु 'शेखर : एक जीवनी' ऐसी विदेशी कलम है जो देश में बेमौसम लगाई गई है।

'नदी के द्वीप' (१९५१) उसका दूसरा प्रयोगवादी उपन्यास है जो अपने जादुई शिल्प और क्रीड़ापरक प्रेम-दर्शन के कारण पाठक को एक साथ ही चमत्कृत और शिथिल बना देता है। इसमें सन्देह नहीं कि उत्तर स्वच्छन्दतावाद काल में कला के प्रति इतना सचेत और अनुशासित रचनाकार दूसरा नहीं है। किन्तु यह भी निर्विवाद है कि भावभूमि का इतना अधिक संकोच, जनजीवन से इतनी गहरी असंपृक्ति, देशकाल की समस्याओं से इतना गहन

निर्वेद शायद ही कहीं मिले। पर इसकी शिल्पगत भव्यता आन्तरिक कुरूपता को आच्छादित नहीं कर पाती।

शेखर के व्यक्तित्व में एक विशिष्ट वर्चस्व है, चाहे वह ह्रासोन्मुखी ही क्यों न हो, स्वातंत्र्य की तलाश है जो बाधित होकर एक अर्थ देती है। किन्तु इसमें तलाश नहीं पलायन है। इस तलाश या पलायन में कोई बाधा नहीं है। सभी पात्र अपने-अपने चौखटे में जड़े हुए विचारों की अमूर्तता में धूमिल और अव्याख्यायेय हैं। भुवन शेखर का कैरिकेचर है तो रेखा शशि का। चन्द्रमाधव और गोरा फालतू पात्र है। विशेषरूप से चन्द्रमाधव। चन्द्रमाधव का सृजन एक विशिष्ट विचारधारा का विरोध करने के लिए किया गया है। किन्तु उससे भुवन के व्यक्तित्व में कुछ जुड़ता नहीं, छीजता अवश्य है और रेखा वह तो केवल कोटेशन में 'फुलफिलमेंट का कल्ट' जीती है। इस तरह यह एक रीतिबद्ध उपन्यास होकर रह जाता है।

'अपने-अपने अजनबी' (१९६१) अज्ञेय का तीसरा उपन्यास है जिसमें एक प्रकार की धार्मिक दृष्टि-संपन्नता दिखाई पड़ती है। अपने पहले दोनों उपन्यासों में अज्ञेय ने यौन-कल्ट की स्थापना के साथ-साथ एक मसीहाई दृष्टिकोण भी अख्तियार किया है। 'अपने-अपने अजनबी' इसी की फलश्रुति है। यह अस्तित्ववादी उपन्यास नहीं है और न तो मृत्यु के साक्षात्कार का उपन्यास है। इसमें मुख्य समस्या स्वतंत्रता के वरण की है जो संत्रास, अकेलापन, बेगानगी, मृत्युबोध, अजनबीपन आदि से सहज ही संयुक्त हो गया है।

सेल्मा और योके को एक ऐसी परिस्थिति में डाल दिया गया है कि स्वतंत्रता की समस्या अपने-आप उभर आती है। यह समस्या अस्तित्ववादी समस्या ही है। पर इसका समाधान दूसरा है। न तो योके अस्तित्ववादी है न सेल्मा। सेल्मा ने योके से कहा है—तुम जो अपने को स्वतंत्र मानती हो वही सब कठिनाइयों की जड़ है, न तो हम अकेले हैं, न हम स्वतंत्र हैं। बल्कि अकेले नहीं हैं और हो नहीं सकते, इसलिए स्वतंत्र नहीं हैं, और इसलिए चुनने या फैसला करने का अधिकार हमारा नहीं है।—ऐसी सब स्वतंत्रताओं की कल्पना निरा अहंकार है। स्वतंत्रता को अहंकार के जोड़कर अज्ञेय ने अस्तित्ववादी स्वतंत्रता के मूल अर्थ को ही बदल दिया है। उनके मत से, जैसे उपन्यास से प्रतीत होता है, स्वतंत्रता में अहंकार का घुस जाना स्वाभाविक है। सेल्मा ने साझे से, दूसरे को अपने से संबद्ध करके क्षण को परंपरा से संपृक्त करके नया अर्थपूर्ण जीवन दिया। इसके अभाव में योके स्वतंत्रता के नाम पर आत्महत्या को चुन सकी। यह दर्शन मूलतः भारतीय है पर मेटाफिजिकल होने के वजह से इसमें सब कुछ बौद्धिक स्तर पर घटित होता है स्वयं जीवन जीने के स्तर पर नहीं।

प्रयोग की दृष्टि से **भारती** का 'सूरज का सातवाँ घोड़ा' ('५२) महत्त्वपूर्ण है। वह भारती के तंत्र और अज्ञेय के मंत्र से कीलित तथा अपनी सज्ञा में चामत्कारिक है। अज्ञेय का कहना है कि "यह केवल प्रयोग कौतुक के लिए नहीं है....." इसका ध्वन्यार्थ है कि यह चाहे केवल कौतुक के लिए न हो पर उसके लिए भी है।

अलिफलैला और पंचतंत्र के ढंग पर लिखी गई सात अलग-अलग कहानियाँ

किस्सागो माणिक मुल्ला के व्यक्तित्व से जुड़कर उपन्यास बन जाती हैं। प्रत्येक अध्याय के अंत में अनध्याय हैं। नाटक के गर्भांक या अंकावतार की तरह।इसमें संबद्ध कहानी पर बहस होती है जिसमें धारदार व्यंग्य का सार्थक समावेश हुआ है। अजीब करिश्मे हैं इसमें—कोई चाहे इसे सुखान्त समझ ले या दुखान्त। कहानियों के शार्षक भी कम चौंकाने वाले नहीं हैं—नमक अदायगी, घोड़े की नाल, काले बेंट का चाकू आदि।

वस्तुतः यह निम्नमध्यवर्ग की अर्थाभाव-जन्य प्रेम-कुण्ठा का उपन्यास है। इसमें लंबे काल को लघुकाल में समेट लिया गया है। निष्कर्षवादी कहानियों से एक प्रकार के यथार्थ का आभास पैदा किया गया है। किन्तु सूरज का सातवाँ घोड़ा अध्याय उन मार्क्सवादी लेखकों के पैटर्न पर लिखा गया है जो एक पूर्वनिर्धारित फतह के विश्वासी हैं और भारती ने जिनका खंडन किया है। अतः इसका आदर्शवाद समापन खंडित व्यक्तित्व का सूचक है। यों गुनाहों के देवता के लेखक की वह विकासात्मक मंजिल है।

प्रभाकर माचवे ने कई छोटे-छोटे प्रयोगात्मक तेवर वाले उपन्यासों की रचना की है—परन्तु ('५१), एकतारा ('५२), द्वाभा ('५५), साँचा ('५६), जो ('६४), किशोर ('६९), तीस-चालीस-पचास ('७२) और दर्द के पैबंद ('७५) परन्तु में हल्का-सा प्रयोगात्मक स्पर्श है —चेतना-प्रवाह का किन्तु वह भी नया नहीं है। इसमें पूँजीवादी सेठ द्वारा एक गरीब विधवा के यौनपरक शोषण की कहानी है। शंकराचार्य, इलिएट, शोपेनहावर के उद्धरणों से लेखक की पठनीयता और उपन्यास की अपठनीयता का पता लगता है। द्वाभा एक अ-रोमैंटिक सामान्य उपन्यास है। साँचा में यन्त्रीकरण के विरुद्ध प्रयोगवाद व्यक्तिवाद का समर्थन किया गया है। 'जो' में नीग्रो और श्वेत जातियों के संघर्ष में वहशीपन का पर्दाफाश करते हुए मानवता का पक्ष लिया गया है। अपने शीर्षक, अनगढ़पन और ढेर के उद्धरणों में यह प्रयोग भी करता चलता है।

शिवप्रसाद मिश्र रुद्र की बहती गंगा ('५२) में काशी के दो सौ वर्षों के अविच्छन्न जीवन-प्रवाह को सत्तरह तरंगों में आकलित किया गया है अर्थात् इसमें कुल सत्तरह कहानियाँ हैं अपने में पूर्ण, स्वतंत्र, फिर भी धारा-तरंग-न्याय से वे एक दूसरे से संबद्ध भी हैं। इनका नायक काशी है जिसमें राजा बलवन्त सिंह, नागर भंगड़ गुण्डे, कलावन्त गाड़ीवान, गंगा पानवाली आदि अनेक तबके के पात्र हैं। पर सब अलग-अलग होते हुए भी अपनी मस्ती, बेफिक्री, लापरवाही, पुरानेपन आदि में एक हैं और यही है काशी। काशी की मस्ती को बिंबित करने वाली जीवंत बोली बानी में दो सौ वर्षों का गत्यात्मक इतिहास साकार हो उठा है।

गिरिधर गोपाल के चाँदनी रात के खंडहर ('५४) में २४ घंटे की जिन्दगी विश्लेषित की गई है। इसमें पाँच वर्षों के बाद लंदन से शिक्षा ग्रहण करके लौटे हुए नायक के मध्यवर्गीय परिवार की खोखली आर्थिक स्थिति का मार्मिक चित्र खींचा गया है जिसके लिए नायक वसन्त खुद जिम्मेदार है। चौबीस घंटे की कालावधि के कारण चुनी

हुई परिस्थितियों, घटनाओं, मनोदशाओं पर तीव्र प्रकाश डालकर उसे प्रभावशाली बनाने में सुविधा हुई है।

सर्वेश्वर दयाल सक्सेना के 'सोया हुआ जल' ('५४) में एक यात्री-शाला में ठहरे हुए यात्रियों की एक रात की जिन्दगी का वर्णन है। इसमें अन्तश्चेतना की भूख, प्यास, आकुलता, अतृप्ति का चित्रण है जो व्यक्ति मानस की अशान्ति, क्षोभ के कारण है। चेतना-प्रवाह शैली और सिनेरियो टेकनीक में लिखा गया यह प्रतीकात्मक उपन्यास है। शैली चमत्कार के कारण ही इसका महत्त्व है।

प्रगतिवादी उपन्यास

कविता की तरह उपन्यास में भी प्रगतिवाद की धारा चल निकली। इसके प्रवर्तन का श्रेय यशपाल (१६०३-७६) को है। वे क्रांतिकारी आन्दोलन के सक्रिय सदस्य थे। '३८ में जेल से छूटने के बाद मार्क्सवादी विचारधारा के कट्टर समर्थक हो गए और इसके प्रचारार्थ 'विप्लव' नामक पत्र ('३८) भी निकाला। सच्चा क्रांतिकारी इसी दिशा का वरण कर सकता था। समग्रतः यशपाल को प्रेमचन्द परंपरा का की कथाकार कहा जाना चाहिए। प्रेमचन्द की विषयवस्तुओं को यशपाल ने नहीं अपनाया---उन्हीं विषय-वस्तुओं का परिग्रहण परंपरा नहीं है और बदली हुई परिस्थितियों में न हो सकती है—किन्तु यशपाल की संवेदना प्रेमचन्द की संवेदना का ही गुणात्मक परिवर्तन है। कहना न होगा कि उनके सभी उपन्यासों में इसी विचारधारा का प्राधान्य है। यह दूसरी बात है कि उनमें कला और अवधारणा की द्वन्द्वात्मकता के जटिल संबंधों का निर्वाह नहीं हो पाया है।

पहला उपन्यास 'दादा कामरेड' ('४१) में लेखक की अपनी ही विचारधारा का रूपान्तरण है— क्रांतिकारी आतंकवाद से मार्क्सवाद में। यह एक राजनीतिक उपन्यास है। इसके पहले प्रेमचन्द प्रेमाश्रम और कर्मभूमि के रूप में राजनीतिक उपन्यास पेश कर चुके थे। वे गाँधीवादी विचारधारा पर आधारित थे और 'दादा कामरेड' मार्क्सवादी विचारधारा पर। दादा और कामरेड अलग-अलग व्यक्ति हैं--दादा चन्द्रशेखर आजाद का प्रतिनिधित्व करते हैं और कामरेड स्वयं यशपाल का। दादा अपने आतंकवाद के प्रति अडिग हैं किन्तु कामरेड मार्क्सवादी विचारधारा के अनुसार मजदूरों का संघटन और पूँजीवादियों का विरोध करता है। मजदूर-वर्ग की एक रेखीय विजय बड़ा ही भद्दा और सपाट सिद्धांत है। यशपाल इसकी जटिलता में नहीं पैठते। शैल की कथा को जोड़कर यौन-नैतिकता को एक नया आयाम देने का प्रयास भी नारी को व्यक्तित्व नहीं दे पाता क्योंकि परंपरा मुक्त ढंग से सुनीता की तरह क्रांतिकारी हरीश के सामने निरावरण होकर भी वह प्रेरणा का ही काम करती है। नारी क्या केवल प्रेरणा है ? प्रेम को कोरे जीवशास्त्र से बाँध देना उसे मनोवैज्ञानिक जटिलता से मुक्त कर देता है।

देशद्रोही ('४३) का सरोकार सन् '४२ में कांग्रेस द्वारा अंग्रेजी साम्राज्यवाद के विरुद्ध छेड़े गये 'भारत छोड़ो आन्दोलन' से है। इस समय द्वितीय विश्वयुद्ध में दुनिया की ताकतें दो शिविरों में विभक्त हो गई थीं---मित्र राष्ट्र और धुरी राष्ट्र। राष्ट्रीय कांग्रेस ने अंग्रेजी

साम्राज्यवाद की खिलाफत के लिए इस अवसर का चुनाव किया। चूँकि इस युद्ध में मित्र राष्ट्रों की ओर से रूस भी युद्ध में शरीक हो गया था इसलिए भारतीय कम्यूनिस्टों ने राष्ट्रीय कांग्रेस की नीतियों के विरुद्ध लड़ाई में अंग्रेजों की मदद करने का निश्चय किया। देशद्रोही इसी नीति के समर्थन में लिखा गया है। उस नीति की वास्तविकता के बारे में कम्युनिस्ट भी संदिग्ध हो उठे हैं। संदिग्ध नीति के बारे में लिखा गया उपन्यास असंदिग्ध कैसे हो सकता है?

इसका नायक डॉ० खन्ना एक कमजोर, रीढ़हीन और ढुलमुल और विलासी पात्र है जिसे लेखक एक परिस्थिति में फेंककर निकाल लेता है और फिर दूसरी परिस्थितियों में डालता निकालता रहता है। पाठकों पर न तो उसकी वैचारिकता की छाप पड़ती है और न कमजोर कार्यक्रमों पर। विभिन्न देश और जाति की स्त्रियों के प्रति उसके जातिविलास और संपृक्ति का चटकीला वर्णन उसकी कामरेडी छवि को धूमिल बना देता है। यदि लेखक अवधारणाओं को अनूदित करने का प्रयास न करता और जाति-विलास के प्रति गहन मध्यवर्गीय आसक्ति न रखता तो कलात्मक रचाव की दृष्टि से इसमें काफी संभावनाएँ थीं; जो जगह-जगह वर्णन की काल्पनिक यथार्थता और प्रसंगों की रोचकता में दीख पड़ती हैं।

पार्टी कामरेड (१९४७) अपेक्षाकृत साफ-सुथरा उपन्यास है किन्तु मताग्रह और यौनासक्ति इसमें भी कम नहीं है। गीता भावरिया का हृदय परिवर्तित कर उसे बलिवेदी पर चढ़ा देती है गोया साम्यवादी होने के लिए छुरे की नोक सी तीखी आँखों वाली लड़कियों का आकर्षण कोई बुनियादी बात हो। मनुष्य के रूप (१९४९) में व्यवस्था और अर्थ मनुष्य को अमनुष्य बनाने में कितनी घिनौनी भूमिका अदा करते हैं, इसका अच्छा खासा चित्रण है।

'झूठा सच' (पहला भाग '५८, दूसरा भाग '६०) के प्रकाशन ने सिद्ध कर दिया कि यशपाल बहुत विशाल फलक पर जीवन के विविध रूपों, आयामों, समस्याओं, जटिलताओं को अपने ढंग से प्रभावशाली रूप में प्रस्तुत कर सकते हैं। इतनी विशालता, इतना वैविध्य, इतने प्रश्न, इतनी समस्याएँ हिन्दी के किसी एक उपन्यास में नहीं उठाई गई हैं। इसे अपने युग का औपन्यासिक महाकाव्य की संज्ञा दी जा सकती है, यद्यपि इसमें जितनी व्याप्ति है उतनी गहराई नहीं है।

उपन्यास दो भागों---'वतन और देश' और 'देश का भविष्य' में प्रकाशित हुआ हैं। प्रथम भाग के 'आवश्यक' में लिखा गया है ---'देश के सामयिक और राजनैतिक वातावरण को यथासंभव ऐतिहासिक यथार्थ के रूप में चित्रित करने का प्रयास किया गया है।' इसमें कोई संदेह नहीं कि यशपाल जैसी ऐतिहासिक दृष्टि हिन्दी उपन्यासकारों में कम ही लोगों को प्राप्त है। इसलिए देश-विभाजन की भूमिका पर इतनी बड़ी कृति की परिकल्पना यशपाल ही कर सकते थे।

विभाजन के बाद देश के लाखों निरपराध आदमियों को तलवार के घाट उतार दिया गया। लाखों लोग गृहविहीन, कुटुम्बहीन हो गए। अनेक प्रकार की पाशविक यंत्रणाओं से जूझते हुए इन लोगों ने अपने लिए तथा स्वतंत्र देश के लिए अनगिनत समस्याएँ पैदा कीं। मानवीय यातना के इतिहास में यह विश्व की क्रूरतम घटनाओं में से एक घटना मानी

जायगी। लगभग एक दशक (१६४६-५६) तक इस उपद्रव का प्रभाव बना रहा। यशपाल ने इसी दशक का औपन्यासिक इतिहास लिखा है।

'वतन और देश' में जो वतन था वह देश नहीं रह गया और जो देश था वह वतन नहीं रह गया। वतन और देश के बीच विभाजक रेखा खींचने की जिम्मेदारी किसकी है? अंग्रेजों की या स्वार्थपरता से घिरे देशभक्तों की? राजनीतिक स्वार्थपरता को धर्मांधता का रंग देकर जो दंगे हुए उनकी अनेक रोमांचक कहानियाँ इसमें मिलेंगी। हिन्दुओं-मुसलमानों के पारस्परिक सौहार्द्र और संबंधों का बदलाव देश की अखंडता को ही ध्वस्त नहीं करता है बल्कि बहुत से उच्चतर मूल्यों को भी समाप्त कर देता है। यशपाल ने ध्वस्त मूल्यों के साथ-साथ नए मूल्यों का भी चित्रण किया है। दूसरे भाग में दंगे से बचे कुछ पात्रों द्वारा देश के भविष्य के संदर्भ में बनते-बिगड़ते मूल्यों को उजागर किया गया है। इस तरह यह उपन्यास देश के एक दशक का प्रामाणिक दस्तावेज बन जाता है।

उपन्यास का पहला भाग देश के यथार्थ विघटन को रूपायित करता है तो दूसरा भाग संघटन को। विघटन का दृश्य उपस्थित करने के लिए जिस यथार्थवादी दृष्टि की आवश्यकता होती है वह यशपाल को प्राप्त है। इसलिए प्रथम खंड अपेक्षाकृत अधिक प्रामाणिक, यथार्थ और मार्मिक बन पड़ा है पर संघटन के लिए यथार्थ की अपेक्षा विधायक कल्पना की जरूरत होती है। कहना न होगा कि यशपाल में इसकी कमी दिखाई पड़ती है। इसलिए दूसरे खंड में विचित्र पात्रों की सफलताएँ सपाट हो गई हैं।

दूसरे भाग में भी जहाँ तक देश में फैले भ्रष्टाचार का प्रश्न है, उसे अत्यन्त निपुणता से चित्रित करते हुए विश्वसनीय बनाया गया है। और इस भ्रष्टाचार का आरंभ नेताओं, प्रशासनिक यंत्रों, योजना-आयोगों से होता हुआ जीवन के प्रत्येक क्षेत्र में व्याप्त हो गया है। उपन्यास प्रकाशित होने के बाद भी सूद जैसे कांग्रेसी नेताओं और मंत्रियों की संख्या बढ़ती जा रही है। व्यक्ति आत्मनिष्ठ और स्वार्थी बनता जा रहा है। पहले और दूसरे दोनों भागों में कम्युनिस्ट पार्टी को तरजीह दी गई है। किन्तु पार्टी के कार्यकर्ताओं के सामने रक्षा-समितियों और शांतिसभाओं के अतिरिक्त कोई ठोस कार्यक्रम नहीं है। उनका काफी वक्त बहस करने में गुजर जाता है।

इस उपन्यास के मुख्य पात्र हैं—तारा, पुरी और कनक। पुरी और तारा भाई बहन हैं। यह एक परिवार है। इनसे भिन्न कनक का परिवार दूसरा है। उपन्यास के दोनों भागों का कथानक इन्हीं परिवारों के इर्द-गिर्द बुना गया है।' 'वतन और देश' भाग में लाहौर की भोलापांधे गली में रहने वाले अनेक परिवारों के साथ इन दो परिवारों के टूटने, अमानुषिक अत्याचार सहने और अंततः उद्भासित होने की कथा है तो 'देश के भविष्य' में मुख्य पात्रों के भारत आने, निरंतर संघर्षों से जूझने और नई परिस्थितियों में अपने को स्थापित करने की।

भोलापांधे की गली में रहने वाली निम्न मध्यवर्ग की स्त्रियों की रूढ़ियों, रहन-सहन, आचार-विचार, नोंक-झोंक, टीका-टिप्पणियों आदि के यथार्थ का इतना प्रभावशाली और

संश्लिष्ट चित्र शायद ही कहीं मिले। यह परिवेश स्त्रियों-पुरुषों की दोगली नैतिकता का निर्माण करता है और उनका वर्ग चरित्र स्पष्ट परिलक्षित हो उठता है।

इस उपन्यास में स्त्री को लेकर नैतिकता का प्रश्न पुनः उठाया गया है। किन्तु इसमें दादा कामरेड, देशद्रोही आदि उपन्यासों की स्त्रियों की भाँति इश्क लड़ाने वाली बुर्जुआ नैतिकता का स्वैर-विहार नहीं है। बल्कि तारा और कनक को परिस्थितियों के संघर्ष में चुनने की शक्ति प्राप्त होती है। वर्ग-नैतिकता की बाल की खाल निकालने वाले उत्साही विचारकों की दृष्टि में तारा का डॉ० प्राणनाथ को चुनना और कनक का एक झटके में पुरी से संबंध-विच्छेद कर लेना वर्ग-चरित्र के विरुद्ध है। बुर्जुआ वर्ग के डा० प्राणनाथ नैतिक दृष्टि से उन्नत कैसे हो सकते हैं ? कनक का अपने पति पुरी को दूसरी स्त्री के साथ सोया देखकर माफ कर देना तो उसकी वर्गीय नैतिकता के अनुरूप समझा जाता है कि पुरी के अन्य टुच्चेपन से समझौता न करना उसके विपरीत घोषित किया जाता है। मनुष्य के आचार-निर्माण में वर्ग के योग को अस्वीकार नहीं किया जा सकता। किन्तु यह कोई मंत्र-कीलित रेखा नहीं है कि इसे पार ही न किया जा सके। कनक के प्रसंग द्वारा यशपाल तथा कथित यौन नैतिकता से कहीं अधिक महत्त्व सामाजिक नैतिकता को देते हैं।

इस महत्वाकांक्षी उपन्यास की त्रुटि इस तथ्य में निहित है कि यह 'सच' ज्यादा है झूठ कम। 'सच' के बन्दीगृह से मुक्त होकर ही कला कला हो पाती है। क्योंकि झूठ, कल्पना और रचनात्मकता अपने संश्लिष्ट संबंधों में साहित्यिक यथार्थ में परिणत होती है। मात्र 'सच' का परिणाम हुआ है कि इतिहास की सीमाओं को लाँघ कर सीधी रेखा को छोड़कर यह जीवन के चौथे आयाम की जटिलता में प्रवेश नहीं करता। फलस्वरूप कला और सच के जटिल किन्तु दिलचस्प रिश्ते का निर्वाह नहीं करता। फिर भी अपने महाकाव्यीय महाफलक और व्यापक ऐतिहासिक बोध के कारण आधुनिकवादी उपन्यासों के लिए चुनौती बन कर आता है।

'मेरी तेरी उसकी बात' (१६७४) कांग्रेस-आन्दोलन के उबाऊ इतिवृत्तों, बेमेल तथ्यों, नामों-स्थानों-परिवारों के आँकड़ों से भरा पड़ा है। 'झूठा सच' के प्रकाश में यह उपन्यास और भी श्री हत हो जाता है। 'बारह घंटे' ('६३), 'अप्सरा का शाप' ('६५) और 'क्यों फँसें (१६६८) सामान्य उपन्यास हैं।

सामाजिक उपन्यासों के अतिरिक्त यशपाल ने दो ऐतिहासिक उपन्यास भी लिखे हैं—दिव्या ('४५) और अमिता ('५६)। दिव्या में रचनात्मक मार्क्सवादी दृष्टि की सार्थकता देखी जा सकती है जबकि 'अमिता' में हृदय परिवर्तन का प्रत्यारोपण असफल हो गया है।

'दिव्या' के एक दशक पूर्व स्त्री को ही लेकर भगवती चरण वर्मा का 'चित्र-लेखा' ('३४) में प्रकाशित हो चुका था। चित्रलेखा में योग-भोग, पाप-पुण्य की समस्याओं को नियतिवाद से बाँध कर मनुष्य को निष्क्रिय बना दिया गया है। किन्तु एक विशिष्ट अवधारणा से संबद्ध होकर दिव्या को सार्थकता मिल जाती है। अवधारणा साधक-बाधक दोनों होती है। सवाल तो साहित्य को उससे संबद्ध करने के जटिल तरीके का है।

मद्र 'कुल गणतंत्र' के जाति, वर्ग, वर्ण आदि के अनेक अन्तर्विरोधों की पृष्ठभूमि

में दिव्या को रखकर नारी की वर्ग स्थिति (दास-स्थिति) को उजागर करते हुए लेखक ने उसे बहुत सही ढंग से उपयुक्त दिशा को ओर मोड़ा है।

दिव्या गणतंत्र के धर्मस्थ देवशर्मा की प्रपौत्री तथा राजनर्तकी मल्लिका की शिष्या है। मधुपर्व पर अपने मराली नृत्य के कारण वह 'सरस्वती पुत्री' चुनी जाती है और दासपुत्र पृथुसेन सर्वश्रेष्ठ खड्गधारी। किन्तु दासपुत्र होने के वजह से उसे दिव्या की शिविका में कंधा लगाने से रोक दिया जाता है। पृथुसेन में प्रतिशोध फूत्कार उठता है।

पृथुसेन के प्रेमपाश में बँधकर दिव्या गर्भवती हो जाती है। अपनी पत्नी के डर से पृथुसेन उसे दासी के रूप में नहीं स्वीकार कर पाता। घर से भागने के अलावा दिव्या के पास कोई विकल्प नहीं है। मल्लिका उसे पुनः ले आती है। वह नर्तकी हो जाती है। लेकिन द्विज कन्या होने का नैतिक बन्धन उसे राजनर्तकी भी नहीं होने देता। अंत में पृथुसेन, सवर्ण रुद्रधीर और चार्वाक मारिश प्रणय-याचना करते हैं। वह उस मारिश का आश्रय ग्रहण करती है जो कहता है—'मैं देवी को राजप्रासाद में महादेवी का आसन नहीं दिला सकता और न निर्वाण के मिथ्या सुख का आसन ही दे सकता हूँ।... वह नश्वर जीवन में संतोष की अनुभूति दे सकता है तथा संतति की परंपरा में मानव की अमरता दे सकता है।' इस भौतिकवादी दृष्टि को अपनाने पर ही नारी की वर्गीय शृंखला टूट सकती है। नारी के सम्बन्ध में यशपाल द्वारा उठाये गये प्रश्नों की यह यथार्थ और सही परिणति है।

राहुल सांकृत्यायन (१८९३-१९६३) अनेक भाषाविद् अप्रतिम घुमक्कड़, इतिहास, पुरातत्त्व वेत्ता थे। वे बौद्धधर्म तथा मार्क्सवादी दर्शन के पक्षधर थे। कुछ दिनों तक कम्युनिस्ट पार्टी के सदस्य भी थे। उनके उपन्यासों पर उनके पांडित्य और मार्क्सवादी दर्शन की छाप स्पष्ट देखी जा सकती है। बल्कि उपन्यास लेखन के मूल में मार्क्सवादी दर्शन की वकालत करना उनका मुख्य लक्ष्य था। जीने के लिए ('४०), सिंह सेनापति ('४४), जय यौधेय ('४४) मधुर स्वप्न ('४६), और विस्मृत यात्री ('५४) उनके उपन्यास हैं।

'जीने के लिए' में जमींदारों के शोषक चरित्र उभारने के साथ-साथ सशस्त्र-क्रांति का समर्थन किया गया है। 'मधुर-स्वप्न' जैसा इसके नाम से ही स्पष्ट है इसमें साम्यवादी जीवन-दर्शन के अनुरूप आर्थिक समता के आधार पर धरती पर स्वर्ग उतार लाने का सपना देखा गया है। 'विस्मृत यात्री' में बौद्ध नरेन्द्रयश के माध्यम से वह बौद्ध दर्शन 'बहुजन हिताय'—'बहुजन सुखाय' को मार्क्सवादी दर्शन के मेल में ले आकर विषमता पर प्रहार करते हैं। वस्तुतः ये प्रचारात्मक उपन्यास हैं।

'सिंह सेनापति' और 'जय यौधेय' के कथानक क्रमशः लिच्छवि और यौधेय गणतंत्र के ऐतिहासिक इतिवृत्त पर आधारित है। दोनों ही उपन्यासों में गणतंत्र और राजतन्त्र की सांस्कृतिक-आर्थिक गतिविधियों को तुलनात्मक ढंग से प्रस्तुत किया गया है। दोनों में ही राजतंत्र, ब्राह्मण धर्म पर गहरा आक्रमण किया गया है। 'सिंह सेनापति' का सिंह व्यक्ति का नहीं गण का प्रतिनिधि है। इसी प्रकार जय यौधेय का जय भी सामूहिकता का प्रतिनिधित्व करता है। गणों में नारी स्वातंत्र्य, श्रम-महिमा और सम्पत्ति पर समानाधिकार को गौरव प्राप्त है। जहाँ तक नारी की स्वच्छन्दता या स्वैर-विहार का सम्बन्ध है राहुल यशपाल से कहीं

अधिक गैर मार्क्सवादी हैं। उस समय तक नारी के सम्बन्ध में मार्क्सवादियों की दृष्टि का धुँधलका साफ नहीं हो पाया था। उस समय 'स्वच्छ गिलास में स्वच्छ पानी' की यौन-नैतिकता का चलन था।

वास्तविकता यह है कि राहुल ने अपने उपन्यासों को मार्क्सवादी जीवन-दृष्टि के प्रचार का साधन मान लिया है। उपन्यास के अपने आन्तरिक नियमों की उन्होंने कभी परवाह नहीं की। अतः सारे उपन्यास अत्यंत शिथिल और स्थूल विवरणों से संपृक्त हो गए हैं।

रांगेयराघव (१६२३-१६६२) का माँ-बाप का दिया हुआ नाम त्र्यंबक वीर राघवाचार्य था। बाद में उन्होंने अपना नाम रांगेय राघव रख लिया। वे कवि, उपन्यासकार और कहानीकार थे। वे मार्क्सवादी जीवन-दर्शन में विश्वास करने वाले साहित्यकार थे। पर उन्होंने 'मार्क्सवाद को कभी शाश्वत सत्य नहीं माना, न यही माना कि राजनीति और प्रचार के दायरों में कविता का अंत है।' यौन-समस्याओं के सम्बन्ध में यशपाल और राहुल की अतिरेकवादी स्वच्छन्दता से वे सहमत नहीं हैं। सीधा-सादा रास्ता में गांधीवाद का विश्लेषण मार्क्सीय विश्लेषण से भिन्न है। वर्ग-संघर्ष उन्हें मान्य है पर मनुष्य को वे यांत्रिक चिंतन का पुर्जा नहीं मानते। इसीलिए मूलतः मार्क्सवादी होते हुए भी उनके उपन्यासों में वैचारिक ठूँस-ठाँस नहीं मिलेगी।

कुल मिलाकर उनके उनतालीस उपन्यास प्रकाशित हैं। उनमें से घरौंदे ('४६) विषादमठ ('४६) मुर्दों का टीला ('४८) सीधा-सादा रास्ता ('५१), अँधेरे का जुगनू ('५३) विशेष रूप से उल्लेखनीय हैं। इनमें से भी 'मुर्दों का टीला' और 'कब तक पुकारूँ' अपेक्षाकृत अधिक महत्वपूर्ण बन पड़े हैं।

'घरौंदे' में वयःसन्धि की कमजोरियों का उभार ज्यादा है फिर भी लेखक की वर्गीय चेतना की झलक मिल जाती है। 'विषाद मठ' बंगाल के अकाल पर लिखा गया एक सामान्य उपन्यास है। 'सीधा-सादा रास्ता' भगवती चरण वर्मा के 'टेढ़े मेढ़े रास्ते' के जवाब में लिखा गया है। वर्मा जी के उपन्यास का रास्ता कहीं जाता नहीं बल्कि नैराश्य और नियतिवाद के अँधेरे में खो जाता है। किन्तु 'सीधा-सादा रास्ता' बताता है और मंजिल का निर्देश करता है। इसमें दो कम्युनिस्ट पात्र हैं—उमानाथ और ब्रह्मदत्त। किन्तु अपने वर्गीय संस्कारों के कारण उमानाथ पथभ्रष्ट हो जाता है। ब्रह्मदत्त निम्नवर्ग का कम्यूनिस्ट है। इसलिए वह सच्चे अर्थों में शोषितों का पक्षधर बनकर वर्गहीन समाज की रचना में अग्रसर होता है। पर इस प्रकार सपाट विभाजन साहित्य तथा अवधारणाओं की द्वन्द्वात्मकता को नहीं समझ पाता।

'मुर्दों का टीला' एक महत्वपूर्ण उपन्यास है, इसलिए नहीं कि यह प्रागैतिहासिक सभ्यता का संश्लिष्ट चित्र उपस्थित करता है, इसलिए भी नहीं कि यह भौतिकवादी दृष्टिकोण की अभिव्यक्ति करता है बल्कि इसलिए कि यह शोषित वर्ग की जुझारू चेतना को संवेदना के स्तर पर प्रस्तुत करता है। 'सीधे-सादे रास्ते' की तरह इसकी वर्गीय दृष्टि अलग से ही नहीं दिखाई पड़ती वह उपन्यास की संरचना के अंग रूप व्यंजित होती है।

इसमें आर्य-द्रविड़, गणतंत्र-राजतंत्र, स्वामी-दास आदि के संघर्ष के साथ युद्ध की विभीषिका, धन-लोलुपता, और नारी-मुक्ति को भी समाविष्ट किया गया है। सुखी-समृद्ध द्रविड़

गणतंत्र को वैयक्तिक महत्त्वाकांक्षा से अभिप्रेरित श्रेष्ठी मणिबंध निरंकुश राजतंत्र में बदल देता है। दास गणतंत्र में भी थे और राजतंत्र में भी—राजतंत्र में उनकी स्थिति और भी खराब थी। बर्बर मणिबन्ध के विरोध में गायक बिल्लिभित्तूर, विश्वजित, नीलूफर आदि उठ खड़े होते हैं किन्तु उनकी पराजय होती है। दास या शोषित वर्ग की एक कंडिशनिंग होती है। लेखक उसे मानवोचित अधिकारों के प्रति जागरूक बनाता है। वर्णनों-विवरणों से उपन्यास की गति बाधित होती है लेकिन इसमें संदेह नहीं कि प्रगतिशील चेतना के कलात्मक विन्यास की दिशा में यह एक कारगर पटल है।

'कब तक पुकारूँ' जरायम पेशा वाले नटों से संबद्ध उपन्यास है। आज के सभ्य कहे जाने वाले समाज के शोषण और अत्याचार से संत्रस्त इस वर्ग की रोमांचक कथा करुणा और क्रोध जगाती है। जमींदारों और पुलिस के शोषण से इसका दम घुट रहा है। फिर भी आज के सभ्य समाज के मुकाबले में इस वर्ग की मानवीय संवेदना अद्भुत और अप्रतिम है। रामेश्वर शुक्ल अंचल इसी धारा के उपन्यासकार हैं। चढ़ती धूप, नई इमारत, उल्का आदि इनके उपन्यास हैं।

खेद है कि इन प्रगतिवादी उपन्यासकारों ने भाषा और नए औपन्यासिक रूप की ओर ध्यान नहीं दिया। इसलिए इनकी प्रगतिवादी विचारधाराएँ अपेक्षित प्रभाव उत्पन्न करने में असमर्थ हैं।

भैरव प्रसाद गुप्त के उपन्यास खाटी मार्क्सवादी विचार धारा से परिचालित, रेखीय और निष्कर्षवादी हैं। मशाल (५१) गंगा मैया (५५), सत्तीमैया का चौरा (५६), आशा (६३), बांदी (७१) आदि उनके उपन्यास हैं। वस्तुतः पहले तीनों उपन्यासों में साम्यवादी दल और मार्क्सवादी विचारधारा को अनूदित किया गया है। 'मशाल' में मजदूर-आन्दोलन, संयुक्तमोर्चा, लाल रोशनी के माध्यम से शोषित वर्ग को इन्कलाबी रास्ता दिखाने की कोशिश की गई है। 'गंगा मैया' का नायक किसानों की सामूहिक शक्ति के आधार पर जमींदारों से मोर्चा लेता है और गंगा मैया के अंचल पर काबिज हो जाता है। सत्तीमैया का चौरा समय-समय पर ग्रहण की गई कम्यूनिस्टों की गलत-सही नीतियों के समर्थन में लिखा गया है। अमृतराय के बीज में उठाई गई राजनीतिक मान्यताओं को इसमें भी उठाया गया है। लगता है यह बीज से प्रभावित है। कांग्रेस आन्दोलन की भरपूर भर्त्सना करते हुए वह एक सरलीकृत निष्कर्ष पर पहुँच जाता है—इलाज केवल एक है और वह है : जनता में वर्ग-चेतना पैदा करना, जनता की मुक्ति की लड़ाई को वर्ग-संघर्ष के स्तर पर ले जाना।

अवधारणात्मक प्रशिक्षण और सौन्दर्यमूलक प्रशिक्षण में अन्तर होता है—पहला अर्जित होता है तो दूसरा एक हद तक आन्तरिक। दोनों का तालमेल अवधारणा और वाह्यजगत् के समीकरण से नहीं बैठता। कला में अर्थ के अनेक आयाम और स्तर होते हैं। अवधारणा का लदाव कलाकार की वैयक्तिक सर्जनात्मकता का अवरोधक होता है, इसीलिए वह रूपान्वेषण की चिन्ता से मुक्त होता है। ठोंक-पीट कर अवधारणा को उपन्यास के बने-बनाये साँचे में ढालने से प्रगतिवादी दृष्टि अपवर्तित हो उठती है।

अमृतराय का पहला उपन्यास बीज ('५३) मार्क्सवादी कार्यक्रम को अंजाम देने के

लिए लिखा गया प्रतीत होता है। प्रेमचन्द की तरह इसमें भी परिवार के भीतर के ही सामाजिक-राजनीतिक समस्याओं को उठाने की कोशिश की गई है। किन्तु एक बँधे हुए नजरिये से परिवार और राजनीति की समस्याओं का सरलीकरण इसे प्रेमचन्द की सहजता से परे हटाकर यांत्रिक बना देता है। तत्कालीन साम्यवादी विचारों और नारों की प्रतिध्वनियों से उपन्यास भरा पड़ा है। 'बुड्ढे गांधी' से कोई उम्मीद नहीं की जा सकती, 'रूस आज के इतिहास का ज्योतिषिक सत्य है,' सन् ४२ की क्रांति आत्महत्या है, शोलोखोव और इलिया ऐरेनबुर्ग के उपन्यास अप्रतिम हैं, कम्यूनिस्ट घोषणा-पत्र भ्रांति का निवारक है। अंत में मेहतरों के जुलूस में शामिल होकर नायक की पत्नी उषा घायल हो जाती है। उसी समय जेल से छूटा हुआ उसका पति उसे एक भावुकतापूर्ण रटा हुआ वाक्य मिला देता है......'तेरे इस घाव में हमारे नए जीवन के विराट अश्वत्थ का बीज छिपा हुआ है.....।' सच तो यह है कि यह उपन्यास तत्कालीन साम्यवादी सोच-विचार का भद्दा रूपक बन गया है। न तो शोलोखोव से कुछ सीखा गया है और न इलिया ऐरेनवर्ग से। युवजनोचित उत्साह इसे एक ओर सपाट बनाता है, तो दूसरी ओर संवेदनाहीन उपदेश उद्देश्य का ही गला घोंट देता है।

'नागफनी का देश', 'हाथी के दाँत', 'जंगल और सुख-दुख' के बाद उसका एक वृहद्काय उपन्यास धुंवा ('७७) प्रकाशित हुआ। इसमें एक विशाल फलक पर देश में व्याप्त बहुस्तरीय भ्रष्टाचार को बौद्धिक दृष्टि से देखा गया है। भटकती हुई नई पीढ़ी, दिशाहीन राजनीतिक दल, आर्थिक विषमताओं की खाँई, विश्वविद्यालयों के लक्ष्यहीन अपढ़ नवयुवक, श्री सम्पन्न लड़के-लड़कियों की फैशनपरस्ती इत्यादि को जहाँ-तहाँ फैला दिया गया जिससे कोई समग्र तस्वीर नहीं उभरती। बीज के लेखक का सारा उत्साह ही धुंवा हो गया है। एक पात्र साम्यवादी दल की आलोचना करता हुआ कहता है....'न इन्हें देश की वास्तविकता से कुछ लेना-देना है—अपना किताबी ज्ञान बघार रहे हैं, बाकी तो सब भटके हुए लोग हैं। कोई वामपंथी दुस्साहसिक, कोई दक्षिणपंथी संशोधनवादी—कोई रूस का प्रमाण देता, कोई चीन का। देश का प्रमाण किसी के पास न था।' बीज में लेखक की खुद की भूमिका यही है। लेकिन यह मोहभंग कहीं ले नहीं जाता। इसमें प्रेम कहानियाँ भी हैं। बीज में तो प्रेम और विवाह को प्रगतिशील नजरिये से रखा गया था किन्तु धुंदा के नारायण और रागिनी का प्रेम तो एक प्रतिक्रियावादी परिणय तक पहुँच जाता है। इस उपन्यास में अमृत की भाषा की आग धुंवा हो जाती है।

मन्मथनाथ गुप्त और हंसराज रहबर और भी उत्साही मार्क्सवादी उपन्यासकार हैं।

सामाजिक सांस्कृतिक

प्रयोग-प्रगति काल में सामाजिक सांस्कृतिक उपन्यास भी लिखे जा रहे थे। कविता का तेवर कहीं अधिक तीखा और प्रभावशाली था जबकि अधिकांश सामाजिक सांस्कृतिक उपन्यासों में एक प्रकार की मंथरता और ऐतिहासिक दृष्टि की न्यूनताएँ थीं। '४६ में, सियारामशरण गुप्त का 'नोवाखाली', दिनकर का 'कुरुक्षेत्र' और निराला का 'नए पत्ते' प्रकाशित हुए। इसी वर्ष भगवतीचरण वर्मा का 'टेढ़े-मेढ़े रास्ते', रांगेय राघव का 'विषादमठ',

हजारी प्रसाद द्विवेदी का 'बाणभट्ट की आत्मकथा' और वृन्दावनलाल वर्मा का 'झाँसी की रानी' आदि उपन्यासों का भी प्रकाशन हुआ। जाहिर है कि उपन्यासों के माध्यम से सामाजिक-सांस्कृतिक इतिहास का साहित्यिक पुनर्लेखन हो रहा था। इन उपन्यास लेखकों में भगवती चरण वर्मा, उपेन्द्रनाथ अश्क, अमृतलाल नागर, चतुरसेनशास्त्री, हजारीप्रसाद द्विवेदी आदि के नाम् विशेष रूप से उल्लेखनीय हैं।

भगवतीचरण वर्मा (१९०३-८१) के उपन्यासों की मूल टेक है--मनुष्य परिस्थितियों का दास है, किन्तु इस सीमा को स्वीकार करने के बावजूद उन्होंने वैयक्तिकता को जगह-जगह सामाजिकता में संक्रमित करने की चेष्टा की है। यह संक्रमण कितना औपचारिक और कितना सामयिक आग्रह से परिचालित है, बिलकुल अलग बात है।

'चित्रलेखा' ('३४) उनका पहला महत्वपूर्ण उपन्यास है जिससे वर्मा जी को ख्याति और प्रतिष्ठा मिली। 'चित्रलेखा' रोमा रोलाँ के थाया से प्रेरणा लेकर लिखा गया है। इसमें परिदृश्य और व्यक्ति का अन्तर्विरोध है। फिर भी इसका परिवेश और मूल्य दृष्टि अलग है। इसमें सन्देह नहीं कि पाप-पुण्य की कोटियों पर दिया गया महाप्रभु रत्नांबर का निर्णय बहुत ही सरलीकृत है। पाप-पुण्य को यौन-संबंधों तक सीमित कर दिया गया है किन्तु जिस समय यह उपन्यास लिखा गया उस समय पाप-पुण्य का स्थूल निर्णायक यौन-संबंध ही हुआ करता था। इसका नकार एक नए दृष्टिकोण का सूचक है। लेखक के नियतिवाद की तरह यदि उपन्यास की नियति पूर्व निर्धारित न होती तो इसका महत्व और भी अधिक होता।

बीजगुप्त और चित्रलेखा नियति के दास नहीं हैं। वे स्वतंत्र निर्णय भी लेते हैं। चित्रलेखा का योगी कुमारगिरि की कुटिया में जाना उसका स्वतंत्र निर्णय है। इसी तरह यशोधरा को छोड़कर चित्रलेखा के साथ चले जाने का जो निर्णय बीजगुप्त लेता है वह उसकी अपनी पहचान बनाता है। नियति के लेख को पार कर, जो लेखक के अनजाने ही हो गया है, बीजगुप्त निर्णय की स्वतंत्रता प्रतिष्ठित करता है। व्यक्ति-स्वातंत्र्य और जिम्मेदारी के अद्‌भुत सम्मिश्रण का यह पहला उद्‌घोष है।

पर 'टेढ़े-मेढ़े रास्ते' ('४६) एक राजनीतिक उपन्यास है। 'चित्रलेखा' में तो मूल्य दृष्टि उभरती है किन्तु 'टेढ़े-मेढ़े रास्ते' में वह दृष्टि ही गायब हो गई है। गाँधीवाद, क्रांतिवाद और साम्यवाद सभी टेढ़े-मेढ़े रास्ते हैं। गाँधीवादी के साथ तो एकहद तक लेखक की सहानुभूति दिखाई पड़ती है पर क्रांतिकारियों का मखौल उड़ाना तथा साम्यवाद की विदूषकीय भर्त्सना करना लेखक के अपने पूर्व निर्दिष्ट विचारों का प्रक्षेपण है। केवल सामंतवादी रामनाथ का चरित्र अपने विरोधों में यथार्थवादी बन सकता है। हर जगह भाग्य की विडंबना, नियतिवाद अपना करिश्मा दिखाने के लिए हाजिर है।

'टेढ़े-मेढ़े रास्ते' में सन् '३० की परवर्ती राजनीतिक घटनाएँ वर्ण्यवस्तु के रूप में ली गई हैं, तो 'भूले बिसरे चित्र' (१९२९) १८८५ से ३० तक की अनेक राजनीतिक उथल-पुथल और आर्थिक-सामाजिक-नैतिक परिवर्तनों का आलेख है। पचास वर्षों के अधिक दिक्-काल को समेट कर तथा चार पीढ़ियों की कथाओं को लेकर इसे महाकाव्योचित बनाने की चेष्टा की गई है।

गहन वैचारिक उद्वेलन और तीव्रतर प्रभाव में भी यह उपन्यास महत्वपूर्ण बन गया है। चार पीढ़ियों की कथाओं में हर नई पीढ़ी अपनी मानसिकता में पुरानी पीढ़ी से अलग हो जाती है। सामंतवादी पीढ़ी के टूटने के बाद नौकरी पेशा का एक नया वर्ग उभरता है जो अंग्रेजी हुकूमत के प्रति पूरा वफादार है, किन्तु तीसरी पीढ़ी के मन में वैयक्तिकता और सामाजिकता का गहन अन्तर्द्वन्द्व दिखाई पड़ता है। चौथी पीढ़ी अपने को राष्ट्रीय आन्दोलन में विसर्जित कर देती है। तीसरी पीढ़ी के अतिरिक्त अन्य सभी पीढ़ियाँ विशेष परिवेश में ढली होने के कारण द्वन्द्वविहीन है। तीसरी पीढ़ी के गंगा प्रसाद अपने गहन अन्तर्द्वन्द्व की गिरफ्त में आकर्षण बन पड़े हैं। पूँजीवाद के उदय, उसकी जकड़ और बुर्जुआ, राष्ट्रीय आन्दोलन में साभिप्राय शिरकत को भी वर्मा जी ने सही ढंग से चित्रित किया है। हिन्दू-मुस्लिम समस्या को भीतर से झाँक कर उन्होंने जिस सचाई को उभारा है वह कुछ अंशों में सच है, किन्तु मुसलमानों के रचनात्मक पक्ष को न दिखाने की वजह से यह एकांगी हो गया है और लेखक की नीयत सन्देहास्पद हो जाती है।

किन्तु ऐतिहासिक दृष्टि की कमी न तो व्यक्ति और समाज के मन्थन को उभार पाती है और न वर्गीय स्थितियों की कशमकश को। अन्ततोगत्वा अपने कृत्रिम आशावादी अंत के बावजूद समग्रतः यह कृति अपने गले में नियतिवाद का फंदा डाल देती है।

'सामर्थ्य और सीमा' (१९६२) एक लीलावादी उपन्यास है जिसमें लेखक की मूलभूत उपपत्ति नियतिवाद पर मुहर लगा दी गयी है। प्रकारान्तर से भ्रष्ट मंत्री, भ्रष्ट व्यवस्था, भ्रष्ट योजना का मखौल उड़ाते हुए लेखक अपने मुख्य लक्ष्य साम्यवाद को निशाना बनाने से नहीं चूकता। इसके साथ ही वह मुसलमानों की फिरकापरस्ती को भी इस ढंग से प्रस्तुत करता है कि वह खुद उसकी फिरकापरस्ती मालूम पड़ने लगती है। अंत में वह इस निष्कर्ष पर पहुँचता है कि कर्ता कोई नहीं है, हो जाया करता है। मैंने कहा न कि कर्ता कोई कुछ नहीं है, यह सब आप ही आप हो जाया करता है.....।' जाहिर है कि उपन्यास का जो भी लक्ष्य हो वह लेखक का नहीं है किसी और का है जो वास्तविक कर्ता है। जब कर्ता मनुष्य नहीं है, ईश्वर या अदृश्य शक्ति है तो नैतिकता-अनैतिकता का प्रश्न ही बेकार हो जाता है।' सबहि नचावत राम गुसाईं ('७०) अपने नाम से ही सिद्ध हो जाता है कि वह लीलावादी परंपरा का उपन्यास है। 'प्रश्न और मरीचिका' ('७३) इससे भिन्न नहीं है।

वर्मा जी बहुत अच्छे किस्सागो हैं, अतः उनके उपन्यासों की रोचकता में कहीं खोट नहीं मिलेगी। स्थान-स्थान पर व्यंग्य-विनोद का भी समावेश हुआ है। पर उनके कथानक के परिवेश और चरित्रों के बीच द्वन्द्वात्मक संबंध नहीं स्थापित हो पाता, अतः अन्तरक्रियात्मक भावात्मक या वैचारिक तीव्रता के लिए कोई जगह नहीं रह जाती। गाल्सवर्दी की तरह 'सागा' लिखने का प्रयास उन्होंने किया है, किन्तु उसी की तरह उन्हें तट की चल जक माली अच्छी लगती है। संवेदना में उतरने का खतरा वे नहीं उठा पाते।

उपेन्द्रनाथ अश्क को प्रायः प्रेमचन्द परम्परा का उपन्यासकार कहा जाता है। इसे केवल इसी हद तक माना जा सकता है कि अश्क ने भी अपने कथानकों का ताना बाना निम्नमध्यवर्ग के नायक के चतुर्दिक बुना है। किन्तु न तो उनमें प्रेमचन्द की व्यापक युग-चेतना

है और न मूल्य-दृष्टि। उनके नाटकों में तो दृष्टि संपन्नता दिखाई पड़ती है किन्तु उपन्यासों में 'बाँधो न नाव इस ठाँव' के 'आँख मिलने' के दावे के बावजूद वही नहीं है। सामाजिकता यथार्थ की तफसीलों में वे डूबते जरूर हैं लेकिन उतराते हैं इश्क के कैशोर साहिल के पास।

उन्होंने अनेक उपन्यास लिखे हैं—सितारों के खेल। ('३८), गिरती दीवारें ('४०), गर्मराख ('५२), बड़ी बड़ी आँखें ('५४), पत्थर-अल-पत्थर ('५७), शहर में घूमता आईना ('६३), एक नन्हीं किन्दील ('६९), बाँधो न नाव इस ठाँव ('७४) आदि। इनमें गिरती दीवारें, शहर में घूमता आईना और 'बाँधो न नाव इस ठाँव' गाल्सवर्दी के फारसाइसीस सागा से अभिप्रेरित है। फर्क यह है कि सागा गत्यात्मक है और अश्कीय सागा जड़ और एक ही विन्दु के चारों ओर घूमने वाला वृत्त। और यह विन्दु है चेतन।

चेतन निम्नमध्यवर्ग में पैदा हुआ है जो कवि-कलाकार बनने की आकांक्षा पाले हुए है। किन्तु परिवार का प्रतिकूल वातावरण, शोषकों की व्यूह-रचना और स्वयं की काम-कुण्ठा से वह पूर्णतः असफल सिद्ध होता है। परिवेश के यथार्थवादी चित्र उरेहने में वह पर्याप्त समर्थ है। जालंधर की बस्तियों की चिल्ल-पों, अनारकली के चंगड़ मुहल्ले की गंदगी का प्रभावशाली वर्णन हुआ है।

पर सब मिलाकर यह यौन-वर्जनाओं का उपन्यास हो गया है। दीवार के स्त्री-पुरुष, तरुण-तरुणियों के बीच खड़ी है—मुख्यतः चेतन-शीला के बीच, केसर, प्रकाशो, मन्नी और चेतन के बीच। लेखक पेट से कहीं अधिक यौन-वर्जनाओं को महत्वपूर्ण बना देता है। किन्तु न तो कहीं गहन यौनासक्ति है और न प्रेम। इसलिए इस क्षेत्र में भी वह कहीं गहरे न उतर कर सतह पर ही भावनात्मक खेल खेलता रहता है। अगर दीवार गिरी भी तो डर है कि कहीं चेतन मलबे में खुद भी समाप्त न हो जाय। यदि दीवार गिरने की वह झूठी प्रतीक्षा करता तो भी कोई बात बन सकती थी।

'शहर में घूमता आइना', 'एक नन्हीं किन्दील' और 'बाँधो न नाव इस ठाँव' क्रमशः व्यावसायिकता की ओर अग्रसर होते गए हैं। ज्यों-ज्यों उनका मोटापा बढ़ता गया है त्यों-त्यों कीमत चढ़ती गई है। लेकिन भाव गिरता गया है और लालित्य मरता गया है। फीके बेस्वाद संस्मरणों, डाक्यूमेन्टरी विवरणों, लंबे-लंबे रिपोर्ताजों से इन उपन्यासों को थका देने वाली क्षमता बढ़ गई है। आखिरकार चेतन को कितना निचोड़ा जाएगा ? उस थके हारे व्यक्ति को जितना घुमाया जाएगा वह उतना ही रक्त-मांस हीन, ढुलमुल, निस्तेज और प्राणहीन होगा। सागा परंपरा के सभी उपन्यास 'गिरती दीवारें' का चर्वित-चर्वण है।

'गर्म राख' में क ख से प्रेम करता है ख ग से और ग अन्य किसी से। इसका जगमोहन प्रच्छन चेतन है। वह भर्तृहरि को याद करता हुआ कहता है यां चिन्तयामि सततं मयि सा विरक्ता। साप्यन्यमिच्छति जनं स जनोऽन्यसक्तः।' हरीश फैज को गुनगुनाता है, 'मुझसे पहली सी मुहब्बत मेरे महबूब न माँग।' लेकिन उसे मुहब्बत से सिवा और कोई दुःख नहीं है, अगर है भी तो किसी छिछले स्तर पर। बड़ी-बड़ी आँखें लेकर भी लेखक जो कुछ देखता है वह धुँधलके से भरा हुआ है। भला एक उदाराशय प्रधानमंत्री देश को कैसे बदल सकता है। इसके लिए तो पूरी व्यवस्था में क्रांतिकारी परिवर्तन ले आना होगा। और अपना

अधिकांश समय मुहब्बत के चों-चों के मुरब्बे में जाया करने वाले आदमी के जेहन में यह कैसे घुस सकता है ?' पत्थर-अल-पत्थर में अश्क के ट्रेवलाग यथार्थवादी और रम्य हैं, जीवन-बोध-वैषम्य को तीखे ढंग से प्रस्तुत किया गया है।

अमृतलाल नागर (१९१६) सामाजिक यथार्थवादी उपन्यासकारों की परंपरा में ही आते हैं, अर्थात् इस परंपरा की त्रयी—भगवती चरण वर्मा, अश्क और नागर की त्रयी में। अभिजातीय संयम, डिटेल का शौक, पात्रों का हुजूम, मोटापे की होड़, मध्यकालीन बोध और आधुनिकता का घाल-मेल इन सभी उपन्यासकारों की सामान्य विशेषताएँ हैं। नागर ने इतिहास, पुराण, धर्म-दर्शन, पुरातत्व, जनश्रुति, जादू-टोना और चमत्कार आदि को और जोड़ दिया है। महाकाल ('४७), सेठ बाँकेमल ('५५), बूँद और समुद्र ('५६) शतरंज के मोहरे ('५९), सुहाग के नूपुर ('६०), अमृत और विष ('६६), सात घूँघट वाला मुखड़ा ('६८), एकदा नैमिषारण्ये ('७१), मानस का हंस ('७२), नाच्यौ बहुत गोपाल ('७८) और खंजननयन ('८०) इनके उपन्यास हैं। इननें सबरो प्रसिद्ध हैं 'बूँद और समुद्र'।

'महाकाल' बंगाल के अकाल पर लिखा गया आलोचनात्मक यथार्थवाद का उपन्यास है। 'बूँद और समुद्र' लिखने के पहले वे अपने पत्र चक्कलस 'क' माध्यम से नवाबी मसनद स्तंभ के अन्तर्गत नवाब और उसके चमचों का रेखाचित्र धारावाहिक रूप से निकालते रहे हैं। लखनऊ के परिवेश की उनकी मजबूत पकड़ का पता उसी से लग जाता है। सेठ बांकेलाल में हास्य-व्यंग्य का अच्छा रियाज़ किया गया है जिसका उपयोग अन्य उपन्यासों में हुआ। 'बूँद और समुद्र' का प्रतीकार्थ है व्यक्ति और समष्टि। उपन्यास में इन्हीं के समन्वय का प्रयास है जिसे सिद्धि नहीं मिल सकी है।

उपन्यास के पात्रों को मोटे तौर पर दो कोटियों में विभक्त किया जा सकता है—पारंपरिक जीवन-प्रणाली को लेकर चलने वाले पात्र और नवीन जीवन-पद्धति को लेकर चलने वाले चरित्र। ताई, रामजी, कर्नल प्रसाद, खन्ना की पत्नी आदि पहली श्रेणी में आयेंगे तो सज्ञन, महिपाल, वनकन्या आदि द्वितीय श्रेणी में। पहले कोटि के चरित्रों का बड़ा प्रामाणिक और जीवंत चित्र खींचा गया है, जब कि आधुनिक जीवन-बोध वाले चरित्र कृतिम और यंत्रगतिक हो गये हैं। जाहिर है कि लेखक का मन इनमें नहीं रमा है।

बाबा रामजी तो कोई तिलस्मी ऐयार मालूम होते हैं। उनका उपदेश, जादुई प्रभाव, हृदय परिवर्तन की अमोघ शक्ति। सतही मानवतावाद, पर पीड़ा सम नहिं अधमाई की शिक्षा के स्पर्श से किसी का भी चित्त पलट सकता है। जाहिर है कि नागर ने इसके माध्यम से मध्यकालीनबोध की जो लक्ष्मण-रेखा तैयार की है वे उससे बाहर नहीं निकलते। ताई का चरित्र अपने अन्तर्विरोधों में अत्यधिक विश्वसनीय और प्रामाणिक बन पड़ा है। आधुनिकता-बोध वाले चरित्र आज की मध्यवर्ग की समस्याओं से ही उलझते हैं। बाबा का जादू उनकी जटिलताओं को छू मन्तर कर देता है।

अनावश्यक बहसों, विवरणों, समाजशास्त्रीयता की ठूँस-ठास, इतिहास-पुरातत्व के अनर्गल तथ्यों के बेमेल समावेश ने उपन्यास के स्थान को विशृंखलित, गत्यात्मकता को शिथिल और पाठकीय संवेदना को कुंठित बना दिया है। अतः उपन्यास जिस क्लासिकल समारोह

के साथ शुरू होता है उस औदात्य का निर्वाह नहीं कर पाता। अपने भाषायी चमत्कार के बावजूद यह एक महत्वाकांक्षापूर्ण असफल कृति बनकर रह जाता है।

'सुहाग के नूपुर' में नागर का मध्यकालीन-बोध स्पष्ट रूप से उजागर हो जाता है। कुलवधू और नारहवधू के बीच पुराणपंथी विभाजक रेखा खींचते हुए यह सिद्ध करना कि पहली दूसरी से हर मायने में बेहतर है नागर के रीतिबद्ध दृष्टिकोण की सूचना देता है।

'अमृत और विष' 'बूँद और समुद्र' से बेहतर उपन्यास है—दृष्टिकोण में प्रगतिशील, प्रासंगिक तथा शिल्प में प्रयोगात्मक। बूँद और समुद्र में वैयक्तिक प्रेम नागर के गले से नीचे नहीं उतरता। किन्तु यहाँ पर इसी के आधार पर विवाह कराकर वैयक्तिक स्वातंत्र्य और समझदारी की सराहना की जाती है। 'बूँद और समुद्र' के आधुनिकता बोध के पात्र लिजलिजे और यांत्रिक हैं जबकि 'अमृत और विष' युवा वर्ग अपने संघर्ष और सपनों में सवाक्, जीवंत और विश्वसनीय है। प्रसन्नता की बात यह है कि इस वर्ग को किसी अवधारणा का प्रतीक नहीं माना गया है। इस वर्ग में अवसरवादी भी हैं और सचमुच के संघर्षी भी। नागर ने इसकी दिशाहीनता की ओर भी पाठकों का ध्यान आकृष्ट किया है पर उसकी पीड़ा की सचाई असंदिग्ध है। इस वर्ग के लोगों की रहन-सहन, आदतों, सपनों, आकांक्षाओं आदि का आकर्षण यथार्थवादी चित्र उरेहा गया है।

इसके प्रयोग को लेकर आपत्तियाँ उठाई गई हैं। प्रश्न होता है कि उपन्यास के भीतर एक और उपन्यास के नियोजन की सिद्धि क्या है? अरविन्द शंकर अपना उपन्यास लिखकर नागर के उपन्यास की क्या सहायता करता है? सच पूछिए तो इससे नागर का उपन्यास बाधित होता है। यदि दोनों में कोई टकराहट होती तो भी एक बात होती। अतः यह प्रयोगात्मक चमत्कार के अतिरिक्त उपन्यास में कुछ भी नहीं जोड़ता। इस परंपरा के लेखकों का विस्तार-लोभ पाठकों को हर तरह महँगा पड़ता है।

'एकदा नैमिषारण्ये' नागर के व्यापक अध्ययन मनन-चिन्तन का औपन्यासिक रूपान्तरण है। नैमिषारण्य के भागवतों ने किस प्रकार अनेक अन्तर्विरोधों के बीच भावात्मक एकता का प्रसार किया उसे बहुत रोचक ढंग से प्रस्तुत किया गया है। 'मानस का हंस' तुलसीदास और 'खंजन नयन' सूरदास के जीवन चरित पर आधारित है। हर जगह चमत्कार खोज निकालना नागर का 'मैनरिज्म' हो गया है। उसे इन उपन्यासों में भी देखा जा सकता है। तुलसी को उत्तर दक्षिण के पूरे भक्ति आन्दोलन से व्यावृत्त कर इसे विस्तार और गहराई दी जा सकती थी। किन्तु राम-काम के द्वन्द्व के अनावश्यक विस्तार ने इसे दिशा में नहीं जाने दिया। खंजन-नयन में लेखक की दूरारूढ़ की कल्पना भारतीय मानस में बसे सूरदास की छवि धूमिल कर देती है।

राजेन्द्र यादव (१९२९) मुख्यतः इसी धारा के उपन्यासकार हैं—अधिक सामाजिक, अधिक आधुनिक और अधिक प्रयोगधर्मी। 'उखड़े हुए लोग' ('५६) उसका सर्वोत्तम उपन्यास है। इसमें 'सारा आकाश' की रूमानियत से मुक्त होकर लेखक राजनीतिक आयाम को लेकर चलता है। कांग्रेसी पूँजीवादी व्यवस्था लोगों को उखाड़ फेंकती है, घिनौने स्वार्थ के अतिरिक्त अन्य कोई रिश्ता शेष नहीं बचता। किन्तु उखड़े हुए लोग एक जुट होकर उस व्यवस्था को

उखाड़ भी सकते हैं। यह सब रूपान्वेषण के तहत रचनात्मक धरातल पर घटित होता है। अतः इसकी अपनी अलग पहचान बन जाती है। उसके अन्य उपन्यास हैं—सारा आकाश ('६०) कुलटा ('५८) शह और मात ('५६) , अनदेखे अनजान पुल ('६३), एक इंच मुस्कान ('६४) और मंत्रबिद्ध।

सांस्कृतिक मिथकीय

सांस्कृतिक-राष्ट्रीय कविताओं की तरह इस काल में सांस्कृतिक मिथकीय उपन्यासों की रचना हुई। इस तरह के कुछ उपन्यासों की चर्चा, जो मुख्यतः ऐतिहासिक हैं, की जा चुकी है, कुछ मिथकीय उपन्यासों की रचना **हजारीप्रसाद द्विवेदी** ने (१६०७-७८) की है। बाणभट्ट की आत्मकथा ('४६), चारुचन्द्रलेख (१६६२) , पुनर्नवा ('७५) और अनामदास का पोथा ('७६) उनके उपन्यास हैं।

इन उपन्यासों में मिथकों, निजंधरी कथाओं, आद्यबिंबों, कथा अभिप्रायों के माध्यम से संरचना का जो रूप खड़ा किया गया है वह अपनी व्यंजकता में आधुनिक जीवन बोध को भी लिए हुए है। एक विशिष्ट भागवत दृष्टि, ऐतिहासिक परिप्रेक्ष्य और जीवन-दर्शन के अन्वेषी मिथकों (क्वेस्ट मिथ) के कारण उनके उपन्यासों की एक अलग पहचान बन गई है।

प्रेमचन्दोत्तर हिन्दी उपन्यासों में 'बाणभट्ट की आत्मकथा' शिल्प गत प्रयोग, मिथकीय संरचना और गहन जीवन-दर्शन के कारण हिन्दी का एक अप्रतिम उपन्यास ठहरता है। द्विवेदीजी हिन्दी के अकेले मिथक उपन्यासकार हैं। मिथक उनका रेहटारिक है, लालित्य है, संरचना का एक पैटर्न है। वे मिथकों के माध्यम से अतीत में पीछे हट कर अत्यंत वेग पूर्वक जड़ता पर आक्रमण करते हुए भविष्य का पुनर्निमाण करते हैं।

इस उपन्यास में जड़ता से स्पन्द-चेतना की ओर जाने का भावाभिभूत वैचारिक उन्मेष है। सचराचर धरा जलमग्न है। संपूर्ण समाज एक प्रकार के अवरोध में है। भट्टिनी, महामाया, निपुणिका, सुचरिता, स्वयं वाणभट्ट, विरतिवज्र आदि अवरुद्ध हैं। राजनीति, संस्कृति, धर्म आदि तालाब के बँधे घाटों के जल की तरह स्थिर हैं, प्रवाह शून्य हैं। सोचने का बँधा हुआ तरीका है, धर्म की बँधी-बँधाई परिपाटी है। सब लकीर के फकीर हैं। वाणभट्ट को लगा था—न जाने क्यों मुझे लग रहा था कि नीचे से ऊपर तक सारी प्रकृति में एक अवश अवसाद की जड़िमा छाई हुई है।

महावाराह एक मिथक है जिसमें चुराई हुई धरती को अगाध जलराशि से महावाराह अपने विषाण की नोक से निकाल लाते हैं। इसका आरकेटाइप है—भयग्रस्त आदिम मनुष्य में जाग्रत रक्षक का बिंब। मिथकों का प्रयोग सादृश्य या विसादृश्य के रूप में ले आकर समसामयिक जीवन की समस्याओं पर प्रकाश डालना है। बाणभट्ट स्वयं महावाराह है तो भट्टिनी धरिणी। यह एक शिथिल सादृश्य है, रूपकात्मक सादृश्य नहीं। मिथकीय प्रयोगों में सादृश्य विधान इसलिए शिथिल होता है कि वह अपने भीतर अन्य अनेक सादृश्यों-विसादृश्यों को समेट सके।

'महावाराह' भागवत तत्व को भी उजागर करता है। इस बहाने अहं के निर्वासन

और स्वतंत्रता का प्रश्न भी उठाया गया है। मनुष्य स्वयं कर्ता नहीं है। वह किसी अज्ञातशक्ति द्वारा कार्य में नियोजित होता है, वह निमित्त मात्र है। बाणभट्ट क्या भट्टिनी के उद्धार के लिए अपना कोई निर्णय लेता है? वह विवश है। राजा हर्षवर्धन की प्रशस्ति करने या न करने में भी वह स्वतंत्र नहीं है। भट्टिनी के प्रति अपने ऐकांतिक अनुराग से वह मुक्त होना चाहता है। किन्तु मुक्त हो पाना उसके अधिकार में नहीं है। यह अवशता उसकी रचना-प्रक्रिया है। भट्टिनी के प्रभाव से वह अपनी रचनात्मक प्रतिभा को समष्टि मूलक बना लेता है।

जीवन की सार्थकता का सवाल भी इस उपन्यास में उठा है। इसी प्रश्न को सार्त्र ने अपने उपन्यास 'नासिया' में भी उठाया है। द्विवेदी जी ने सार्थकता को प्रपत्तिवाद, समर्पण और गार्हस्थ्य जीवन में चरितार्थ पाया है जो निश्चित रूप से मध्यकालीन है। सार्त्र ने इसे रचनात्मकता के संदर्भ में प्रस्तुत करके प्रश्न को आधुनिक बना दिया है। किन्तु अपनी व्यंजना में यह भट्टिनी के साथ मध्यकालीन बोध को नए सिरे से सार्थकता देने की चेष्टा करता है।

द्विवेदी जी के मतानुसार सार्थकता सुचरिता के जीवन को मिल पायी है क्योंकि वह अपने कर्मों को नारायण को समर्पित कर देने में समर्थ है क्योंकि वह अपने पति को पाकर गृहस्थ हो गई है। भट्टिनी आंशिक रूप से सार्थक है क्योंकि उसे आराधक मिल गया है। सुचरिता भागवत तत्व के कारण सार्थक है तो भट्टिनी मनोवैज्ञानिक तत्व के कारण। लेकिन क्या निपुणिका और महामाया को सार्थकता नहीं मिल सकी है? अपने व्यापक सामाजिक संदर्भों में इन दोनों की सार्थकता अधिक बड़ी है? भागवत दृष्टि से सुचरिता को चाहे जो महत्व मिले पर यथार्थवादी जीवन-दृष्टि से वह आधुनिक ठहरती है। पर इस उपन्यास की मिथकीय संरचना मध्यकाल के टूटे हुए प्रांगण में मनुष्यता की खोज करती है। वस्तुतः मिथक संरचना की एक पद्धति है। महावाराह को बार-बार प्रस्तुत किया गया है और भट्टिनी की स्तुति 'जलौघमग्ना सचराचरा धरा' की अनुगूँज रह-रह कर सुनाई पड़ती है। भैरवीचक्र और भागवतधर्म से कई अभिप्रायों को लेकर उन्हें पूर्वालंकरण (प्रीफिगरेशन) के रूप में इस तरह रखा गया है कि वे नई मनुष्यता, उसकी सार्थकता को उजागर कर सकें। अघोर भैरव एक मिथक हैं, कुंडलिनी, महामाया को अभिप्राय के रूप में प्रस्तुत किया गया है। देश को जाग्रत करना में महामाया की भूमिका अभूतपूर्व है। महामाया राजाओं, महाराजाओं, सामंतों की ह्रासोन्मुखी शक्तियों को चुनौती देती हुई जनता को उसके पौरुष के प्रति सचेत बनाती है, उसे संघटित करती है। ऐसा लगता है कि उसके संघटित हुंकार से सामंतीय ढाँचा चरमराकर टूट जाएगा। वह तुवर मिलिंद की नयनतारा की जगह लाख-लाख नयनताराओं की व्यथा-कथा उभारती है, जनता की कुंडलिनी जग उठती है।

सामंतीय सांस्कृति का अपना मिथक है—श्लोक पाठ करती हुई शुकसारिकाएँ नूपुरों के क्वणन से ध्वनिमय मांगलिक जुलूस, मदनोत्सव, दोहद, मंदार पुष्प जड़ित सुन्दरियों के केश-पाश, कलात्मक विनोद, कलाविद नर्तकियाँ आदि। इस मिथक के समान्तर एक मिथक और है—कन्याओं का अपहरण, बलात्कार, उनका क्रय-विक्रय अशुचि कूटनीति। इसके मूल कारण पर अर्थगर्भ टिप्पणी-संपत्ति। इसके प्रतिकार में बाणभट्ट एक आधुनिक मिथक गढ़ता है—'मेरा मन कहता है जब तक राज्य रहेंगे सैन्य संगठन रहेंगे, पौरुष-दर्प का प्राचुर्य रहेगा,

तब तक यह होता ही रहेगा।' .....किन्तु इस मिथक के लिए मार्ग अन्वेषित नहीं किया गया है। धावक के सन्निवेश से उपन्यास में अद्‌भुत जीवन्तमयता आ गई है। वह अपने व्यंग्यात्मक यथार्थ से बाउल कवि बाणभट्ट के व्यक्तित्व के अधूरेपन को पूरा करता है।

मिथकीय संरचना-शिल्प का इससे बेहतर नमूना मिलना कठिन है। पता नहीं इसमें कहाँ-कहाँ से वर्णन-विवरण एकत्र किए गये हैं, कहाँ-कहाँ के श्लोकों की उद्धरणी दी गई है, कहाँ-कहाँ से स्थितियाँ ली गई हैं, कहाँ-कहाँ से जीवन संदर्भों को उठाया गया है। किन्तु इनका समावेश इस ढंग से हुआ है कि कहीं से कोई दरार नहीं दिखाई पड़ती, इसे कुट्टिम शिल्प का नाम दिया जा सकता है। रोमैंटिक आवेग को बाँधे हुए क्लासिकल संयम। इसी को संदर्भण कला कहते हैं। तुलसी का मानस भी इसी कला से संदर्भित है। उद्धरण तो और भी उपन्यासों से मिल जायेंगे— अंग्रेजी कविताओं के, लोक गीतों के। लगता है वे ऊपर से चिपकाई हुई नीली-पीली पन्नियाँ हैं। पर आत्मकथा तो एक ही पत्थर से तराशा हुआ महावाराह का जीवंत विग्रह है। इसलिए अपने प्रयोग और औदात्य में यह अद्वितीय, महार्घ तथा अतुलनीय है।

'चारुचन्द्रलेख' एक व्यापक फलक को समेटे हुए महत्वाकांक्षापूर्ण उपन्यास है। यह भी बाणभट्ट की आत्मकथा की तरह अपनी संरचना में मिथकीय है। सन् '६३ में प्रकाशित उपन्यास पर चीनी युद्ध की छाया है, देश की आन्तरिक विकृति है, जन-जागृति है, लोकतंत्र को व्यवस्थित करने की आकांक्षा है पर आत्मकथा की तरह इसका कोई केन्द्रीय मिथक नहीं है। मिथक की जगह निजंधरी कथाओं ने ले लिया है। यों मिथक और निजंधरी कथाओं को पर्याय के रूप में भी प्रयुक्त किया जाता है। किन्तु दोनों के बीच एक धुँधली रेखा खिंची हुई है। मिथकों में देवादि का समावेश होता है तो निजंधरी कथाओं में मनुष्य के अलौकिक कृत्य का। सीदी मौला, चन्द्र लेखा, सातवाहन, मैना की कथाएँ ऐतिहासिक उतनी नहीं हैं जितनी निजंधरी हैं।

सीदी मौला, चन्द्रलेखा और सातवाहन इतिहास-व्यक्ति हैं पर उपन्यास में प्रयुक्त होकर निजंधरी हो जाते हैं। मिथकीय संरचना यहीं आकर रुक जाती है। उसे एक कदम और आगे जाना पड़ता है यानी निजंधरी कथाओं को मिथक बनाना पड़ता है। चारुचन्द्र लेख की संरचना में यह कड़ी छूट गई है। आत्मकथा में निजंधरी कथाएँ मिथक में ही अन्तर्भुक्त हैं। उसे इतिहास, निजंधर (लिजेंड्स) और मिथक की परिवर्तमान प्रक्रियाओं से गुजरने की जरूरत नहीं थी। चारुचन्द्र लेख की त्रुटि यह है कि यह रूपान्तरण की तीसरी मंजिल से नहीं गुजरा। अतः आर्केटाइप की व्यंजकता से शून्य हो गया है। आद्य-बिंबों की इस शून्यता को इच्छा, ज्ञान और क्रिया के अन्यापदेशिक त्रिक् से भरने की कोशिश की गई है। इस त्रिक् के संदर्भ में यदि औपन्यासिक रूप पर विचार किया जाय तो कहना न होगा कि इसका व्यापक फलक लेखक की महदेच्छा है, लेखक के पास असमानान्तर विश्वकोणीय ज्ञान है, किन्तु रूप-रचना की क्रिया से बहुत कुछ असंपृक्त है। ऐसा लगता है कि निजंधरी कथाओं को बिना मिथक बनाये उन पर मिथकीय संरचना प्रणाली को आरोपित कर दिया गया है।

'पुनर्नवा' में द्विवेदी जी ने इतिहास-रस को बचाते हुए निजंधरी कथाओं का उपयोग

किया है। चारुचन्द्र लेख में द्विवेदी जी को मिथक नहीं बना सके थे किन्तु इसमें अपने पात्रों और स्थितियों को इतिहास के कारागार से मुक्त कर निजंधरी कथाओं में परिवर्तित कर देते हैं। इसमें मिथक को बाहर से नहीं लिया गया है बल्कि निजंधरी कथाओं को ही नए मिथक में रूपान्तरित कर दिया गया है। सम्राट चन्द्रगुप्त और भटार्क की ऐतिहासिक शृंखलाएँ यहाँ टूटी हुई हैं। 'मृच्छकटिक' के आर्यक और शार्वलिक कालोरिक और समरू में सफल प्रत्यारोपण हुआ है। लोक में प्रचलित और मुल्ला दाउद के प्रेमाख्यान में वर्णित लोरिक-चन्दा की प्रेम-कथा के लीजेंड को लेकर लेखक मृच्छकटिक नाट्य सीमाओं को विस्तार दे देता है। इसे मिथक बनाने कि लिए जरूरी था कि इसे प्रेम के सामूहिक मानस 'आद्यबिंब' के साथ जोड़ा जाता। किन्तु मिथकों की सार्थकता उन्हें सम-सामयिक समस्याओं से संबद्ध करने में है। कहना न होगा कि वे 'अगर निरंतर व्यवस्थाओं का संस्कार और परिमार्जन नहीं होता रहेगा तो एक दिन व्यवस्थाएँ तो टूटेंगी ही, अपने साथ धर्म को भी तोड़ देंगी' से सर्जनात्मक स्तर पर संपृक्त हो गए हैं।

'मृच्छकटिक' में आर्यक चारुदत्त का मित्र है। किन्तु यहाँ पर गोपाल आर्यक का ग्वालारिक अपभ्रंश लोरिक हो जाता है। उसके शौर्य-गीत और लोक-रक्षक स्वरूप का व्यापक प्रचार-प्रसार है। चन्दा अपने नपुंसक पति से अलग होकर लोकापवाद को ठेंगा दिखाती हुई अपने त्याग, सेवा और कर्म से आर्यक का वरण करती है और आर्यक की प्रथम पत्नी मयंक मंजरी के साथ सोल्लास रहती है। आर्यक का मित्र संवरू या शार्वलिक अपनी प्रेमिका माँदी या मदनिका को नर्तकी के घर से उद्धार कर परिणय-सूत्र में बँध जाता है। देवरात भी आद्यबिंबों की स्मृतियों में पुनर्नवता प्राप्त करता है।

आभीर संस्कृति के विवाह पूर्व प्रेम को प्रतिष्ठित करके इसे व्यक्ति स्वातंत्र्य से नहीं जोड़ा गया है बल्कि लोक-चित्त के बदलाव की फलश्रुति के रूप में लिया गया है। यही नहीं अनेक प्रकार के भ्रष्टाचार, अपहरण, मूल्यहीनता के माहौल को उजागर करते हुए इसमें अत्याचार विरोधी मूल्यों का अनेक स्तरीय अन्वेषण भी किया गया है। बाणभट्ट की आत्मकथा की भाँति इसका स्थापत्य कुट्टिम तो नहीं है पर मिथकीय संरचना के सफल अभिनिवेश तथा नृत्य, संगीत, वाद्य, कुंत आदि की समाहित ने इसे महत्वपूर्ण बना दिया है। 'अनामदास का पोथा' उपन्यास वस्तु-विन्यास और कथ्य दोनों में कमजोर है।

वस्तुतः द्विवेदी जी की दृष्टि में भारतीय संस्कृति कोई ठहरा हुआ बिंब नहीं है, वह एक अविराम लोकोन्मुख प्रवाह है जिसके अपने आवर्त हैं, उथला-गहरापन है, गति की मंदता-तीव्रता है, मोड़ है, दिशाएँ हैं। इसे आँकने के लिए मिथक या गप्प से बढ़कर अन्य कोई माप नहीं हो सकता था। गद्य या मिथक उपन्यास के काव्यशास्त्र का एक सौन्दर्यशास्त्रीय आयाम हो सकता है। इधर द्विवेदी जी की परंपरा में शिवप्रसाद सिंह ने एक महत्त्वपूर्ण उपन्यास 'नीला चाँद' लिखा है।

आंचलिक उपन्यास

फणीश्वरनाथ रेणु (१९२१-७७) के मैला आंचल ('५४) के प्रकाशन के साथ हिन्दी

में आंचलिक उपन्यासों की शुरुआत होती है। यह दूसरी बात है कि इसकी ऊँचाई को लाँघ पाना किसी अन्य आंचलिक उपन्यास के लिए संभव नहीं हो सका। संभव है यामिनी राय के लोकाश्रित चित्रों और मधुबनी की चित्रशैली से भी रेणु को इस दिशा में उन्मुख होने की प्रेरणा मिली हो। आंचलिक उपन्यासों में अंचल विशेष की माटी की सोंधी महक, प्रकृति के निर्बंध प्रसार, लोकसंस्कृति के छंद तथा लोकभाषा की ताजगी की मोहक छबियों को कथा-बिंबों में इस ढंग से उभारा जाता है कि पूरा अंचल अपनी समग्रता में चित्रित हो उठता है। अमूर्त अंचल का साभिप्राय संमूर्तन इसकी विशेषता है।

फणीश्वरनाथ रेणु (१९२१-७७) के मैला आंचल ('५४) के प्रकाशन के साथ अंचल विशेष की माटी की महक, प्रकृति, लोक संस्कृति और लोकभाषा की मोहक छबियों को समग्र रूप से बिंबों में बद्ध करने वाले उपन्यासों को आंचलिक कहा जाने लगा। रेणु मैला आंचल को स्वयं आंचलिक कहना पसंद करते हैं—'यह है मैला आंचल, एक आंचलिक उपन्यास। कथांचल है पूर्णिया......'।

कुछ परम्परा प्रेमी लोग आंचलिक उपन्यासों की शुरुआत शिवपूजन सहाय के 'देहाती दुनिया' ('२५) से मानते हैं और कुछ लोग नागार्जुन के 'बलचनमा' ('५२) से। पर देहाती दुनिया के पात्र और समस्याएँ अन्य स्थानों पर भी घट सकती हैं। बलचनमा पर अंचल का रंग तो है पर इसका नायक बलचनमा है, अंचल नहीं। वस्तुतः नई जरूरतों के अनुरूप रेणु ने एक नये रूप का अन्वेषण किया है, जो उसका अपना है। न तो इसमें कुंठाग्रस्त व्यक्ति-मन की अभिव्यक्ति के लिए देशी-विदेशी तकनीकी पुर्जों का इस्तेमाल किया गया है और न वर्ग-विशेष की अवधारणामूलक जयगाथा की सपाट बयानी का प्रयोग।

मैला आंचल का वैशिष्ट्य मेरीगंज गाँव के आसपास के अंचल यानी नदी, नालों, खेतों-खलिहानों, ताड़ के विरल वनों, कमलों से सुशोभित पोखरों के कलात्मक वर्णनों में नहीं है बल्कि इनके साथ जीवन यात्रा में गिरते-पड़ते, टूटते-बनते, जीते-मरते जन-समुदाय में है जिसे लेखक ने अपनी दृष्टि से निर्मित किया है। ऐसा जीवंत, संश्लिष्ट और गत्यात्मक चित्र न तो रेणु के गुरु सतीनाथ भादुड़ी के 'ढोढ़ाय चरित मानस' में मिलेगा और न ताराचंद बंदोपाध्याय में।

सारा उपन्यास तेजी से भागता हुआ सवाक् चलचित्र है। किन्तु कुछ स्थितियों और पात्रों पर कैमरे का फोकस जरा देर के लिए ठहर जाता है। निम्नवर्ग की गरीब स्त्रियों का शीलहरण, अत्याचार-बलात्कार से कराहते संस्थाल नर-नारी, किसानों का शोषण, मठों की यौन-अनैतिकता, अत्याचार-विरोधी युवासंघटन, कालीचरण बावनदास, कमली, राजनीतिक दलों का शोर-शरापा ऐसे स्थल हैं जहाँ फोकस का किंचित् ठहराव उपन्यास के रूप विन्यास में कसाव और आकर्षण ला देता है।

बावनदास की मृत्यु में गांधीवादी मूल्यों की मृत्यु हो जाती है। राजनीतिक दलों के रेहटारिक में उसे विश्वास नहीं है। ऐसी स्थिति में उसकी दृष्टि डॉ० प्रशांत पर पड़ती है जो गाँव के समस्त रोगों का निदान करते हुए उनके मूल में दो बातें खोज निकालते हैं—गरीबी और जेहालत। लेखक सारे सामाजिक आर्थिक ढाँचे में आमूल परिवर्तन की गुहार करता

हुआ क्रांति के दरवाजे पर दस्तक नहीं देता। डॉ० प्रशांत की तरह अपनी सीमा में यदि उतना भी हो सके तो बहुत है।

'परती परिकथा' ('५७) रेणु का दूसरा महत्वपूर्ण आंचलिक उपन्यास है। मैला आंचल के नायक की तरह ही परिकथा इसका नायक है। रेणु से आलोचकों की कई तरह की शिकायतें हैं— उनके उपन्यासों में गंभीर जीवन-दृष्टि नहीं है, राजनीतिक दलों के लिए कोई काम नहीं है, सुनिर्दिष्ट मार्ग-निर्देश नहीं है वगैरह-वगैरह। जो नहीं है उसकी चर्चा व्यर्थ है लेकिन जो है वह तो विवेचनीय है। इन उपन्यासों की सबसे बड़ी विशेषता है उभरते हुए लोकतंत्र के रचनात्मक पक्ष को रेखांकित करना। शायद ही कोई अन्य कथाकार हो जिसकी दृष्टि इस ओर गई हो। स्वतंत्रता प्राप्ति के बाद देश कई दृष्टियों में समुन्नत भी हुआ है। क्या वह उपेक्षणीय है? डॉ० प्रशांत और जितेन्द्र के सपने सद्यः स्वतंत्र देश के सपने हैं जो उस ऐतिहासिक परिप्रेक्ष्य में यथार्थ हैं।

वस्तुतः परती परिकथा मैला-आंचल के आगे की मंजिल है—वस्तुविन्यास में भी और कथ्य में भी। मैला आंचल के कच्चे रोमांस और तरल भावुकता का प्रवेश इसमें नहीं हो पाया है। कथा-विन्यास में भी नवीनता आई है। कोसी-विकास योजना के अन्तर्गत परानपुर गाँव की हजारों एकड़ बन्ध्या धरती को उपजाऊ बनाने की मुख्य कथा के साथ गीता मिश्रा की डायरी एक और कथा-वृत्त बनाती है। दोनों कथावृत्त मिलकर दो पीढ़ियों के अन्तराल को रचनात्मक स्तर पर उजागर करते हैं : एक वृत्त में ढहता हुआ सामंतीय समाज है तो दूसरे में अपने को नई स्थितियों में बदलने वाला उसी का वंशज—जितेन्द्र। स्वयं जितेन्द्र के बाप की सामंतीय भूमिका में रहने वाले तथाकथित प्रगतिवादी जितेन्द्र के बदलाव को स्वाभाविक नहीं मानते। वर्गान्तरण का किताबी नुस्खा इतिहास की वास्तविकता के मेल में नहीं होता, जितेन्द्र तत्कालीन इतिहास की उपज है।

मैला आंचल का भ्रष्टाचार और गलाजत यहाँ भी है पर उनमें एक प्रकार का संयम है। कथा की भंगिमा और व्यंग्य का ढंग भी लेखक की मानसिक प्रौढ़ता और सुष्ठ कल्पना का सूचक है। मलारी के गोरे होने पर उसके बाप की शंकाएँ गाँव की यौन-विकृतियों की सशक्त कलात्मक व्यंजना है। इतने अधिक पात्रों की भीड़ में प्रत्येक पात्र को उसकी विशिष्टताओं, बातचीत के ढंग, दाँवपेंच आदि से पहचान लिया जाता है। कभी-कभी तो थोड़ी सी हल्की रेखाओं द्वारा स्थितियों की गहन विभीषिकाओं को अत्यंत मार्मिक ढंग से उद्घाटित कर दिया गया है। इरावती का मानसिक वंध्यात्व विभाजन की क्रूर मानवीय नृशंसताओं को परत-दर-परत छील कर रख देता है। ताजमनी का भक्तिमिश्रित प्रेम आधुनिक नहीं है पर उस परिवेश में वह जो है वह अपनी गरिमा में उसे अमरत्व प्रदान करता है।

सबसे महत्वपूर्ण बात तो यह है कि मूल्यहीनता के उस जमाने में रेणु के पास एक आस्थावादी दृष्टिकोण है, इसीलिए वे एक रचनात्मक निकर्ष पर पहुँच सके हैं। अनगिनत चलचित्रों, लोक-कथाओं, लोक-गीतों, राजनीतिक दलों का नीरन्ध्र स्थापत्य और मूल्यवादी दृष्टि के कारण इनमें जो राषट्रीय चरित्र उभरा है वह अप्रतिम है। दीर्घतपा ('६३) , जुलूस ('६५), कितने चौराहे ('६६) और पल्टू बाबू रोड ('७६) उसके अन्य उपन्यास हैं।

उदयशंकर भट्ट का 'सागर लहरें और मनुष्य'('५६) सीमित अर्थ में ही आंचलिक उपन्यास है। इसके पहले उसके दो उपन्यास और प्रकाशित हो चुके थे--'वह जो मैंने देखा' ('४५) और 'नए मोड़' ('५४) किन्तु उपन्यासकार के रूप में वे 'सागर लहरें और मनुष्य' द्वारा ही प्रतिष्ठित हो सके।

इस उपन्यास में आंचलिकता के सारे नुस्खे हैं--बंबई के पास समुद्र तट पर बसा हुआ मछुओं का गाँव-बरसोवा, मछुआरों की गंदी बस्ती के रीति-रस्म, स्त्रियो का प्राधान्य, लोक-नृत्य, लोकगीत, प्रकृति की भयावहता इत्यादि। इन्हें रत्ना की कहानी की पृष्ठभूमि के रूप में लेना चाहिए। मुख्य कथा रत्ना की मध्यवर्गीय मनोवृत्ति से संबद्ध है जो उसे मत्स्यगंधा बनने की प्रेरणा देती है। गाँव के पास का महानगरीय चाकचिक्य उसे नाना व्यक्तियों के पास भटकाता है। धीरूवाला से उसे गर्भ रह जाता है। फिर भी डॉ० पांडुरंग उसे अपनी पत्नी के रूप में स्वीकार कर किनारे लगा देता है, समुद्री तूफान से खींचकर साहिल पर खड़ा कर देता है। इस उपन्यास में एक रोचक कथा अवश्य है किन्तु न तो कथा की दृष्टि से कोई नवीनता है और न औपन्यासिक रूप की दृष्टि से। लोक परलोक ('५८) और शेष अशेष ('६७) उसके अन्य उपन्यास हैं। पहले में गाँव पर पाश्चात्य सभ्यता का प्रभाव चित्रित है तो दूसरे में साधुओं की असाधुता।

नागार्जुन ने कई उपन्यास लिखे हैं—रतिनाथ की चाची ('४८) बलचनमा ('५२), नई पौध ('५३) बाबा बटेसरनाथ ('५४), वरुण के बेटे ('५७), दुःख मोचन ('५७), चेहरे नए पुराने ('६२), उग्रतारा ('६३), हीरक जयंती ('६३), इमरतिया ('६८), (बाद में इमरतिया जमनिया के बाबा नाम से छपा) वगैरह। प्रायः सभी उपन्यासों में मिथिला के माटी-पानी, फूल-पौधे, मौसम का रंगीन और जीवंत परिदृश्य मिल जायगा। इसलिए कुछ लोग उसे आंचलिक उपन्यासकार कहते हैं। चूँकि रेणु की तरह उसके उपन्यासों के नायक अंचल नहीं हैं इसलिए उसे आंचलिक उपन्यासकार कहना औचित्यपूर्ण नहीं है।

नागार्जुन की कविताओं में वैयक्तिकता-निर्वैयक्तिकता, चेतन-अवचेतन, कला-अवधारणा आदि का जो द्वन्द्व मिलता है उससे कविताओं में वस्तुगत संश्लिष्टता और सौन्दर्यगत आयाम जुड़ जाते हैं। इसलिए वे उपन्यासकार की अपेक्षा बेहतर कवि ठहराये जा सकते हैं। किन्तु वैचारिक अराजकता का जो दोष उसकी कविताओं के संदर्भ में देखा जाता है वह उपन्यासों में भी दिखाई पड़ता है। बलचनमा बाबा बटेसरनाथ आदि में साम्यवादी धारा दिखाई देगी तो दुःख मोचन में सर्वोदयी।

जहाँ तक विचारणा का प्रश्न है नागार्जुन प्रेमचन्द की परंपरा के उपन्यासकार हैं। इसके उपन्यास भी विधवा की यंत्रणा, किसान-मजदूर ने निर्मम शोषण, अनमेल विवाह, मठाधीशों के कुत्सित व्यापारों से जूझते हैं। रतीनाथ की चाची में विधवा की यंत्रणा के चित्र हैं तो बलचनमा और बाबा बटेसरनाथ में किसानों-मजदूरों के शोषण के। नई पौध में अनमेल विवाह का सक्रिय और रचनात्मक विरोध है तो इमरतिया में मठाधीशों के विकृत असामाजिक व्यापारों का पर्दाफाश। किन्तु जैसा पहले कहा जा चुका है कि बलचनमा और बाबा बटेसरनाथ

के अतिरिक्त शेष उपन्यासों में न वक्तव्य वस्तु महत्वपूर्ण है और न विन्यास। अतः उनकी नोटिस मात्र ली जा सकती है।

नागार्जुन मार्क्सवादी विचारधारा के लेखक हैं। किन्तु उसके पहले उपन्यास रतिनाथ की चाची में यह विचारधारा आरोपित है। चाची की व्यथा-कथा कहते हुए चाची को कम्यूनिस्ट बनाना और रूस की विजय के सपने दिखाना उपन्यास के रूपात्मक विन्यास पर चमकीली पन्नियाँ चिपकाना है। अतः यह प्रगतिवाद का अपवर्तन करता है। किन्तु बलचनमा में अवधारणा और कला का गत्यात्मक संबंध स्थापित हो गया है जो उसके सौन्दर्य पक्ष को भी पुष्ट करता है।

बलचनमा की कथा वहाँ से शुरू होती है जहाँ से गोदान की समाप्त होती है। गोदान में होरी खेतिहर से मजदूर बन जाता है। बलचनमा एक प्रकार से मजदूर ही है जो दो आने प्रतिमास के हिसाब से जमींदार के यहाँ भैंस चराने का काम करता है। उसका दस विस्वांसी खेत जमींदार ले लेता है। फूलबाबू के संपर्क में आने और पटना जाने पर उसकी वर्ग-चेतना जागरित होती है। कुछ देर के लिए कांग्रेस के प्रति श्रद्धा होती है किन्तु, सुराजियों के वर्ग-चरित्र के कारण गाँधीवाद से उसका मोहभंग हो जाता है। वह महसूस करता है कि बुर्जुआ वर्ग द्वारा लाया गया स्वराज्य किसानों-मजदूरों का स्वराज्य नहीं होगा। प्रेमचन्द ने बार-बार इस प्रकार की आशंका व्यक्त की है। वह किसान आन्दोलन में शामिल हो जाता है।

बलचनमा लंबे शोषण का शिकार है—उसके बाप का दो अमिया तोड़ लेने पर क्रूरतापूर्वक पीटा जाना, उसकी जवान बहिन की अस्मत लूटने की कोशिश, उसके विरुद्ध पुलिस में रपट आदि व्यक्तिगत स्तर पर भी जमींदारों के प्रति विद्रोही बना देती है। उसका चेतन और अवचेतन मन उसे विद्रोह की दिशा में ले जाता है, सारे संघर्ष में परिवार और अपनी माटी की स्मृतियाँ उसे बल देती हैं। बलचनमा में परिवर्तन धीरे-धीरे आता है, स्वाभाविक ढंग से। संघर्ष में वह विजयी नहीं होता, विजयी होकर उसका चरित्र सरलीकृत हो जाता। व्यवस्था का चक्रव्यूह इतना जटिल और उसके महारथियों का कर्म रहना क्रूर है कि उससे बच निकलना संभव नहीं था किन्तु उसका संघर्ष ही उपलब्धि है।

बाबा बटेसरनाथ एक नया रूपात्मक प्रयोग है जिसमें आधी कहानी वट वृक्ष कहता है और आधी कहानी उसका मुख्य पात्र जैकिशुन कहता है। इसमे भी गाँव के अतीत और वर्तमान की विसंगतियाँ अपने अन्तर्विरोधों में स्पष्ट रूप से चित्रित हैं। किन्तु मार्क्सवादी मतवाद का प्रत्यक्ष आग्रह उपन्यास के वस्तु रूप को क्षरित कर देते हैं।

सातवें दशक में भी ग्रामांचल को आधार बनाकर राही मासूम रजा, शिव प्रसाद सिंह, रामदरश मिश्र आदि ने उपन्यास लिखे। राही का 'आधा गाँव' और शिवप्रसाद सिंह की 'अलग-अलग वैतरणी' ऐसे ही उपन्यास हैं। किन्तु इनके मूल स्वर ट्रेजिक हैं क्योंकि अब छठें दशक की सभी संभावनाएँ समाप्त हो चुकी थीं। फिर भी इनमें रूमानियत की कमी नहीं है।

राही का 'आधा गाँव' शिया मुसलमानों की जिन्दगी पर लिखा गया पहला उपन्यास

है। इसमें भारत-विभाजन के पहले और बाद की जिन्दगी को उभारा गया है। इसमें तनहाई और टूटन को एक विशिष्ट संदर्भ में जोड़ा गया है जिसे आधुनिकता-बोध के साथ नहीं जोड़ना चाहिए। पर राष्ट्रीय आकांक्षाओं के संदर्भ में यह तीखा दर्द उभरता है। रामदरश मिश्र का 'जल टूटता हुआ' तथा 'सूखता हुआ तालाब' और हिमांशु श्रीवास्तव का 'रथ के पहिये' ग्रामांचलीय उपन्यास हैं। वस्तुतः ये सारे उपन्यास ग्रामांचल में आधुनिकता की खोज करते हुए गाँव के प्रति रोमानी रुख अख्तियार करते हैं। आधुनिक चेतना की खोज के लिए गाँव गलत जगह है।

आधुनिकता और जनवादी धारा

साठोत्तरी हिन्दी उपन्यासों में, अन्य साहित्यिक विधाओं की तरह, जो आधुनिकतावादी धारा आई उसे प्रयोगवाद का अगला कदम समझना चाहिए। इन उपन्यासों का केन्द्रवर्ती विन्दु है नए किस्म की आत्मचेतना। इस चेतना का उदय सबसे पहले छायावादी काव्य में हुआ। किन्तु वह सामाजिक-आध्यात्मिक आदर्शों से जुड़ी हुई थी। प्रयोगवादी आत्मचेतना छायावादी मूल्यों को नकार करके व्यक्ति सत्य और सामाजिक सत्य के एकीकरण को तलाशती हुई व्यक्ति-स्वातंत्र्य के मूल्य के नारे में लुप्त हो गई। आधुनिकतावादी आत्मचेतना अपने होने के अस्तित्ववादी फलसफे में सामाजिक दायित्वों और मूल्यों से मुक्त होकर 'नो इक्जिट' की नियति तक पहुँच गई। अजनबियत इसका मुख्य दर्शन है। इनके नायक पतित समाज में पतित मूल्यों की तलाश करते हैं। आठवें दशक में कुछ ऐसे आधुनिकतावादी उपन्यास भी लिखे गए जो विशिष्ट सामाजिक नियति के घेरे में दिखाई पड़ते हैं पर उनमें मूल्य भी संकेतित हैं।

आधुनिकतावाद नगरीकरण की तेज प्रक्रिया, पूँजीवादी लोकतंत्र के प्रति मोहभंग और अस्तित्ववादी दर्शन तथा पश्चिमी प्रभाव के फलस्वरूप प्रादुर्भूत हुआ। पारंपरिक सामाजिक मूल्य निःशेष हो गए। व्यक्ति अन्तर्मुखी हो गया। उपन्यासों में एक प्रकार का असमाप्त तनाव, वृत्तात्मकता और यौन विच्युतियों में पनाह लेने की प्रवृत्ति दिखाई पड़ने लगी। सामान्यतः इन उपन्यासों में अपनी धरती से उत्पन्न समस्याएँ कम हैं पश्चिम की भोंड़ी नकल अधिक है।

आठवें दशक में आधुनिकतावादी प्रवृत्ति के खिलाफ एक प्रतिक्रिया हुई। इसके पहले से ही प्रगतिवादी विचारधारा से प्रभावित पर्याप्त साहित्य लिखा जा चुका था। जनवादी विचारधारा उसी की अग्रिम कड़ी है। इसमें संदेह नहीं कि आधुनिकतावादी साहित्य का जन्म और उन्नयन प्रतिक्रियावाद के तहत हुआ। पश्चिम में कट्टर मार्क्सवादी मान्यताओं के विरोध में नव-वामपंथी का उदय हुआ जो साहित्य में व्यक्ति के महत्व को स्वीकार करके चलता है। जनवादी धारा नव वामपंथी से प्रभावित है। किन्तु इस धारा के अन्तर्गत लिखे गए उपन्यासों में कट्टर मार्क्सवाद का प्रभाव कम नहीं है।

सन् साठ से इकहत्तर तक प्रकाशित उपन्यासों पर दृष्टि डालने से तत्कालीन प्रवृत्तियों का आकलन किया जा सकता है। मोहन राकेश का 'अंधेरे बन्द कमरे' (१९६१), नरेश मेहता का 'यह पथ बंधु था' ('६२), निर्मल वर्मा का 'वे दिन' ('६४), राजकमल चौधरी के

'मछली मरी हुई' और 'शहर था : शहर नहीं था' ('६६), महेन्द्रभल्ला का 'एक पति के नोट्स' ('६६), उषा प्रियंवदा का 'रुकोगी नहीं राधिका' ('६७), शिव प्रसाद सिंह का 'अलग-अलग वैतरणी' ('६७), मोहन राकेश का 'न आने वाला कल' ('६८), श्रीकान्त वर्मा का 'दूसरी बार' ('६८), गिरिराजकिशोर का 'यात्राएँ' ('७१), मणिमधुकर का 'सफेद मेमने' ('७१), ममता कालिया का 'बेघर' ('७१)। मन्नू भंडारी का 'आपका बंटी' ('७१) आदि इस दौर में लिखे गए उपन्यास हैं। यों इस धारा की शुरुआत अज्ञेय के 'अपने अपने अजनबी' से होती है।

राकेश के दोनों उपन्यासों में महानगरबोध के मध्यवर्गीय जीवन की अस्तित्व मूलक त्रासदी है। अपने अस्तित्व के प्रति अतिशय सचेतता दूसरे से तो अपने को काटती ही है अपने आपको अपने ही से अलग कर देती है। लेकिन हरिवंश नीलिमा की स्थिति और भी ट्रेजिक है क्योंकि वे लगाव और अलगाव में एक साथ जीते हैं। 'आधे-अधूरे' नाटक भी इसी अर्थ में मध्यवर्गीय ट्रेजिडी है। 'न आने वाला कल' में वह नकार-अमोघ नकार का प्रयोग करता है। ऐसा व्यक्ति निर्वासन में जीने के लिए बाध्य है।

'वे दिन' में आधुनिकतावादी अजनबियत को एक विदेशी परिवेश में प्रस्तुत किया गया है। युद्ध के बाद का प्राहा या पूरा योरप एक अजीब उदासी, अकेलापन, रिक्तता, संत्रास और अजनबियत से गुजर रहा था। रायना, टी-टी, फ्रांज, मारिया सभी देशकाल, परस्पर तथा अपने आप से कटे हुए शून्य में जी रहे हैं, अनिर्दिष्ट मानवीय नियत को भोग रहे हैं। इसके लिए वे अभिशापित हैं। युद्ध में सब कुछ मर जाता है। जीवन के मूल उत्स प्रेम के मर जाने र कुछ भी शेष नहीं रहता।

चौधरी का पहला उपन्यास 'नदी बढ़ती थी' ६१ में प्रकाशित हो चुका था। पाँच वर्ष बाद 'मछली मरी हुई' और 'शहर था : शहर नहीं था' प्रकाशित हुए। पहले उपन्यास में अर्थाभाव में देहगाथा वर्णित है। दूसरा उपन्यास दायित्वमुक्त आत्मान्वेषण यानी पुंसत्व की तलाश की कहानी है। पुंसत्व की खोज में भी देहगाथा ही है। 'शहर था : शहर नहीं था' में यही गाथा विसंगति और अजनबियत का एहसास कराती है।

'एक पति के नोट्स' में अनुभव के छोटे-छोटे खंडों को वैचारिक धरातल पर संगुफित किया गया है। परिवार के संदर्भ में यह व्यक्ति-मन का प्रेम-संबंधी दार्शनिक चिंतन है। बोरियत से मुक्त होने के क्रम में फिर-फिर बोरियत का अनुभव उसे तोड़ता रहता है। लेकिन प्रेम और भोग की सीमाओं को समझ लेने पर वह मुक्ति यानी स्वास्थ्य का अनुभव करता है। मोहभंग की यह वैचारिक परिणति है।

'रुकोगी नहीं, राधिका' तनावों के ताने-बाने से बुना हुआ उपन्यास है। यद्यपि बुनावट बहुत गच्छिन नहीं हैं। तनावों के अनेक स्तर हैं—अतीत वर्तमान का तनाव, पूर्व-पश्चिम की संस्कृतियों का तनाव, अक्षय-मनीश में से एक का चुनाव, पिता-पुत्री का तनाव आदि। इनसे एक अनिश्चितता, अकेलापन और व्यर्थता उजागर होती है। अंत में इस बोध को झटक देने का प्रयास किया गया है, पर पिछले 'हारर' को सहसा फेंक पाना स्वयं में दूसरा 'हारर' है।

'दूसरी बार' में अकेलेपन और अजनबियत की यातना नहीं बल्कि विचार है। एक विचार के इर्द-गिर्द उपन्यास के ताने-बाने कस दिये गए हैं। 'वे दिन' में एक युद्ध की पृष्ठभूमि है। यदि पूर्वग्रह मुक्त होकर देखा जाय तो मानवीय नियति के लिए जिम्मेदार परिस्थितियों को चिन्तित किया जा सकता है। 'एक पति के नोट्स' में एक दर्शन उभरता है पर 'दूसरी बार' में शारीरिक संबंध के बाद मितली, उबकाई आदि का वीभत्स व्यापार। सब कुछ पूर्व नियोजित और फार्मूला बद्ध होने के कारण जो जुगुप्सा उत्पन्न होती है वह भी एक मनः व्यापार ही है। स्त्री के नग्न सौन्दर्य को देखने में अभिरुचि लेना नपुंसकता का प्रमाण है। यात्राएँ, सफेद मेमने और बेघर में नपुंसकता, संयोगवाद और अकेलापन का मिलाजुला रूप है।

इस दौर में लिखा गया उपन्यास 'यह पथ बन्धु था' आधुनिक अर्थबोध से असंपृक्त है। जो लोग मूल्यहीनता, व्यर्थता और अकेलापन देखकर अभ्यासवश किसी उपन्यास को आधुनिकतावादी कह डालते हैं वे आधुनिकता का सही अर्थ नहीं लेते। आधुनिकता जन्य व्यर्थता स्वचेतनता के आधिक्य या होने के बोध से उत्पन्न होती है। यों इस प्रकार का बोध किसी उपन्यास के लिए अनिवार्य नहीं है। श्रीधर की ट्रेजिडी यह नहीं है कि वह आदर्शवादी है बल्कि यह है कि वह समाज के लिए नहीं अपने आदर्शों के लिए जीता है। उसमें ऐतिहासिक समझदारी का भी अभाव है अन्यथा वह अकेले इतिहास बनाने का संकल्प न करता। इस उपन्यास को महत्वपूर्ण बनाने का श्रेय उसके परिवेश को है और अमहत्वपूर्ण बनाने का श्रेय स्वयं श्रीधर को। अपनी संवेदना के बावजूद वह बीते हुए मूल्यों के ध्वंसावशेषों में रमता रहता है।

सन् '६७ में शिवप्रसाद सिंह का उपन्यास अलग-अलग वैतरणी छपा। इसे लेकर विवाद चला कि यह आंचलिक है या आधुनिकतावादी। यों तो इस प्रकार के कटघरे में कृतियों को रखना औचित्य पूर्ण नहीं कहा जा सकता। सच पूछिए तो न तो यह आंचलिक है और न आधुनिकतावादी। एक साथ ही दोनों है। ग्रामांचल के कहानीकार होने के नाते अंचल उनसे छूट नहीं सकता। अतः रेणु शैली का आंशिक प्रभाव है ही। आधुनिकतावाद का अलगाव टूटना यहाँ भी है। किन्तु यह टूटना स्वचेतनजन्य नहीं है। रेणु का पहला उपन्यास '५४ में लिखा गया। उस समय प्रशासन और युवावर्ग से परिस्थितियों के बेहतर बनाने की उम्मीद थी। पर '६७ में गाँव के पुराने मूल्य तो टूट ही जाते हैं उनके स्थान पर दायित्वहीन स्वतंत्रता का मूल्य उभर आता है यानी भ्रष्टाचार का अलंघ्य फैलाव गाँव खुद वैतरणी से घिरा हुआ नरक हो गया, उसमें भी प्रत्येक व्यक्ति का अपना-अपना नरक है। यहीं अस्तित्ववादी सोच का भी समावेश हो जाता है। अलगाव-टूटन कई स्तरों पर घटित होते हैं—वैयक्तिक, पारिवारिक, सामाजिक और समूचे गाँव के स्तर पर। जैपाल सिंह जीतकर भी टूट जाता है, कनिया अपने आदर्शों की रक्षा में टूटती है विपिन का युवा आक्रोश और मूल्य क्लीवता में बदल जाते हैं। पटनहियाँ भाभी तो कटाव, अलगाव और व्यथा की जीवंत मूर्ति हैं। लेखक के पास एक यथार्थ दृष्टि है लेकिन-जग्गन मिसिर के वक्तव्य के रूप में एक यूटोपिया भी है जो यथार्थवादी उपन्यास का चेहरा आदर्श की ओर घुमा देता है।

मन्नू भण्डारी के 'आपका बंटी' में फालतू आदमी बनने की नियति को अत्यंत मार्मिक ढंग से चित्रित किया गया है किन्तु आधुनिकता के इस सत्य के लिए कौन जिम्मेदार है? संपूर्ण उपन्यास में संरचनात्मक स्तर पर इसकी तलाश भी जारी है। यह तलाश इसे एक सामाजिक आयाम देती है। नियति और तलाश का यह द्वन्द्व उपन्यास को भावुकता से उबारकर जीवंत यथार्थ से जोड़ देता है। अपनी जिन्दगी जीने या आत्मकेन्द्रित ढंग से होने के कथित फलसफा के दो पाटों के बीच पिसकर एक मासूम जिन्दगी अधूरी और बौनी बनने के लिए अभिशप्त हो जाती है।

कृष्णबलदेव वैद्य के 'उसका बचपन' में भी एक बंटी है—बीरू। मन्नू के बंटी का परिवेश उच्च मध्यवर्गीय है और उसका बचपन के बीरू का परिवेश निम्न मध्यवर्गीय। आपका बंटी में अहं, झूठ, फलसफे के बीच बंटी की टेढ़ी-मेढ़ी निर्मिति होती है तो बीरू अर्थाभाव से पीड़ित परिवार के लड़ाई-झगड़े, घुटन, चीख-पुकार में रहकर उनसे मुक्ति चाहता है, यद्यपि नियति उसे इसकी भी सुविधा नहीं देती। 'आपका बंटी' सोच के स्तर पर एक महत्वपूर्ण सवाल उठाता है कि क्या जीना सिर्फ अपना ही होता है या फिर वह दूसरों के जीने को लेकर होता है।

गोविन्द मिश्र का वह अपना चेहरा ('७०), कृष्णा सोबती का सूरजमुखी अंधेरे के ('७६), गंगा प्रसाद विमल तथा रमेश वक्षी के कई उपन्यास इसी श्रेणी के अन्तर्गत आते हैं।

आठवें दशक के कुछ पहले तथा स्वयं इस दशक में लिखे गए उपन्यासों की विवेचना से इस धारा के प्रमुख प्रवृत्तियों का आंकलन हो जाता है। श्रीलाल शुक्ल का राग-दरबारी ('६८), बदीउज़्ज़मा का एक चूहे की मौत ('७१), जगदीशचन्द्र का धन धरती न अपना ('७२), काशीनाथ सिंह का अपना मोर्चा ('७२), राजीव सक्सेना का पणिपुत्री सोमा ('७२), गिरीराज किशोर का जुगलबंदी, भीष्म साहनी का तमस, नरेन्द्र कोहली का आश्रितों का विद्रोह ('७३),जगदम्बा प्रसाद दीक्षित का मुर्दाघर ('७४), रामदरश मिश्र का अपने लोग ('७६), रमेशचन्द्र शाह का गोबर गणेश ('७८), राही मासूमरजा का कटराबी आजूँ ('७८) कृष्णा सोबती का जिन्दगीनामा ('७६), मन्नू भंडारी का महाभोज ('७६), श्रवण कुमार गोस्वामी का जंगल ('७६), मनोहर श्याम जोशी का कुरु कुरु स्वाहा और कसम, मार्कंडेय का अग्निबीज ('८०) आदि इस दशक के उपन्यास हैं।

अधिकांश आधुनिकतावादी उपन्यासों ने जिन्दगी को मध्यवर्गीय जिन्दगी के कठघरे मे कैद रखा था। किन्तु इस दशक के लेखकों ने 'नोइक्जिट' के दरवाजे को तोड़कर उन्हें जनजीवन के बीच ला खड़ा किया। आश्चर्य है कि अ-उपन्यास और कथातत्व की तोड़-फोड़ के नारों के आधुनिकतावादी उपन्यासों की अपेक्षा इनके औपन्यासिक रूपों में वैविध्य और नयापन अधिक है। इनकी भाषा में टटकापन शैली में व्यंग्य, फैंटेसी, चेतना प्रवाह का विनियोग तथा कथ्य में ऐतिहासिक बोध की गरमाई है।

श्रीलाल शुक्ल के 'राग दरबारी' में पूँजीवादी लोकतंत्र की उपलब्धियों का पर्दाफाश करने के लिए पुराने औपन्यासिक रूपों को तोड़ दिया गया है। प्रगति और विकास के

विज्ञापनों के बावजूद गाँव की जंग लगी हुई रेंगती-घसीटती जिन्दगी की अभिव्यक्ति के लिए व्यंग्य और विद्रूप के प्रयोग से बेहतर सलीका नहीं था। पुराने औपन्यासिक रूपों, जिसमें एक कथा होती है, चरित्रों का विकास होता है, से अभ्यस्त लोग यदि इसे नहीं पढ़ पाते तो उन्हें अपनी अभिरुचियाँ बदलनी चाहिए। व्यंग्य और विद्रूप का प्रयोग पहले भी हुआ है उनमें एक ठोस रूप भी है लेकिन अर्थवत्ता नहीं है।

भाषा के प्रयोग के पीछे एक दृष्टिकोण होता है। व्यंग्यात्मक पैटर्न अख्तियार करने से लेखक पूरी तटस्थता से नये गाँवों की शल्य-चिकित्सा कर सका है। इसमें एक ठोस बनावट किन्तु पारदर्शी बनावट है। इनके ही विरोधाभासों से लेखक व्यवस्था पर भरपूर प्रहार कर सका है।हर गाँव में एक वैद्य जी हैं, मोती राम मास्टर, खन्ना और रुप्पन हैं। किन्तु वैद्य जी का पंजा इतना मजबूत है कि उसमें फँस कर संघर्ष की गर्दन नप जाती है। सारे उपन्यास की प्रच्छन्न, अदृश्य व्यंजना यह भी है कि यदि शिवपालगंज को बदलना है तो व्यवस्था को बदलना होगा।

'धनधरती न अपना' में भी पंजाब के एक गाँव को लिया गया है। यह अपेक्षाकृत पिछड़ा हुआ गाँव है जिसमें मुख्यतः चमार और जाट जमींदार रहते हैं। बेगार को लेकर चमारों और जाटों में ठन जाती है। दोनों ओर से एक दूसरे का बायकाट होता है। पर भूख की मार के कारण चमार इस बायकाट को बहुत दिन चला नहीं पाते। समझौता होता है। इसमें जमींदार विजयी होते हैं। पर लेखक अत्यंत बारीकी से बिना किसी नारे की पनाह लिए वर्ग-संबंधों के अन्तर्विरोधों को उजागर कर देता है। किताबी सिद्धांतों के आधार पर लड़ाई लड़ने वाले कम्यूनिस्ट लीडर का अच्छा खासा मजाक बनाया गया है, इस उपन्यास का एक दूसरा पहलू भी है। आधार (बेस) से कम महत्वपूर्ण अधिरचना (सुपर स्ट्रक्चर) नहीं है वर्ग-संघर्ष को तेज करने के लिए अधिरचना को अपने देश के संदर्भ में, बदलने की जरूरत है। चमारों के संघर्ष में उनकी रूढ़ियाँ अन्तर्विरोधपूर्ण नैतिक मान्यताएँ काफी अड़चन डालती हैं।

'तमस' में भारत-विभाजन के पूर्व के हिन्दू-मुस्लिम दंगों का जायजा लिया गया है। इसके पहले खंड में शहरी दंगे की डाक्यूमेंटरी है तो दूसरे खण्ड में एक परिवार के माध्यम से गाँव के दंगों का चित्रण किया गया है। सारे उपन्यास से संकेतित होता है कि दंगा, अंग्रेज और उसके समर्थक करवाते रहे, आदमी-आदमी सब एक हैं, साम्प्रदायिकता फिजूल है। दंगे का यह सरलीकरण उपन्यास को प्रभावशाली नहीं बनने देता। ये बातें बार-बार दुहराई जाती हैं। कम्यूनिस्ट पार्टी के सदस्य तो अपने तर्कों में बचकाने लगने लगते हैं। यशपाल के 'झूठा सच', अब्दुलाहुसेन के 'दुखती रंग के परिप्रेक्ष्य में' तमस का प्रभा मंडल काफी निष्प्रभ लगने लगता है।

पतित समाज में 'मानवीय मूल्यों की तलाश' की दृष्टि से 'मुर्दाघर' एक महत्वपूर्ण रचना है। ये मूल्य अनेक धरातलीय हैं। पूँजीवादी समाज के सामाजिक रिश्ते सामंतीय समाज की अपेक्षा कहीं अधिक जटिल होते हैं। अतः 'मुर्दाघर' के पतित समाज का औपन्यासिक यथार्थ समाज के अन्य समाज के परिप्रेक्ष्य में भी उभरता है। बंबई जैसे महानगर का परिदृश्य

मूल्यों के अन्तर्विरोधों को और गहराई में उकेर देता है। 'मुर्दाघर' में सारे पतन के बावजूद प्रेम, ममत्व और अपनापन का जो स्वर उभरता है उसे देखते हुए बंबई का अभिजनीय माहौल दूसरा 'मुर्दाघर' मालूम पड़ने लगता है। इसे अपेक्षित अर्थवत्ता देने के लिए लेखक ने भाषा के आभिजात्य को भी तोड़ दिया है। सास्यूर की शब्दावली में इसमें लांग की अपेक्षा पैरोल अधिक महत्त्वपूर्ण हो उठा है। इसलिए इसे 'सिनक्रानिक' स्तर पर देखना चाहिए क्योंकि यह कालिक की अपेक्षा स्पेस-उपन्यास अधिक है।

मन्नू भंडारी का महाभोज एक राजनीतिक उपन्यास है। राजनीतिक उपन्यास लिखना मुश्किल काम है। मन्नू ने इस चुनौती को स्वीकार करते हुए आज के राजनीतिक मुखौटों को प्याज की पर्तों की तरह उधेड़ दिया है। पर सब कुछ ऐसा सुनियोजित है कि सहज नहीं बन पाता। जिन्दगीनामा अपनी भाषा पंजाबी मिश्रित हिन्दी भाषा के कारण बहुत कुछ अमूर्त हो जाता है। संभवतः जिन्दगी की यथार्थता को उघाड़ने के लिए ही अमूर्तन व्यापार का सहारा लिया गया है। पर अपने समापन में शाहजी को साम्प्रदायिकता का बीज मान लेने के कारण यह आर्थिक आधार के सरलीकृत फार्मूले में बँध जाता है।

मार्कण्डेय के 'अग्निबीज' को घोषित रूप से जनवादी कहा जा सकता है। मार्कण्डेय शुरू से ही मार्क्सवादी विचारधारा के लेखक रहे हैं। उनकी कहानियों के ताने-बाने में यह विचारधारा इस तरह रस-बस गई है कि कहीं से आरोपित नहीं लगती। किन्तु इस उपन्यास में तो उस धारा को तर्कसंगत निष्कर्षों तक पहुँचा दिया गया है। इसमें सूत टूटने यानी गांधीवादी विचारधारा के टूटने और मार्क्सवादी विचारों की चिनगारी के फूटने का क्रमिक चित्रण है। गांधीवादी विचारधारा के प्रतिनिधि भाई जी हैं और मार्क्सवादी विचारधारा के प्रतिनिधि सुनीत इत्यादि। गाँव के जीवंत चित्रण के बीच-बीच तेलंगाना, ऊपरी ढाँचे, वर्ग-चेतना आदि का उल्लेख भी किया गया है। श्यामा की बिदाई के समय हरगोन मार्क्स-एंगिल्स का लाकेट देता है। इन नियोजन से चिनगारी तो मिल जाती है पर उसकी ऊष्मा नहीं मिलती।

'एक चूहे की मौत' में व्यवस्था पर गहरा व्यंग्य किया गया है और इसके लिए लेखक ने फंतासी शैली अपनायी है। जंगल 'तेनम् पंचतंत्र शैली' में लिखा गया आज के लोकतंत्र का पर्दाफाश करता है। अपना मोर्चा में पहली बार युवा विद्रोह के अन्तर्विरोधों को औपन्यासिक रूप दिया गया है। गिरिराज किशोर, मेहरुन्निसा परवेज, इब्राहीम शरीफ, रमेश उपाध्याय, उदयराज सिंह, महीप सिंह, सूर्यबाला, मनोहर श्यामजोशी, पंकज विष्ट तथा विश्वम्भर नाथ उपाध्याय, बालशौरि रेड्डी आदि के सब कई उपन्यास प्रकाशित हुए।

छठें दशक में **देवराज** मुख्यतः मनोवैज्ञानिक उपन्यासकार की श्रेणी में आते हैं। वे रूपात्मक प्रयोग के भी समर्थक हैं। धर्मवीर भारती का 'गुनाहों का देवता' मनोविज्ञान पर आधारित एक लिजलिजा उपन्यास है, यद्यपि पाँचवें दशक में प्रकाशित हुआ। भारती और देवराज दोनों के उपन्यासों का वातावरण महाविद्यालयीय है। 'गुनाहों का देवता' अपनी कैशोर भावुकता तथा रूमानियत के कारण काफी लोकप्रिय हुआ।

'पथ की खोज', 'बाहर भीतर', 'रोड़े और पत्थर', 'अजय की डायरी' और 'मैं

वे और आप' देवराज के उपन्यास हैं। इन सभी उपन्यासों की मूलवर्तिनी धारा है विवाह के बाहर का प्रेम। विवाह के बाहर का प्रेम अन्य उपन्यासों का भी वर्ण्य रहा है। पर देवराज ने इसे विकासमान जीवन की अनिवार्यता माना है। लोकाचार और आन्तरिकता की टकराहट सभी में है। पथ की खोज और बाहर भीतर में इस टकराहट का स्वरूप बहुत कुछ रोमानी ही है। अजय की डायरी में दार्शनिकता का आधार लेते हुए वह धर्म और नैतिकता को आन्तरिकता में अन्तर्भुक्त कर देता है। आन्तरिक आवश्यकताओं को पहचान कर उसके अनुकूल आचरण करना ही धर्म है, नैतिकता है। उसकी दृष्टि में मन को निर्लिप्त रखते हुए शरीर को दिया जा सकता है। मनुष्य स्वयं अपने व्यक्तित्व के भाग को वस्तु की तरह दूसरे के हवाले कर सकता है, कुछ देर के उपयोग के लिए। किंतु लेखक अजय की डायरी में महान् पुरुषों के विवेक (रीजन) और नारी के ममत्व (सेंटीमेंट) में कोई मेल स्थापित नहीं कर पाता।

सब मिलाकर उपन्यासों की स्थिति संतोषजनक नहीं कही जा सकती। कहीं दर्शन का किताबी फलसफा या संकुचित भावभूमि मिलती है तो कहीं उत्साहपूर्ण प्रतिबद्धता का अप्रामाणिक अनुभव। कुछ उपन्यासकारों ने नए रूप और कारगर भाषा की तलाश जरूर की है किन्तु उनकी संख्या बहुत कम है।

आधुनिकता और नए उपन्यास

उद्योगीकरण, महानगरीय सभ्यता, बदले हुए मानसिक परिवेश और भ्रष्ट व्यवस्था के कारण व्यक्ति यांत्रिक, अजनबी, मिसफिट, अकेला या विद्रोही हो गया। इसकी अभिव्यक्ति मुख्यतः साठोत्तरी साहित्य में होती है। कविता-कहानी में इसका तेवर अधिक तेजस्वितापूर्ण दिखाई देता है और उपन्यास-नाटक में कम। इस दशक के उपन्यासों को तीन श्रेणियों में बाँटा जा सकता है : १—यौन विच्युतियों में पनाह खोजने वाले उपन्यास, २—दी हुई मानवीय स्थितियों में मिसफिट व्यक्तियों को चित्रित करने वाले उपन्यास और ३—व्यवस्था की घुटन को अपनी नियति मानने या उसके विरुद्ध युद्ध करने वाले उपन्यास।

मोहन राकेश के 'अँधेरे बन्द कमरे', 'न आने वाला कल' और 'अन्तराल', **निर्मल वर्मा** का 'वे दिन', **महेन्द्र भल्ला** का 'एक पति के नोट्स', **राजकमल चौधरी** के 'मछली मरी हुई' और 'शहर था शहर नहीं था', **श्रीकान्त वर्मा** का 'दूसरी बार', **ममता कालिया** का 'बेघर', **गिरिराज किशोर** का 'यात्राएँ'। **मणि-मधुकर** का 'सफेद मेमने', **कृष्णा सोबती** का 'सूरजमुखी अँधेरे के' आदि पहली श्रेणी में आते हैं।

इन उपन्यासों के प्रायः सभी नायक मानसिक दृष्टि से अनिर्णयात्मक, आत्मनिर्वासित और नपुंसक हैं। वे मुक्त होने की प्रक्रिया में ऐसी उलझन में फँस जाते हैं जहाँ से उन्हें निष्कृति नहीं मिलती। 'अँधेरे बंद कमरे' के हरबंश-नीलिमा एक दूसरे से कटकर भी न कटने के लिए अभिशप्त हैं। राकेश की कहानियों, नाटकों और उपन्यासों को अभिशाप की यह छाया इतनी बुरी तरह घेरे हुए है कि वे कहीं भी अलग नहीं हो पाते। वह इससे इतना अधिक संसिक्त है कि विभिन्न साहित्य रूपों और परिस्थितियों में वह एक ही समस्या से जूझता

रहता है और यह उसके व्यक्तिगत मोक्ष की समस्या बन जाती है। इसे वह देह की गरमाई, लाबोहीम, कस्बापुरा की निम्मा में डुबो देना चाहता है पर खुद डूब जाता है। 'न आने वाला कल' में भी वह मुक्ति का या छुटकारा पाने का ही प्रयास करता है। इसके लिए निषेध-अस्वीकार का विकल्प खोजता है। अस्वीकार की परिणति ठंडे ठहराव पर छोड़ देती है।

'वे दिन' 'जीने के नंगे बनैले आतंक से जुड़ा (है) जिसे कोई दूसरा व्यक्ति निचोड़कर बहा नहीं सकता'। पश्चिम के युद्ध-जन्य अर्थहीन संदर्भ में छोटे-से सुख की तलाश का नाम 'वे दिन' है। यह छोटा सुख यौन भोग है। 'एक पति के नोट्स' निरर्थकता बोध की अन्तर्यात्रा का उपन्यास है। दूसरी स्त्री से शारीरिक संबंध मात्र उसे 'होने' का बोध देता है। पर इससे वह एक निरर्थकता से दूसरी निरर्थकता तक पहुँचता है। इसके बाद वह पुनः घर की ओर लौटता है लेकिन उसे पूर्णतः ठीक नहीं मानता। इस स्थिति में पहुँचकर—वह स्वस्थ हो जाता है किन्तु यह स्वास्थ्य-लाभ कृत्रिम तथा कोरा अवधारणात्मक होकर अविश्वसनीय लगने लगता है। राजकमल चौधरी के दोनों उपन्यास यौन-बोध और देह की राजनीति में सार्थकता देखते हैं। 'दूसरी बार' का नायक स्पष्टतः निर्वीर्य और नपुंसक है। स्त्री के नग्न सौन्दर्य को देखने की मुग्ध अभिरुचि नपुंसक पात्रों में ही होती है। हीनता की ग्रंथि से बँधा हुआ 'मैं' नए इलाचन्द्र जोशी की याद दिलाता है। विन्दो न उसकी पत्नी बन पाती है और न वह विन्दो का पति। नायक को मिचली आने लगती है। सारा उपन्यास अस्तित्ववादी उपन्यासों के बद्ध ढाँचे पर निर्मित होता है—बँधे हुए फार्मूले, बँधे हुए नुस्खे।

'बेघर' का संभोगवाद दूसरी तरह का है। इसे एक रूढ़ि से जोड़कर अकेलेपन की सृष्टि की गई है। प्रश्न उठता है कि क्या संभोगवादी स्थिति को रूढ़ियों से न जोड़ने पर नायक अकेलेपन से मुक्त हो जाता? 'यात्राएँ' में पुंसत्वहीनता, परिचय में अपरिचय, लगाव के अलगाव का चित्रण है। 'सफेद मेमने' के रेगिस्तानी माहौल के अकेलेपन को तोड़ने का तरीका अन्य उपन्यासों से भिन्न नहीं है। 'सूरजमुखी अँधेरे के' तो संभोग की खुली गाथा है।

इन उपन्यासों में आधुनिकता का जो चित्र प्रस्तुत किया गया है उसमें स्त्री शरीर 'नशे' या 'ड्रग' का काम करता है। राकेश को छोड़कर शेष उपन्यासों में प्रामाणिकता की भी कमी है। मेलर के उपन्यासों का साहस, रति-कार्य का शुद्धतावदी विस्तृत वर्णन भी इनमें नहीं है। हाँ, उसका नंगापन जरूर है। इस साहसिकता में पुरुषों की अपेक्षा स्त्रियाँ आगे हैं।

दूसरी श्रेणी के उपन्यासों में उषा प्रियंवदा का 'रुकोगी नहीं, राधिका' और मन्नू भंडारी के 'आपका बंटी' की गणना की जायगी। राधिका दो संस्कृतियों के पाट में पिस कर अनिर्णय और अकेलेपन को झेलती है। वह न विदेशी संस्कृति में फिट हो पाती है न देशी संस्कृति में। 'आपका बंटी' में बंटी माँ-बाप दोनों से कट कर मिसफिट हो जाता है। इन दोनों उपन्यासों की आधार-भूमियाँ ठोस तथा इनकी जिन्दगियाँ प्रामाणिक हैं।

नरेश मेहता का 'यह पथ बंधु था', गोविन्द मिश्र का 'वह अपना चेहरा', बदीउज़्ज़मा का 'एक चूहे की मौत', काशीनाथ सिंह का 'अपना मोर्चा', नरेन्द्र कोहिली का 'आश्रितों का विद्रोह' आदि अंतिम श्रेणी के उपन्यासों म आते हैं। 'यह पथ बंधु था' में मूल्यों के प्रति

निष्ठावान व्यक्तियों का इस युग में टूट जाना उनकी नियति है। 'वह अपना चेहरा' में दफ्तरी जीवन के माहौल को उजागर किया गया है 'एक चूहे की मौत' एक फंतासीय उपन्यास है जो अपनी फंतासी में सबसे अलग है। इसमें उस व्यवस्था पर व्यंग्य है जिसमें हर व्यक्ति चूहा बनने और मरने के लिए विवश है। 'अपना मोर्चा' में पहली बार युवा विद्रोह को औपन्यासिक रूप दिया गया है। 'आश्रितों का विद्रोह' में भ्रष्ट राजनीति और ठंडी जनता का व्यंग्यात्मक विरोध किया गया है। इन उपन्यासों से आगे का मार्ग प्रशस्त हो सकता है।

इनके अतिरिक्त लक्ष्मीकांत वर्मा ने कई प्रयोगशील और प्रतिबद्ध उपन्यास लिखे। बालशौरि रेड्डी, शिवानी, कृष्ण बलदेव बैद, रमेश वक्षी आदि का लेखनकाल भी यही है

कहानियाँ

कविता और कहानी छायावादोत्तर काल की केन्द्रीय विधाएँ रही हैं। इन दोनों को लेकर बहुत से साहित्यिक आन्दोलन हुए। इनके संबंध में बहुत सी बहसें, गोष्ठियाँ हुईं और पत्र-पत्रिकाओं के विशेषांक निकले। इसका मुख्य कारण यह है कि इन दोनों ने समकालीनता को गहरे अर्थ में रेखांकित करने का प्रयास किया, जीवन की जटिलताओं को उनकी समग्रता में आँकने की कोशिश की। नई कविता के वजन पर कहानी को भी नई कहानी कहा जाने लगा। नई कहानी से अलग सचेतन कहानी और अ-कहानी का आन्दोलन भी चलाया गया।

इस दौर के आरंभ मे दो प्रकार की प्रवृत्तियाँ दिखाई पड़ती हैं—प्रगतिवादी और व्यक्तिवादी। इसी समय एक प्रवृत्ति और भी उभरी आधुनिकता-बोध की प्रवृत्ति। इसके पुरस्कर्ता भुवनेश्वर थे। सूर्य पूजा, भेड़िये कहानी को प्रमाण में पेश किया जा सकता है।

'३६ में प्रगतिशील लेखक संघ ने साहित्य को निश्चयवादी तथा उद्देश्यपूर्ण दिशा की ओर मोड़ा। प्रेमचन्द के साहित्य में प्रगतिवाद कभी हावी नहीं हुआ किंतु सामाजिकता और प्रगतिशीलता से उसका गहरा लगाव था। जैनेन्द्र व्यक्ति को केन्द्र में मानकर उसके मानस की छानबीन की ओर अग्रसर हो चुके थे। प्रेमचन्द की सामाजिकता का विकास यशपाल में हुआ तो जैनेन्द्र की वैयक्तिकता का अज्ञेय-इलाचन्द्र जोशी में। सन् '५० तक कहानी की यही स्थिति रही।

'५० के बाद क्रमशः वैयक्तिकता का दबाव बढ़ता गया। कुछ देर के लिए स्वतंत्रता प्राप्ति का उल्लास आंचलिक कहानियों में अभिव्यक्त हुआ। पर वह कहानी की विकास-यात्रा का अस्थायी पक्ष था। स्वतंत्रता से प्राप्त होने वाले सुख के प्रति रोमानी मोह टूट गया। व्यक्ति एक तरह के कटाव या अलगाव के कठघरे में खड़ा हो गया। छठें दशक में जो तनाव या अलगाव आया वह मूल्यों से पूर्णतः विच्छिन्न नहीं हुआ था। किंतु '६२ में चीन-भारत युद्ध के समय रोमैंटिक सरकार ने हमें अंतिम रूप से मोहमुक्त कर दिया। मार्क्स और फ्रायड के प्रभावों से आगे बढ़कर अस्तित्ववादी दर्शन ने मनुष्य के बुनियादी सवालों की ओर हमारा ध्यान आकृष्ट किया। उस दर्शन के कारण हम नए यथार्थ को पहचानने की कोशिश करने लगे। आधुनिकता का जो दृष्टिकोण छठें दशक में उत्पन्न हुआ था वह सातवें दशक में और

भी विकसित हुआ। मूल्यच्युत परिवेश में संत्रास, अलगाव, बेगानेपन, ऊब से संबद्ध कहानियाँ लिखी गई।

जैसा पहले कहा जा चुका है प्रारंभ में प्रगतिवादी विचारधारा प्रमुख होकर आई। यशपाल इस धारा के प्रतिनिधि लेखक हैं। यशपाल मूलतः मार्क्सवादी विचारधारा के कथाकार हैं। वे राष्ट्रीय संग्राम के एक क्रांतिकारी कार्यकर्ता भी रह चुके हैं। ये साहित्य को साधन समझते हैं, साध्य नहीं। मार्क्सवाद सांस्कृतिक-नैतिक विषमताओं के मूल में धन की विषमता मानता है। यशपाल ने धन की इस विषमता पर प्रहार तथा भौतिकवादी नैतिक मूल्यों का समर्थन किया है। मार्क्स के साथ-साथ फ्रायड का भी इन पर गहरा प्रभाव है। फलतः यौन-चेतना के खुले चित्र भी इनकी कहानियों में मिलते हैं। अब तक इनके सोलह कहानी-संग्रह प्रकाशित हो चुके हैं—पिंजड़े की उड़ान, वो दुनिया, ज्ञानदान, अभिशप्त, तर्क का तूफान, भस्मावृत चिनगारी, फूलो का कुर्ता, उत्तमी की माँ, सच बोलने की भूल, तुमने क्यों कहा था, मैं सुन्दर हूँ आदि।

यशपाल कहानियों को दृष्टान्त के रूप में ग्रहण करते हैं। इसलिए इनकी कहानियाँ बहुत कुछ पूर्व नियोजित (कांट्राइव्ड) होती हैं इस नियोजन का मुख्य आधार विचार और कल्पना है। प्रेमचन्द की रचना-प्रक्रिया से यशपाल की रचना प्रक्रिया मिलती-जुलती है। दोनों के मन में पहले कोई विचार उठता है। फिर पात्र, स्थितियाँ, घटनाएँ आदि को अन्वेषित कर लिया जाता है। पर यशपाल को कहानी कहने की कला खूब मालूम है। कथा का रस उनमें सर्वत्र मिलता है।

वर्ग-संघर्ष, मनोविश्लेषण और पैना व्यंग्य उनकी कहानियों की विशेषताएँ हैं। वर्ग-संघर्ष और मनोविश्लेषण कहानियों का रचनात्मक पक्ष है और व्यंग्य प्रतीयमान अर्थ। किसी सामाजिक अथवा नैतिक रूढ़ि पर प्रहार करते हुए वे पाठकों के रूढ़ संस्कारों पर गहरा आघात करते हैं। 'शाक ट्रीटमेंट' का यह तरीका प्रायः उनकी प्रत्येक कहानी में मिलेगी।

अज्ञेय मुख्यतः व्यक्ति का आत्मसंघर्ष तथा व्यक्ति और परिवेश का संघर्ष चित्रित करते हैं। यशपाल समाज की विकृतियों के मूल में अर्थ का असामंजस्य तथा वर्गीय दिखावे (हिपोक्रेसी) को मानते हैं। अज्ञेय व्यक्ति को अपने नैतिक संघर्ष और दायित्व को मनुष्य की मुख्य समस्या मानते हैं। यह संघर्ष कभी आत्मिक होता है और कभी परिवेश-जन्य। आत्मिक संघर्ष में वे प्रातः मनुष्य के बुनियादी सवालों से टकराते हैं। परिवेश-जन्य संघर्ष में वे या तो मानवीय नियति को सामने ले आते हैं या उसकी क्रियात्मकता को।

अज्ञेय एक सजग कलाकार हैं। उन्होंने शरणार्थी की भूमिका में लिखा है—'मेरा आग्रह रहा है कि लेखक अपना अनुभूत ही लिखे, जो अनुभूत नहीं है, कोरी सैद्धांतिक प्रेरणा के वशीभूत होकर लिखना ऋणशोध हो सकता है साहित्यिक नहीं। कलाकार निरा व्यक्ति नहीं सामाजिक भी है—व्यक्ति और समाज के प्रति उत्तरदायित्व के अतिरिक्त कलाकार का कला के प्रति भी उत्तरदायित्व होता है। किसी एक दायित्व को लेकर शेष कर्तव्यों की उपेक्षा करना पथभ्रांत होना ही है।' वस्तुतः कला के प्रति कलाकार का पहला दायित्व है अन्यथा शेष दायित्वों का कोई मतलब नहीं होता। कहना न होगा कि अज्ञेय ने इस दायित्व को बहुत

दूर तक निबाहने की कोशिश की है। जैनेन्द्र भी अपनी कहानियों की भाषा को रचनात्मक बनाते हैं पर एक रोमानी भावुकता के कारण उसमें अभिजातीय संघटना और वर्चस्व नहीं दिखाई पड़ता। अज्ञेय की प्रारम्भिक कहानियों में स्वच्छन्दतावादी प्रवृत्ति उभरी हुई प्रतीत होती है किंतु गैंग्रीन, पठार का धीरज आदि कहानियाँ रोमांस से मुक्त नए यथार्थ पर आधारित हैं। शरणार्थी में लेखक का सामाजिक ही प्रस्तुत होता है, व्यक्ति और कला के प्रति उपेक्षा हो जाने के कारण इसकी कहानियाँ ओढ़े हुए यथार्थ को ही आँक पाती हैं। 'जयदोल' की कहानियाँ रचनात्मक कला प्रौढ़ता की सूचक हैं। अज्ञेय की भाषा में परिवेश निर्माण की अद्‌भुत क्षमता है। बिंबों, प्रतीकों और नाटकीय स्थितियों के चित्रण द्वारा वे कहानियों को अर्थ के विभिन्न स्तर देते हैं। विपथगा, परंपरा, कोठरी की बात, शरणार्थी, जयदोल, अमर बल्लरी, ये तेरे प्रतिरूप इनके कहानी संग्रह हैं।

इलाचन्द्र जोशी मनोवैज्ञानिक केस हिस्ट्री को कहानियों में पिरोते हैं। इस दृष्टि से वे अकेले कहानीकार हैं। पर उनकी कहानियों में किताबी सूरतें दिखाई पड़ती हैं, किताबी स्थितियाँ और ग्रंथियाँ परिलक्षित होती हैं। इसीलिए उनकी कहानियाँ नीरस, असंवेदनीय और अपठनीय हो जाती हैं। रोमैंटिक छाया, खंडहर की आत्माएँ, डायरी के नीरस पृष्ठ, आहुति तथा होली और दिवाली कहानी संग्रह प्रकाशित हो चुके हैं।

अश्क ने संख्या में काफी कहानियाँ लिखी हैं। यद्यपि वे '३६ के पहले से ही लिखते चले आ रहे हैं फिर भी '३६ के बाद से ही वे कहानी लेखक के रूप में प्रतिष्ठित हुए। उनकी कहानियों में विविधता के दर्शन होते हैं—यह वैविध्य विषय-वस्तु और शिल्प दोनों में है। पर इस वैविध्य में उनकी अपनी शक्ति रम नहीं पाई है। मनोविश्लेषण, प्रतीक, सेक्स आदि के आधार पर लिखी गई कहानियों में फार्मूला-बद्धता ही दिखाई देती है। इस तरह की कहानियों में जो गहन मनोवैज्ञानिक पकड़ अपेक्षित होती है वह अश्क में नहीं है। कहानी के लम्बे रचनाकाल में वे काफी भाग-दौड़ करते रहे हैं। इसलिए कभी इस धारा के साथ लगे रहे और कभी उस धारा के साथ। अगर अश्क ने अपनी खुद की धारा बनाने की चेष्टा की होती जैसा प्रेमचन्द, जैनेन्द्र, अज्ञेय ने किया तो वे डाची, कांगड़ा का तेली जैसी स्वस्थ सामाजिक कहानियाँ लिख सकते थे। पर अपनी क्रियात्मक सामाजिक दृष्टि के कारण उन्हें सामान्यतः कलात्मक परिपक्वता मिली है।

विष्णु प्रभाकर, कमल जोशी, निर्गुण, भैरव प्रसाद गुप्त, अमृतराय आदि अपेक्षाकृत नई पीढ़ी के कहानीकार हैं। विष्णु नए बनने के प्रयास में भी पुराने संस्कारों को छोड़ नहीं पाते। फिर भी धरती अब घूम रही है संग्रह की यह कहानी नए बोध के निकट है। कमल जोशी की 'शीराजी', 'पत्थर की आँख' अपने समय में काफी चर्चित हुई थीं। पर इधर नई कहानी लिखने के प्रयास में उन्हें असफलता ही मिली है। निर्गुण अपनी कहानियों में लिजलिजी भावुकता का चित्र उरेहते रहते हैं। भैरव प्रसाद गुप्त और अमृत की कहानियाँ मार्क्सवादी नुस्खों से बनाई गई हैं। चन्द्रकिरण सौनरिक्सा ने इस तरह की कुछ अच्छी कहानियाँ लिखी हैं। राधाकृष्ण की कुछ कहानियाँ थीम के अछूतेपन और पैने व्यंग्य के कारण स्मरण की

जायँगी। रामलीला इसी तरह की कहानी है। उन पर वनफूल का विशेष प्रभाव मालूम पड़ता है।

परंपरा का नया मोड़ : रोमैंटिक यथार्थ

छठें दशक में यानी '५० से '६० तक की कहानियों में दो विरोधी स्वर सुनाई पड़ते हैं—मूल्यवादी और विघटित मूल्यों के परिवेश में चीख, त्रास या बदले हुए रिश्तों के स्वर। किन्तु मुख्यता पहले ही स्वर की है। दूसरा स्वर नए बदलाव की सूचना देता है। वह सातवें दशक की अपनी विशेषता है।

'४७ में देश विदेशी गुलामी से मुक्त हो चुका था। लंबे अरसे के संघर्ष के बाद मुक्त देश का जो नक्शा दिखाई पड़ा वह नवीन आकांक्षाओं से जुड़ा हुआ था। हिंदी कहानियों में इस नये उल्लास की अभिव्यक्ति हुई। नए मूल्य वाले चरित्रों की सृष्टि की जाने लगी। इनके मूल्यों का महत्व इसीलिए है कि ये किसी-न-किसी संघर्ष से संपृक्त हैं। इसे प्रेमचन्द की परम्परा का नया मोड़ माना जा सकता है। फर्क यह है कि प्रेमचन्द मूलतः आदर्शवादी थे यद्यपि अपने परवर्ती काल में वे पूर्णतः यथार्थवादी हो चुके थे। आदर्श बराबर आरोपित होगा और मूल्य संघर्ष-जनित। जैनेन्द्र-अज्ञेय का प्रभाव भी अस्वीकारा नहीं जा सकता। उनमें मनोविश्लेषण और अवसाद की मुख्यता है, पर इस दौर की कहानियाँ अपने आत्म-संघर्ष और नाटकीय तनाव के कारण अलग हो जाती हैं।

यों इस दशक में ग्रामांचल की कहानियों ने ही पहले ध्यान आकृष्ट किया। इसके साथ-साथ ही कस्बे और नगर की कहानियाँ भी लिखी गईं। एक पर दूसरे की प्रतिक्रिया मानना उचित नहीं है और न कहानियों को इस तरह के खानों में बाँटा जाना चाहिए। फिर भी जिन अंचलों से कहानी की विषय-वस्तु ली जाती है उसका प्रभाव कहानी के रूपायन (फार्मेशन्) पर पड़ता ही है। इसलिए विषय-वस्तु के चुनाव को कम अहमियत नहीं दी जा सकती। कुछ कवियों ने भी लगे हाथ कहानियाँ लिखीं जिनमें कुछ अच्छी बन पड़ी हैं। '६० के आस-पास कुछ ऐसे कहानीकार दिखाई पड़ते हैं जो नया बोध—आधुनिकता बोध—को लेकर कहानी के क्षेत्र में प्रविष्ट हुए। इस दशक की कहानियों को लेकर बहसें और आन्दोलन भी कम नहीं हुए। '५५ में 'कहानी' पत्रिका के पुनः प्रकाशन ने इसे आगे बढ़ाने में महत्वपूर्ण योग दिया। '५६-५७ में नई कविता के वजन पर इसे नई कहानी का नाम भी दे दिया गया। इस दौर की कहानियों को 'नई कहानी' नाम देने का-श्रेय नामवर सिंह को है।

ग्रामांचल के कहानीकारों में शिवप्रसाद सिंह, मार्कण्डेय और फणीश्वरनाथ रेणु के नाम आते हैं। इन कहानियों में गाँव की मिट्टी की सोंधी महक और गाँव के लोगों का जो जीवट देखने को मिला वह जैनेन्द्र-अज्ञेय-अश्क परंपरा की कहानियों से भिन्न था। इनके पहले गाँव अपने परिपार्श्व की पूर्णता में चित्रित नहीं हो पाये थे। किंतु इन लेखकों ने गाँव के जो चित्र या चरित्र प्रस्तुत किए वे मूलतः रोमैंटिक थे। ये लेखक स्वयं गाँव से शहर आ गए थे। इसलिए छूटे गाँव की यादों का रूमानियत से भर उठना स्वाभाविक था।

शिवप्रसाद सिंह और मार्कण्डेय की प्रारंभिक कहानियाँ कुछेक को छोड़कर

अतीतोन्मुख हैं। दादा, दादी, बाबा, भाई आदि के माध्यम से जिन ध्वंसोन्मुख मूल्यों को प्रतिष्ठित किया गया है वे रोमैंटिक हैं। गाँव तथा इनके पूर्वजों के मूल्यगत प्रतिमान इन्हें मोहग्रस्त बना देते हैं। जाहिर है यथार्थ इनका भोगा हुआ नहीं है। केवल देखा या सुना हुआ है।

शिवप्रसाद सिंह जहाँ अतीतोन्मुख नहीं हैं वहाँ उनकी कहानियाँ अधिक यथार्थपरक हैं। वे प्रायः परिवार के भीतर पैठकर अन्तर्वैयक्तिक संबंधों को विश्लेषित करते हैं। वे बीच की दीवार तोड़ने के लिए बराबर प्रयत्नशील हैं। इस दीवार के कारण संबंधगत जटिलताओं के प्रति उन्हें अधिक सतर्क रहना पड़ा है। 'वशीकरण', शाखामृग में तो यह दीवार टूट जाती है। पर दीवार का टूटना ही इन कहानियों को अयथार्थ बना देता है। पर 'खैरा पीपल कभी न डोले' में वह टूट-टूट कर बनती रहती है। टूट-टूट कर फिर बनने की तात्कालिकता इस कहानी को अन्य कहानियों से अलग और विशिष्ट बनाती है।

अपने दायरे के भीतर जहाँ वे संघर्ष को उभार पाए हैं अथवा मानवीय जीवन के कुछ अछूते घावों को छू सके हैं वहाँ कहानियों ने उनकी संवेदना का पूरा साथ दिया। 'कर्मनाशा की हार' का संघर्ष एक विश्वसनीय यथार्थ है और इससे उभरता हुआ मूल्य आज के विघटित जीवन के लिए भी अर्थवान् है। 'विन्दा महाराज' एक अछूती थीम पर लिखी गई कहानी है। इसका महत्व इस बात में है कि मानवीय सृष्टि में इन जीवों का स्थान कहाँ है? ये समष्टि जीवन मूल्यों के ही कथाकार हैं, किसी राजनीतिक मतवाद से प्रतिबद्ध न होते हुए भी प्रतिबद्ध हैं। 'आरपार की माला' 'मुर्दासराय', 'इन्हें भी इन्तजार है' आदि इनके कहानी संग्रह हैं।

मार्कण्डेय ग्रामांचल की कथाओं को लेकर हिंदी-कहानी के क्षेत्र में अवतरित हुए। शुरू में जैसा संकेतित किया जा चुका है इनकी सृष्टि में भी अतीतोन्मुखता ही दिखाई पड़ी। 'गुलरा के बाबा' और 'हंसा जाई अकेला' में अतीत के प्रति एक रूमानी दृष्टिकोण अख्तियार किया गया है। बाद में इन्होंने गाँव में उगते हुए वर्ग-संघर्ष को कलात्मक ढंग से पहचानने और चित्रित करने की कोशिश की। 'कल्यानमल' इसी तरह की कहानी है। 'भूदान' जैसी कहानी में सुधारों पर व्यंग्य किया गया है। बाद में शहरी जीवन से संबद्ध कहानियाँ भी मार्कण्डेय ने लिखीं पर ऐसा लगता है कि शहरी विषय-वस्तु इनके घेरे के बाहर है। 'महुए का पेड़', 'हंसा जाई अकेला', 'भूदान', 'माही' आदि इनके कहानी-संग्रह हैं।

रोमैंटिक यथार्थ का सर्वाधिक चटकीला समग्र और आत्मीयतापूर्ण रंग रेणु की कहानियों में मिलता है। वे आदिम रसगंधों के कथाकार हैं। गाँव की धूल-माटी, आँगन की धूप, बैलों की घंटियाँ, धान की झुकी हुई बालियाँ, गमकता चावल, गवने की साड़ी की कड़वा तेल और लठवा सिंदूर मिश्रित गंध, मेला-ठेला, झमकता गीत, हँसी-ठिठोली, गुदगुदाती पीठ, खुशबूदार मुस्कान में गाँव ही नहीं पूरा अंचल उभर आता है। इस दृष्टि से 'लाल पान की बेगम' और 'तीसरी कसम' विशेष रूप से द्रष्टव्य है। रेणु की कहानियों में गहरी रूमानियत पर गहरी संवेदना है। अपनी संवेदनाओं के कारण ये श्रेष्ठ कहानियों में परिगणित होती हैं।

ग्रामांचल से हटकर भी परंपरा के इसी मोड़ पर रांगेय राघव, भीष्म साहनी, शेखर

जोशी, अमरकांत, श्रीमती विजय चौहान, शैलेश मटियानी, मधुकर गंगाधर, शानी वगैरह-वगैरह आते हैं। इन्होंने प्रेमचन्द की परंपरा को आगे बढ़ाया है। शेखर जोशी की 'कोसी का घटवार' रोमानी स्पर्श से रिक्त न होते हुए भी अधिक यथार्थ है। अमरकांत की 'जिन्दगी और जोंक' आधुनिकता बोध के जीवंत आयाम को छूती है, रांगेय राघव की 'गदल' अपने संघर्षशील मूल्यों के कारण श्लाघ्य होते हुए भी अति नाटकीय हो गई है।

युगीन संक्रमण और तनावों की स्थितियाँ

एक ही काल में एक ओर पुराने मूल्यों के प्रति रोमानी दृष्टि की अभिव्यक्ति की जा रही थी तो दूसरी ओर युगीन संक्रमण के अधिकाधिक दबाव की अनुभूति हो रही थी। दबावों के फलस्वरूप तनाव, मूल्यों की तलाश और विविध संदर्भों की कहानियाँ लिखी गईं। ग्रामांचल से संबंद्ध कहानियों में सामाजिकता का प्राधान्य है तो युगीन संक्रमण की कहानियों में सामाजिकता और वैयक्तिकता के बीच के तनाव का। मोहन राकेश तनावों के कहानीकार हैं, राजेन्द्र यादव में वैयक्तिकता पर सामाजिकता हावी है, कमलेश्वर तनावों के बीच मूल्यान्वेषण करने के लिए सचेष्ट रहते हैं। राकेश ने 'आर्द्रा' और कमलेश्वग ने 'देवा की माँ' में पुरानी पीढ़ी के जीवट को लिया है, रोमानी आदर्शों को नहीं।

मोहन राकेश की कहानी 'मलबे का मालिक' की ओर पहले पहल लोगों का ध्यान आकृष्ट हुआ। यह '४७ में भारतवर्ष के राजनीतिक विभाजन के फलस्वरूप पैदा हुई मनःस्थिति पर आधारित है। देश के विभाजन की परिणति व्यापक रक्तपात में ही नहीं हुई बल्कि दो संप्रदायों के बीच दुराव, संदेह, त्रास, डर, घृणा आदि मानसिक अवधारणाओं में भी हुई। अज्ञेय, चन्द्रगुप्त विद्यालंकार, अश्क आदि ने भी इस विषय पर कहानियाँ लिखीं। अज्ञेय की कहानियाँ फार्मूलों पर टिकी हैं, विद्यालंकार की कहानी 'एक और हिन्दुस्तानी का जन्म हुआ' दर्द को उभार नहीं पाती। अश्क की 'टेबुल लैंड' रोमैंटिक भावुकता से पूर्ण एक आदर्शवादी कहानी है। राकेश की 'मलबे का मालिक' में मलबा बहशीपन की चरम परिणति है—पागलपन और उन्माद का जीवंत प्रतीक। इसके रचाव में अपेक्षित सांकेतिकता और तनाव है। इसमें सामाजिकता से वैयक्तिकता की ओर, बाह्यता से आन्तरिकता की ओर जो यात्रा की गई है उसमें वे भोक्ता भी हैं द्रष्टा भी।

पर यदि राकेश की प्रतिनिधि कहानी का नाम लेना हो दो शायद वह 'एक और जिन्दगी' है। यह आज के ट्रेजिक तनाव को पूरी गहराई में आँकती है। मनुष्य न तो छूटी हुई जिन्दगी को छोड़ पाता है और न चुनी हुई जिन्दगी को अपना पाता है। दोनों ओर खींचा जाकर वह क्षत-विक्षत हो जाता है। इसमें तनाव की स्थिति नहीं है, 'मिस पाल' अपनी सफाई के बावजूद पाल की तरह ही मोटी रह जाती है। जहाँ राकेश में सामाजिकता-वैयक्तिकता का तनाव नहीं है वहाँ कहानियों में ठहराव आ गया है। जख्म, ठहरा हुआ चाकू आदि ऐसी ही कहानियाँ हैं। नए बादल, जानवर और जानवर, एक और जिन्दगी, फौलाद का प्रकाश इनके कहानी संग्रह हैं।

राजेन्द्र यादव ने आधुनिक भावबोध को व्यापक सामाजिकता से संदर्भित करने की

कोशिश की है । वे एक हजार में से नौ सौ निन्यानबे की कहानी कहना चाहते हैं । इस तरह वे एक दुनिया : समानान्तर की सृष्टि करते जाते हैं। अपने वक्तव्यों में उन्होंने विर्वैयक्तिकता पर विशेष जोर दिया है। वस्तुतः कला समानान्तर दुनिया नहीं है । वह इस दुनिया को जगह-जगह काटती, उससे मिलती और अलग होती चलती है। यह समानान्तरता उनकी कहानियों को व्यक्तित्व तो देती है पर इसी के कारण वे एक दूसरी दुनिया बन कर असंप्रेषित रह जाती है। वे चक्र के भीतर चक्र (ह्वील विदिन ह्वील) के कहानीकार हैं । यही कारण है कि उनमें उलझाव आ जाता है। प्रयोग के कारण वे रेहटारिकल हो जाती हैं। उनकी सुप्रसिद्ध कहानी 'जहाँ लक्ष्मी कैद है' में रेहटारिक अपने चरमोत्कर्ष पर पहुँच गया है। टेक्शचर के चमत्कार में उलझकर वह इन्द्रजाल खड़ा करने लगते हैं। वस्तुतः यादव औपन्यासिक चेतना के कथाकार हैं। जहाँ लक्ष्मी कैद है, अभिमन्यु की आत्महत्या, छोटे-छोटे ताजमहल, किनारे से किनारे तक, प्रतीक्षा, टूटना और अन्य कहानियाँ, अपने पार आदि इनके कहानी संग्रह हैं।

कमलेश्वर की कहानियों में युगीन संक्रमण का मूल्यान्वेषी स्वर मिलता है। मूल्यान्वेषण की दृष्टि उसे आस्था देती है। उनकी विकास-यात्रा में बोध के विभिन्न संदर्भ और जीवन के विविध आयाम दिखाई देंगे। उनके संघर्ष में जिजीविषा और जिजीविषा में जो संघर्ष है वह पूरी जिन्दगी के साथ लिपटा हुआ है। इसीलिए 'देवा की माँ', मार्कण्डेय की 'माई', राकेश की 'आर्द्रा' से अपनी संवेदना में तीव्रतर बनकर आती है। 'नीली झील' में एक काव्यदृष्टि दिखाई पड़ती है। इसमें मानवीय संवेदना को उसकी विस्तृति में लिया गया है। परायेपन का बोध, मृत्यु की विभीषिका, अन्तर्वैयक्तिक संबंध आदि का समावेश करते हुए लेखक इसे व्यापक मानवीय करुणा और प्राकृतिक सौंदर्यबोध का रचनात्मक संश्लेष देता है। 'खोई हुई दिशाएँ' आज के महानगरीय बोध, अकेलेपन, बेगानगी की ट्रेजडी, उभरते हुए अपनेपन का मूल्य-संकेत छोड़ जाती है। 'मांस का दरिया' में यामा द पिट की झाँकी मिल सकती है पर इसमें आधुनिक मानवीय स्थिति को लिया गया है।

कमलेश्वर सशक्त कहानीकार हैं। यह शक्ति रूमानियत से अलग होने और भाषाई संरचना के संयम में निहित है। इस संयम की शुरुआत 'देवा की माँ' 'राजा निरबंसिया' से ही हो जाती है। नीली झील, जो लिखा नहीं जाता, आदि में उसका पूरा विकास दिखाई देता है। उसकी भाषा कहानी है और कहानी भाषा। संपूर्ण संरचना में इतनी निःसंगता दूसरे कहानीकार में नहीं आ पायी है।

कवि कहानीकार नरेश महेता, रघुवीर सहाय, सर्वश्वरदयाल सक्सेना, धर्मवीर भारती आदि ने भी अपने-अपने ढंग की कहानियाँ लिखीं। कविता का अभ्यासी जब कहानी-लेखन पर उतर आता है तो बराबर आशंका बनी रहती है कि कहीं कविता कहानी पर हावी न हो जाय। नरेश मेहता की 'तथापि' 'निशाजी' आदि पर काव्यगत रूमानियत की स्पष्ट छाप देखी जा सकती है। रघुवीर सहाय और सर्वेश्वर के सम्बन्ध में यह कम सच नहीं है। भारती ही ऐसे कवि-कथाकार हैं जिन्होंने कविता से कहानी को अलग करने की चेष्टा की है। यह चेष्टा गुलकी बन्नो, सावित्री नं० २, बन्द गली का आखिरी मकान में स्पष्टतः दिखाई पड़ती है।

इस अलगाव के लिए भारती ने कथातत्त्व का सहारा लिया है । यह जरूरी नहीं है कि कथातत्त्व के कारण कविता अलग हट जाय। किंतु आत्मपरकता से वस्तुपरकता की ओर जाने के लिए यह माध्यम ग्रहण किया जा सकता है। गुलकी बन्नो पर रोमानियत का आरोप किया जाता है पर उसमें जिस परिपार्श्व और परिवेश को लिया गया है वह विश्वसनीय और यथार्थ है । एक विशेष स्थिति में समूचे टोले-मुहल्ले का दर्द उभारा गया है। गुल-गपाड़े, व्यंग्य-विनोद तथा विद्रूप बौछारों की पृष्ठभूमि में यह दर्द उन मानवीय मूल्यों को चित्रित करता है जो औद्योगिक सभ्यता में आज भी सुरक्षित हैं, दुर्लभ है।

लेखिकाओं का संसार

मन्नू भंडारी, कृष्णा सोबती, उषा प्रियंवदा का अपना संसार है जो कुछ मानों में पुरुषों के संसार से अलग है। सामान्यतः स्त्रियों का संसार पुरुष-संसार से किंचित् भिन्न होता है। किंतु इन लेखिकाओं ने इस भिन्नता को कुछ कम करने की चेष्टा की है। फिर भी मन्नू भंडारी और सोबती के पास अनुभव के सीमित दायरे हैं—आधुनिक नारी की मनःस्थिति, पारिवारिक जीवन में पति-पत्नी के सम्बन्ध। उषा प्रियंवदा के वैविध्य और आधुनिक जीवन के अनेक आयाम दिखाई पड़ते हैं। इनकी कहानियों को सातवें दशक का पूर्ववर्ती रूप मानना चाहिए।

मन्नू ने बड़ी ही ईमानदारी के साथ नारी के मन में उठने वाले भावों, स्थिति विशेष में पुरुष के मन में जगने वाली शंकाओं, ईर्ष्याओं आदि को अपनी कहानियों में चित्रित किया है। यही सच है, तीसरा आदमी, इसी प्रकार की कहानियाँ हैं। किंतु 'यही सच है' कहानी मन्नू से खुद पूछती है कि क्या सचमुच में यही सच है ? कृष्णा सोबती सेक्स-जन्य भावुकता को ही उभार कर रह जाती हैं। मैं हार गई, तीन निगाहों की तस्वीर और यह सच है मन्नू भंडारी के कहानी संग्रह हैं। कृष्णा सोबती की कहानियाँ 'मित्रो मर जानी' में संगृहीत हैं।

ऊषा प्रियंवदा आधुनिकता बोध की कहानीकार हैं। उनका बोध भी नया है और भाषा भी अपेक्षाकृत संयमित है। वे न कमज़ोर लड़की की कहानी कहती हैं और न भावाविष्ट क्षणों की सचाई को सचाई मानती हैं। वे विशेष परिस्थितियों में अकेलेपन, बेबसी, हार-लाचारी की मानवीय नियति को आकलित करती हैं। 'मोह बंध' की अचला अपनी इच्छा से अकेलेपन का वरण करती है। वह भींगी पलकों की दुनियाँ में लौट आती है क्योंकि यह उसकी अपनी है। 'छुट्टी का दिन' की माया का जीवन एक रेतीला अछोर मैदान है। बंधन में बँधकर भी मनुष्य अकेला है न बँधकर भी—अकेलेपन से निष्कृति नहीं। 'वापसी' के गजाधर बाबू का अकेलापन आधुनिक जीवन का अकेलापन है—अर्जित करके भी अकेला है ।'जिन्दगी और गुलाब के फूल' का सुबोध न अर्जित करके अकेला-असफल है। 'जिन्दगी और गुलाब के फूल' और 'एक कोई दूसरा' उनके कहानी संग्रह हैं।

चीख, क्षण, मूड और मिथ

निर्मल वर्मा हिंदी कहानी परंपरा को तोड़ने का आग्रह या दुराग्रह लेकर आए। एक ओर से अपने को काटकर उन्हें अपने को अन्य परंपरा, पाश्चात्य परंपरा से. जोड़ना

पड़ा। उनकी कहानी का डिटेक्टिव आदमी की खोज करने के लिए सूराखों की तलाश करता है क्योंकि उन्हीं के माध्यम से आदमी की तलाश की जा सकती है। पर सुराखों पर इतना ज्यादा जोर वैसा ही है जैसा कुत्ते का अपनी दुम का पीछा करना। उनकी कहानियों में सूराखी परिवेश इतने विविध रूप-रंगों में उभरता है कि उनकी प्रारंभिक कहानियाँ छायावादी कविता के निकट पहुँच कर रोमैंटिक एगोनी की अभिव्यक्ति करती हैं। वे राजनीति को एक जीवंत निर्मम स्थिति के रूप में ग्रहण करते हैं। उनकी कहानियों में ये स्थितियाँ कांसेंट्रेशन कैंप, नीग्रो सेग्रीशन के रूप में तो मिल जाती हैं किंतु हिन्दुस्तानी गरीबी नहीं मिलती। तारीफ तो यह है कि हिन्दुस्तानी गरीबी की वे वकालत करते हैं। जाहिर है अपनी परंपरा, अपनी भूमि, अपने देश की गरीबी और जहालत से कटा हुआ कहानीकार रोमानी रुचि में जीने की कोशिश करेगा। वह उन लोगों की कहानियाँ लिखेगा जो अपरिचित हैं, वह उस जगह की कहानियाँ लिखेगा जो हिंदी भाषा भाषी के लिए केवल नक्शे में होगी। परिन्दे और लवर्स ऐसी ही कहानियाँ हैं। यदि साहित्य के मूल्याकंन में भाषा से अधिक प्रामाणिक कोई अन्य तत्त्व नहीं है तो निर्मल वर्मा से ज्यादा रोमैंटिक कोई दूसरा कहानीकार नहीं है।

पर 'लंदन की एक रात' और 'कुत्ते की मौत' उनकी कहानियों में अपना विशिष्ट स्थान रखती हैं। इसकी चीख मोकम्मल और पूर्ण (टोटल) है। इसमें जीवन की अनिश्चितता, घुटन, निरर्थकता, रंगभेद, बेगानगी को जिस संपृक्तता में उठाया गया है वह किन्हीं स्वीकृति या प्रतिबद्धताओं की ओर भी संकेत करती हैं। इस गुंजलक में फँसा हुआ कोई एक व्यक्ति राटर नहीं है बल्कि सभी ब्लडी-बास्टर्ड है। इसमें जिन्दगी के छोटे-छोटे टुकड़े (स्लाइस), तेजी से बदलते हुए दृश्य, छोटी-छोटी घटनाएँ, अर्थपूर्ण प्रतीक पूरी कहानी को बिंबात्मक अस्तित्व देते हुए युगीन जिन्दगी को रेखांकित करते हैं। यह लेखक के बदले हुए मिजाज की कहानी है। कथाओं, घटनाओं और चरित्रों द्वारा निर्मित होने वाली कहानियों का ढाँचा पहले से टूटना शुरू हो गया था, निर्मल की कहानियों में वह पूरा टूट कर नई दिशा का निर्देशक बन गया है। परिन्दे, पिछली गर्मियों में तथा बीच बहस में आदि उनके कहानी संग्रह हैं। राजकुमार, विजय चौहान, राजकमल चौधरी आधुनिकता बोध के ही कहानीकार हैं।

श्रीकान्त वर्मा की कहानियों को ट्यूमर—ब्रेन ट्यूमर—की कहानियाँ कहा जा सकता है। किन्तु यह ट्यूमर प्रायः प्रेम के चारों ओर चक्कर लगाता है। इसमें स्थिति की अनिर्णयात्मकता, एकचित्तता का अभाव, बेहद बेचैनी आदि है। वह झाड़ी को लाँघना चाहकर भी नहीं लाँघ पाता, जिन्दगी को जीना चाहकर भी प्लेटफार्म पर चिपका रह जाता है—न जी पाता है न मर पाता है। इसका यह भी मतलब है कि अभी वह रूमानियत को न छोड़ पाता है और न उसे अस्वीकार करके यथार्थ को ग्रहण कर पाता है। सातवें दशक को मोहभंग का दशक कहना किसी चीज को उसका सही नाम देना है। इस दशक के कहानीकारों ने अपने को द्विधा और रोमांस से मुक्त करके नए यथार्थ का साक्षात्कार किया है । मूल्यों के पूर्णतः विघटन के साथ-साथ व्यक्तियों का खंडित होना स्वाभाविक था। विघटन का यह दृश्य सबसे अधिक नेतृवर्ग में दिखाई पड़ा। मूल्यहीनता की चरम परिणति कांग्रेस के विभाजन

में हुई। यों '६२ में चीनी हमले के समय ही हमारा मोहभंग हो चुका था। पुरानी पीढ़ी के प्रति क्षोभ-आक्रोश का समारंभ यहीं से होता है और यहीं से रोमांस भी टूट जाता है।

बुद्धिजीवीवर्ग का संकट और भी गहरा था। उसकी आवाज सुनने वाला कोई भी नहीं था। वह अपने आप को निर्वासित समझने के लिए बाध्य हुआ, उसकी अपनी पहचान गुम हो गई। वह सब ओर से कट कर अकेला हो गया। पुरानी पीढ़ी से संवाद की कोई स्थिति ही नहीं रह गई, अकेलेपन, ऊब का एहसास और गहरा गया। अकेलेपन और निर्वासन की अपेक्षा ऊब की स्थिति अधिक उभरी। अकेलापन और निर्वासन गहन रचनात्मक दृष्टिकोण है। पर ऊब विघटनात्मक और सतही विद्रोहात्मक रवैया अधिक दिखाई पड़ता है।

ज्ञानरंजन, दूधनाथ सिंह, गिरिराज किशोर, विजयमोहन सिंह, रामनारायण शुक्ल, कामतानाथ, गंगाप्रसाद विमल, महेन्द्र भल्ला, रवीन्द्र कालिया, ममता कालिया, काशीनाथ सिंह, मधुकर सिंह सिद्धेश, ज्ञानप्रकाश, सुधा अरोड़ा, विश्वेश्वर, महीपसिंह, पानू खोलिया, सतीश जमाली, इब्राहीम शरीफ, इसराइल, अशोक सेक्सरिया, अशोक अग्रवाल, रमेश उपाध्याय, जितेन्द्र भाटिया, नरेन्द्र कोहिली, बदीउज़्ज़मा, गोविन्द मिश्र, प्रकाश बाथम, सुदर्शन नारंग आदि बहुत से कहानीकार इस दशक में लिख रहे हैं।

इस दशक के कहानीकारों में ज्ञानरंजन अपनी वस्तुनिष्ठता, अ-रोमैंटिक दृष्टिकोण, संतुलन और संयम के कारण सबसे अलग और विशिष्ट हैं। 'फेंस के इधर और उधर' तथा 'यात्रा' में उनकी कई कहानियाँ संगृहीत हैं। 'दिलचस्पी' में जिस अकेलेपन को लिया गया है वह आज के युग का संदर्भ है। वह अकेला इसलिए है कि सब जगह से मिसफिट है क्योंकि घर-बाहर के लोग उसमें नहीं, उसकी नौकरी में, शादी में, पहाड़ पर जाने में दिलचस्पी लेते हैं। उसकी पहचान गायब है। परन्तु बाकी की पहचान बदस्तूर है। बाकी की पहचान की बात उठाकर लेखक इसे एक मूल्य भी दे देता है।

दूधनाथ सिंह के रक्तपात में यह कटाव, अलगाव और निर्वासन चरम सीमा पर पहुँच गया है। सब कुछ अपनी जगह पर अचल है, वह जड़ हो गया है—अपने से भी पराया। कभी लगता है था सभी ने उसे छोड़ दिया है, अब लगता है उसी से अपने को छोड़ दिया है। दूसरी स्थिति में उसका कटाव समग्र और पूर्ण है। 'सपाट चेहरेवाला आदमी' और 'सुखान्त' इनके संग्रह हैं।

एक समय था आदर्श चरित्र निर्मित होते थे, दूसरा समय आया जब प्रामाणिक चरित्र निर्मित किए जाने लगे। एक समय यह भी है जब अभिशप्त (फेटेड) चरित्रों की सृष्टि होने लगी। गंगाप्रसाद विमल की कहानी 'एक और विदाई' में भी गुमशुदा पहचान की तलाश ही है। पर यह कहानी सिद्धान्त के जाल में उलझकर कहानीपन खो देती है।

बदले हुए रिश्ते को लेकर जो कहानियाँ लिखी गईं उसमें से अधिकांश दो पीढ़ियों की टकराहट में दिखाई पड़ती हैं। विमल की 'प्रश्नचिह्न' और ज्ञानरंजन की 'पिता' ऐसी ही कहानियाँ हैं। जहाँ प्रश्नचिह्न फार्मूलाबद्ध विदेशी कहानी की नकल मालूम पड़ती है वहाँ पिता में नई पीढ़ी का पिद्दीपन और नपुंसक आक्रोश। यह अपनी पीढ़ी की झूठी वकालत न होकर एक ऐसी वास्तविकता है जिसकी ओर नारोपजीवी कहानीकारों की दृष्टि नहीं गई है।

गिरिराज किशोर आज की परिस्थितियों में निर्णय न ले सकने वाले व्यक्तियों के कहानीकार हैं। आज प्रत्येक व्यक्ति तिलस्म में फँसा हुआ है। सभी लोग बन्द होने वाली दिशा में दरवाजा खोलते हैं। 'पेपर वेट' के मृणाल बाबू आदर्शों और मूल्यों के टूट जाने पर यंत्र के पुर्जे होकर लीकबद्ध और गतानुगतिक हो जाते हैं। गिरिराज किशोर बाबू तबके के अन्तर्विरोध और विसंगतियों को चित्रित तो करते हैं पर वे अपने संदर्भों में ही ठिठक कर रह जाते हैं। 'चिड़ियाघर' इनका कहानी संग्रह है ।

रवीन्द्र कालिया की कहानियों में स्पष्टतः रोमांस-विरोधी मुद्रा दिखाई पड़ती है। वे हर तरह की शिष्टता (डिसेंसी), आभिजात्य का मजाक उड़ाते हैं। किसी अन्य लेखक ने विदूषकीय मुद्रा और विडंबना को इस मात्रा में अपनी रचना का आधार नहीं बनाया है। इस तरह उनकी कहानियाँ इस दशक की कहनियों से अलग दिखती हैं। सब मिलाकर इनकी कहानियों में ऊब (बोरडम) के चित्र ही अधिक मिलते हैं। ऊब की अभिव्यक्ति बराबर विघटन और मूल्यहीनता में होती है। कालिया अपने भाषाई सामर्थ्य को मूल्य-चेतना से नहीं जोड़ सके हैं।

महेन्द्र भल्ला की 'एक पति के नोट्स' में आत्मनिर्वासन का वह दर्द है जिसे यह खुद झेलता है। जिस जिन्दगी को वह नहीं चाहता है वही उसे जीनी पड़ती है। यह उसकी अपनी ही नियति नहीं है बल्कि आधुनिकता बोध से संपृक्त प्रत्येक व्यक्ति की नियति है। इसमें नैतिक मूल्यों के लिए कोई स्थान नहीं है। वह अपनी अनुभूतियों को, समाज-निरपेक्ष आन्तरिकता को, ऊब और अलगाव को बेझिझक व्यक्त करता है। कहानी का मूल आधार पति-पत्नी के बीच के संबंध ही हैं । लेकिन जब पति सारे रोमांस, मानसिक तनाव आदि से अलग होकर कहीं जुड़ नहीं पाता और अपने को स्वस्थ घोषित करता है तो यह झूठ, अयथार्थ मालूम पड़ता है । क्योंकि ये सारे लक्षण स्वस्थ व्यक्ति के नहीं हैं, बीमार व्यक्ति के हैं । 'तीन चार दिन' कहानी भी पति-पत्नी के संबंध को लेकर लिखी गई है।

'अँधेरे का सिलसिला' में ज्ञान प्रकाश की कई कहानियाँ संगृहीत हैं। इसमें जीवन की जड़ता-व्यर्थता से संबद्ध कहानियाँ हैं । बाद में 'एक और ईश्वर' जैसी कहानियों में आदमी की जड़ता महसूस न करने की अक्षमता को प्रभावी ढंग से चित्रित किया गया है।

महिला कहानी-लेखिकाओं में ममता कालिया, सुधा अरोड़ा, निरुपमा सेवती, मणिका मोहिनी, अचला शर्मा, शाली रोहेकर, वर्तिका अग्रवाल, दीप्ति खंडेलवाल आदि ने आधुनिकता बोध की कहानियाँ लिखी हैं । इनकी कहानियों में सामान्यतः स्त्री के स्वतंत्र व्यक्तित्व और वरण की स्वतंत्रता के चित्र आँके गए हैं । सेक्स के संबंध में भी न इन्हें कोई झिझक है और रोमानी संकोच । सुधा अरोड़ा संपृक्त नहीं हो सकी हैं। शीला रोहेकर ने नारी जीवन के सुख-दुःख को नए ढंग से परिभाषित करने की चेष्टा की है। उनमें सुधा के डैशेज की रूमानियत भी है ।

यद्यपि काशीनाथ सिंह '६० से ही कहानियाँ लिख रहे हैं फिर भी उनमें बदलाव आया—आधुनिकता से अभ्युदिष्टता (टेडेंशसनेस) की ओर। आखिरी बदलाव उस महत्वपूर्ण मोड़ का सूचक है जिसे आठवें दशक का आरंभ कह सकते हैं। इस प्रवृत्ति के कारण वे

किसी वस्तु का सही नाम देने की कोशिश करते हैं। चायघर में मृत्यु, चोट और हस्तक्षेप में इस प्रवृत्ति को देखा जा सकता है। भाषा ऊपर से सपाट पर भीतर से अर्थवान् है। अपने विनोदपूर्ण व्यंग्य के कारण वह कहानी के माहौल को, जिंदादिल और संकेत को धारदार बना देती है। वे कहानी को अस्वीकार की ओर ले जाने की दिशा में प्रयत्नशील है।

इधर के कहानीकारों में इब्राहीम शरीफ, विश्वेश्वर, सिद्धेश, प्रकाश बाथम, हृषीकेश, सुदर्शन नारंग, जितेन्द्र भाटिया आदि अनेक नाम आते हैं। इब्राहीम शरीफ अपने लेखन के प्रति ईमानदार, मूल्यों के प्रति आस्थावान तथा सड़ी हुई आधुनिकता के विरोधी हैं। इब्राहीम और प्रकाश बाथम में व्यवस्था-विरोधी रुख सर्जनात्मक धरातल पर आधारित है, जब कि विश्वेश्वर इसे बहुत कुछ उपदेशात्मक (डायडेक्टिक) बना देते हैं। 'गोह' व्यवस्था-विरोधी होते हुए भी सर्जनात्मक नहीं बन पाती।

आलोचकों ने यह कहकर कि छठें दशक की कहानियाँ ५वें दशक की कहानियों की प्रतिक्रिया में लिखी गईं, गलत बयान दिया है। कोई भी लेखन ऐतिहासिक संदर्भ की देन है। ऐतिहासिक संदर्भ को रेखांकित करने के लिए इंडियन एक्सप्रेस (११ मई '६०) में प्रकाशित आचार्य कृपलानी का एक वक्तव्य उद्धृत करना प्रासंगिक होगा —'आज वह (नेतृवर्ग) महसूस करता है कि वह किसी भी कानून, नियम, पद्धति या परंपरा से नहीं बँधा है। वह हर सामान्य शिष्टता की अवहेलना करता है—'इस सत्य को दबाने और झूठ को प्रश्रय देने में माहिर है।'—इस मूल्यहीनता और अराजकता की स्थिति में मूल्यहीन मनुष्य का आत्मविभाजित और आत्म-निर्वासित हो जाना सहज है। इसकी प्रक्रिया छठें दशक में ही शुरू हो गयी थी। पर सातवें दशक में यह अपने चरमोत्कर्ष पर जा पहुँची। इस दशक के आखिरी वर्षों में आधुनिकतावादी कहानियाँ झूठ मालूम पड़ने लगीं। इसलिए कुछ एक कथाकारों ने अस्वीकारों, संत्रास, ऊब, अकेलापन आदि को जो कभी सच था किंतु अब झूठ पड़ चुका था, नकार दिया और कहानी को स्वीकारोन्मुख बनाया।

ऐसा करने के लिए इन्हें स्वीकारोन्मुख भाषा अपनानी पड़ी। यदि आत्यंतिक आधुनिकतावादी कहानियों की भाषा का विश्लेषण करना हो तो कहना होगा कि उसके साथ भयानक अत्याचार किया गया है। केले के पर्त की तरह तह की हुई भाषा। एक-एक छिलका उखाड़ते जाइए और अंत में एक शून्य। इस तरह की तहवादी भाषा का सबसे अधिक प्रयोग (दुरुपयोग) दूधनाथ सिंह और गंगाप्रसाद विमल ने किया है। तहवादी भाषा का प्रयोजन सत्य को उदघाटित करना नहीं होता बल्कि सत्य को अर्ध सत्य या झूठ अथवा झूठ को अर्धसत्य या सत्य में बदलने की साजिश से होता है। सन् '७० के कुछ पहले इस तरह की कहानियाँ लिखी गईं।

सातवें दशक के मध्य में युवा विद्रोह की लहर आई। उसके फलस्वरूप बेलाग, दो-टूक बात कहने की प्रवृत्ति जागी। व्यवस्था के विरोध में एक प्रकार का बौद्धिक राजनैतिक आन्दोलन ही चल पड़ा। इस आन्दोलन ने भाषा को बदला। भाषा के इस खुरदुरेपन, ताजगी और यथार्थ को बेलाग आँक पाने की क्षमता का बहुत कुछ श्रेय डॉ० लोहिया को है। आज की कहानी की यही भाषा है। किन्तु ध्यान रखना चाहिए कि भाषा स्वयं में महत्वपूर्ण नहीं

होती। सृजन की आन्तरिक विवशता ही साहित्यिक भाषा को रचनात्मकता का स्तर दे सकती है।

इन दो दशकों में कहानी का रूपबंध भी बदला। पाँचवें दशक तक कहानियों का रूप बहुत कुछ निश्चित होता था। जैनेन्द्र और अज्ञेय के कारण षट् तत्त्वों वाली कहानियों में बदलाव आ चुका था, मुख्यतः कथानक और चरित्रों को लेकर फिर भी उनमें कथा कहने की बँधी पद्धति निःशेष नहीं हुई थी। किंतु इन दो दशकों में रूप संबंधी पुरानी धारणाएँ अपने आप टूट गईं। उनमें निबंध, रेखाचित्र, रिपोर्ताज, संस्मरण, डायरी आदि विधाएँ भी सम्मिलित हो गईं और इससे कहानी का रूपबंध अधिक अभिव्यंजनापूर्ण बना।

निबंध

आचार्य रामचन्द्र शुक्ल ने वैचारिक निबंधों को उत्कर्ष की चरम ऊँचाई पर पहुँचा दिया था—मुख्यतः मनोविकार संबंधी निबंधों को, इसलिए छायावादोत्तर काल में हिन्दी निबन्ध अन्य दिशाओं की ओर मुड़ा। जहाँ तक विचारात्मक निबन्धों का सवाल है समीक्षात्मक निबन्ध ही अधिक लिखे गये। व्यक्तित्व व्यंजक निबन्धों की संख्या भी काफी बड़ी है। संस्मरण, रेखाचित्र, यात्रावर्णन, रिपोर्ताज आदि का समावेश भी निबन्ध में होता है। फिर भी संस्मरण, रेखाचित्र आदि की अपनी शिल्पगत विशेषताएँ हैं। रेखाचित्र और रिपोर्ताज अपनी वस्तुनिष्ठता में संस्मरण की व्यक्तिनिष्ठता से अलग हो जाते हैं। निबंध में, व्यक्तिव्यंजक निबन्धों में, किसी-न-किसी तरह इन सभी का समावेश हो जाता है।

निबन्ध के विभिन्न रूपाकारों का विकास विशेष ऐतिहासिक संदर्भ में होता है। इतिहास के बदल जाने पर महापुरुषों के संस्मरणों द्वारा उनके मानवीय गुणों पर प्रकाश डाला जाने लगा। लेकिन ज्यों-ज्यों प्रतिभाभंजन की प्रक्रिया आगे बढ़ती गयी त्यों-त्यों लोगों की दृष्टि लघु मानव की ओर भी गयी। इन छोटे-छोटे मनुष्यों के कुछ ऐसे मार्मिक पहलू उभारे गए जो तथाकथित महापुरुषों में नहीं दिखाई पड़ते। इनके संस्मरणों में आदमी की बुनियादी इंसानियत को उभारने का प्रयास किया गया है।

महादेवी वर्मा के 'अतीत् के चलचित्र' में ऐसे ही मानवों के संस्मरण रेखाचित्र हैं। रिपोर्ताज अखबारी खबर का ही संवेदनात्मक रूप है।

इस काल के सबसे अधिक महत्वपूर्ण निबंधकार **हजारीप्रसाद द्विवेदी** हैं। इनके ललित निबंधों में सांस्कृतिक विरासत के वर्चस्व के साथ नवीन जीवन-बोध, उत्कट जिजीविषा, नई सामाजिक समस्याओं के बीच राह पाने की ललक सर्वत्र दिखाई पड़ती है। द्विवेदी जी का व्यक्तित्व लचीला और निरंतर विकासमान है। देशकाल की नई से नई गत्यात्मक विचारधारा से वे अपने को सहज में ही जोड़ लेते हैं। इस जोड़ का मतलब यह है कि वे अपनी ऐतिहासिक दृष्टि को नए सिरे से समंजित करते रहते हैं।

विद्वत्ता और सहृदयता का संयोग विरल होता है। यह संयोग या तो चन्द्रधर शर्मा गुलेरी में दिखाई पड़ता है या हजारीप्रसाद द्विवेदी में। गुलेरी जी अतीत के व्यतीत पर कसकर प्रहार करते और सारी विरासत को नई दिशा की ओर मोड़ने की कोशिश करते हैं। द्विवेदी

जी प्रायः संस्कृति के गत्यात्मक आयामों को नवीनता से जोड़ते हैं और जो विगत हो गया है उसके लिए हार्दिकता का भाव होते हुए भी, छोड़ना जरूरी समझते हैं। उसकी जगह पर नए बदलाव का स्वागत ही नहीं करते बल्कि उसे धार भी देते हैं। अशोक के फूल, कल्पलता, मध्यकालीन धर्मसाधना, विचार और वितर्क, कुटज, आलोक पर्व उनके निबंधों के संग्रह हैं।

यदि द्विवेदी जी के ललित निबंधों की विकास-यात्रा का लेखा-जोखा लेना हो तो कहना न होगा कि संघर्षों के कारण परवर्ती निबंधों में जीवनोन्मुखता और भी निखर उठी है। अशोक के फूल, शिरीष का फूल, वसंत आ गया, आम फिर बौरा गए के अनन्तर वे कुटज और देवदारु की तलाश करते हैं। अशोक, शिरीष और आम में उल्लसित आवेग, सांस्कृतिक सम्मोहन, बदलाव का चित्रण है तो कुटज में जिजीविषा का।

"कुटज क्या केवल जी रहा है? वह दूसरों के द्वार पर भीख माँगने नहीं जाता—अपनी उन्नति के लिए अफसरों का जूता नहीं चाटता—आत्मोन्नति के हेतु नीलम नहीं धारण करता—दाँत नहीं निपोरता—जीता है और शान से जीता है। कहाँ से मिली है अकुतोभय वृत्ति, अपराजित स्वभाव, अविचल जीवन-दृष्टि।" यों जिजीविषा, इहलौकिकता, सामूहिकता और वैयक्तिकता उनके निबंधों के मूल धर्म हैं।

द्विवेदी जी ने पंडिताई अर्जित की है किन्तु मनुष्यता, सहजता उनकी प्रकृति है। इसलिए पांडित्य को सहजता की ओर ले जाना उनका स्वभाव है। इतिहास, पुराण, साहित्य के गंभीर तथ्य को उठाते हुए वे उसे प्रायः गाँव की व्यक्तिकथा से संबद्ध समसामयिकता से जोड़ देते हैं। अतः उनके निबंध न तो गंभीरता का तेवर छोड़ते हैं और न सहजता का बाना।

उनके निबंधों की रचना-प्रक्रिया में पांडित्य और सहजता का तनाव देखा जा सकता है। पर इस तनाव को पकड़ पाने के लिए पाठकों को भी पांडित्य के संदर्भों की जानकारी होनी चाहिए। इसके अभाव में निबंधों के सौन्दर्यबोध को समग्रतः आयत्त नहीं किया जा सकता। प्रायः उन्होंने संदर्भों को कालिदास की कृतियों से उठाया है क्योंकि वे संदर्भ कृतियों के संदर्भ न होकर भारतीय संस्कृति के संदर्भ हो जाते हैं। अशोक, शिरीष, सहकार, कुटज ऐसे ही संदर्भ हैं। इन संदर्भों को नई स्थितियों में रखकर संदर्भ को बदल देने का मतलब है ललित निबंध। कहीं-कहीं जब संदर्भों की बहुलता सहजता पर हावी हो जाती है तो तनाव की पकड़ ढीली पड़ जाती है। किंतु ऐसी जगहें कम हैं। भाषा की लय, गुंफित पदावली, विषयान्तर, वस्तुओं के बिंबात्मक चित्र आदि निबंधों को एकतान, अन्वितिपूर्ण और संश्लिष्ट बना देते हैं। लगता है निबंधों जैसी विधा में द्विवेदी जी की भाषा को अपनी जमीन मिल जाती है।

ललित निबंधों के अतिरिक्त द्विवेदी जी ने विचारपरक, शोधपरक और समीक्षात्मक निबंध भी लिखे हैं। शोधपरक निबंधों से उनकी विद्वत्ता तथा विषय की तह में पैठकर गहरी छानबीन की क्षमता का परिचय मिलता है। यह निर्विवाद है कि द्विवेदी जी इस काल के या संपूर्ण आधुनिक काल के सर्वश्रेष्ठ निबंधकार हैं।

जैनेन्द्र छायावाद युग के श्रेष्ठ कथाकार हैं। पर निबन्ध के क्षेत्र में छायावादोत्तर

काल में ही अवतरित होते हैं। उनके निबंधों के सोच-विचार, कथ्य और शैली दोनों उनके उपन्यास-कहानी में देखे जा सकते हैं पर कहानी-उपन्यास में दार्शनिक की मुद्राएँ अधिक हैं। निबंधों में उनके दार्शनिक को अपनी भूमि मिल गई है। जैनेन्द्र की दार्शनिकता बहुत कुछ निजी है। इस निजीपन के कारण उनके निबंध ऊब नहीं पैदा करते। नई अर्थवत्ता के प्रति जागरूक रहने के साथ वे सरसता का भी पूरा ध्यान रखते हैं।

उनके विचारों की विस्तृत सीमा में अनेक प्रकार के विषय समाहित हो जाते हैं। धर्म, राजनीति, संस्कृति, साहित्य, सेक्स, काम, प्रेम, विवाह आदि विषयों पर व्यक्त किए गए उनके विचारों से यह प्रतीत होता है कि लेखक अपने चतुर्दिक फैली हुई समस्याओं से निरंतर जूझता रहता है। जड़ की बात, साहित्य का श्रेय और प्रेय, खोज विचार, मंथन, ये और वे, दो चिड़िया, पूर्वोदय, इतस्ततः, प्रस्तुत प्रश्न, परिप्रेक्ष्य, समय और हम आदि उनके निबन्ध संग्रह हैं।

गाँधीवादी होने के कारण वे सत्य, अहिंसा, आत्मसमर्पण, हृदय-परिवर्तन में विश्वास करते हैं। इसलिए बदले हुए जमाने में भी उनकी परिणतियाँ युगानुरूप नहीं बन पातीं। वे कहते हैं 'क्यों यह जरूरी नहीं है कि जैसे पैसे की तरफ प्रीति का हाथ बढ़ता है, वैसे ही बल्कि उससे भी अधिक इन्सान की तरफ हमारा प्रेम का हाथ बढ़े?' जैनेन्द्र इस अन्तर्विरोध को नहीं समझते कि पैसे की ओर बढ़ने वाला हाथ इन्सान की ओर बढ़ ही नहीं सकता। श्रम और पूँजी की चर्चा करते समय जब वे कहते हैं कि 'श्रम ही मूल पूँजी है, इस चैतन्य की आत्मश्रद्धा को जो नीयत जगाएगी वह उतनी ही—आजादी की तरफ उठाएगी' तो उनकी रूमानियत प्रकट हो जाती है। 'चैतन्य की आत्मश्रद्धा' जैसी शब्दावली अर्थहीन होकर रह जाती है।

वे साहित्य का प्रयोजन आत्माभिव्यक्ति और आत्मोपलब्धि बतलाते हैं। इसे वे 'आत्म-व्यथा' और 'आत्म-पीड़ा' से जोड़ते हैं। कहना न होगा कि यह दृष्टि भी छायावादी ही है। इसीलिए वे सर्वोदयी साहित्य के पक्षधर हो जाते हैं। प्रेम के सम्बन्ध में वे मुक्त प्रेम से समर्थक हैं, संयमित मुक्त प्रेम के।

जैनेन्द्र के निर्बंध निबंधों और सोच-विचारों के निबंधों में फर्क है। निर्बंध निबंधों में उनकी अन्तरंगता दिखाई पड़ती है, तो सोच-विचार से संबद्ध निबंधों में वस्तुनिष्ठता, यद्यपि वस्तुनिष्ठता में निजीपन का रंग है।

शान्तिप्रिय द्विवेदी ने निर्बंध निबंध और समीक्षात्मक निबंध लिखे हैं। उनके समीक्षात्मक निबंधों में निर्बंध निबंध का स्वाद मिलता है। वे प्रकृति से तरल, आत्मनिष्ठ और भावुक साहित्यकार थे—छायावादी काव्य के मानवीकरण अलंकार। उनकी तरलता, सहृदयता, अन्तरंगता के दर्शन उनके निबंधों में सर्वत्र होते हैं। संचारिणी, युग और साहित्य, प्रतिष्ठा, साकल्य, सामयिकी आदि उनके निबंध संग्रह हैं। पथचिह्न और परिव्राजक की प्रजा को रेखाचित्र कहा जा सकता है।

शांतिप्रिय द्विवेदी अपने जीवन में अभावग्रस्त और उपेक्षित रहे और साहित्य में भी। फिर भी निरंतर साहित्य-साधना में जुटे रहना उनके जीवट का परिचायक है। वे

सौन्दर्य-संस्कारिता के उपासक थे। संस्कारिता के अभाव में बाह्य उपकरणों द्वारा न तो समाज का कल्याण हो सकता है न व्यक्ति का, ऐसा उनका विश्वास था। प्रगतिशीलता के वे कभी भी विरोधी नहीं थे। पर गरीबी, अभाव, पीड़ा आदि को वे सृजन के मार्ग में बाधक नहीं मानते थे। पंत का बहिरंग शांतिप्रिय का अन्तरंग था। उनके समीक्षात्मक निबंधों में जगह-जगह सूक्ष्म पकड़ और अन्तर्दृष्टि दिखाई पड़ती है।

संस्मरण और रेखाचित्रों में उनकी अन्तरंगता अधिक स्वच्छंद रूप से अभिव्यक्त हो सकी है। उदाहरण देखिए "जन्म से बधिर होने के कारण बहिर्जगत् से वंचित तो था ही, बहिन ने भी चारों ओर से आमंडित कर वस्तुजगत् के आँधी-पानी को ऊपर-ऊपर बह जाने दिया।"

"किन्तु दूसरे दिन प्रातः मैने देखा, बहिन निष्पंख पक्षी-सी तड़फड़ा तड़फड़ा कर पृथ्वी को अपने आँसुओं से आर्द्र कर रही है। शूलविद्ध शरीर जैसे छटपटा कर प्राणमोचन चाहता हो उसी प्रकार वह अस्थि-पंजर को छोड़कर माँ के पीछे-पीछे, बड़ी नाव के पीछे छोटी नौका की तरह, चली जाना चाहती है। ओह, वह दुस्सह क्रन्दन, वह निःसहाय तड़पन, वह विवश पार्थिव शरीर बंधन और यह दैनन्दिन जीवन ! अश्रुमय कोमल कहाँ तू आ गई परदेशिनी रे !"

बेनीपुरी की भाषा में या तो आवेगमयता मिलेगी या प्रशांति। उसमें जटिलता कहीं भी नहीं है। किंतु जटिलता का अभाव इस तथ्य का सूचक है कि वे जीवन के जटिल संदर्भों को नहीं छूते।

रामधारीसिंह दिनकर समय-समय पर महत्वपूर्ण निबंध लिखते रहे हैं। अधिकांश निबंधों में उनका विचारक पक्ष अधिक उभर कर आया है पर कुछ ऐसे निर्बंध निबंध भी हैं जो दिनकर के अपने अन्तरंग को अधिक उद्‌घाटित करते हैं। 'अर्धनारीश्वर', 'मिट्टी की ओर', 'रेती के फूल', 'हमारी सांस्कृतिक एकता', 'प्रसाद, पंत और मैथिलीशरण गुप्त', 'राष्ट्रभाषा और राष्ट्रीय साहित्य' आदि उनके निबंध संग्रह हैं।

उनके प्रत्येक निबंध में मानवीय आस्था का प्रतिफलन हुआ है। आस्था का मूलभूत आधार या तो मनोवैज्ञानिक है या सांस्कृतिक। पर ये दोनों आधार सहज में ही उनके अपने बन जाते हैं। इसके फलस्वरूप वे अपनी बात को विश्वसनीय बनाकर पाठकों तक भलीभाँति संप्रेषित करने में पूरे तौर पर समर्थ होते हैं।

किंतु जब वे प्रसाद, पंत, मैथिलीशरण पर विचार करने लगते हैं तो उनका कवि अपनी व्यूह-रचना में फँसकर तटस्थ नहीं रह पाता। फिर भी पंत और मैथिलीशरण पर जो कुछ कहा गया है वह दिनकर के स्वतंत्र काव्यचिंतन और विचारण का सूचक है।

वासुदेव शरण अग्रवाल के निबंधों में भारतीय संस्कृति के विविध आयामों को विद्वत्तापूर्ण ढंग से उद्‌घाटित किया गया है। 'पृथ्वीपुत्र', 'कला और संस्कृति', 'माताभूमि' आदि उनके संग्रह हैं।

यशपाल प्रतिबद्ध लेखन के कायल हैं। जो मार्क्सवादी दृष्टिकोण अथवा इसके अतिरिक्त जो प्रतिबद्धता उनके कथा साहित्य में मिलती है वही निबंधों में भी है। समानता,

समता, समाजवाद आदि के विरोध में पड़ने वाले धर्म, संस्कृति, कला, साहित्य आदि की वे कड़ी भर्त्सना करते हैं। गाँधीवाद को वे प्रवंचनापूर्ण मानते हैं। 'चक्कर क्लब', 'देखा, सोचा समझा', 'बात बात में बात', 'गाँधीवाद की शवपरीक्षा', 'न्याय का संघर्ष' आदि में उनके निबंध संगृहीत हैं।

अज्ञेय अपने निबंधों में अपना अनुभूत लिखते हैं। 'त्रिशंकु', 'आत्मने पद' और 'हिन्दी साहित्य : एक आधुनिक परिदृश्य' और 'आलवाल' में संगृहीत निबंधों में अनुभूत का वैचारिक विश्लेषण हैं। आत्मने पद के निबंध वैयक्तिक संदर्भों में लिखे जाकर भी निर्वैयक्तिक आधुनिक संदर्भों की सृष्टि करते हैं। निजीपन उनकी विशेषता है तो वही खामी भी है क्योंकि इसी के कारण वे रह-रहकर उपमा, उत्प्रेक्षा के कोष भी लुटाते हैं। भाषाई अलंकरण विचारों का आवरण बन जाता है। आधुनिक परिदृश्य के अधिकांश निबंध उनके चिंतन के अगले चरण के रूप में स्वीकृत किए जाने चाहिए। आत्मने पद न होने के कारण इसकी भाषा में संश्लिष्टता आ गई है, इसलिए विचार भी संश्लिष्ट हो सके हैं। हिन्दी साहित्य के विविध रूपों को आधुनिक परिदृश्य में आँक कर अज्ञेय ने उन्हें मुख्यतः कला की समस्या के रूप में लिया है।

इन निबंधों के अतिरिक्त उन्होंने अपने यायावरीय जीवन को 'अरे यायावार रहेगा याद' और 'एक बूँद जो उछली सहसा' में लिपिबद्ध किया। इन यात्रा-वर्णनों में जीवन और जगत् के बीच अपने होने के प्रति उनके दार्शनिक दृष्टिकोण का परिचय मिलता है। कुट्टिचातन के नाम से उनके ललित निबंधों का संग्रह 'सब रंग' शीर्षक से प्रकाशित हुआ है।

इधर के लेखकों में प्रभाकर माचवे, विद्यानिवास मिश्र, धर्मवीर भारती, नामवर सिंह, शिवप्रसाद सिंह, ठाकुरप्रसाद सिंह, कुबेरनाथ राय आदि के ललित निबंधों के संग्रह प्रकाशित हुए हैं। माचवे के 'खरगोश के सींग' में व्यंग्य की जगह विनोद अधिक है। विद्यानिवास मिश्र ने ललित निबंधों को गंभीरतापूर्वक लिया। 'छितवन की छाँह', 'आँगन का पंछी : बनजारा मन' आदि में संगृहीत निबंधों में भारतीय साहित्य और संस्कृति को लोक जीवन के साथ जोड़ने का उन्मुक्त प्रयास किया गया है। भारती के निबंधों पर पांडित्य का लदाव नहीं है। वे आडंबरहीन भाषा में प्रकृति से गहन सान्निध्य स्थापित कर सकते हैं, डेड सी के तट पर दार्शनिक चिंतन कर सकते हैं और हल्के-फुल्के व्यंग्य-विनोद द्वारा हिपोक्रेसी का पर्दाफाश करते भी लिख सकते हैं। 'ठेले पर हिमालय', 'कहानी अनकहानी', 'पश्यन्ती' उनके निबंधों के संग्रह हैं। विद्यानिवास मिश्र की तरह कुबेरनाथ राय को भी हजारी प्रसाद द्विवेदी संस्थान का निबंधकार कहा जायगा। फर्क यह है कि मिश्र जी द्विवेदी जी के प्रभाव से मुक्त नहीं हैं जब कि कुबेरनाथ राय उनसे मुक्त होकर नए होने के लिए निरंतर प्रयत्नशील हैं। उनके निबंध संग्रह 'प्रिया नीलकंठी' में सांस्कृतिक संदर्भों से जीवन के आधुनिक आयामों को फूटते हुए तथा उनमें से झाँकती जिजीविषा को देखा जा सकता है। 'बलकम खुद' में नामवर सिंह के ललित निबंध संगृहीत हैं। उनमें भाषा की सहजता, कथन की वक्रता और व्यंग्यगर्भिता देखी जा सकती है।

हास्य-व्यंग्य लेखकों में **बेढब बनारसी** पहले व्यक्ति हैं जिन्होंने अपने निबंधों द्वारा

इस दिशा में पहल की। यद्यपि उनका उद्देश्य प्रकाश्य रूप से हँसी और विनोद का सृजन था फिर भी परोक्ष रूप से राजनीति और समाज की विसंगतियों पर वे गहरा व्यंग्य करते थे। हरिशंकर परसाई, केशवचन्द्र वर्मा, शरद जोशी, लक्ष्मीकांत वर्मा, भीमसेन त्यागी आदि ने भी संख्या में काफी व्यंग्यात्मक निबंधों की सृष्टि की है।

श्री हरिशंकर परसाई अरसे से व्यंग्य लिख रहे हैं। विभिन्न पत्र-पत्रिकाओं में उनके व्यंग्य छपते रहते हैं। उनके व्यंग्य सामान्यतः मूल्यगत विसंगतियों से संबद्ध होते हैं—मूल्य चाहे राजनीतिक हो, चाहे सांस्कृतिक या पीढ़ीगत। उनका लक्ष्य प्रहार करना नहीं होता है। वे धीरे से, किंतु नाटकीय ढंग से, मूल्य के दलालों को नंगा कर देते हैं। भूत के पाँव, सदाचार का ताबीज और निठल्ले की डायरी में उनके व्यंग्य लेख संगृहीत हैं।

संस्मरण, रेखाचित्र, यात्रावर्णन, रिपोर्ताज और जीवनी

हिन्दी में संस्मरण, रेखाचित्र, यात्रावर्णन, रिपोर्ताज को वह स्थान नहीं प्राप्त है जो कविता, कहानी, उपन्यास, नाटक आदि को प्राप्त है। हिन्दी में ही नहीं बल्कि दुनिया के अन्य साहित्य में भी उन्हें गौण स्थान मिला है। ये अपेक्षाकृत नवीन विधाएँ हैं और मात्रा में भी कम हैं। लेकिन आज की बहुरंगी जिन्दगी, पारस्परिक संपर्क, यातायात की सुविधाएँ, रेडियो-टेलीविजन के माध्यम आदि के कारण वे प्रचुरमात्रा में लिखे जा रहे हैं। इसलिए इतिहास में उनको अपना स्थान मिलना ही चाहिए।

संस्मरण, रेखाचित्र, रिपोर्ताज के बीच विभाजक रेखा खींचना असंभव नहीं तो कठिन अवश्य है। संस्मरण और रेखाचित्र दोनों में किसी टिपिकल व्यक्ति, स्थान की विशेषताओं को इस ढंग से प्रस्तुत किया जाता है कि वह अपने आप में एक छोटी-सी इकाई बन जाता है। फिर भी दोनों वस्तु-रूप में भिन्न हैं।

संस्मरण व्यक्तिनिष्ठ विधा है और रेखाचित्र वस्तुनिष्ठ। लेखक के अपने संपर्क, मीठी-तीती स्मृतियाँ, आस्था-अनास्था आदि मिलकर उसकी तटस्थता को बाधित करते हैं। उसे हम विधा कहना चाहेंगे क्योंकि वह कई चीजों का घोल है। उसमें कथा-कहानी, व्यंग्य-विनोद, वर्णन-विवरण, निबंध, रेखाचित्र आदि का सतरंगा मिश्रण होता है। कभी-कभी या प्रायः स्मर्यमाण से कहीं अधिक लेखक का अपना व्यक्तित्व उभर आता है। पर रेखाचित्र की विधा ही ऐसी है जो लेखक को वस्तुनिष्ठ होने के लिए बाध्य करती है। लेखक के पास इसके लिए एक ही उपकरण होता है—शब्द-रेखा। वह अपने वर्ण्य के रूप-रंग, आदत, मैनरिज्म आदि के माध्यम से ही उसका रूपाकार प्रस्तुत करता है। इस माध्यम से ही वह वर्ण्य की आन्तरिकता तक पहुँचता है। वर्णन-विवरण का एकांत अभाव तो इसमें नहीं होता। फिर भी उसकी कमी अवश्य होती है।

संस्मरण गहरे संपर्क के आधार पर ही लिखा जा सकता है किंतु रेखाचित्र के लिए यह आवश्यक नहीं है। तटस्थता का अर्थ यह नहीं है कि लेखक अपने वर्ण्य के प्रति रागोन्मुख न हो। पर इस विधा के अपने 'वाइपर' रागोन्मुखता की भावुकता या सेंटीमेंटेलिटी को अलग

करते चलते हैं। इसलिए रेखाचित्र के उत्पादन कम परिचित व्यक्ति या वस्तु भी हो सकते हैं।

संस्मरण और रेखाचित्र रिपोर्ताज की अपेक्षा गई अधिक गंभीर विधाएँ हैं। रिपोर्ताज रोचक पत्रकारिता का अंग है। पत्रों के लिए लिखी गई रपट की तरह ही यह बहुत तथ्यपरक, तात्कालिक और वस्तुनिष्ठ होता है। रिपोर्ताज लेखन आशु कविता की तरह तुरंग, बिना किसी तैयारी के लिखा जाता है। क्रिकेट-खेल, किसी महापुरुष के निधन आदि पर जो आँखों देखा हाल एक विशेष शैली में, घटनाओं की समानान्तरता में, रेडियो से प्रसारित किया जाता है, वह भी रिपोर्ताज होता है। यों घटनाओं की समानान्तरता में यह नहीं भी लिखा जाता है। इसमें कल्पना के लिए कम अवकाश रहता है। मुख्यतः लेखक को तथ्य और तथ्य के प्रति सामूहिक प्रतिक्रिया को शब्दबद्ध करना पड़ता है। यह सामान्यतः वर्तमान कालिक होता है और संस्मरण की अपेक्षा रेखाचित्र के निकट होता है।

पद्मसिंह शर्मा (१८७६-१९३२) हिन्दी के प्रारंभिक संस्मरण-रेखाचित्रों के प्रवर्तक माने जा सकते हैं। उनके 'पद्मपराग' में रेखाचित्र और 'प्रबंध मंजरी' में कुछ संस्मरण संगृहीत हैं। पर शर्मा जी तथ्य अथवा सूक्ष्म निरीक्षण के स्थान पर बे-पर की उड़ान में विश्वास रखते हैं। वाग्विस्फार के कारण उनके चित्र विचित्र बन गए हैं। एक उदाहरण देखिए :—

"हाय, हाय, क्या हो गया ! यह वज्रपात, यह विपत्ति का पहाड़ अचानक कैसे सिर पर टूट पड़ा। यह किसकी वियोगाग्नि से हृदय छिन्न-भिन्न हो गया, यह किसके शोकानल की ज्वालाएँ प्राण-पखेरू के पंख जलाये डालती हैं।...."

श्रीराम शर्मा, बनारसी दास चतुर्वेदी, हरिशंकर शर्मा आदि पद्मसिंह शर्मा से प्रेरणा पाकर इस दिशा की ओर उन्मुख हुए। श्रीराम शर्मा ने शिकार के संबंध में बहुत से लेख लिखे हैं। पर 'बोलती प्रतिमा' (१९३७) और 'वे जीते कैसे हैं' (१९५७) में इनके रेखाचित्र-संस्मरण संगृहीत हैं। इन संग्रहों में भी वे ही चित्र अधिक प्रभावशाली बन पड़े हैं जो शिकार से संबद्ध हैं। वे सियार के संबंध में लिखते हैं—

"सियार स्वभाव से खतरे से बचता है। जंगल में अगर कोई जानवर सबसे कम खतरे का काम करता है, तो सियार। वह सर्वभक्षी है। प्रकृति का मेहतर है। इसलिए प्रकृति ने उसे और भी सावधानी से रहने को मजबूर किया है। प्रत्येक स्थान को शक और सावधानी से देखने की उसकी बान है। कंजूस और चालाक सूदखोर जिस प्रकार जोखिम की जगह रुपया नहीं लगाता, उसी प्रकार सियार जोखिम की बात से दूर रहना पसन्द करता है।"

बनारसीदास चतुर्वेदी (१८९२) ख्यातिलब्ध पत्रकार तथा प्रतिनिधि संस्मरण-रेखाचित्रकार हैं। इनकी पत्रकारिता का आरंभ 'विशाल भारत' के संपादन होता है। 'विशाल भारत' छोड़ने के बाद टीकमगढ़ से 'मधुकर' पत्र का संपादन से किया। अपने संपादन काल में वे अनेक पत्रकारों, बुद्धिजीवियों आदि के गहरे संपर्क में आए। इसलिए इनके संस्मरणों-रेखाचित्रों में विशेष प्रकार की आत्मीयता और सन्निकटता के दर्शन होते हैं। पत्रकार होने के कारण इनमें विश्लेषणात्मकता और भावुकता दोनों का समन्वय दिखाई पड़ता है। विनोदप्रियता इनके व्यक्तित्व का प्रधान गुण है। इससे इनके निबंधों में सहजता और सरसता

आ गई है। अपने पर हँस लेना विनोदप्रियता का अत्यंत महत्वपूर्ण अंग है। कहना न होगा कि चतुर्वेदी जी को यह कला खूब मालूम है।

प्रिंस क्रोपाटकिन (१९४०), हमारे आराध्य (१९५२), संस्मरण (१९५३),रेखाचित्र (१९५३), सेतुबंध (१९६२) इनके संस्मरण-रेखाचित्र संग्रह हैं। इन पुस्तकों में इस देश के साहित्यकारों-पत्रकारों-विचारकों के अतिरिक्त विदेशी साहित्यकारों-विचारकों के भी चित्र हैं। अपने देश के लागों में सी० वाई० चिन्तामणि, राहुल सांकृत्यायन, संपूर्णानन्द, अख्तर हुसेन रामपुरी, महावीर प्रसाद द्विवेदी, राजेन्द्र बाबू, जवाहरलाल नेहरू, सत्यवती मल्लिक, नवीन आदि के रेखाचित्र संस्मरण हैं। विदेशियों में इन्होंने दीनबंधु एण्ड्रयूज, प्रिंस क्रोपाटकिन, तुर्गनेव, रोमाँ रोलाँ, थोरो, बाकूनिन, लुई माइकेल आदि को रेखांकित किया है। इन रेखांकनों के अतिरिक्त उन्होंने कुछ सामान्य व्यक्तियों का भी रेखांकन किया है, जैसे अंधी चमारिन, चार सिपाही, सुजान अहीर आदि।

इन संस्मरणों और रेखाचित्रों में जो वैविध्य दिखाई पड़ता है 'वह चतुर्वेदी जी के अपने व्यापक किंतु खास नजरिये का सूचक है। यदि इनके बीच अनुस्यूत किसी अन्तःसलिला की तलाश की जाय तो वह मानवतावादी धारा मिलेगी जो राष्ट्रीयता और अन्तर्राष्ट्रीयता दोनों में समान रूप से व्याप्त है। सबसे अधिक प्रभाव प्रिंस क्रोपाटकिन और इमर्सन का है।

चतुर्वेदी जी की भाषा-शैली उनके व्यक्तित्व के अनुरूप उन्मुक्त और सहज है। किसी भी व्यक्ति का चित्रांकन करते समय उनकी अपनी आत्मीयता की झलक भी मिलती चलती है। इससे संस्मरण-रेखाचित्र सप्राण हो उठे हैं। दो व्यक्तियों की तुलना, व्यंग्य-विनोद आदि के कारण भाषा में जान आ गई है।

महादेवी वर्मा मूलतः कवयित्री हैं। उनके काव्य में वेदना और दुःख को आकार मिला है। यह उनके जीवन की गहरी अनुभूति है। इस अनुभूति को उन्होंने सावधानीपूर्वक विभिन्न सूक्ष्म प्रतीकों और बिंबों के माध्यम से अभिव्यक्त किया है। किंतु महादेवी के व्यक्ति को समग्रता में देखने के लिए उनके संस्मरणों, रेखाचित्रों और निबंधों का आकलन जरूरी है। पर सब मिलाकर उनका व्यक्तित्व वेदना और करुणा के परमाणुओं से ही बना है। अतीत के चलचित्र (१९४१), स्मृति की रेखाएँ (१९४३) और पथ के साथी (१९५६) उनके संस्मरण-रेखाचित्रों के संग्रह हैं।

'अतीत के चलचित्र' में जिन रामा, बिन्दा, सबिया, बिट्टो, घीसा, अलोपी, बदलू-रधिया, लछमा आदि के चित्र खींचे गए हैं वे सामान्य तबके के व्यक्ति हैं। जाहिर है कि इन व्यक्तियों की महानता ने नहीं बल्कि लघुता और मानवीयता ने महादेवी को अनुभूतिमय बनाया है। इनके द्वारा कहीं न कहीं उनका अन्तरंग आन्दोलित होता है, उनकी ममता, करुणा, वेदना उभरती हैं। वेदना उनका स्थायी भाव है। ये पात्र विभावादि हैं। इनके माध्यम से उनका अपना जीवन, छायावादी आदर्श कल्पना की प्रक्रिया से गुजर कर सर्जनात्मक हो उठते हैं। चाहे विमाता के अत्याचार से पीड़ित बिन्दा हो, चाहे वेश्या माँ की सती पुत्री या दीनता की मूर्ति रधिया; सभी अपनी पीड़ा में किसी न किसी आदर्श को उजागर करते हैं जो छायावादी आदर्शों के मेल में है।

'स्मृति की रेखाएँ' में हनुमान की स्पर्धा करने वाली भक्तिन, पर्वतपुत्र जंघिया, मेधावी बालक मुन्नू, वात्सल्मयी गुंगिया आदि की स्मृतियाँ सँजोई गई हैं। 'पथ के साथी' में पंत, निराला, मैथिलीशरण गुप्त, सुभद्राकुमारी चौहान और सियारामशरण गुप्त के संस्मरण संगृहीत हैं।

इन संस्मरणों में भी उनकी स्थायी करुणा ही उजागर हुई है—स्त्रीजनोचित करुणा। महादेवी कवि होने के साथ-साथ चित्रकार भी हैं। वे अपने चित्रों को पृष्ठभूमियों में आँकती हैं। किन रेखाओं में किन रंगों को डाला जाय यह महादेवी को खूब मालूम है। चित्र को रंगीन बनाने में वे अपनी काव्यात्मक प्रतिभा का उपयोग करती हैं तथा बिंबात्मक बनाने में अलंकार का। उनके चित्र का एक नमूना देखिए:—

"चिकने काले और छोटे-छोटे बाल पसीने से उसके ललाट पर चिपक कर काले अक्षरों जैसे जान पड़ते थे और मुँदी हुई पलकें गालों पर दो अर्धवृत्त बना रही थीं। छोटी लाल काली जैसा मुँह नींद में कुछ खुल गया था, और उस पर एक विचित्र सी मुस्कराहट थी, मानो कोई सुन्दर स्वप्न देख रहा हो।"

रामवृक्ष बेनीपुरी (१६०२) का जन्म जिला मुजफ्फरपुर के बेनीपुर गाँव में हुआ था। शहर में रहने पर भी गाँव की माटी की गंध उन्हें कभी विस्मृत नहीं हो सकी। वे लेखक होने के साथ-साथ संपादक तथा सक्रिय राष्ट्रीय कार्यकर्ता थे। राष्ट्रीय आन्दोलन में जेल की यात्राएँ भी कर चुके थे। उनका व्यक्तित्व विद्रोही और उन्मुक्त था। उनके रेखाचित्रों का पहला संग्रह 'लाल तारा' (१६३८) उनके विद्रोही और मार्क्सवादी दृष्टिकोण का परिचायक है। उन्होंने स्वयं लिखा है—"लाल तारा मेरे शब्दचित्रों का पहला संग्रह है। इसका पहला रूप उस जमाने में निकला था, जब मैं सिर से पैर तक लाल-लाल था।"

'माटी की मूरतें' (१६४५) में गाँव के परिचितों के आत्मीय चित्र हैं। 'लाल तारा' के शब्दचित्र बौद्धिक हैं तो 'माटी की मूरतें' के चित्र अनुभूतिमय। रजिया, बलदेव सिंह, सरजू भैया, मंगर, रूपा की आजी, भौजी, सुभान खाँ आदि में संबंधों की आत्मीयता, संस्मरणों का माधुर्य, जीवन की तिक्तता आदि को अत्यंत सजीव भाषा में सप्राण बनाया गया है।

'गेहूँ और गुलाब' (१६५०) में संगृहीत रेखाचित्र पिछले चित्रों से भिन्न हैं। पहले लेखक 'गेहूँ' के प्रति अधिक आकृष्ट था पर 'गेहूँ और गुलाब' में दोनों के समन्वय पर जोर देता है। भौतिकता और आध्यात्मिकता का समन्वय एक ऐसी स्थिति की सूचना देता है जो उसकी सामंजस्यपूर्ण मनोदशा का द्योतक है। 'मील के पत्थर' में मुख्यतः साहित्यकारों के शब्दचित्र हैं।

पर सब मिलाकर बेनीपुरी की भाषा-शैली नव्य छायावादियों के मेल में है अर्थात् सहज भाषा, चलते मुहावरों के प्रयोग आदि के कारण अन्य रेखाचित्रकारों की अपेक्षा उनके चित्र पाठकों को अधिक आकृष्ट करते हैं। महादेवी के चित्र महादेवी की करुणा पाते हैं जब कि बेनीपुरी के चित्र ऊपर से कुछ पाते नहीं बल्कि वे भीतर से ही निर्मित होते हैं। बेनीपुरी को भाषा-शैली का नमूना देखिए : —

"कि अचानक, लो यह क्या? वह रजिया चली आ रही है। रजिया ! वह बच्ची।

अरे रजिया फिर बच्ची हो गयी? 'कानों में वे ही बालियाँ, गोरे चेहरे पर वे ही नीली आँखें, वही भर बाँह की कमीज, वे ही कुछ लटें जिन्हें सम्हालती बढ़ी आ रही है। बीच में चालीस-पैंतालीस साल का व्यवधान। अरे, मैं सपना तो नहीं देख रहा ? दिन में सपना ? वह आती है, गब्बर ऐसी भीड़ में घुस कर मेरे निकट पहुँचती है, सलाम करती है और मेरा हाथ पकड़ कर कहती है—चलिए मालिक, मेरे घर।''

'पथचिह्न' और 'परिव्राजक की प्रजा' शांतिप्रिय द्विवेदी की संस्मरणात्मक रचनाएँ हैं। 'परिव्राजक की प्रजा' में दो ही प्रमुख व्यक्ति हैं—स्वयं शांतिप्रिय द्विवेदी और उनकी बड़ी बहिन कलावती। इसमें लेखक ने बहिन के प्रति अपनी अशेष श्रद्धा समर्पित करते हुए अपने जीवन के मार्मिक प्रसंगों को भी चित्रित किया है। 'पथचिह्न' में द्विवेदी जी के कुछ संस्मरण और निबंध संगृहीत हैं। शांतिप्रिय द्विवेदी की गद्यशैली छायावादी गद्य की प्रतिनिधि गद्यशैली है जिसमें सर्वत्र तरल भावुकता के दर्शन होते हैं।

देवेन्द सत्यार्थी के रेखाचित्र 'रेखाएँ बोल उठीं' में संगृहीत हैं। कन्हैयालाल मिश्र प्रभाकर के कई संस्मरण-रेखाचित्रों के संग्रह प्रकाशित हो चुके हैं—भूले हुए चेहरे, बाजे पाइलिया के घुँघरू, दीप जले शंख बजे, माटी हो गई सोना, क्षण बोले कण मुस्काए।

व्यंग्यप्रधान रेखाचित्रकारों में बेढब बनारसी, अन्नपूर्णानन्द, हरिशंकर परसाई आदि उल्लेख्य हैं।

आलोचना

हिन्दी आलोचना के दूसरे दौर में रामचन्द्र शुक्ल का अवदान सम्पूर्ण भारतीय काव्य-शास्त्र में अप्रतिम स्थान का अधिकारी है। इतने प्रौढ़ और सर्वांगीण आलोचक की विचार-सरणि से परवर्ती हिन्दी आलोचना का प्रभावित न होना आश्चर्य जनक लगता है, किन्तु उनके प्रभाव को ग्रहण करते हुए भी आलोचकों ने अपनी मौलिकता और स्वतंत्र दृष्टि का परिचय दिया है। हिंदी आलोचना का समग्रतः आकलन करने पर परिचारिक क्रम-विकास के पद-चिह्नों को साफ-साफ देखा जा सकता है। इसके कारण जिन नये मार्गों का अन्वेषण हुआ, वे अन्य भारतीय भाषाओं के आलोचनात्मक मार्गों से किसी भी प्रकार कम प्रशस्त या न्यून नहीं कहे जा सकते।

शुक्ल जी की कालावधि में ही उनकी विचारधारा के मुक्त होने का प्रयास आरंभ हो गया। जिस समय शुक्ल जी का यश अपनी पूरी ऊँचाई पर जा पहुँचा था, उसी समय नन्ददुलारे वाजपेजी ने शुक्ल जी की त्रुटियों का उल्लेख करते हुए नवीन पद्धति के निर्माण की चेष्टा की। शुक्ल जी से वाजपेयी जी की टकराहट पहले पहल छायावादी काव्य सन्दर्भ में ही हुई। हजारी प्रसाद द्विवेदी और नगेन्द्र के सामने भी शुक्लजी का व्यक्तित्व इतनी दृढ़ता और अडिगता में स्थापित हो चुका था कि प्रत्यक्ष या परोक्षरूप में अपनी स्वतंत्रता के लिए उनसे टकराना अनिवार्य था। कहना न होगा कि द्विवेदी जी और नगेन्द्र जी को भी उनसे टकराना पड़ा। इन तीनों समर्थ आलोचकों ने शुक्ल जी से टकराकर एक ओर उनकी श्रेष्ठता को स्वीकार किया और दूसरी ओर अपने लिए नया मार्ग ढूँढ़ कर हिन्दी आलोचना को आगे

बढ़ाया। नवीन पद्धति का निर्माण करके भी इन्हें सामान्यतः शुक्ल संस्थान के आलोचक के रूप में ही स्वीकार करना चाहिए।

नन्ददुलारे वाजपेयी (१९०६-६८)

सबसे पहले वाजपेयी जी ने शुक्ल जी की सीमाओं को उद्घाटित किया। उन्होंने छायावादी काव्य के संदर्भ में शुक्ल जी के दृष्टिकोण को नवीन साहित्यिक संवेदना के उपयुक्त नहीं माना। उनका कहना है कि अपने पूर्वग्रह और द्विवेदी कालीन संस्कारों के कारण शुक्ल जी छायावादी काव्य के साथ न्याय नहीं कर सकते। वाजपेयी की समीक्षात्मक दृष्टि के निर्माण में छायावादी काव्य का प्रमुख योग रहा है। उसकी नूतन कल्पना-छवियों, भावों और भाषारूपों की ओर वे विशेष आकृष्ट हुए। अपने मध्यकालीन संस्कारों में रत्नाकर तथा साकेत की रुआँसी अभिव्यक्तियाँ उन्हें अनाकर्षक लगीं। महावीर प्रसाद द्विवेदी के भाषा सम्बन्ध परिष्कार एवं सुरुचिपूर्ण संपादन को महत्व देते हुए भी उनके साहित्य को उन्होंने अत्यंत साधारण कोटि का माना। प्रेमचन्द के आदर्श की भी वे अधिक प्रशंसा न कर सके। उस समय के 'विशाल भारत' में प्रकाशित लेख उनकी नववयोचित तेजस्विता, प्रखरता और पैनी दृष्टि के कारण छायावादी काल की आलोचना के दस्तावेज बन गये।

सन् १९४१ में जब वे काशी हिंदू विश्वविद्यालय में प्राध्यापक नियुक्त होकर आये, उनकी दृष्टि में क्रमशः सन्तुलन आता गया। वह पेशा ही ऐसा है जो व्यक्ति को सन्तुलित बनाता है और इसके साथ ही शंका पैदा होती है कि क्या वह धार को कुंठित तो नहीं करता? जो भी हो, किन्तु इसके बाद वाजपेयी जी के लेखन में संतुलन और वैविध्य आया। इस दौर में उनके कई ग्रंथ प्रकाशित हुए—आधुनिक साहित्य, नया साहित्य नये प्रश्न, कवि निराला, राष्ट्रीय साहित्य तथा अन्य निबंध इत्यादि।

आधुनिक साहित्य और नया साहित्य नये प्रश्न में संगृहीत निबंधों में उनका संतुलन देखा जा सकता है। साकेत, कामायनी, प्रेमचन्द, गोदान आदि निबंध इसलिए लिखे जान पड़ते हैं कि बीसवीं शताब्दी में लिखे संकलित निबंधों को संतुलित किया जा सके। इन निबंधों में वाजपेयी जी ने किसी आलोच्य ग्रंथ पर अपने पूर्वग्रह को लादा नहीं बल्कि इन ग्रंथों को स्वयं समीक्षा सरणि के ही रूप में ग्रहण किया है। इनकी आलोचना करते समय उनमें अनुस्यूत आधुनिकता और नवनिर्माण के प्रयास को बराबर दृष्टि में रखा गया है।

काव्य में उन्हेंने मुख्यतः सौन्दर्यानुसन्धान किया है और वह सौन्दर्यानुसन्धान जीवन चेतना से सम्पृक्त है किन्तु कथा और नाटक के आलोचना क्षेत्र में वे मुख्य रूप से मूल जीवन चेतना और सामाजिक प्रभाव तथा उसके परिदृश्य का आकलन करते हैं। जैनेन्द्र के सीमित दृष्टिकोण, वैविध्यहीनता, काल्पनिकता और ह्रासोन्मुखी मूल्यों पर कदाचित् पहली बार प्रहार किया। इसी तरह शेखर एक जीवनी के सम्बन्ध में वे एक प्रश्न उठाते हैं कि कला और निरीक्षण सम्बन्धी लेखक की मार्मिकता और गहरी पैठ हमको कहाँ ले जाती है। अश्क के उपन्यास संसार को वे सजीव पर उसके प्राणियों को निर्जीव कहते हैं। जाहिर है कि वे कलागत प्रौढ़ता को स्वयंसिद्धि और मनोवैज्ञानिक पैठ को आत्मसाध्य नहीं मानते। इनके

साथ उच्चतर नैतिक मूल्यों का समीकृत होना भी अनिवार्य है। प्रसाद के नाटकों को स्वच्छन्दतावादी और लक्ष्मीनारायण मिश्र के नाटकों को पुनरुत्थानवादी कहना उनके मौलिक चिन्तन और यथार्थ की पहचान का परिचायक है।

नये छायावादी काव्य के मार्ग में पड़ने वाले समस्त अवरोधक तत्वों का वाजपेयी जी ने जबरदस्त विरोध किया है। रस की अलौकिकता को उन्होंने पाखण्ड कहा है। उन्होंने लिखा है—"हम कला के लिए कला को व्यर्थदोष देते हैं, हमारा अलौकिक सानन्द रसवाद भी उससे कम नहीं रह गया था। आधुनिक समीक्षा के लिए वे रसवाद को बहुत उपयोगी नहीं मानते। आधुनिक युग का समीक्षक कवि का मानसिक और कलागत विकास देखने का प्रयास करता है। उसके व्यक्तित्व और परिवेश से परिचित होकर कृति का संश्लिष्ट चित्र प्रस्तुत करता है। रस-संप्रदाय पर अकर्मण्यता का आरोप करते हुए उन्होंने कहा कि रसवाद अपने संरक्षण में निम्न से निम्न कवियों को प्रश्रय देता रहा है।"

निराला के प्रसंग में उन्होंने लिखा है—"प्राचीन काव्य कहते कि ध्वनिमूलक काव्य श्रेष्ठ है पर इस आग्रह को हम हद से बाहर लिए जा रहे हैं, नवीन काव्य जिस नैसर्गिक अदम्यता को लेकर आया है, उसमें यह सम्भव नहीं कि वह परम्परा प्राप्त नैसर्गिक ध्वन्यात्मकता का अनुसरण करता चले। प्रचलित प्रणाली को तोड़ने में, नवीन युग का सन्देश सुनाने में काव्यक्रम प्राप्त मर्यादाओं को उखाड़ फेंकता है। ...अभिधा की प्रणाली इस स्पष्टवादी मनोवृत्ति के विशेष अनुकूल है।"

इधर हिन्दी समीक्षा में भाषा के विवेचन पर अधिक बल दिया जाने लगा है। अमरीकी नयी आलोचना का प्रभाव भी हिन्दी आलोचना पर पड़ा है। काव्य की संरचना को लेकर अमरीकी नये आलोचक श्री शिकागो संस्थान के आलोचकों ने बहुत कुछ लिखा है पर नये आलोचक आलोचना का सम्बन्ध केवल भाषा संरचना तक ही मानते हैं, मूल्यों और संवेदनाओं से उनका कतई ताल्लुक नहीं होता। उन्होंने लिखा है—"पिछले कुछ समय से हिंदी के कुछ समीक्षक भाषा और उसके प्रयोग की सटीकता को काव्य का एकमात्र महत्वपूर्ण तत्त्व बना रहे हैं। ... परन्तु हमें उन संवेदनाओं के स्वरूप और वैशिष्ट्य को भी छानबीन करनी पड़ेगी, जिनके फलस्वरूप नई शब्दावली का आग्रह किया जाता है।... भावों और संवेदनाओं के स्वरूप का ध्यान रखे बिना केवल भाषा के परिमार्जन और नवीनीकरण की चर्चा करना या भाव करना अपने में एकांगी परिमाप है। काव्य के दोनों पक्षों का—कवि की संवेदना और उसकी अभिव्यक्ति का—समन्वित विवेचन ही काव्य समीक्षा के लिए उपादेय हो सकता है।"

अन्त में यह विचारणीय हो जाता है कि वाजपेयी जी की समीक्षा को क्या कोई एक नया नाम दिया जा सकता है? जब वे रस सम्प्रदाय की अकर्मण्यता पर प्रहार करते हुए कहते हैं कि वह कला के लिए कला के समान्तर है तो उन्हें शुक्ल जी की परम्परा में कैसे रखा जा सकता है? वाजपेयी जी को प्रायः छायावादी, स्वच्छन्दतावादी, सौष्ठववादी, रसवादी, अध्यात्मवादी समीक्षक कहा गया है। ये सारे नाम इस बात के सूचक हैं कि उनकी समीक्षा पर किसी वाद का अधिकार नहीं रहा है। छायावाद, रहस्यवाद, प्रगतिवाद में खासी दिलचस्पी

लेते हुए भी वे वाद गुही नहीं थे। किन्तु शुक्ल जी की भाँति उन्होंने वादों का एकतरफा खण्डन नहीं किया है। उनके वादी तत्त्व काव्य के लिए बहुत कुछ उपादेय हैं।

वाजपेयी जी ने स्वयं रस का खण्डन न करके रसवाद का खण्डन किया है। शुक्ल जी ने रस को मनोवैज्ञानिक भूमि पर प्रतिष्ठित किया और वाजपेयी जी ने उसके विस्तार पर आग्रह किया है। वे निराला के संदर्भ में बुद्धितत्त्व और अविधात्मक काव्य-शैली को काव्य-सीमा में समाविष्ट करते हैं। वे वैयक्तिकता को अधिकाधिक सामाजिक बनाने के पक्षपाती हैं। रूढ़ियों का वे कहीं समर्थन नहीं करते—रूढ़ियाँ चाहे वैयक्तिक हों या सामाजिक।

काव्य समीक्षा के मान के रूप में मुख्यतः दो ही वस्तुएँ उनके सामने आती हैं—भावात्मक निष्पत्ति और रूपात्मक सौन्दर्य। उन्होंने कहा है कि वाद का कोई भी हो, कविता की संवेदनाएँ कैसी हैं, किस कोटि की हैं —उसका बाह्य और अन्तरंग सौन्दर्य हमारी चेतना और सौन्दर्यदृष्टि को किस रूप में किस कारण प्रभावित करता है—मेरे लिए इतना ही ज्ञातव्य है।

हजारीप्रसाद द्विवेदी

हजारीप्रसाद द्विवेदी दूसरे आलोचक हैं जिनकी आलोचनात्मक उपलब्धियाँ महत्वपूर्ण और संग्रहणीय हैं। यद्यपि सन् '४०-४१ से पहले ही लिखना आरम्भ कर दिया था परन्तु इनकी पहली महत्वपूर्ण पुस्तक 'हिन्दी साहित्य की भूमिका' है जो सन् '४० में प्रकाशित हुई। इसे उनके सिद्धान्तों की बुनियादी पुस्तक कहा जा सकता है। इसी पुस्तक में उन्होंने आलोचना की ऐतिहासिक पद्धति की प्रतिष्ठा की। उनका कहना है कि किसी ग्रंथकार का स्थान निर्धारित करने के लिए क्रमागत सामाजिक, सांस्कृतिक एवं जातीय सातत्य को देखना आवश्यक है। इसके लिए आवश्यक है कि आलोचक को अपनी जातीय परम्परा या सांस्कृतिक विरासत का पर्याप्त बोध हो। बोध का अर्थ समझदारी से है कोरे पांडित्य से नहीं। द्विवेदी जी में बोध और पांडित्य का अद्भुत सम्मिश्रण है। नवीन मानवतावाद और समाजशास्त्रीय दृष्टिकोण के कारण उनका पांडित्य लचीला और बोध आधुनिक बन जाता है।

द्विवेदी जी भी मूलतः शुक्ल संस्थान के ही आलोचक हैं। फिर भी वे अपने मानवतावादी दृष्टिकोण तथा ऐतिहासिक पद्धति के कारण शुक्ल जी से अलग हो जाते हैं। द्विवेदी जी के पहले मनुष्य की महिमा और मानवीय मूल्यों में इतनी गहन आस्था किसी आलोचक ने नहीं व्यक्त की। आचार्य शुक्ल भी मनुष्य के उदात्त आदर्शों के प्रति आस्थावान रहे हैं। किंतु उनकी आस्थाएँ वर्णाश्रम की चौहद्दी में बहुत कुछ सीमित थीं।

मनुष्य की महिमा की प्रतिष्ठा आधुनिक युग की चेतना का परिणाम है, जिसका प्रादुर्भाव छायावाद कविता के साथ-साथ होता है। द्विवेदी जी की पहली पुस्तक सूर-साहित्य में छायावादी भावुकता का प्राधान्य हो गया है, इसलिए विचार का पक्ष बहुत कुछ दब गया है किन्तु सन् '४० में उनमें जो परिपक्वता दिखाई पड़ी, उससे हिंदी की आलोचना-पद्धति और ऐतिहासिक दृष्टिकोण पर गहरा प्रभाव पड़ा। जिस नैरन्तर्य की आरम्भ में चर्चा की गई है, वह सन् '४० में ही वैचारिक स्तर पर प्रतिष्ठित हुआ।

कबीर के अध्ययन में उनके दृष्टिकोण का प्रायोगिक रूप स्पष्ट हुआ है। उन्होंने कबीर को सामाजिक, सांस्कृतिक, धार्मिक और साहित्यिक नैरंतर्य के व्यापक परिप्रेक्ष्य में देखा। किसी कवि से मूल्यांकन के लिए क्रमागत परंपरा और समसामयिक संदर्भ दोनों उपयोगी होते हैं। पर शर्त है कि इनका उपयोग उसकी कृति का मूल्यांकन करने के लिए किया जाय।

इस नैरंतर्य के साथ-साथ कबीर के नए मूल्यांकन में उनकी आधुनिकतावादी दृष्टि का भी पर्याप्त योग रहा है। उन्होंने बताया कि क्या भाव, क्या भाषा, क्या अलंकार, क्या छंद, क्या पारिभाषिक शब्द सर्वत्र वे ही सिद्ध योगी कबीरदास के मार्गदर्शक थे। कबीर की भाँति ये साधक नाना मतों का खंडन करते थे, जहाज और शून्य में समाधि लगाने को कहते थे। सहजयानी सिद्धों और नाथपंथी योगियों का अक्खड़पन कबीर में पूरी मात्रा में है। परन्तु कबीर की महत्ता इस अनुवर्तन में नहीं थी—बल्कि मनुष्य-मनुष्य के बीच जो रागात्मक सम्बन्ध है उसके उद्‌घाटन में थी।

कबीर के भाषागत वैशिष्ट्य पर भी पहले-पहल उन्हीं की दृष्टि गई—आज तक हिंदी में ऐसा व्यंग्य-लेखक नहीं पैदा हुआ। उनकी साफ चोट करने वाली भाषा, बिना कहे भी सब कुछ कह देनेवाली शैली और अत्यंत सादी, किंतु अत्यंत तेज प्रकाशन-भंगी अनन्य असाधारण है। परन्तु बीच-बीच में उनकी भावुकता उनका साथ नहीं छोड़ती। भाषा के सम्बन्ध में ही वे आगे लिखते हैं—भाषा पर कबीर का जबरदस्त अधिकार था। वे वाणी के डिक्टेटर थे। जिस बात को उन्होंने जिस रूप में प्रकट करना चाहा है, उसे उसी रूप में कहलवा लिया—बन गया तो सीधे-सीधे नहीं तो दरेरा देकर। भाषा कुछ कबीर के सामने लाचार-सी नजर आती है।

द्विवेदी जी का आधुनिक दृष्टिकोण और नवीन मानवतावाद रावीन्द्रिक मानवतावाद से बहुत दूर तक प्रभावित है, परन्तु वह उसकी प्रतिकृति नहीं है। रूमानियत से संपृक्त होते हुए भी वह एक हद तक उससे मुक्त है। दूसरे शब्दों में वह अपेक्षाकृत यथार्थ के अधिक निकट है, यद्यपि उन्हें यथार्थवादी नहीं कहा जा सकता। रविबाबू और द्विवेदी जी का अन्तर बंगाल और उत्तर प्रदेश की भूमि का भी हो सकता है। यह मानवतावाद मध्यकालीन मानवतावाद से भिन्न है। एक मानवतावाद धर्म और ईश्वर पर आधारित था तो दूसरा मनुष्य की ऐहिक दृष्टि और मूल्य-मर्यादा बोध पर स्थित है। यह नवीन मानवतावाद मनुष्य के मर्त्य-जीवन को किसी प्रकार के पाप-फल भोगने का परिणाम न समझ कर उसे उसी दुनिया में दुःख-शोक से बचाना और सुख-समृद्धि से सम्पन्न करना चाहता है। उसे दैविक कृपा पर न निर्भर रहकर अपने ही क्रिया-कलापों पर निर्भर रहना पड़ता है। ये सारे क्रिया-कलाप पशुत्व और जड़त्व से ऊपर उठने में निहित हैं। प्रश्न होता है कि पशुत्व से उनका अभिप्राय है—जीवशास्त्रीय लालसा की पूर्ति, और जड़ता का मतलब है परिवर्तित होने की क्षमता का अभाव।

द्विवेदी जी का कहना है जीवशास्त्रीय लालसा से मुक्त होना मनुष्य का ऐश्वर्य है। प्रयोजनातीत पदार्थ का नाम प्रेम है, भक्ति है, मनुष्यता है। इसी को वे साहित्य का मर्म कहते हैं। उनकी दृष्टि में साहित्य का मर्म वही समझ सकता है, जो साधना और तपस्या का मूल्य

समझे। मनुष्यधर्मी जीवन पशु-सुलभ धरातल से ऊपर उठ जाता है। एक दूसरे स्थान पर वे लिखते हैं—"जो साहित्य हमारी वैयक्तिक क्षुद्र संकीर्णताओं से ऊपर उठा ले जाय और सामान्य मनुष्यता के साथ एक कराके अनुभव करावे, वही उपादेय है। उसके भाव-पक्ष के लिए किसी देश-विदेश की नैतिक आचार-परम्परा का मुँह जोहना आवश्यक नहीं है। हमें दृढ़ता से केवल एक बात पर अड़े रहना चाहिए और वह यह कि जिसे काव्य-नाटक-उपन्यास-साहित्य कहकर हमें दिया जा रहा है, वह हमें पशु सामान्य मनोवृत्तियों से ऊपर उठा कर समस्त जगत् के सुख-दुःख समझने की सहानुभूतिपूर्ण दृष्टि देता है या नहीं।"

द्विवेदी जी का मानवतावाद आदर्शवादी मानवतावाद है किन्तु यह आदर्श यथार्थ से सम्पृक्त है। इसीलिए उन्हें न तो शुद्ध रोमैंटिक कहा जा सकता है न शुद्ध यथार्थवादी। अपने रोमैंटिक आदर्शों के कारण न तो वे आदर्शवादी हैं और न तो यथार्थवादी मूल्यों के कारण कोरे रोमैंटिक। वे वैज्ञानिक मानवतावादी की श्रेणियों में भी नहीं गिने जा सकते। क्योंकि कोरी भौतिक प्रगति और सामाजिक सुख-सुविधा तक ही वे अपने को सीमित नहीं कर पाते।

अपने 'हिन्दी साहित्य' ग्रंथ में तथा अन्यत्र भी उन्होंने सूर-तुलसी आदि का मूल्यांकन भी मानवतावादी दृष्टि से किया है। प्रेमचन्द का आकलन भी मानवतावादी दृष्टि से हुआ है और यही उनकी श्रेष्ठता का मेरुदण्ड है। उनके आलोचनात्मक विश्लेषण में आत्मसमर्पण, विनीत मनोभाव, त्यागसाधन, तपश्चर्या, संयम शब्द बार-बार प्रयुक्त हुए हैं। स्पष्ट है कि जिन रचनाओं में इन मानवीय गुणों पर अधिक बल मिलता हो उन्हें वे श्रेष्ठ कृतियों की संज्ञा देंगे। इसी को वे प्रयोजनातीत भी कहते हैं। द्विवेदी जी ने मनुष्यता को साहित्य और रस का पर्याय मान लिया है। इससे एक बड़ी बाधा यह उत्पन्न होती है कि साहित्य और असाहित्य के बीच कोई विभाजक रेखा नहीं खींची जा सकती है। साहित्य पहले साहित्य है इसके बाद कुछ और। द्विवेदी जी की आलोचना में साहित्य का पक्ष सूख जाता है। केवल कुछ और का पक्ष ही विवेचित होता है।

वस्तुतः उनका ठीक-ठाक मूल्यांकन व्यावहारिक समीक्षा के आधार पर किया ही नहीं जाना चाहिए। वे विचारों के समीक्षक क्रिटिकल आइडियाज हैं, उनका महत्व साहित्य के मूल्यों के बदलने तथा उन्हें नवीन मानवतावादी मूल्यों से जोड़ने में है। हिन्दी साहित्य के आदिकाल का पुनर्मूल्यांकन करना, कबीर के विवेचन में परम्परा-मुक्त काव्य-संबंधी स्थिर मान्यताओं पर प्रश्न-चिह्न लगाना, बिहारी की रीतिबद्धता या रीतिसिद्धता सिद्ध करना आदि उपलब्धियाँ हैं, जो उन्हें उन समीक्षकों की कोटि में रखती है, जो समय-समय पर युगानुरूप नये मूल्यांकन पर जोर देते हैं।

नगेन्द्र

नगेन्द्र ने हिन्दी आलोचना को व्यावहारिक एवं सैद्धान्तिक दोनों दृष्टियों से सम्वर्द्धित किया है। उनकी दोनों प्रकार की आलोचनाओं का विश्लेषण करने पर निश्चित हो जाता है कि वे रसवादी आलोचक हैं। अपने रस-सिद्धांत ग्रंथ में उन्होंने रस की सांगोपांग विवेचना

करते हुए इसे पुनः प्रतिष्ठित करने का पांडित्यपूर्ण प्रयास किया है। रसवाद पर जितना एकान्तिक आग्रह नगेन्द्र जी का दिखाई पड़ता है, उतना अन्य किसी आलोचक का नहीं।

यदि वाजपेयी जी, द्विवेदी जी और डा० नगेन्द्र की आलोचनाओं के वृत्त बनाये जायँ तो वाजपेयी जी की स्थिति मध्यवर्ती ठहरती है। उनकी वृत्तपरिधि एक ओर द्विवेदी जी की वृत्त-परिधि का स्पर्श करती है, तो दूसरी ओर नगेन्द्र की। द्विवेदी और नगेन्द्र की परिधियाँ एक दूसरे से अछूती रह जाती हैं। द्विवेदी जी की मानवतावादी सिद्धान्तों की समीक्षा में साहित्येतर तत्वों की बहुलता है, वाजपेयी साहित्यिक मूल्यों पर बल देते हुए भी यथास्थान साहित्यिक मूल्यों का प्रयोग करते हैं किन्तु नगेन्द्र जी एकान्ततः साहित्यिक समीक्षा सिद्धान्त के पक्षपाती हैं। साहित्येतर मूल्यों से उनका सम्बन्ध प्रायः नहीं है।

सर्वप्रथम छायावादी आलोचक के रूप में ही उन्हें ख्याति मिली। प्रीति और विस्मय से समन्वित छायावादी काव्य की अन्तर्मुखी साधना सौन्दर्य-चेतना और कलात्मक छवियों से वे विशेष आकृष्ट थे। 'सुमित्रानन्दन पंत' शीर्षक पुस्तक इसी मनोदशा का परिणाम है। यह पुस्तक शास्त्रीयता से हटकर है, इसलिए इसमें एक टटकापन और सादगी है। सुमित्रानन्दन पंत के एक वर्ष बाद ही 'साकेत एक अध्ययन' का प्रकाशन उनकी शास्त्रीय रुचि का ही परिचायक है। रीतिकाव्य की भूमिका तथा देव और उनकी कविता के अध्ययन, मनन तथा लेखन के सिलसिले में उनकी रसवादी दृष्टि पूर्णतः पुष्ट हो गई।

रसवादी दृष्टि के पुष्ट होने का तात्पर्य यह नहीं है कि उन्होंने संस्कृत शास्त्रों में विवेचित रस को ज्यों का त्यों स्वीकार कर लिया है। रस के विवेचन में उन्होंने मनोविज्ञान की पूरी सहायता ली है। आधुनिक हिन्दी नाटक विचार और अनुभूति, आधुनिक हिन्दी कविता की मुख्य प्रवृत्तियाँ, आदि ग्रंथों में उनकी तीखी मनोवैज्ञानिक दृष्टि का पता लगता है। इसीलिए कुछ लोगों ने उन्हें भ्रमवश फ्रायडवादी आलोचक कहा है। इसमें सन्देह नहीं कि फ्रायडीय मनोविज्ञान का उन पर गहरा प्रभाव है, लेकिन यह स्वयं साध्य न होकर रसवाद का साधन है।

रसवाद पर अपनी दृष्टि केन्द्रित करके भी नगेन्द्र जी आधुनिक साहित्य और समसामयिक आन्दोलनों से बराबर सम्पृक्त रहे हैं। नयी कविता, उपन्यास और कहानियों को भी वे समय-समय पर मूल्यांकित करते रहे हैं। कामायनी के अध्ययन की समस्याओं तथा उर्वशी आदि के संबंध में ही विचार नहीं करते बल्कि वे साहित्य की नवीनतम गतिविधि पर भी विचार करते चलते हैं। अपनी नवीनतम पुस्तक 'नयी समीक्षा नये सन्दर्भ' में मूल्यों के विघटन, सांस्कृतिक संकट और आधुनिकता के प्रश्न जैसे ज्वलंत विषयों पर भी अपना विचार व्यक्त करते हैं। नये-से-नये विषयों से उलझते रहने के कारण उनकी रसवादी दृष्टि में एक सन्तुलन आया है। इसी कारण वे रससिद्धान्त के आयामों में विस्तार का आग्रह करते हैं।

रस या आनन्द के प्रति नगेन्द्र जी का आग्रह शंका पैदा करता है कि क्या ये जीवन और जगत् को साहित्य से अनिवार्यतः सम्पृक्त नहीं मानते। जब वे कहते हैं—"मानव अपने अन्तरतम रूप में जो है वही साहित्य का विषय है—जहाँ वह न नीतिवादी है और न बुद्धिवादी—वहाँ वह रागात्मा है और उसी से साहित्य का सीधा संबंध है। (नव निर्माण)

निर्माण का लक्ष्य है कल्याण, सृजन का लक्ष्य है आनन्द। आप इसे दोष मानिए या गुण, मेरी अन्तर्मुखी प्रवृत्ति आनन्द से बढ़कर आत्म-कल्याण अथवा लोक-कल्याण की कल्पना करने में व्यर्थ है।" (मेरा व्यवसाय और साहित्य सृजन) तब उपर्युक्त शंका और भी दृढ़ हो जाती है।

साहित्य में आत्माभिव्यक्ति में वह नैतिक एवं सामाजिक मूल्यों का सर्वथा निषेध नहीं करते। लेखक भी सामाजिक प्राणी है और सामान्य व्यक्तियों की अपेक्षा अधिक प्रभावशाली; इसलिए उसे समाज का दायित्व-बोध अधिक होना चाहिए और उसे अपने दायित्व का निर्वाह करना भी उचित है। किन्तु लेखक के रूप में वह इस बन्धन से मुक्त है। नगेन्द्र जी का विचार है कि समाज का तिरस्कार करने से लेखक की आत्मा की क्षति होगी। किन्तु जब तक वह निश्छल आत्माभिव्यक्ति करता रहेगा उसकी कृति मूल्यहीन नहीं हो सकती। वे अभिव्यक्ति की निश्छलता को साहित्य का पहला और अनिवार्य लक्षण मानते हैं।

शब्द और अर्थ के द्वारा अपने अनुभव को व्यक्त करना आत्माभिव्यक्ति है। अपने को पूर्णता के साथ अभिव्यक्त करना, चाहे वह कर्म द्वारा हो या वाणी द्वारा या किसी अन्य उपकरण द्वारा हो, व्यक्तित्व की सबसे बड़ी सफलता है। आत्माभिव्यक्ति के द्वारा लेखक और सामाजिक दोनों को परिष्कृत आनन्द की प्राप्ति होती है। जाहिर है कि नगेन्द्र जी का आग्रह परिष्कृत आनन्द और निश्छल आत्माभिव्यक्ति पर आश्रित है। फिर भी वे महान् कविता के लिए कवि के व्यक्तित्व का महान् होना आवश्यक बताते हैं।

नगेंद्र ने रीतिकाल को महान् नहीं कहा है। पर उसे काव्य मानने में उन्हें एतराज नहीं है क्योंकि उससे आनन्द की उपलब्धि होती है। सियारामशरण का काव्य संयम और त्याग से तपःपूत होने पर भी जीवन को सरस नहीं बना पाता। व्यक्तिवादी कवियों की निश्छल आत्माभिव्यक्तियाँ काफी प्रभावशाली हैं पर उनके व्यक्तित्व में रस, आनन्द, रागात्मकता आदि को ही श्रेयस्कर मानते हैं। वे व्यष्टि वृत्ति से समविष्ट वृत्ति को अधिक उत्कर्ष पूर्ण मानते हैं। उदात्त नैतिक मूल्यों से रसानुभूति को प्रभावित स्वीकार करते हैं। पर इन दृष्टियों से काव्य के मूल्यांकन में उनका चित्त रमता नहीं, 'सुखदा' के नैतिक पक्ष का अविचारित रह जाना इसका स्पष्ट प्रमाण है। प्रसाद जी अपने आनन्दवादी मूल्यों के कारण इनको पसन्द हैं और शुक्ल जी को नापसन्द।

उनके रसवादी सिद्धान्त पर छायावादी काव्य-आन्दोलन तथा पश्चिमी आलोचकों में आई० ए० रिचर्ड्स का प्रभाव दिखाई पड़ता है। निश्छल आत्माभिव्यक्ति और कवि के व्यक्तित्व पर जोर देने का अर्थ है छायावादी मान्यताओं की स्वीकृति। जिस काव्यान्दोलन ने नगेंद्र के निर्माण में उल्लेखनीय योगदान दिया हो, उन पर उसका प्रभाव न पड़ना अस्वाभाविक होता। नगेंद्र परिष्कृत आनन्दानुभूति में ही नैतिक मूल्यों का समावेश कर लेते हैं। नगेंद्र का यह सिद्धान्त रिचर्ड्स के मूल्य-सिद्धान्त के समानान्तर दिखाई पड़ता है। रिचर्ड्स के अनुसार भी काव्य का मूल्य नैतिकता से सम्बद्ध न होकर अन्तरवृत्तियों के सामञ्जस्य से होता है।

नगेंद्र की व्यावहारिक आलोचना तथा सैद्धान्तिक आलोचना में प्रीतिकर एकसूत्रता दिखाई पड़ती है। उन्होंने पूर्व और पश्चिम के महत्वपूर्ण काव्यशास्त्रों का हिंदी अनुवाद

करने-कराने में सबसे अधिक योग दिया है। उनकी प्रेरणा से आचार्य विश्वेश्वर ने 'अभिनव भारती', 'वक्रोक्ति जीवित', 'ध्वन्यालोक', 'नाट्य दर्पण' आदि का हिंदी अनुवाद किया। पाश्चात्य काव्यशास्त्र के कुछ क्लासिक ग्रंथों का अनुवाद नगेंद्र की देख-रेख में हुआ। अरस्तू का काव्यशास्त्र, लांगुनस का 'दि सबलाइम', होरेस की 'आर्सपोयतिका' के हिंदी अनुवाद प्रकाशित हो चुके हैं। सेन्ट्सबरी के 'लोसाई क्रिटिकाई' के ढंग की पाश्चात्य काव्यशास्त्र की परंपरा के नाम से यूरोप के प्रतिनिधि आलोचकों के मूल-सिद्धान्तों का एक संकलन भी नगेंद्र के सम्पादन में प्रकाशित हुआ है। इन अनुवादों से दो लाभ हुए, एक तो यह कि अब हिंदी का समीक्षक मूल ग्रंथों के आधार पर उनके सम्यक् मनन-चिन्तन द्वारा अपनी स्वतंत्र मान्यताएँ बना सकता है और दूसरा यह कि इससे स्वयं नगेंद्र को अपने समीक्षा सिद्धान्तों को संतुलित और समन्वित बनाने के लिए बृहत् आयाम मिला।

इधर 'नयी समीक्षा नये सन्दर्भ' शीर्षक से उनकी नयी पुस्तक प्रकाशित हुई है। इसमें उन्होंने नयी समीक्षा को ऐतिहासिक परिप्रेक्ष्य में देखते हुए उसके अधूरेपन या त्रुटियों को उद्घाटित किया है। उनकी दृष्टि में शब्द-विधान की परीक्षा करने के उपरान्त अर्थ-विधान की परीक्षा आवश्यक है। शब्द-विधान तक ही सीमित रहकर नयी समीक्षा बहुत कुछ रूपवादी हो जाती है। नयी समीक्षा की अतिवादिता का विरोध करते हुए उसे अतिवादी कहते हुए वे उसके अवदान को कहीं भी स्वीकृति नहीं देते।

नगेंद्र की मान्यताओं से बहुतों का काफी मतभेद है। पर उनकी ईमानदारी, गहन विश्लेषण क्षमता, वैचारिक एकतानता के सम्बन्ध में दो मत नहीं हो सकते। किसी साहित्यिक समस्या या विचार के विविध आयामों को वे सहज ही पकड़ लेते हैं और एक-एक का विश्लेषण काफी गहराई तक करते जाते हैं। उनका विश्लेषण प्रधान मस्तिष्क स्वयं गम्भीर प्रतिपक्षों को उठाता है और उनका सम्यक् समाधान प्रस्तुत करने के लिए सन्नद्ध हो उठता है। विचारों के मन्थन की यह प्रक्रिया उनमें सर्वत्र देखी जा सकती है। सैद्धान्तिक निबंधों में यह और सूक्ष्म रूप से प्रकट हुई है। वे वैचारिक गुत्थियों से कतराते नहीं और तब तक जूझते रहते हैं, जब तक उन्हें तर्कसंगत या बुद्धिगम्य समाधान नहीं मिल जाता।

उनके विश्लेषण का दूसरा गुण है निश्छल आत्माभिव्यक्ति। अपनी बात को कहने में वे किसी प्रकार का दुराव नहीं करते। अपनी मान्यताओं के प्रति वे पूर्णतः ईमानदार हैं। इसे कोई चाहे तो यों भी कह सकता है कि उनमें लचीलापन कम है। उनका विश्लेषण स्पष्ट, पैना और गहन होता है। गहन विश्लेषण क्षमता और ईमानदारी आलोचक के विशिष्ट गुण हैं और वे उनमें पर्याप्त मात्रा में उपलब्ध हैं। जहाँ तक भाषा का प्रश्न है वे बात को फैलाकर कहने में ज्यादा रुचि लेते हैं।

मार्क्सवादी आलोचना

प्रगतिशील लेखक संघ की स्थापना ('३६) के साथ ही मार्क्सवादी आलोचना का आरंभ मानना चाहिए। प्रारंभ में इस तरह की आलोचना की जरूरत तथा उसके सैद्धांतिक मुद्दों पर बहस होती रही। इस बहस में शिवदान सिंह चौहान, रामविलास शर्मा, अमृतराय ने

खुलकर हिस्सा लिया। शुरू-शुरू में कमोवेश सभी लोगों में यांत्रिक भौतिकवाद का जोश था। रामविलास शर्मा में भी यह कम नहीं था। पर यह भी सही है कि इस दलदल से बाहर निकालने और द्वन्द्वात्मक भौतिकवाद के क्षेत्र में ले आने का श्रेय भी उन्हीं को है।

यों तो चौहान जी ने इसके संबंध में एक लेख सन् '३७ में 'विशाल भारत' में लिखा था। 'हंस' का संपादन-भार ग्रहण करने के बाद उन्होंने इस धारा को मजबूत किया। प्रकाशचन्द्र गुप्त ने भी इसका समर्थन किया। पर समस्या के सरलीकरण की प्रवृत्ति के कारण उनका विवेचन सतह पर ही रह जाता है। इस धारा के सबसे समर्थ आलोचक रामविलास शर्मा हैं।

रामविलास शर्मा (१९१२)

शर्मा जी के आलोचनात्मक विकास को दो चरणों में विभक्त किया जा सकता है—'५५ के पहले की आलोचना और उसके बाद की आलोचना। पूर्ववर्ती आलोचना में एक युवा का जोश, साहस और अक्खड़पन है तो परवर्ती आलोचना में संयम, संतुलन और विवेक का पैनापन है। अक्खड़ता उभयनिष्ठ है।

जो लोग अन्तर्विरोध और विकास का अन्तर नहीं समझते वे उनमें अन्तर्विरोध ढूँढ़ लेते हैं। वस्तुतः अन्तर्विरोध किसी एक लेख या पुस्तक में देखना चाहिए। हर जागरूक लेखक देशकाल और साहित्य के बदलाव तथा अपने अनुभव और अध्ययन की समृद्धि के साथ अपनी मान्यताओं में परिवर्तन करता है। ये परिवर्तन उसकी विकास-यात्रा के चरण-चिह्न होते हैं। परिवर्तन की यह प्रक्रिया मार्क्स, लूकाच और रामचन्द्र शुक्ल में भी देखी जा सकती है। शुक्ल जी ने तो अपनी कुछ मान्यताओं को बार-बार बदला है।

'५५ के पहले उन्होंने आधार और अधिरचना में बिंब-प्रतिबिंब भाव देखा, किन्तु बाद में उनके बीच द्वन्द्वात्मक रिश्ता कायम किया, साहित्य की सापेक्ष स्वायत्तता पर बल दिया। एक लंबे लेख में ज्दानोव के साहित्य संबंधी यांत्रिक मार्क्सवाद का समर्थन किया, रूसी कवयित्री आख्मातोवा की भर्त्सना की। उसके स्वर में स्वर मिलाते हुए कहा कि समाजवादी व्यवस्था में पहले की अपेक्षा बेहतर साहित्य लिखा जायेगा। किन्तु बाद में उन्होंने कहा कि यह जरूरी नहीं है। यही नहीं यांत्रिक मार्क्सवाद का सख्त विरोध किया। प्रारंभ में वे वर्ग-सहयोग की धज्जियाँ उड़ाते रहे। किन्तु बाद में वे कभी-कभी इसे जरूरी भी मानने लगे। यह अन्तर्विरोध नहीं विकास का लक्षण है।

सन् ५५ के पहले उनकी तीन मुख्य पुस्तकें प्रकाशित हो चुकी थीं—प्रेमचन्द ('४१), भारतेंदु युग ('४२) और प्रेमचन्द और उनका युग ('५३) इनका सरोकार एकान्ततः मूल्यों से है। 'प्रेमचन्द' में आक्रामकों के विरुद्ध एक प्रतिकारात्मक उत्साह है। इसी के तहत गोर्की, तालस्टाय और दास्तेवस्की प्रेमचन्द के आगे मात खा जाते हैं। पर प्रेमचन्द की सामंतवाद और साम्राज्यवाद विरोधी चेतना को इस पुस्तक में पहली बार उद्घाटित किया गया। 'भारतेंदु-युग' की जनवादी चेतना को विस्तार में उन्होंने ही रेखांकित किया और उसे हिन्दी जाति के नवजागरण से जोड़ा। प्रेमचन्द पर बाद में अनेक पुस्तकें लिखी गईं, पर शायद ही

कोई अच्छी पुस्तक हो जो उससे प्रभावित न हो। भारतेंदु-युग पर शर्मा जी से प्रेरणा लेते हुए उससे बेहतर पुस्तक लिखना अभी शेष है।

सन् '५५ में 'आचार्य रामचन्द्र शुक्ल और हिन्दी आलोचना' का प्रकाशन होता है। इसके अतिरिक्त उनकी अन्य महत्वपूर्ण पुस्तकें हैं—आस्था और सौन्दर्य, भाषा और समाज ('६१), निराला की साहित्य साधना (६९-७२), महावीर प्रसाद द्विवेदी और हिन्दी नव जागरण ('७७), नई कविता और अस्तित्त्ववाद ('७८), प्राचीन भारत के भाषा परिवार और हिन्दी ('७९-'८१), भारत में अंग्रेजी राज्य और मार्क्सवाद ('८२) तथा मार्क्स और पिछड़े हुए समाज ('८५)।

शुक्ल जी के खिलाफ कम नहीं लिखा गया। इस खिलाफत की खिलाफत में वे जहाँ कहीं अंधाधुंध गोलाबारी करने लगते हैं वहाँ तर्क कमजोर पड़ जाता है और पालिमिक्स हावी हो जाती है। पर जहाँ लोग शुक्ल जी को पिछड़े हुए जमाने का व्यक्ति कहने लगे थे वहाँ शर्मा जी ने उन्हें यथार्थवाद के साथ जोड़कर उनकी प्रासंगिकता और महत्ता को जोरदार ढंग से रेखांकित किया। अपनी पुस्तक के दूसरे संस्करण में विश्वप्रपंच के आधार पर उन्होंने यह भी बताया कि शुक्ल जी सुसंगत ढंग से भौतिकवादी नहीं है। है वे भाववादी ही पर वस्तुनिष्ठ भाववादी। अतः उन्होंने भौतिकता पर बल देकर अध्यात्म, रहस्य, कलावाद आदि का खंडन किया है। वे साम्राज्यवाद, सामंतवाद और रीतिवाद से साहित्य को मुक्त करना चाहते हैं। रीतिवादी समीक्षा प्रणाली पर शुक्ल जी ने ऐसा प्रहार किया कि वह फिर उट नहीं सकी।

छायावाद के प्रति शुक्ल जी के नकारात्मक दृष्टिकोण के वे समर्थक नहीं है, यद्यपि वे मानते हैं कि उनका नकारात्मक दृष्टिकोण अपनी जगह पर सही है। इस पक्ष पर सरसरी निगाह डालते हुए वे छायावाद के सकारात्मक पक्ष यानी उसके क्रान्तिकारी और वर्ग-संघर्ष वाले पहलू पर तेज रोशनी डालते हैं। निराला का संघर्ष उनका अपना भी है तथा स्वयं छायावादी कविता का भी है। निराला की इतनी सांगोपांग, प्रामाणिक तथा अप्रतिम जीवनी लिखने का मकसद भी यही है। साधना के दूसरे खंड में उनकी रचनाओं का कथ्य और रूप की दृष्टि से इतना गहन और पूर्ण विवेचन क्लासिक हो गया है। निराला का विद्रोह वैयक्तिक होने के साथ-साथ सामंतों, रूढ़ियों, पुरोहितों तथा पूँजीपतियों के विरोध में होकर शोषित वर्ग का विद्रोह हो जाता है। शुक्ल जी की तरह ही शर्मा जी रहस्यवाद के बेहद खिलाफ हैं। अतः जब वे महादेवी की कविता में जनता के प्रति सहानुभूति देखने लगते हैं तो बहुत आश्चर्य होता है। यह आश्चर्य तब और बढ़ जाता है जब याद आता है कि कभी उन्होंने लिखा था कि महादेवी जी वेदना का सूरसागर लिख रही हैं।

नई कविता के प्रति उनका दृष्टिकोण लगभग वैसा ही नकारात्मक है जैसा शुक्ल जी का छायावाद के प्रति था। इसमें कोई संदेह नहीं कि वे नई कविता के घिनौने व्यक्तिवाद और वीभत्सवाद का कच्चा चिट्ठा खोलकर रख देते हैं। पर इसी सिलसिले में जब वे मुक्तिबोध में रहस्यवाद, अस्तित्ववाद टूटने लगते हैं तो उसमें पूर्वग्रह की गंध आती है। अगर वे मुक्तिबोध के रूपपक्ष को भी कथ्य के साथ ही विचारार्थ ले लेते तो रहस्य, अस्तित्व के

गुणात्मक परिवर्तन पर प्रकाश पड़ सकता था। कथा-संबंधी उनकी आलोचनाओं में पूर्वग्रह का बाहुल्य हो गया है। मनमानी टिप्पणियाँ संतुलन को बुरी तरह बिगाड़ देती हैं। अतः वे मुख्यतः कविता के ही समीक्षक सिद्ध होते हैं। उनकी समीक्षा की मुख्य त्रुटि यह है कि वे कथ्य का ऐतिहासिक विश्लेषण तो करते हैं किन्तु साहित्य का रूप पक्ष प्रायः उपेक्षित हो जाता है।

वस्तुतः शर्मा जी की मार्क्सवादी समीक्षा के मूल में उनकी 'जातीय सांस्कृतिक' दृष्टि है। इसी के आधार पर वे हिन्दी जाति की एक इकाई खड़ी करते हैं। उसे व्यक्तित्व देते हैं, उसकी अपनी पहचान बनाते हैं। इसका प्रेरक तत्त्व सन् '५७ का स्वतंत्रता संग्राम है। इसी के तहत वे परंपरा का पुनर्मूल्यांकन करते हैं। वाल्मीकि, कालिदास, तुलसी आदि पर इसी परिप्रेक्ष्य में विचार करते हैं, यद्यपि तुलसी पर विचार करते हुए उनके अन्तर्विरोध को एकदम छोड़ देते हैं।

अपनी कमियों के बावजूद वे शुक्ल जी के बाद दूसरे दीपस्तंभ हैं जिसके प्रकाश में आलोचना का मार्ग प्रशस्त होता है। इधर के आलोचकों में वे ऐसे व्यक्ति हैं जिनका सर्वाधिक प्रभाव आज की आलोचना पर पड़ा है और पड़ रहा है। हिन्दी आलोचना उनकी ऐतिहासिक दृष्टि से सम्पन्नतर हुई है, उसे अकादमीय जग्डवाल से मुक्त एक नई भाषा मिली है जो व्यंग्य-विनोद से जीवंत हो उठी है। भाषाई रीतिबद्धता से आलोचना को उन्होंने वैसे ही मुक्त किया है जैसे निराला ने कविता को छंदों के बंधन से।

नामवर सिंह

रामविलास शर्मा बालकृष्ण भट्ट, महावीर प्रसाद द्विवेदी और रामचन्द्र शुक्ल की परंपरा से प्रभाव ग्रहण करते हैं तो नामवर सिंह रामचन्द्र शुक्ल, हजारी प्रसाद द्विवेदी और रामविलास शर्मा की परंपरा से। उनका मानना है कि राजनीतिक व्यक्तित्व के अभाव में सार्थक साहित्य नहीं रचा जा सकता और इतिहास को मुख्यतः रचना के भीतर से समझना चाहिए। वे मार्क्सवाद की ऐतिहासिक दृष्टि को लेते हुए भी उसके जार्गन से बचते हैं। मार्क्सवादी आलोचकों में 'वागार्थ प्रतिपत्ति' या शब्दार्थ मीमांसा पर शायद ही कोई दूसरा इतना बल देता होता। इससे आलोचना में एक प्रामाणिकता आती है। किन्तु इसके अपने खतरे भी हैं। इतिहास का नियंत्रण छूट जाने पर रूपासक्ति बढ़ जाती है। निर्मल वर्मा के प्रसंग में नामवर जी के साथ ऐसा ही कुछ घटित हुआ है यों 'कहानी और नई कहानी' में कहानी की आलोचना का नया 'ऐस्पेटिक' खोजा गया है। 'छायावाद' पुस्तक में उसकी काव्यात्मकता और सामाजिक-आर्थिक स्थितियों को अपृथा निर्वत्य ढंग से प्रस्तुत किया गया है। 'रहस्यवाद' की प्रगतिशील भूमिका पर नए सिरे से विचार हुआ। किन्तु उसकी सीमाओं पर ध्यान नहीं दिया गया है। 'कविता के नए प्रतिमान' से बहुतों की असहमति है। इसमें मुक्तिबोध उनके मॉडेल हैं। मुक्तिबोध पर इतनी गहराई से पहले पहल इसी पुस्तक में विचार किया गया। 'दूसरी परंपरा की खोज' उनकी सर्वाधिक महत्त्वपूर्ण पुस्तक है। किंचित् अनुपेक्षित के प्रवेश के बावजूद इसमें उनकी विकसित इतिहास-दृष्टि, वागार्थ प्रतिपत्ति और

रचनाधर्मिता का पूरा संश्लेष दिखाई पड़ता है। वस्तुतः उनकी आलोचना में इन्हीं तीन सूत्रों की बनावट है।

विश्वंभर उपाध्याय, रमेश कुंतल मेघ और शिवकुमार मिश्र ने मार्क्सवादी आलोचना के विकास में अपनी भूमिकाएँ निभाई हैं। उपाध्याय ने जनचिंता और साहित्य चिंता का समीकरण बनाया है। मेघ मिथक प्रेमी मार्क्सवादी आलोचक हैं। शिवकुमार मिश्र के पास साफ-सुथरी मार्क्सवादी दृष्टि है। कठमुल्लापन उनमें नहीं है। मैनेजर पांडेय ने कुछ अच्छी पुस्तकें लिखी हैं यद्यपि उनमें मार्क्सवादी जोश अधिक है।

अन्य आलोचक

इन्द्रनाथ मदान मुख्यतः आधुनिक साहित्य के आलोचक हैं। वे साहित्य को किसी वाद विशेष के माध्यम से आकलित नहीं करते। अपनी इधर की आलोचनाओं में कृति की राह से गुजरने पर बल देते रहे हैं। कहानी, उपन्यास, आलोचना आदि से संबद्ध उनकी कई पुस्तकें हैं—'प्रेमचन्द : एक विवेचन', 'आलोचना और काव्य ', 'आधुनिक कविता का मूल्यांकन'। वे कृति की राह से गुजर कर आलोचना करते हैं। इसलिए उनकी दृष्टि में एक तरह की वस्तुनिष्ठता आ जाती है। इधर उन्होंने कविता-कहानी, उपन्यास-नाटक में आधुनिकता के तत्त्वों को अभिनिवेशपूर्वक खोजा है। इससे आधुनिकता-बोध के व्यावहारिक पक्ष को उजागर किया जा सका है। इसमें संदेह नहीं कि व्यावहारिक धरातल पर इस बोध को स्पष्ट करने का जितना प्रयास मदान ने किया है उतना और किसी ने नहीं। पर वे बराबर वस्तु को पकड़ते हैं साहित्य के रूप को नहीं, न ही उनकी दृष्टि मूल्यों पर जाती है।

सैद्धांतिक आलोचना

सैद्धांतिक आलोचना प्रस्तुत करने की पहल आचार्य रामचंद्र शुक्ल कर चुके थे। बलदेव उपाध्याय ने इधर पाश्चात्य और पौरस्त्य काव्य-सिद्धान्तों को समन्वित करने की चेष्टा की। पर वे प्रायः अलग-अलग ही रह गए हैं। डॉ० नगेंद्र ने भारतीय काव्यशास्त्र की भूमिका में यह काम अधिक अभिनिवेशपूर्वक किया। उन्होंने दोनों परंपराओं को एक-दूसरे का पूरक माना है और दोनों परंपराओं को सूक्ष्मतापूर्वक विश्लेषित भी किया है।

भूमिका में रीति और वक्रोक्ति-सिद्धान्त पर विस्तृत चर्चा की गई है। कविता के लिए वे वक्रोक्ति की अनिवार्य स्थिति स्वीकार करते हैं। कुंतक के विवेचन में कवि-स्वभाव का विश्लेषण करते हुए वे रचना-प्रक्रिया से मंदर्भित करते हैं। कुंतक कवि के व्यक्तित्व को काव्य का मूल प्रेरक तत्त्व मानते हैं। किंतु आलोचना में कवि के व्यक्तित्व का विवेचन अब बहुत ग्राह्य नहीं रह गया है। यह नगेंद्र का रोमैंटिक पक्ष है।

'रस-सिद्धांत' उनका मौलिक बृहद् प्रयास है। संस्कृत के मूल ग्रंथों के सम्यक् अनुशीलन के पश्चात् मूल अर्थों की व्याख्या तथा नए संदर्भों में उनके अर्थापन का प्रयास है। अर्थापन के चक्कर में पड़कर मूल अर्थ को विकृत नहीं किया गया है, बल्कि अनेक प्रमाणों को उद्धृत करते हुए उसे स्पष्ट तथा तर्कसम्मत बनाया गया है। नवीन ज्ञान के प्रकाश में नई उद्‌भावनाएँ भी की गई हैं। रस को व्यापक बनाते हुए उन्होंने नई कविता को भी

उसकी सीमा में अन्तर्भुक्त कर लिया है। लेकिन नई कविता की व्याख्या के लिए उन्होंने उसे जो व्याप्ति दी है वह आग्रह की सीमा पार कर गया है। नई कविता के संदर्भ में रस विगत की बात बन चुका है। अब रस काव्यालोचन के लिए उपयोगी नहीं रह गया है।

पूर्व और पश्चिम के क्लासिकल काव्यशास्त्रों का हिंदी अनुवाद करने में डॉ० नगेंद्र का सबसे अधिक योगदान है। आचार्य विश्वेश्वर से उन्होंने 'अभिनव भारती' (अंशों में) 'वक्रोक्ति जीवन', 'ध्वन्यालोक', 'नाट्यदर्पण' आदि ग्रंथों का आधिकारिक, हिन्दी अनुवाद कराया। इनके अतिरिक्त काव्यादर्श, काव्यालंकार सूत्र, काव्यमीमांसा, कुवलयानन्द, रसगंगाधर, अग्निपुराण (काव्यशास्त्रीय अंश) औचित्य-विचार-चर्चा, काव्यप्रकाश आदि की व्याख्याएँ आज हिंदी में उपलब्ध हो चुकी हैं। पाश्चात्य काव्यशास्त्र में अरस्तू का काव्यशास्त्र, लांगुनस का 'उदात्त तत्त्व', होरेस की 'आर्स पोएतिका' आदि का प्रामाणिक अनुवाद भी उनकी देखरेख में हुआ।

अन्य आलोचकों में विनयमोहन शर्मा, देवराज उपाध्याय, भगीरथ मिश्र, विजयेन्द्र स्नातक, लक्ष्मी सागर वार्ष्णेय, शिवनाथ आदि उल्लेखनीय हैं।

साहित्यकारों के विचार

छायावाद काल के पूर्व रचनाकारों ने अपनी कृतियों से पृथक् उनके संबंध में अपने विचार नहीं प्रकट किये हैं। यदि उन्हें कुछ कहना था तो कृतियों में ही प्रकारान्तर से ऐसा किया है। पर छायावादी कवियों के लिए जरूरी हुआ कि वे अपने काव्य की जटिलताओं और बारीकियों को गद्य में विवेचित करते। प्रयोगवादी (?), प्रयोगशील अथवा नई कविता ने दूसरी बार निर्दिष्ट काव्य मार्ग का अतिक्रमण किया। छायावादी काव्य एक बार यह कार्य कर चुका था। तार सप्तक के कवियों ने अपने वक्तव्यों में काव्य के बदले हुए तेवर को सामने रखने का प्रयास किया। दूसरे, तीसरे सप्तक के कवियों ने भी अपने-अपने वक्तव्य दिए।

सबसे पहले नकेनवादियों ने प्रपद्यवाद में रस-सिद्धान्त, साधारणीकरण आदि के विरोध में आवाज बुलन्द की। नई कविता के संदर्भ में उनके प्रति संशयग्रस्त होना स्वाभाविक था। परिपाटी ग्रस्त मान्यताओं को नकारने का प्रथम श्रेय उन्हीं को मिलना चाहिए।

अज्ञेय ने अपने काव्य संबंधी विचारों को 'त्रिशंकु', 'आत्मनेपद' और 'हिन्दी साहित्य : एक आधुनिक परिदृश्य' में व्यक्त किया है। अज्ञेय के विचारों का केन्द्रवर्ती विन्दु है वैयक्तिकता। इसे उन्होंने अनेक ढंग से विवेचित किया है। वे निर्वैयक्तिकता और वैयक्तिकता में वैयक्तिकता को पहले महत्त्व देते हैं। अहं के विलयन पर वे बार-बार जोर देते हैं। विलयन का यह प्रयास वैयक्तिकता का ही सूचक है। स्वातंत्र्य का विभावन वे कलाकार का धर्म मानते हैं, अर्थात् जो स्वयं भी स्वतंत्र हो तथा दूसरे को भी स्वतंत्र करे।

उनकी दृष्टि में कलाकार कला की समस्या के अतिरिक्त अन्य समस्या हल नहीं करता। किन्तु वे मूल्यांकन के लिए सौन्दर्य के साथ-साथ नैतिकता पर भी विचार करना जरूरी समझते हैं। पर वे सुन्दर को अनिवार्यतः नैतिक नहीं मानते। उनकी दृष्टि में सृजनात्मक

प्रतिभा दोनों को सहज ही प्राप्त कर लेती है। जहाँ सृजनात्मक शक्ति है वहाँ एकांगिता की संभावना कम है और पुष्ट सौन्दर्य बोध के साथ पुष्ट नैतिक बोध होता ही है। यह वाक्य अंतर्विरोध से ग्रस्त है। संभावना कम है यानी एकांगिता का निषेध नहीं है। इस अन्तर्विरोध का कारण सौन्दर्य और नैतिकता दोनों को अलग-अलग मान लेना है। ऐसा मान लेने पर रूप और वस्तु की अनिवार्य एकरूपता भी खंडित हो जाती है। कला के प्रति अत्यधिक आग्रह उन्हें रहस्य-गह्वर में भटका देता है।

मुक्तिबोध के समीक्षात्मक विचार 'कामायनी का पुनर्मूल्यांकन','एक साहित्यिक की डायरी', 'नई कविता का आत्मसंघर्ष' और 'नए साहित्य का सौन्दर्यशास्त्र' में अभिव्यक्त हुआ है। ये विचारों में मार्क्सवादी हैं। पर उनमें कहीं पर भी विकृत वाद के दर्शन नहीं होते। वे आधुनिकतावाद, दुःखवाद, व्यक्तिवाद के विरोधी हैं। वे नई कविता को 'नव क्लासिकवाद' की ओर ले जाना चाहते हैं। वे अन्याय के खिलाफ आवाज उठाने को आधुनिक भाव-बोध की संज्ञा देते हैं। उनका आग्रह है कि समीक्षक लेखक के परिवेश, रचना-प्रक्रिया, संदर्भयुक्त भाषा को पहचान कर सही मूल्यांकन कर सकता है। 'फैंटेसी', कला के तीन क्षण, विश्व दृष्टि आदि समीक्षात्मक शब्दावली देकर उन्होंने हिन्दी समीक्षा को संपन्न बनाया है।

धर्मवीर भारती ने 'मानव मूल्य और साहित्य' में विपर्यस्त मानवीय मूल्यों की बात उठाकर साहित्य की परीक्षा की है। नए मूल्यों के रूप में उन्होंने व्यक्ति के दायित्व और स्वातंत्र्य की माँग की है। इन्हीं के आधार पर साहित्य की नई मर्यादा के उदय की बात कही गई है। लघु मानव की आन्तरिक मुक्ति पर विशेष बल दिया गया है। गोया यह आन्तरिक मुक्ति बाह्य मुक्ति से एकदम अलग चीज है। विजय देव नारायण साही की दृष्टि भी मूलतः कवि पर ही रही है।

वस्तुतः ये कवियों की मान्यताएँ हैं जो उनके अपने निजी काव्य संदर्भ में लिखी गई हैं। उनकी अधिकांश मान्यताएँ रचना-प्रक्रिया या कवि-कर्म से संबद्ध हैं, जबकि आज का आलोचक रचना-प्रक्रिया से नहीं, केवल रचना से, कवि-कर्म से नहीं, कवि की कृति (फिनिश्ड प्रोडक्ट) से अपना संबंध रखता है। अज्ञेय का दर्द, निःसंग आसक्ति, निःसंग विस्मय कवि-कर्म से जुड़ता है, आलोचक के कर्म से नहीं। मुक्तिबोध ने भी कवि के अन्तःकरण और रचना-प्रक्रिया की बात उठाई है। उन्होंने संदर्भयुक्त भाषा की भी चर्चा की है। वस्तुतः यही समीक्षा का आधार है— काव्य सौंदर्य और उसके मूल्यांकन का भी।

आलोचना (समीक्षा—बुक रीव्यू) को आगे बढ़ाने में 'प्रतीक', 'कल्पना' और 'आलोचना' और वार्षिकी, पत्रिकाओं ने उल्लेखनीय योगदान किया, मुख्यतः 'प्रतीक', 'कल्पना' और 'आलोचना' ने। कुछ दिनों तक 'धर्मयुग' में यह कार्य अच्छे ढंग से चला। अंग्रेजी में 'कैलेंडर आफ माडर्न लेटर्स', 'स्क्रूटिनी', 'टाइम्स लिटरेरी सप्लीमेंट' आदि में समय-समय पर जो पुस्तक समीक्षाएँ प्रकाशित हुईं उनसे आलोचना के प्रतिमानीकरण में काफी सहायता मिली है। 'कैलेंडर आफ माडर्न लेटर्स' से संगृहीत समीक्षाओं को एफ० आर० लेविस ने 'टुवर्ड्स द स्टैंडर्स ऑफ माडर्न क्रिटिसिज्म' नाम से प्रकाशित कराया है। इस प्रकार का

प्रयास हिन्दी में 'माध्यम' में प्रकाशित समीक्षाओं को पुस्तकाकार रूप देने का श्रेय उमा राव और बालकृष्ण राव को है।

'प्रतीक' के प्रथम अंक के संयोजकीय में कहा गया है—''हिंदी पत्रों में पुस्तकों की जैसी चलती हुई आलोचना प्रायः होती है वह किसी से छिपी नहीं, उससे लेखक, पाठक, प्रकाशक, साहित्य का भी कोई हित सिद्ध होता है यह मानना कठिन है। हम हिंदी पुस्तकालोचन को इस कर्दम से निकालना चाहते हैं—किसी महत्त्वपूर्ण ग्रंथ की आलोचना एकांगिता या पूर्वग्रह से दूषित न हो इसलिए ऐसे ग्रंथों की बहुमुखी आलोचना कराएँगे। साथ ही साहित्यिक प्रवृत्तियों की समीक्षा के लिए ऐसा भी हो सकता है कि चार-छह पुस्तकों को एक साथ लिया जाय''—समवेत समीक्षा 'आलोचना' में भी चलती रही। इधर प्रयाग से प्रकाशित होने वाले माध्यम (बन्द हो चुका है) के विवेचना स्तंभ में इसे और भी सुनियोजित ढंग से प्रकाशित किया गया।

आलोचना की नई दिशा : भाषिक संरचना और मूल्यवत्ता

डा० देवी शंकर अवस्थी द्वारा संपादित दो समीक्षा-निबंध संग्रहों 'विवेक के रंग' और 'नई कहानी : संदर्भ और प्रकृति' में संगृहीत सामग्री समीक्षा संबंधी नए संकेतों की सूचना देती है। डा० अवस्थी ने उनकी भूमिकाओं में ऐसे बहुतेरे समीक्षात्मक शब्दों का उल्लेख किया जो नये हैं और समीक्षा-साहित्य को संपन्न बनाते हैं। नेमिचन्द जैन का 'अधूरे साक्षात्कार', रघुवंश का 'आधुनिक साहित्य का परिप्रेक्ष्य', बच्चन सिंह का 'नया साहित्य : आलोचना को चुनौती', हिन्दी आलोचना के वीज शब्द, आचार्य शुक्ल का इतिहास पढ़ते हुए, साहित्य का समाजशास्त्र और रूपवाद, बिहारी का नया मूल्यांकन, रामस्वरूप चतुर्वेदी का 'भाषा और संवेदना', 'कामायनी का पुनर्मूल्यांकन', ये सभी लोग संरचना को महत्व देते हुए भी मूल्यों को विस्मृत नहीं करते। अपनी तांत्रिक दृष्टि के कारण चतुर्वेदी को मूल्यों से कोई मतलब नहीं रहता।

नई आलोचना पूर्व निश्चित किसी आलोचनात्मक मान को आलोच्य पर चस्पा नहीं करती। आलोच्य अपना मान स्वयं है। आलोच्य की अपनी निजी प्रतिमानता की बात छायावाद काल में ही उठाई गई थी। पर आलोचना का कोई वैज्ञानिक आधार नहीं खोजा जा सका। अमरीका की नई आलोचना (न्यू क्रिटिसिज्म) ने आलोचना को एक वैज्ञानिक आधार दिया। अब तक के प्रचलित सभी प्रतिमान चाहे वे रसवादी हों या मार्क्सवादी, ऐतिहासिक हों या मनोविश्लेषणवादी उसे मान्य नहीं है; क्योंकि वे साहित्य का आनुषांगिक अध्ययन प्रस्तुत करते हैं। उनके द्वारा साहित्य का अपना मूल्यांकन, विश्लेषण और वर्णन संबंधी समस्याओं का प्रतिपादन नहीं हो पाता। रैनसम, राबर्टपेन, वारेन, क्लीन्थ ब्रुक्स, ब्लैकमर, विंटर्ज, टेट आदि नए आलोचना-संस्था के लेखक हैं।

इस आलौचना में रचना की आन्तरिक संगति पर विशेष ध्यान दिया जाता है। कृति का एक अंग दूसरे से, दूसरा तीसरे से और हर एक समग्र से कैसे और किन अर्थवत्ताओं को समेटे हुए संबद्ध हैं?—यह संबद्धता ही अर्थ है। कुछ लोग रचना के अंगांगी संबंधों का

विवेचन ही आलोचना की इति कर्तव्यता मानते हैं। पर कुछ लोग इससे आगे बढ़कर मूल्यांकन भी करते हैं अर्थात् जीवन के साथ प्रासंगिकता की तलाश भी करते हैं।

इस सिलसिले में सवाल उठता है कि क्या कृति का रचाव या भाषिक संघटना तथा रचना की प्रासंगिकता दोनों चीजें हैं या एक ही वस्तु के दो पहलू हैं। सृष्टि का मूल स्रोत प्रासंगिकता ही है यानी यथार्थ के प्रति सम्पन्नतर अनुभूत्यात्मक प्रतिक्रिया। भाषिक संरचना इसी पर आधारित है। आलोचक के सम्मुख केवल रचना है — उसकी भाषिक संघटना है। इसलिए उसे भाषिक संरचना का विवेचन करते समय, उसकी छोटी-बड़ी, गूढ़, जटिल अर्थवत्ता को उद्घाटित करते समय मूल्यगत प्रासंगिकता को उद्घाटित करना आवश्यक हो जाता है। किंतु नई आलोचना तभी सार्थवती हो सकती है जब इसके पुष्ट्यर्थ हम अपनी चिंतन-परंपरा के साथ इसका तालमेल बैठाएँ। सौंदर्य, नैतिकता भाषा सापेक्ष्य हैं। भाषाओं की विभिन्नता, प्रकृतियों का विसादृश्य आदि सौन्दर्य और मूल्यवत्ता में भी वैभिन्न्य और विसादृश्य लाते हैं। अतः हमें अपनी लम्बी विरासत के आधार पर ही इस पद्धति को विकसित करने की चेष्टा करनी चाहिए।

यदि संक्षेप में शुक्लोत्तर आलोचना का लेखा-जोखा प्रस्तुत किया जाय तो कहना न होगा कि यह सैद्धांतिक और व्यावहारिक दोनों क्षेत्रों में संपन्न हुई है—संपन्नता, प्रामाणिकता और गहराई दोनों को लेकर हुई है। इधर धीरे-धीरे पांडित्य का स्थान समझदारी और रचनात्मकता लेने लगी है। साहित्य की तरह आलोचना भी अ-रोमांस की ओर बढ़ रही है, यह शुभ लक्षण है।

पर काव्यालोचन की तरह हिंदी के कथालोचन और नाट्यालोचन की भूमियाँ प्रशस्त नहीं हो पाई हैं। वे शास्त्रीय रूढ़ियों, संकीर्णताओं आदि से अभी तक उबर नहीं सकी हैं। रूढ़ियों की जर्जरताओं का भार ढोने वाले क्षयग्रस्त हिंदी के शोध-ग्रंथों के बीच कुछ नई प्रतिभाएँ दिखाई पड़ती हैं पर वे सहसा चमक कर लुप्त हो जाती हैं।

❑❑